C# 4

Les fondamentaux du langage

Développer avec

Visual Studio 2010

ISBN : 978-2-7460-5884-2
ISSN : 1627-8224
Imprimé en France

Editions ENI

ZAC du Moulin Neuf
Rue Benjamin Franklin
44800 St HERBLAIN
Tél. 02.51.80.15.15
Fax 02.51.80.15.16

e-mail : editions@ediENI.com
http://www.editions-eni.fr

Auteur : Thierry GROUSSARD
Collection **Ressources Informatiques** dirigée par Joëlle MUSSET

Depuis la première version apparue avec Visual Studio en 2002, le langage C# a suivi une évolution constante jusqu'à cette version 4.0. Il est actuellement en train de devenir le langage de référence de Microsoft. Pour s'en convaincre, il suffit de consulter les innombrables ressources disponibles sur Internet concernant la plate-forme .Net, et s'apercevoir que la majorité des exemples proposés sont développés avec ce langage.

Le but de cet ouvrage est de présenter les bases de ce langage pour vous permettre d'exploiter au mieux les fonctionnalités de la version 4.0 du framework .NET. Après l'apprentissage de ces bases, vous aurez toutes les cartes en main pour aborder la conception d'applications graphiques.

Vos futures applications nécessiteront certainement la manipulation d'informations présentes dans une base de données. Les deux chapitres consacrés à ce sujet vous apporteront une aide précieuse pour mener à bien cette tâche. Le premier vous familiarisera avec l'utilisation d'ADO.Net qui est la technologie classique de Microsoft pour la gestion de l'accès à une base de données. Le second présentera le langage LINQ, dont le principal but est d'uniformiser les accès aux données d'une application, et ceci, quelle que soit l'origine de ces données (base de données, fichiers XML, objets...).

Le déploiement est bien sûr l'ultime étape de l'élaboration d'une application mais ne doit évidemment pas être négligé. Les deux technologies de déploiement disponibles sont abordées dans le dernier chapitre de cet ouvrage, pour vous permettre de simplifier l'installation de vos applications sur les postes clients.

Cet ouvrage n'a pas pour vocation de se substituer à la documentation du Framework.Net qui doit rester votre référence pour l'obtention d'informations telles que la liste des méthodes ou propriétés présentes dans une classe.

Les éléments à télécharger sont disponibles à l'adresse suivante :
http://www.editions-eni.fr
Saisissez la référence ENI de l'ouvrage **RI10CSHA** dans la zone de recherche et validez.
Cliquez sur le titre du livre puis sur le lien de téléchargement.

Présentation de la plate-forme .NET — Chapitre 1

A. Introduction 16
1. Principe de fonctionnement du Common Language Runtime 17
2. Les services du Common Language Runtime 18
3. La Base Class Library 19
4. Les versions et évolutions de la plate-forme .NET 20

B. Écriture, compilation et exécution d'une application 22
1. Écriture du code 22
2. Compilation du code 24
3. Analyse d'un fichier compilé 26
4. Exécution du code 33

Présentation de Visual Studio — Chapitre 2

A. Installation et premier démarrage 36
1. Configuration nécessaire 36
2. Premier démarrage 45

B. Découverte de l'environnement 47
1. Page de démarrage 47
2. Environnement Visual Studio 47

C. Les outils disponibles 50
1. Les barres d'outils 50
2. La boîte à outils 51
3. L'explorateur de serveurs 52
4. L'explorateur de solutions 53
5. L'affichage de classes 54

6. La fenêtre de propriétés 54
7. La liste des tâches 55
8. La liste des erreurs 57
9. La fenêtre d'édition de code 57
a. Les Snippets 57
b. Suivi des modifications 62
c. Utilisation de macros 63
d. Les outils d'édition de code 66

Organisation d'une application — Chapitre 3

A. Les solutions 74
1. Présentation 74
2. Création d'une solution 74
3. Modification d'une solution 75
a. Ajouter un projet 75
b. Supprimer un projet 76
c. Renommer un projet 76
d. Décharger un projet 76
4. Organisation d'une solution 77
a. Création d'un dossier de solution 77
b. Créer un projet dans un dossier 78
c. Déplacer un projet dans un dossier 78
5. Le dossier Éléments de solution 78
6. Le dossier Fichiers divers 78
7. Configuration d'une solution 80
a. Configuration du projet de démarrage 80
b. Dépendances de projet 82
c. Fichiers source pour le débogage 83
d. Configurations 84

B. Les projets 85
1. Création d'un projet 85
a. Les modèles de projets. 85
b. Création de modèle de projet 90
c. Modification d'un modèle existant 91
d. Utilisation d'un projet existant comme modèle 92
2. Modification d'un projet 94
3. Propriétés des projets 97
a. Application. 97
b. Générer 100
c. Événements de build 102
d. Propriétés de débogage 104
e. Ressources d'un projet 105
f. Paramètres d'application 106
g. Autres paramètres de configuration. 108

Bases du langage

Chapitre 4

A. Les variables, constantes et énumérations. 110
1. Les variables 110
a. Nom des variables 110
b. Type des variables 110
c. Conversions de types 117
d. Déclaration des variables 122
e. Inférence de type 123
f. Portée des variables 124
g. Niveau d'accès des variables 124
h. Durée de vie des variables 125
2. Les constantes. 125
3. Les énumérations 126
4. Les tableaux. 127
5. Les chaînes de caractères 130

6. Les structures 134
a. Déclaration d'une structure 134
b. Utilisation des structures 135

B. Les opérateurs 136
1. Les opérateurs d'affectation 137
2. Les opérateurs arithmétiques. 137
3. Les opérateurs binaires 137
4. Les opérateurs de comparaison. 137
5. Opérateur de concaténation 138
6. Les opérateurs logiques 139
7. Ordre d'évaluation des opérateurs. 140

C. Les structures de contrôle 140
1. Structures de décision 140
a. Structure if. 140
b. Structure switch 141
2. Les structures de boucle. 142
a. Structure while 142
b. Structure do ... while 143
c. Structure for 143
d. Structure foreach 144
e. Autres structures 145

D. Les procédures et fonctions. 145
1. Procédure. 146
2. Fonction 147
3. Procédures de propriétés 147
4. Les procédures opérateur 149
5. Les arguments des procédures et fonctions 150

E. Assemblies, Namespace et attributs 153
1. Les assemblies 153
2. Les Namespaces 155
3. Les attributs. 158
a. Attributs les plus courants en Visual C# 158

Programmation objet

Chapitre 5

A. Introduction 164

B. Mise en œuvre avec Visual C# 166
1. Création d'une classe 166
a. Déclaration de la classe 166
b. Classe partielle 168
c. Création de propriétés 169
d. Création de méthodes 176
e. Constructeurs et destructeurs 182
f. Membres partagés. 184
2. Utilisation d'une classe 185
a. Création d'une instance 185
b. Initialisation d'une instance 186
c. Destruction d'une instance 187
d. Liaison tardive, liaison précoce 188
3. Héritage 189
a. base et this 190
b. Classes abstraites 193
c. Classes finales 193
d. Classes anonymes. 194
4. Interfaces 196
5. Les événements 199
a. Déclaration et déclenchement d'événements 200
b. Gérer les événements 201

6. Les délégués 203
a. Déclaration et création d'un délégué 203
b. Utilisation des délégués 205
c. Expressions lambda 205

C. Les types génériques 207
1. Les classes génériques 208
a. Définition d'une classe générique 208
b. Utilisation d'une classe générique 213
2. Interfaces génériques 215
a. Définition d'une interface générique 215
b. Utilisation d'une interface générique 216
3. Procédures et fonctions génériques 216
a. Création d'une procédure ou fonction générique 216
b. Utilisation d'une procédure ou fonction générique. 217
4. Délégués génériques 218
5. Variance 220
a. Variance dans les interfaces génériques 220
b. Variance dans les délégués génériques 226

D. Les collections 229
1. Les collections prédéfinies 229
a. Array 230
b. ArrayList et List 230
c. Hashtable et Dictionary 233
d. Queue. 233
e. Stack 234
2. Choisir un type de collection 234

Gestion des erreurs et débogage du code

Chapitre 6

A. Les différents types d'erreurs 236
1. Les erreurs de syntaxe 236
2. Les erreurs d'exécution 238

B. Traitement des exceptions 239
1. Récupération d'exceptions 239
   a. Création et déclenchement d'exceptions. 243

C. Les outils de débogage. 244
1. Contrôle de l'exécution 246
   a. Démarrage de la solution. 246
   b. Arrêter la solution 246
   c. Interrompre la solution 246
   d. Poursuivre l'exécution 247
2. Points d'arrêt et TracePoint 249
   a. Placer un point d'arrêt 249
   b. Activer, désactiver, supprimer un point d'arrêt 253
3. Examen du contenu de variables 254
   a. DataTips. 255
   b. Fenêtre Automatique. 255
   c. Fenêtre Variables locales 256
   d. Les fenêtres Espion 256
   e. La fenêtre Espion express. 257
4. Les autres fenêtres de débogage 258

D. Autres techniques de débogage 259

Applications Windows Chapitre 7

A. Les différents types d'application 264
1. Modes de présentation des fenêtres 264
   a. Interface mono document (SDI) 264
   b. Interface multidocuments (MDI) 264
   c. Interface de style explorateur 265

B. Les fenêtres 266
1. Dimension et position des fenêtres 268
2. Couleurs et Police utilisées sur les fenêtres 272
3. Les fenêtres MDI 274

C. Les événements clavier et souris. 281
1. Les événements clavier 282
2. Les événements souris 284
3. Le Drag and Drop 288
   a. Démarrage du Drag and Drop 288
   b. Configuration des contrôles pour la réception 289
   c. Récupération de l'élément accroché 290

D. Les boîtes de dialogue 291
1. La boîte de message 291
2. Les boîtes de dialogue de Windows 294
   a. Dialogue d'ouverture de fichier 294
   b. Dialogue d'enregistrement de fichier 295
   c. Dialogue de choix de répertoire 296
   d. Dialogue de choix d'une couleur 297
   e. Dialogue de choix d'une police 298
   f. Dialogue de mise en page 300
   g. Dialogue de configuration d'impression 302
3. Boîte de dialogue personnalisée 304

E. Utilisation des contrôles 304
1. Ajout de contrôles 305
2. Position et dimension des contrôles 306
3. Passage du focus entre contrôles 312
4. Raccourcis-clavier 314

F. Les contrôles 316
1. La classe Control. 316
a. Dimensions et position 316
b. Apparence des contrôles 318
c. Comportement des contrôles 320
2. Les contrôles d'affichage d'informations 323
a. Le contrôle Label 323
b. Le contrôle LinkLabel 325
c. Le contrôle StatusStrip 326
d. Le contrôle ToolTip 327
e. Le Contrôle ErrorProvider 328
f. Le contrôle NotifyIcon 329
g. Le contrôle HelpProvider 330
h. Le contrôle ProgressBar 330
3. Les contrôles d'édition de texte 332
a. Le contrôle TextBox 332
b. Le contrôle MaskedTextBox 335
c. Le contrôle RichTextBox 336
4. Les contrôles de déclenchement d'actions 338
a. Le contrôle Button 338
b. Le contrôle MenuStrip 338
c. Le menu ContextMenuStrip 342
d. Le contrôle ToolStrip. 343
e. Le contrôle ToolStripContainer. 344

5. Contrôles de sélection. 345
a. Le contrôle CheckBox 345
b. Le contrôle RadioButton 347
c. Le contrôle ListBox 350
d. Le contrôle NumericUpDown 353
e. Le contrôle TrackBar. 353
f. Le contrôle DomainUpDown 354
g. Le contrôle CheckedListBox 354
h. Le contrôle ComboBox 355
i. Le contrôle TreeView 355
j. Le contrôle ListView 358
6. Les contrôles de regroupement 363
a. Le contrôle GroupBox 363
b. Le contrôle Panel 363
c. Le contrôle TabControl 364
d. Le contrôle SplitContainer 366
e. Le contrôle FlowLayoutPanel 367
f. Le contrôle TableLayoutPanel 368
7. Les contrôles graphiques 370
a. Le contrôle PictureBox 370
b. Le contrôle ImageList 372
8. Les contrôles de gestion du temps 373
a. Le contrôle DateTimePicker 373
b. Le contrôle MonthCalendar 374
c. Le contrôle Timer 375
d. Le composant BackGroundWorker 376

G. L'héritage de formulaires 380

Accès aux bases de données

Chapitre 8

A. Principe de fonctionnement d'une base de données. 384
1. Terminologie 384
2. Le langage SQL 385
   a. Recherche d'informations. 385
   b. Ajout d'informations 387
   c. Mise à jour d'informations 387
   d. Suppression d'informations 388

B. Présentation d'ADO.NET 388
1. Mode connecté 388
2. Mode non connecté. 389
3. Architecture d'ADO.NET 390
4. Les fournisseurs de données 390
   a. SQL Server. 390
   b. OLE DB 391
   c. ODBC 391
   d. ORACLE 391
5. Rechercher les fournisseurs disponibles 391
6. Compatibilité du code. 392

C. Utilisation du mode connecté 394
1. Connexion à une base 395
   a. Chaîne de connexion. 396
   b. Pool de connexions 397
   c. Événements de connexion 398
2. Exécution d'une commande 398
   a. Création d'une commande 399
   b. Lecture d'informations 399
   c. Modification des informations 401
   d. Utilisation de paramètres. 401
   e. Exécution de procédure stockée 405

D. Utilisation du mode non connecté 406
1. Remplir un DataSet à partir d'une base de données 407
   a. Utilisation d'un DataAdapter 408
   b. Ajout de contraintes existantes à un DataSet. 410
2. Configurer un DataSet sans base de données 411
3. Manipuler les données dans un DataSet 412
   a. Lecture des données. 412
   b. Création de contraintes sur une DataTable. 413
   c. Ajout de relations entre les DataTables 414
   d. Parcourir les relations 415
   e. État et versions d'une DataRow 416
   f. Ajout de données 418
   g. Modification de données 418
   h. Suppression de données 420
   i. Valider ou annuler les modifications 420
   j. Filtrer et trier des données 421
   k. Rechercher des données 424
4. Mettre à jour la base de données 426
   a. Génération automatique de commandes. 427
   b. Utilisation de commandes personnalisées 430
   c. Gestion des accès concurrents. 431
5. Les transactions 435

Présentation de LINQ

Chapitre 9

A. Présentation de LINQ 440

B. Syntaxe du langage LINQ. 440
1. Premières requêtes LINQ 442
2. Les opérateurs de requête 444
   a. Tri de données 444
   b. Opérations sur des ensembles de données. 445

c. Filtrage de données 446
d. Projections 446
e. Partitionnement 447
f. Jointures et regroupements 448
g. Agrégations 450

C. LINQ vers SQL 450
1. Le mappage objet relationnel 451
a. SQLMetal 451
b. Concepteur Objet/Relationnel 456
c. Utilisation de requêtes LINQ vers SQL 464
d. Mise à jour des données 466
e. Conflits des mises à jour 470

Utilisation de XML Chapitre 10

A. Présentation 474

B. Structure d'un document XML 475
1. Constituants d'un document XML 475
2. Document bien formé et document valide 479
a. Document bien formé 480
b. Document valide 480

C. Manipulation d'un document XML 480
1. Utilisation de DOM 483
2. Utilisation de XPath 485
a. Recherche dans un document XML 486
b. Modification des données d'un document XML 487
c. Ajout de nœud à un document XML 488

Déploiement de composants et d'applications

Chapitre 11

A. Introduction **492**

B. Déploiement avec Windows Installer **492**

1. Création d'un projet d'installation 493
2. Configuration du programme d'installation 494
   - a. L'éditeur du système de fichiers 495
   - b. L'éditeur du registre 497
   - c. L'éditeur des types de fichiers 498
   - d. L'éditeur de l'interface utilisateur. 499
   - e. L'éditeur des actions personnalisées 500
   - f. L'éditeur des conditions de lancement 501

C. Déploiement avec ClickOnce **504**

1. Principe de fonctionnement de ClickOnce 505
2. Les différentes méthodes de déploiement. 506
3. Les mises à jour de l'application 507
4. Mise en œuvre de la publication ClickOnce 508

Index 519

Chapitre 1 : Présentation de la plate-forme .NET

A. Introduction 16

B. Écriture, compilation et exécution d'une application 22

A. Introduction

La plate-forme .NET fournit un ensemble de technologies et d'outils facilitant le développement d'applications et propose une solution pour pratiquement tous les types d'applications :

- applications Windows classiques ;
- application Web ;
- services Windows ;
- services Web.

Tous ces types d'applications sont réalisables grâce à un élément essentiel : le Framework .NET. Ce Framework prend en charge, par l'intermédiaire de nombreuses couches logicielles superposées, l'intégralité de la vie d'une application, du développement jusqu'à l'exécution. Le framework doit être hébergé par un système d'exploitation avec lequel il va interagir. Le premier système permettant de l'accueillir est bien sûr Windows mais d'autres versions sont disponibles permettant l'adaptation de la plate-forme .NET à des systèmes tels Linux ou Unix.

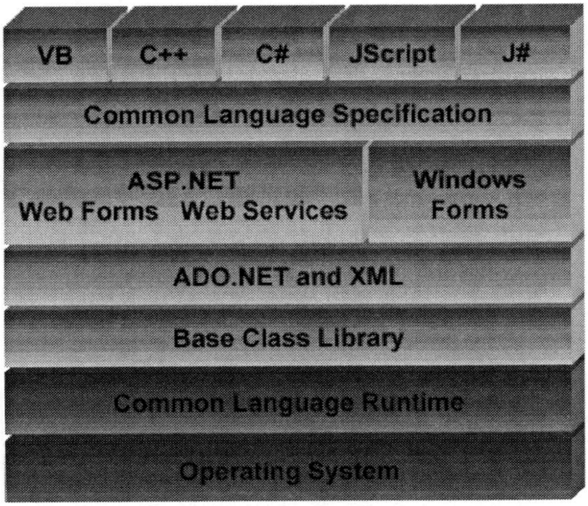

Le framework contient deux éléments principaux : le Common Language Runtime et la bibliothèque de classes du .NET Framework.

Le Common Language Runtime est la base du .NET Framework. Le runtime peut être considéré comme un moteur d'exécution qui gère l'exécution du code et assure également la gestion de la mémoire. Le code pris en charge par le Common language Runtime est appelé code managé.

La bibliothèque de classes est un ensemble de classes pouvant être utilisé pour le développement de tout type d'application. Nous le manipulerons tout au long de cet ouvrage.

1. Principe de fonctionnement du Common Language Runtime

Dans les applications Windows traditionnelles, le système prend directement en charge l'exécution du code. En effet, celui-ci est généré par le compilateur associé au langage de programmation utilisé pour la conception de l'application. Le résultat de cette compilation correspond à un fichier binaire contenant le code spécifique pour le microprocesseur et le système d'exploitation avec lesquels l'application doit fonctionner. Aucune compatibilité avec un autre type de microprocesseur ou système d'exploitation n'est possible. Pour s'en convaincre, il suffit de tenter l'exécution d'une application prévue pour Windows sur un système Linux pour vérifier cette incompatibilité. Si l'on tente l'exécution sur une station de travail SUN, qui utilise un type de microprocesseur radicalement différent, le résultat est identique. La solution pour s'affranchir de ces problèmes consiste à générer à la compilation, non pas un code spécifique, mais un code générique, indépendant de toute plate-forme logicielle ou matérielle. Ce code est, au moment de l'exécution, confié à une machine virtuelle qui en assure l'exécution. Ce code s'appelle Microsoft Intermediate Language (MSIL). Lors de l'exécution de l'application, ce code est pris en charge par la machine virtuelle qui en assure la traduction en instructions spécifiques pour le microprocesseur de la machine. Cette traduction n'est pas effectuée, en bloc dès le début de l'application, mais uniquement au fur et à mesure des besoins. En effet, pourquoi perdre du temps à traduire du code MSIL, s'il n'est jamais utilisé par la suite. C'est pour cette raison que le compilateur utilisé pour cette traduction s'appelle compilateur Just In Time (JIT).

Les avantages de cette solution sont évidents car pour exécuter une même application sur plusieurs plates-formes matérielles et ou logicielles, il suffit d'obtenir la machine virtuelle capable d'effectuer la traduction. Cette machine virtuelle est disponible pour tous les systèmes Microsoft. Le projet Mono propose une version de la machine virtuelle pour les plates-formes suivantes :

- Linux
- Mac OS X
- Sun Solaris
- BSD - OpenBSD, FreeBSD, NetBSD

Elles sont disponibles en téléchargement sur le site http://www.mono-project.com

Le schéma suivant reprend l'ensemble de ces opérations :

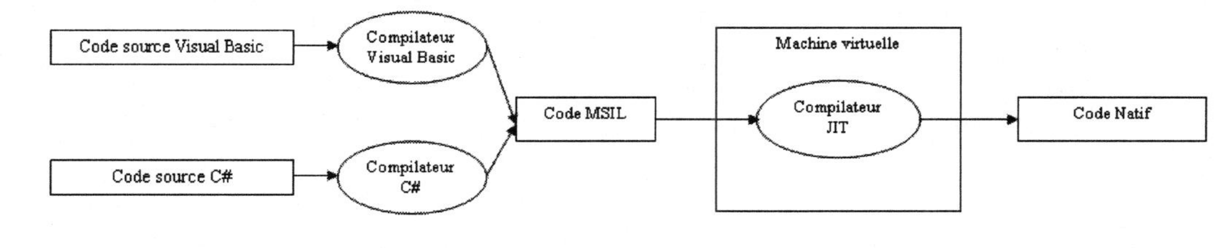

2. Les services du Common Language Runtime

La machine virtuelle ne se contente pas d'effectuer la traduction du code. Le code MSIL est aussi appelé code managé, ce qui sous-entend qu'un certain nombre d'opérations supplémentaires seront réalisées sur le code au moment de l'exécution. La figure ci-après reprend l'ensemble des fonctionnalités disponibles dans le Common Language Runtime.

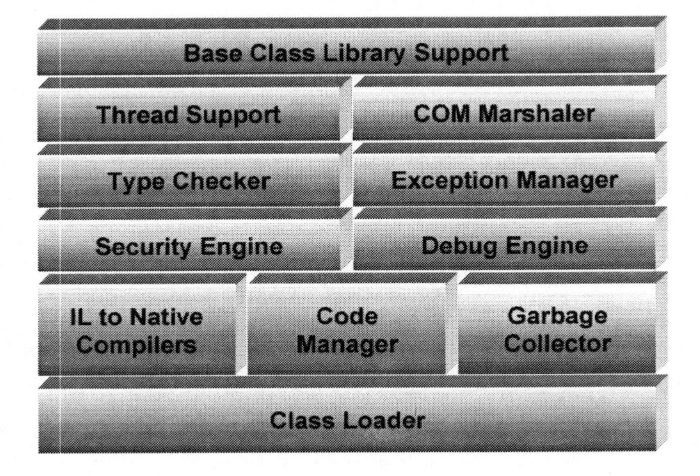

Class Loader
Il gère le chargement en mémoire des instances de classes.

IL To Native Compilers
Il convertit le code intermédiaire (MSIL) en code natif.

Code Manager
Il gère l'exécution du code.

Garbage Collector
Il assure la gestion de la mémoire en surveillant les instances de classes qui ne sont plus accessibles.

Security Engine
Il permet la vérification de l'identité de la personne demandant l'exécution du code et accepte ou non cette exécution, en fonction des autorisations accordées.

Debug Engine
Il permet le débogage de l'application, en prenant en charge par exemple l'exécution en pas à pas du code.

Type Checker
Il surveille l'utilisation de variables non initialisées et les conversions entre des variables de type différent.

Exception Manager

Il fournit la gestion structurée des exceptions en liaison avec Windows Structured Exception Handling (SEH). Cette technique permet une gestion individuelle de chaque exception plutôt qu'une gestion globale.

Thread Support

Il propose un ensemble de classes permettant la réalisation d'applications multithread.

COM Marshaler

Il permet de traduire des appels vers des composants COM, assurant par exemple la conversion des types de données.

Base Class Library Support

Il fournit l'accès aux services disponibles sur le système d'exploitation hôte.

3. La Base Class Library

Le Framework .NET met à la disposition des développeurs un ensemble d'outils lui permettant d'obtenir une solution rapide à une majorité de problèmes rencontrés lors de la réalisation d'une application.

Ces outils sont disponibles sous forme de classes. À l'inverse des bibliothèques de code des langages de la génération précédente, qui n'étaient qu'une liste interminable de procédures ou fonctions, la bibliothèque de classes est organisée sous forme d'une structure hiérarchisée. L'élément essentiel de cette hiérarchisation est l'espace de noms (Namespace). Il permet le regroupement logique de classes ayant des points communs. Par exemple, on retrouve dans le namespace System.Data toutes les classes utilisables pour accéder à une base de données.

Cette bibliothèque de classes est bien sûr indépendante d'un quelconque langage de programmation. Elle permet donc le mélange de différents langages au cours du développement d'une application. Elle est également parfaitement intégrée à Visual Studio, ce qui nous procure un confort d'utilisation appréciable avec des outils comme Intelissence. Comme cette librairie est orientée objet, elle est facilement extensible par le biais de relations d'héritage.

La bibliothèque contient une quantité impressionnante d'espaces de noms et de classe, tant et si bien que, au cours de vos développements avec Visual C#, il y a de fortes chances pour que vous n'utilisiez jamais certains d'entre eux.

Les espaces de noms les plus utilisés sont les suivants :

System

C'est l'espace de noms racine pour les types de données dans le Framework .NET. Il contient notamment la définition de la classe Object, qui est l'ancêtre de tous les types de données du Framework .NET.

System.Windows

Il contient l'ensemble des éléments permettant la création d'interfaces utilisateurs Windows.

System.Web

Il contient toutes les ressources nécessaires pour la création d'applications Web, avec par exemple, les classes de la technologie ASP.NET ou les classes utilisables pour la création de services Web XML.

System.data

Il contient un ensemble de classes spécialisées dans l'accès aux bases de données, avec le support de ADO.NET.

System.Xml

Le langage Xml est devenu omniprésent et cet espace de noms contient les classes assurant la manipulation de documents Xml.

4. Les versions et évolutions de la plate-forme .NET

La première version (1.0) de la plate-forme .NET sort en janvier 2002 avec Visual Studio 2002. Cette version est rapidement remplacée par la version 1.1 qui corrige quelques petits problèmes de jeunesse de la version précédente et ajoute des technologies qui n'étaient auparavant disponibles qu'en tant qu'installations indépendantes et sont désormais incluses. Les apports de cette version sont principalement :

- Les Contrôles mobiles ASP.NET (anciennement *Microsoft Mobile Internet Toolkit*) qui étendent le Framework .NET par la prise en charge des périphériques mobiles (sans fil) tels que téléphones portables et assistants numériques personnels.
- Le fournisseur de données .NET Framework pour ODBC et le fournisseur de données pour Oracle qui auparavant n'étaient disponibles que par téléchargement, sont désormais livrés avec le .NET Framework.
- La prise en charge de la nouvelle mise à jour du protocole Internet couramment appelée IP version 6 ou plus simplement IPv6. Ce protocole est conçu pour augmenter sensiblement l'espace d'adressage qui est utilisé pour identifier les points d'entrée de communication d'Internet.

Elle est disponible avec la version 2003 de Visual Studio en avril 2003.

Il faut attendre novembre 2005 pour voir arriver la version 2.0 associée à la sortie de Visual Studio 2005. Cette version apporte de nombreuses améliorations :

- La prise en charge de la nouvelle génération d'ordinateurs 64 bits permettant la création d'applications plus performantes.
- Une évolution majeure dans l'accès aux bases de données avec ADO.NET 2.0 améliorant l'utilisation de XML.
- Le développement d'applications Web est également de plus en plus facile avec la nouvelle version de ASP.NET proposant une multitude de nouveaux contrôles.
- L'utilisation de la classe Console est optimisée avec l'ajout de nouvelles propriétés et méthodes (gestion des couleurs, effacement, position du curseur...).
- Le .NET Framework 2.0 réintroduit la fonctionnalité Modifier & Continuer permettant à l'utilisateur qui débogue une application dans Visual Studio de modifier le code source en mode arrêt. Une fois les modifications du code source appliquées, l'utilisateur peut reprendre l'exécution du code et observer l'effet.

- L'apparition de la notion de générique qui permet aux classes, structures, interfaces, méthodes et délégués d'être déclarés et définis avec des paramètres de type non spécifié ou générique au lieu de types spécifiques. Les types réels sont spécifiés ultérieurement lors de l'utilisation.

La version 3.0 arrive en novembre 2006 et apporte de nouvelles technologies tout en restant à la base une version 2.0. Ces technologies sont disponibles sous forme de téléchargements qui viennent s'intégrer au framework 2.0. Voici un bref aperçu de ces nouveautés :

- *Windows Presentation Foundation* (WPF) représente le nouveau système d'interfaces graphiques. Il se base sur un moteur de rendu vectoriel et permet une séparation plus claire entre la définition de l'interface graphique d'une application et son code. Il utilise pour cela le langage XAML (*eXtensible Application Markup Language*). Les tâches peuvent ainsi être plus facilement réparties entre designers et développeurs.
- *Windows Communication Foundation* (WCF) constitue la nouvelle base de développement d'applications distribuées. Il facilite la communication entre applications en ajoutant une couche d'abstraction uniformisant les techniques de communication entre applications (Services Web, .NET Remoting, Microsoft Transaction Server, et Microsoft Message Queuing...).
- *Windows Workflow Foundation* (WF) est composé d'un modèle de programmation, d'un moteur d'exécution et d'outils pour intégrer des workflows dans une application. Un workflow peut être défini comme un ensemble d'actions ou étapes s'exécutant dans un ordre prédéfini. Ces actions peuvent s'enchaîner en fonction de conditions, d'interactions avec des processus informatiques ou en fonction d'interactions humaines.
- Windows Cardspace fournit une nouvelle technique aux utilisateurs pour s'identifier dans une application. Elle a la même vocation que Microsoft Passport mais n'est pas spécifique aux applications Microsoft (Hotmail, MSDN...).

La version 3.5 de novembre 2007 apporte principalement des améliorations et des évolutions aux technologies apparues avec la version 3.0. La seule véritable nouveauté de cette version correspond à l'apparition du langage LINQ (*Language Integrated Query*). Le but de ce langage est d'uniformiser la méthode utilisée pour extraire des informations d'un magasin de données. Ce nouveau langage permet d'interroger des collections d'objets, des bases de données SQL Server, des DataSet ADO.NET et des documents XML avec la même syntaxe.

La version 4.0 disponible depuis mai 2010 améliore encore les performances et les fonctionnalités disponibles. Parmi ces nouveautés, on peut citer :

- L'amélioration du garbage collector qui maintenant s'exécute en arrière-plan. Lors d'une opération de collecte, les threads de l'application ne sont plus suspendus pendant le nettoyage de la mémoire ce qui augmente bien sûr la réactivité de l'application.
- L'ajout d'un noyau d'exécution pour la prise en charge de langages dynamiques tels qu'IronPython et IronRuby. Avec ce type de langages, les types de variables ne sont plus déterminés au moment de la conception de l'application mais pendant l'exécution de celle-ci.

- L'ajout des concepts de covariance et de contravariance facilitant l'utilisation des éléments génériques (classes ou méthodes).
- La disponibilité de nouveaux types de données comme BigInteger et Complex permettant, respectivement, l'utilisation de valeurs numériques entières sans limites supérieure ou inférieure et la manipulation de nombres complexes.
- L'amélioration des classes de manipulation du système de fichiers et la création de fichiers mappés en mémoire.
- La prise en compte facilitée des processeurs multicœurs permettant la répartition des traitements avec la programmation parallèle.

B. Écriture, compilation et exécution d'une application

Dans ce chapitre nous allons détailler le cycle de vie d'une application, depuis la rédaction du code jusqu'à l'exécution de l'application, en étudiant en détail les mécanismes mis en œuvre.

1. Écriture du code

L'immense majorité des applications sont développées grâce à un environnement intégré qui regroupe les principaux outils nécessaires, à savoir :

- un éditeur de texte ;
- un compilateur ;
- un débogueur.

Cette approche est de loin la plus confortable. Elle nécessite cependant une petite phase d'apprentissage pour se familiariser avec l'outil. Pour notre première application, nous allons utiliser une démarche un petit peu différente puisque nous allons utiliser des outils individuels : le bloc-notes de Windows pour l'écriture du code et le compilateur en ligne de commandes pour Visual C#.

Notre première application sera très simple puisqu'elle affichera simplement le message “Bonjour” dans une fenêtre de commande. Voici le code de notre première application que nous allons ensuite expliquer ligne par ligne. Il est à saisir à l'aide du bloc-notes de Windows ou de tout autre éditeur de texte, à condition que celui-ci ne rajoute pas de code de mise en page à l'intérieur du document, comme le font par exemple les logiciels de traitement de texte.

Exemple

```
using System;
    class Program
    {
         static String message = "Bonjour";
        static void Main(String[] args)
```

```
        {
        Console.WriteLine(message);
        }
    }
```

Ce code est à sauvegarder dans un fichier portant l'extension .cs. Cette extension n'est pas obligatoire, mais elle permet de respecter les conventions utilisées par Visual Studio. Détaillons maintenant les quelques lignes de notre première application.

`using System`

Cette ligne permet de rendre directement accessibles les éléments présents dans le namespace System. Sans elle, il faudrait utiliser les noms pleinement qualifiés pour tous les éléments contenus dans le namespace. Dans notre cas, nous devrions alors utiliser : `System.Console.writeline("Bonjour") ;`

`class Program`

Dans Visual C#, toute portion de code doit être contenue dans une classe.

`static String message= "Bonjour";`

Cette ligne déclare une variable. Toutes les variables doivent être déclarées avant de pouvoir être utilisées. La déclaration permet de spécifier le type d'information que la variable va contenir, ici une chaîne de caractères, et éventuellement une valeur initiale, “bonjour” dans notre cas.

`static void Main (String[]args)`

Toutes les instructions autres que des déclarations doivent être placées dans une procédure ou une fonction. La majeure partie du code est donc placée entre les caractères { et } délimitant chaque procédure au fonction. Parmi toutes ces procédures et fonctions, l'une d'entre elles est désignée comme le point d'entrée dans l'application. C'est par l'exécution de cette procédure que démarre l'application. Cette procédure doit s'appeler Main et doit être statique. Elle doit être déclarée à l'intérieur d'une classe ou d'une structure. Le type de retour peut être `void` ou `int`. Les paramètres sont optionnels et, s'ils sont utilisés, ils représentent les arguments passés sur la ligne de commande.

`Console.Writeline("Bonjour");`

La classe Console définie dans l'espace de noms System fournit un ensemble de méthodes permettant l'affichage d'informations sur la console ou la lecture d'informations depuis la console. La procédure Writeline permet l'affichage d'une chaîne de caractères sur la console.

À noter également que Visual C# fait la distinction entre les minuscules et les majuscules dans les instructions. Si vous utilisez l'éditeur de Visual Studio pour rédiger votre code, celui-ci vous guidera pour éviter les erreurs (IntelliSense).

2. Compilation du code

Le Framework .NET inclut un compilateur en ligne de commande pour Visual C#. Pour compiler le code source de notre exemple, nous devons ouvrir une fenêtre de commande DOS pour pouvoir lancer le compilateur. Pour cela, un raccourci a été créé dans le menu démarrer pendant l'installation. Ce raccourci lance l'exécution d'un fichier .bat qui positionne certaines variables d'environnement nécessaires pour le bon fonctionnement des outils Visual Studio en ligne de commande.

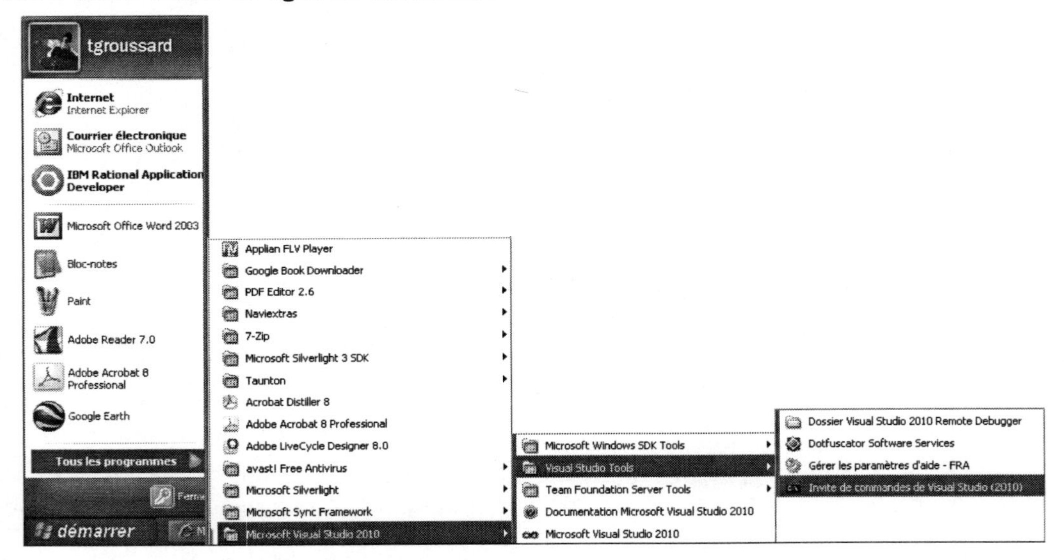

À partir de la fenêtre de commande ouverte, il convient de se placer dans le répertoire dans lequel se trouve le fichier source. La compilation est lancée par la commande `csc Bonjour.cs`.

Après un bref instant, le compilateur nous rend la main. Nous pouvons vérifier la présence du fichier exécutable et vérifier son bon fonctionnement.

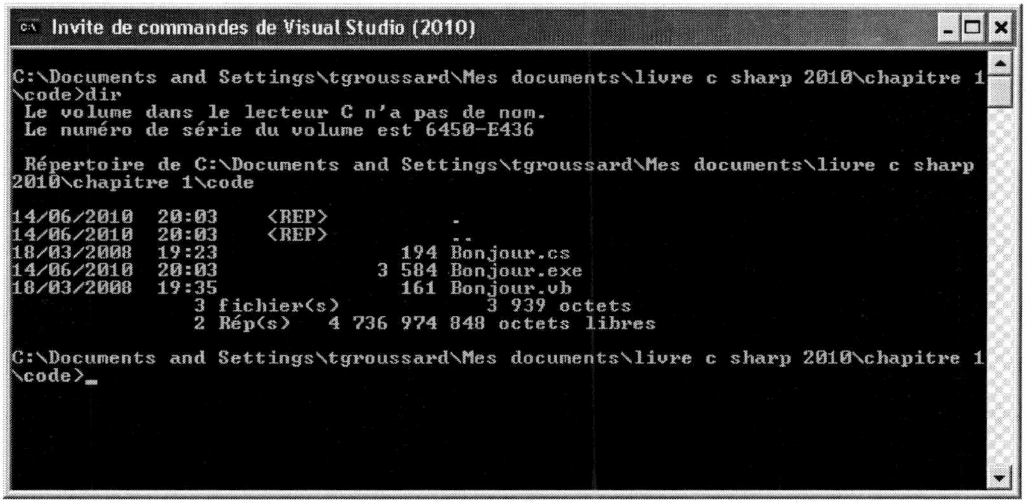

Invite de commandes de Visual Studio (2010)

```
C:\Documents and Settings\tgroussard\Mes documents\livre c sharp 2010\chapitre 1
\code>dir
 Le volume dans le lecteur C n'a pas de nom.
 Le numéro de série du volume est 6450-E436

 Répertoire de C:\Documents and Settings\tgroussard\Mes documents\livre c sharp
2010\chapitre 1\code

14/06/2010  20:03    <REP>          .
14/06/2010  20:03    <REP>          ..
18/03/2008  19:23               194 Bonjour.cs
14/06/2010  20:03             3 584 Bonjour.exe
18/03/2008  19:35               161 Bonjour.vb
               3 fichier(s)            3 939 octets
               2 Rép(s)   4 736 974 848 octets libres

C:\Documents and Settings\tgroussard\Mes documents\livre c sharp 2010\chapitre 1
\code>_
```

Notre première application est vraiment très simple. Pour des applications plus évoluées, il sera parfois utile de spécifier certaines options pour le fonctionnement du compilateur. L'ensemble des options disponibles peut être obtenu en lançant la commande `csc /?`.

Les principales options sont :

`/out:fichier.exe`
: Cette option permet de spécifier le nom du fichier résultat de la compilation. Par défaut, c'est le nom du fichier source en cours de compilation qui est utilisé.

`/target :exe`
: Cette option demande au compilateur la génération d'un fichier exécutable pour une application en mode console.

`/target :winexe`
: Cette option demande au compilateur la génération d'un fichier exécutable d'application Windows.

`/target :library`
: Cette option demande au compilateur la génération d'un fichier bibliothèque dll.

`/reference :liste de fichiers`
: Cette option indique au compilateur la liste des fichiers référencés dans le code et nécessaires pour la compilation. Les noms des fichiers doivent être séparés par une virgule.

3. Analyse d'un fichier compilé

Maintenant que notre fichier exécutable est créé, essayons de voir ce qu'il contient.

Première solution : l'ouvrir avec le bloc-notes de Windows

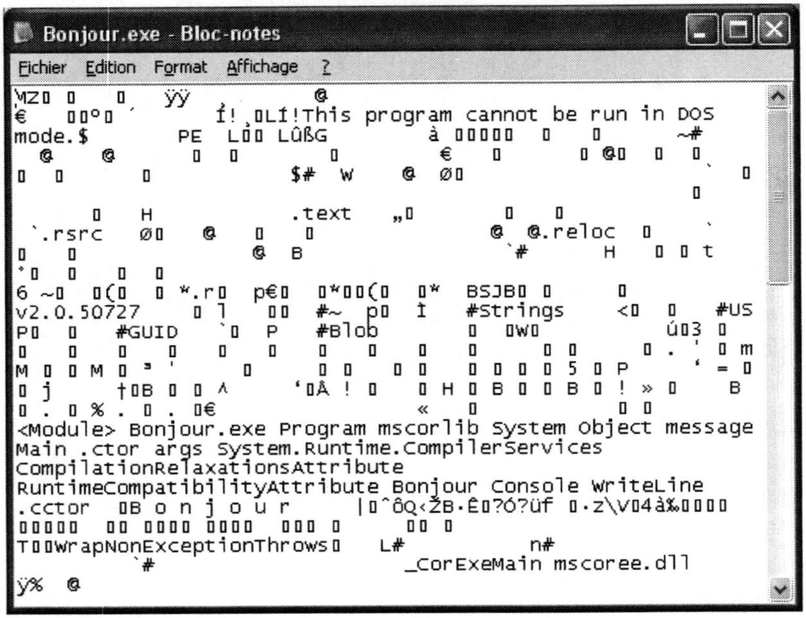

```
Bonjour.exe - Bloc-notes
Fichier  Edition  Format  Affichage  ?

MZ□ □   □  ÿÿ         @
€   □□°□        í! ,□Lí!This program cannot be run in DOS
mode.$      PE  L□□ LûßG        à □□□□□  □    □      ~#
  @    @     □  □          □         €   □       □ @□  □  □
□  □       □           $#   W     @  Ø□                   □
                                                        □
       □    H           .text    „□        □   □
  `.rsrc    Ø□    @    □    □               @  @.reloc  □
□    □              @  B                  `#       H    □ □ t
°□   □    □   □
6 ~□  □(□   □ *.r□  p€□  □*□□(□  □*  BSJB□ □      □
v2.0.50727     □ ]    □□   #~  p□  Ì    #Strings    <□   □   #US
P□   □    #GUID    `□   P    #Blob        □   □W□        ú□3 □
□    □    □    □    □    □    □    □    □    □     □ □    □ .   □ m
M  □  □  M  □  ª          □      □  □    □  □    □  □  □  □  5  □  P     ‘  = □
□  j       †□B  □  □  ^        ‘□Å  !  □    □  H  □  B  □  □  B  □  !  »  □     B
□  .  □  %  .  □  .  □€                    «     □                □ □
<Module> Bonjour.exe Program mscorlib System Object message
Main .ctor args System.Runtime.CompilerServices
CompilationRelaxationsAttribute
RuntimeCompatibilityAttribute Bonjour Console WriteLine
.cctor  □B o n j o u r    |□^ôQ‹ŽB·Ê□?Ó?üf □·z\V□4à‰□□□□
□□□□□  □□ □□□□ □□□□  □□□ □        □□ □
T□□WrapNonExceptionThrows□   L#          n#
         `#                        _CorExeMain mscoree.dll
ÿ%  @
```

Le résultat n'est pas très parlant, c'est le moins que l'on puisse dire !

Nous avons dit que le compilateur génère du code MSIL. C'est donc ce code que nous visualisons dans le bloc-notes. Pour visualiser le contenu d'un fichier MSIL, le framework .NET propose un outil plus adapté.

Deuxième solution : utiliser un désassembleur

Cet outil est lancé à partir de la ligne de commande par l'instruction `ildasm`.

Il permet de visualiser, de manière plus claire que le bloc-notes, un fichier généré par le compilateur. Il convient d'indiquer le fichier que l'on souhaite examiner, par le menu **Fichier - Ouvrir**. Le désassembleur affiche alors son contenu.

```
C:\Documents and Settings\tgroussard\Mes documents\livre c sharp 2010\chapitre 1\code\Bonjour.exe - IL DASM
Fichier  Afficher  ?
C:\Documents and Settings\tgroussard\Mes documents\livre c sharp 2010\chapitre 1\code\Bonjour.exe
    MANIFEST
    Program
.assembly Bonjour
{
```

Les informations présentes dans le fichier peuvent être séparées en deux catégories : le manifest et le code MSIL. Le manifest contient les métadonnées permettant de décrire le contenu du fichier et les ressources dont il a besoin. On parle dans ce cas de fichier auto descriptif. Cette technique est très intéressante car dès que le Common Language Runtime lit le fichier, il dispose de toutes les informations nécessaires pour son exécution.

Il n'y a plus besoin d'avoir recours à un enregistrement dans le registre de la machine. Le manifest peut être visualisé par un double clic sur son nom.

```
MANIFEST
Rechercher  Suivant
// Metadata version: v4.0.30319
.assembly extern mscorlib
{
  .publickeytoken = (B7 7A 5C 56 19 34 E0 89 )                         // .z\V.4.
  .ver 4:0:0:0
}
.assembly Bonjour
{
  .custom instance void [mscorlib]System.Runtime.CompilerServices.CompilationRela
  .custom instance void [mscorlib]System.Runtime.CompilerServices.RuntimeCompatib

  .hash algorithm 0x00008004
  .ver 0:0:0:0
}
.module Bonjour.exe
// MVID: {49FA3A49-6966-4374-B713-55FB70D4012C}
.imagebase 0x00400000
.file alignment 0x00000200
.stackreserve 0x00100000
.subsystem 0x0003       // WINDOWS_CUI
.corflags 0x00000001    //  ILONLY
// Image base: 0x03B00000
```

Nous retrouvons dans ce manifest des informations indiquant que, pour que l'application puisse fonctionner, elle a besoin de l'assembly extern mscorlib.

La deuxième partie correspond réellement au code MSIL. Un ensemble d'icônes est utilisé pour faciliter la visualisation des informations.

Symbole	Signification
	Plus d'infos
	Espace de noms
	Classe
	Interface
	Classe de valeurs
	Énumération
	Méthode
	Méthode statique
	Champ
	Champ statique
	Événement
	Propriété
	Élément de manifeste ou d'infos de classe

Comme pour le manifest, un double clic sur un élément permet d'obtenir plus de détails. Ainsi, nous pouvons, par exemple, visualiser la traduction de notre procédure Main.

Program::Main : void(string[])

Rechercher Suivant

```
.method private hidebysig static void  Main(string[] args) cil managed
{
  .entrypoint
  // Code size       13 (0xd)
  .maxstack  8
  IL_0000:  nop
  IL_0001:  ldsfld     string Program::message
  IL_0006:  call       void [mscorlib]System.Console::WriteLine(string)
  IL_000b:  nop
  IL_000c:  ret
} // end of method Program::Main
```

Dans un exemple de code aussi simple, il est facile de faire la correspondance entre le code Visual C# et sa traduction en code MSIL. Pour les personnes enthousiasmées par le code MSIL, il existe un assembleur MSIL : `ilasm`. Cet outil attend un fichier texte contenant du code MSIL et le transforme en format binaire.

Puisque nous sommes capables de visualiser le code MSIL, nous pouvons vérifier qu'il est bien indépendant du langage source utilisé pour développer l'application. Voici donc le code Visual Basic qui réalise la même chose que notre code Visual C#.

```
using System;

    Imports System
Public Module test
    Dim message As String = "Bonjour"
    Public Sub main()
        console.writeline(message)
    End Sub
End Module
```

Après compilation et désassemblage par `ildasm`, voici ce qu'il nous présente pour la méthode Main.

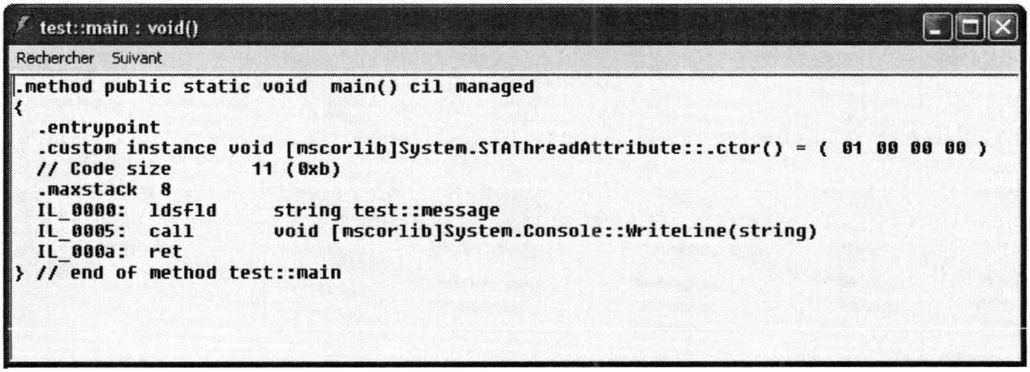

```
test::main : void()
Rechercher  Suivant
.method public static void  main() cil managed
{
  .entrypoint
  .custom instance void [mscorlib]System.STAThreadAttribute::.ctor() = ( 01 00 00 00 )
  // Code size       11 (0xb)
  .maxstack  8
  IL_0000:  ldsfld     string test::message
  IL_0005:  call       void [mscorlib]System.Console::WriteLine(string)
  IL_000a:  ret
} // end of method test::main
```

Il n'y a aucune différence par rapport à la version Visual C# de la méthode Main.

Il est également possible de faire la démarche inverse en transformant un fichier texte contenant du code MSIL en fichier binaire correspondant. Cette transformation se fait grâce à l'assembleur ilasm. La seule difficulté est de créer un fichier texte contenant le code MSIL car même si la syntaxe est compréhensible, elle n'est pas très intuitive. Une solution peut être de demander à l'outil ildasm (le désassembleur) de générer ce fichier texte. Pour cela après, avoir ouvert le fichier exécutable ou la bibliothèque dll avec ildasm, vous devez utiliser l'option **Dump** du menu **Fichier**. Vous êtes alors invité à choisir le nom du fichier à générer (extension .il).

Ce fichier peut être ensuite modifié avec un simple éditeur de texte. Remplacez par exemple le contenu de la variable message avec la chaîne "Hello".

```
.method private hidebysig specialname rtspecialname static
        void  .cctor() cil managed
  {
    // Code size        11 (0xb)
    .maxstack  8
    IL_0000:  ldstr      "Hello"
    IL_0005:  stsfld      string Program::message
    IL_000a:  ret
  } // end of method Program::.cctor
```

Sauvegardez ensuite le fichier. Il ne reste plus maintenant qu'à regénérer le fichier exécutable grâce à l'assembleur ilasm. Saisissez pour cela la ligne de commande suivante :

```
ilasm Bonjour.il /output=Hello.exe
```

L'option `/output=Hello` permet d'indiquer le nom du fichier généré. Si cette option n'est pas spécifiée c'est le nom du fichier source qui sera utilisé. Vous pouvez maintenant lancer le nouvel exécutable et vérifier le message affiché. Toutes ces manipulations peuvent se faire sur n'importe quel fichier exécutable ou bibliothèque dll. La seule difficulté réside dans le volume d'informations fourni par la décompilation. Ceci pose cependant un problème : toute personne disposant des fichiers exécutables ou bibliothèques dll d'une application peut modifier l'application. Certes les modifications risquent d'être périlleuses mais la modification d'une valeur représentant une information importante pour l'application (mot de passe, clé de licence...) est envisageable. Une parade possible à ce genre de manipulation consiste à rendre le code généré par le décompilateur le plus incompréhensible possible. Pour cela, il faut agir au niveau du fichier exécutable ou de la bibliothèque dll en modifiant les informations qu'ils contiennent sans, bien sûr, en perturber le fonctionnement. Des outils appelés obfuscateurs sont capables de réaliser cette opération. Visual Studio est fourni avec un outil de la société PreEmptive Solutions appelé DotFuscator Community Edition. Cette version permet de réaliser les opérations de base pour "embrouiller" un fichier. Le principal traitement effectué sur le fichier consiste à renommer les identifiants contenus dans le fichier (nom des variables, nom des procédures et fonctions...) avec des valeurs très peu explicites, en général un caractère unique. Voici un extrait de la décompilation du fichier Bonjour.exe après traitement par Dofuscator Community Edition.

```
.class public auto ansi sealed beforefieldinit DotfuscatorAttribute
       extends [mscorlib]System.Attribute
{
  .custom instance void [mscorlib]System.AttributeUsageAttribute::.ctor(value-
type [mscorlib]System.AttributeTargets) = ( 01 00 01 00 00 00 00 00 )
  .field private string a
  .method public hidebysig specialname rtspecialname
          instance void  .ctor(string a) cil managed
  {
    // Code size       14 (0xe)
    .maxstack  2
    IL_0000:  ldarg.0
```

```
    IL_0001:  dup
    IL_0002:  call         instance void [mscorlib]System.Attribute::.ctor()
    IL_0007:  ldarg.1
    IL_0008:  stfld        string DotfuscatorAttribute::a
    IL_000d:  ret
  } // end of method DotfuscatorAttribute::.ctor
  .method public hidebysig  string
        a() cil managed
  {
    // Code size         7 (0x7)
    .maxstack  1
    IL_0000:  ldarg.0
    IL_0001:  ldfld        string DotfuscatorAttribute::a
    IL_0006:  ret
  } // end of method DotfuscatorAttribute::a
  .property instance string A()
  {
    .get instance string DotfuscatorAttribute::a()
  } // end of property DotfuscatorAttribute::A
} // end of class DotfuscatorAttribute

.class private auto ansi beforefieldinit a
        [mscorlib]System.Object
{
  .field private static string a
  .method private hidebysig static void  a(string[] A_0) cil managed
  {
    .entrypoint
    // Code size      13 (0xd)
    .maxstack  8
    IL_0000:  nop
    IL_0001:  ldsfld     string a::a
    IL_0006:  call       void [mscorlib]System.Console::WriteLine(string)
    IL_000b:  nop
    IL_000c:  ret
  } // end of method a::a
  .method public hidebysig specialname rtspecialname
        instance void  .cil managed
  {
    // Code size       7 (0x7)
    .maxstack  8
    IL_0000:  ldarg.0
    IL_0001:  call       instance void [mscorlib]System.Object::.ctor()
    IL_0006:  ret
  } // end of method a::.ctor
  .method private hidebysig specialname rtspecialname static
        void  .cctor() cil managed
```

```
  {
    // Code size         (0xb)
    .maxstack  8
    IL_0000:  ldstr       "Bonjour"
    IL_0005:  stsfld      string a::a
    IL_000a:  ret
  } // end of method a::.cctor
} // end of class a
```

Dans ce fichier, plus aucune trace des noms utilisés dans le code. La classe s'appelle a, la procédure Main s'appelle maintenant 'a', la variable message s'appelle maintenant 'a' aussi. Imaginez le résultat d'un tel traitement sur un fichier contenant plusieurs dizaines de variables et procédures !

La version Professional Edition permet également le cryptage des chaînes des caractères, la modification et l'ajout de code inutile pour complexifier les structures de contrôles (boucles, conditions...).

Ci-dessous un exemple de transformation extrait de la documentation de Dotfuscator.

Le code original :

```
public int CompareTo(Object o)
{
int n = occurrences - ((WordOccurrence)o).occurrences;
if (n == 0)
    {
    n = String.Compare(word, ((WordOccurrence)o).word);
    }
return(n);
}
```

Le code généré :

```
public virtual int _a(Object A_0) {
int local0;
int local1;
local0 = this.a - (c) A_0.a;
if (local0 != 0) goto i0;
goto i1;
while (true) {
return local1;
i0: local1 = local0;
}
i1: local0 = System.String.Compare(this.b, (c) A_0.b);
goto i0;
}
```

L'analyse de milliers de lignes de code de ce type risque de provoquer quelques migraines ! Il est donc préférable de conserver le code source original pour les modifications ultérieures. Plus d'informations sont disponibles sur le site http://www.preemptive.com/.

4. Exécution du code

Lorsqu'un utilisateur exécute une application managée, le chargeur de code du système d'exploitation charge le Common Language Runtime qui ensuite démarre l'exécution du code managé. Comme le processeur de la machine sur laquelle s'exécute l'application ne peut pas prendre en charge directement le code MSIL, Le Common Language Runtime doit le convertir en code natif.

Cette conversion ne concerne pas la totalité du code au chargement de l'application. Il convertit le code au fur et à mesure des besoins. La démarche adoptée est la suivante :

- Au chargement d'une classe, le Common Language Runtime remplace chaque méthode de la classe par un morceau de code demandant au compilateur JIT de le compiler en langage natif.
- Par la suite, lorsque la méthode est utilisée dans le code, la portion de code générée au chargement entre en action et compile en code natif la méthode.
- Le morceau de code demandant la compilation de la méthode est ensuite remplacé par le code natif généré.
- Les futurs appels de cette méthode se feront directement sur le code natif généré.

Chapitre 2 : Présentation de Visual Studio

A. Installation et premier démarrage 36
B. Découverte de l'environnement 47
C. Les outils disponibles 50

A. Installation et premier démarrage

1. Configuration nécessaire

Pour permettre un fonctionnement correct, Visual Studio nécessite une configuration minimale. Microsoft conseille les valeurs suivantes :

Composant	Minimum recommandé	Performances optimales
Processeur	Pentium 1,6 GHz ou équivalent	Pentium 2,2 GHz ou équivalent
RAM	1024 Mo	2048 Mo ou plus
Espace disque	1 GB sur le disque système et de 2,8 à 3,8 GB sur un autre disque	
Video	1024 x 768	1280 x 1024
Lecteur DVD	Indispensable	Indispensable
Système d'exploitation	Microsoft Windows XP (SP3) Microsoft Windows Server 2003 (SP2) Microsoft Windows Vista (SP1)	Toute version ultérieure (Server 2008, Windows 7) avec le dernier service pack disponible (SP3 pour XP)

Procédure d'installation

Les éléments nécessaires sont :

- le DVD de Visual Studio.NET ;
- de la place disponible sur votre disque dur (de 3,8 à 5 Go en fonction des outils installés) ;
- et surtout de la patience, car l'installation est longue...

Après insertion du DVD et quelques secondes de chargement, l'écran suivant s'affiche :

Cet écran propose, par des liens hypertexte, les deux actions nécessaires pour l'installation de Visual Studio. Nous devons bien sûr débuter par l'installation de Visual Studio.

La première étape consiste, pour l'assistant d'installation, à collecter les informations concernant votre système :

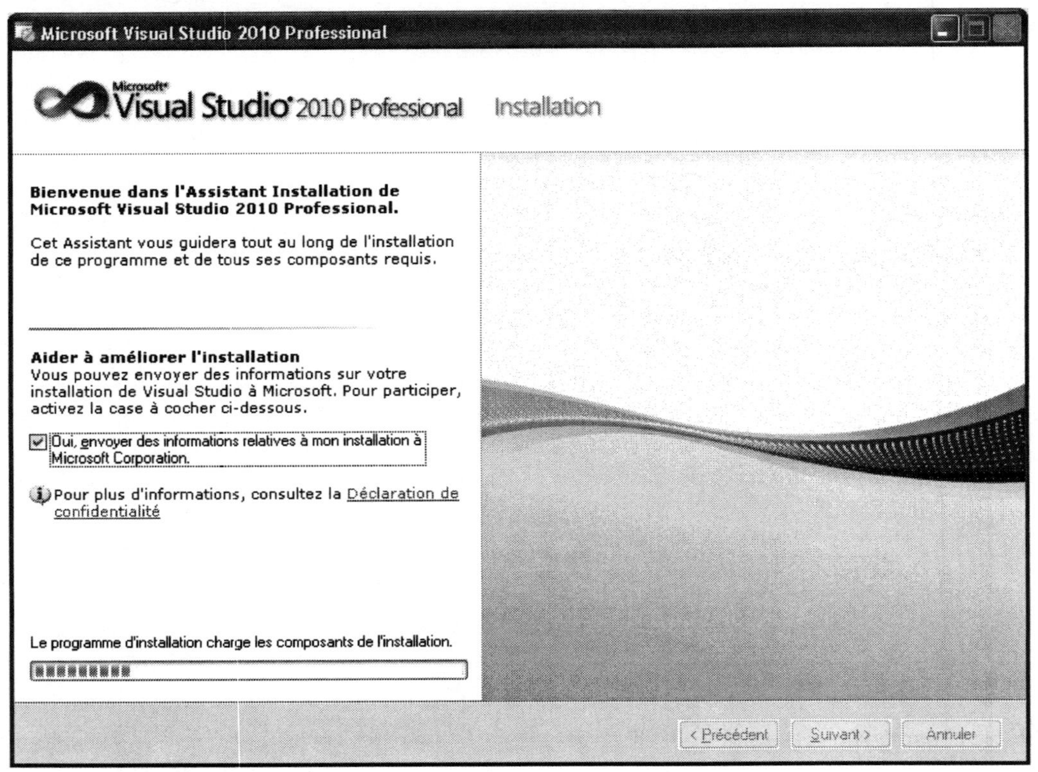

L'écran suivant vous informe du résultat de l'analyse effectuée et vous demande d'accepter le contrat de licence :

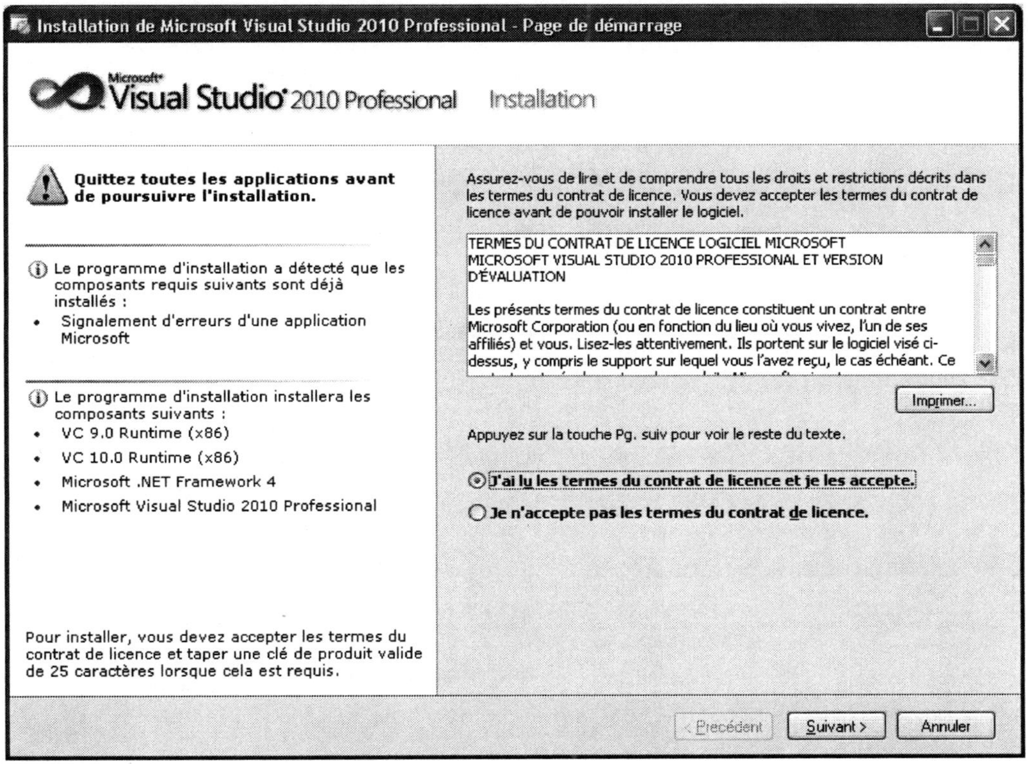

Installation de Microsoft Visual Studio 2010 Professional - Page de démarrage

Microsoft Visual Studio 2010 Professional Installation

Quittez toutes les applications avant de poursuivre l'installation.

Le programme d'installation a détecté que les composants requis suivants sont déjà installés :

- Signalement d'erreurs d'une application Microsoft

Le programme d'installation installera les composants suivants :

- VC 9.0 Runtime (x86)
- VC 10.0 Runtime (x86)
- Microsoft .NET Framework 4
- Microsoft Visual Studio 2010 Professional

Pour installer, vous devez accepter les termes du contrat de licence et taper une clé de produit valide de 25 caractères lorsque cela est requis.

Assurez-vous de lire et de comprendre tous les droits et restrictions décrits dans les termes du contrat de licence. Vous devez accepter les termes du contrat de licence avant de pouvoir installer le logiciel.

TERMES DU CONTRAT DE LICENCE LOGICIEL MICROSOFT
MICROSOFT VISUAL STUDIO 2010 PROFESSIONAL ET VERSION D'ÉVALUATION

Les présents termes du contrat de licence constituent un contrat entre Microsoft Corporation (ou en fonction du lieu où vous vivez, l'un de ses affiliés) et vous. Lisez-les attentivement. Ils portent sur le logiciel visé ci-dessus, y compris le support sur lequel vous l'avez reçu, le cas échéant. Ce

Imprimer...

Appuyez sur la touche Pg. suiv pour voir le reste du texte.

J'ai lu les termes du contrat de licence et je les accepte.

Je n'accepte pas les termes du contrat de licence.

< Précédent | Suivant > | Annuler

L'écran suivant vous propose de personnaliser l'installation en choisissant les outils et langages installés ainsi que le répertoire dans lequel ils seront installés. En fonction de vos choix, l'espace disque nécessaire pour l'installation est calculé. Le programme d'installation vérifie également que l'espace disque disponible est suffisant pour mener à bien l'installation.

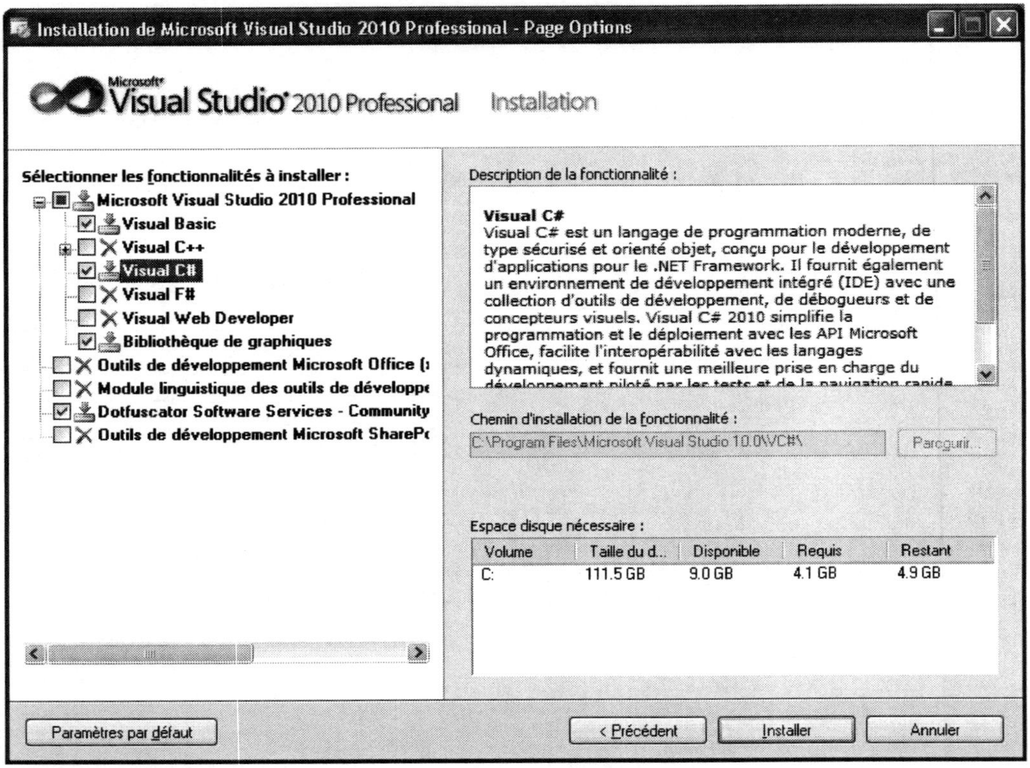

Après validation de vos paramètres par le bouton **Installer**, le programme d'installation débute la copie des fichiers.

L'écran suivant affiche la progression de l'installation :

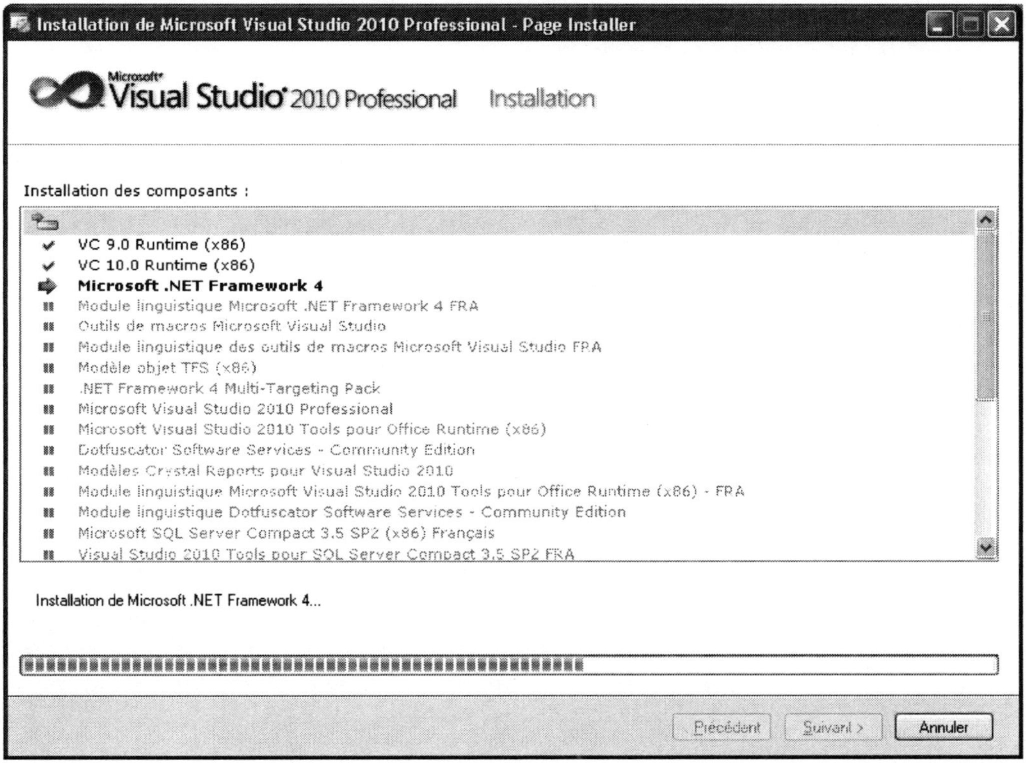

Après une trentaine de minutes de copie, l'écran suivant vous informe du succès de l'installation.

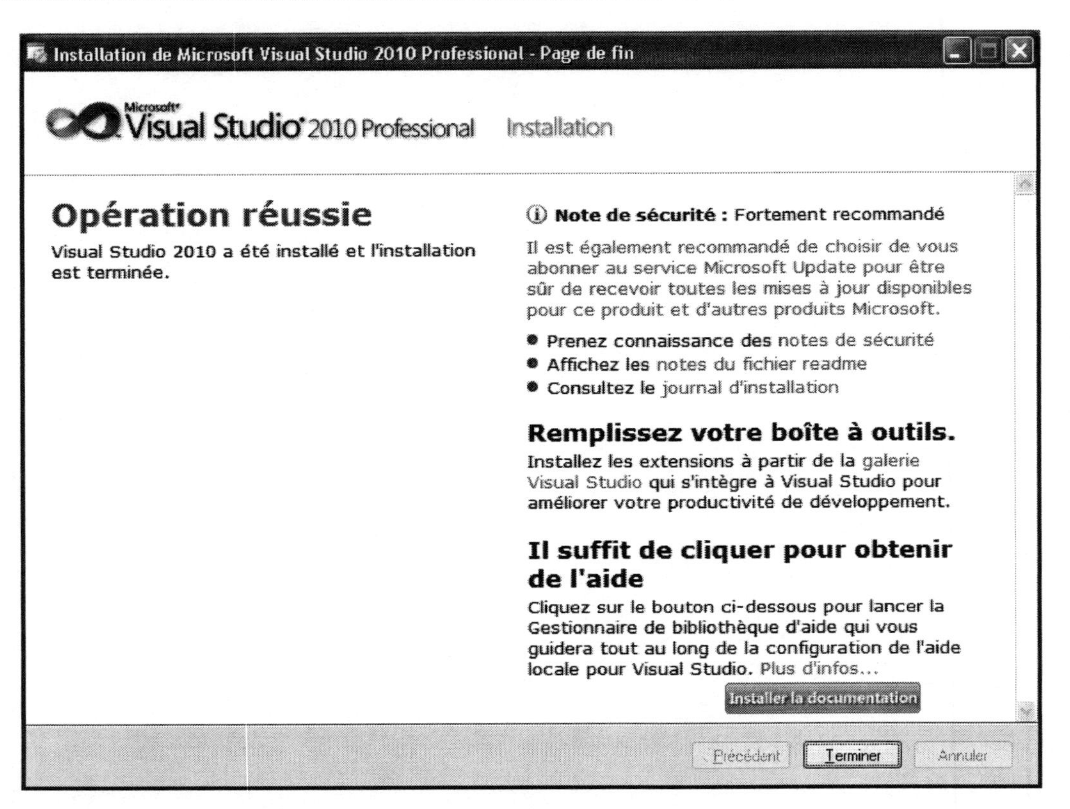

Vous pouvez maintenant, à partir de cette boîte de dialogue, installer et configurer la documentation.

Vous devez, dans un premier temps, indiquer le répertoire où sera recopié le contenu de la documentation à installer en local sur le poste.

Gestionnaire de bibliothèque d'aide - Visionneuse d'aide Microsoft 1.0
Définir l'emplacement du contenu local
Sélectionnez un emplacement pour le contenu local.
Emplacement de la bibliothèque :
C:\Documents and Settings\All Users\Application Data\Microsoft\HelpLibrary\
Parcourir...
OK
Annuler

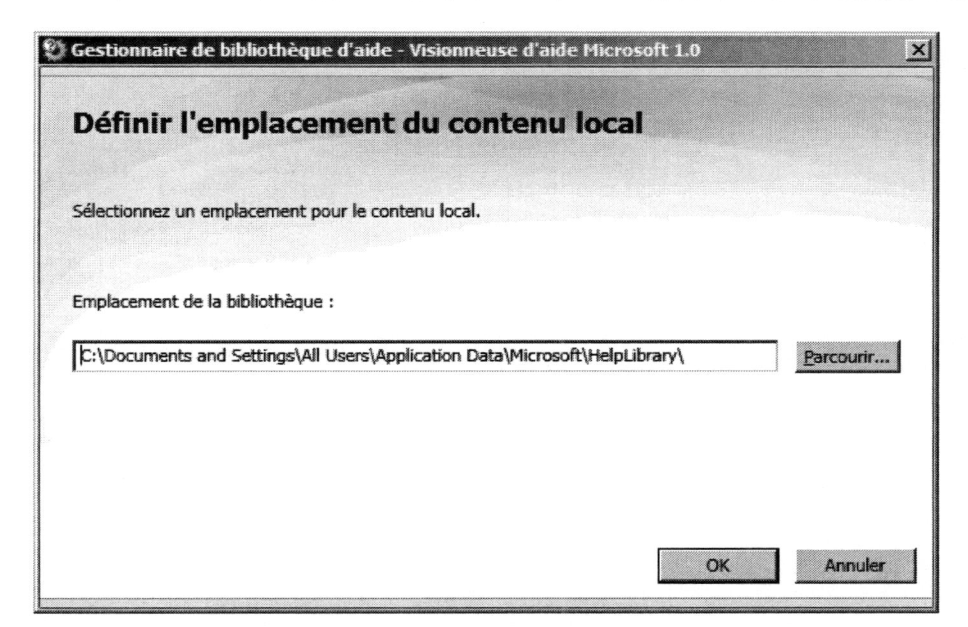

Il faut ensuite choisir quelles rubriques d'aide doivent être installées localement.

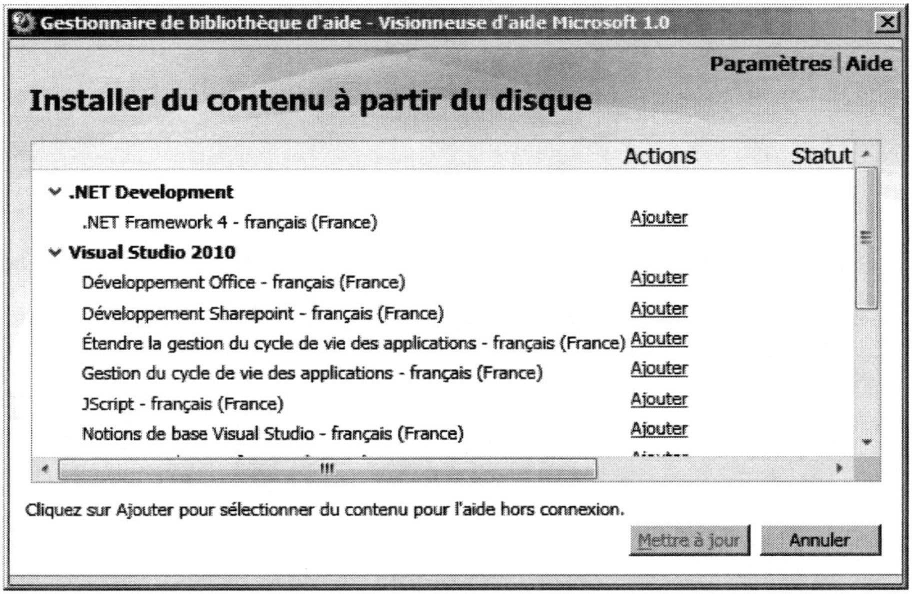

Gestionnaire de bibliothèque d'aide - Visionneuse d'aide Microsoft 1.0
Paramètres | Aide
Installer du contenu à partir du disque
Actions
Statut
.NET Development
.NET Framework 4 - français (France)
Ajouter
Visual Studio 2010
Développement Office - français (France)
Ajouter
Développement Sharepoint - français (France)
Ajouter
Étendre la gestion du cycle de vie des applications - français (France)
Ajouter
Gestion du cycle de vie des applications - français (France)
Ajouter
JScript - français (France)
Ajouter
Notions de base Visual Studio - français (France)
Ajouter
Cliquez sur Ajouter pour sélectionner du contenu pour l'aide hors connexion.
Mettre à jour
Annuler

Après quelques minutes de copie (en fonction des options choisies), vous accédez au gestionnaire de bibliothèque d'aide.

Celui-ci vous permet de :

- Définir la source de l'aide (le disque local ou le site web Microsoft).
- Vérifier si des mises à jour sont disponibles pour les rubriques d'aide installées localement.
- Installer localement de nouvelles rubriques d'aide à partir du site web Microsoft.
- Installer localement de nouvelles rubriques à partir d'un CD-Rom ou DVD.
- Désinstaller une ou plusieurs rubriques d'aide installées localement.

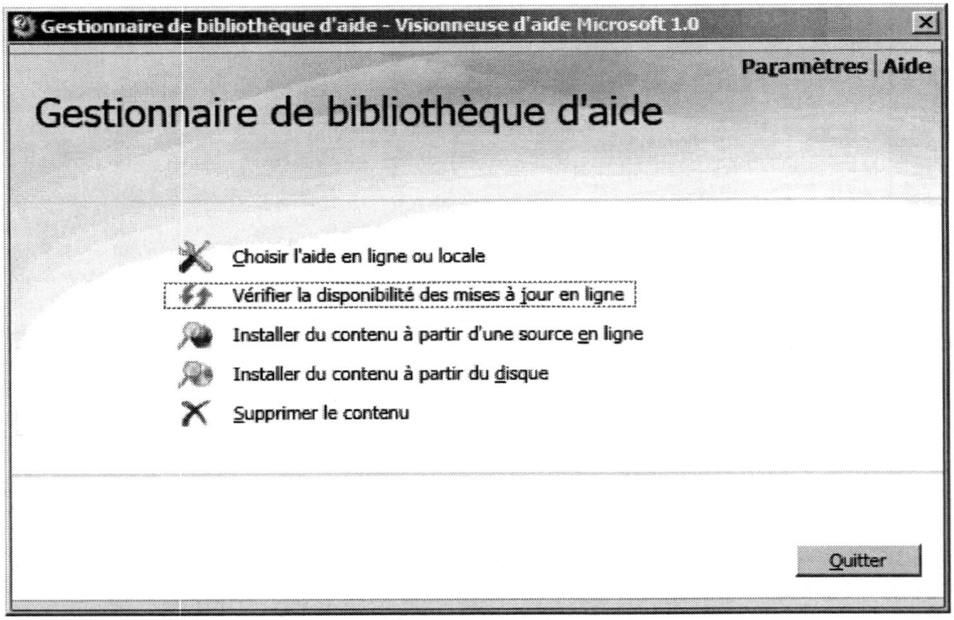

Une fois cette installation terminée, il reste à vérifier, auprès de Microsoft, s'il existe des correctifs pour les produits que vous venez d'installer. Cette étape nécessite un accès Internet avec bande passante suffisante car le volume d'informations à recevoir peut être important. Si vous ne disposez pas d'accès Internet, vous pouvez ignorer cette étape et tout de même disposer d'un produit opérationnel.

2. Premier démarrage

Un raccourci créé automatiquement par le programme d'installation vous permet de lancer Visual Studio.

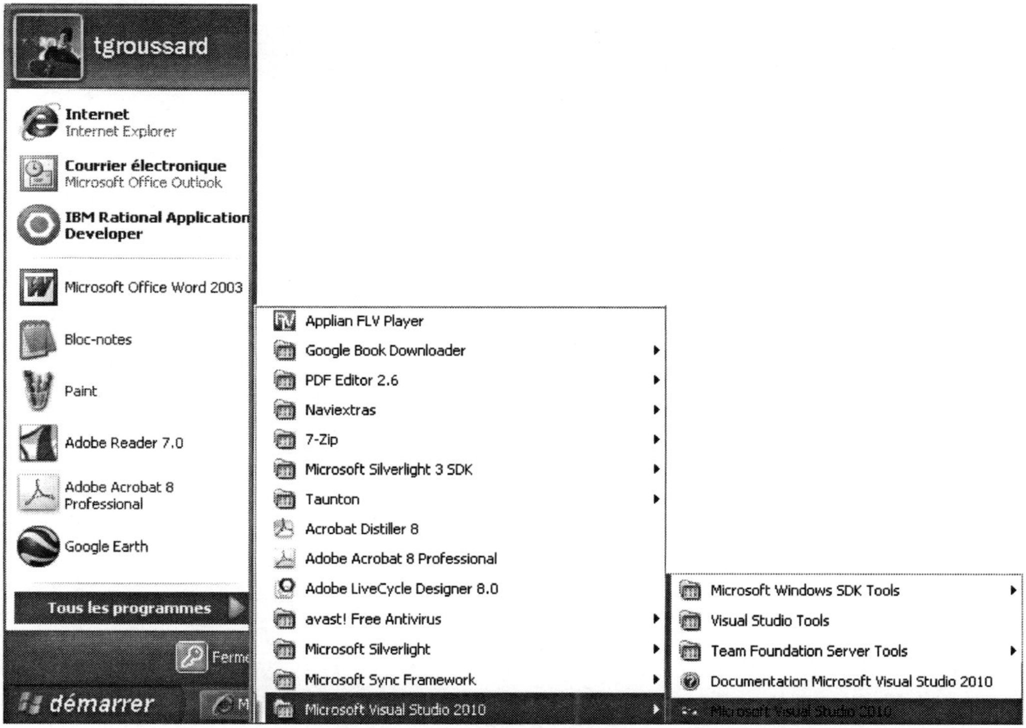

Lors du premier démarrage, Visual Studio vous propose de personnaliser l'environnement de travail. En fonction de votre préférence pour un langage particulier, Visual Studio configure l'environnement avec les outils adaptés. Cette configuration peut, par la suite, être modifiée par le menu **Outils - Importation et exportation de paramètres**.

Choisir les paramètres d'environnement par défaut

Microsoft Visual Studio 2010 Professional

Avant d'utiliser l'application pour la première fois, vous devez spécifier votre activité de développement la plus importante, par exemple Visual Basic ou Visual C#. Ces informations permettent d'appliquer une collection de paramètres prédéfinis à l'environnement de développement répondant à votre activité de développement.

Vous pouvez décider d'utiliser une autre collection de paramètres à tout moment. Dans le menu Outils, sélectionnez Importation et exportation de paramètres, puis Réinitialiser tous les paramètres.

☑ Migrer mes paramètres éligibles depuis une version précédente et les ajouter aux paramètres par défaut sélectionnés ci-dessous.

Choisissez vos paramètres d'environnement par défaut :

Paramètres de développement généraux
Paramètres de développement Visual Basic
Paramètres de développement Visual C#
Paramètres de gestion de projets

Description :
Personnalise l'environnement pour optimiser l'espace à l'écran de l'éditeur de code et rendre les commandes C# plus visibles. Améliore la productivité grâce à des raccourcis clavier conçus pour être faciles à apprendre et à utiliser.

Démarrer Visual Studio | Quitter Visual Studio

Visual Studio applique ensuite vos choix avant de démarrer.

Microsoft Visual Studio
Microsoft Visual Studio charge les paramètres utilisateur. Cela peut prendre quelques minutes.

Nous allons maintenant explorer les outils à notre disposition.

B. Découverte de l'environnement

1. Page de démarrage

Cette page est affichée à chaque lancement de Visual Studio. Elle vous permet d'accéder rapidement aux derniers projets sur lesquels vous avez travaillé, de créer un nouveau projet ou d'ouvrir un projet existant.

L'onglet **Dernières informations** permet d'activer un flux RSS fournissant des informations sur les mises à jour disponibles.

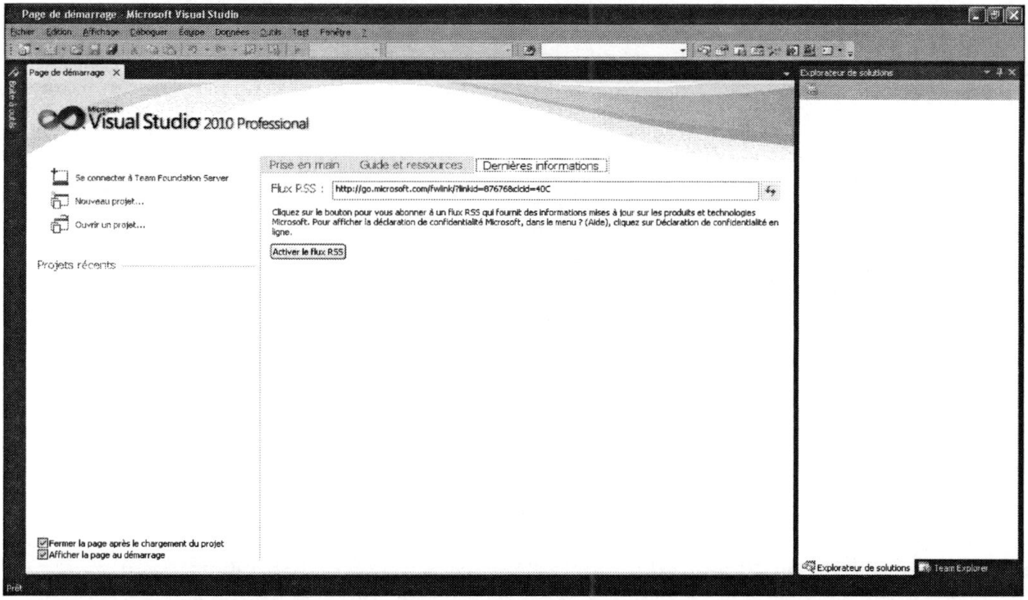

Après création d'un nouveau projet ou ouverture d'un projet existant, l'environnement Visual Studio est démarré.

2. Environnement Visual Studio

L'environnement est composé de trois types d'éléments :

- une zone de barre de menus et de barres d'outils ;
- une zone centrale de travail ;
- une multitude de fenêtres constituant les différents outils à notre disposition.

L'ensemble présente tout de même un aspect chargé et, après l'ajout d'une ou deux barres d'outils et l'apparition de quelques fenêtres supplémentaires, la zone de travail devient restreinte surtout sur un écran de taille réduite.

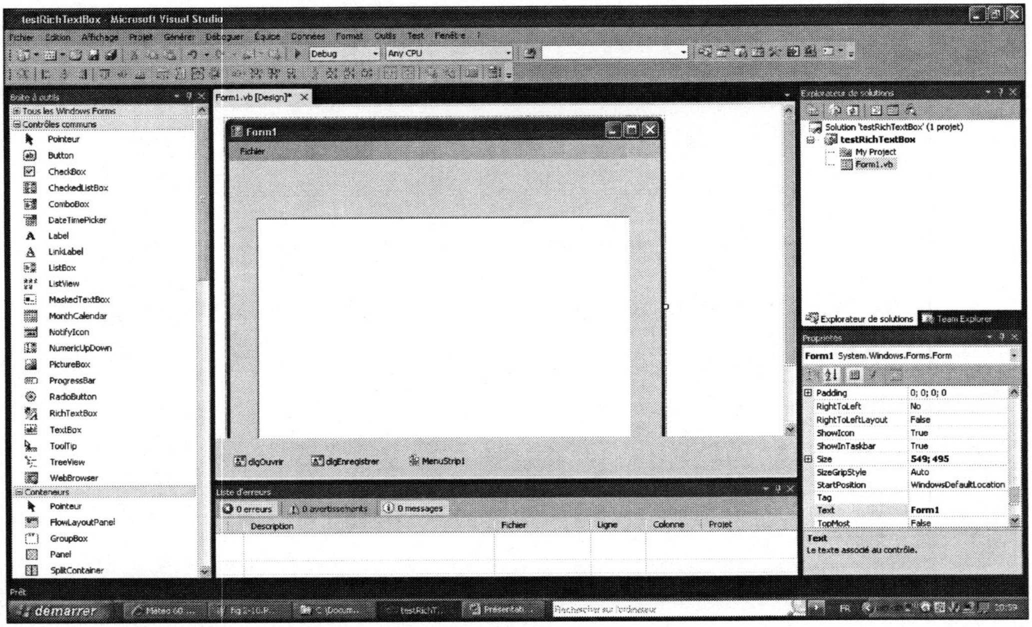

Heureusement, plusieurs solutions sont disponibles pour gérer notre espace de travail :

- l'ancrage des fenêtres ;
- le masquage automatique des fenêtres ;
- l'utilisation d'onglets.

L'ancrage de fenêtres ne permet pas de gagner de la place sur l'écran mais nous permet d'accrocher, à une bordure de l'écran ou d'une autre fenêtre, telle ou telle fenêtre. Il est également possible de rendre flottante chaque fenêtre, en double cliquant sur sa barre de titre ou en utilisant le menu contextuel. La fenêtre peut être ensuite déplacée ou ancrée sur une autre bordure. Pour nous guider dans l'ancrage d'une fenêtre, Visual Studio affiche, pendant le déplacement d'une fenêtre, des guides permettant de choisir la bordure où effectuer l'ancrage.

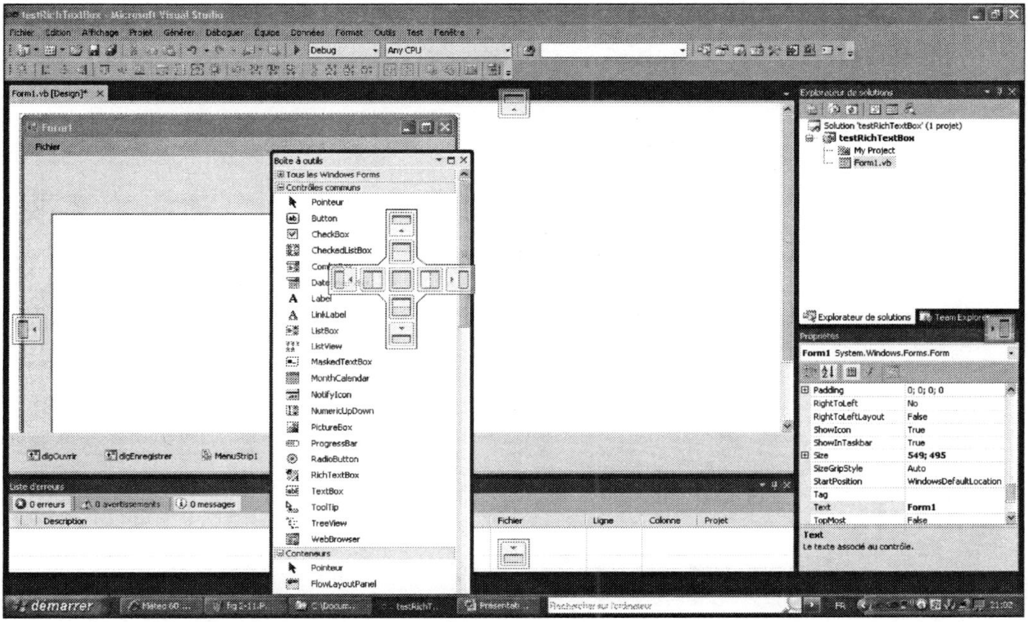

Les icônes placées en périphérie de l'écran permettent l'ancrage sur la bordure

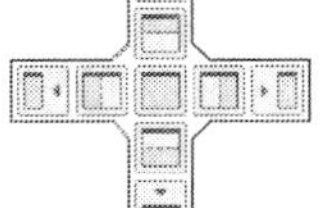

correspondante de l'écran. Les icônes apparaissant au centre de la fenêtre survolée, contrôlent l'ancrage sur ses bordures ou sous forme d'un onglet supplémentaire pour la fenêtre.

Plus intéressantes pour gagner de la place sur l'écran, les fenêtres masquables ne sont visibles que si le curseur de la souris se trouve au-dessus de leur surface. Sinon, seule une zone d'onglets, située en bordure de l'environnement de développement, permet de faire apparaître son contenu. Pour conserver une fenêtre toujours visible, il suffit de la bloquer en utilisant la punaise présente sur sa barre de titre 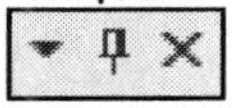 .

Enfin, l'utilisation d'onglets permet de partager une même zone écran entre différentes fenêtres et à ce niveau, les concepteurs de Visual Studio en ont usé sans modération.

C. Les outils disponibles

Regardons un peu plus en détail les différentes barres d'outils et fenêtres qui sont à notre disposition.

1. Les barres d'outils

Pas moins de trente barres d'outils différentes sont disponibles dans Visual Studio. L'affichage de chacune d'elles peut être contrôlé par le menu contextuel, obtenu en faisant un clic droit sur la barre de menus principale.

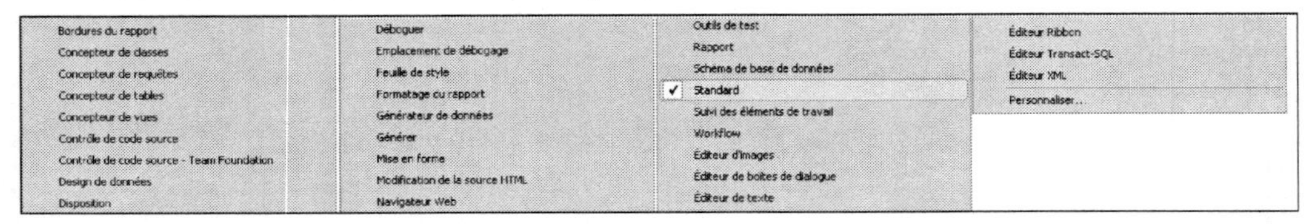

Il est bien sûr inutile d'afficher la totalité des barres d'outils simultanément mais seulement les plus utiles.

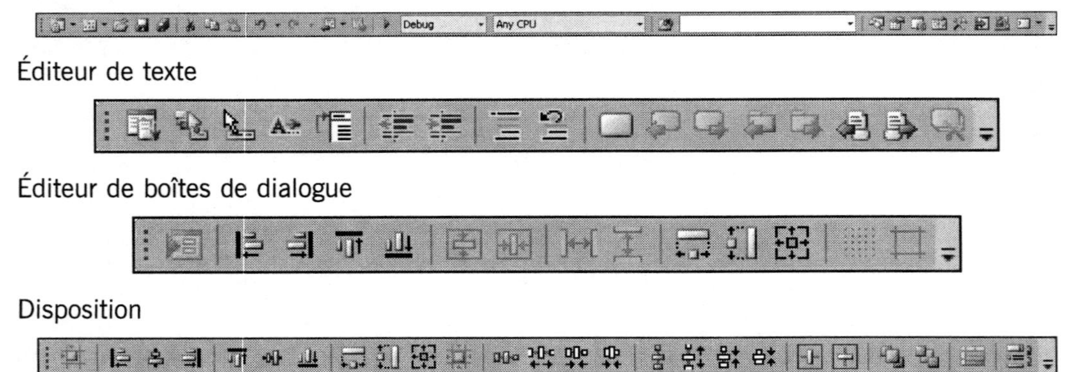

Déboguer

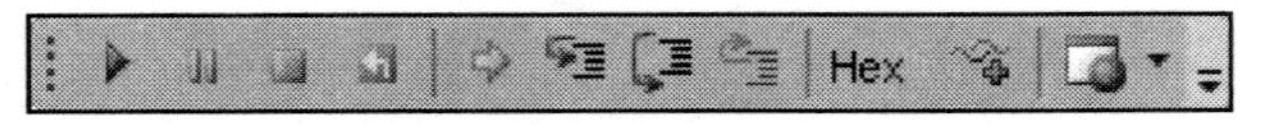

Les autres barres disponibles seront affichées, au coup par coup, en fonction de vos besoins afin d'éviter de surcharger votre écran.

Les fenêtres disponibles sont également assez nombreuses et nous allons découvrir les plus courantes.

2. La boîte à outils

C'est à partir de la boîte à outils que nous allons choisir les éléments utilisés pour la conception de l'interface de l'application.

Boîte à outils
⊞ Tous les Windows Forms
⊞ Contrôles communs
⊟ Conteneurs
Pointeur
FlowLayoutPanel
GroupBox
Panel
SplitContainer
TabControl
TableLayoutPanel
⊟ Menus et barres d'outils
Pointeur
ContextMenuStrip
MenuStrip
StatusStrip
ToolStrip
ToolStripContainer
⊞ Données
⊞ Composants
⊞ Impression
⊞ Boîtes de dialogue

La boîte à outils est organisée par rubrique permettant de facilement retrouver les contrôles.

Chacun pourra personnaliser sa boîte à outils en y ajoutant par exemple, des contrôles non disponibles par défaut. Il peut être judicieux, avant d'ajouter des contrôles à votre boîte à outils, de créer une nouvelle rubrique pour les héberger. Pour cela, affichez le menu contextuel de la boîte à outils (en cliquant avec le bouton droit de la souris sur la boîte à outils), choisissez l'option **Ajouter un onglet** puis donnez un nom à la nouvelle rubrique ainsi créée. Après avoir sélectionné cette nouvelle rubrique, vous pouvez ensuite y ajouter des contrôles. Affichez à nouveau le menu contextuel de la boîte à outils puis choisissez l'option **Choisir les éléments**.

La liste des contrôles (Com ou .NET), disponibles sur la machine, est alors présentée, vous permettant ainsi de sélectionner les contrôles à ajouter dans cette rubrique de la boîte à outils. La configuration de la boîte à outils n'est pas liée au projet actif mais à l'environnement lui-même (la boîte à outils sera identique quel que soit le projet ouvert).

3. L'explorateur de serveurs

L'explorateur de serveurs est disponible par le menu **Affichage - Explorateur de serveurs** ou par le raccourci-clavier [Ctrl][Alt] **S**. Il s'affiche sur un nouvel onglet de la fenêtre associée à la boîte à outils.

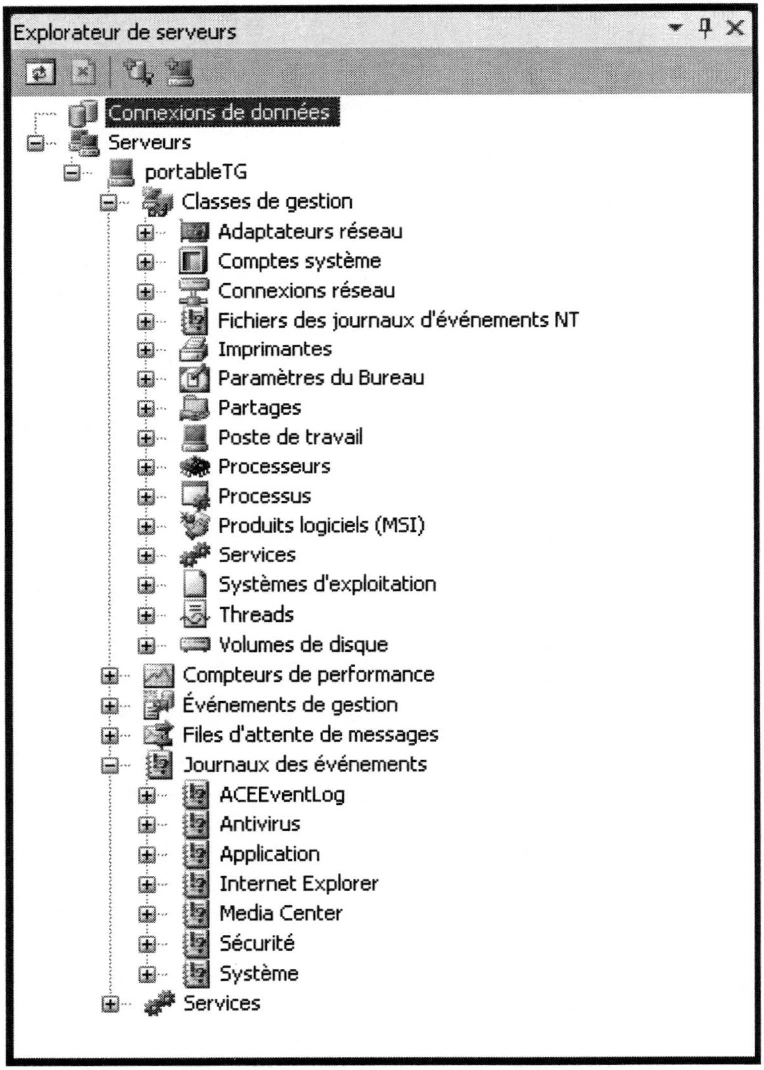

La majorité des applications a besoin pour fonctionner d'autres machines présentes sur le réseau. Il est donc nécessaire d'avoir, pendant la phase de développement d'une application, la possibilité d'accéder aux ressources disponibles sur d'autres machines.

L'élément le plus fréquemment utilisé de la fenêtre explorateur de serveurs sera certainement la rubrique **Connexions de données**.

Elle permet notamment la gestion des objets disponibles sur le serveur SQL (tables, vues, procédures stockées).

L'explorateur de serveurs permet également de gérer les services fonctionnant sur les machines aussi bien par l'interface graphique que par le code. Il offre la possibilité de visualiser l'activité des machines en analysant les compteurs de performance ou en récupérant les informations dans les différents journaux d'événements. Un simple glisser-déplacer entre l'explorateur de serveurs et une fenêtre en cours de conception génère automatiquement le code permettant de manipuler cet élément dans l'application. Par exemple, le déplacement d'un compteur de performance au-dessus d'une fenêtre génère le code suivant :

```
private System.Diagnostics.PerformanceCounter performanceCounter1;
this.performanceCounter1 = new System.Diagnostics.PerformanceCounter();
this.performanceCounter1.CategoryName = "Mémoire"
this.performanceCounter1.CounterName = "Kilo-octets disponibles"
this.performanceCounter1.MachineName = "portableTG"
```

4. L'explorateur de solutions

L'explorateur de solutions permet l'affichage des éléments constituant une solution et la modification de leurs propriétés.

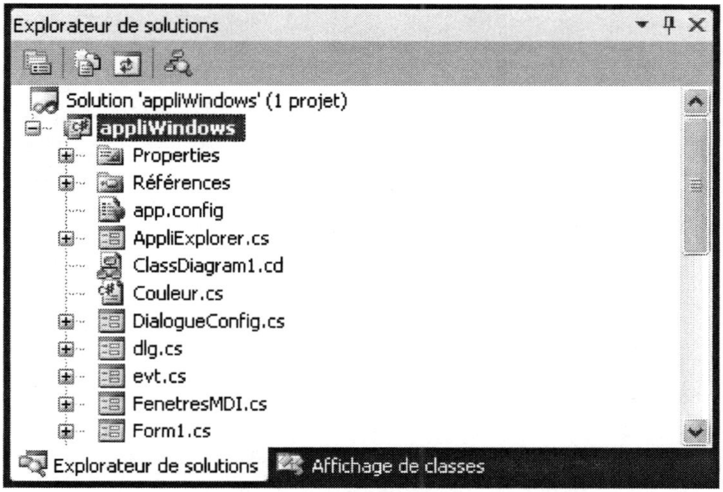

L'utilisation de l'explorateur de solutions est présenté en détail dans le chapitre consacré à l'organisation d'une application.

5. L'affichage de classes

L'affichage de classes est accessible par le menu **Affichage - Autres fenêtres - Affichage de classes** ou par le raccourci-clavier [Ctrl][Shift] **C**. Il partage sa zone écran avec l'explorateur de solutions.

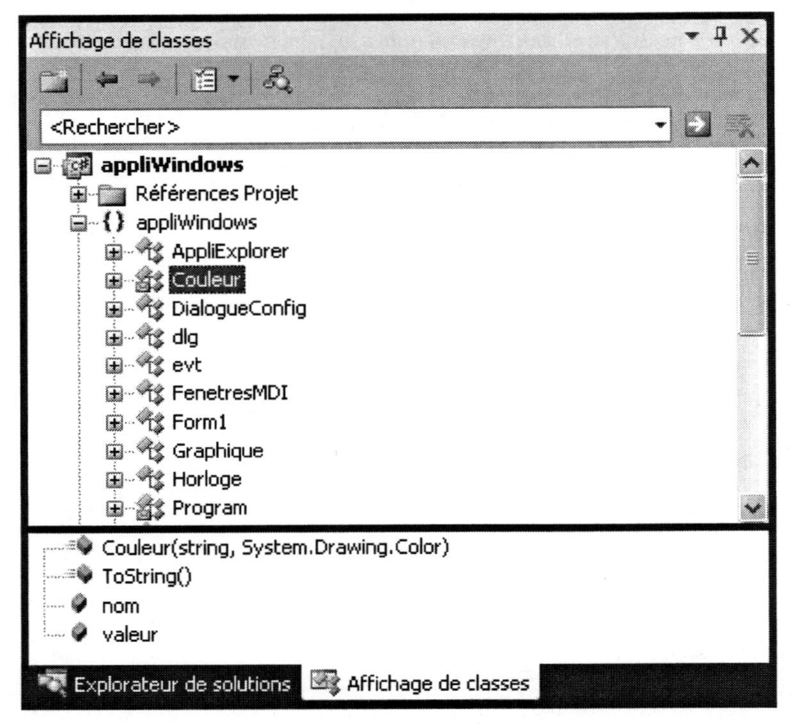

L'affichage de classe permet d'avoir une vision logique d'une solution en présentant les différentes classes utilisées dans cette solution.

6. La fenêtre de propriétés

La fenêtre de propriétés peut être affichée par trois méthodes :

- En utilisant le menu **Affichage - Fenêtre de propriétés**.
- Par la touche de fonction [F4].
- Par l'option **Propriétés** du menu contextuel disponible en cliquant avec le bouton droit sur un des éléments constituant un projet (élément graphique de l'interface utilisateur, fichier ou dossier du projet...). La fenêtre de propriétés adapte automatiquement son contenu en fonction de l'élément sélectionné et permet de modifier ces caractéristiques.

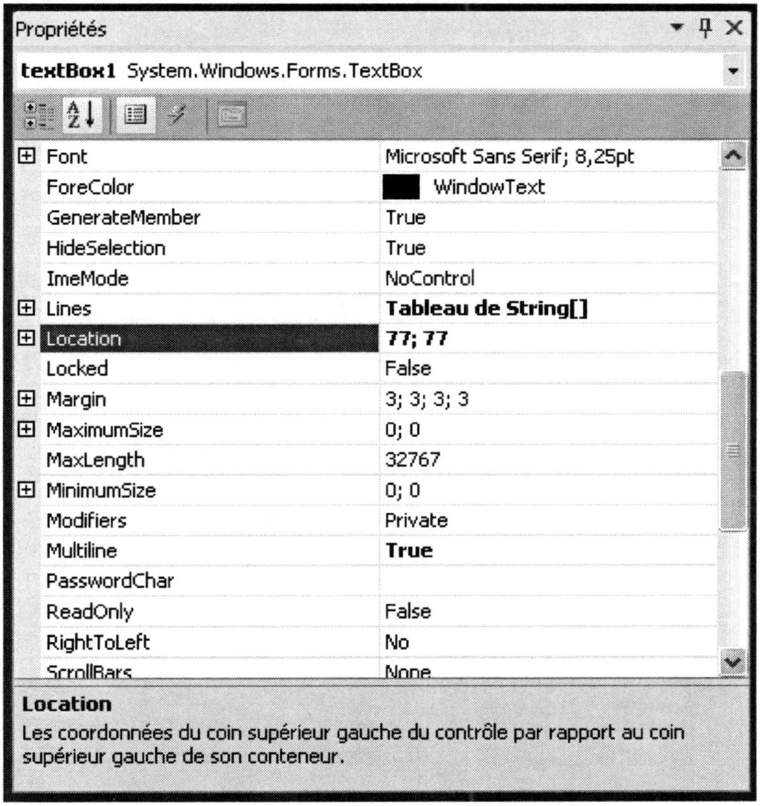

Propriétés

textBox1 System.Windows.Forms.TextBox

Font	Microsoft Sans Serif; 8,25pt
ForeColor	WindowText
GenerateMember	True
HideSelection	True
ImeMode	NoControl
Lines	**Tableau de String[]**
Location	**77; 77**
Locked	False
Margin	3; 3; 3; 3
MaximumSize	0; 0
MaxLength	32767
MinimumSize	0; 0
Modifiers	Private
Multiline	**True**
PasswordChar	
ReadOnly	False
RightToLeft	No
ScrollBars	None

Location
Les coordonnées du coin supérieur gauche du contrôle par rapport au coin supérieur gauche de son conteneur.

Les éléments dont vous pouvez modifier les caractéristiques peuvent être sélectionnés directement dans la liste déroulante ou sur l'interface de l'application.

Deux présentations sont disponibles pour la liste des propriétés :

Le mode **Alphabétique** que vous activez en cliquant sur l'icône .

Le mode **Par catégorie** que vous activez en cliquant sur l'icône .

7. La liste des tâches

Cette fenêtre va vous permettre de remplacer les dizaines de PostIt collés sur le bord de votre écran. En effet, vous pourrez gérer ce qu'il reste à faire dans votre projet en tenant à jour une liste des modifications à apporter dans votre code.

Les informations présentes dans la liste peuvent avoir deux origines :

- Les commentaires insérés dans votre code.
- Les informations saisies directement dans la fenêtre.

Vous pouvez placer dans votre code des commentaires qui apparaîtront par la suite dans la liste des tâches. Cette technique vous permet par exemple d'indiquer une modification à effectuer plus tard dans votre code.

Il suffit que le commentaire commence par todo, pour être ensuite repris automatiquement dans la liste des tâches.

Vous pouvez également saisir directement les informations dans la liste des tâches. Vous devez basculer vers l'affichage des tâches utilisateur en utilisant la zone de liste disponible sur la barre de titre de la liste des tâches.

L'ajout d'une tâche s'exécute ensuite par le bouton  , disponible dans la liste des tâches.

Vous pouvez alors spécifier une description et une priorité pour la nouvelle tâche en cliquant sur la colonne de gauche de la liste des tâches. Trois niveaux de priorité sont disponibles :

- Haute
- Normale
- Basse.

Pour chaque tâche, une case à cocher permet d'indiquer qu'elle a été réalisée. Sa description apparaît alors barrée dans la liste des tâches. Il n'y a pas, pour les tâches utilisateur, de liaison automatique avec une portion quelconque de code.

8. La liste des erreurs

Le code que vous saisissez est analysé en continu par Visual Studio et les éventuelles erreurs de syntaxe sont reprises par Visual Studio dans la fenêtre **Liste d'erreurs**.

Pour aller directement sur la ligne où une erreur de syntaxe est apparue, il suffit de double cliquer dans la liste sur l'élément correspondant (dans l'exemple précédent, double cliquer sur " '}' attendue " pour atteindre la ligne 43). Vous n'avez donc nul besoin de demander la compilation complète du code pour traquer toutes les erreurs de syntaxe. Dès que l'erreur est corrigée, elle disparaît automatiquement de la liste des erreurs.

Les boutons erreur, avertissement, message activent un filtrage sur les messages affichés dans la liste des erreurs.

9. La fenêtre d'édition de code

C'est certainement dans cette fenêtre que nous allons passer le plus de temps. Elle propose de nombreuses fonctionnalités permettant d'automatiser les actions les plus courantes.

a. Les Snippets

Les Snippets sont des morceaux de code qui peuvent très facilement être incorporés dans un fichier source. Ils permettent d'écrire très rapidement des portions de code correspondant à des situations courantes. Visual Studio propose, de base, une multitude de Snippets. Deux solutions sont disponibles pour insérer un Snippet :

- Utilisez l'option **Insérer un extrait** du menu contextuel de l'éditeur de code.
- Utilisez les combinaisons de touches [Ctrl] **K** puis [Ctrl] **X**.

Pour ces deux méthodes, Visual Studio vous propose de choisir dans une liste le Snippet qui vous intéresse. Certaines portions de code du Snippet peuvent être personnalisées. Ces portions de code sont surlignées en bleu clair. La modification d'une de ces portions de code répercute le changement sur toutes les occurrences dans le Snippet.

Dans l'exemple suivant, un Snippet a été utilisé pour ajouter une boucle `for` dans une fonction.

```
public static void calcul()
{
    for (int i = 0; i < length; i++)
    {

    }
}
```

La modification des valeurs i et length sera effectuée en cascade sur l'ensemble du code du Snippet.

Vous pouvez également concevoir vos propres Snippets. Vous devez pour cela créer un fichier XML qui va contenir le code du Snippet. Ce fichier doit avoir l'extension .snippet.

Pour vous aider dans la création d'un Snippet, Microsoft a prévu un Snippet. Vous pouvez l'incorporer dans votre fichier XML par le menu contextuel **Insérer un extrait - Snippet**.

Vous devez alors obtenir le document suivant :

```
<?xml version="1.0" encoding="utf-8" ?>
<CodeSnippet Format="1.0.0" xmlns="http://schemas.microsoft.com/
VisualStudio/2005/CodeSnippet">
  <Header>
    <Title>titre</Title>
    Author>auteur</Author>
    <Shortcut>raccourci</Shortcut>
    <Description>description</Description>
    <SnippetTypes>
      <SnippetType>SurroundsWith</SnippetType>
      <SnippetType>Expansion</SnippetType>
    </SnippetTypes>
  </Header>
  <Snippet>
    <Declarations>
      <Literal>
        <ID>nom</ID>
        <Default>valeur</Default>
      </Literal>
    </Declarations>
    <Code Language="XML">
      <![CDATA[<test>
      <name>$nom$</name>
      $selected$ $end$</test>]]>
    </Code>
```

```
  </Snippet>
</CodeSnippet>
```

Vous pouvez ensuite personnaliser votre Snippet. Dans un premier temps, vous devez modifier la section Header en remplaçant les valeurs des différentes balises.

```
<Header>
      <Title>Parcours d'un tableau</Title>
      <Author>Thierry</Author>
      <Shortcut>tablo</Shortcut>
      <Description>ce snippet ajoute une boucle permettant de parcourir
un tableau</Description>
     <SnippetTypes>
       <SnippetType>Expansion</SnippetType>
     </SnippetTypes>
</Header>
```

La section Déclarations permet ensuite de créer les paramètres utilisés dans le Snippet. Pour chaque paramètre, vous devez créer une section `<Literal>` et fournir un nom pour le paramètre et une valeur par défaut.

```
<Declarations>
        <Literal>
          nomTableau</ID>
          <Default>leTableau</Default>
        </Literal>
        <Literal>
          <ID>typeTableau</ID>
          <Default>typeDuTableau</Default>
        </Literal>
        <Literal>
          <ID>tailleTableau</ID>
          <Default>tailleDuTableau</Default>
        </Literal>
     </Declarations>
```

Vous devez ensuite indiquer pour quel langage votre Snippet est prévu.

```
<Code Language="CSharp">
```

Puis, enfin, définir dans la balise CDATA le code du Snippet. Dans ce code, vous pouvez utiliser les paramètres du Snippet en les encadrant entre deux caractères $.

```
<![CDATA[
        $typeTableau$[] $nomTableau$;
          $nomTableau$ = new $typeTableau$ [$tailleTableau$];
          int index;
```

```
            for (index = 0; index < $nomTableau$.Length; index++)
            {
            // inserer le code de traitement du tableau
            }
]]>
```

Vous enregistrez ensuite le fichier et votre Snippet est prêt. Il convient de maintenant l'intégrer dans Visual Studio. Pour cela, vous activez le gestionnaire de Snippet par le menu **Outils - Gestionnaire des extraits de code**.

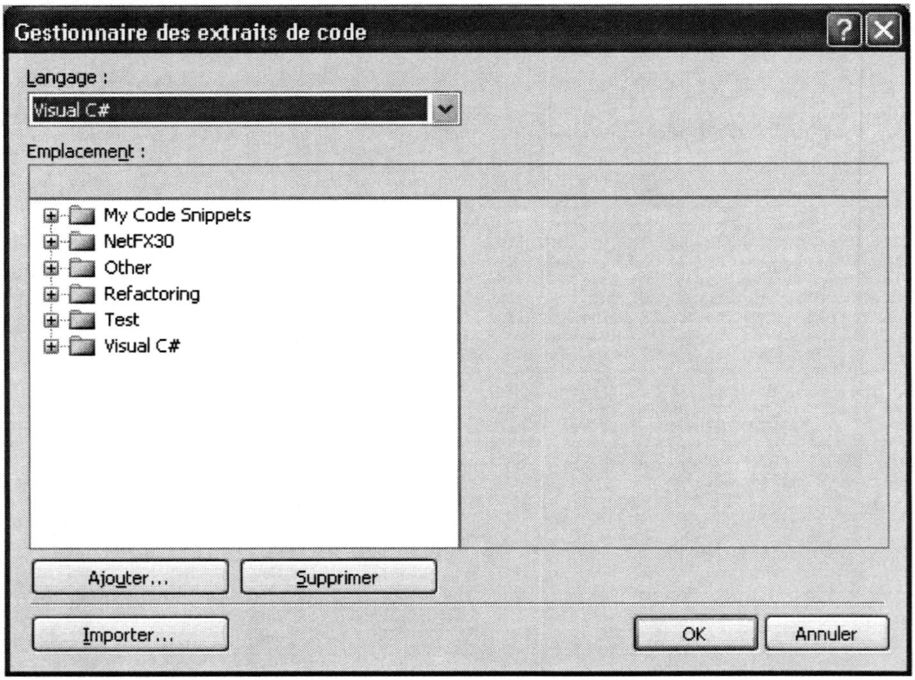

Le bouton **Importer** permet d'ajouter votre Snippet à ceux déjà disponibles dans Visual Studio.

Après avoir sélectionné le fichier contenant le Snippet, vous devez choisir la rubrique dans laquelle il sera rangé.

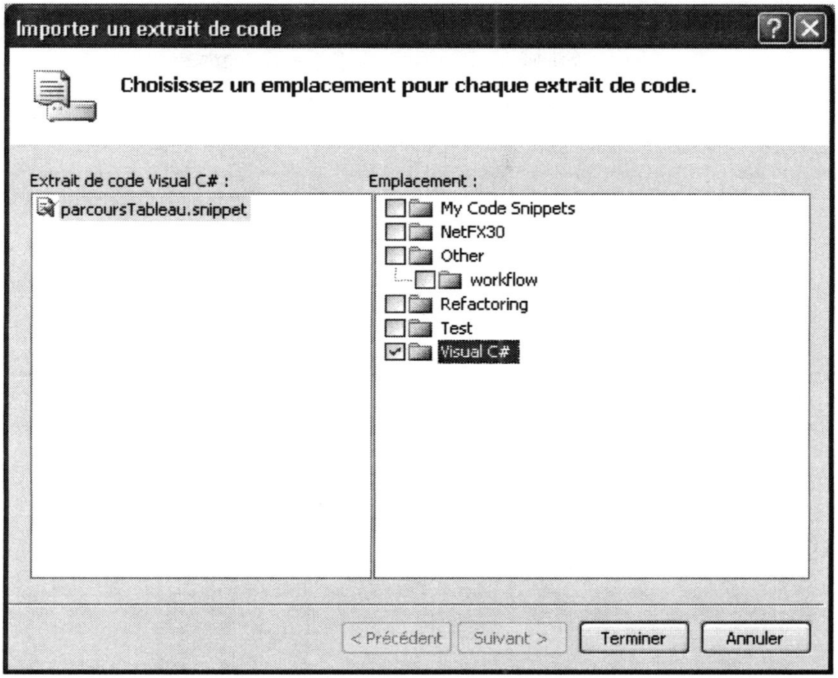

Importer un extrait de code

Choisissez un emplacement pour chaque extrait de code.

Extrait de code Visual C# :
parcoursTableau.snippet

Emplacement :
My Code Snippets
NetFX30
Other
workflow
Refactoring
Test
Visual C#

< Précédent | Suivant > | Terminer | Annuler

Votre Snippet est maintenant disponible dans l'éditeur de code.

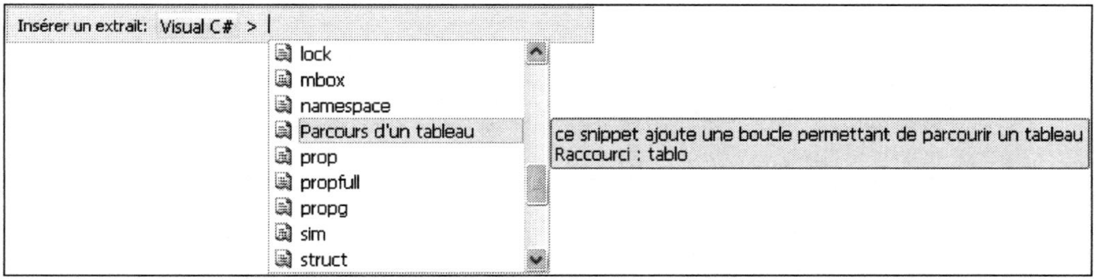

Insérer un extrait: Visual C# >
lock
mbox
namespace
Parcours d'un tableau
prop
propfull
propg
sim
struct

ce snippet ajoute une boucle permettant de parcourir un tableau
Raccourci : tablo

Il ne vous reste plus qu'à personnaliser le code généré.

```
typeDuTableau[] leTableau;
leTableau = new typeDuTableau[tailleDuTableau];
int index;
for (index = 0; index < leTableau.Length; index++)
{
    // inserer le code de traitement du tableau
}
```

b. Suivi des modifications

Vous pouvez visualiser les portions de code ayant été modifiées depuis le démarrage de Visual Studio. Les modifications sont identifiées par une bordure de couleur apparaissant dans la marge de l'éditeur de code.

- Une bordure jaune indique que le code a été modifié mais pas encore sauvegardé.
- Une bordure verte indique que le code a été modifié et sauvegardé.

```
int byteIndex = 0;
foreach (string strByte in strBytes)
{
    // Try to parse to an integer
    bytes[byteIndex] = int.Parse(strByte);

     // Check bounds
     // Verify that the last byte is within the valid range
    // (1 - 255 for the first three bytes, 0 - 255 for the last byte)
```

Vous pouvez aussi facilement renommer un élément et propager automatiquement la modification au reste du code. L'utilisation typique est le changement de nom d'une variable ou d'une classe. Vous ne devez pas renommer la variable directement dans le code mais utiliser la boîte de dialogue affichée en utilisant l'option **Refactoriser** du menu contextuel de l'éditeur de code sur le nom actuel de la variable.

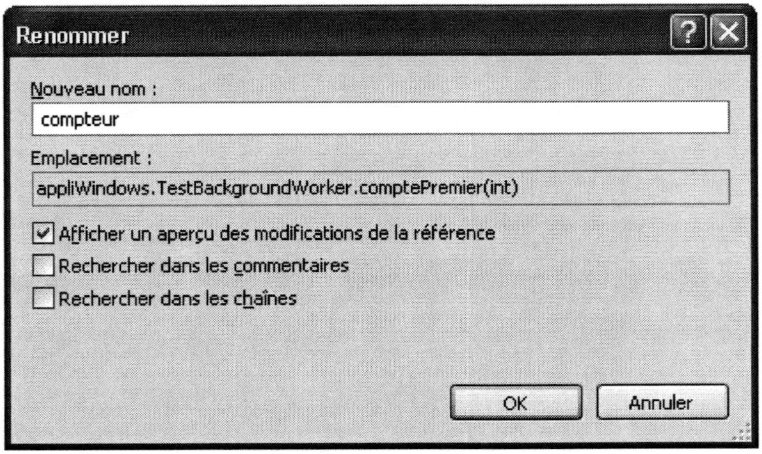

Renommer

Nouveau nom :

compteur

Emplacement :

appliWindows.TestBackgroundWorker.comptePremier(int)

[x] Afficher un aperçu des modifications de la référence

[ ] Rechercher dans les commentaires

[ ] Rechercher dans les chaînes

OK | Annuler

La recherche pour effectuer les remplacements peut être étendue aux commentaires aux chaînes de caractères en activant les options correspondantes. Par défaut un aperçu de toutes les modifications prévues est affiché avant qu'elles ne soient réellement effectuées.

Certaines d'entre elles peuvent être annulées en décochant la case correspondante dans la liste.

La modification réalisée par l'intermédiaire de cette boîte de dialogue est répercutée sur l'ensemble du code où la variable est utilisée.

c. Utilisation de macros

Comme la majorité des outils Microsoft, Visual Studio est capable de gérer les macros. Elles vous permettent de facilement enregistrer une série d'actions exécutées dans Visual Studio et de les reproduire par un simple clic sur un bouton d'une barre d'outils.

Nous allons créer trois macros permettant l'ajout d'instruction using pour les espaces de noms `System.Data.SqlClient`, `System.Data.OleDb` et `System.Data.Odbc`. Ces macros seront ensuite associées à trois boutons d'une nouvelle barre d'outils.

La première étape est d'enregistrer les macros comme on enregistre une séquence avec un magnétophone. Le menu **Outils - Macros - Enregistrer TemporaryMacro** déclenche l'enregistrement de vos actions. Vous pouvez alors saisir le code désiré, puis arrêter l'enregistrement grâce à la barre d'outils affichée au début de l'enregistrement de la macro.

Vous devez ensuite sauvegarder la macro par le menu **Outils - Macros - Sauvegarder TemporaryMacro**.

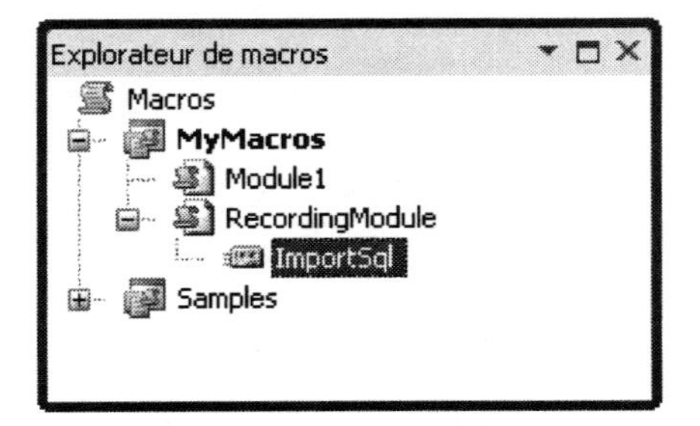

Effectuez ces opérations pour chacune des trois lignes de code suivantes en donnant un nom différent à chacune des macros.

```
using System.Data.SqlClient;
using System.Data.OleDb;
using System.Data.Odbc;
```

Pour rendre plus facile l'utilisation de ces macros, nous allons les regrouper sur une nouvelle barre d'outils. Vous devez tout d'abord créer une nouvelle barre d'outils en utilisant l'option **Personnaliser** du menu contextuel disponible sur une barre d'outils existante.

La barre d'outils est maintenant disponible mais ne contient aucun bouton. Vous pouvez maintenant ajouter vos boutons à l'aide de la boîte de dialogue de personnalisation de la barre d'outils.

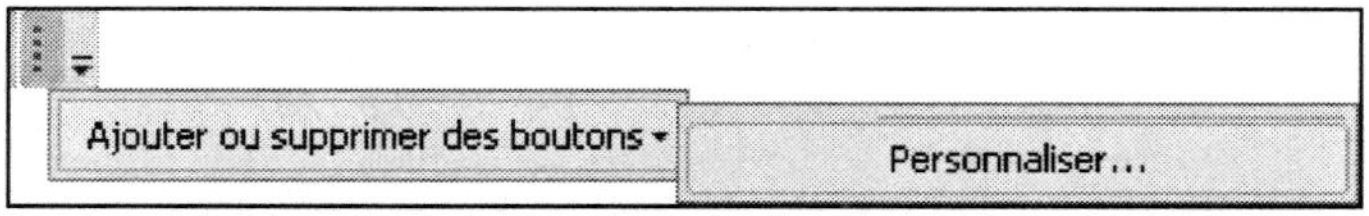

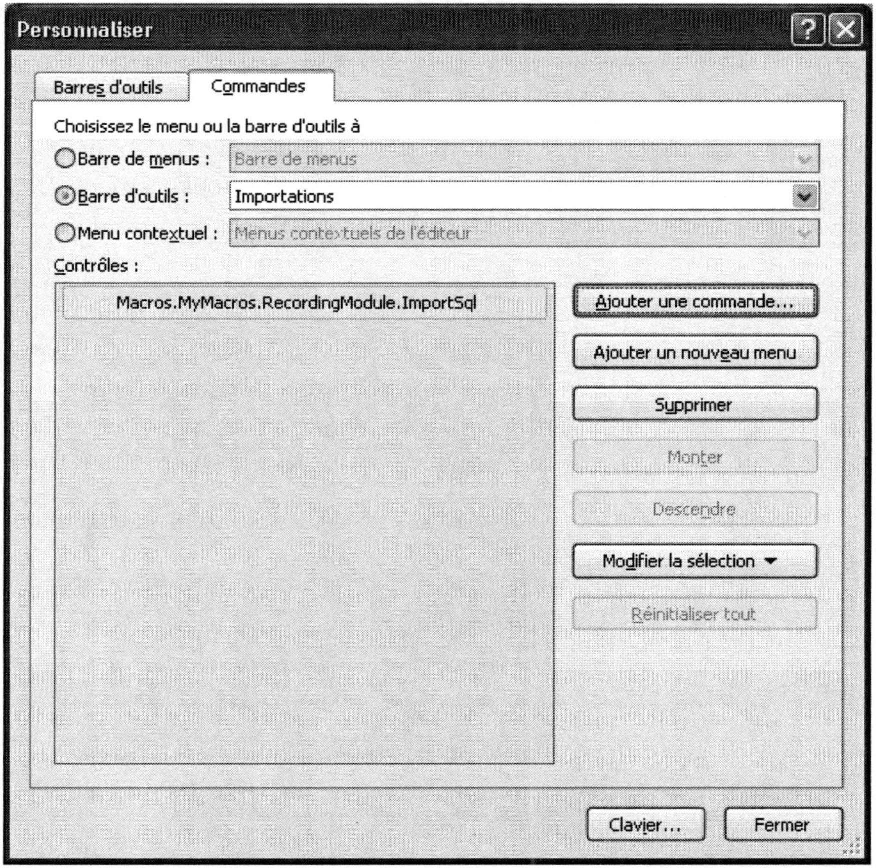

L'ajout des boutons se fait par l'onglet **Commandes** de cette boîte de dialogue. Sur cet onglet, il faut choisir dans la liste déroulante le nom de la barre d'outils que vous voulez personnaliser. Le choix des boutons se fait ensuite par le bouton **Ajouter une commande** qui provoque l'affichage de la boîte de dialogue suivante.

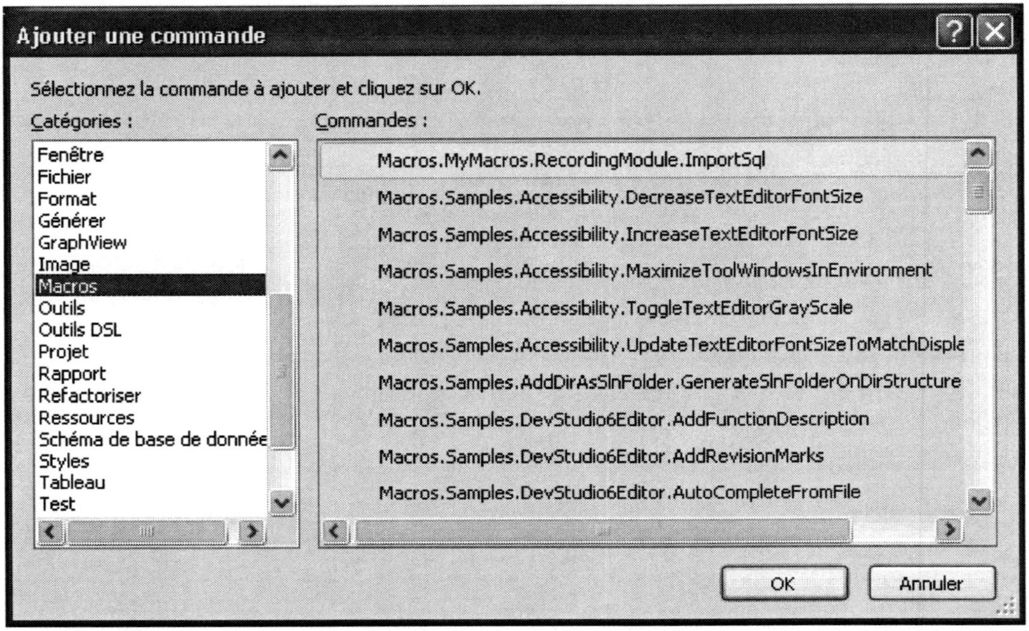

Ajouter une commande

Sélectionnez la commande à ajouter et cliquez sur OK.

Catégories :
Fenêtre
Fichier
Format
Générer
GraphView
Image
Macros
Outils
Outils DSL
Projet
Rapport
Refactoriser
Ressources
Schéma de base de donnée
Styles
Tableau
Test

Commandes :
Macros.MyMacros.RecordingModule.ImportSql
Macros.Samples.Accessibility.DecreaseTextEditorFontSize
Macros.Samples.Accessibility.IncreaseTextEditorFontSize
Macros.Samples.Accessibility.MaximizeToolWindowsInEnvironment
Macros.Samples.Accessibility.ToggleTextEditorGrayScale
Macros.Samples.Accessibility.UpdateTextEditorFontSizeToMatchDispla
Macros.Samples.AddDirAsSlnFolder.GenerateSlnFolderOnDirStructure
Macros.Samples.DevStudio6Editor.AddFunctionDescription
Macros.Samples.DevStudio6Editor.AddRevisionMarks
Macros.Samples.DevStudio6Editor.AutoCompleteFromFile

OK Annuler

Vous devez ensuite sélectionner dans la catégorie **Macros** celles que vous souhaitez inclure sur votre barre d'outils, puis valider les deux boîtes de dialogue. Votre barre d'outils est maintenant prête à être utilisée.

d. Les outils d'édition de code

Les éditeurs de texte de Visual Studio disposent de nombreuses fonctionnalités permettant de faciliter les opérations fréquemment effectuées pendant l'écriture du code d'une application.

Sélection de texte

En complément des fonctions classiques de sélection de texte et de copier coller, l'éditeur de Visual Studio permet la sélection de zones rectangulaires de texte en maintenant la touche [Alt] enfoncée pendant la sélection. Lorsque du texte est ensuite saisi dans la sélection, il est dupliqué sur chaque ligne de la sélection.

Si, par exemple, vous utilisez la méthode suivante qui affiche sur la console les coordonnées d'une personne :

```
private void affichageResultats(Client c)
 {
     Console.Write("nom:" + c.nom);
     Console.Write("prenom:" + c.prenom);
     Console.Write("rue:" + c.rue);
```

```
    Console.Write("code postal:" + c.codePostal);
    Console.Write("ville:" + c.ville);
    Console.Write("tel:" + c.tel);
    Console.Write("email:" + c.email);
}
```

Pour modifier cette méthode et écrire ces informations dans un fichier au lieu de les afficher sur la console, vous devez simplement créer le fichier puis modifier toutes les instructions **.Write** pour qu'elles s'appliquent sur le fichier créé. Pour cela, ajoutez simplement la ligne suivante pour la création du fichier :

```
StreamWriter fichier=new StreamWriter("resultats");
```

Vous devez ensuite modifier chaque instruction **Write** pour écrire vers le fichier et non pas vers la console. Sélectionnez pour cela une zone rectangulaire contenant tous les mots **console** puis saisissez le mot **fichier**.

```
private void affichageResultats(Client c)
{
    StreamWriter fichier=new StreamWriter("resultats");
    Console.Write("nom:" + c.nom);
    Console.Write("prenom:" + c.prenom);
    Console.Write("rue:" + c.rue);
    Console.Write("code postal:" + c.codePostal);
    Console.Write("ville:" + c.ville);
    Console.Write("tel:" + c.tel);
    Console.Write("email:" + c.email);

}
```

Le mot **Console** est alors remplacé sur toutes les lignes de la sélection.

```
private void affichageResultats(Client c)
{
    StreamWriter fichier=new StreamWriter("resultats");
    fichier.Write("nom:" + c.nom);
    fichier.Write("prenom:" + c.prenom);
    fichier.Write("rue:" + c.rue);
    fichier.Write("code postal:" + c.codePostal);
    fichier.Write("ville:" + c.ville);
    fichier.Write("tel:" + c.tel);
    fichier.Write("email:" + c.email);

}
```

Il est également possible de faire une insertion de texte, simultanément, sur plusieurs lignes en créant une zone de sélection rectangulaire de zéro caractère de large sur toutes les lignes où doit être réalisée l'insertion.

```
private void affichageResultats(Client c)
{
    StreamWriter fichier=new StreamWriter("resultats");
    fichier.Write("nom:" + c.nom);
    fichier.Write("prenom:" + c.prenom);
    fichier.Write("rue:" + c.rue);
    fichier.Write("code postal:" + c.codePostal);
    fichier.Write("ville:" + c.ville);
    fichier.Write("tel:" + c.tel);
    fichier.Write("email:" + c.email);

}
```

Le texte saisi est ensuite inséré sur toutes les lignes de la sélection.

```
private void affichageResultats(Client c)
{
    StreamWriter fichier=new StreamWriter("resultats");
    Console.WriteLine ("nom:" + c.nom);
    Console.WriteLine ("prenom:" + c.prenom);
    Console.WriteLine ("rue:" + c.rue);
    Console.WriteLine ("code postal:" + c.codePostal);
    Console.WriteLine ("ville:" + c.ville);
    Console.WriteLine ("tel:" + c.tel);
    Console.WriteLine ("email:" + c.email);

}
```

Hiérarchie d'appels

La hiérarchie d'appels permet d'afficher tous les appels vers une méthode, une propriété ou un constructeur ainsi que ceux effectués depuis cette méthode, propriété ou constructeur. Elle est activée par l'option **Afficher la hiérarchie d'appels** du menu contextuel disponible sur l'élément concerné.

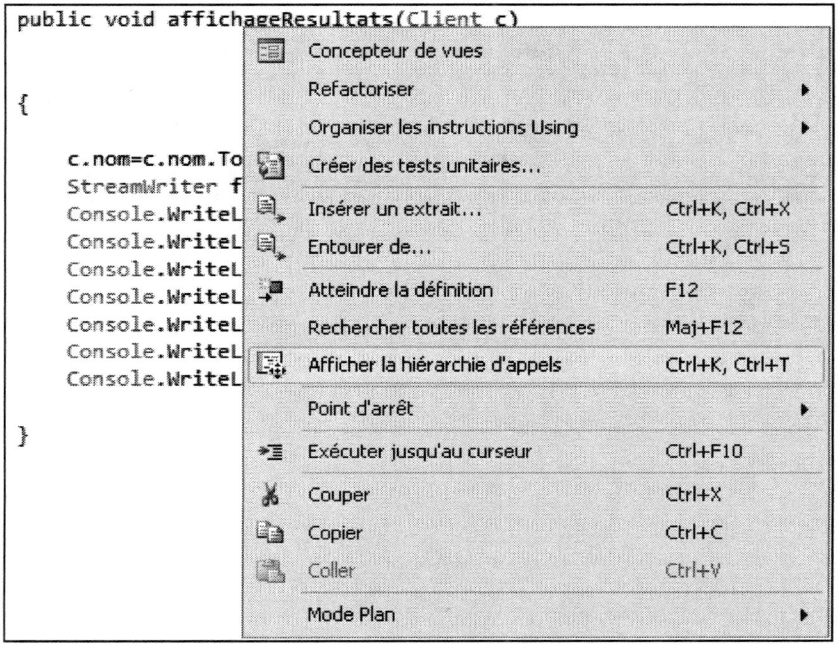

```
public void affichageResultats(Client c)

{

    c.nom=c.nom.To
    StreamWriter f
    Console.WriteL
    Console.WriteL
    Console.WriteL
    Console.WriteL
    Console.WriteL
    Console.WriteL
    Console.WriteL

}
```

Concepteur de vues	
Refactoriser	▸
Organiser les instructions Using	▸
Créer des tests unitaires...	
Insérer un extrait...	Ctrl+K, Ctrl+X
Entourer de...	Ctrl+K, Ctrl+S
Atteindre la définition	F12
Rechercher toutes les références	Maj+F12
Afficher la hiérarchie d'appels	Ctrl+K, Ctrl+T
Point d'arrêt	▸
Exécuter jusqu'au curseur	Ctrl+F10
Couper	Ctrl+X
Copier	Ctrl+C
Coller	Ctrl+V
Mode Plan	▸

La fenêtre suivante s'affiche alors.

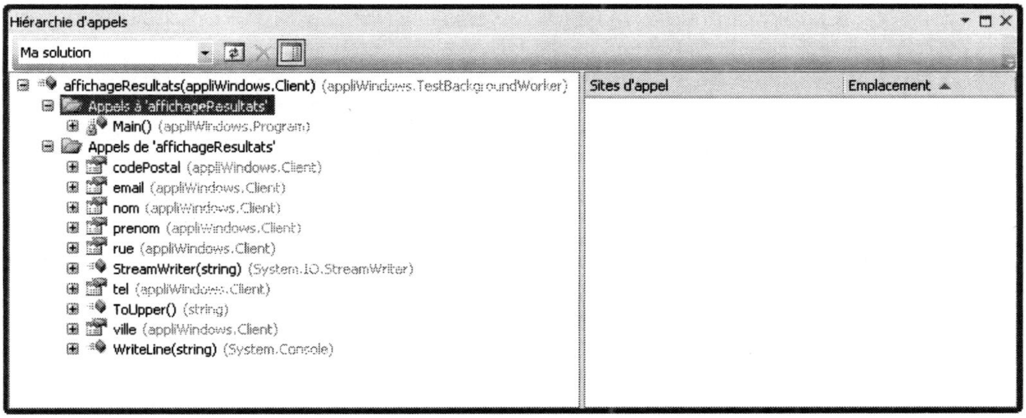

Hiérarchie d'appels

Ma solution

- affichageResultats(appliWindows.Client) (appliWindows.TestBackgroundWorker)
  - Appels à 'affichageResultats'
    - Main() (appliWindows.Program)
  - Appels de 'affichageResultats'
    - codePostal (appliWindows.Client)
    - email (appliWindows.Client)
    - nom (appliWindows.Client)
    - prenom (appliWindows.Client)
    - rue (appliWindows.Client)
    - StreamWriter(string) (System.IO.StreamWriter)
    - tel (appliWindows.Client)
    - ToUpper() (string)
    - ville (appliWindows.Client)
    - WriteLine(string) (System.Console)

Sites d'appel	Emplacement ▲

Naviguer vers

L'option **Naviguer vers** du menu **Edition** permet de rechercher, dans le code, tous les emplacements où se trouvent l'élément sélectionné. Les emplacements trouvés sont listés dans une boîte de dialogue. Il suffit alors de double cliquer sur l'un des emplacements pour se déplacer dessus.

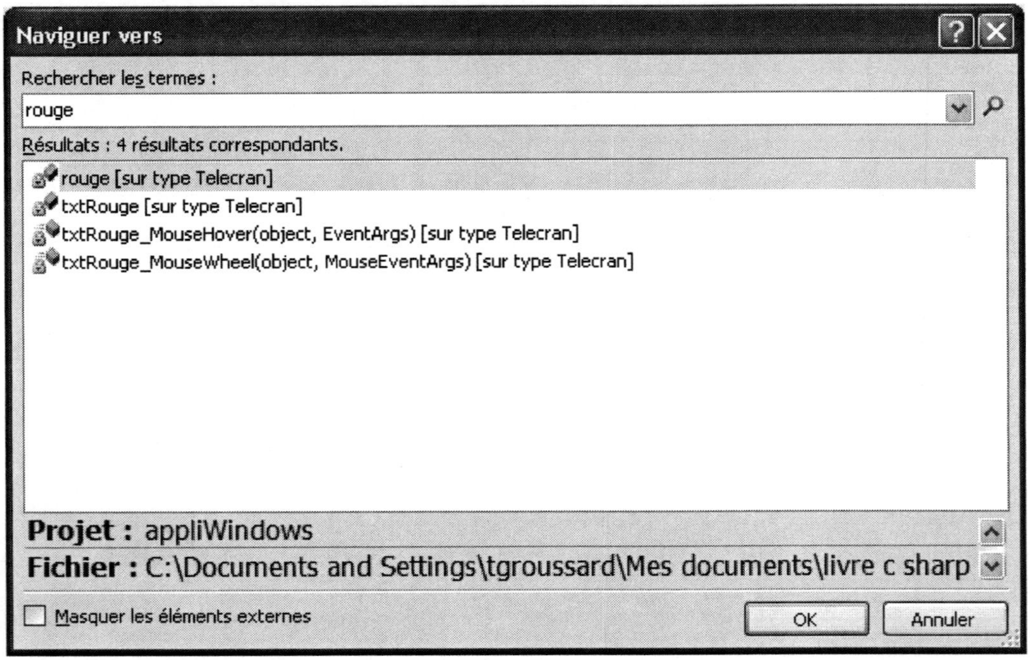

Naviguer vers

Rechercher les termes :

rouge

Résultats : 4 résultats correspondants.

rouge [sur type Telecran]
txtRouge [sur type Telecran]
txtRouge_MouseHover(object, EventArgs) [sur type Telecran]
txtRouge_MouseWheel(object, MouseEventArgs) [sur type Telecran]

Projet : appliWindows
Fichier : C:\Documents and Settings\tgroussard\Mes documents\livre c sharp

Masquer les éléments externes — OK — Annuler

Mise en surbrillance des références

Lorsque vous cliquez sur un symbole dans le code source, toutes les instances de ce symbole sont mises en surbrillance dans le document.

```
public void affichageResultats(Client c)
{
    c.nom=c.nom.ToUpper();
    StreamWriter fichier=new StreamWriter("resultats");
    fichier.WriteLine ("nom:" + c.nom);
    fichier.WriteLine ("prenom:" + c.prenom);
    fichier.WriteLine ("rue:" + c.rue);
    fichier.WriteLine ("code postal:" + c.codePostal);
    fichier.WriteLine ("ville:" + c.ville);
    fichier.WriteLine ("tel:" + c.tel);
    fichier.WriteLine ("email:" + c.email);
}
```

Fonctionnalité Générer à partir de l'utilisation

Pendant le développement d'une application, il arrive parfois que l'on tente d'utiliser un élément avant sa déclaration en remettant à plus tard celle-ci. Cependant cette solution a l'inconvénient de ne pas pouvoir faire de test tant que tous les éléments utilisés n'ont pas été définis. C'est également déprimant pour le développeur de voir des dizaines de lignes de code soulignées en rouge.

```
public void affichageResultats(Client c)
{
    c.nom=c.nom.ToUpper();
    StreamWriter fichier=new StreamWriter("resultats");
    fichier.WriteLine ("nom:" + c.nom);
    fichier.WriteLine ("prenom:" + c.prenom);
    fichier.WriteLine ("rue:" + c.rue);
    fichier.WriteLine ("code postal:" + c.codePostal);
    fichier.WriteLine ("ville:" + c.ville);
    fichier.WriteLine ("tel:" + c.tel);
    fichier.WriteLine ("email:" + c.email);
}
```

L'éditeur de Visual Studio est capable de générer le code nécessaire pour les éléments manquants. Lorsque la souris survole l'élément en cause, un bouton apparaît sous cet élément.

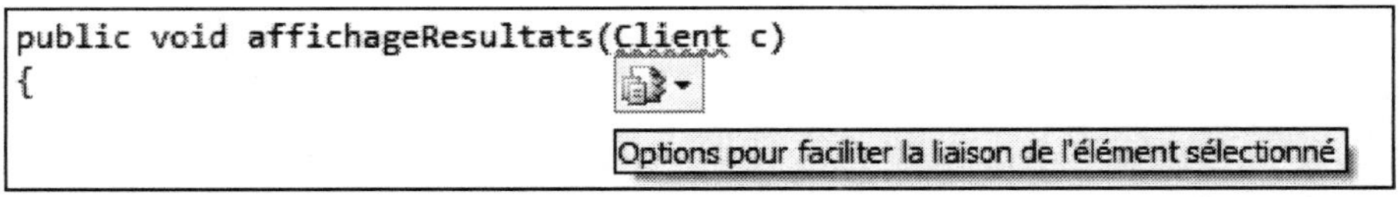

```
public void affichageResultats(Client c)
{
```

Options pour faciliter la liaison de l'élément sélectionné

En cliquant sur ce bouton, un menu contextuel, proposant les options permettant de générer le code pouvant résoudre les problèmes détectés, apparaît.

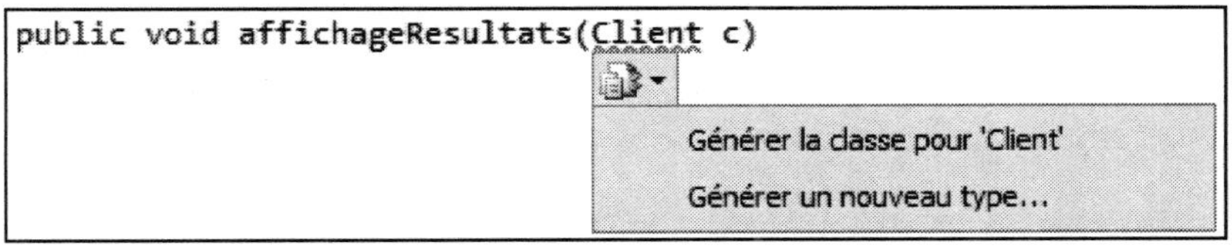

```
public void affichageResultats(Client c)
```

Générer la classe pour 'Client'

Générer un nouveau type...

Les options disponibles dans ce menu contextuel sont adaptées, en fonction de l'emplacement de l'élément sur lequel celui a été activé. Dans l'exemple précédent, le terme Client peut correspondre à un nom de classe, d'énumération, de structure ou d'interface. Il suffit simplement de compléter la boîte de dialogue suivante pour que le squelette de code soit généré.

Zoom

Cette fonctionnalité permet d'effectuer un zoom avant ou arrière sur une fenêtre de texte. Elle est accessible en actionnant la molette de la souris tout en maintenant la touche [Ctrl] enfoncée.

Chapitre 3 : Organisation d'une application

A. Les solutions 74

B. Les projets 85

A. Les solutions

1. Présentation

Pour vous aider dans la création d'applications, Visual Studio vous propose plusieurs éléments servant à regrouper les composants d'une application. Le conteneur de plus haut niveau est la solution dans laquelle vous pourrez placer un ou plusieurs projets. Ces projets contiendront, à leur tour, tous les éléments pour que le compilateur soit capable de générer le fichier exécutable ou dll du projet. L'explorateur de solutions va nous permettre de manipuler tous ces éléments.

2. Création d'une solution

La création d'une solution est automatique lorsque vous démarrez un nouveau projet dans Visual Studio. Lors de la création du nouveau projet, il vous sera demandé plusieurs informations le concernant.

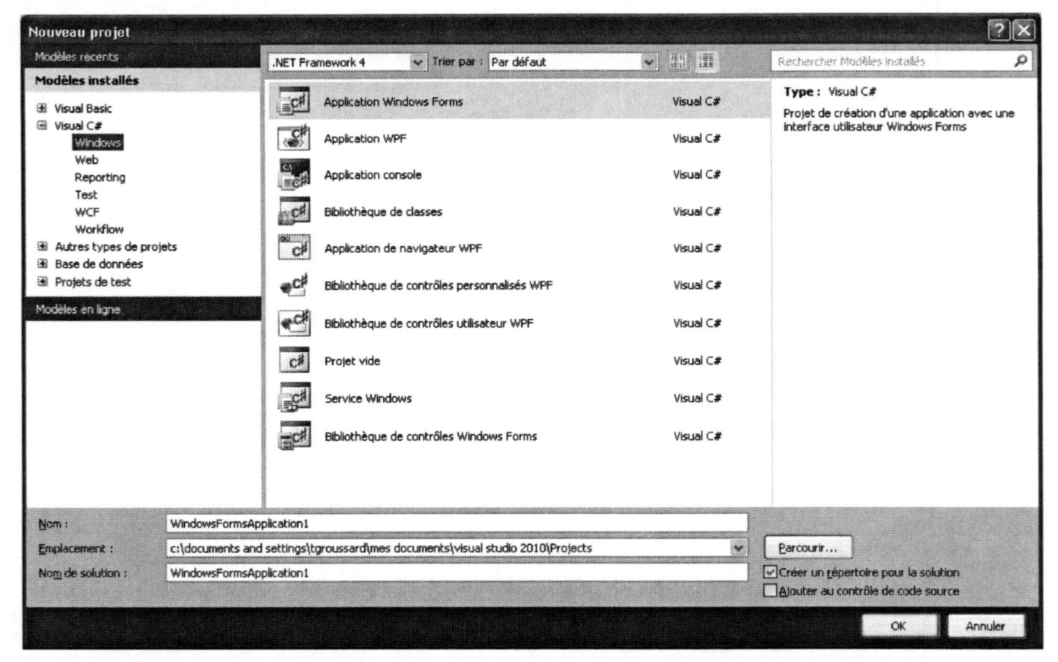

Par l'intermédiaire de cette boîte de dialogue, vous allez fournir les informations suivantes :

- la version du Framework nécessaire pour utiliser l'application,
- le langage utilisé pour développer le projet,
- le type de projet à créer,
- le nom du projet,

- le répertoire de base où seront stockés les fichiers,
- le nom de la solution,
- la création d'un répertoire pour la solution.

Après validation de cette boîte de dialogue, l'explorateur de solutions vous présente la nouvelle solution sur laquelle vous allez pouvoir travailler. Tous les fichiers de votre solution sont déjà créés et sauvegardés sur votre disque, à l'emplacement que vous avez spécifié.

Une solution contiendra au moins les fichiers suivants :

- Un fichier avec l'extension .sln, qui est le fichier de configuration de la solution. Ce fichier contient entre autres la liste de tous les projets composant la solution. Il est complété au fur et à mesure que vous ajoutez des nouveaux projets à la solution.
- Un fichier avec l'extension .suo, enregistrant les options associées à la solution. Ce fichier permet de retrouver ces options.
- Un fichier pour le projet, portant l'extension .csproj. Ce fichier contient toutes les informations de configuration du projet avec notamment la liste des fichiers constituant le projet, la liste de références utilisées par ce projet, les options à utiliser pour la compilation du projet, etc.
- De nombreux fichiers ayant l'extension .cs qui vont contenir le code source de toutes les classes, feuilles, modules constituant le projet.
- Un fichier .resx associé à chaque feuille de votre application. Ce fichier au format XML contient entre autres la liste des ressources utilisées sur cette feuille.
- Au final, une solution contient de nombreux autres fichiers en fonction des éléments utilisés dans votre projet (accès à une base de données, fichiers html...).

3. Modification d'une solution

Les solutions étant des conteneurs, il est bien sûr possible de gérer leurs éléments. Vous pouvez ajouter, supprimer, renommer des éléments dans la solution.

a. Ajouter un projet

Plusieurs possibilités sont disponibles pour l'ajout d'un projet :

→ Si vous souhaitez créer un nouveau projet, choisissez l'option **Nouveau Projet** du menu **Fichier - Ajouter**. Une boîte de dialogue vous propose alors de configurer les caractéristiques du nouveau projet. Cette boîte de dialogue vous propose notamment un répertoire par défaut pour l'enregistrement du projet. Si ce répertoire ne correspond pas à l'emplacement où vous désirez enregistrer le projet, vous pouvez sélectionner un nouvel emplacement. Cette opération sera à réaliser pour chaque projet que vous ajouterez. Il peut être intéressant de modifier le chemin proposé par défaut pour l'enregistrement des projets. Pour cela, ouvrez le menu **Outils - Options**, puis dans la boîte de dialogue choisissez l'option **Projets et solutions** et modifiez la rubrique Visual studio projects location.

- Si vous souhaitez ajouter un projet déjà existant, vous devez utiliser l'option **Projet existant** du menu **Fichier - Ajouter**. Une boîte de dialogue de sélection de fichiers vous permet alors de choisir le fichier .csproj du projet que vous souhaitez ajouter à la solution.

À noter que le projet reste à son emplacement d'origine sur le disque.

b. Supprimer un projet

- Pour supprimer un projet, utilisez le menu contextuel de l'explorateur de solutions en effectuant un clic droit sur le nom du projet que vous souhaitez supprimer de la solution.

Le projet est éliminé de la solution, mais reste enregistré sur le disque. Pour le supprimer définitivement, utilisez l'explorateur Windows pour supprimer les fichiers de ce projet. Si vous n'effacez pas les fichiers, le projet peut, par la suite, être de nouveau ajouté à une solution.

c. Renommer un projet

- Pour renommer un projet, utilisez le menu contextuel de l'explorateur de solutions en effectuant un clic droit sur le nom du projet que vous souhaitez renommer.

Le nom du projet devient alors modifiable dans l'explorateur de solutions. Cette modification concerne uniquement le nom du fichier .csproj associé au projet. Elle ne modifie en aucun cas le nom du répertoire dans lequel se trouvent les fichiers du projet.

d. Décharger un projet

Lorsque vous souhaitez exclure temporairement un projet du processus de génération ou rendre l'édition de ses composants impossible, vous pouvez décharger le projet de la solution grâce à l'option **Décharger le projet**.

Un projet déchargé n'est pas retiré de la solution mais simplement marqué comme indisponible.

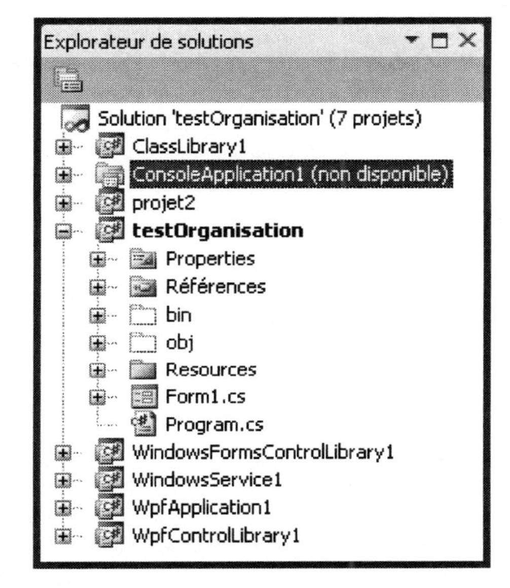

Le projet peut, bien sûr, être réhabilité dans la solution en utilisant l'option **Recharger le projet** du menu contextuel.

4. Organisation d'une solution

Si vous travaillez avec une solution contenant de très nombreux projets, vous pouvez ajouter un niveau de hiérarchisation en créant des dossiers de solutions. Ceux-ci permettent le regroupement logique de projets au sein d'une solution.

→ Pour cela, créez, dans un premier temps, les dossiers dans la solution, puis organisez les projets dans ces dossiers.

Les dossiers de solutions ne créent pas de dossiers physiques sur disque, ils sont juste des conteneurs logiques à l'intérieur de la solution.

a. Création d'un dossier de solution

Un dossier de solution peut être créé par trois méthodes différentes.

→ Pour toutes ces méthodes, sélectionnez la solution dans l'explorateur de solution.

→ Ensuite, utilisez soit le bouton de la barre d'outils de l'explorateur de solution, soit le menu **Projet - Ajouter un nouveau dossier de solution** ou encore le menu contextuel disponible par un clic droit sur le nom de la solution.

Quelle que soit la méthode utilisée, vous devez fournir un nom pour le dossier créé.

b. Créer un projet dans un dossier

La création d'un projet dans un dossier de solution est identique à la création d'un projet directement dans la solution.

➔ Sélectionnez simplement, au préalable, le dossier dans lequel vous souhaitez créer le projet.

c. Déplacer un projet dans un dossier

Il arrive fréquemment que la nécessité d'organiser une solution avec des dossiers se fasse sentir alors que des projets existent déjà dans la solution.

➔ Créez, dans ce cas, les dossiers puis effectuez un glissé-déplacé des projets dans les dossiers correspondants.

5. Le dossier Éléments de solution

Les solutions contiennent principalement des projets, cependant il est possible d'avoir, dans une solution, des fichiers gérés indépendamment d'un projet particulier mais associés à la solution. C'est le cas, par exemple, d'un fichier icône que vous souhaitez utiliser dans plusieurs projets de la solution. Ces fichiers sont appelés éléments de solution et sont placés dans un dossier spécifique de la solution.

➔ Pour ajouter un nouvel élément de solution, utilisez le menu contextuel sur le nom de la solution en choisissant l'option **Ajouter - Nouvel élément** ou l'option **Ajouter - Élément existant**.

Le nouvel élément est alors ajouté dans le dossier **Éléments de solution**. Il est à noter que ce dossier n'existe pas, par défaut, dans une solution mais il est créé automatiquement lors de l'ajout du premier élément de solution. Les éléments de solution peuvent ensuite être modifiés avec un éditeur spécifique au type de fichier créé.

6. Le dossier Fichiers divers

Vous pouvez, parfois, vouloir visualiser le contenu d'un fichier alors que vous travaillez sur une solution, comme par exemple le compte rendu d'une réunion. Ce fichier ne doit pas faire partie de manière permanente de la solution. Vous pouvez l'ouvrir avec un éditeur externe et basculer entre Visual Studio et cet éditeur externe, mais il est plus pratique de visualiser le fichier directement dans l'environnement Visual Studio.

➔ Utilisez l'option **Ouvrir - fichier** du menu **Fichier**.

La boîte de dialogue vous permet de choisir le fichier à ouvrir. En fonction du type de fichier, un éditeur par défaut lui sera automatiquement associé pour permettre sa modification. Il est parfois utile de pouvoir choisir l'éditeur associé à un fichier. Pour cela, le bouton **Ouvrir** de la boîte de dialogue dispose d'un menu proposant l'option **Ouvrir avec** permettant le choix de l'éditeur associé au fichier.

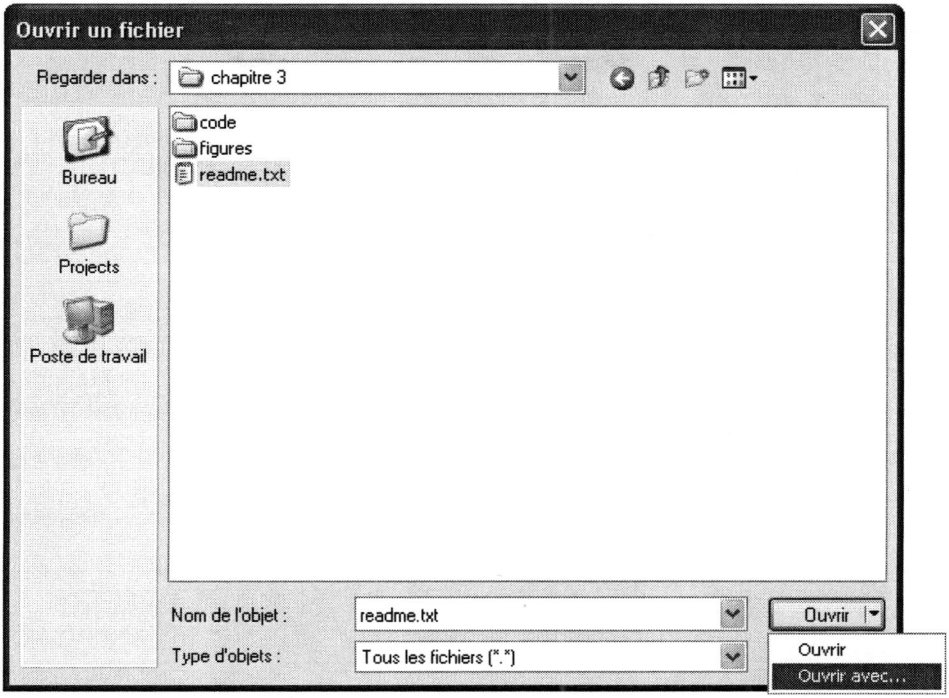

La boîte de dialogue suivante vous propose la liste des éditeurs disponibles.

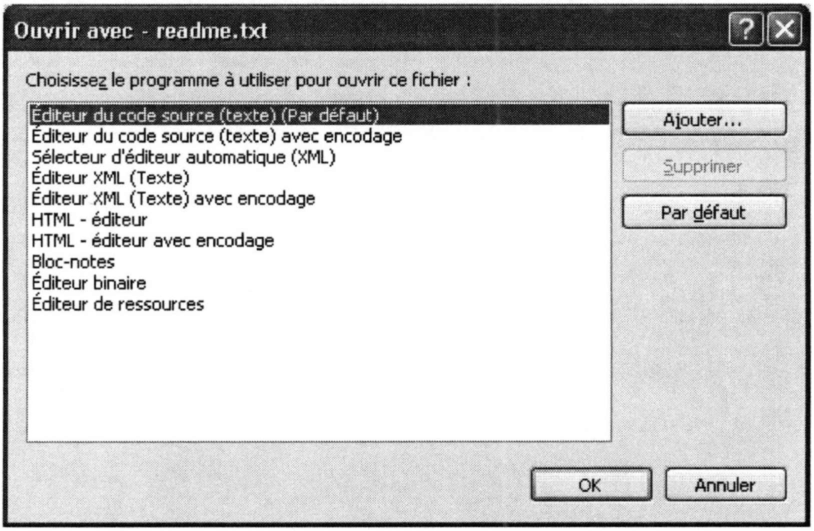

➜ Choisissez l'éditeur associé au fichier sur lequel vous souhaitez travailler et validez.

Le fichier est alors disponible dans le dossier Fichiers divers de la solution. Comme le dossier Eléments de solution, le dossier Fichiers divers n'existe pas, par défaut, dans la solution mais est créé automatiquement lors de l'ouverture d'un fichier.

Il sera visible dans l'explorateur de solutions uniquement si l'option correspondante est activée dans l'environnement Visual Studio. Pour cela, ouvrez le menu **Outils - Options**, puis dans la boîte de dialogue, choisissez l'option **Environnement - Documents** et activez l'option **Afficher les fichiers divers dans l'explorateur de solutions**. Comme le dossier Éléments de solution, ce dossier est un dossier "logique" et ne correspond pas à un emplacement sur le disque.

7. Configuration d'une solution

Les solutions disposent de propriétés permettant de configurer leurs comportement lors de la génération ou de l'exécution de l'application. Ces différentes propriétés sont regroupées dans une boîte de dialogue accessible par l'option **Propriétés** du menu contextuel d'une solution. Quatre catégories de propriétés sont disponibles :

- Projet de démarrage
- Dépendances de projets
- Fichiers sources pour débogage
- Configurations.

Regardons dans le détail chacune d'entres elles.

a. Configuration du projet de démarrage

Cette page de propriétés de la solution détermine, parmi les projets disponibles, celui ou ceux lancés au démarrage de la solution.

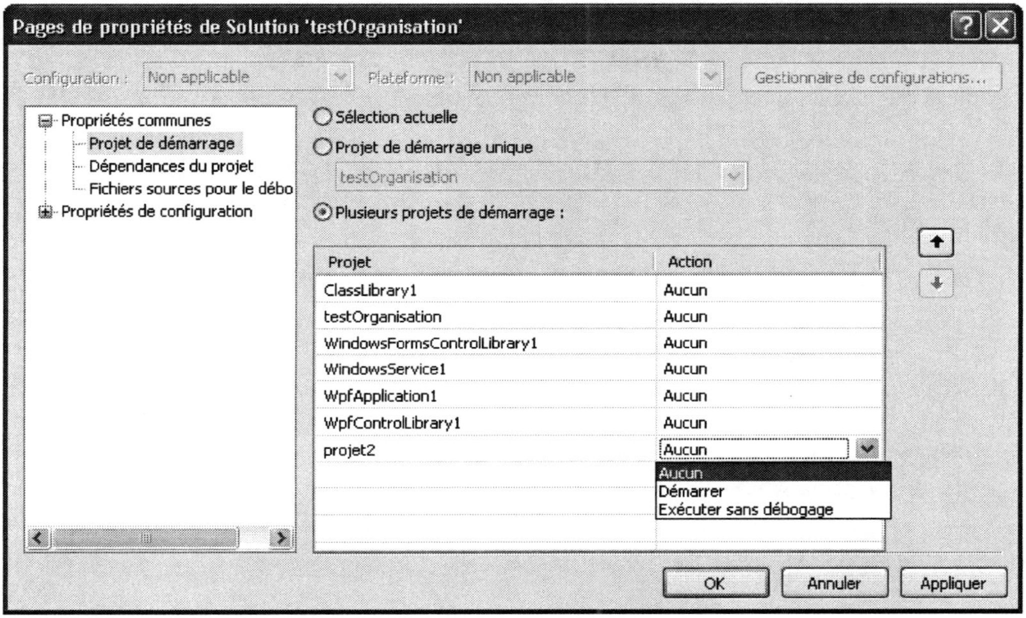

Deux options sont disponibles :

Projet de démarrage unique

Une combobox propose la liste des projets disponibles dans la solution parmi lesquels vous devez choisir celui qui sera exécuté au démarrage de la solution. Ce projet est par la suite signalé dans l'explorateur de solution par son nom apparaissant en gras. Cette sélection peut également se faire par le menu contextuel de l'explorateur de solutions en choisissant l'option **Définir comme projet de démarrage**.

Plusieurs projets de démarrage

Un tableau présente la liste de tous les projets disponibles dans la solution. Pour chacun d'eux, vous devez indiquer l'action à exécuter lors du lancement de l'application. Les choix possibles sont :

- Aucune action
- Démarrer le projet
- Exécuter le projet sans débogage.

Si vous choisissez de démarrer plusieurs projets au lancement de la solution, vous devez également indiquer l'ordre dans lequel ces projets seront démarrés. Cet ordre correspond en fait à l'ordre des projets dans le tableau. Les boutons et permettent de modifier cet ordre.

b. Dépendances de projet

La génération de certains projets nécessite au préalable la génération d'autres projets. C'est le cas, par exemple, si vous demandez la génération d'un projet qui utilise une référence vers un autre projet : celui-ci est alors une dépendance du projet initial.

La page de propriétés suivante permet de configurer ces dépendances.

→ Dans la liste des projets, sélectionnez celui pour lequel vous souhaitez configurer les dépendances. Les autres projets de la solution sont alors listés, avec, pour chacun d'eux, une case à cocher. Lors de la génération du projet, tous les projets dont il dépend seront automatiquement régénérés, s'ils ont été modifiés depuis la dernière génération ou s'ils n'ont jamais été générés. Certaines dépendances ne peuvent être modifiées, la case à cocher apparaît alors en gris. C'est en général le cas, lorsqu'un projet possède une référence sur un autre projet ou que l'ajout d'une dépendance risque de créer une boucle. Par exemple, le projet1 dépend du projet2 et inversement.

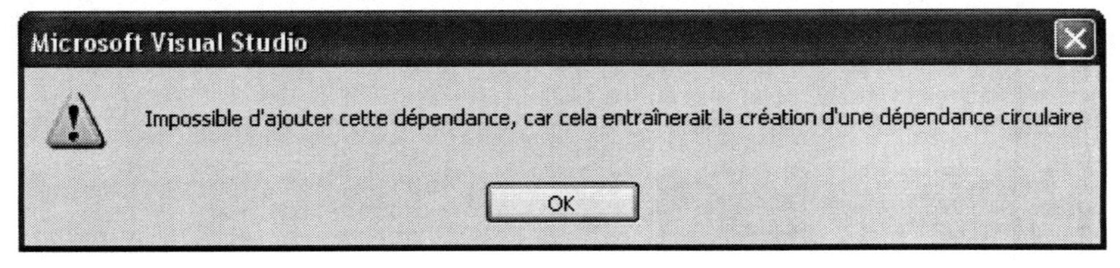

Les dépendances de projet peuvent être également configurées par le menu contextuel de l'explorateur de solutions avec l'option **Dépendances du projet**.

c. Fichiers source pour le débogage

Lors du débogage d'une application, l'environnement Visual Studio a besoin d'accéder au fichier source du code qu'il est en train de déboguer. Cette page de propriété permet de spécifier les répertoires qui seront analysés à la recherche du code source.

La liste **Répertoires contenant du code source** affiche le nom des répertoires qui seront scrutés à la recherche de code source, pendant le débogage d'une application. Cette liste peut être gérée par la barre d'outils dont les boutons permettent de :

Vérifier l'existence du répertoire.

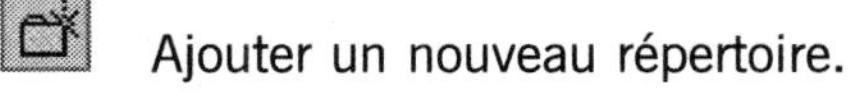

Ajouter un nouveau répertoire.

Supprimer le répertoire sélectionné de la liste.

Déplacer le répertoire vers le bas dans la liste.

Déplacer le répertoire vers le haut dans la liste.

La liste **Ne pas rechercher ces fichiers sources** exclut certains fichiers de la recherche.

d. Configurations

Les options de configuration permettent de définir comment différentes versions d'une solution et des projets qui la composent seront générées. Par défaut, deux configurations sont disponibles pour une solution dans Visual Studio : la configuration Debug et la configuration Release.

Pour chacun des projets présents dans la solution, les deux configurations seront également disponibles. Au niveau du projet, les configurations permettent de définir des options de compilations. La configuration Debug est utilisée pendant le développement et les tests du projet. La configuration Release est utilisée pour la génération finale du projet.

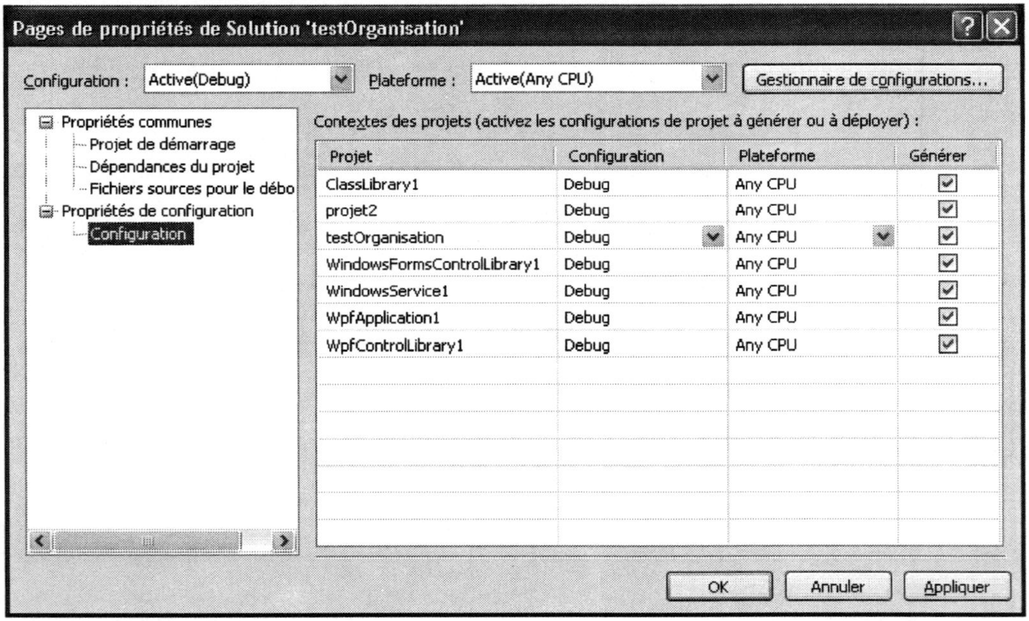

Nous avons en fait un système à trois niveaux : pour chaque configuration de solution, on indique quelle configuration utiliser pour chaque projet et, pour chaque configuration de projet, on spécifie des options de compilation. Les options de compilation sont modifiables au niveau des propriétés du projet.

B. Les projets

Les projets sont les conteneurs de deuxième niveau dans une application. Ils sont utilisés pour organiser logiquement, gérer, générer et déboguer les composants d'une application. La génération d'un projet produit, en général, un fichier exécutable ou une bibliothèque dll. Un projet peut être très simple et ne contenir que deux éléments, un fichier source (.cs) et le fichier de projet (.csproj). Plus généralement, les projets contiennent de nombreux fichiers source, des scripts de base de données, des références vers des services Web, des ressources graphiques, etc.

Visual Studio propose par défaut un ensemble de modèles de projets. Ces modèles fournissent un point de départ pour la majorité des besoins dans le développement d'une application. Pour des cas plus spécifiques, vous pouvez créer vos propres modèles de projet.

1. Création d'un projet

→ Pour la création d'un projet, activez le menu **Fichier - Nouveau projet**. Une boîte de dialogue vous propose alors de choisir les caractéristiques du nouveau projet.

→ Choisissez tout d'abord la version du Framework pour laquelle vous souhaitez développer le projet. La version choisie influence les types de projets que vous pouvez créer.

→ Choisissez ensuite le langage dans lequel vous souhaitez développer le projet. Les choix disponibles dépendent des langages installés dans Visual Studio. Dans notre cas, nous choisissons bien sûr Visual C#.

→ Choisissez ensuite le type de projet que vous souhaitez développer. La boîte de dialogue propose alors les différents modèles de projet disponibles en fonction du type de projet choisi.

→ Après avoir fait votre choix, indiquez un nom pour le projet, un emplacement pour les fichiers du projet et un nom pour la solution. Le modèle sélectionné est alors utilisé par l'assistant pour créer les éléments du projet.

Après quelques instants le projet est disponible dans l'explorateur de solutions.

→ Personnalisez maintenant l'ébauche créée.

a. Les modèles de projets

De nombreux modèles de projets sont disponibles dans Visual Studio. Ces modèles fournissent les éléments de base nécessaires pour développer chaque type de projet. Ils contiennent toujours au moins le fichier de projet, plus un exemplaire de l'élément le plus utilisé pour le type de projet correspondant ; par exemple, pour un projet de bibliothèque classe, un fichier source contenant une ébauche de classe est créé. Les modèles fournissent également des références et des importations par défaut pour les bibliothèques et les espaces de noms les plus utiles en fonction du type de projet.

Application Windows

Ce modèle de projet est certainement le plus utilisé. Il permet le développement d'application Windows standards. Le modèle ajoute au projet les éléments suivants :

- Un fichier AssemblyInfo.cs utilisé pour la description de l'application avec notamment les informations concernant la version.
- Un formulaire de base avec son fichier source form1.cs.

Les références suivantes sont automatiquement ajoutées et importées :

- Microsoft.CSharp
- System
- System.Core
- System.Data
- System.Data.DataSetExtensions
- System.Deployment
- System.Drawing
- System.Windows.Forms
- System.Xml
- System.Xml.Linq

Bibliothèque de classe

Ce modèle de projet est utilisable pour créer des classes et des composants qui pourront par la suite, être partagés avec d'autres projets. Les éléments suivants sont automatiquement ajoutés au projet :

- Un fichier AssemblyInfo.cs utilisé pour la description du projet avec notamment les informations concernant la version.
- Une classe de base avec son fichier source class1.cs.

Les références suivantes sont automatiquement ajoutées et importées :

- Microsoft.CSharp
- System
- System.Core
- System.Data
- System.Data.DataSetExtensions
- System.Xml
- System.Xml.Linq

Bibliothèque de contrôles Windows Forms

Comme le modèle précédent, ce type de projet permet de créer une bibliothèque de classes utilisable dans d'autres projets. Cette bibliothèque est plus spécifique, puisqu'elle est dédiée à la création de contrôles, utilisables par la suite dans une application Windows. Ces contrôles étendent la boîte à outils déjà disponible dans les applications Windows. Les éléments suivants sont automatiquement ajoutés au projet :

- Un fichier AssemblyInfo.cs utilisé pour la description du projet avec notamment les informations concernant la version.
- Une classe `UserControl1` héritant de la classe `System.Windows.Forms.UserControl` fournissant les fonctionnalités de base pour un contrôle Windows, avec son fichier source `UserControl1.cs`.

Les références suivantes sont automatiquement ajoutées et importées :

- Microsoft.CSharp
- System
- System.Core
- System.Data
- System.Data.DataSetExtensions
- System.Drawing
- System.Windows.Forms
- System.Xml
- System.Xml.Linq

Application console

Ce type d'application est destiné à être exécuté à partir de la ligne de commande d'une fenêtre de invité de commande. Elle est bien sûr conçue sans interface graphique, les entrées/sorties se faisant à partir de la ligne de commande et vers la console.

Ce type d'application est très pratique pour réaliser des tests avec Visual C#, car elle permet de se concentrer sur un point particulier sans avoir à se soucier de l'aspect présentation de l'application.

De nombreux exemples, présents dans cet ouvrage, sont basés sur une application en mode console. Il faut cependant avouer que, mis à part sa simplicité de création, ce type d'application est devenu un peu obsolète.

Les éléments suivants sont ajoutés par défaut au projet :

- Un fichier `AssemblyInfo.cs` utilisé pour la description du projet avec notamment les informations concernant la version.
- Une classe de base avec son fichier source `Program.cs`.

Les références suivantes sont automatiquement ajoutées et importées :

- Microsoft.CSharp
- System
- System.Core
- System.Data
- System.Data.DataSetExtensions
- System.Xml
- System.Xml.Linq

Service Windows

Ce modèle de projet est conçu pour la création d'applications s'exécutant en tâche de fond sur le système. Le lancement de ce type peut être effectué automatiquement au démarrage du système et ne nécessite pas qu'une session utilisateur soit ouverte pour pouvoir s'exécuter.

Ce type d'application est dépourvu d'interface utilisateur. Si des informations doivent être communiquées à l'utilisateur, elles devront transiter par les journaux système, consultables, par l'observateur d'événements. Les éléments suivants seront ajoutés au projet :

- Un fichier `AssemblyInfo.cs` utilisé pour la description du projet avec notamment les informations concernant la version.
- Une classe de base avec le squelette des procédures `OnStart` et `OnStop` appelées automatiquement au démarrage et à l'arrêt du service.

Les références suivantes sont automatiquement ajoutées et importées :

- Microsoft.CSharp
- System
- System.Core
- System.Data
- System.Data.DataSetExtensions
- System.ServiceProcess
- System.Xml
- System.Xml.Linq

Application WPF

Ce modèle de projet permet de bénéficier du nouveau système d'affichage graphique de Windows, utilisé dans Windows Vista.

Les éléments suivants sont automatiquement ajoutés au projet :

- Un fichier `AssemblyInfo.cs` utilisé pour la description de l'application avec notamment les informations concernant la version.
- Un fichier App.Xaml et son fichier de code associé, App.Xaml.cs, permettant la gestion des événements déclenchés au niveau de l'application.

- Une fenêtre de base Window1.Xaml et son fichier de code associé, Window1.Xaml.vb.

Les références suivantes sont automatiquement ajoutées et importées :

- Microsoft.CSharp
- PresentationCore
- PresentationFramework
- System
- System.Core
- System.Data
- System.Data.dataSetExtensions
- System.Xaml
- System.Xml
- System.Xml.Linq
- WindowsBase

Bibliothèque de contrôles utilisateur WPF

Comme la bibliothèque de contrôles Windows, ce type de projet permet d'étendre la boîte à outils déjà disponible dans les applications WPF. Les éléments suivants sont ajoutés au projet.

- Un fichier AssemblyInfo.cs utilisé pour la description de l'application avec notamment les informations concernant la version.
- Un fichier UserControl1.xaml pour la définition de l'aspect graphique du contrôle.
- Un fichier UserControl1.xaml.cs pour le code associé à ce contrôle.

Les références suivantes sont automatiquement ajoutées et importées :

- Microsoft.CSharp
- PresentationCore
- PresentationFramework
- System
- System.Core
- System.Data
- System.Data.dataSetExtensions
- System.Xaml
- System.Xml
- System.Xml.Linq
- WindowsBase

Bibliothèque de contrôles WPF personnalisés

Ce type de projet a également pour vocation d'étendre la boîte à outils disponible pour les applications WPF. Contrairement au type de projet précédent, les contrôles ne sont pas créés de toute pièce, mais sont basés sur des contrôles existants dont ils étendent les caractéristiques.

Les références et importations sont identiques au type de projet précédent.

Projet vide

Ce modèle doit être utilisé lorsque vous souhaitez créer votre propre type de projet. Seul le fichier projet est créé. Par contre, aucun autre élément n'est ajouté automatiquement et aucune référence n'est créée ou importée.

b. Création de modèle de projet

Vous pouvez créer votre propre modèle de projet en fonction de vos habitudes de développement et faire en sorte qu'il apparaisse parmi les modèles prédéfinis.

Vous devez concevoir les éléments suivants :

- Un fichier de définition contenant les métadonnées du modèle. Ce fichier est utilisé par Visual Studio pour l'affichage du projet dans l'environnement de développement et pour l'affectation de propriétés par défaut au projet. Ces informations sont contenues dans un fichier XML ayant l'extension .vstemplate.
- Un fichier pour le projet (.csproj).
- Les fichiers sources et ressources inclus par défaut lors de la création d'un projet à partir de ce modèle.

Ces fichiers doivent être compressés dans un fichier zip. Le fichier zip doit contenir les fichiers individuellement et non le dossier dans lequel ils sont placés.

Le fichier .vstemplate doit avoir le format suivant :

```
<VSTemplate Version="2.0.0"
xmlns="http://schemas.microsoft.com/developer/vstemplate/2005" Type="Project">
  <TemplateData>
    <Name>AppliPerso</Name>
    <Description>creation d'un projet avec une configuration personalise
</Description>
    <ProjectType>CSharp</ProjectType>
    <DefaultName>AppliPerso</DefaultName>
    </TemplateData>
  <TemplateContent>
    <Project File="AppliPerso.csproj">
      <ProjectItem>AssemblyInfo.cs</ProjectItem>
      <ProjectItem>Feuille1.cs</ProjectItem>
      <ProjectItem>Feuille1.Designer.cs</ProjectItem>
```

```
      <ProjectItem>Feuille1.resx</ProjectItem>
    </Project>
  </TemplateContent>
</VSTemplate>
```

On retrouve dans ce fichier :

Dans la section Name
Le nom affiché par la boîte de dialogue de création d'un nouveau projet.

Dans la section Description
Une description détaillée du projet.

Dans la section Project Type
Le nom du dossier dans lequel ce projet sera classé dans la boîte de dialogue de création de projet.

Dans la section Default Name
Le nom utilisé par défaut pour tous les projets créés à partir de ce modèle. Ce nom est complété par un suffixe numérique à la création du projet.

Dans la section Project File
Le nom du fichier projet associé au modèle. Ce fichier doit être présent dans le fichier zip du modèle.

Dans les sections ProjectItem
Les éléments faisant partie du projet. Ces éléments doivent également être disponibles dans le fichier zip.

c. Modification d'un modèle existant

La modification d'un modèle consiste à utiliser un fichier zip existant contenant les éléments nécessaires au projet et y ajouter des éléments supplémentaires. Si des fichiers sont ajoutés au modèle, ils doivent être placés dans le fichier zip et également référencés dans le fichier .vstemplate. Les modèles prédéfinis de Visual Studio sont placés dans le répertoire C:\Program Files\Microsoft Visual Studio 10.0\Common7\IDE\ProjectTemplates\CSharp. Pour que les modifications soient prises en compte, vous devez mettre à jour le cache utilisé par Visual Studio. Pour cela :

➔ Ouvrez une fenêtre de commande Visual Studio.

➔ Saisissez la commande *devenv /setup*. Soyez patient car cette commande est assez longue à s'exécuter. Après exécution de la commande, vos modifications sont disponibles dans le modèle de projet.

d. Utilisation d'un projet existant comme modèle

C'est peut-être la solution la plus simple pour construire un modèle de projet.

- Dans un premier temps, créez le modèle comme un projet ordinaire.
- Une fois votre projet finalisé, exportez-le comme modèle. Le menu **Fichier - Exporter le modèle** démarre un assistant pour vous guider pendant la création du modèle.

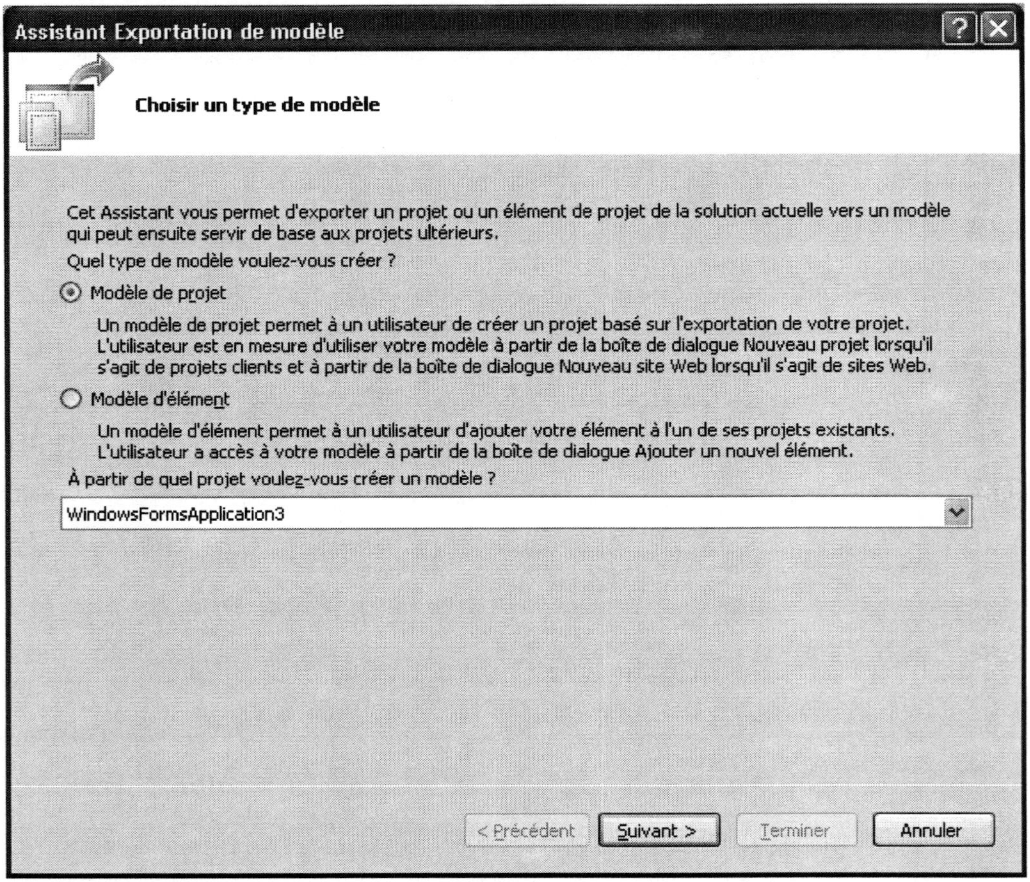

Assistant Exportation de modèle

Choisir un type de modèle

Cet Assistant vous permet d'exporter un projet ou un élément de projet de la solution actuelle vers un modèle qui peut ensuite servir de base aux projets ultérieurs.

Quel type de modèle voulez-vous créer ?

Modèle de projet

Un modèle de projet permet à un utilisateur de créer un projet basé sur l'exportation de votre projet. L'utilisateur est en mesure d'utiliser votre modèle à partir de la boîte de dialogue Nouveau projet lorsqu'il s'agit de projets clients et à partir de la boîte de dialogue Nouveau site Web lorsqu'il s'agit de sites Web.

Modèle d'élément

Un modèle d'élément permet à un utilisateur d'ajouter votre élément à l'un de ses projets existants. L'utilisateur a accès à votre modèle à partir de la boîte de dialogue Ajouter un nouvel élément.

À partir de quel projet voulez-vous créer un modèle ?

WindowsFormsApplication3

< Précédent | Suivant > | Terminer | Annuler

Cette première boîte de dialogue vous propose de choisir le projet que vous souhaitez exporter ainsi que la rubrique de la boîte de dialogue de création de projet dans laquelle sera placé le futur modèle.

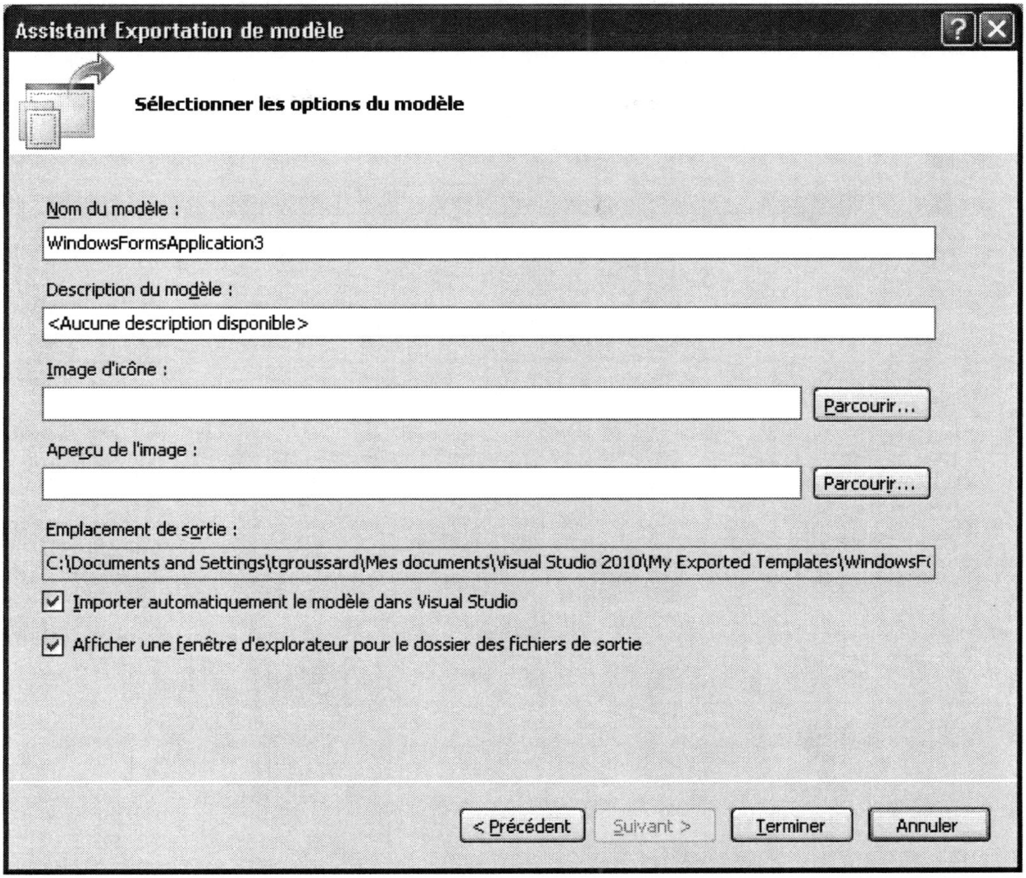

Cette deuxième boîte de dialogue vous invite à choisir une icône pour votre modèle de projet, un nom pour le modèle et une description. Deux options supplémentaires vous permettent de prendre en compte immédiatement le nouveau modèle dans Visual Studio et de vous présenter le résultat de la génération en vous affichant le contenu du fichier zip créé. Après validation de cette dernière boîte de dialogue, le nouveau modèle de projet est disponible dans Visual Studio.

Cette méthode est très simple pour construire un nouveau modèle de projet et évite de se torturer l'esprit avec la syntaxe du fichier .vstemplate.

Dans le cadre d'un développement en équipe, il peut être intéressant de partager les modèles personnalisés entre tous les membres de l'équipe.

➔ Recopiez les fichiers zip sur un partage réseau.

➔ Configurez l'environnement Visual Studio pour lui permettre d'accéder aux modèles. Cette modification s'effectue par la boîte de dialogue disponible par le menu **Outils - Options**.

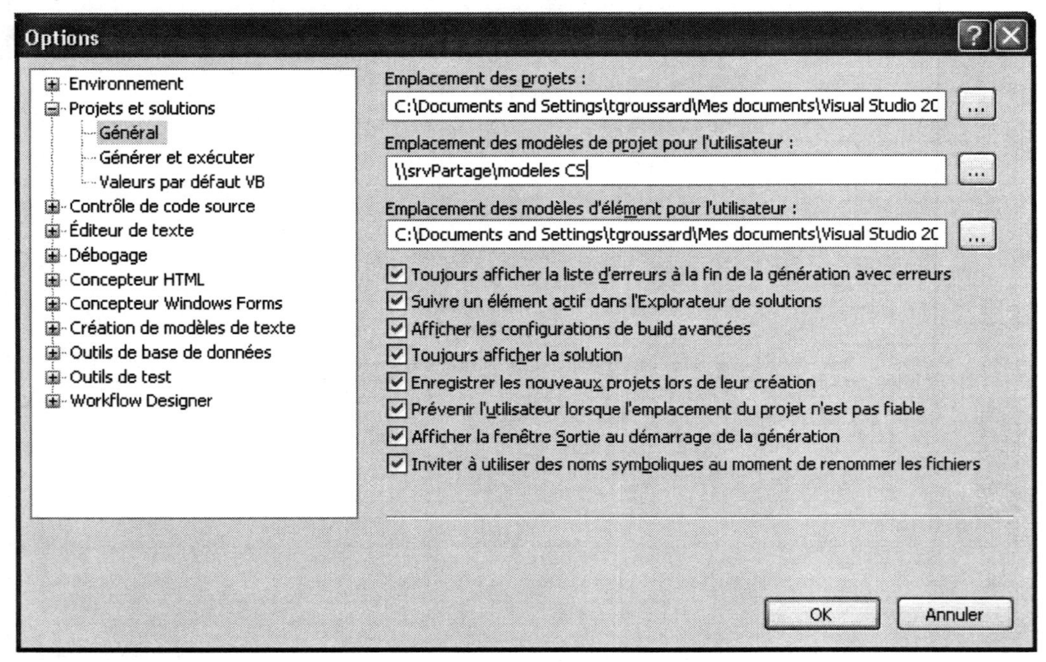

2. Modification d'un projet

Les modèles de projets sont très utiles pour créer rapidement les bases d'une application mais, très fréquemment, nécessiteront l'ajout de nouveaux éléments au projet. Ces ajouts se font par l'intermédiaire du menu contextuel de l'explorateur de projet.

➔ Activez l'option **Ajouter - Nouvel élément** afin de choisir le type d'élément que vous souhaitez ajouter au projet. La boîte de dialogue propose un nombre impressionnant d'éléments pouvant être ajoutés à un projet.

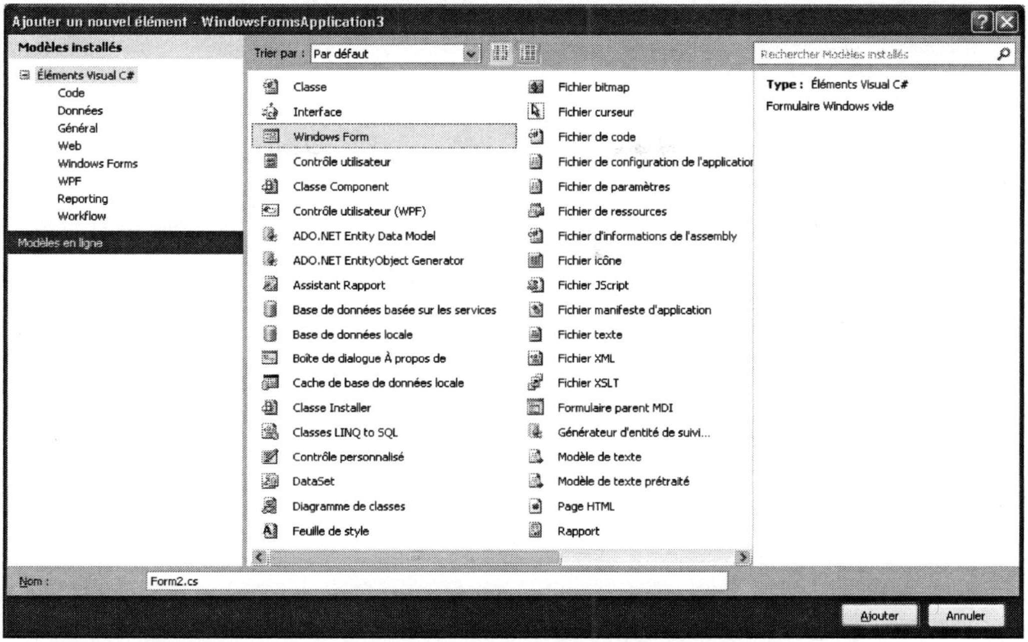

➔ Indiquez ensuite un nom pour le fichier contenant le nouvel élément.

En fonction des types de projet, des options supplémentaires permettant rapidement d'ajouter un nouvel élément sont disponibles dans le menu contextuel. Celles-ci affichent simplement la boîte de dialogue précédente avec le type d'élément correspondant déjà présélectionné.

Il est également possible de reprendre un élément existant dans un autre projet et de l'ajouter à un projet. Utilisez, dans ce cas, l'option **Ajouter - Élement existant** du menu contextuel de l'explorateur de projets. Une boîte de dialogue vous propose la sélection du fichier à inclure dans le projet.

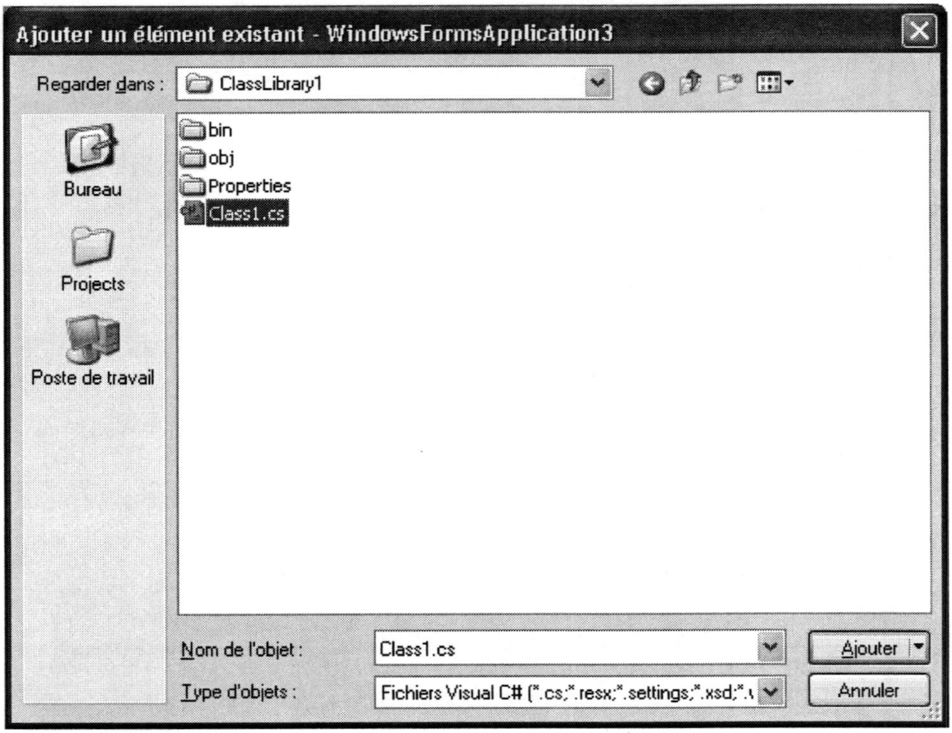

Le bouton **Ajouter** de cette boîte de dialogue comporte un menu permettant d'ajouter le fichier normalement (une copie locale du fichier est alors réalisée) ou de créer un lien sur le fichier (le fichier original est utilisé). Il faut être prudent avec cette possibilité car le fichier "n'appartient pas" réellement à l'application mais peut être partagé entre plusieurs applications. Si le fichier est supprimé du disque, toutes les applications l'utilisant ne pourront plus être compilées.

La gestion des fichiers dans l'explorateur de solutions est identique à la gestion des fichiers dans l'explorateur Windows. Les fichiers peuvent être copiés et collés ou déplacés par un cliqué-glissé d'un dossier à un autre. L'utilisation des touches [Ctrl], [Shift] et [Ctrl][Shift] pendant le cliqué-glissé modifie l'action réalisée. Un cliqué-glissé au sein d'un même projet effectue un déplacement de fichier. S'il est réalisé entre deux projets, c'est alors une copie de fichier qui est effectuée. Ce comportement peut être modifié par l'utilisation de la touche [Shift] lors du cliqué-glissé. Pour réaliser une copie de fichier au sein d'un projet, la touche [Ctrl] sera utilisée conjointement avec le cliqué-glissé. La création d'un lien s'effectue avec la combinaison de touches [Ctrl][Shift] lors du cliqué-glissé.

Afin de retirer un élément d'un projet, deux options sont accessibles par le menu contextuel de l'explorateur de solutions :

- L'option **Supprimer** supprime le fichier du projet mais également du disque.
- L'option **Exclure du projet** retire le fichier du projet, mais ne le supprime pas du disque. Cette option est utile si d'autres projets utilisent ce fichier par l'intermédiaire d'un lien.

3. Propriétés des projets

Les projets sont des éléments fondamentaux de la conception d'une application avec Visual C#. Ils possèdent de nombreuses propriétés permettant de modifier leurs comportements au moment de la conception ou de l'exécution de l'application. L'ensemble des propriétés sont accessibles par une boîte de dialogue présentant, par l'intermédiaire d'onglets, les différentes rubriques de configuration d'un projet.

→ Activez cette boîte de dialogue par l'option **Propriétés** du menu contextuel de l'explorateur de projet ou par le bouton de la barre d'outils de l'explorateur de projet.

a. Application

Les propriétés présentes sur cet onglet vont permettre de configurer le comportement de l'application.

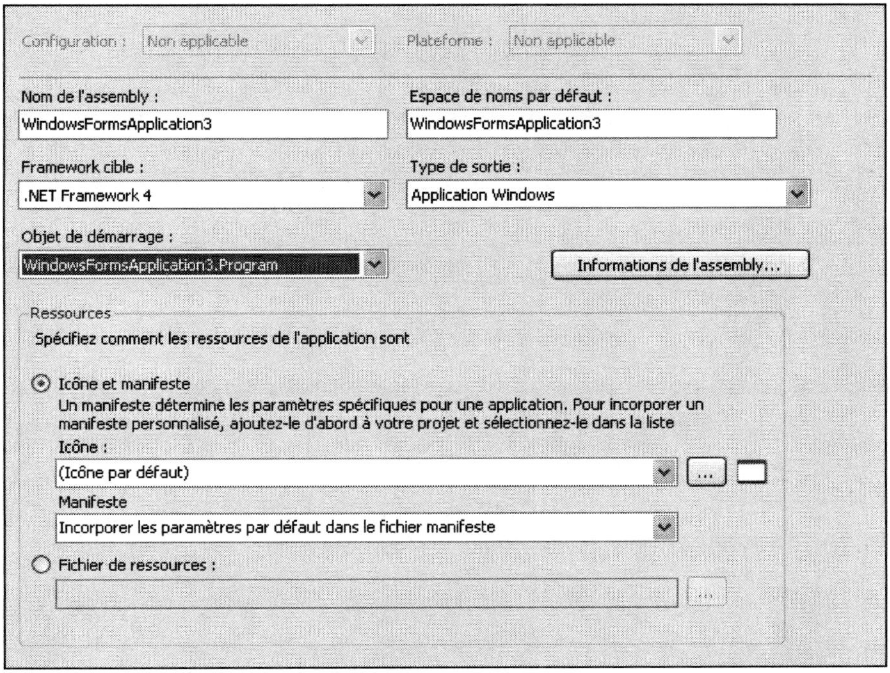

Nom de l'assembly

Cette propriété détermine le nom utilisé pour le fichier résultant de la compilation de l'application. Par défaut, ce fichier porte le même nom que le projet mais ils peuvent être modifiés indépendamment l'un de l'autre. L'extension associée au fichier dépend du type du projet.

Type de sortie

Cette propriété détermine le type d'application générée par la compilation du projet. En règle générale, cette propriété est déterminée par le modèle choisi au moment de la création du projet. Cette propriété est très rarement modifiée par la suite car elle dépend énormément du code de votre projet (si vous avez conçu votre application comme une application Windows et que souhaitez la considérer comme une application console, il risque d'y avoir beaucoup de code inutile !).

Objet de démarrage

Cette propriété détermine le point d'entrée dans l'application, lors de son exécution. Elle correspond au nom de la classe contenant la fonction `Main`. Cette fonction est en général chargée de créer l'instance de la fenêtre principale de l'application et d'assurer son affichage. Cette propriété n'est disponible que pour les projets pouvant s'exécuter de manière autonome. Dans le cas d'une bibliothèque de classe, par exemple, elle est contient la valeur '(Non défini)'.

Espace de noms par défaut

Tous les éléments du projet, accessibles à partir d'un autre projet, appartiennent à l'espace de noms défini par cette propriété. Celle-ci vient s'ajouter aux éventuels espaces de noms, définis au niveau du code lui-même. Par défaut, cette propriété correspond au nom du projet mais elle peut être modifiée indépendamment de celui-ci. Elle peut même être vide vous permettant ainsi de gérer les espaces de noms directement dans le code.

Option Icône et manifeste

Cette option permet de rendre accessibles les options pour la configuration de l'icône et du manifeste de l'application.

Icône

Cette propriété configure l'icône associée au fichier compilé du projet, lorsqu'il est affiché dans l'explorateur Windows ou lorsque l'application apparaît sur la barre des tâches de Windows.

Manifeste

Le manifeste est utilisé lors de l'exécution de l'application sous Windows vista pour déterminer le niveau d'exécution requis pour l'application (UAC : *User Account Control*). Trois options sont disponibles :

- Incorporer les paramètres par défaut dans le fichier manifeste : avec cette option, un fichier manifeste est généré automatiquement pendant la compilation. Ce fichier détermine que l'application doit s'exécuter avec l'identité actuelle de l'utilisateur et ne demande pas d'augmentation de privilèges (asInvoker).
- Créer une application sans fichier manifeste : cette option active la virtualisation lors de l'exécution de l'application sous Windows vista.
- Fournir votre propre fichier manifeste dont le nom doit dans ce cas apparaître comme troisième option.

Fichier de ressources

Vous devez sélectionner cette option lorsque vous indiquez un fichier de ressources personnalisé pour le projet. La sélection de cette option désactive les options Icône et Manifeste.

Informations de l'assembly

Cette option permet de fournir des informations sur le code généré par la compilation du projet. Une boîte de dialogue permet de remplir différentes rubriques concernant la description du projet.

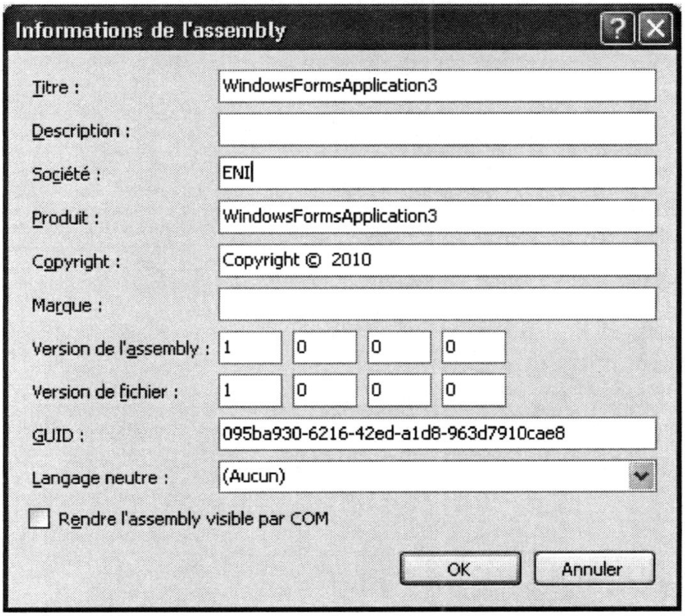

Informations de l'assembly

Titre : WindowsFormsApplication3
Description :
Société : ENI
Produit : WindowsFormsApplication3
Copyright : Copyright © 2010
Marque :
Version de l'assembly : 1 0 0 0
Version de fichier : 1 0 0 0
GUID : 095ba930-6216-42ed-a1d8-963d7910cae8
Langage neutre : (Aucun)
Rendre l'assembly visible par COM
OK Annuler

L'utilisateur de votre code pourra consulter ses informations en affichant les propriétés du fichier compilé dans l'explorateur Windows.

b. Générer

Cette page de propriétés est utilisée pour configurer les différentes options génération.

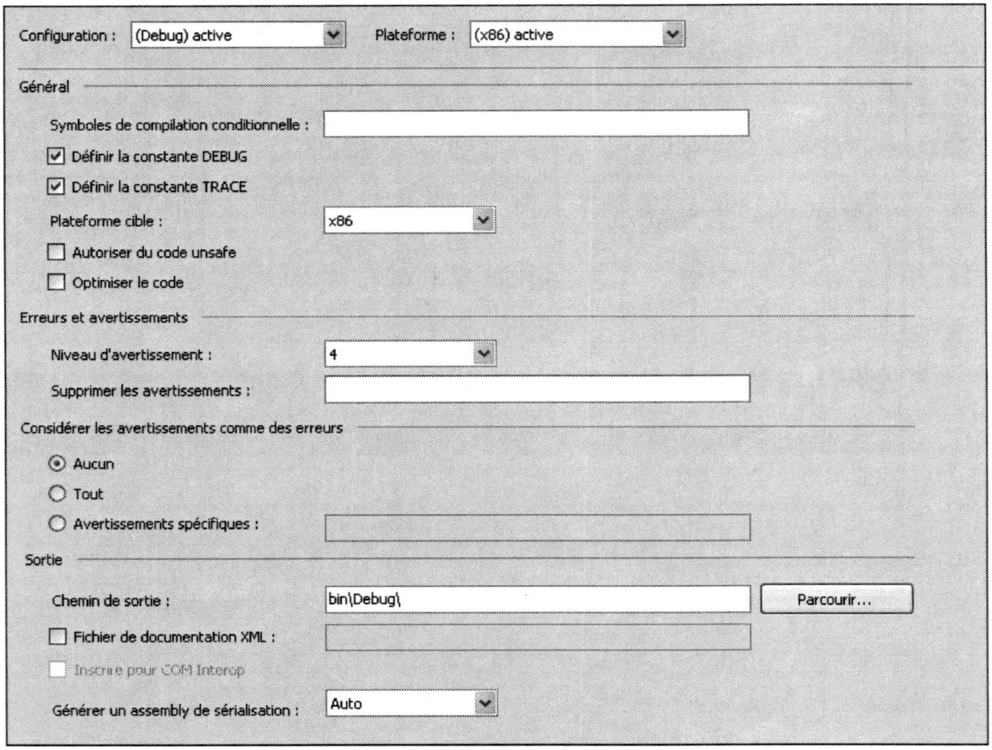

Il faut tout d'abord choisir à quelle configuration (Debug ou Release) et à quelle plate-forme vont s'appliquer les paramètres.

Symboles de compilation conditionnelle

Cette zone de saisie est utilisée pour définir des constantes qui sont testées lors de la compilation. Vous pouvez par exemple définir la constante DEMO et l'utiliser comme dans l'exemple ci-dessous pour modifier le titre d'une fenêtre.

```
#if (DEMO)
    Text="version de demo";
#else
    Text="version complete";
#endif
```

Si plusieurs constantes doivent être définies, il faut les séparer par un espace.

Définir la constante DEBUG

Définit automatiquement une constante de compilation conditionnelle nommée DEBUG.

Définir la constante TRACE

Définit automatiquement une constante de compilation conditionnelle nommée TRACE.

Plateforme cible

Cette option spécifie le processeur pour lequel le code doit être généré. Quatre options sont disponibles :

x86 pour les processeurs 32 bits compatibles Intel.

Itanium pour les processeurs Intel Itanium 64 bits.

x64 pour les autres processeurs 64 bits.

Any CPU pour tous les processeurs.

Autoriser du code unsafe

Autorise la compilation du code utilisant le mot-clé unsafe. Ce mot-clé est utilisé lorsque le code doit manipuler directement des pointeurs.

Optimiser le code

Active ou désactive les optimisations effectuées par le compilateur pour générer du code plus efficace.

Niveau d'avertissement

Lors de son travail le compilateur peut rencontrer des situations lui paraissant anormales. Il génère dans ce cas un avertissement. Cette option permet de configurer les types d'avertissements générés.

0 : Désactive l'émission de tous les messages d'avertissement.

1 : Affiche les messages d'avertissement grave.

2 : Affiche les avertissements de niveau 1 ainsi que quelques avertissements moins graves.

3 : Affiche les avertissements de niveau 2 ainsi que quelques avertissements moins graves, par exemple pour signaler des expressions prenant toujours la valeur true ou false.

4 : Affiche tous les avertissements de niveau 3 plus les avertissements d'information.

Supprimer les avertissements

Cette option permet la génération de certains avertissements par le compilateur. Les avertissements doivent être indiqués par leur numéro en les séparant par des virgules ou des points-virgules.

Considérer les avertissements comme des erreurs

Détermine quels sont les avertissements du compilateur qui seront traités comme des erreurs et bloqueront la compilation. Les valeurs suivantes sont proposées :

Aucun Ne considère aucun avertissement comme une erreur.

Avertissements spécifiques Considère les avertissements spécifiés comme des erreurs. Comme pour la rubrique Supprimer les avertissements, les numéros des avertissements doivent être séparés par une virgule ou un point-virgule.

Tous Considère tous les avertissements comme des erreurs.

Chemin de sortie

Cette option indique le répertoire où seront copiés les fichiers générés par le compilateur.

Fichier de documentation XML

Indique le nom du fichier dans lequel sera copiée la documentation générée à partir des commentaires placés dans le code.

Inscrire pour COM Interop

Cette option indique au compilateur qu'il doit générer du code compatible avec l'environnement COM. Cette option n'est disponible que pour les projets de type bibliothèque de classes.

Générer un assembly de sérialisation

Demande au compilateur qu'il doit optimiser le code pour les opérations de sérialisation et de désérialisations des instances des classes du projet.

c. Événements de build

Cette boîte de dialogue permet de configurer une commande pouvant être lancée automatiquement avant ou après la génération du projet.

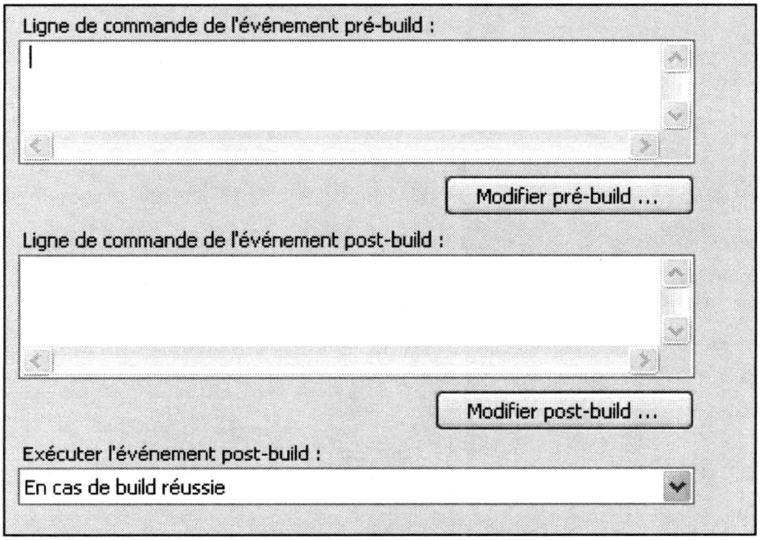

Chacune des commandes peut être saisie dans la zone de texte correspondante. Les boutons **Modifier pré-build** et **Modifier post-build** ouvrent une fenêtre d'édition facilitant la saisie de la commande.

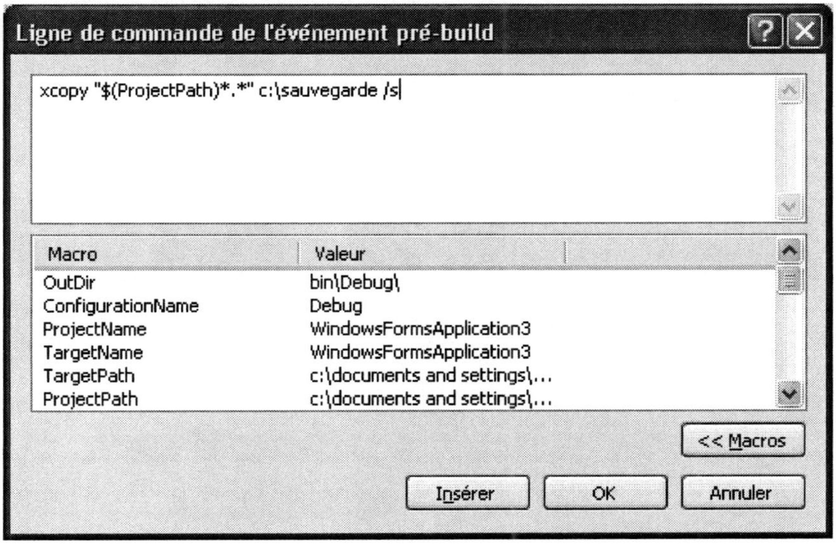

Cette boîte de dialogue propose également une liste de macro permettant la récupération et l'utilisation par votre commande de certains paramètres du projet. L'exemple présenté sur la figure précédente effectue une copie complète du répertoire de l'application dans le répertoire C:\sauvegarde avant chaque génération.

L'exécution de la commande après génération peut être conditionnelle et avoir lieu uniquement en cas de génération réussie ou si la génération a mis à jour la sortie du projet.

Si une commande d'après génération doit exécuter un fichier .bat, l'appel de celui-ci doit être précédé du mot-clé call.

d. Propriétés de débogage

Les propriétés présentes sur cette page déterminent le comportement du projet lors de son débogage.

Configuration : (Debug) active   Plateforme : (x86) active

Action de démarrage
- (•) Démarrer le projet
- ( ) Démarrer le programme externe :
- ( ) Démarrer le navigateur avec l'URL :

Options de démarrage
- Arguments de la ligne de commande :
- Répertoire de travail :
- [ ] Utiliser l'ordinateur distant

Activer les débogueurs
- [ ] Activer le débogage de code non managé
- [ ] Activer le débogage SQL Server
- [x] Activer le processus d'hébergement Visual Studio

Action de démarrage

Cette propriété détermine le comportement du projet lors du démarrage du débogage. Trois options sont possibles :

- **Démarrer le projet** indique que le projet lui-même doit être exécuté. Cette option n'est à utiliser que pour les projets d'application Windows ou les projets d'application console.
- **Démarrer le programme externe** permet de provoquer l'exécution d'une application externe qui va se charger de faire des appels au code notre projet. Cette option est utilisée pour le débogage de bibliothèques de classes.
- **Démarrer le navigateur avec l'URL** est identique à l'option précédente, mis à part que l'application démarrée est une application Web.

Options de démarrage

Arguments de la ligne de commande précise les arguments passés à l'application lors de son exécution par Visual Studio. Ces arguments peuvent être utilisés par le code pour déterminer l'action à entreprendre : par exemple, démarrer l'application en mode maintenance.

Répertoire de travail permet de spécifier le répertoire actif pendant l'exécution de l'application.

Utiliser l'ordinateur distant autorise le débogage d'une application s'exécutant sur une autre machine. Dans ce cas, le nom de la machine distante, sur laquelle le code va s'exécuter, est à indiquer.

Activer les débogueurs

Ces options déterminent les différents types de débogueur actifs, en complément du débogueur de code managé de Visual Studio.

e. Ressources d'un projet

Les ressources sont utilisées pour externaliser certains éléments d'une application. Elles permettent de réaliser rapidement des modifications simples d'une application, sans avoir à rechercher dans des milliers de lignes de code. L'utilisation la plus classique consiste à séparer, du code, les constantes chaîne de caractères. Vous pouvez également créer des ressources icônes, images, fichier texte, ou audio. Toutes les ressources sont gérées par cette boîte de dialogue.

	Nom	Valeur	Commentaire
	MessageBienvenueFr	Si vous voyez ce message c'est que votre application fonctionne	
✎	MessageFinFr	Bon courage pour la suite	
*			

→ Pour chaque ressource, indiquez un nom et une valeur. Le nom sera bien sûr utilisé dans le code pour pouvoir récupérer la valeur.

En fonction du type de ressource, vous avez à votre disposition un éditeur adapté pour modifier la ressource. Les ressources peuvent être liées ou embarquées, en fonction de leur type. Une ressource liée est stockée dans son propre fichier et le fichier **Resources.resx** contient simplement un lien vers le fichier original. Une ressource embarquée est stockée directement dans le fichier **Resources.resx** de l'application. Dans tous les cas, les ressources seront compilées dans l'exécutable de l'application.

Voyons maintenant comment accéder aux ressources à partir du code de l'application. Toutes les ressources sont accessibles par la propriété **Resources de l'objet My**. L'exemple suivant utilise :

- Une ressource chaîne de caractères (MessageBienvenueFr)
- Une ressource icon (IconAppli)
- Une ressource image bitmap (ImageFond)
- Un fichier son (Musique)

```
private void Form1_Load(object sender, EventArgs e)
{
    this.Icon=WindowsFormsApplication1.Properties.Resources.IconAppli;
    this.BackgroundImage = WindowsFormsApplication1.Properties.Resources.Image-
Fond;
   new SoundPlayer(WindowsFormsApplication1.Properties.Resources.Musique).Play
Looping();
    MessageBox.Show(WindowsFormsApplication1.Properties.Resources.Message
BienvenueFr);
}
```

f. Paramètres d'application

Les paramètres d'application sont, en général, utilisés pour stocker et charger dynamiquement les paramètres de configuration d'une application, comme par exemple, les préférences de l'utilisateur ou les derniers fichiers utilisés dans l'application.

Les paramètres doivent d'abord être créés dans la page de propriétés suivante.

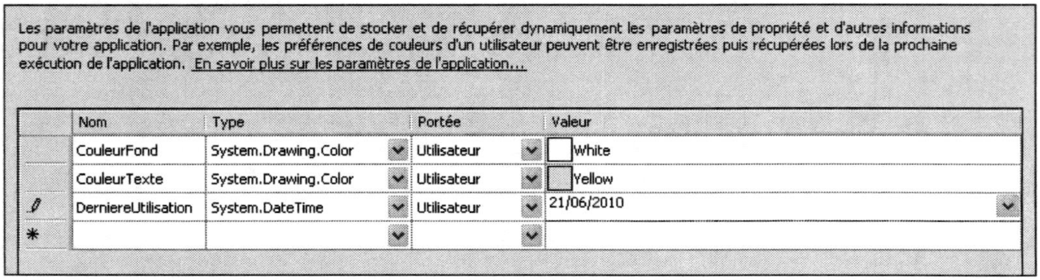

Les paramètres de l'application vous permettent de stocker et de récupérer dynamiquement les paramètres de propriété et d'autres informations pour votre application. Par exemple, les préférences de couleurs d'un utilisateur peuvent être enregistrées puis récupérées lors de la prochaine exécution de l'application. En savoir plus sur les paramètres de l'application...

	Nom	Type	Portée	Valeur
	CouleurFond	System.Drawing.Color	Utilisateur	White
	CouleurTexte	System.Drawing.Color	Utilisateur	Yellow
	DerniereUtilisation	System.DateTime	Utilisateur	21/06/2010
*				

Pour chaque paramètre, vous devez fournir un nom, utilisé pour manipuler le paramètre dans le code et un type, pour le paramètre.

Vous devez également fournir une portée pour le paramètre. Deux choix sont possibles :

Utilisateur

Le paramètre peut être modifié pendant le fonctionnement de l'application.

Application

Le paramètre est en lecture seule pendant l'exécution et peut uniquement être modifié par l'intermédiaire de cette boîte de dialogue.

La dernière chose à faire est de spécifier une valeur pour le paramètre.

Nous allons maintenant étudier comment manipuler les paramètres dans le code. Nous devons réaliser trois opérations.

- Au démarrage de l'application, nous devons charger les paramètres. L'accès aux paramètres se fait par la propriété Default de l'objet Settings.

```
WindowsFormsApplication1.Properties.Settings.Default.Reload();
```

- Pendant l'exécution de l'application, nous avons accès aux paramètres également par cette propriété Default de l'objet Settings, à laquelle nous ajoutons le nom du paramètre. Ceci nous permet la lecture de la valeur du paramètre ou l'affectation d'une valeur au paramètre.

```
this.BackColor = WindowsFormsApplication1.Properties.Settings.Default.CouleurFond;
WindowsFormsApplication1.Properties.Settings.Default.DerniereUtilisation = Date-
Time.UtcNow;
```

- À la fermeture de l'application, nous devons enfin sauvegarder les paramètres en utilisant la méthode Save :

```
WindowsFormsApplication1.Properties.Settings.Default.Save();
```

Chemin d'accès des références

Lorsque vous référencez un assembly dans votre projet, Visual Studio commence par le rechercher directement dans le répertoire du projet. S'il ne le trouve pas dans ce répertoire il va alors rechercher dans le ou les répertoires que vous avez configuré dans la boîte de dialogue chemin d'accès des références.

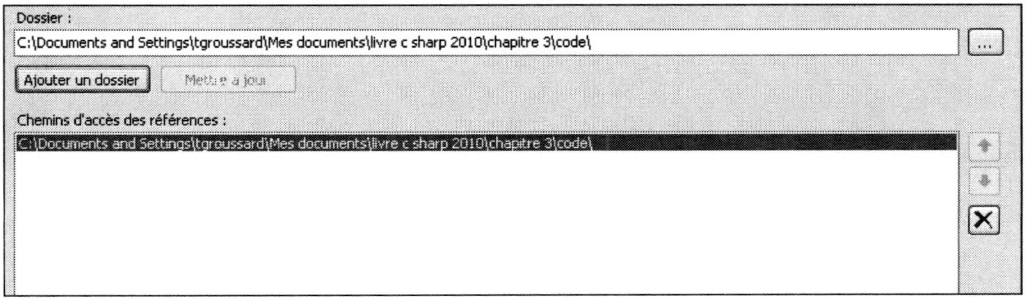

Dossier :
C:\Documents and Settings\tgroussard\Mes documents\livre c sharp 2010\chapitre 3\code\
Ajouter un dossier
Mettre à jour
Chemins d'accès des références :
C:\Documents and Settings\tgroussard\Mes documents\livre c sharp 2010\chapitre 3\code\

Les répertoires sont parcourus dans l'ordre de la liste. Cet ordre peut être modifié en sélectionnant un répertoire dans la liste et en le déplaçant vers le haut ou le bas à l'aide des flèches disponibles sur la droite de la boîte de dialogue.

Pour chaque utilisateur de l'application, une version distincte des paramètres est sauvegardée.

g. Autres paramètres de configuration

Les autres rubriques de configuration du projet concernant le déploiement de l'application sont traitées dans un chapitre spécifique.

Chapitre 4 : Bases du langage

A. Les variables, constantes et énumérations 110

B. Les opérateurs 136

C. Les structures de contrôle 140

D. Les procédures et fonctions 145

E. Assemblies, Namespace et attributs 153

A. Les variables, constantes et énumérations

1. Les variables

Les variables vont vous permettre de mémoriser, pendant l'exécution de votre application, différentes valeurs utiles pour le fonctionnement de votre application. Une variable doit obligatoirement être déclarée avant son utilisation dans le code. Lors de la déclaration d'une variable, vous fixez ses caractéristiques.

a. Nom des variables

Voyons les règles à respecter pour nommer les variables :

- le nom d'une variable commence obligatoirement par une lettre,
- il peut être constitué de lettres, de chiffres ou du caractère souligné (_),
- il peut contenir un maximum de 1023 caractères (pratiquement, il est préférable de se limiter à une taille plus raisonnable),
- il y a distinction entre minuscules et majuscules (la variable AgeDuCapitaine est différente de la variable ageducapitaine).
- les mots-clés du langage ne doivent pas être utilisés (c'est malgré tout possible mais dans ce cas, le nom de la variable doit être précédé du caractère @. Par exemple, une variable nommée `if` sera utilisée dans le code sous cette forme @if=56;).

b. Type des variables

En spécifiant un type pour une variable, nous indiquons quelles informations nous allons pouvoir stocker dans cette variable.

Deux catégories de types de variables sont disponibles :

- Les types valeur : la variable contient réellement les informations.
- Les types référence : la variable contient l'adresse mémoire où se trouvent les informations.

Les différents types de variables disponibles sont définis au niveau du Framework lui-même. Vous pouvez également utiliser les alias définis au niveau de Visual C#, peut-être plus explicites. Ainsi, le type **System.Int32** défini au niveau du framework peut être remplacé par le type **int** dans Visual C#.

Les différents types peuvent être classés en six catégories.

Les types numériques entiers

Types entiers signés			
sbyte	- 128	127	8 bits
short	-32768	32767	16 bits
int	-2 147 483 648	2 147 483 647	32 bits
long	-9223372036854775808	9223372036854775807	64 bits

Types entiers non signés			
byte	0	255	8 bits
ushort	0	65535	16 bits
uint	0	4294967295	32 bits
ulong	0	18446744073709551615	64 bits

Lorsque vous choisissez un type pour vos variables entières, vous devez prendre en compte les valeurs minimale et maximale que vous envisagez de stocker dans la variable afin d'optimiser la mémoire utilisée par la variable. Il est, en effet, inutile d'utiliser un type Long pour une variable dont la valeur n'excédera pas 50, un type byte est dans ce cas suffisant.

L'économie de mémoire semble dérisoire pour une variable unique mais devient appréciable lors de l'utilisation de tableaux de grande dimension.

Si par contre vous souhaitez optimiser la vitesse d'exécution de votre code, il est préférable d'utiliser le type int.

Les types décimaux

float	-3.40282347E+38	3.40282347E+38	4 octets
double	-1.7976931348623157E+308	1.7976931348623157E+308	8 octets
decimal	-79228162514264337593543950335	79228162514264337593543950335	16 octets

Les mêmes considérations d'optimisation que pour les variables entières doivent être prises en compte. Dans ce cas, une rapidité d'exécution maximale est obtenue avec le type double. Le type decimal est plus spécialement recommandé pour les calculs financiers pour lesquels les erreurs d'arrondis sont prohibées, mais au détriment de la rapidité d'exécution du code.

Les types caractères

Le type char (caractères) est utilisé pour stocker un caractère unique. Une variable de type char utilise deux octets pour stocker le code Unicode du caractère. Dans jeu de caractère Unicode, les 128 premiers caractères sont identiques au jeu de caractère ASCII, les caractères suivants jusqu'à 255 correspondent aux caractères spéciaux de l'alphabet latin (par exemple, les caractères accentués), le reste est utilisé pour des symboles ou pour les caractères d'autres alphabets.

L'affectation d'une valeur à une variable de type char doit être effectuée en encadrant la valeur par des caractères ''. Certains caractères ayant une signification spéciale pour le langage doivent être utilisés avec une séquence d'échappement. Cette séquence d'échappement commence toujours par le caractère \. Le tableau suivant résume les différentes séquences disponibles.

Séquence d'échappement	caractère
\'	Simple quote
\"	Double quote
\\	backSlash
\0	Caractère nul
\a	Alerte
\b	Baskspace
\f	Saut de page
\n	Saut de ligne
\r	Retour chariot
\t	Tabulation horizontale
\v	Tabulation verticale

Ces séquences d'échappement peuvent également être utilisées dans une chaîne de caractères. Chacune d'elles représente un caractère unique.

Pour pouvoir stocker des chaînes de caractères, il convient d'utiliser le type string, qui représente une suite de zéro à 2147483648 caractères. Les chaînes de caractères sont invariables car, lors de l'affectation d'une valeur à une chaîne de caractères, de l'espace est réservé en mémoire pour le stockage. Si, par la suite, cette variable reçoit une nouvelle valeur, le système lui assigne un nouvel emplacement en mémoire. Heureusement, ce mécanisme est transparent pour nous et la variable fera toujours automatiquement référence à la valeur qui lui a été assignée. Avec ce mécanisme, les chaînes de caractères peuvent avoir une taille variable. L'espace occupé en mémoire est automatiquement ajusté à la longueur de la chaîne de caractères.

Pour affecter une chaîne de caractères à une variable, le contenu de la chaîne doit être saisi entre " ", comme dans l'exemple ci-dessous :

Exemple

```
NomDuCapitaine = "Crochet";
```

Si des caractères spéciaux doivent apparaître dans une chaîne, ils doivent être spécifiés par une séquence d'échappement. Il existe cependant une autre possibilité qui permet parfois de rendre le code plus lisible. Cette solution consiste à faire précéder la chaîne de caractères du symbole @. Le compilateur considère alors que tous les caractères contenus entre les doubles quotes doivent être utilisés tels quel, y compris les éventuels retours chariot. La seule limitation concerne le caractère " qui, s'il doit faire partie de la chaîne, doit être doublé.

Les deux déclarations de chaînes suivantes sont identiques :

```
chaine = "Que dit il ?\ril dit \"bonjour\"";
```

```
chaine = @"Que dit il ?
il dit ""bonjour""";
```

Lorsqu'elles sont affichées sur la console, elles donnent le résultat suivant :

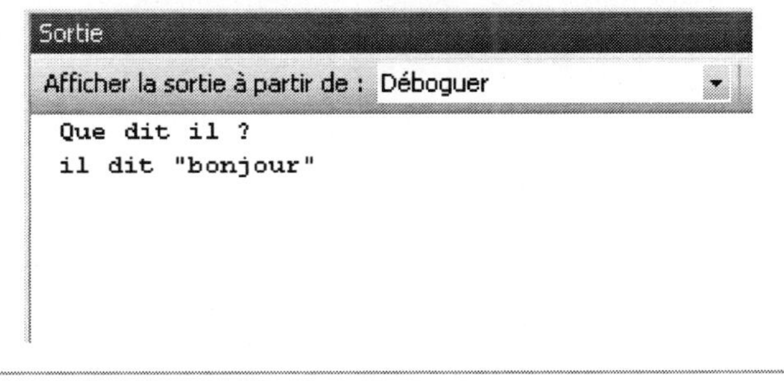

De nombreuses fonctions de la classe string permettent la manipulation des chaînes de caractères et seront détaillées plus loin dans ce chapitre.

Le type bool

Le type bool permet d'utiliser une variable qui peut prendre deux états vrai/faux, oui/non, on/off.

L'affectation se fait directement avec les valeurs true ou false, comme dans l'exemple suivant :

```
Disponible=true;
Modifiable=false;
```

Le type Object

C'est peut-être le type le plus universel de Visual C#. Dans une variable de type Object, vous pouvez stocker n'importe quoi. En fait, ce type de variable ne stocke rien. La variable va contenir non pas la valeur elle-même, mais l'adresse, dans la mémoire de la machine, où l'on pourra trouver la valeur de la variable. Rassurez-vous, tout ce mécanisme est transparent et vous n'aurez jamais à manipuler les adresses mémoire directement.

Une variable de type Object pourra donc faire référence à n'importe quel autre type de valeur y compris des types numériques simples. Cependant, le code sera moins rapide du fait de l'utilisation d'une référence.

Le type dynamic

Depuis sa première version, le langage C# est un langage statiquement typé. Chaque variable utilisée doit être déclarée avec un type défini. Cette contrainte permet au compilateur de vérifier que vous ne réalisez avec cette variable que des opérations compatibles avec son type. Ceci impose bien sûr de connaître le type de la variable au moment de la conception de l'application. Il arrive cependant parfois que le type de la variable ne soit connu qu'au moment de l'exécution de l'application. Il est, dans ce cas, possible d'utiliser le mot-clé **dynamic** comme type pour la variable concernée. Pour les variables déclarées avec ce type, le compilateur ne fait aucune vérification de compatibilité concernant les opérations exécutées avec cette variable. Ces opérations de vérification sont effectuées seulement au moment de l'exécution de l'application. Si ces opérations ne sont pas compatibles avec le type de la variable, une exception est déclenchée. La fonction ci-dessous attend deux paramètres dont le véritable type n'est pas connu lors de la conception de la fonction, c'est pourquoi ils sont déclarés avec le mot-clé **dynamic**. Le type retourné par la fonction, dépendant du type des paramètres qui lui sont passés au moment de l'appel, est également déclaré avec le mot-clé **dynamic**. Cette fonction utilise l'opérateur + sur les deux paramètres qui lui sont passés.

```
public static dynamic operation(dynamic operande1,dynamic operande2)
  {
      return operande1 + operande2;
  }
```

Le type des paramètres `operande1` et `operande2` étant inconnu au moment de la conception, Visual Studio est incapable de faire la moindre proposition sur les différentes méthodes pouvant être utilisées sur ces variables.

```
public static dynamic operation(dynamic operande1,dynamic operande2)
{
    return operande1 + operande2.
}
```

(expression dynamique)
Cette opération sera résolue au moment de l'exécution.

De la même façon il accepte sans problème que la fonction soit utilisée dans les différents cas de figure ci-dessous :

```
int i1;
int i2;
i1 = 2;
i2 = 4;
Console.WriteLine(operation(i1, i2));
String s1;
String s2;
s1 = "2";
s2 = "4";
Console.WriteLine(operation(s1, s2));
Client c1;
c1 = new Client();
Client c2;
c2 = new Client();
Console.WriteLine(operation(c1, c2));
```

Au moment de l'exécution, les deux premiers appels de la fonction se passent sans problème. Le premier effectue une addition des deux entiers, le second effectue une concaténation des deux chaînes de caractères. Par contre, le troisième appel qui utilise des instances de la classe `Client` déclenche une exception car l'opérateur + n'est pas applicable sur ce type de données.

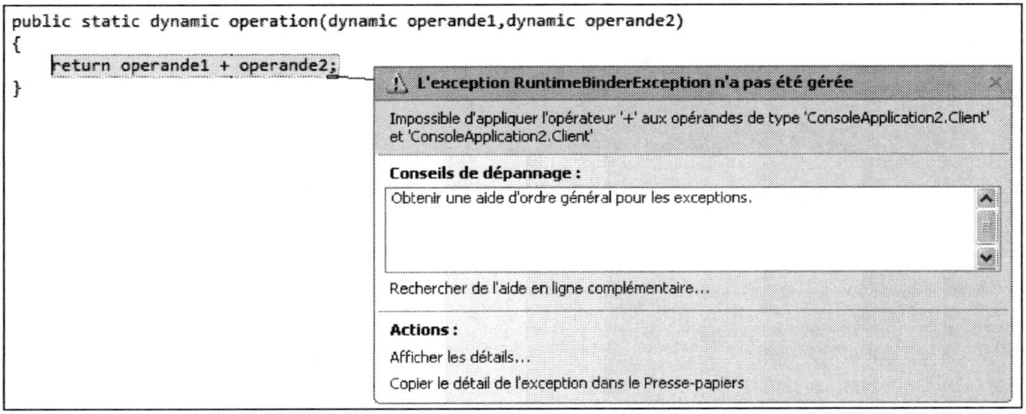

```
public static dynamic operation(dynamic operande1,dynamic operande2)
{
    return operande1 + operande2;
}
```

L'exception RuntimeBinderException n'a pas été gérée

Impossible d'appliquer l'opérateur '+' aux opérandes de type 'ConsoleApplication2.Client' et 'ConsoleApplication2.Client'

Conseils de dépannage :

Obtenir une aide d'ordre général pour les exceptions.

Rechercher de l'aide en ligne complémentaire...

Actions :

Afficher les détails...

Copier le détail de l'exception dans le Presse-papiers

Cet exemple montre bien qu'il faut être prudent avec l'utilisation du type **dynamic** et toujours prévoir la récupération de l'exception qui peut se produire en cas d'utilisation inadaptée du type réel de données.

Cette fonctionnalité est principalement utilisée pour manipuler des éléments obtenus à partir d'un langage dynamique (IronRuby ou IronPython) ou d'une API COM.

Les types Nullables

Il arrive parfois que dans certaines circonstances une variable n'a pas de valeur bien définie. C'est par exemple le cas lors de la récupération d'information en provenance d'une base de données si pour certains champs aucune valeur n'a été affectée dans la base. Comment représenter cette situation avec des variables dans Visual C#. Une solution consiste à utiliser une valeur n'ayant aucune signification pour l'application. Par exemple, pour une variable numérique représentant un code postal dans l'application, il peut être envisagé d'affecter à cette variable une valeur négative dans le cas où le code postal n'est pas renseigné. Le reste du code doit bien sûr tenir compte de cette convention. Pour certains types d'informations cette solution n'est pas envisageable. Prenons le cas d'une variable de type bool pour lequel il n'y a que deux valeurs admises, 'true' ou 'false', comment représenter le fait que le contenu de la variable n'est pas renseigné.

Pour résoudre ce problème, Visual C# propose les types Nullables. Ils permettent aux variables de type valeur de ne contenir aucune information. Pour activer cette fonctionnalité sur une variable il faut simplement utiliser le caractère '?' à la suite du type de la variable comme dans l'exemple suivant.

```
int? CodePostal
```

Il faut par contre être prudent lors de l'utilisation d'une variable de ce type et vérifier avant de l'utiliser si elle contient effectivement une valeur. Pour cela, il faut tester la propriété `HasValue` de la variable pour déterminer si elle contient effectivement une valeur. Si c'est le cas cette valeur est disponible via la propriété `Value` de la variable. Cette propriété est en lecture seule car l'affectation d'une valeur se fait directement sur la variable.

```
CodePostal = 17000;
if (CodePostal.HasValue)
{
    Console.WriteLine(CodePostal.Value);
}
else
{
    Console.WriteLine("Code postal vide");
}
```

Il est indispensable de tester la propriété `HasValue` avant l'utilisation de la propriété `value` car si la variable ne contient pas de valeur il y a déclenchement d'une exception. C'est le cas dans l'exemple ci-dessous puisqu'une variable nullable, contrairement à une variable normale, ne contient pas de valeur par défaut.

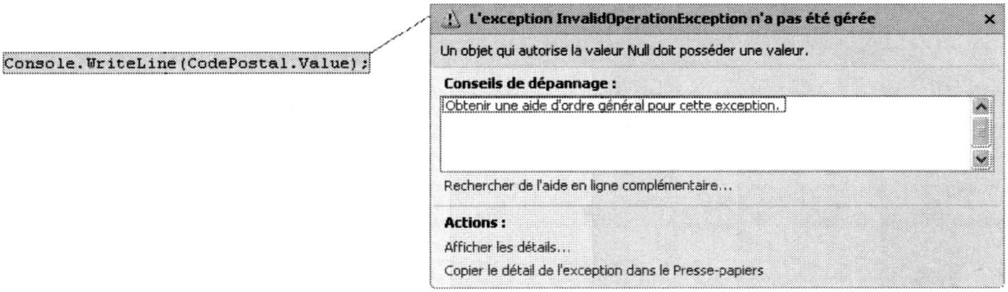

```
Console.WriteLine(CodePostal.Value);
```

L'exception InvalidOperationException n'a pas été gérée

Un objet qui autorise la valeur Null doit posséder une valeur.

Conseils de dépannage :

Obtenir une aide d'ordre général pour cette exception.

Rechercher de l'aide en ligne complémentaire...

Actions :

Afficher les détails...

Copier le détail de l'exception dans le Presse-papiers

Une variable contenant une valeur peut revenir à l'état 'non renseigné' si on lui affecte la valeur `null`.

L'utilisation de variables de type boolean nullable avec les opérateurs logiques '&' et '|' peut parfois être problématique. Voici la table de vérité de ces deux opérateurs avec des variables nullables.

B1	B2	B1 & B2	B1 | B2
null	null	null	null
null	true	null	true
null	false	false	null
true	null	null	true
true	true	true	true
true	false	false	true
false	null	false	null
false	true	false	true
false	false	false	false

c. Conversions de types

Les conversions de types consistent à transformer une variable d'un type dans un autre type. Les conversions peuvent s'effectuer vers un type supérieur ou vers un type inférieur.

Si une conversion vers un type inférieur est utilisée, il risque d'y avoir une perte d'informations. Par exemple, la conversion d'un type double vers un type long fera perdre la partie décimale de la valeur.

Pour limiter ce risque, le compilateur surveille les conversions réalisées dans votre code et déclenche une erreur lorsqu'il rencontre une telle situation.

```
double x;
long y;
x = 21.234323;
y = x;
```

Impossible de convertir implicitement le type 'double' en 'long'. Une conversion explicite existe (un cast est-il manquant ?)

Ces conversions ne sont pourtant pas totalement interdites. Vous devez simplement avertir le compilateur de votre intention en utilisant une opération de transtypage. En fait il n'y a pas d'opérateur spécifique pour le transtypage, c'est le type de données vers lequel vous souhaitez faire le transtypage qui doit être utilisé comme opérateur. Il suffit de préfixer la variable que vous souhaitez convertir avec le type, le nom du type de données souhaité, en prenant la précaution de le placer entre parenthèses. Notre exemple précédent devient donc :

```
double x;
long y;
    x = 21.234323;
    y = (long) x;
    Console.WriteLine("valeur de x :" + x);
    Console.WriteLine("valeur de y :" + y);
```

L'utilisation de cette syntaxe ne provoque pas d'erreur de compilation si vous tentez une conversion restrictive, car le compilateur considère alors que vous la réalisez en toute connaissance de cause.

Les conversions à partir de chaînes de caractères et vers des chaînes de caractères sont plus spécifiques.

Conversion vers une chaîne de caractères

La fonction `format` de la classe string permet de choisir la forme du résultat de la conversion d'une valeur quelconque en chaîne de caractères. Cette fonction attend comme premier paramètre une chaîne de caractères représentant le format dans lequel vous souhaitez obtenir le résultat. Le deuxième paramètre correspond à la valeur à convertir.

Certains formats standards sont prédéfinis mais il est également possible de personnaliser le résultat de la fonction `format`. Ci-après, les paramètres de cette fonction sont présentés.

Formatage de valeurs numériques

Currency

Format monétaire tel que défini dans les options régionales et linguistiques du panneau de configuration du système.

Exemple : `String.format("{0:c}",12.35);`

`Résultat : 12,35 €`

Fixed

Utilise au moins un caractère pour la partie entière et au moins deux caractères pour la partie décimale d'un nombre. Le séparateur décimal est celui défini dans les options régionales et linguistiques du panneau de configuration du système.

Exemple : `String.format("{0:f}",0.2);`

`Résultat : 0,20`

Percent

Multiplie la valeur indiquée par cent et ajoute le symbole " % " à la suite.

Exemple : `String.format("{0:p}",0.2);`

`Résultat : 20,00%`

Standard

Format numérique tel que défini dans les options régionales et linguistiques du panneau de configuration du système.

Exemple : `String.format("{0:n}",245813.5862);`

`Résultat : 245 813,59`

Scientific

Notation scientifique.

Exemple : `String.format("{0:c}",245813.58);`

`Résultat : 2,458136e+005`

Hexadécimal

Format hexadécimal. Utilisable uniquement pour les valeurs entières.

Exemple : `String.format("{0:x}",245813);`

`Résultat : 3C035`

Chaîne de formatage personnalisée pour valeurs numériques

0

Réserve un emplacement pour un caractère numérique. Les zéros non significatifs sont affichés.

Exemple : `String.format("{0:00000000000.0000}",245813.12);`

`Résultat : 00000245813,1200`

#

Réserve un emplacement pour un caractère numérique. Les zéros non significatifs ne sont pas affichés.

Exemple : `String.format("{0:##########.####}",245813.12);`

`Résultat : 245813,12`

.
Réserve un emplacement pour le séparateur décimal. Le caractère réellement utilisé dans le résultat dépend de la configuration des options régionales et linguistiques du panneau de configuration du système.

,
Réserve un emplacement pour le séparateur de millier. Le caractère réellement utilisé dans le résultat dépend de la configuration des options régionales et linguistiques du panneau de configuration du système.

Formats de date et heure

G
Format Date court et format Heure tel que défini dans les options régionales et linguistiques du panneau de configuration du système.

Exemple : `String.format("{0:G}",DateTime.now);`

`Résultat 25/03/2008 11:10:42`

D
Format Date longue tel que défini dans les options régionales et linguistiques du panneau de configuration du système.

Exemple : `String.format("{0:D}",DateTime.now);`

`Résultat mardi 25 mars 2008`

d
Format Date court tel que défini dans les options régionales et linguistiques du panneau de configuration du système.

Exemple : `String.format("{0:d}",DateTime.now);`

`Résultat 25/03/2008`

T
Format Heure tel que défini dans les options régionales et linguistiques du panneau de configuration du système.

Exemple : `String.format("{0:T}",DateTime.now);`

`Résultat 11:45:30`

s
Format 'triable '.

Exemple : `String.format("{0:s}",DateTime.now);`

`Résultat 2008-03-25T11:47:30`

Chaîne de formatage personnalisée pour valeurs de date et heure

d	Jour du mois sans zéro non significatif
dd	Jour du mois avec zéro non significatif
ddd	Nom du jour de la semaine abrégé
dddd	Nom du jour de la semaine complet
M	Numéro du mois sans zéro non significatif
MM	Numéro du mois avec zéro non significatif
MMM	Nom du mois abrégé
MMMM	Nom du mois complet
h	Heure sans zéro non significatif (format 12H)
hh	Heure avec zéro non significatif (format 12H)
H	Heure sans zéro non significatif (format 24H)
HH	Heure avec zéro non significatif (format 24H)
m	Minute sans zéro non significatif
mm	Minute avec zéro non significatif
s	Seconde sans zéro non significatif
ss	Seconde avec zéro non significatif
y	Année sur un chiffre. Si c'est le seul caractère de la chaîne de formatage, il faut dans ce cas utiliser %y
yy	Année sur deux chiffres
yyyy	Année sur quatre chiffres
zzz	Décalage par rapport au temps universel (GMT).

Conversion depuis une chaîne de caractères

La conversion inverse, depuis une chaîne de caractères vers un type numérique, se fait à l'aide de la fonction Parse. Cette fonction est disponible dans les principales classes représentant les différents types numériques. Il faut donc utiliser la méthode Parse de la classe correspondant au type de données que l'on souhaite obtenir.

L'exemple suivant convertit une chaîne de caractères en type float.

```
float tva=float.Parse("18,6");
```

Lors de l'appel, vous devez être certain que la conversion pourra être effectuée sans problème sinon il y aura déclenchement d'une exception. Ce sera par exemple le cas dans l'expression suivante car le séparateur décimal ne correspond pas à celui configuré sur le poste de travail.

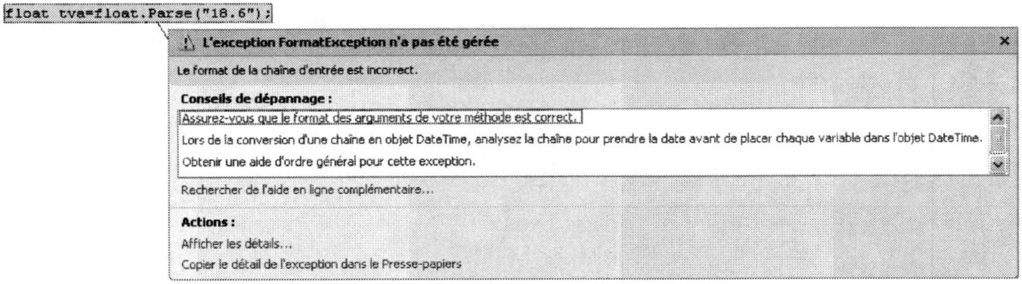

```
float tva=float.Parse("18.6");
```

L'exception FormatException n'a pas été gérée

Le format de la chaîne d'entrée est incorrect.

Conseils de dépannage :

Assurez-vous que le format des arguments de votre méthode est correct.

Lors de la conversion d'une chaîne en objet DateTime, analysez la chaîne pour prendre la date avant de placer chaque variable dans l'objet DateTime.

Obtenir une aide d'ordre général pour cette exception.

Rechercher de l'aide en ligne complémentaire...

Actions :

Afficher les détails...

Copier le détail de l'exception dans le Presse-papiers

Il est donc recommandé de gérer les exceptions lors de l'exécution de la fonction Parse.

Une alternative plus rapide consiste à utiliser la fonction TryParse. Cette fonction attend comme premier paramètre la chaîne de caractères à partir de laquelle vous souhaitez effectuer la conversion. Le deuxième paramètre correspond à la variable dans laquelle sera disponible le résultat de la conversion. À la différence de la fonction Parse, cette fonction ne génère pas d'exception si la conversion échoue, la fonction retourne simplement une valeur false et la variable devant contenir le résultat est initialisée à zéro. Si la conversion s'effectue correctement la fonction retourne une valeur true et la variable est initialisée avec le résultat de la conversion.

```
if (float.TryParse("18,6", out tva))
{
    Console.WriteLine("conversion OK");
}
else
{
    Console.WriteLine("problème pendant la conversion");
}
```

d. Déclaration des variables

Le compilateur considère que toute variable qui apparaît dans une application doit avoir été déclarée.

La syntaxe générale de déclaration d'une variable est la suivante :

```
Type de la variable nomVariable[=valeur initiale][,nomVariable2]
```

Les paramètres entre crochets sont optionnels.

Si la valeur initiale est omise, la variable sera initialisée à zéro si elle correspond à un type **numérique**, à une chaîne de caractère vide si elle est du type **String**, à la valeur null si elle est du type **Object** et à false si elle est du type **bool**.

Ces règles ne s'appliquent pas aux variables déclarées à l'intérieur d'une fonction qui doivent être initialisées avant de pouvoir être utilisées. Cette initialisation peut avoir lieu au moment de la déclaration, ou ultérieurement, mais obligatoirement avant qu'une instruction utilise le contenu de la variable.

```
public void essai()
{
    int i;
    Console.WriteLine(i);
}
```

Utilisation d'une variable locale non assignée 'i'

Si plusieurs noms sont spécifiés, les variables correspondantes seront toutes du type indiqué.

e. Inférence de type

Nous avons vu dans le paragraphe précédent qu'il est obligatoire de toujours déclarer les variables avant leur utilisation. Cependant, dans certains cas, il est envisageable de laisser le compilateur réaliser une partie du travail. Grâce à l'inférence de type, le compilateur peut déterminer le type à utiliser pour une variable locale. Pour cela, il se base sur le type de l'expression utilisée pour initialiser la variable. Le nom de la variable doit, dans ce cas, être précédé du mot-clé `var`. Dans l'exemple suivant la variable est considérée comme une chaîne de caractères.

```
var nom = "Dupont";
```

Pour s'assurer que cette variable est bien considérée comme une chaîne de caractères, il suffit de demander à IntelliSense ce qu'il nous propose pour utiliser cette variable.

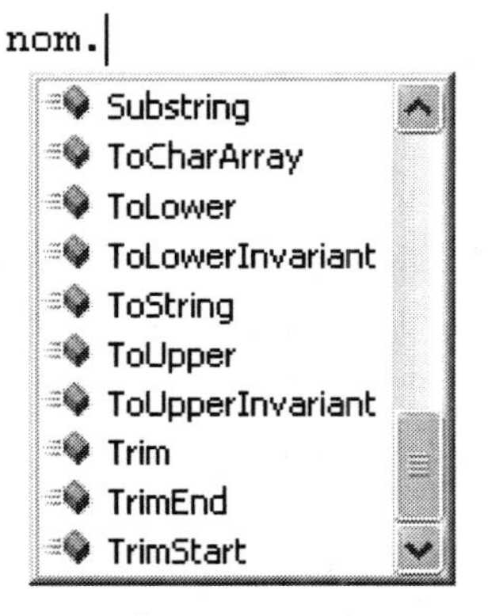

Nous avons bien à disposition les méthodes et propriétés du type String.

L'inférence de type n'est pas équivalente à l'utilisation du type de données **dynamic**. Avec l'inférence, on demande au compilateur de deviner le type de la variable, donc au moment de l'exécution la variable dispose d'un type. Avec l'utilisation du mot-clé **dynamic**, la découverte du type de la variable se fait au moment de l'exécution.

Pour que l'inférence de type fonctionne correctement, il faut impérativement respecter quelques règles :

- L'inférence ne fonctionne que pour les variables locales, c'est-à-dire les variables déclarées dans une fonction.
- L'initialisation doit se faire sur la même ligne de code que la déclaration.

f. Portée des variables

La portée d'une variable est la portion de code à partir de laquelle l'on peut manipuler cette variable. Elle est fonction de l'emplacement où est située la déclaration et du mot-clé utilisé pour la déclaration.

Portée niveau bloc

Seul le code du bloc aura la possibilité de travailler avec la variable (par exemple, dans une boucle `for next`).

Portée niveau fonction

Seul le code de la fonction où est déclarée la variable pourra modifier son contenu. Ce genre de variable est parfois nommé "variable locale".

Portée niveau classe

Une variable déclarée à l'intérieur d'une classe est accessible au code de cette classe sans restriction et éventuellement à partir d'autres portions de code en fonction du niveau d'accès de la variable. Cependant une instance de la classe devra obligatoirement être disponible pour que la variable soit accessible. Le cas particulier des variables statiques (également appelées variables de classe) est abordé dans le chapitre consacré à la programmation objet.

g. Niveau d'accès des variables

Le niveau d'accès d'une variable se combine avec la portée de la variable et détermine quelle portion de code a le droit de lire et d'écrire dans la variable. Un ensemble de mots-clés permettent de contrôler le niveau d'accès. Ils s'utilisent au début de l'instruction de déclaration de la variable uniquement pour les variables déclarées dans une classe.

public

Les éléments déclarés avec le mot-clé `public` seront accessibles de n'importe quelle portion de code du projet dans lequel ils sont déclarés et de n'importe quel autre projet référençant celui dans lequel ils sont déclarés. Le mot-clé `public` ne peut cependant pas être utilisé pour la déclaration à l'intérieur d'une fonction.

protected

Ce mot-clé est utilisable à l'intérieur d'une classe. Il permet de restreindre l'accès à la variable, au code de la classe et au code de toutes les classes héritant de celle-ci.

internal

Les éléments déclarés avec ce mot-clé seront accessibles de l'assemblage dans lequel ils sont déclarés. Ce mot-clé ne peut pas être utilisé à l'intérieur d'une fonction.

protected internal

Ce niveau d'accès est l'union des niveaux d'accès protected et internal. Il rend visible la variable à l'ensemble de l'assemblage dans lequel elle est déclarée et à toutes les classes héritant de celle où elle est déclarée.

private

Ce mot-clé restreint l'accès à la variable au module, à la classe ou à la structure dans laquelle elle est déclarée. Il ne peut pas être utilisé à l'intérieur d'une procédure ou fonction.

Si aucun mot-clé n'est utilisé lors de la déclaration de la variable elle est considérée comme private. Il est toutefois préférable de toujours spécifié un niveau d'accès pour une variable.

h. Durée de vie des variables

La durée de vie d'une variable nous permet de spécifier pendant combien de temps durant l'exécution de notre application le contenu de notre variable sera disponible. Pour une variable déclarée dans une procédure ou fonction, la durée de vie correspond à la durée d'exécution de la procédure ou de la fonction. Dès la fin de l'exécution de la procédure ou fonction, la variable est éliminée de la mémoire. Elle sera recréée lors du prochain appel de la procédure ou fonction. La durée de vie des variables de niveau classe est associée à la durée de vie des instances de la classe.

2. Les constantes

Dans une application, il arrive fréquemment que l'on utilise des valeurs numériques ou chaînes de caractères qui ne seront pas modifiées pendant le fonctionnement de l'application. Il est conseillé, pour faciliter la lecture du code, de définir ces valeurs sous forme de constantes.

La définition d'une constante s'effectue par le mot-clé `const`.

Exemple

```
const int ValeurMaxi = 100;
const string Message="Trop grand";
```

La constante peut être alors utilisée dans le code à la place de la valeur qu'elle représente.

```
If (resultat> ValeurMaxi)
Console.WriteLine(Message);
```

Les règles concernant la durée de vie et la portée des constantes sont identiques à celles concernant les variables.

La valeur d'une constante peut également être calculée à partir d'une autre constante.

Exemple

```
public const int Total = 100;
public const int Demi = Total / 2;
```

Dans ce cas de figure, il faut être prudent et ne pas créer de référence circulaire qui provoquerait une erreur de compilation.

```
public const int Total = Demi*2;
public const int Demi = Total / 2;
```

L'évaluation de la valeur de constante de 'testTypesDonnees.Test.Demi' implique une définition circulaire

3. Les énumérations

Une énumération va nous permettre de définir un ensemble de constantes qui sont liées entre elles. La déclaration s'effectue de la manière suivante :

```
enum jours
        {
            Dimanche,
            Lundi,
            Mardi,
            Mercredi,
            Jeudi,
            Vendredi,
            Samedi
        }
```

Par défaut, la première valeur de l'énumération est initialisée à zéro. Les constantes suivantes sont ensuite initialisées avec un incrément de un. La déclaration précédente aurait donc pu s'écrire :

```
const int Dimanche=0;
const int Lundi=1;
const int Mardi=2;
const int Mercredi=3;
const int Jeudi=4;
const int Vendredi=5;
const int Samedi = 6;
```

La séquence d'incrémentation automatique dans une énumération peut être interrompue, voire ne pas être utilisée comme dans l'exemple suivant :

```
enum dalton
        {
            Joe = 158,
            Jack = 163,
            William = 173,
            Averell = 185
        }
```

Il faut toutefois que les valeurs utilisées dans l'énumération soient des valeurs entières.

Une fois définie, une énumération peut ensuite être utilisée comme un type de variable spécifique.

```
dalton taille;
```

Les seules valeurs que vous pouvez affecter à votre variable **Taille** sont celles qui sont définies dans l'énumération.

```
dalton taille;
taille = dalton.Joe;
Console.WriteLine(taille);
taille = 190;
```

Impossible de convertir implicitement le type 'int' en 'testTypesDonnees.Test.dalton'. Une conversion explicite existe (un cast est-il manquant ?)

Lorsque vous faites référence à un élément de votre énumération, vous devez le faire précéder du nom de l'énumération comme dans l'exemple précédent.

La déclaration d'une énumération ne peut pas se faire dans une fonction.

La portée d'une énumération suit les mêmes règles que celle des variables (utilisation des mots-clés public, private, internal, protected).

4. Les tableaux

Les tableaux vont nous permettre de faire référence à un ensemble de variables par le même nom et d'utiliser un index pour les différencier. Un tableau peut avoir une ou plusieurs dimensions (au-delà de trois on a du mal à se représenter le contenu du tableau). Le premier élément d'un tableau a toujours pour index, zéro.

Le nombre d'éléments est spécifié lors de la création du tableau. Le plus grand index du tableau est donc égal à la taille du tableau moins un.

Tableaux à une dimension

La création d'un tableau s'effectue en deux étapes. La première consiste à déclarer une variable de type tableau. Cette déclaration se réalise comme pour une variable ordinaire sauf que vous devez ajouter à la suite du type de données les caractères [et]. La ligne suivante déclare une variable de type tableau d'entiers.

```
Int[] chiffreAffaire;
```

La deuxième étape va permettre de réserver une zone mémoire pour stocker le contenu du tableau. Cette opération nécessite l'utilisation du mot-clé `new`. C'est lors de cette étape que vous indiquez le nombre d'éléments que pourra contenir le tableau.

La ligne suivante crée un tableau de douze cases numérotées de 0 à `11`.

```
chiffreAffaire=new int[12];
```

Les éléments du tableau sont accessibles de la même manière qu'une variable classique. Il suffit d'ajouter au nom du tableau, entre les caractères [et], l'index de l'élément que l'on souhaite manipuler.

```
chiffreAffaire[0]=12907;
```

Une autre solution est disponible pour la création d'un tableau. Elle permet simultanément la création du tableau et l'initialisation de son contenu. La syntaxe est la suivante :

```
double[] tauxTva = { 0, 5.5, 19.6, 33 };
```

Il n'est dans ce cas nul besoin de préciser de taille pour le tableau. Le dimensionnement se fera automatiquement en fonction du nombre de valeurs placées entre les accolades.

Tableaux à plusieurs dimensions

La syntaxe de déclaration est similaire à celle d'un tableau à une dimension, mis à part que l'on doit définir le nombre de dimensions en ajoutant une ou plusieurs virgules lors de la déclaration du tableau en fonction de nombre de dimensions souhaité. À la création du tableau il faut fournir une taille pour chacune des dimensions du tableau.

```
int[,,] Cube;
Cube=new int[4,4,4];
```

L'accès à un élément du tableau s'effectue de manière identique, en indiquant les index permettant d'identifier la casse du tableau concernée.

```
Cube[0,1,1]=52;
```

La syntaxe permettant l'initialisation d'un tableau à plusieurs dimensions au moment de sa déclaration est un petit peu plus complexe.

```
int[,] grille = { { 1, 2 }, { 3, 4 } };
```

Cet exemple crée un tableau à deux dimensions de deux cases sur deux cases.

La création, avec cette technique, de tableaux de grande taille à plusieurs dimensions risque d'être périlleuse.

Les tableaux ont une taille fixe qui ne peut pas être modifiée sans création d'un nouveau tableau.

Manipulations courantes des tableaux

Lorsque l'on travaille avec les tableaux, certaines opérations doivent être fréquemment réalisées. Ce paragraphe décrit les opérations les plus courantes réalisées sur les tableaux.

Obtenir la taille d'un tableau

Il suffit d'utiliser la propriété `Length` du tableau pour connaître le nombre d'éléments qu'il peut contenir. Dans le cas d'un tableau multidimensionnel, le résultat correspond au nombre total de cases du tableau soit le produit de la taille de chacune des dimensions. Il ne s'agit pas de l'espace mémoire occupé par le tableau mais bien du nombre total de cases du tableau.

```
int[,] grille = { { 1, 2 }, { 3, 4 } };
Console.WriteLine(grille.Length);
```

Pour obtenir l'occupation mémoire du tableau, il faut multiplier sa taille par le nombre d'octets utilisés pour une case élémentaire du tableau.

Obtenir la taille d'une des dimensions d'un tableau

La méthode `GetLength` attend comme paramètre la dimension du tableau pour laquelle l'on souhaite obtenir la taille :

```
int[,] matrice = { { 1, 2 }, { 3, 4 }, { 5, 6 } };
Console.WriteLine("taille de la premiere dimension : {0}",matrice.GetLength(0));
Console.WriteLine("taille de la deuxieme dimension : {0}", matrice.GetLength(1));
```

Affiche le résultat suivant :

```
taille de la premiere dimension : 3
taille de la deuxieme dimension : 2
```

Obtenir la dimension d'un tableau

La propriété `Rank` d'un tableau renvoie directement la dimension du tableau :

```
int[,] matrice = { { 1, 2 }, { 3, 4 }, { 5, 6 } };
Console.WriteLine("ce tableau comporte {0} dimensions", matrice.Rank);
```

Affiche le résultat suivant :

```
ce tableau comporte 2 dimensions
```

Rechercher un élément dans un tableau

La fonction `IndexOf` de la classe `Array` permet d'effectuer une recherche dans un tableau. Elle accepte comme paramètres, le tableau dans lequel se fait la recherche et l'élément recherché dans le tableau. La valeur retournée correspond à l'index où l'élément a été trouvé dans le tableau ou -1 si élément ne se trouve pas dans le tableau.

```
string[] gouter = { "pain", "beurre", "moutarde", "confiture" };
Console.WriteLine(Array.IndexOf(gouter,"moutarde"));
```

Trier un tableau

La procédure `Sort` de la classe `Array` assure le tri du tableau qu'elle reçoit en paramètre. Le tri s'effectue par ordre alphabétique pour les tableaux de chaîne de caractères et par ordre croissant pour les tableaux de valeurs numériques.

```
string[] gouter = { "pain", "beurre", "moutarde", "confiture" };
Array.Sort(gouter);
foreach (string plat in gouter)
{
      Console.WriteLine(plat);
}
```

Affiche le résultat suivant :

```
beurre
confiture
moutarde
pain
```

5. Les chaînes de caractères

Les variables de type string permettent la manipulation de chaînes de caractères par votre application.

Nous allons regarder comment réaliser les opérations les plus courantes sur les chaînes de caractères.

Affectation d'une valeur à une chaîne

Nous avons vu que, pour affecter une valeur à une chaîne, il faut la spécifier entre les caractères "et", un problème se pose si nous voulons que le caractère " fasse partie de la chaîne. Pour qu'il ne soit pas interprété comme caractère de début ou de fin de chaîne, il faut utiliser le caractère d'échappement comme dans l'exemple ci-dessous :

```
string chaine
chaine="il a dit : \" ça suffit ! \"";
Console.WriteLine(chaine);
```

Nous obtenons à l'affichage : il a dit : "ça suffit ! "

Pour les exemples suivants, nous allons travailler avec deux chaînes.

```
chaine1 = "l'hiver sera pluvieux";
chaine2 = "l'hiver sera froid";
```

Extraction d'un caractère particulier

Pour obtenir le caractère présent à une position donnée d'une chaîne de caractères, l'on peut considérer la chaîne comme un tableau de caractères et ainsi atteindre le caractère souhaité par un index.

```
Console.WriteLine("Le troisième caractère de la chaîne1 est : {0}", chaine1[2]);
```

Résultat :

```
Le troisième caractère de la chaîne est : h
```

La numérotation des caractères commence à zéro comme pour un tableau.

Obtention de la longueur d'une chaîne

Pour déterminer la longueur d'une chaîne, la propriété Length de la classe `String` est disponible.

```
Console.WriteLine("la chaîne1 contient {0} caractères", chaîne1.Length);
```

Résultat :

```
La chaîne 1 contient 21 caractères.
```

Découpage de chaîne

La fonction `Substring` de la classe `String` retourne une portion de chaîne en fonction de la position de départ et du nombre de caractères à retourner qui lui est passé.

```
Console.WriteLine("Un morceau de la chaîne2 {0}", chaîne2.Substring(2, 5));
```

Nous obtenons à l'affichage :

```
Un morceau de la chaîne2 hiver
```

Comparaison de chaînes

Plusieurs solutions sont possibles selon l'objectif à atteindre avec la comparaison des deux chaînes. Si le but est seulement de vérifier l'égalité de deux chaînes, vous pouvez utiliser l'opérateur == ou la fonction `Equals` de la classe `string`.

```
if (chaine1 == chaine2)
{
    Console.WriteLine("ce sont les mêmes");
}
else
{
    Console.WriteLine("ce ne sont pas les mêmes");
}
```

```
if (chaine1.Equals(chaine2))
{
    Console.WriteLine("ce sont les mêmes");
}
else
{
    Console.WriteLine("ce ne sont pas les mêmes");
}
```

Pour réaliser un classement, vous devez par contre utiliser la méthode `Compare` de la classe `String`. Les deux chaînes à comparer doivent être passées comme paramètres. Le résultat de la comparaison est retourné sous forme d'un entier inférieur à zéro si la première chaîne est inférieure à la deuxième, égal à zéro si les deux chaînes sont identiques, et supérieur à zéro si la première chaîne est supérieure à la deuxième.

```
switch (chaine1.CompareTo(chaine2))
{
       case -1:
               Console.WriteLine("chaine1 est inferieure à chaine2");
               break;
       case 0:
               Console.WriteLine("chaine1 est égale à chaine2");
               break;
       case 1:
               Console.WriteLine("chaine1 est supérieure à chaine2");
               break;
}
```

Insertion dans une chaîne

La méthode `Insert` de la classe `String` permet l'insertion d'une chaîne dans une autre. Elle attend comme paramètre un entier et une chaîne et nous retourne la chaîne de départ dans laquelle se trouve insérée, à la position spécifiée, la chaîne passée en paramètre.

```
string chaine3;
chaine3 = chaine2.Insert(13, "tres ");
          Console.WriteLine(chaine3);
```

L'instruction précédente nous affiche la ligne correspondante :

```
l'hiver sera tres froid
```

Suppression des espaces

- Au début de la chaîne : `Console.WriteLine(chaine1.TrimStart());`
- À la fin de la chaîne : `Console.WriteLine(chaine1.TrimEnd());`
- Au début et à la fin : `Console.WriteLine(chaine1.Trim());`

Changement de la casse

- Tout en majuscules : `Console.WriteLine (chaine1.ToUpper());`
- Tout en minuscules : `Console.WriteLine (chaine1.ToLower());`

Recherche dans une chaîne

La méthode `IndexOf` de la classe `String` permet la recherche d'une chaîne à l'intérieur d'une autre. Le paramètre correspond à la chaîne recherchée. La fonction retourne un entier indiquant la position à laquelle la chaîne a été trouvée ou zéro si la chaîne n'a pas été trouvée. Par défaut, la recherche commence au début de la chaîne. Vous pouvez utiliser une autre version de la méthode `Indexof` qui, elle, attend deux paramètres, le premier paramètre étant pour cette version, la chaîne recherchée, le deuxième étant la position de départ de la recherche.

```
string recherche = "e";
int position = 0;
position = chaine1.IndexOf(recherche);
while (position > 0)
{
   Console.WriteLine("chaine trouvée à la position {0}", position);
   position = chaine1.IndexOf(recherche, position + 1);
}
Console.WriteLine("fin de la recherche");
```

Nous obtenons à l'affichage :

```
chaîne trouvée à la position 5
chaîne trouvée à la position 9
chaîne trouvée à la position 18
fin de la recherche
```

Remplacement dans une chaîne

Il est parfois souhaitable de pouvoir rechercher la présence d'une chaîne à l'intérieur d'une autre, comme dans l'exemple précédent, mais également de remplacer les portions de chaînes trouvées. La méthode `Replace` permet de spécifier une chaîne de substitution pour la chaîne recherchée. Elle attend deux paramètres :

- La chaîne recherchée
- La chaîne de remplacement

```
chaine3=chaine1.Replace("hiver", "été");
Console.WriteLine(chaine3);
```

Nous obtenons à l'affichage :

```
l'été sera pluvieux
```

6. Les structures

Les structures offrent la possibilité de combiner des données de différents types pour créer un nouveau type composite. Ce nouveau type pourra ensuite être utilisé dans la déclaration de variables comme un type standard de Visual C#.

Les structures sont très pratiques lorsque l'on souhaite manipuler des informations ayant un lien entre elles. Par exemple, dans une application comptable, les informations concernant les clients (code client, nom, prénom, adresse) peuvent être plus facilement gérées sous forme d'une structure plutôt que par des variables individuelles.

a. Déclaration d'une structure

La déclaration d'une structure se fait avec le mot-clé `struct` suivi du nom de la structure. Vous devez ensuite placer un bloc de code délimité par des accolades à l'intérieur duquel sont déclarés les membres de la structure. Les membres de la structure sont, en fait, tout simplement des variables ou des fonctions déclarés à l'intérieur de la structure. Comme pour tout élément déclaré dans Visual C# vous avez la possibilité de spécifier un niveau d'accès pour chaque membre de la structure. Sans information spécifique, le membre est considéré comme étant public. Par contre, il est impossible d'initialiser les membres d'une structure au moment de la déclaration.

Exemple

```
struct Client
    {
        public int code;
        public string nom;
        public string prenom;
        public string coordonnees;
    }
```

Les membres d'une structure peuvent être eux-mêmes des variables de type structure. Dans l'exemple précédent la variable coordonnées peut être décomposée sous forme d'une structure de type adresse.

Exemple

```
struct Adresse
    {
        public int numero;
        public string rue;
        public int codePostal;
        public string ville;
    }
    struct Client
    {
        public int code;
```

```
        public string nom;
        public string prenom;
        public Adresse coordonnees;
    }
```

Les structures acceptent également des fonctions comme membres. Elles sont généralement utilisées pour manipuler les variables membres de la structure.

Exemple

```
struct Adresse
{
    public int numero;
    public string rue;
    public int codePostal;
    public string ville;
 public string getAdresse()
 {
   return numero + " " + rue + "\r\n" + codePostal + "\t" + ville.ToUpper();
 }
 }
```

b. Utilisation des structures

Les structures sont utilisées comme des types de données classiques. Il convient, au préalable, de déclarer une variable du type de la structure.

```
Client unClient;
```

Par la suite, cette variable permet l'accès aux membres de la structure grâce à l'opérateur "." appelé opérateur d'accès.

Exemple

```
Client unClient;
unClient.code = 999;
unClient.nom = "leNom";
unClient.prenom = "lePrenom";
```

Si l'un des membres de la structure est lui-même de type structure, vous devez également utiliser l'opérateur d'accès pour pouvoir manipuler les membres imbriqués.

Exemple

```
unClient.coordonnees.numero = 42;
unClient.coordonnees.rue = "rue de Paris";
unClient.coordonnees.codePostal = 44000;
unClient.coordonnees.ville = "Nantes";
```

Les types structure sont des types de données par valeur, c'est-à-dire que la variable contient vraiment les données de la structure (à mettre en opposition avec les variables de type référence où la variable ne contient que l'emplacement, dans la mémoire, où se trouvent les données).

Ceci nous permet d'assigner à une variable de type structure le contenu d'une autre variable de même type. Il y a, dans ce cas, recopie des informations de chaque membre de la variable source dans le membre correspondant de la variable destination.

Exemple

```
Client unAutreClient;
unAutreClient = unClient;
Console.WriteLine("unClient");
Console.WriteLine(unClient.prenom + " " + unClient.nom);
Console.WriteLine(unClient.coordonnees.getAdresse());
Console.WriteLine() ;
Console.WriteLine("unAutreClient");
Console.WriteLine(unAutreClient.prenom + " " + unAutreClient.nom);
Console.WriteLine(unAutreClient.coordonnees.getAdresse());
```

Affiche le résultat suivant :

```
UnClient
lePrenom leNom
42 rue de Paris
44000    NANTES

unAutreClient
lePrenom leNom
42 rue de Paris
44000    NANTES
```

Il faut cependant être méfiant avec ce mécanisme si un membre de la structure est un type référence (un tableau par exemple), car dans ce cas les deux variables se partageront le même tableau.

B. Les opérateurs

Les opérateurs sont des mots-clés du langage permettant l'exécution d'opérations sur le contenu de certains éléments, en général des variables, des constantes, des valeurs littérales, ou des retours de fonctions. La combinaison d'un ou plusieurs opérateurs et d'éléments sur lesquels les opérateurs vont s'appuyer se nomme une expression. Ces expressions sont évaluées au moment de leur exécution, en fonction des opérateurs et des valeurs qui sont associées.

Les opérateurs peuvent être répartis en six catégories.

1. Les opérateurs d'affectation

Le seul opérateur disponible dans cette catégorie est l'opérateur =. Il permet d'affecter une valeur à une variable. Le même opérateur est utilisé quel que soit le type de la variable (numérique, chaîne de caractères...).

2. Les opérateurs arithmétiques

Les opérateurs arithmétiques permettent d'effectuer des calculs sur le contenu des variables :

Opérateur	Opération réalisée	Exemple	Résultat
+	Addition	6+4	10
-	Soustraction	12-6	6
*	Multiplication	3*4	12
/	Division	25/3	8.3333333333
%	Modulo (reste de la division entière)	25 % 3	1

3. Les opérateurs binaires

Ces opérateurs effectuent des opérations sur des entiers uniquement (Byte, Short, Integer, Long). Ils travaillent au niveau du bit sur les variables qu'ils manipulent.

Opérateur	Opération réalisée	Exemple	Résultat
&	Et Binaire	45 & 255	45
|	Ou Binaire	99 ! 46	111
^	Ou exclusif	99 ^ 46	77
~	Négation	~ 23	-24

4. Les opérateurs de comparaison

Les opérateurs de comparaison sont utilisés dans les structures de contrôle d'une application (if, do loop...). Ils renvoient une valeur de type boolean en fonction du résultat de la comparaison effectuée. Cette valeur sera ensuite utilisée par la structure de contrôle.

Opérateur	Opération réalisée	Exemple	Résultat
= =	Égalité	2 = 5	False
! =	Inégalité	2 <> 5	True
<	Inférieur	2 < 5	True
>	Supérieur	2 > 5	False
<=	Inférieur ou égal	2 <= 5	True

Opérateur	Opération réalisée	Exemple	Résultat
>=	Supérieur ou égal	2 >= 5	False
Is	Comparaison du type de la variable avec le type donné	O1 is Client	True si la variable O1 référence un objet créé à partir du type Client

5. Opérateur de concaténation

L'opérateur est utilisé pour la concaténation de chaînes de caractères. C'est le même opérateur qui est utilisé pour l'addition. Cependant il n'y a pas de risque de confusion car Visual C# ne fait pas de conversion implicite des chaînes de caractères en numérique. Il détermine donc que si l'un des deux opérandes et une chaîne de caractères c'est une concaténation qui doit être exécutée, même si une des chaînes représente une valeur numérique.

Le code suivant

```
string chaine = "123";
Console.WriteLine(chaine + 456);
```

affiche

```
123456
```

L'inconvénient de l'opérateur + est qu'il n'est pas très rapide pour la concaténation. Si vous avez de nombreuses concaténations à exécuter sur une chaîne, il est préférable d'utiliser la classe StringBuilder.

Exemple

```
long duree;
      string lievre;
      string tortue="";
      DateTime debut, fin;
      debut = DateTime.Now;
      for (int i = 0; i <= 100000; i++)
      {
          tortue = tortue + " " + i;
      }
      fin = DateTime.Now;
      duree = new TimeSpan(fin.Ticks - debut.Ticks).Seconds;
      Console.WriteLine("durée pour la tortue : " + duree + "s");
      debut = DateTime.Now;
      StringBuilder sb = new StringBuilder();
      for (int i = 0; i <= 100000; i++)
      {
          sb.Append(" ");
```

```
            sb.Append(i);
        }
        lievre = sb.ToString();
        in = DateTime.Now;
        duree = new TimeSpan(fin.Ticks - debut.Ticks).Seconds;
        Console.WriteLine("durée pour le lievre : " + duree + "s");
        if (lievre.Equals(tortue))
        {
            Console.WriteLine("les deux chaines sont identiques");
        }
```

Résultat de la course :

```
durée pour la tortue : 21 secondes
durée pour le lièvre : 0 secondes
les deux chaînes sont identiques
```

Ce résultat se passe de commentaire !

6. Les opérateurs logiques

Les opérateurs logiques permettent de combiner les expressions dans des structures conditionnelles ou de boucle.

<table>
<tr><th>Opérateur</th><th>Opération</th><th>Exemple</th><th>Résultat</th></tr>
<tr><td>&</td><td>Et logique</td><td>If (test1) & (test2)</td><td>vrai si test1 et test2 est vrai</td></tr>
<tr><td>|</td><td>Ou logique</td><td>If (test1) | (test2)</td><td>vrai si test1 ou test2 est vrai</td></tr>
<tr><td>^</td><td>Ou exclusif</td><td>If (test1) ^ (test2)</td><td>vrai si test1 ou test2 est vrai mais pas si les deux sont vrais simultanément</td></tr>
<tr><td>!</td><td>Négation</td><td>If Not test</td><td>Inverse le résultat du test</td></tr>
<tr><td>&&</td><td>Et logique</td><td>If (test1) && (test2)</td><td>Idem “et logique” mais test2 ne sera évalué que si test1 est vrai</td></tr>
<tr><td>||</td><td>Ou logique</td><td>If (test1) || (test2)</td><td>Idem “ou logique” mais test2 ne sera évalué que si test1 est faux</td></tr>
</table>

Il convient d'être prudent avec les opérateurs && et || car l'expression que vous testez en second (test2 dans notre cas) pourra parfois ne pas être exécutée. Si cette deuxième expression modifie une variable, celle-ci ne sera modifiée que dans les cas suivants :

- premier test vrai dans le cas du &&
- premier test faux dans le cas du ||.

7. Ordre d'évaluation des opérateurs

Lorsque plusieurs opérateurs sont combinés dans une expression, ils sont évalués dans un ordre bien précis. Les opérations arithmétiques sont exécutées en premier puis les opérations de comparaison et enfin les opérateurs logiques.

Les opérateurs arithmétiques ont entre eux également un ordre d'évaluation dans une expression. L'ordre d'évaluation est le suivant :

- Negation (-)
- Multiplication et division (*, /)
- Modulo (%)
- Addition et soustraction (+, -), concaténation de chaînes (+)

Si un ordre d'évaluation différent est nécessaire dans votre expression, placez les portions à évaluer en priorité, entre parenthèses, comme dans l'expression suivante :

```
X= (z * 4) + (y * (a + 2));
```

Vous pouvez utiliser autant de niveaux de parenthèses que vous le souhaitez dans une expression. Il importe cependant que l'expression contienne autant de parenthèses fermantes que de parenthèses ouvrantes sinon le compilateur générera une erreur.

C. Les structures de contrôle

Les structures de contrôle permettent de modifier l'ordre d'exécution des instructions dans votre code. Deux types de structures sont disponibles :

- Les structures de décision : elles aiguilleront l'exécution de votre code en fonction des valeurs que pourra prendre une expression de test.
- Les structures de boucle : elles feront exécuter une portion de votre code un certain nombre de fois, jusqu'à ce qu'une condition soit remplie ou tant qu'une condition est remplie.

1. Structures de décision

Deux solutions sont possibles.

a. Structure if

Quatre syntaxes sont utilisables pour l'instruction If.

```
if (condition) instruction;
```

Si la condition est vraie alors l'instruction est exécutée ; dans ce cas, “condition” doit être une expression qui, une fois évaluée, doit fournir un booleen `true` ou `false`. Avec cette syntaxe, seule l'instruction située après le `if` sera exécutée si la condition est vraie.

Pour pouvoir exécuter plusieurs instructions en fonction d'une condition, la syntaxe à utiliser est :

```
if (condition)
{Instruction 1;
...
Instruction n;}
```

Dans ce cas, le groupe d'instructions situé entre les accolades, sera exécuté si la condition est vraie.

Vous pouvez également spécifier une ou plusieurs instructions qui, elles, seront exécutées si la condition est fausse.

```
if (condition)
{Instruction 1;
...
instruction n;}
  else
{Instruction 1;
...
Instruction n;}
```

b. Structure switch

La structure `switch` permet un fonctionnement équivalent, mais offre une meilleure lisibilité du code. La syntaxe est la suivante :

```
switch (variable)
  {Case valeur1:
  Bloc de code 1
  Case valeur2:
  Bloc de code 2
  Case valeur3:
  Bloc de code 3
  default:
  Bloc de code 4
}
```

La valeur de la variable est évaluée au début de la structure (par le `switch`) puis la valeur obtenue est comparée avec la valeur spécifiée dans le premier `case` (valeur1).

Si les deux valeurs sont égales, alors le bloc de code 1 est exécuté.

Sinon, la valeur obtenue est comparée avec la valeur du `case` suivant, s'il y a correspondance, le bloc de code est exécuté et ainsi de suite jusqu'au dernier `case`.

Si aucune valeur concordante n'est trouvée dans les différents `case`, alors le bloc de code spécifié dans le `default` est exécuté. Chacun des blocs de code doit se terminer par l'instruction `break`.

La valeur à tester peut être contenue dans une variable, mais elle peut également être le résultat d'un calcul. Dans ce cas, le calcul n'est effectué qu'une seule fois au début du `switch`. Le type de la valeur testée peut être numérique ou chaîne de caractères. Le type de la variable testée doit bien sûr correspondre au type des valeurs dans les différents `case`.

```
String reponse;
Console.WriteLine("votre reponse ?");
reponse=Console.ReadLine();
switch (reponse)
{
     case "oui":
        Console.WriteLine("reponse positive");
        break;
     case "non":
        Console.WriteLine("reponse negative");
        break;
     default:
        Console.WriteLine("reponse de normand");
        break;
 }
```

2. Les structures de boucle

Quatre structures sont à notre disposition :

```
while
do ... while
for
for Each
```

Elles ont toutes pour but d'exécuter un bloc de code un certain nombre de fois en fonction d'une condition.

a. Structure while

```
while (condition)
  {Bloc de code}
```

Cette syntaxe permet d'exécuter le bloc de code tant que la condition est vraie. La condition est évaluée avant même le premier passage dans la boucle, donc le bloc de code pourra très bien ne jamais être exécuté si la condition est fausse dès le départ. Dans le cas où la condition est vraie au premier passage, le bloc de code est exécuté ; la condition est à nouveau testée, si elle est vraie, une exécution du bloc de code est effectuée, sinon la prochaine instruction exécutée sera celle qui suit le bloc de code. Il est toutefois possible de prévoir une sortie "prématurée" de la boucle en utilisant l'instruction `break`. L'exécution reprend donc sur la ligne qui suit immédiatement le bloc de code.

b. Structure do ... while

La structure `do while` utilise la syntaxe suivante :

```
do
  {Bloc de code}
     while (condition);
```

Cette syntaxe nous permet de garantir que le bloc de code sera exécuté au moins une fois puisque la condition sera testée à la fin du bloc de code.

c. Structure for

Lorsque vous connaissez le nombre d'itérations à réaliser dans une boucle, il est préférable d'utiliser la structure `for`. Pour pouvoir utiliser cette instruction, une variable de compteur doit être déclarée.

Cette variable peut être déclarée dans la structure `for` ou à l'extérieur, elle doit dans ce cas être déclarée avant la structure for.

La syntaxe générale est la suivante :

```
for(initialisation ;condition ;instruction d'itération)
{
    Bloc de code
}
```

La partie initialisation est exécutée une seule fois lors de l'entrée dans la boucle. La partie condition est évaluée lors de l'entrée dans la boucle puis à chaque itération. Le résultat de l'évaluation de la condition détermine si le bloc de code est exécuté, il faut pour cela que la condition soit évaluée comme `true`. Après l'exécution du bloc de code, l'instruction d'itération est à son tour exécutée. Puis la condition est à nouveau testée et ainsi de suite tant que la condition est évaluée comme `true`.

Voici ci-dessous deux boucles `for` en action pour afficher une table de multiplication.

```
int k;
for(k=1;k<10;k++)
{
    for (int l = 1; l < 10; l++)
    {
       Console.Write(k * l + "\t");
    }
    Console.WriteLine();
}
```

Nous obtenons le résultat suivant :

```
1    2    3    4    5    6    7    8    9
2    4    6    8    10   12   14   16   18
3    6    9    12   15   18   21   24   27
4    8    12   16   20   24   28   32   36
5    10   15   20   25   30   35   40   45
6    12   18   24   30   36   42   48   54
7    14   21   28   35   42   49   56   63
8    16   24   32   40   48   56   64   72
9    18   27   36   45   54   63   72   81
```

L'instruction `break` peut être utilisée pour provoquer une sortie prématurée de la boucle. L'instruction `continue` permet quant à elle de revenir immédiatement à l'évaluation de la condition. Ces deux instructions doivent bien sûr être exécutées de façon conditionnelle, sinon les lignes de code situées après elles ne seront jamais exécutées.

d. Structure foreach

Une autre syntaxe de la boucle `for` permet d'exécuter un bloc de code pour chaque élément contenu dans un tableau ou dans une collection. La syntaxe générale de cette instruction est la suivante :

```
foreach (element in tableau)
  {Bloc de code}
```

Il n'y a pas de notion de compteur dans cette structure, puisqu'elle effectue elle-même les itérations sur tous les éléments présents dans le tableau ou la collection.

La variable `element` sert à extraire les éléments du tableau ou de la collection pour que le bloc puisse le manipuler. Le type de la variable `element` doit être compatible avec le type des éléments stockés dans le tableau ou la collection. Par contre, vous n'avez pas à vous soucier du nombre d'éléments car l'instruction `foreach` est capable de gérer elle-même le déplacement dans le tableau ou la collection. Voici un petit exemple pour clarifier la situation !

Avec une boucle classique :

```
string[] tablo={"rouge","vert","bleu","blanc"};
int cpt;
for (cpt = 0; cpt < tablo.Length; cpt++)
{
        Console.WriteLine(tablo[cpt]);
}
```

Avec la boucle `for each` :

```
string[] tablo={"rouge","vert","bleu","blanc"};
foreach (string s in tablo)
{
     Console.WriteLine(s);
}
```

La variable utilisée pour parcourir le tableau doit obligatoirement être déclarée dans l'instruction `foreach` et non à l'extérieur.

e. Autres structures

Deux autres structures plutôt destinées à simplifier le développement sont disponibles :

Structure using

Cette structure est destinée à accueillir un bloc de code utilisant une ressource externe, comme par exemple un fichier. Cette structure prend en charge automatiquement la libération de la ressource à la fin du bloc de code. La ressource peut être créée dans la structure ou bien exister auparavant et être passée sous contrôle de la structure. À la fin de la structure, la ressource est libérée en appelant la méthode `Dispose`.

Exemple

```
using (StreamWriter sw = File.CreateText(path))
{
    sw.WriteLine("rouge");
    sw.WriteLine("vert");
    sw.WriteLine("bleu");
}
```

D. Les procédures et fonctions

Dans une application Visual C#, toutes les instructions doivent obligatoirement être placées dans une procédure ou une fonction. Ces procédures ou fonctions nous permettent de créer des blocs de code qui pourront ensuite être appelés dans d'autres portions de votre application. L'appel à la procédure ou fonction se fera simplement en utilisant son identifiant.

Pour qu'elles soient plus facilement réutilisables, vous avez la possibilité d'utiliser des paramètres. Les valeurs de ces paramètres seront spécifiées au moment de l'appel.

Au cours du développement, n'hésitez pas à créer de nombreuses procédures et fonctions. Le découpage de votre application en de nombreuses procédures et fonctions facilitera le débogage (une dizaine de blocs de code d'une quinzaine de lignes est plus facile à tester qu'un "pavé" de cent cinquante lignes). Certaines procédures peuvent même être réutilisées plusieurs fois dans votre application.

Dans Visual C#, quatre types sont disponibles :

- Les procédures qui exécutent simplement un bloc de code à la demande sans renvoyer de résultat.
- Les fonctions qui exécutent un bloc de code et renvoient le résultat de leur calcul au code qui les a appelées.
- Les procédures de propriétés qui permettent de manipuler les propriétés des objets créés dans l'application.
- Les procédures opérateur utilisées pour modifier le fonctionnement d'un opérateur lorsqu'il s'applique à une classe ou une structure.

Voyons maintenant comment déclarer des procédures et fonctions.

1. Procédure

Le code d'une procédure doit être placé dans un bloc de code délimité par des accolades. Pour pouvoir identifier ce bloc de code il faut le faire précéder d'un nom qui sera par la suite utilisé pour faire appel à la procédure. Par défaut Visual C# ne sait utiliser que des fonctions, c'est-à-dire un bloc de code exécutant un traitement et renvoyant un résultat. Pour pouvoir créer une procédure, il faut indiquer que notre bloc ne retourne aucune information en utilisant le mot-clé `void`. La syntaxe générale de déclaration d'une procédure est la suivante :

```
void AffichageResultat()
{
     Console.WriteLine("ca marche !!!");
}
```

Les parenthèses après le nom sont utilisées pour spécifier les caractéristiques des paramètres qui seront passés lors de l'appel. Les parenthèses sont obligatoires dans la déclaration même si aucun paramètre n'est requis pour la procédure.

De nombreux mots-clés sont utilisables, dans la déclaration d'une procédure, pour modifier les possibilités de réutilisation de cette procédure. La plupart d'entre eux sont liés à la programmation objet et seront étudiés dans un autre chapitre. Par contre, pour modifier la visibilité de votre procédure, vous pouvez utiliser les mots-clés que nous avons déjà utilisés pour la déclaration des variables (*private, public, internal*). Sans spécification, une procédure sera considérée publique.

Pour demander l'exécution de votre procédure dans le code, il suffit de spécifier son nom.

Même si votre procédure n'attend pas de paramètres, l'utilisation des parenthèses est obligatoire lors de l'appel.

2. Fonction

Une fonction se déclare suivant le même principe qu'une procédure. Cependant, la fonction devant renvoyer au code appelant un résultat, vous devez indiquer le type d'informations que le code doit retourner. Ce type de retour doit précéder le nom de la fonction (en remplacement du mot-clé `void` utilisé pour les procédures). N'importe quel type de données peut être utilisé comme retour d'une fonction. La syntaxe de déclaration est donc la suivante :

```
int calcul()
{
   Instruction1
   ...
   Instruction n
}
```

Dans le code de votre fonction, vous allez devoir spécifier quelle valeur sera renvoyée par votre fonction. Pour cela, vous devez utiliser l'instruction `return` en indiquant la valeur que vous voulez renvoyer par la fonction. L'exécution de l'instruction `return` provoque immédiatement la sortie de la fonction, même si ce n'est pas la dernière instruction.

Une fonction peut ensuite être utilisée dans le code à la place d'une valeur du même type que celui renvoyé par la fonction. Elle peut également être utilisée comme une procédure ; dans ce cas, la valeur renvoyée sera tout simplement ignorée.

3. Procédures de propriétés

Les procédures de propriétés vont nous permettre d'ajouter une propriété à une classe, un module ou une structure. Ces procédures sont appelées "accesseurs". Elles seront utilisées lorsque l'on modifie (`Set`) ou que l'on utilise (`Get`) la propriété. Leur utilisation semble similaire à l'utilisation d'une variable, on peut affecter une valeur à une propriété ou lire la valeur d'une propriété. Cependant, il existe de nombreuses différences importantes entre les variables et les propriétés :

- Les variables ne nécessitent qu'une seule ligne de code pour la déclaration.
- Les propriétés nécessitent un bloc de code pour la déclaration.
- L'accès à une variable s'effectue directement.
- L'accès à une propriété implique l'exécution d'une portion de code.
- Le contenu d'une variable est toujours récupéré tel quel.
- Le contenu d'une propriété peut être modifié par le code, lors de l'accès à la propriété.

La syntaxe générale de création d'une propriété est la suivante :

```
public typeDeLaPropriete nomPropriete
{
    get
    {
        ...
    }
    set
    {
        ...
    }
}
```

Dans cette déclaration

- nomPropriété correspond au nom par lequel la propriété est manipulable dans le code.
- TypeDeLaPropriété correspond au type de données associé à la propriété. Vous pouvez utiliser n'importe quel type de données pour une propriété (les types de base du langage ou un type personnalisé comme par exemple une classe).

La déclaration d'une propriété ressemble beaucoup à la déclaration d'une fonction. La petite différence réside en fait dans les deux blocs de code get et set placés à l'intérieur.

- Le bloc get contient le code exécuté lors de la lecture de la propriété. Il doit obligatoirement contenir une instruction return pour fournir la valeur de la propriété.
- Le bloc set contient le code exécuté lors de l'affectation d'une valeur à la propriété. Dans ce bloc de code une variable locale nommée value est automatiquement disponible et contient la valeur qui doit être affectée à la propriété.

Comme pour tout élément déclaré dans Visual C#, vous pouvez spécifier un modificateur de niveau d'accès pour une propriété. Il s'applique au bloc get et set. Vous pouvez également spécifier un modificateur de niveau d'accès pour chacun des blocs get et set. Dans ce cas, ils doivent être plus restrictifs que celui indiqué au niveau de la propriété.

```
protected int taux
{
    public get
    {        Le modificateur d'accessibilité de l'accesseur 'testFonctions.Form1.taux.get' doit être plus restrictif que la propriété ou l'indexeur 'testFonctions.Form1.taux'

    }
```

Les propriétés peuvent également être en lecture seule ou en écriture seule. Vous devez, dans ce cas, éliminer le bloc de code set dans le cas d'un propriété en lecture seule, et le bloc Get dans le cas d'une propriété en écriture seule.

Les propriétés peuvent être implémentées automatiquement lorsqu'aucun traitement n'est nécessaire dans les blocs get et set. La propriété se déclare alors de la façon suivante :

```
public int taux { get; set; }
```

Lorsque vous déclarez ainsi une propriété, le compilateur crée un espace de stockage privé et anonyme qui peut être accédé uniquement via les accesseurs `get` et `set` de la propriété.

4. Les procédures opérateur

Ce type de procédure permet la redéfinition d'un opérateur standard du langage pour l'utiliser sur des types personnalisés (classe ou structure). Prenons un exemple avec la structure client déjà utilisée.

```
struct Client
    {
        public int code;
        public string nom;
        public string prenom;
    }
```

Essayons le code suivant :

```
Client c1, c2, c3;
c1.code = 200;
c1.nom = "client1";
c1.prenom = "prenom1";
c2.code = 125;
c2.nom = "client2";
c2.prenom = "prenom2";
c3 = c1 + c2;
```

L'opérateur '+' ne peut pas être appliqué aux opérandes de type 'testTypesDonnees.Client' et 'testTypesDonnees.Client'

Visiblement, le compilateur n'est pas coopératif à l'idée d'additionner deux clients.

Pour que ce code fonctionne, nous devons lui indiquer la procédure à suivre pour réaliser cette opération. Nous devons donc redéfinir l'opérateur "+" pour l'utiliser avec deux clients.

```
struct Client
{
   public int code;
   public string nom;
   public string prenom;
   public static Client operator +(Client cl1, Client cl2)
   {
       Client c;
       c.code = cl1.code + cl2.code;
       c.nom = cl1.nom + cl2.nom;
       c.prenom = cl1.prenom + cl2.prenom;
       return c;
   }
}
```

Après cette modification, le compilateur se montre plus coopératif et l'exécution de la procédure précédente `test` affiche le résultat suivant :

```
325
client1client2
prenom1prenom2
```

5. Les arguments des procédures et fonctions

Pour que le code soit plus facilement réutilisable, les valeurs qui sont manipulées par les procédures et fonctions peuvent être passées comme paramètres au moment de l'appel de la procédure ou fonction. Lors de la déclaration de la procédure, vous devez spécifier la liste des paramètres qui seront attendus. Cette liste est située entre les parenthèses de la déclaration de la procédure. Vous devez indiquer, pour chaque paramètre, son nom et son type. Si plusieurs paramètres sont attendus, il convient de les séparer par une virgule.

Dans le code de la procédure, les paramètres sont considérés comme des variables déclarées localement.

Lors de l'appel de la procédure, une valeur, pour chacun des paramètres attendus, devra être indiquée. Prenons un exemple de déclaration et d'utilisation :

```
public  static double CalculTTC(double Pht,double Taux)
{
    return Pht * (1 + (Taux / 100));
}

double PrixHt = 100;
double PrixTtc;
PrixTtc = TestStructure.CalculTTC(PrixHt, 5.5);
Console.WriteLine(PrixTtc);
```

Pour passer une variable comme paramètre à une procédure (le PrixHt de l'exemple précédent), il existe deux possibilités :

- Le passage par valeur : dans ce cas, l'information transmise à la procédure sera simplement le contenu de la variable passée comme paramètre.
- Le passage par référence : dans ce cas, l'information transmise à la procédure n'est plus le contenu de la variable mais l'emplacement où est stockée la variable, dans la mémoire de la machine. Le code de la procédure va donc chercher à cet emplacement la valeur dont elle a besoin. Le code de la procédure peut également modifier le contenu de la variable et, dans ce cas, les modifications seront visibles dans le code qui a appelé votre procédure.

Par défaut c'est le type du paramètre qui détermine la technique utilisée. Les types suivants : numériques entiers, numériques virgule flottante, decimal, bool, structures définies par l'utilisateur sont passés par valeur. Les autres types sont toujours passés par référence.

Il est cependant possible de forcer le passage par référence d'un ou de plusieurs paramètres en utilisant le mot-clé `ref` ou `out` lors de la déclaration du paramètre dans la fonction. Cette solution est utilisée pour que toute modification apportée au paramètre dans la méthode soit reflétée dans le code appelant lorsqu'il récupère le contrôle.

L'exemple de fonction suivante calcule un montant TTC à partir d'un prix hors taxes et d'un taux de tva. Le montant TTC est disponible comme valeur de retour de la fonction, le montant de la tva est lui récupéré par un paramètre passé par référence.

```
public static double CalculTTC(double Pht, double Taux,ref double tva)
{
    tva = Pht * (Taux / 100);
    return Pht+tva;
}
```

L'utilisation du mot-clé `ref` dans la déclaration d'une fonction impose deux contraintes lors de l'appel de la fonction :

- Ce mot-clé doit également être utilisé lors de l'appel.
- La variable doit obligatoirement être initialisée avant l'appel.

```
double PrixHt = 100;
double PrixTtc;
double montantTva=0;
PrixTtc = TestStructure.CalculTTC(PrixHt, 5.5,ref montantTva);
Console.WriteLine("Prix ttc : {0}",PrixTtc);
Console.WriteLine("Montant tva : {0}", montantTva);
```

Le mot-clé `out` présente un fonctionnement similaire hormis la contrainte d'initialisation obligatoire qui ne s'applique pas.

Le passage par référence ne fonctionne pas si l'information passée à la fonction est une propriété ou une valeur littérale qui ne sont pas considérées comme des variables.

Une autre possibilité permet de créer une procédure qui pourra prendre un nombre quelconque de paramètres. Utilisez dans ce cas le mot-clé `params` pour déclarer un tableau de paramètre.

Dans l'exemple suivant, nous allons créer une fonction qui calcule la moyenne de tous les paramètres qui lui sont passés.

```
public static double moyenne(params double[] notes)
{
     double somme=0;
     foreach (double note in notes)
     {
         somme = somme + note;
     }
     return somme / notes.Length;
}
```

La fonction peut ensuite être appelée avec un nombre quelconque de paramètres.

```
Resultat=moyenne(1,6,23,45);
```

ou

```
Resultat=moyenne(12,78);
```

Paramètres optionnels

Vous pouvez également indiquer, dans la liste des paramètres d'une procédure ou d'une fonction, que certains paramètres sont optionnels en affectant une valeur par défaut au paramètre dans la déclaration de la procédure ou fonction.

```
double CalculTTC(double Pht, double taux = 19.6)
```

Lorsqu'un paramètre est déclaré optionnel dans une procédure ou une fonction, tous les suivants doivent également être déclarés optionnels. La déclaration suivante est invalide car le troisième paramètre doit également être optionnel.

```
double CalculTTC(double Pht, double taux = 19.6,String devise)
```

Les paramètres facultatifs doivent apparaître après tous les paramètres requis

Il faut utiliser la syntaxe suivante :

```
double CalculTTC(double Pht, double taux = 19.6,String devise="€")
```

Cette fonction peut être appelée avec la syntaxe suivante avec, dans ce cas, l'utilisation de la valeur par défaut pour les paramètres taux et devise.

```
CalculTTC(10);
```

L'utilisation de la syntaxe suivante est également possible avec, dans ce cas, l'utilisation de la valeur par défaut pour le paramètre devise.

```
CalculTTC(10,5.5);
```

Par contre, la syntaxe d'appel suivante est interdite car si vous spécifiez une valeur pour un paramètre optionnel, tous les paramètres optionnels précédents doivent être définis.

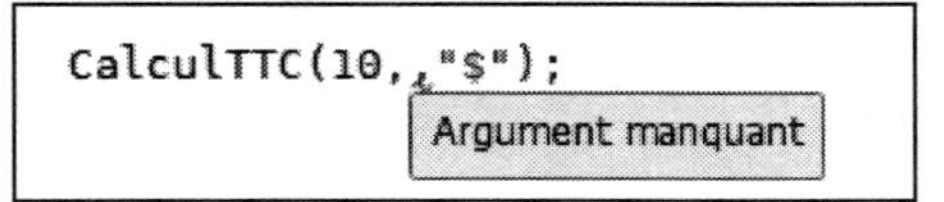
CalculTTC(10,,"$");
Argument manquant

Il faut, dans ce cas, utiliser la syntaxe suivante :

```
CalculTTC(10,19.6,"$");
```

Paramètres nommés

Lors de l'appel de la procédure, vous avez deux possibilités pour indiquer la valeur utilisée pour chaque paramètre :

- Utiliser le passage par position avec lequel les valeurs des paramètres doivent apparaître dans le même ordre que dans la déclaration de la procédure.

- Utiliser le passage par nom en indiquant, lors de l'appel de la procédure ou de la fonction, le nom de chaque paramètre et la valeur que vous voulez lui affecter et en séparant ces deux informations par le caractère : . L'ordre des paramètres n'a, dans ce cas, pas d'importance mais vous êtes quand même obligé de spécifier une valeur pour les paramètres qui ne sont pas optionnels.

```
CalculTTC(devise : "$",Pht : 250);
```

Ces deux solutions peuvent être combinées dans le même appel de procédure ou fonction. La syntaxe suivante est utilisable :

```
CalculTTC(10,devise : "$");
```

Par contre, un paramètre nommé ne peut être utilisé qu'après les paramètres par position.

```
CalculTTC(10,taux:5.5,"$");
```

class System.String
Représente du texte sous forme d'une série de caractères Unicode.

Erreur :
Les spécifications d'argument nommé doivent s'afficher après la spécification de tous les arguments fixes

E. Assemblies, Namespace et attributs

1. Les assemblies

Visual C# est conçu autour du framework .NET, ce qui lui permet de bénéficier de nombreux avantages notamment en termes de sécurité, lors de l'exécution et de la gestion de la mémoire. Cette imbrication permet également d'assurer la compatibilité entre du code écrit dans les différents langages disponibles. Vous pouvez ainsi utiliser dans Visual C# des éléments conçus avec d'autres langages (et inversement), de manière totalement transparente sans même vous soucier du langage dans lequel l'élément a été développé.

L'élément de base de cette réutilisation dans le framework .NET est l'assembly. Il peut être considéré comme le regroupement de types, de ressources et de fonctionnalités conçus pour fonctionner ensemble.

Les assemblies sont stockés dans des fichiers .exe ou .dll en fonction du type. Ils sont simplement générés par la compilation du projet correspondant.

Ils sont autodescriptifs car ils contiennent les informations nécessaires pour leur utilisation dans un autre projet. Ces informations sont contenues dans le `manifest` de l'assembly. Le `manifest` contient entre autres :

- l'identité de l'assembly (son nom et sa version)
- une liste des fichiers utilisés par l'assembly (par exemple les autres assemblies utilisés par celui-ci, les ressources bitmap, etc.).

Pour pouvoir utiliser un assembly dans un projet, ajoutez simplement une référence vers l'assembly. Pour cela, utilisez le menu contextuel du dossier référence du projet.

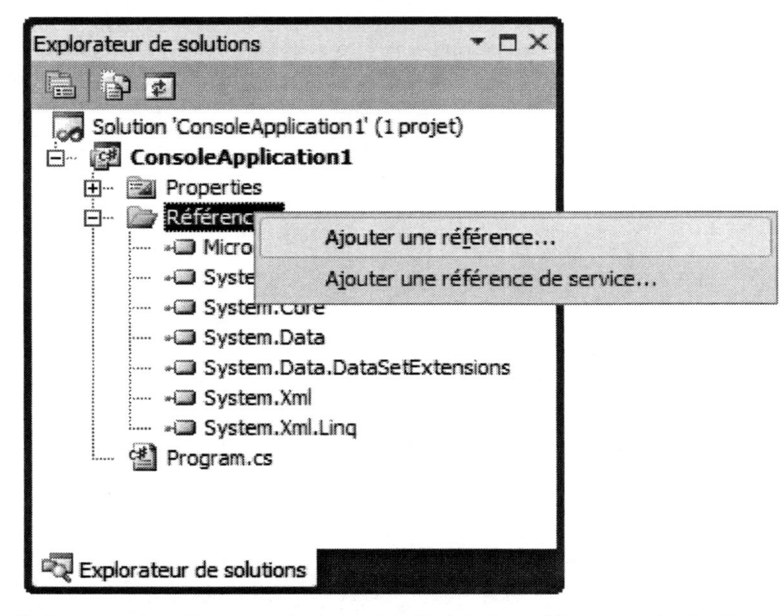

La boîte de dialogue suivante permet alors de choisir les références à ajouter au projet.

Ajouter une référence

.NET | COM | Projets | Parcourir | Récent

Filtré pour : .NET Framework 4 Client Profile

Nom du composant	Version	Runtime	Chemin d'accès
System.Data.Entity	4.0.0.0	v4.0.30319	C:\Program Files\Refer...
System.Data.Linq	4.0.0.0	v4.0.30319	C:\Program Files\Refer...
System.Data.Services....	4.0.0.0	v4.0.30319	C:\Program Files\Refer...
System.Data.SqlXml	4.0.0.0	v4.0.30319	C:\Program Files\Refer...
System.Deployment	4.0.0.0	v4.0.30319	C:\Program Files\Refer...
System.Device	4.0.0.0	v4.0.30319	C:\Program Files\Refer...
System.DirectoryServic...	4.0.0.0	v4.0.30319	C:\Program Files\Refer...
System.DirectoryServices	4.0.0.0	v4.0.30319	C:\Program Files\Refer...
System.DirectoryServic...	4.0.0.0	v4.0.30319	C:\Program Files\Refer...
System	4.0.0.0	v4.0.30319	C:\Program Files\Refer...
System.Drawing	4.0.0.0	v4.0.30319	C:\Program Files\Refer...
System.EnterpriseServices	4.0.0.0	v4.0.30319	C:\Program Files\Refer...
System.IdentityModel	4.0.0.0	v4.0.30319	C:\Program Files\Refer...
System.IdentityModel.S...	4.0.0.0	v4.0.30319	C:\Program Files\Refer...
System.IO.Log	4.0.0.0	v4.0.30319	C:\Program Files\Refer...
System.Management	4.0.0.0	v4.0.30319	C:\Program Files\Refer...
System.Management.In...	4.0.0.0	v4.0.30319	C:\Program Files\Refer...

OK | Annuler

Les différents onglets permettent de choisir, par catégorie, le type de référence à ajouter au projet :

.NET
L'ensemble des composants du Framework .NET disponibles.

COM
Les composants COM et ActiveX enregistrés sur le système.

Projets
Les autres projets de la solution courante.

Parcourir
Recherche d'un fichier (dll, ocx...) contenant les ressources.

Récent
Affiche les références récemment ajoutées.

Il est possible d'ajouter plusieurs références simultanément, en utilisant la touche [Ctrl] lors de la sélection dans cette boîte de dialogue.

Après avoir réalisé ces deux opérations, les ressources présentes dans l'assembly sont directement accessibles dans le code du projet.

2. Les Namespaces

Les namespaces organisent logiquement les objets disponibles dans un assembly. Ils sont utilisés pour lever les ambiguités lorsque, dans un projet, des références sont ajoutées sur des assemblies contenant des éléments ayant des noms identiques.

Par exemple, la classe `ListBox` existe dans les assemblies `System.Web` et `System.Windows.Forms`. Si des références sont ajoutées dans un projet vers ces deux assemblies, le compilateur risque de ne pas pouvoir déterminer laquelle de ces classes vous souhaitez réellement utiliser.

L'utilisation du nom pleinement qualifié, incluant le namespace dans lequel la classe est définie, permet de résoudre ce genre de problème.

Vous pouvez par exemple utiliser le code suivant :

Exemple

```
System.Windows.Forms.ListBox listeWindows;
System.Web.UI.WebControls.ListBox listeWeb;
```

Cependant, l'utilisation du nom pleinement qualifié peut devenir pesant dans l'écriture du code. Il est possible d'utiliser le mot-clé `using` pour alléger le code. Il indique au compilateur que certains namespaces sont sous-entendus.

Par exemple l'instruction `using System.Data.SqlClient;` autorise l'utilisation de la déclaration suivante : `SqlConnection ctn;` qui sans importation du namespace aurait provoqué une erreur de compilation :

```
SqlConnection ctn;
```

Le type ou le nom d'espace de noms 'SqlConnection' est introuvable (une directive using ou une référence d'assembly est-elle manquante ?)

Les instructions `using` doivent être les premières lignes de code d'un fichier source Visual C#.

Cependant, soyez vigilant pour ne pas retomber sur le problème précédent.

```
using System.Windows.Forms;
using System.Web.UI.WebControls;



ListBox lst;
```

'ListBox' est une référence ambiguë entre 'System.Windows.Forms.ListBox' et 'System.Web.UI.WebControls.ListBox'

L'instruction `using` propose une solution élégante en créant un alias lors de l'importation du namespace.

```
using ctrlWin=System.Windows.Forms;
using ctrlWeb=System.Web.UI.WebControls;
ctrlWin.ListBox listeWindow;
ctrlWeb.ListBox listeWeb;
```

Cette solution autorise l'utilisation de noms d'une longueur raisonnable en évitant les conflits.

Il est également à noter que, en fonction du type de projet sur lequel vous travaillez, des références et des importations sont réalisées par défaut.

Les namespaces seront déclarés dans le code à l'aide du mot-clé namespace suivi du nom du namespace et d'un bloc de code.

Tous les éléments déclarés dans ce bloc de code seront accessibles en les préfixant avec le nom du namespace.

```
namespace Facturation
{
    class Tarification
    {
        public static double CalculTTC(double Pht, double Taux)
        {
            return Pht * (1 + (Taux / 100));
        }
    }
}
```

Dans l'exemple précédent, la fonction `calculTTC` définie dans la classe `Tarification` est accessible en la préfixant par le nom du namespace. Il faut également noter que Visual Studio ajoute automatiquement une instruction namespace dans le code de tous les éléments que vous pouvez ajouter à un projet. Il utilise comme nom les informations indiquées au niveau des propriétés du projet.

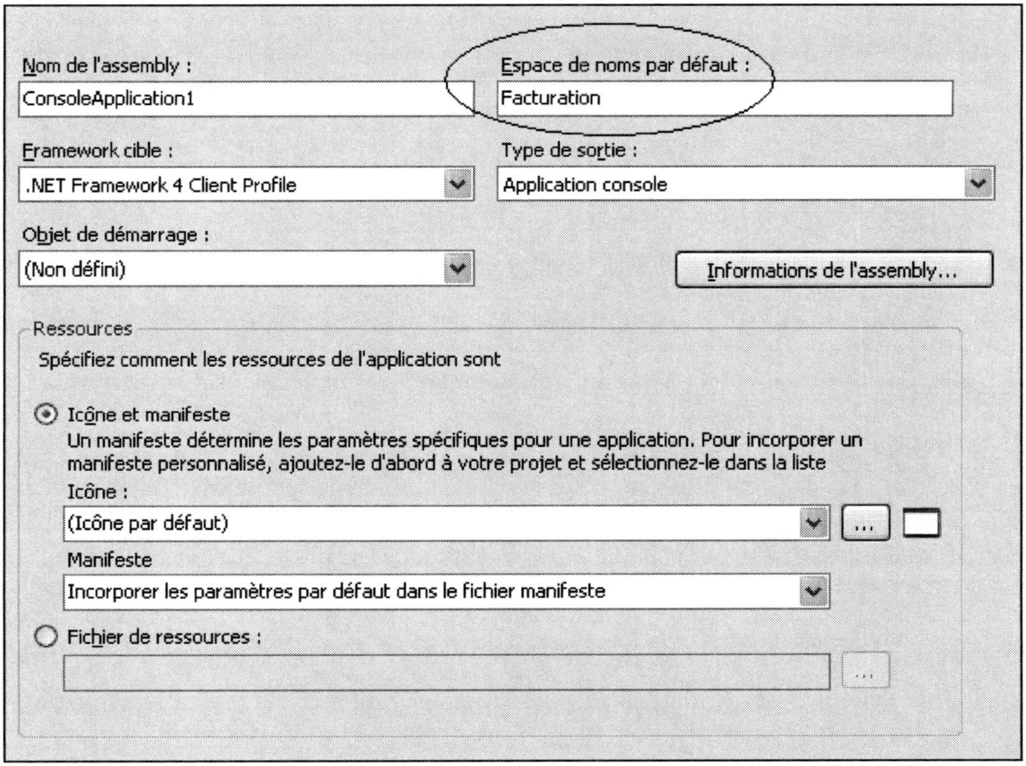

Nom de l'assembly :
ConsoleApplication1
Espace de noms par défaut :
Facturation
Framework cible :
.NET Framework 4 Client Profile
Type de sortie :
Application console
Objet de démarrage :
(Non défini)
Informations de l'assembly...
Ressources
Spécifiez comment les ressources de l'application sont
Icône et manifeste
Un manifeste détermine les paramètres spécifiques pour une application. Pour incorporer un manifeste personnalisé, ajoutez-le d'abord à votre projet et sélectionnez-le dans la liste
Icône :
(Icône par défaut)
Manifeste
Incorporer les paramètres par défaut dans le fichier manifeste
Fichier de ressources :

Dans notre exemple, la fonction `calculTTC` est donc accessible par le code suivant :

```
public static void main()
{
     double prixTTC=Tarification.CalculTTC(100, 5.5);
}
```

Utilisez la même technique, dans le cas de namespaces imbriqués ; comme dans l'exemple suivant :

```
namespace Gestion
{
    namespace Paye
    {
        public class Salaire
        {
        }
    }
    namespace Facturation
    {
        public class Facture
        {
        }
    }
}
```

La classe `Salaire` sera donc accessible avec le nom `Gestion.Paye.Salaire`.

3. Les attributs

Les attributs sont des marques que vous pouvez placer dans votre code afin d'ajouter des informations supplémentaires aux éléments de votre application.

Ils sont sauvegardés dans les métadonnées de l'assembly pendant la compilation du projet. Les métadonnées sont utilisées par le runtime pour gérer le débogage, le suivi des versions, la compilation et d'autres informations sur l'utilisation de votre code. Les attributs peuvent s'appliquer à un assembly, un module ou une portion de code plus petite, telle qu'une procédure ou fonction. Ils pourront parfois accepter des arguments pour modifier leur signification.

Les attributs sont placés dans le code entre les symboles "[" et "]". Si plusieurs attributs sont utilisés, ils doivent être séparés par des virgules. Les éventuels paramètres d'un attribut seront placés entre parenthèses.

La portée d'un attribut peut également être étendue par les mots-clés Assembly : ou Module : placés avant l'attribut. La syntaxe d'utilisation d'un attribut est donc :

```
[portée:Attribut1(paramètre1,...),Attribut2,...]
```

a. Attributs les plus courants en Visual C#

Parmi les attributs disponibles, certains d'entres eux sont très fréquemment utilisés dans le développement avec Visual C#. Nous allons étudier leur utilisation et l'illustrer par un exemple.

Serializable, NonSerialized

Ces deux attributs contrôlent la sérialisation d'une classe et de ces membres. La sérialisation permet l'enregistrement d'une instance de classe, dans un fichier assurant ainsi la persistance des informations. Le fichier généré peut être au format binaire ou XML, dans ce cas, il facilite l'échange d'informations entre applications. Pour qu'une classe soit utilisable par le mécanisme de sérialisation, celle-ci doit être marquée avec l'attribut `SerializableAttribute`. Lors de l'opération de sérialisation, le contenu de chacun des membres de l'instance de la classe est enregistré dans le fichier. Si certains d'entre eux ne doivent pas être sauvegardés dans le fichier, ils doivent être marqués avec l'attribut `NonSerializedAttribute`.

L'exemple ci-après définit la classe `Personne` avec deux membres (Nom et Prenom) qui seront sérialisés et un membre (Age) qui ne sera pas sérialisé. Une instance de la classe est créée puis sauvegardée dans un fichier au format XML.

Exemple

```
using System;
using System.Runtime.Serialization;
using System.Runtime.Serialization.Formatters.Soap;
using System.IO;
namespace Compta
{
    [Serializable()] public class Personne
    {
        public String nom;
        public string prenom;
          [NonSerialized()] public int age;
        public Personne()
        {
        }
    }
    static class Serialisation
    {
        public static void main()
        {
            Personne unePersonne;
            unePersonne = new Personne();
            unePersonne.nom = "Dupond";
            unePersonne.prenom = "Paul";
            unePersonne.age = 25;
            Stream flux;
            flux = File.Open("c:\\données.xml", FileMode.Create);
            SoapFormatter formateur;
            formateur = new SoapFormatter();
            formateur.Serialize(flux, unePersonne);
```

```
                flux.Close();
            }
        }
}
```

L'exécution de ce code génère le fichier XML suivant :


```
<SOAP-ENV:Envelope xmlns:xsi="http://www.w3.org/2001/XMLSchema-instance"
xmlns:xsd="http://www.w3.org/2001/XMLSchema" xmlns:SOAP-ENC=
"http://schemas.xmlsoap.org/soap/encoding/" xmlns:SOAP-ENV=
"http://schemas.xmlsoap.org/soap/envelope/" xmlns:clr="http://schemas.
microsoft.com/soap/encoding/clr/1.0" SOAP-ENV:encodingStyle=
"http://schemas.xmlsoap.org/soap/encoding/">
<SOAP-ENV:Body>
<a1:Personne id="ref-1" xmlns:a1="http://schemas.microsoft.com/clr/nsassem/
Compta/testFonctions%2C%20Version%3D1.0.0.0%2C%20Culture%3Dneutral%2C%20Public-
KeyToken%3Dnull">
<nom id="ref-3">Dupond</nom>
<prenom id="ref-4">Paul</prenom>
</a1:Personne>
</SOAP-ENV:Body>
</SOAP-ENV:Envelope>
```


On retrouve, sauvegardée dans ce fichier, notre instance de la classe `Personne` avec ses deux membres `Nom` et `Prenom` et, comme nous l'avons indiqué dans la définition de la classe, le membre Age n'est pas sauvegardé.

DllImport

Cet attribut est utilisé pour indiquer qu'une fonction est importée à partir d'une bibliothèque de code non managé. Il permet notamment l'utilisation de fonctions définies dans une bibliothèque du système. Dans l'exemple suivant, la fonction `MoveFile` peut être utilisée comme une fonction classique.

Exemple

```
[DllImport("KERNEL32.DLL")] public static extern bool MoveFile(string
src,string dst);
```

Obsolete

Cet attribut est utilisable pour indiquer qu'un élément, classe ou méthode ou propriété, ne doit plus être utilisée. Si cet élément est tout de même utilisé dans une application, le compilateur génère un avertissement ou une erreur en fonction de la configuration de l'attribut. Une chaîne de caractères peut être passée comme paramètre à cet attribut pour représenter le message affiché par le compilateur. Un deuxième paramètre de type booléen permet de spécifier si l'utilisation de l'élément, marqué avec cet attribut, génère un avertissement ou une erreur de compilation.

```
[Obsolete ("cette méthode ne doit plus être utilisée",false)]
      public static void sauvegarde()
      {
          Personne unePersonne;
          unePersonne = new Personne();
          unePersonne.nom = "Dupond";
          unePersonne.leprenom = "Paul";
          unePersonne.age = 25;
          Stream flux;
          flux = File.Open("c:\\données.xml", FileMode.Create);
          SoapFormatter formateur;
          formateur = new SoapFormatter();
          formateur.Serialize(flux, unePersonne);
          flux.Close();
          Personne.MoveFile("c:\\données.xml", "c:\\data.xml");
      }
```

L'utilisation de cette méthode dans une application provoque l'avertissement suivant lors de la compilation.

```
Compta.Serialisation.sauvegarde();
class Compta.Serialisation

Avertissement :
   'Compta.Serialisation.sauvegarde()' est obsolète : 'cette méthode ne doit plus être utilisée'
```

Si cet attribut est défini avec un deuxième paramètre égal à `true` le compilateur déclenche une erreur lorsque l'élément est utilisé.

```
[Obsolete("cette propriété ne doit plus être utilisée", true)] public String nom
    {
        get
        {
            return lenom;
        }
        set
        {
            lenom = value;
        }
    }
```

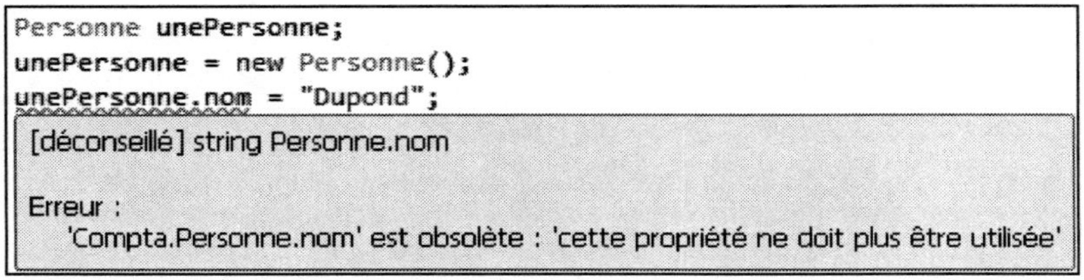

```
Personne unePersonne;
unePersonne = new Personne();
unePersonne.nom = "Dupond";
```

[déconseillé] string Personne.nom

Erreur :
'Compta.Personne.nom' est obsolète : 'cette propriété ne doit plus être utilisée'

Chapitre 5 : Programmation objet

A. Introduction 164
B. Mise en œuvre avec Visual C# 166
C. Les types génériques 207
D. Les collections 229

A. Introduction

Avec Visual C#, la notion d'objet est omniprésente et nécessite un minimum d'apprentissage. Nous allons donc voir dans un premier temps le principe de la programmation objet et le vocabulaire associé, puis nous verrons comment mettre cela en application avec Visual C#.

Dans un langage procédural classique, le fonctionnement d'une application est réglé par une succession d'appels aux différentes procédures et fonctions disponibles dans le code. Il n'y a aucune liaison entre les données et les procédures qui les manipulent. Dans un langage objet, on va au contraire essayer de regrouper au maximum les données et le code pour les manipuler. Les classes sont la représentation symbolique des objets. Elles décrivent les champs, propriétés, méthodes et événements de la même manière qu'un plan d'architecte décrit les différentes parties d'un bâtiment.

Poursuivons notre analogie entre une classe et un plan de bâtiment. Nous savons qu'Il est possible de construire plusieurs bâtiments à partir du même plan. De la même manière, plusieurs objets peuvent être construits à partir de la même classe. Une classe peut donc être utilisée pour créer autant d'instances que nécessaire.

Sur un plan de bâtiment, certaines zones peuvent avoir un accès limité à certaines personnes. De la même façon, dans une classe, certains éléments peuvent avoir un accès restreint. C'est le principe d'encapsulation.

Les termes classe et objet sont souvent confondus mais il s'agit, en fait, d'éléments bien distincts. Une classe représente la structure d'un élément alors que l'objet est un exemplaire créé sur le modèle de cette structure. La modification d'un élément dans un objet ne change absolument pas les autres objets créés à partir du même modèle (classe). Dans notre exemple de plan de bâtiment, l'ajout d'une nouvelle pièce à un bâtiment existant ne change en rien les autres bâtiments construits suivant le même plan. Par contre, la modification du plan (de la classe) entraîne des modifications pour tous les nouveaux bâtiments (tous les nouveaux objets).

Les classes sont constituées de champs, propriétés, méthodes et événements. Les champs et les propriétés représentent les informations contenues dans les objets. Les champs sont considérés comme des variables et il est possible de lire leur contenu ou de leur affecter une valeur directement. Par exemple, si vous avez une classe représentant un client, vous pouvez enregistrer son nom dans un champ.

Les propriétés se manipulent de la même façon que les champs, mais sont mises en œuvre à partir de procédures de propriété `Get` et `Set`. Ceci autorise plus de contrôle sur la façon dont les valeurs sont lues ou affectées et permet de valider les données avant leur utilisation.

Les méthodes représentent les actions qu'un objet peut effectuer. Elles sont mises en œuvre par la création de procédures ou fonctions dans une classe.

Les événements sont des informations qu'un objet reçoit ou transmet depuis ou vers un autre objet ou application. Les événements permettent aux objets d'exécuter des actions lorsqu'une situation particulière se produit. Comme Windows est un système d'exploitation événementiel, les événements peuvent provenir d'autres objets, du système ou des actions de l'utilisateur sur la souris et le clavier.

Ceci n'est qu'une facette de la programmation orientée objet. Trois autres éléments sont également fondamentaux :

- L'encapsulation.
- L'héritage.
- Le polymorphisme.

L'encapsulation est la capacité permettant de créer et de contrôler l'accès à un groupe d'éléments. Les classes fournissent le moyen le plus fiable d'assurer l'encapsulation. Si nous prenons l'exemple d'un compte bancaire, dans une programmation classique, il nous faudrait de nombreuses variables et procédures ou fonctions pour manipuler les informations. La situation serait encore plus complexe si nous devions gérer simultanément plusieurs comptes bancaires. Il faudrait alors travailler avec des tableaux et jongler avec les index. L'encapsulation permet de regrouper les informations et le code les manipulant dans une classe. Si vous devez travailler avec plusieurs comptes bancaire simultanément vous aurez alors plusieurs instances de la même classe, limitant ainsi le risque d'erreurs. L'encapsulation assure également un contrôle sur l'utilisation des données et des procédures ou fonctions. Vous pouvez utiliser les modificateurs d'accès, tels que `private` ou `protected`, pour restreindre l'accès à certaines méthodes, propriétés ou champs. Une règle fondamentale de l'encapsulation stipule que les données d'une classe ne doivent être manipulées que par le code de la classe (procédures de propriétés ou méthodes). Cette technique est parfois appelée dissimulation de données. Elle assure la sécurité de fonctionnement de votre code en masquant les détails internes de la classe et en évitant ainsi qu'ils ne soient utilisés de manière inappropriée. Elle autorise aussi la modification d'une partie du code sans perturber le fonctionnement du reste de l'application.

L'héritage permet la création d'une nouvelle classe, basée sur une classe existante. La classe servant de modèle pour la création d'une autre classe est appelée classe de base. La classe ainsi créée hérite des champs, propriétés, méthodes et événements de la classe de base. La nouvelle classe peut être personnalisée en y ajoutant des champs, propriétés, méthodes et événements. Les classes créées à partir d'une classe de base sont appelées classes dérivées. Vous pouvez donc définir une classe de base et la réutiliser plusieurs fois pour créer des classes dérivées.

Le polymorphisme est une autre notion importante de la programmation orientée objet. Par son intermédiaire, il est possible d'utiliser plusieurs classes de manière interchangeable même si ces classes implémentent leurs propriétés et méthodes de manière différente. Ces propriétés et méthodes sont utilisables par le même nom, indépendamment de la classe à partir de laquelle l'objet a été construit.

Trois autres concepts sont également associés au polymorphisme. La surcharge, la substitution et le masquage de membres permettent la définition de membres d'une classe portant le même nom. Il existe cependant quelques petites distinctions entre ces trois techniques.

La surcharge est utilisée pour concevoir des propriétés ou des méthodes portant le même nom mais ayant un nombre de paramètres différents ou des types de paramètres différents.

La substitution permet la redéfinition de méthodes ou propriétés héritées d'une classe de base. Les membres substitués peuvent accepter le même nombre et type de paramètres que la méthode ou propriété de la classe de base.

Le masquage sert à remplacer localement, dans une classe, un membre d'une classe. N'importe quel type de membre peut masquer un autre membre. Par exemple, une propriété peut masquer une méthode héritée. Le masquage se fait uniquement grâce au nom. Les membres masqués ne sont pas héritables.

B. Mise en œuvre avec Visual C#

Dans le reste de ce chapitre, nous allons travailler sur la classe `Personne` dont la représentation UML (*Unified Modeling Language*) est disponible ci-dessous.

Personne
-nom : String -prenom : String -date_nais : Date
+Calcul_age() : Integer

UML est un langage graphique dédié à la représentation des concepts de programmation orienté objet. Pour plus d'informations sur ce langage, vous pouvez consulter l'ouvrage UML2 dans la même collection.

1. Création d'une classe

La création d'une classe passe par la déclaration de la classe elle-même et de tous les éléments la constituant.

a. Déclaration de la classe

La déclaration d'une classe se fait en utilisant le mot-clé `class` suivi d'un bloc de code délimité par les caractères { et }. Dans ce bloc de code, on trouve des déclarations de variables qui seront les champs de la classe et des procédures qui seront les méthodes de la classe.

La syntaxe générale de définition d'une classe est donc la suivante :

```
[attributs] [modificateurs] [partial] class nomDeLaClasse
[ : classe de base] [, interface1, interface2,...]
{
      Code de la classe
}
```

De nombreux mots-clés sont disponibles pour la personnalisation d'une classe. Au moment de sa déclaration, on peut spécifier la visibilité de la classe. Les mots-clés suivants sont disponibles :

`public`
: La classe pourra être utilisée dans tout votre projet mais aussi dans d'autres projets.

`internal`
: L'accès à la classe est limité au projet dans lequel elle est définie.

`private`
: La classe ne peut être utilisée que dans le module dans lequel elle est définie.

`protected`
: La classe ne peut être utilisée que dans une sous-classe de celle dans laquelle elle est définie. Ce mot-clé ne peut être utilisé que pour une classe déclarée dans une autre classe.

`protected internal`
: Identique à l'union des portées `protected` et `internal`.

Vous pouvez également indiquer comment votre classe va se comporter vis-à-vis de l'héritage. Deux options sont possibles :

`abstract`
: Indique que la classe sert de classe de base dans une relation d'héritage. Vous ne pourrez pas créer d'instances de cette classe. En général, dans ce genre de classe, seules les déclarations des méthodes sont définies, il faudra dans les classes dérivées écrire le contenu de ces méthodes.

`sealed`
: Cette classe sera la dernière de la hiérarchie. Il ne sera donc pas possible d'utiliser cette classe comme super classe d'une autre classe.

Pour indiquer que votre classe récupère les caractéristiques d'une autre classe par une relation d'héritage, vous devez utiliser le caractère : suivi du nom de la classe de base. Vous pouvez également implémenter dans votre classe une ou plusieurs interfaces. Ces deux notions seront vues en détail plus loin dans ce chapitre.

Le début de la déclaration de notre classe `Personne` est donc le suivant :

```
public class Personne
    {
        string nom;
        string prenom;
        DateTime date_naiss;
    }
```

b. Classe partielle

La définition d'une classe peut être répartie sur plusieurs déclarations en utilisant le mot-clé `partial`. Cette technique autorise la définition de la classe dans plusieurs fichiers sources. Elle est très utilisée dans Visual Studio pour permettre la personnalisation de classes générées automatiquement. Le code généré est en général placé dans un fichier nommé `.designer.cs` qui ne doit, en principe, pas être modifié directement. Lors de la compilation, le compilateur regroupe toutes les définitions partielles pour obtenir le code source de la classe. Les différentes parties de la définition d'une classe doivent par contre être dans le même projet et faire partie du même namespace. Testons le code suivant :

```
namespace Compta
{
    public partial class Personne
    {
        string nom;
        string prenom;
        DateTime date_naiss;
        int calculAge()
        {
            return DateTime.Now.Year - date_naiss.Year;
        }
    }
}
namespace Facturation
{
    public partial class Personne
    {
        int calculAge()
        {
            return DateTime.Now.Year - date_naiss.Year;
        }
    }
}
```

Au premier abord rien d'illégal puisque le compilateur génère le code correctement. Par contre, il n'a pas la même vision des choses que nous. Regardons ce que nous présente l'explorateur de classes.

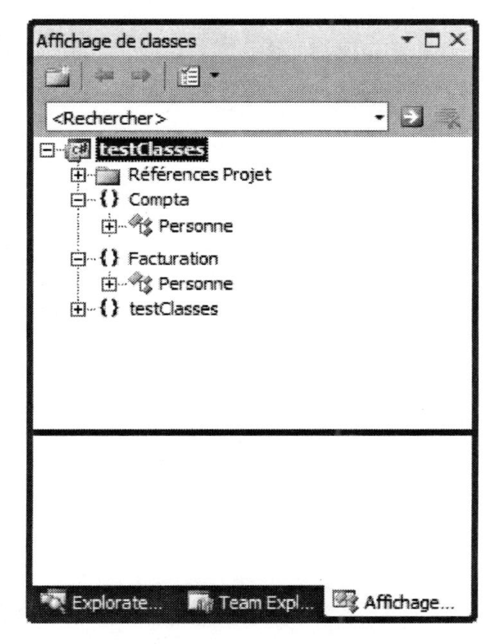

Deux classes `Personne` sont disponibles. Le compilateur a en fait déterminé que nos deux définitions de classe ne font pas partie du même namespace.

c. Création de propriétés

Vous pouvez créer des variables simples pour stocker les informations de votre classe mais les procédures de propriété fournissent d'avantage de flexibilité et de contrôle sur le stockage des informations dans une classe. Elles permettent à la classe de protéger et valider ses propres données. Une propriété est semblable à une fonction avec à l'intérieur deux blocs de code. Ces deux blocs de code sont définis à l'aide des mots-clés `get` et `set` ; le bloc de code `get` est exécuté lors de la lecture de la propriété, le bloc de code `set` est exécuté lors de l'affectation d'une valeur à la propriété.

Notre classe `Personne` peut être améliorée de la façon suivante :

```
public  class Personne
    {
        string leNom;
        string lePrenom;
        DateTime laDate_naiss;
        public string nom
        {
            get
        {
```

```
            return leNom;
        }
        set
        {
                leNom=value;
            }
        }
        public string prenom
        {
                get
            {
                return lePrenom;
            }
                    set
            {
                lePrenom = value;
            }
        }
        public DateTime date_naiss
        {
            get
            {
                return laDate_naiss;
            }
                set
            {
                laDate_naiss = value;
            }
        }
    }
```

La création des propriétés permet maintenant d'accéder de manière indirecte aux champs de la classe. Nous pouvons donc nous permettre de modifier la visibilité des champs de la classe et les rendre privés. C'est d'ailleurs une pratique recommandée pour respecter le principe d'encapsulation. Nous avons donc la possibilité d'être plus exigeant concernant les informations enregistrées dans notre classe. Nous allons mettre en pratique les quelques règles de gestion suivantes :

- Le nom sera stocké en majuscules.
- Le prénom sera stocké en minuscules.
- La date de naissance ne sera pas inférieure à 1900.

Les procédures de propriété sont donc chargées de l'application de ces règles.

```
public  class Personne
    {
        private string leNom;
        private string lePrenom;
        private DateTime laDate_naiss;
        public string nom
        {
            get
            {
                return leNom;
            }

            set
            {
                leNom=value.ToUpper();
            }
         }
        public string prenom
        {
            get
                return lePrenom;
            }
            set
            {
                lePrenom = value.ToLower(); ;
            }
         }
        public DateTime date_naiss
         {
            get
            {
                return laDate_naiss;
            }
            set
            {
                if (value.Year >= 1900)
                {
                    laDate_naiss = value;
                }
            }
        }
    }
```

À noter que les procédures de propriété ont un accès complet aux champs de la classe, y compris ceux déclarés privés.

Lecture seule et écriture seule

Il peut parfois être intéressant de restreindre les accès possibles à une propriété. Elles peuvent donc être définies en lecture seule ou en écriture seule.

Le bloc de code `get` doit être omis pour une propriété en écriture seule. Pour une propriété en lecture seule, c'est le bloc de code `set` qui doit être omis. Pour mettre cela en application, nous allons ajouter à la classe `Personne` une propriété `motDePasse` en écriture seule et une propriété `age` en lecture seule. L'âge peut se déduire directement de la date de naissance et le mot de passe n'a pas à être accessible en lecture de l'extérieur de la classe.

```
public int age
{
    get
    {
         return DateTime.Now.Year - laDate_naiss.Year;
    }
}
public string motDePasse
{
    set
    {
        leMotDePasse = value;
    }
}
```

Propriétés indexées

Les propriétés indexées permettent un accès de type tableau à des groupes d'éléments. Les propriétés indexées, appelées indexeurs ou propriétés par défaut, diffèrent légèrement des propriétés normales car elles attendent un paramètre indiquant l'élément du groupe auquel il faut accéder. Cette propriété ne dispose pas de nom (c'est la propriété par défaut). Il est cependant possible de lui en spécifier un ajoutant l'attribut `IndexerName` à la définition de la propriété. Ce nom ne sera pas utilisable à partir de Visual C# mais à partir d'un autre langage de la plate-forme .NET (vb par exemple).

Mettons cela en application en ajoutant, à la classe `Personne`, la liste des enfants de cette personne et en définissant cette propriété comme propriété indexée.

Le code de notre classe `Personne` devient donc :

```
public  class Personne
    {
        private string leNom;
        private string lePrenom;
        private DateTime laDate_naiss;
        private string leMotDePasse;
        private Personne[] lesEnfants = new Personne[10];
        public string nom
        {
            get
            {
                return leNom;
            }
            set
            {
                leNom=value.ToUpper();
                }
        }
        public string prenom
        {
            get
        {
                return lePrenom;
            }

            set
            {
            lePrenom = value.ToLower(); ;
            }
        }
        public DateTime date_naiss
        {
             get
            {
                return laDate_naiss;
        }
        set
        {
                if (value.Year >= 1900)
                {
                laDate_naiss = value;
                }
```

```
            }
        }
        public int age
        {
                get
            {
                return DateTime.Now.Year - laDate_naiss.Year;
            }
        }
         public string motDePasse
        {
            set
            {
                leMotDePasse = value;
        }
        }
        public Personne this[int index]
        {
            get
            {
                return lesEnfants[index];
        }
            set
            {
                lesEnfants[index] = value;
            }
        }
    }
}
```

À noter que nous sommes obligés de créer un nouveau champ dans la classe `Personne` afin d'assurer le stockage de la liste des enfants. Pour l'instant, ce champ est constitué d'un tableau de personne mais pourra être avantageusement remplacé par une structure plus souple à gérer, comme par exemple une collection. La propriété par défaut attend donc en paramètre un index permettant de spécifier l'enfant sur lequel nous souhaitons travailler.

La classe `Personne` vue par Visual C# :

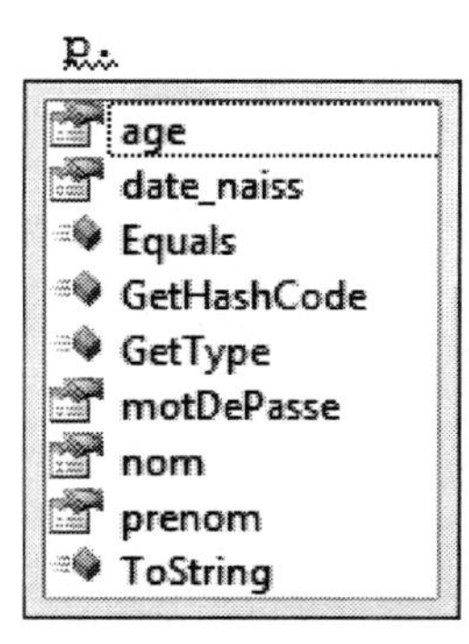

La même classe vue par Visual Basic :

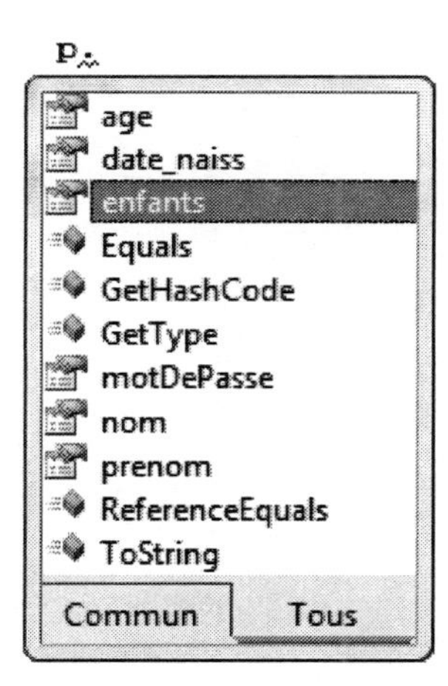

Le code suivant nous permet de tester le bon fonctionnement de notre classe :

```
public static void Main()
{
    Persone p= new Personne();
    Personne enfant1 =new Personne();
    Personne enfant2=new Personne();
    p.nom = "dupond";
    p.prenom = "paul";
    p.date_naiss = new DateTime(1954,12,23);
    enfant1.nom = "dupond";
    enfant1.prenom = "pascal";
    enfant1.date_naiss = new DateTime(1979,10,5);
    // nous pouvons également utiliser le nom du parent pour
```

```
    // initialiser le nom de l'enfant
    enfant2.nom = p.nom;
    enfant2.prenom = "marc";
    enfant2.date_naiss = new DateTime(1982,4,18);
    // nous pouvons affecter un enfant à une personne
    p[0] = enfant1;
    p[1] = enfant2;
    // vérifions que nos informations sont correctes
    Console.WriteLine("Mr {0} {1} né le {2} a 2 enfants", p.nom,
    p.prenom,p.date_naiss);
    Console.WriteLine("{0} {1}", p[0].nom, p[0].prenom);
    Console.WriteLine("{0} {1}", p[1].nom, p[1].prenom);
    Console.WriteLine("appuyer sur une touche pour quitter");
        Console.ReadLine();
        }
```

Nous obtenons sur la console le résultat suivant :

Mr DUPOND paul né le 23/12/1954 00:00:00 a 2 enfants

DUPOND pascal

DUPOND marc

Appuyer sur une touche pour quitter.

Nous pouvons en profiter pour vérifier que nos règles concernant le nom et le prénom sont bien prises en compte : le nom est en majuscules, le prénom est en minuscules.

d. Création de méthodes

Les méthodes sont des procédures ou fonctions définies à l'intérieur d'une classe. Elles sont en général utilisées pour manipuler les champs et les propriétés de la classe. Pour pouvoir utiliser une méthode, il suffit de préfixer le nom de la méthode par le nom de l'objet sur lequel vous voulez appeler la méthode.

Ajoutons à la classe `Personne`, la fonction `calcul_age()` et la procédure `affichage` en insérant le code suivant :

```
public int calculAge()
{
   return DateTime.Now.Year - laDate_naiss.Year;
}
public void affichage()
{
   Console.WriteLine("Mr {0} {1} né le {2}", nom, prenom, laDate_naiss);
}
```

À noter que dans ces lignes de code, nous pouvons manipuler les champs de la classe même s'ils sont déclarés privés, car nous sommes à l'intérieur de la classe. Il est également possible d'accéder aux informations de la classe en utilisant les propriétés. Dans ce cas, les règles de gestion concernant le nom et le prénom seront appliquées.

Nous pouvons modifier notre code de test pour utiliser la procédure et la fonction ajoutées à la classe.

```
p.affichage();
Console.WriteLine("a 2 enfants", p.nom, p.prenom,p.date_naiss);
Console.WriteLine("{0} {1} qui a {2} ans", p[0].nom, p[0].prenom, p[0].calculAge());
Console.WriteLine("{0} {1} qui a {2} ans", p[1].nom, p[1].prenom, p[1].calculAge());
Console.WriteLine("appuyer sur une touche pour quitter");
Console.ReadLine();
```

Surcharge de méthode

La surcharge de méthode est la création, au sein d'une classe, de méthodes ayant un nom identique mais un nombre de paramètres ou des types de paramètres différents. Ceci nous permet de conserver un nom cohérent pour plusieurs méthodes dont le but est similaire mais pour lesquelles, seuls quelques détails changent. Les paramètres suivants ne sont pas pris en compte pour distinguer deux méthodes surchargées :

- Le nom des paramètres.
- Le type de retour d'une fonction.
- Les modificateurs `out` ou `ref` appliqués aux paramètres de la méthode.

Nous pouvons, par exemple, surcharger la méthode `affichage` de la classe `Personne` pour prendre en compte la langue dans laquelle doit se faire l'affichage. Le paramètre attendu par la procédure permet de choisir la langue.

```
public void affichage(string langue)
{
  switch (langue)
  {
   case "fr":
   Console.WriteLine("Mr {0} {1} né le {2}", nom, prenom, laDate_naiss);
   break;
   case "en":
   Console.WriteLine("Mr {0} {1} was born {2}", nom, prenom, laDate_naiss);
   break;
  }
}
```

Substitution de méthode

Les classes dérivées héritent des propriétés et méthodes de leur classe de base. Vous pouvez donc les réutiliser, à partir d'une sous-classe, sans aucune modification. Par contre, si le fonctionnement de cette propriété ou méthode n'est pas adapté à la nouvelle classe, vous avez la possibilité de la substituer par une nouvelle implémentation dans la classe dérivée. Il faut dans ce cas utiliser le mot-clé `override` lors de la substitution dans la classe dérivée. Il est également impératif que la classe de base ait autorisé cette substitution par l'utilisation du mot-clé `virtual`. Sans indication particulière, une méthode ou une propriété n'est pas substituable. En général, la substitution est utilisée pour assurer le polymorphisme entre classes. Les méthodes substituées doivent bien sûr avoir le même nom mais également le même nombre et type de paramètres que les méthodes de la classe de base auxquelles elles se substituent. Nous pouvons ainsi dans la classe `Salarie` substituer la méthode `affichage`.

```
public override void  affichage()
{
 Console.WriteLine("Mr {0} {1} né le {2} gagne {3} euros par mois", nom, pre-
nom, laDate_naiss,salaire);
}
```

Avec cette déclaration, la méthode `affichage` de la classe `Personne` n'est plus visible aux utilisateurs de la classe `Salarie`. Seule la méthode `affichage` de la classe `Salarie` est accessible. Cependant, le code de la méthode `affichage` de la classe `Salarie` peut quand même avoir accès à cette méthode en utilisant le mot-clé `base`. Nous aurions donc pu écrire pour la méthode `affichage` de la classe `Salarie`.

```
       public override void  affichage()
        {
             // appel de la méthode affichage de la classe Personne
             base.affichage();
             // ajout des fonctionnalités spécifiques à la classe Salarie
             Console.WriteLine("gagne {0} euros par mois", leSalaire);
        }
```

Dès qu'une méthode est déclarée comme étant substituable dans une classe, elle le sera pour toutes ses sous-classes quel que soit le degré de parenté (classe fille, petite fille...). Le mot-clé `sealed` peut être utilisé pour bloquer à partir d'un niveau donné cette fonctionnalité. Par exemple, dans la classe `Salarie` nous aurions pu écrire :

```
      public sealed override void  affichage()
        {
             // appel de la méthode affichage de la classe Personne
             base.affichage();
             // ajout des fonctionnalités spécifiques à la classe Salarie
             Console.WriteLine("gagne {0} euros par mois", leSalaire);
        }
```

Cette syntaxe annule, pour les sous-classes de la classe Salarie, l'autorisation de substitution qui était mise en place par la classe Personne. Si nous essayons de substituer cette méthode dans une classe Chef qui hérite de Salarie nous obtenons le message suivant :

```
class Chef:Salarie
{
    public override void affichage()
    {                        'Compta.Chef.affichage()' : ne peut pas se substituer à un membre hérité 'Compta.Salarie.affichage()', car il est sealed
    }

}
```

À l'inverse, nous pouvons exiger qu'une classe héritée substitue une méthode définie dans une classe de base. Cette méthode doit être marquée avec le mot-clé abstract. Pour une telle méthode, il ne doit pas y avoir d'implémentation mais juste sa définition.

```
public abstract string etat_civil();
```

Une telle méthode est appelée méthode abstraite. Elle exige que la classe dans laquelle elle est définie soit également marquée comme abstraite avec le mot-clé abstract.

```
public abstract string etat_civil();
                     'Compta.Personne.etat_civil()' est abstrait, mais est contenu dans la classe non abstraite 'Compta.Personne'
```

Masquage de méthode

Lorsque des éléments d'un programme partagent le même nom, l'un d'eux peut masquer l'autre. Dans un tel cas, l'élément masqué n'est plus accessible et le compilateur utilise à la place l'élément le masquant. Le masquage peut se faire entre des éléments de type différent. Seul le nom de l'élément est utilisé pour assurer le masquage. Lors du masquage, il convient d'utiliser le mot-clé new, devant le nom du membre assurant le masquage. Nous pouvons par exemple masquer la propriété age dans une classe dérivée de la classe Personne.

```
public new int age()
{
    return DateTime.Now.Year - laDate_naiss.Year;
}
```

Pour cette classe, il n'y a dorénavant qu'un seul élément appelé age. Tout ce qui peut exister comme élément, dans la ou les classes de base de cette classe, et qui est nommé age est masqué et inaccessible. Le seul élément visible est la fonction age déclarée dans la classe, la propriété age héritée de la classe personne est masquée.

Cette technique est à utiliser avec précaution car en fonction de l'emplacement où se trouve une instruction, le même nom peut faire référence à des éléments de nature différente.

Méthode partielle

Les méthodes partielles sont utilisées pour nous permettre de personnaliser le code d'une classe partielle générée par un outil de Visual Studio. Elles sont principalement utilisées pour fournir une notification de changement. L'outil génère uniquement le squelette de la méthode et y fait appel lorsque la notification doit se produire. L'utilisateur de la classe peut éventuellement définir sa propre version de la méthode et dans ce cas celle-ci sera appelée à la place de celle générée automatiquement. Voyons comment mettre cela en application avec la classe `Personne`. Nous devons tout d'abord définir la classe comme étant une classe partielle puis prévoir à l'intérieur de la classe une méthode partielle en respectant les règles suivantes :

- la méthode doit être une procédure et non une fonction,
- le corps de la méthode doit être vide (pas de bloc de code),
- la méthode ne doit pas avoir de modificateur d'accès.

```
public string nom
{
    get
    {
        return leNom;
    }
    set
    {
        leNom=value.ToUpper();
        nomChanged();
    }
}
...
...
partial  void nomChanged();
```

Il nous reste maintenant à personnaliser cette classe dans un autre fichier source et à tester le résultat. Pour cela, dans un nouveau fichier, ajoutons le code suivant :

```
namespace Compta
{
    partial class Personne
    {
        partial void nomChanged()
        {
            Console.WriteLine("un nouveau nom est affecté");
        }
    }
}
```

Puis essayons de créer une personne et de modifier son nom.

```
Personne p= new Personne();
p.nom = "dupond";
p.prenom = "paul";
p.date_naiss = new DateTime(1954,12,23);
Console.WriteLine(p.nom);
```

À l'exécution, nous avons le résultat suivant :

```
un nouveau nom est affecté
Dupont
```

C'est bien le code de notre version de la méthode `nomChanged` qui vient d'être exécuter et pourtant nous n'avons pas touché le code original de la classe `Personne`.

Méthode d'extension

Les méthodes d'extension permettent l'ajout de fonctionnalités à une classe déjà définie sans bien sûr avoir à modifier le code de cette classe. Elles sont simplement écrites à l'extérieur de la classe et sont ensuite appelées exactement de la même façon que les méthodes disponibles directement dans la classe. Il y a cependant quelques règles à respecter :

- Elles peuvent être de type procédure ou fonction mais pas de type propriété.
- Le premier paramètre doit être précédé du mot-clé `this`.
- Le type du premier paramètre de la méthode détermine le type étendu par cette méthode.
- Au moment de l'exécution ce premier paramètre représente l'instance de la classe sur laquelle la méthode est appelée.
- Elles doivent être définies dans une classe `static`.
- Elles doivent elles-mêmes être `static`.

Dans l'exemple ci-dessous, nous ajoutons une méthode à la classe `Personne`.

```
static class Extensions
{
  public static void  presentation(this Personne p)
  {
   Console.WriteLine("nom : {0}", p.nom);
   Console.WriteLine("prenom : {0}", p.prenom);
   Console.WriteLine("date de naissance : {0}", p.date_naiss);
  }
}
```

Les méthodes d'extension peuvent également être définies pour les types de base du Framework comme par exemple la classe `string`. Le code suivant ajoute à la classe `string` une méthode permettant de convertir le premier caractère d'une chaîne en majuscule.

```
public static string FirstToUpper(this String s)
{
  if ((s == null) || (s.Length == 0))
  {
      return s;
  }
  else if (s.Length == 1)
  {
      return s.ToUpper();
  }
  else
  {
  return s.Substring(0, 1).ToUpper() + s.Substring(1, s.Length - 1);
  }
}
```

Si nous utilisons ensuite une variable de type `string`, notre nouvelle méthode devient disponible et est même proposée par IntelliSense.

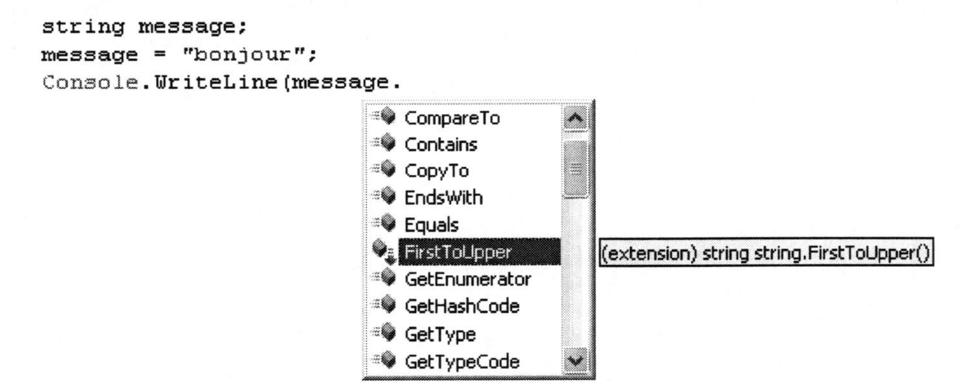

À noter l'icône différente utilisée pour différencier une méthode d'extension d'une méthode normale de la classe.

e. Constructeurs et destructeurs

Les constructeurs sont des méthodes particulières d'une classe par différents aspects. Le constructeur est une méthode portant toujours le même nom que la classe elle-même. Il ne retourne aucun type, même pas `void`. Il n'est jamais appelé explicitement dans le code mais de manière implicite, à la création d'une instance de la classe. Comme pour une méthode classique, un constructeur peut attendre des paramètres. Le constructeur d'une classe qui n'attend pas de paramètre est désigné comme le constructeur par défaut de la classe. Le rôle du constructeur est principalement l'initialisation des champs d'une instance de classe. Les constructeurs peuvent également être surchargés.

Ajoutons à la classe `Personne` des constructeurs.

```
public Personne()
        {
            leNom = "";
            lePrenom = "";
            leMotDePasse = "";
        }
public Personne(string nom, string prenom, string pwd)
        {
            leNom = nom;
            lePrenom = prenom;
            leMotDePasse = pwd;
        }
```

Lorsque nous créons une classe dérivée, elle peut aussi disposer de ses propres constructeurs. Si nous ajoutons dans la classe dérivée un constructeur par défaut, nous devons suivre quelques règles :

- Dans une classe dérivée, si un constructeur de classe de base n'est pas appelé explicitement à l'aide du mot-clé `base`, le constructeur par défaut, s'il existe, est appelé implicitement.
- Si une classe de base n'offre pas de constructeur par défaut, la classe dérivée doit faire un appel explicite à un constructeur de base à l'aide du mot-clé `base`.
- Dans notre cas, le constructeur par défaut de la classe `Salarie` peut avoir la forme suivante.

```
public Salarie():base()
{
    leSalaire = 0;
}
```

Le comportement sera le même si le constructeur est défini de la façon suivante.

```
public Salarie()
{
    leSalaire = 0;
}
```

L'ajout d'un constructeur surchargé dans la classe `Salarie` est également faisable avec la forme suivante.

```
public Salarie(string nom, string prenom, string pwd,decimal salaire)
{
   leNom = nom;
   lePrenom = prenom;
   leMotDePasse = pwd;
```

```
    leSalaire = salaire;
}
```

Il peut aussi être optimisé en utilisant la syntaxe suivante qui fait appel a un constructeur de la classe de base (Personne).

```
public Salarie(string nom, string prenom, string pwd,decimal salaire)
            :base(nom,prenom,pwd)
{
    leSalaire = salaire;
}
```

Les destructeurs sont d'autres méthodes particulières d'une classe. Comme les constructeurs, ils sont appelés implicitement mais uniquement lors de la destruction d'une instance de classe. La signature du destructeur est imposée. Le destructeur porte le même nom que la classe en le faisant précéder du signe ~ et ne prend aucun paramètre. Du fait de cette signature imposée, il ne peut y avoir qu'un seul destructeur pour une classe, donc pas de surcharge possible pour les destructeurs.

La déclaration d'un destructeur est donc la suivante :

```
~Salarie()
{
}
```

Le code présent dans le destructeur doit permettre la libération des ressources utilisées par la classe. On peut, par exemple, y trouver du code fermant un fichier ouvert par la classe ou la fermeture d'une connexion vers un serveur de base de données.

Nous verrons en détail dans le paragraphe "Destruction d'une instance", les circonstances dans lesquelles est appelé le destructeur.

f. Membres partagés

Les membres partagés sont des champs, propriétés ou méthodes qui sont accessibles par toutes les instances d'une classe. On parle également de membres statiques.

Ils sont très utiles lorsque vous avez à gérer, dans une classe, des informations qui ne sont pas spécifiques à une instance de classe mais à la classe elle-même. Par opposition aux membres d'instance, pour lesquels il existe un exemplaire par instance de la classe, les membres partagés existent en un exemplaire unique. La modification de la valeur d'un membre d'instance ne modifie la valeur que pour cette instance de classe alors que la modification de la valeur d'un membre partagé modifie la valeur pour toutes les instances de la classe. Les membres partagés sont assimilables à des variables globales, dans une application. Ils sont utilisables dans le code uniquement en y faisant référence par le nom de la classe.

L'utilisation d'un membre partagé par l'intermédiaire d'une instance de classe est interdite.

```
Personne p= new Personne();

p.essai = 1;
```

int Personne.essai

Erreur :
Le membre 'Compta.Personne.essai' est inaccessible avec une référence d'instance ; qualifiez-le avec un nom de type

Les méthodes partagées suivent les mêmes règles et peuvent servir à la création de bibliothèques de fonctions. L'exemple classique est la classe `Math` dans laquelle de nombreuses fonctions partagées sont définies. Les méthodes partagées possèdent cependant une limitation car elles ne peuvent utiliser que des variables locales ou d'autres membres partagés de la classe. Elles ne doivent jamais utiliser des membres d'instance d'une classe, car il se peut que la méthode soit utilisée sans qu'il existe une instance de la classe. Le compilateur vérifiera ce genre d'erreurs.

```
public static decimal calcul_impots()
{
    return leSalaire * 0.33;
}
```

Une référence d'objet est requise pour la propriété, la méthode ou le champ non statique 'Compta.Salarie.leSalaire'

Les membres partagés doivent être déclarés avec le mot-clé `static`. Vous pouvez également, comme pour n'importe quel autre membre d'une classe, spécifier une visibilité. Par contre, une variable locale à une procédure ou fonction ne peut pas être partagée.

2. Utilisation d'une classe

L'utilisation d'une classe, dans une application, passe par deux étapes.

- La déclaration d'une variable permettant l'accès à l'objet.
- La création de l'objet.

a. Création d'une instance

Les variables objet sont des variables de type référence. Elles diffèrent des variables classiques par le fait que la variable ne contient pas directement les données mais une référence sur l'emplacement dans la mémoire de la machine où se trouvent les informations. Comme pour toutes les variables, elles doivent être déclarées avant leur utilisation. La déclaration s'effectue de manière identique à celle d'une variable classique (int ou autre).

```
Personne p;
```

Après cette étape, la variable existe mais ne référence pas d'emplacement valide. Elle contient la valeur `null`.

La deuxième étape consiste réellement à créer l'instance de la classe. Le mot-clé `new` est utilisé à cet effet. Il attend comme paramètre le nom de la classe dont il est chargé de créer une instance. L'opérateur `new` fait une demande au système pour obtenir la mémoire nécessaire au stockage de l'instance de la classe, puis initialise la variable avec cette adresse mémoire. Le constructeur de la classe est ensuite appelé pour initialiser la nouvelle instance créée.

```
p = new Personne ();
```

Les deux opérations peuvent être combinées en une seule ligne.

```
Personne p = new Personne();
```

Le constructeur par défaut est appelé, dans ce cas. Pour utiliser un autre constructeur, vous devez spécifier une liste de paramètres et en fonction du nombre et du type des paramètres, l'opérateur `new` appelle le constructeur correspondant.

```
Personne p1 = new Personne("durand", "pierre", "secret");
```

b. Initialisation d'une instance

Après avoir créé une instance de classe, vous pouvez initialiser les membres de celle-ci par l'intermédiaire des propriétés de classe. Il est possible de combiner ces deux étapes en une seule. Pour cela, lors de la création de l'instance, il faut fournir une liste de propriétés et de valeurs à affecter à ces propriétés. Voici ci-dessous la syntaxe exacte à utiliser :

```
Personne p2 = new Personne
        {
            nom = "Durand",
            prenom = "Pierre",
            motDePasse = "secret"
        };
```

Il n'y a pas de limitation sur le nombre de propriétés initialisées ni sur l'ordre d'apparition des propriétés dans la liste d'initialisation. Cette unique ligne de code est l'équivalent de la syntaxe moins condensée et plus traditionnelle suivante :

```
Personne p3;
p3 = new Personne();
p3.nom = "Durand";
p3.prenom = "Pierre";
p3.motDePasse = "secret";
```

c. Destruction d'une instance

La destruction d'une instance de classe est automatique dans une application. Le Common Language Runtime surveille à intervalles réguliers que toutes les instances de classes, créées dans l'application, sont encore accessibles ; c'est-à-dire qu'il existe encore dans l'application une variable ou une propriété permettant l'accès à cette instance. Si aucun moyen d'accéder à cette instance n'est trouvé, l'objet est alors marqué comme étant orphelin. Lorsque les réserves mémoire de l'application deviennent trop faibles, le Garbage Collector intervient et élimine les objets orphelins. C'est lors de cette élimination que les destructeurs de chacun des objets sont appelés. Il n'y a aucun moyen de précipiter les choses en demandant l'élimination immédiate de la mémoire d'une instance particulière de classe. Il est cependant possible de forcer le garbage collector à intervenir avec la ligne de code suivante.

```
GC.Collect();
```

Dans ce cas le garbage collector intervient pour toutes les instances orphelines. L'inconvénient de cette solution est qu'elle est relativement gourmande en ressources pour ne récupérer parfois que quelques dizaines d'octets de mémoire, voire aucun s'il n'y a pas d'instance de classe à supprimer.

Cette situation est parfois problématique lorsque l'objet utilise une ressource externe comme, par exemple, une connexion vers un serveur de base de données. Si la fermeture de la connexion est prévue dans le destructeur de la classe, il peut se passer assez longtemps entre le moment où l'objet devient inaccessible et celui où le destructeur est appelé.

Pour pallier ce problème, il est possible de mettre en œuvre une autre solution. Le code chargé de la libération des ressources est placé dans une autre méthode et cette méthode est appelée explicitement dans le code. En général, cette méthode est nommée `Dispose`. Pour être certain que les ressources sont bien libérées, vous pouvez également prévoir un appel à cette méthode dans le destructeur de la classe.

Un autre problème peut alors survenir : si la méthode a été appelée explicitement dans le code de l'application, elle le sera à nouveau, de manière implicite, lorsque le Garbage Collector entrera en action. Vous devez, donc, faire en sorte que le code de cette méthode `Dispose` puisse être exécuté deux fois sans causer d'erreur. Vous pouvez également indiquer au Garbage Collector, qu'il ne doit pas exécuter le destructeur de cette instance de classe. Pour cela, dans la méthode `Dispose`, vous devez le prévenir que le travail de "nettoyage" est déjà réalisé, en appelant la méthode `SuppressFinalize`. Le code de la méthode `Dispose` et du destructeur doit alors avoir la forme suivante :

```
public void Dispose()
{
  //inserer le code chargé de la libération des ressources
  //
  //demande au garbage collector de ne pas appeler le destructeur
  GC.SuppressFinalize(this);
}
```

```
~Salarie()
{
   Dispose();
}
```

d. Liaison tardive, liaison précoce

Le compilateur Visual C# effectue une opération appelée liaison lorsqu'un objet est affecté à une variable. Cette liaison est dite précoce lorsque la variable est créée à partir d'une classe spécifique. Cette fonctionnalité permet au compilateur d'effectuer des optimisations sur le code généré. L'affection d'un objet peut aussi se réaliser à une variable de type Object. Ce type de variable est capable de référencer n'importe quel autre type de classe. Dans ce cas, la liaison est dite tardive car le type réel de l'objet ne sera découvert qu'à l'exécution de l'application. Cette technique est à éviter car elle génère un code moins efficace et surtout elle ne permet pas de bénéficier de la complétion automatique du code dans l'éditeur ni de l'aide dynamique. En effet, dans ce cas Visual C# ne peut pas déterminer le type réel de l'objet manipulé.

Cependant, certaines fonctions retournent un type Object, mais pour pouvoir le manipuler, il convient de prendre quelques précautions. La première solution consiste à n'utiliser, avec l'objet renvoyé par la fonction, que des membres de la classe Object. Cette solution est relativement limitative quant aux fonctionnalités disponibles.

La deuxième solution consiste à affecter, à une variable d'un type particulier, la valeur renvoyée par la fonction. Cette solution permet d'utiliser toutes les fonctionnalités de l'objet retourné par la fonction. Cependant, il faut être certain que l'objet retourné est bien une instance de la classe que l'on souhaite manipuler. D'ailleurs, le compilateur se chargera de nous le rappeler.

```
        public Object getEnfant(int index)
         {
             return this.lesEnfants[index];
         }
```

```
Personne fils;
fils = p.getEnfant(0);
```

Impossible de convertir implicitement le type 'object' en 'Compta.Personne'. Une conversion explicite existe (un cast est-il manquant ?)

Nous devons donc nous assurer du type de l'objet retourné et demander explicitement le transtypage. Nous pouvons obtenir le nom du type de l'objet et effectuer une comparaison de chaîne de caractères.

```
Personne fils;
if (p.getEnfant(0).GetType().Name.Equals("Personne"))
{
   fils = (Personne)p.getEnfant(0);
}
```

Cette solution fonctionne mais comporte le risque de mal orthographier le nom de la classe lors de la comparaison. L'opérateur `is ...` est plus adapté à cette situation.

```
if (p.getEnfant(0) is Personne)
{
   fils = (Personne)p.getEnfant(0);
}
```

À noter que le transtypage ne change pas le type de l'objet en mémoire mais permet simplement de le voir d'une autre façon. Si par exemple nous avons en mémoire une instance de la classe `Salarie`, le transtypage nous permet de la voir comme un Object, une Personne ou un Salarie mais cela restera toujours une instance de la classe `Salarie`.

3. Héritage

L'héritage est une puissante fonctionnalité d'un langage orienté objet mais peut parfois être utilisée mal à propos. Deux types de relations peuvent être utilisés entre deux classes. Nous pouvons avoir la relation "est une sorte de" et la relation "concerne un". La relation d'héritage doit être envisagée lorsque la relation "est une sorte de" peut être appliquée entre deux classes. Prenons un exemple avec trois classes : Personne, Client, Commande.

Essayons les relations pour chacune des classes.

- Une commande est une sorte de client
- Une commande est une sorte de personne
- Un client est une sorte de commande
- Un client est une sorte de personne
- Une personne est une sorte de client
- Une personne est une sorte de commande

Parmi toutes ces tentatives, il n'y en a qu'une seule qui nous semble logique : un client est une sorte de personne. Nous pouvons donc envisager une relation d'héritage entre ces deux classes. La mise en œuvre est très simple au niveau du code puisque, dans la déclaration de la classe, il suffit juste de spécifier le caractère : suivi du nom de la classe dont on souhaite hériter. Visual C# n'acceptant pas l'héritage multiple, vous ne pouvez spécifier qu'un seul nom de classe de base.

```
class Client:Personne
    {
        protected int lecode;
        public int code
        {
            get
            {
                return lecode;
            }
            set
```

```
            {
                lecode = value;
            }
        }
    }
```

La classe peut ensuite être utilisée et propose toutes les fonctionnalités définies dans la classe `Client` plus celles héritées de la classe `Personne`.

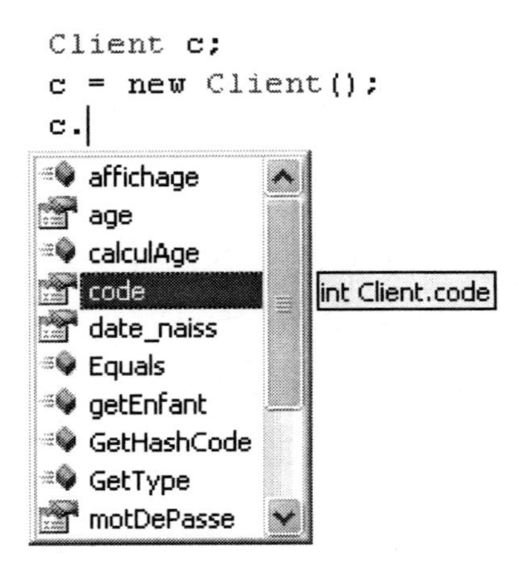

a. base et this

Il est légitime de vouloir ensuite modifier le fonctionnement de certaines méthodes héritées pour les adapter à la classe `Client`. Par exemple, la méthode `affichage` peut être substituée pour tenir compte des nouveaux champs disponibles dans la classe.

```
public void affichage()
{
  Console.WriteLine("Mr {0} {1} né le {2}", nom, prenom, laDate_naiss);
  Console.WriteLine("Code client : {0}", lecode);
}
```

Ce code fonctionne très bien mais ne respecte pas l'un des principes de la programmation objet qui veut que l'on réutilise au maximum ce qui existe déjà. Dans notre cas, nous avons déjà une portion de code chargée de l'affichage du nom, du prénom et de la date de naissance d'une personne. Pourquoi ne pas la réutiliser dans la méthode `affichage` de la classe `Client` puisque l'on en hérite ?

Notre méthode devient donc :

```
public void affichage()
{
    affichage();
    Console.WriteLine("Code client : {0}", lecode);
}
```

Essayons de l'utiliser :

```
Client c;
c = new Client();
c.nom = "Dupond";
c.prenom = "Paul";
c.date_naiss = new DateTime(1954, 11, 29);
c.code = 12345;
c.affichage();
```

Hélas, le résultat n'est pas à la hauteur de nos espérances !

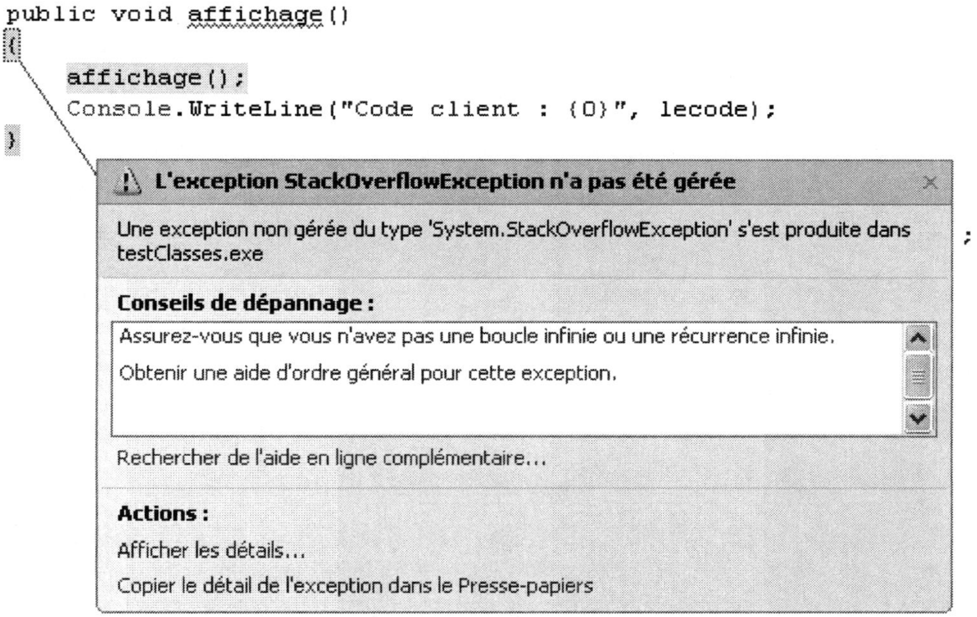

```
public void affichage()
{
    affichage();
    Console.WriteLine("Code client : {0}", lecode);
}
```

L'exception StackOverflowException n'a pas été gérée

Une exception non gérée du type 'System.StackOverflowException' s'est produite dans testClasses.exe

Conseils de dépannage :

Assurez-vous que vous n'avez pas une boucle infinie ou une récurrence infinie.

Obtenir une aide d'ordre général pour cette exception.

Rechercher de l'aide en ligne complémentaire...

Actions :

Afficher les détails...

Copier le détail de l'exception dans le Presse-papiers

Que s'est-il passé lors de l'exécution ?

Lors de l'appel de la méthode affichage, la première ligne de code a consisté à appeler la méthode affichage de la classe de base. En fait, Visual C# recherche la première méthode affichage qu'il trouve et appelle ainsi en boucle la méthode affichage de la classe Client d'où l'erreur de débordement de pile que nous obtenons. Pour éviter ce genre de problème, nous devons lui préciser que la méthode affichage à appeler se trouve dans la classe de base. Pour cela, nous devons utiliser le mot-clé base pour qualifier la méthode affichage appelée.

```
public void affichage()
{
   base.affichage();
   Console.WriteLine("Code client : {0}", lecode);
}
```

Après cette modification, tout rentre dans l'ordre et notre code affiche.

```
Mr DUPOND paul né le 29/11/1954 00:00:00
Code client : 12345
```

Nous pouvons utiliser le même mot-clé pour appeler le constructeur de la classe de base (Personne).

Nous pouvons donc créer un constructeur pour la classe Client qui utilise le constructeur de la classe Personne.

```
public Client(string nom, string prenom, DateTime dNaiss, int lecode)
        : base(nom, prenom, dNaiss)
{
    lecode = lecode;
}
```

Vérifions que le nouveau constructeur fonctionne :

```
c = new Client("Dupond","Paul",new DateTime(1954, 11, 29),12345);
c.affichage();
```

Nous affiche :

```
Mr Dupond Paul né le 29/11/1954 00:00:00
Code client : 0
```

Les informations ont bien été prises en compte, sauf le code client qui reste à zéro. Regardons de plus près le code du constructeur. Nous découvrons qu'un paramètre du constructeur porte le même nom qu'un champ de la classe. Lorsque nous écrivons la ligne codeCli=codeCli; le compilateur considère que nous souhaitons affecter au paramètre codeCli la valeur contenue dans le paramètre codeCli. Rien d'illégal, mais ce n'est absolument pas ce que nous souhaitons faire. Nous devons indiquer que l'affectation doit se faire à la variable membre de la classe. Pour cela, nous devons la préfixer avec le mot-clé this.

Le constructeur devient donc :

```
public Client(string nom, string prenom, DateTime dNaiss, int lecode)
       : base(nom, prenom, dNaiss)
{
    this.lecode = lecode;
}
```

Notre code de test nous affiche alors les bonnes informations :

```
Mr Dupond Paul né le 29/11/1954 00:00:00
Code client : 12345
```

b. Classes abstraites

Les classes abstraites sont des classes qui peuvent uniquement être utilisées comme classe de base dans une relation d'héritage. Il est impossible de créer une instance d'une classe abstraite. Elles servent essentiellement de modèle pour la création de classe, devant toutes avoir un minimum de caractéristiques identiques. Elles peuvent contenir des champs, des propriétés et des méthodes comme une classe ordinaire. Cette technique facilite l'évolution de l'application, car si une nouvelle fonctionnalité doit être disponible dans les classes dérivées, il suffit d'ajouter cette fonctionnalité dans la classe de base. Il est également possible de ne pas fournir d'implémentation pour une classe abstraite et ainsi laisser à l'utilisateur de la classe le soin de créer l'implémentation dans la classe dérivée.

Pour qu'une classe devienne une classe abstraite, vous devez utiliser le mot-clé `abstract` dans la déclaration de la classe.

```
public abstract class Modele
{
}
```

c. Classes finales

Les classes finales sont des classes ordinaires qui peuvent être instanciées mais ne sont pas utilisables comme classe de base dans une relation d'héritage. C'est le cas de plusieurs classes du Framework.NET, comme par exemple la classe `string`.

```
class Chaine:String
{        'testClasses.Chaine' : impossible de dériver du type sealed 'string'

}
```

Une classe finale doit être définie avec le mot-clé `sealed`.

```
Public sealed class Client:Personne
{
}
```

d. Classes anonymes

Visual C# nous fournit la possibilité de créer des objets sans écrire de code pour la définition de la classe correspondante. C'est le compilateur qui va prendre en charge la génération de la classe. Évidemment il va falloir l'aider un petit peu et lui fournir quelques informations pour qu'il puisse générer la classe et en créer une instance. La déclaration d'une instance de classe anonyme se base principalement sur le principe vu au paragraphe concernant l'initialisation d'une instance. Lors de la déclaration d'une telle instance nous devons fournir la liste des propriétés souhaitées ainsi que leurs valeurs. Voyons donc un premier exemple.

```
var produit = new { nom = "biscuit", prix = 1.56 };
```

La variable produit fait référence à une instance de classe contenant deux propriétés nom et prix. Ces deux propriétés sont initialisées respectivement avec les valeurs "biscuit" et 1.56. Pour vérifier cela, demandons encore une fois son avis à IntelliSense.

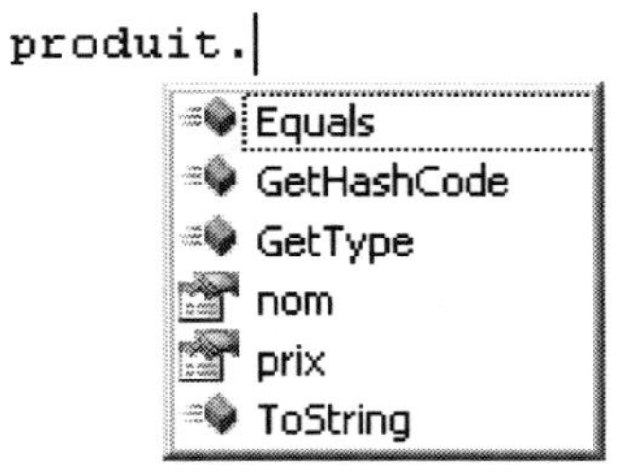

Il nous indique bien que pour notre variable produit, les deux propriétés sont disponibles. Par contre il nous propose également plusieurs méthodes. D'où viennent-elles ? En fait, les classes anonymes respectent les mêmes règles que toutes les autres classes car elles héritent par défaut de la classe `Object`. Les méthodes proposées sont donc celles héritées de la classe `Object`. Ce sont d'ailleurs les seules qu'il pourra y avoir dans une classe anonyme car pour ce genre de classe il est impossible de définir autre chose que des propriétés, donc pas de méthodes ni d'événements. Vous devez certainement vous poser la question : Comment le compilateur fait-il pour s'y retrouver s'il existe plusieurs instances de classe anonyme ? En fait, ces classes sont anonymes pour nous mais pas pour lui car pendant la compilation il va générer automatiquement un nom pour ces classes. Pour le vérifier, demandons à la variable produit de nous indiquer son type.

```
Console.WriteLine(produit.GetType().Name);
```

Nous obtenons la réponse suivante à l'exécution.

```
<>f__AnonymousType0`2
```

Il existe donc bien un nom pour ces classes. Par contre, ce nom n'est connu qu'après la compilation donc hors de question de l'utiliser dans notre code. Ce serait d'ailleurs une très mauvaise idée car il est susceptible de changer à chaque compilation de l'application.

En fait, le compilateur ne crée pas une nouvelle classe pour chaque instanciation car il vérifie, avant de créer une nouvelle classe, s'il n'a pas déjà traité une définition identique. Pour cela, il se base sur les éléments suivants :

- le nombre de propriétés ;
- le nom des propriétés ;
- le type des propriétés ;
- l'ordre des propriétés dans la définition.

Si tous ces éléments sont identiques alors il réutilisera la classe qu'il a déjà générée pour créer l'instance. Vérifions cela :

```
var produit1 = new { nom = "biscuit", prix = 1.56 };
var produit2 = new { nom = "confiture", prix = 2.24 };
Console.WriteLine("la classe de produit1 est {0}",produit1.GetType().Name);
Console.WriteLine("la classe de produit2 est {0}",produit2.GetType().Name);
```

Nous obtenons le résultat suivant :

```
la classe de produit1 est <>f__AnonymousType0`2
la classe de produit2 est <>f__AnonymousType0`2
```

Tout est normal car les deux variables ont rigoureusement la même définition. Si nous faisons une petite modification en inversant simplement l'ordre des propriétés :

```
var produit1 = new { nom = "biscuit", prix = 1.56 };
var produit2 = new { prix = 2.24 ,nom = "confiture" };
Console.WriteLine("la classe de produit1 est {0}",produit1.GetType().Name);
Console.WriteLine("la classe de produit2 est {0}",produit2.GetType().Name);
```

Nous obtenons cette fois le résultat suivant :

```
la classe de produit1 est <>f__AnonymousType0`2
la classe de produit2 est <>f__AnonymousType1`2
```

Le compilateur a cette fois généré deux classes puisque les définitions sont différentes.

Pour comparer deux instances de classe anonyme, nous devons utiliser la méthode `Equals`. Cette méthode est héritée de la classe `Object` mais substituée par le compilateur au moment de la génération de la classe anonyme. Cette méthode indiquera que deux instances sont identiques si toutes les conditions suivantes sont respectées.

- Les deux objets doivent être déclarés dans le même assembly.
- Les propriétés doivent avoir le même nom, le même type et être déclarées dans le même ordre.
- Les valeurs des propriétés doivent être identiques dans les deux instances.

Vérifions ces règles en comparant différents produits.

```
var produit1 = new { nom = "biscuit", prix = 1.56 };
var produit2 = new { nom = "biscuit", prix = 1.56 };
Console.WriteLine(produit1.Equals(produit2));
```

Ce code nous affiche `True` car les deux instances respectent l'ensemble des règles d'égalité citées ci-dessus.

Essayons d'enfreindre une des règles en modifiant la valeur d'une propriété.

```
var produit1 = new { nom = "biscuit", prix = 1.56 };
var produit2 = new { nom = "biscuit", prix = 10.56 };
Console.WriteLine(produit1.Equals(produit2));
```

Le résultat est sans appel : les deux instances ne sont plus identiques.

4. Interfaces

Nous avons vu que l'on pouvait obliger une classe à implémenter une méthode en la déclarant avec le mot-clé `abstract`. Si nous avons plusieurs classes qui doivent implémenter la même méthode, il est plus pratique d'utiliser les interfaces. Comme les classes, les interfaces permettent de définir un ensemble de propriétés, méthodes, événements. Cependant, elles ne contiennent aucun code. L'implémentation doit s'effectuer au niveau de la classe elle-même. L'interface constitue un contrat que vous signez. En déclarant que votre classe implémente une interface, vous vous engagez à fournir, dans votre classe, tout ce qui est défini dans l'interface. Il convient d'être prudent si vous utilisez les interfaces et de ne jamais modifier une interface déjà utilisée sinon vous courez le risque de devoir reprendre le code de toutes les classes qui implémentent cette interface.

Pour pouvoir utiliser une interface, il convient de la définir au préalable. La déclaration est semblable à la déclaration d'une classe mais en utilisant le mot-clé `interface`.

Vous pouvez éventuellement utiliser le caractère : pour introduire une relation d'héritage dans votre interface. Les seules instructions qui doivent apparaître dans une interface sont des déclarations de procédures et fonctions ou d'événements. Il ne doit y avoir aucun code dans les procédures et fonctions. Créons donc notre première interface.

```
interface Comparable
{
    int compare(Object o1);
}
```

Cette interface nous obligera à créer dans les classes qui l'implémenteront une fonction nous permettant de comparer l'instance courante d'un objet et l'objet qui sera passé comme paramètre. La fonction retournera une valeur égale à 1 si l'objet passé comme paramètre est supérieur à l'instance courante, une valeur égale à zéro si les deux objets sont égaux, une valeur égale à -1 si l'instance courante est supérieure à l'objet passé comme paramètre.

Mais quels critères allons-nous utiliser pour dire qu'un objet est supérieur à un autre ?

Dans la description de notre interface, ce n'est pas notre souci ! Nous laissons le soin à la personne qui va définir une classe utilisant notre l'interface de définir quels sont les critères de comparaison. Par exemple, dans notre classe `Client`, nous pourrions implémenter l'interface comparable de la manière suivante en choisissant de comparer deux clients sur le nom :

```
public class Client:Personne,Comparable
{
      ...
      ...
         public int compare(Object o1)
         {
              Client c;
              if (o1 is Client)
              {
                  c = (Client)o1;
              }
              else
              {
                  throw new InvalidCastException();
              }
              return leNom.CompareTo(c.leNom);
         }
}
```

Deux modifications sont visibles dans la classe :

- Le fait qu'elle implémente l'interface `Comparable`.
- L'implémentation réelle de la fonction `compare`.

Dans cette fonction, la comparaison se fera sur le nom des clients. Très bien mais ça sert à quoi ?

Il arrive fréquemment que l'on ait besoin de trier des éléments dans une application. Deux solutions :

- Créer une fonction de tri spécifique pour chaque type d'élément que l'on veut trier.
- Créer une routine de tri générique et faire en sorte que les éléments que l'on utilise soient triables par cette routine.

Les interfaces vont nous aider à mettre en œuvre cette deuxième solution. Pour pouvoir trier des éléments, et quelle que soit la méthode utilisée pour le tri, nous aurons besoin de comparer deux éléments. Pour être certain que notre routine de tri fonctionnera sans problème, il faut s'assurer que les éléments qu'elle devra trier auront la possibilité d'être comparés les uns aux autres. Nous ne pouvons garantir cela que si tous nos éléments implémentent l'interface `Comparable`. Nous allons donc l'exiger dans la déclaration de notre routine de tri.

```
public static void tri(Comparable[] tablo)
  {
  }
```

Définie ainsi, notre procédure sera capable de trier toutes sortes de tableaux pourvu que leurs éléments implémentent l'interface `Comparable`. Nous pouvons donc écrire le code suivant et utiliser la méthode `compare` sans risque.

```
public static void tri(Comparable[] tablo)
        {
            Comparable o;
            for (int i = 0; i < tablo.Length - 1; i++)
            {
                for (int j = i + 1; j < tablo.Length; j++)
                {
                    if (tablo[j].compare(tablo[i]) < 0)
                    {
                        o = tablo[j];
                        tablo[j] = tablo[i];
                        tablo[i] = o;
                    }
                }
            }
        }
```

Puis pour tester notre procédure, créons quelques clients, essayons de les trier et puis d'afficher leurs noms.

```
Client[] tab = new Client[5];
tab[0] = new Client("toto2", "prenom2", new DateTime(1956, 12, 23), 2);
tab[1] = new Client("toto1", "prenom1", new DateTime(1956, 12, 23), 2);
tab[2] = new Client("toto5", "prenom5", new DateTime(1956, 12, 23), 2);
tab[3] = new Client("toto3", "prenom3", new DateTime(1956, 12, 23), 2);
tab[4] = new Client("toto4", "prenom4", new DateTime(1956, 12, 23), 2);
Extensions.tri(tab);
for (int i = 0; i < tab.Length; i++)
{
  Console.WriteLine(tab[i].nom);
}
```

Nous obtenons le résultat suivant :

```
toto1
toto2
toto3
toto4
toto5
```

Nous avons bien la liste de nos clients triée par ordre alphabétique sur le nom.

Essayons d'utiliser notre procédure de tri avec un tableau d'objets qui n'implémentent pas l'interface `Comparable`.

```
Voiture[] tabv = new Voiture [5];
tabv[0] = new Voiture("Fiat", "500");
tabv[1] = new Voiture("Peugeot","205");
tabv[2] = new Voiture("Opel", "Corsa");
tabv[3] = new Voiture("Renault", "Laguna");
tabv[4] = new Voiture(Lancia", "Delta");
Extensions.tri(tabv);
for (int i = 0; i < tabv.Lenght; i++)
{
    Console.WriteLine(tabv[i].marque);
}
```

À la compilation les choses se compliquent.

```
Voiture[] tabv = new Voiture[5];
tabv[0] = new Voiture("Fiat", "500");
tabv[1] = new Voiture("Peugeot", "205");
tabv[2] = new Voiture("Opel", "Corsa");
tabv[3] = new Voiture("Renault", "Laguna");
tabv[4] = new Voiture("Lancia", "Delta");
Extensions.tri(tabv);
for (int i = 0; Argument '1' : impossible de convertir de 'Compta.Voiture[]' en 'Compta.Comparable[]'
{
    Console.WriteLine(tabv[i].nom);
}
```

Cette erreur intervient au moment de la compilation de la procédure de tri. Les éléments du tableau que nous avons passé comme paramètre n'implémentent pas l'interface `Comparable` et nous ne sommes pas certains qu'ils contiennent une fonction `compare`. À noter que, même s'il existe une fonction `compare` correcte dans la classe `voiture`, il faut obligatoirement spécifier que cette classe implémente l'interface `Comparable`, pour que notre code puisse fonctionner.

5. Les événements

Les méthodes nous permettent de communiquer avec les objets qui composent une application mais les objets ont également la possibilité de nous faire part de leurs réactions en générant des événements. Ces événements doivent ensuite être pris en compte pour nous permettre de réagir à ce qui vient de se passer dans l'application.

Les événements sont très largement utilisés dans la conception de l'interface graphique d'une application car ils nous permettent d'avoir des informations sur les actions effectués par l'utilisateur de l'application.

a. Déclaration et déclenchement d'événements

Voyons, tout d'abord, comment générer un événement dans une classe. La première chose à faire est de déclarer l'événement dans la classe. Cette déclaration s'effectue de la même manière que celle des variables internes à la classe. On utilise pour cela le mot-clé `event` suivi du type de délégué chargé de gérer l'événement et enfin du nom de l'événement. Il est recommandé de toujours utiliser le type de délégué `EventHandler` pour rester cohérent avec les événements générés par le Framework.NET. Ce type de délégué à la signature suivante :

```
public delegate void EventHandler(Object sender,EventArgs e)
```

La procédure qui sera par la suite chargée de gérer l'événement devra bien sûr respecter cette signature. Le premier paramètre permet d'identifier l'objet qui est à l'origine de l'événement. Le deuxième paramètre est utilisé pour fournir à la procédure chargée du traitement des informations complémentaires sur l'origine de l'événement. S'il n'y a pas d'informations spécifiques à fournir, on pourra utiliser directement une instance de cette classe. Si des informations supplémentaires sont à fournir, il faut créer une classe héritant de la classe `EventArgs`. Cette classe comportera les propriétés permettant de représenter les informations de l'événement. Il faut dans ce cas utiliser la version générique du délégué `EventHandler`. Pour illustrer cela, nous allons ajouter à la classe `Client` deux événements. Le premier se déclenchera lors de l'ajout d'une nouvelle commande à un client et fournira comme informations le nombre de commandes du client. Le deuxième se déclenchera lorsque le nombre de commandes d'un client sera égal à cinq, celui-ci ne fournira pas d'informations supplémentaires. Nous allons commencer par créer la classe représentant les informations du premier événement.

```
public class AjoutCommandeEventArgs:EventArgs
    {
        int nbCmd;
        public AjoutCommandeEventArgs(int nb)
        {
            nbCmd = nb;
        }
        public int nbCommandes
        {
            get
            {
                return nbCmd;
            }
        }
    }
```

Nous pouvons maintenant déclarer les deux événements dans la classe `Client`.

```
public class Client:Personne,Comparable
{
  public event EventHandler<AjoutCommandeEventArgs> nouvelleCommande;
  public event EventHandler maxCommande;
```

Il faut maintenant écrire une méthode permettant le déclenchement de l'événement uniquement s'il y a un gestionnaire pour le traiter.

```
protected virtual void declencheNouvelleCommande(AjoutCommandeEventArgs e)
{
    EventHandler<AjoutCommandeEventArgs> handler = nouvelleCommande;
    if (handler != null)
    {
         handler(this, e);
    }
}
protected virtual void declencheMaxCommande(EventArgs e)
{
    EventHandler handler = maxCommande;
    if (handler != null)
    {
         handler(this, e);
    }
}
```

Il ne reste plus maintenant qu'à déclencher les événements au bon moment. Pour nous, ceci va se faire dans la méthode `ajoutCommande` de notre classe `Client`.

```
public void ajoutCommande()
{
    nbCommande++;
    AjoutCommandeEventArgs e=new AjoutCommandeEventArgs(nbCommande);
    declencheNouvelleCommande(e);
    if (nbCommande==5)
    {
       declencheMaxCommande(new EventArgs());
    }
 }
```

b. Gérer les événements

Avant de voir comment gérer les événements, nous allons vérifier qu'ils ne perturbent pas le fonctionnement du code. Essayons le code suivant qui utilise la classe `Client` sans se préoccuper des événements.

```
Client c;
c = new Client("Dupond","Paul",new DateTime(1954, 11, 29),12345);
c.nouvelleCommande += GestionNouvelleCommande;
c.ajoutCommande();
c.ajoutCommande();
c.ajoutCommande();
c.ajoutCommande();
c.ajoutCommande();
c.ajoutCommande();
```

Après vérification ce code fonctionne sans problème. Ceci nous permet de bien voir qu'il n'est absolument pas obligatoire de gérer tous les événements qui sont déclenchés dans une application. C'est une information qui vous rassurera lorsque vous verrez le nombre impressionnant d'événements déclenchés dans une application Windows.

Regardons maintenant comment gérer les événements.

Ajout et suppression de gestionnaire d'événement

Si vous êtes intéressé par les événements que les instances de classes de votre application vont déclencher, vous devez au préalable écrire les procédures chargées de traiter ces événements. Ces procédures doivent correspondre à la signature des événements. Dans notre cas nous avons deux procédures à écrire.

```
public static void GestionNouvelleCommande(Object sender,AjoutCommandeEventArgs e)
{
    Console.WriteLine("une nouvelle commande");
}
public static void GestionMaxCommande(Object sender, EventArgs e)
{
    Console.WriteLine("le client a cinq commandes");
}
```

Il faut ensuite connecter ces procédures aux événements qu'elles vont gérer.

Pour cela vous devez utiliser l'opérateur += pour associer la procédure à l'événement déclenché par une instance de classe.

```
Client c;
c = new Client("Dupond","Paul",new DateTime(1954, 11, 29),12345);
c.nouvelleCommande += GestionNouvelleCommande;
c.maxCommande += GestionMaxCommande;
```

Nous pouvons maintenant vérifier que l'appel de la procédure `ajoutCommande` déclenche bien les événements et que notre code réagit en conséquence.

```
c.ajoutCommande();
c.ajoutCommande();
c.ajoutCommande();
c.ajoutCommande();
c.ajoutCommande();
c.ajoutCommande();
```

Nous obtenons à l'affichage le résultat suivant :

```
une nouvelle commande
une nouvelle commande
une nouvelle commande
une nouvelle commande
une nouvelle commande
le client a cinq commandes
une nouvelle commande
```

Nos deux événements ont bien été déclenchés et gérés correctement par notre code. Le lien réalisé entre les événements et le code chargé de les gérer reste actif pendant toute la durée de vie des instances de classes. Si vous souhaitez interrompre ce lien, vous devez utiliser la syntaxe suivante.

```
c.nouvelleCommande -= GestionNouvelleCommande;
```

L'ajout d'une nouvelle commande ne déclenchera plus l'événement correspondant.

Événements et héritage

Dernier point à éclaircir : comment vont se comporter les événements lorsque notre classe sera sous-classée.

Les événements suivent les mêmes règles d'héritage que les propriétés et méthodes. Un événement déclaré dans une classe sera accessible dans toutes ces sous-classes.

Si vous avez pris soin de déclarer les méthodes de déclenchement avec la visibilité `protected`, il n'y a aucun problème pour qu'une sous-classe déclenche un événement hérité de sa super-classe.

6. Les délégués

Il peut être parfois utile de pouvoir passer comme paramètre à une fonction ou à une procédure non pas un type simple ou objet mais directement une procédure ou fonction. Par exemple, si nous voulons choisir le critère suivant lequel nous allons faire le tri de nos clients, nous devons écrire une fonction de comparaison pour chacun des critères. Lors de l'appel de la procédure de tri, nous spécifierons quelle méthode utiliser pour effectuer la comparaison.

a. Déclaration et création d'un délégué

La première étape consiste à déclarer le délégué. Cette déclaration utilise le mot-clé `delegate` suivi de la signature de la procédure ou fonction.

```
public delegate int comparaison(Client c1, Client c2);
```

Il faut ensuite créer une procédure ou fonction qui respecte la signature du délégué. Dans notre cas, nous allons créer deux fonctions capables de comparer deux Clients.

Nous en créerons une pour effectuer la comparaison sur le code et une deuxième pour la comparaison sur le nombre de commandes.

```
public static int compareCode(Client c1, Client c2)
{
      if (c1.code < c2.code)
       {
            return -1;
       }
       if (c1.code > c2.code)
```

```
        {
            return 1;
        }
        else
        {
            return 0;
        }
}
public static int compareNbCommandes(Client c1, Client c2)
{
       if (c1.nombreCommandes < c2.nombreCommandes)
       {
            return -1;
       }
       if (c1.nombreCommandes > c2.nombreCommandes)
       {
            return 1;
       }
       else
       {
            return 0;
       }
}
```

Il faut maintenant modifier notre fonction de tri pour qu'en plus du tableau à trier, elle prenne, comme paramètre, la fonction utilisée pour la comparaison de deux éléments du tableau. Notre fonction de tri devient donc :

```
public static void tri(Client[] tablo,comparaison comparateur)
        {
            Client o;
            for (int i = 0; i < tablo.Length - 1; i++)
            {
                for (int j = i + 1; j < tablo.Length; j++)
                {
                    if (comparateur.Invoke(tablo[j],tablo[i]) < 0)
                    {
                        o = tablo[j];
                        tablo[j] = tablo[i];
                        tablo[i] = o;
                    }
                }
            }
        }
```

Deux modifications dans notre code :

- l'ajout du paramètre comparateur comme délégué pour notre fonction de tri,
- l'utilisation de ce délégué pour comparer deux éléments du tableau en utilisant la méthode `Invoke`,

Les éléments du tableau ne sont plus obligés d'implémenter l'interface `Comparable` car un moyen de les comparer deux à deux est passée à la fonction.

b. Utilisation des délégués

Pour utiliser la fonction de tri, nous devons maintenant lui fournir deux paramètres : le tableau à trier et une instance d'un délégué utilisé pour trier le tableau. Nous devons donc créer une instance d'un délégué.

```
comparaison cmp=compareCode;
```

Nous pouvons ensuite appeler la fonction de tri en lui passant comme deuxième paramètre l'instance du délégué.

```
tri(tab,cmp);
```

Si nous souhaitons utiliser un autre critère de tri, nous devons simplement créer une autre fonction respectant la signature du délégué et construire un délégué à partir de cette fonction.

c. Expressions lambda

Une expression lambda est comparable à une fonction sans nom effectuant un traitement et retournant une simple valeur. Elles peuvent être utilisées partout où un délégué est attendu.

Les expressions lambda utilisent l'opérateur = > pour leur déclaration. Le côté gauche de l'opérateur lambda spécifie les paramètres d'entrée, qui doivent correspondre aux paramètres attendus par le délégué que l'expression lambda remplace. Si le délégué n'attend aucun paramètre, il faut tout de même spécifier le jeu de parenthèses. La partie à droite de l'opérateur représente l'instruction ou le bloc d'instructions qui sera exécuté. Si un bloc d'instruction est utilisé il doit être encadré par des accolades. Le premier exemple ci-dessous appelle la fonction `tri` en lui passant, comme deuxième paramètre, une expression lambda respectant la signature du délégué attendu et effectuant le tri sur le nom du client.

```
Client[] tablo;
tablo = new Client[5];
tablo[0] = new Client("client2", "prenomClient2", new DateTime(1962,12,23), 2);
tablo[1] = new Client("client1", "prenomClient1", new DateTime(1965, 11, 18), 1);
tablo[2] = new Client("client5", "prenomClient5", new DateTime(1970, 05, 23), 5);
tablo[3] = new Client("client3", "prenomClient3", new DateTime(1982, 06, 02), 3);
tablo[4] = new Client("client4", "prenomClient4", new DateTime(1960, 02, 18), 4);
```

```
Console.WriteLine("affichage du tableau original");
for (int i = 0; i < tablo.Length; i++)
    {
         Console.WriteLine(tablo[i].nom + " " + tablo[i].code);
   }

tri(tablo, (Client c1, Client c2) => c1.nom.CompareTo(c2.nom));

Console.WriteLine("affichage du tableau trié");
for (int i = 0; i < tablo.Length; i++)
    {
         Console.WriteLine(tablo[i].nom + " " + tablo[i].code);
    }
```

Si l'expression contient plusieurs lignes, il est dans ce cas obligatoire d'utiliser un bloc de code délimité par des accolades pour contenir toutes les instructions de l'expression. L'exemple ci-dessous effectue un tri en utilisant comme critère le code du client.

```
Client[] tablo;
tablo = new Client[5];
tablo[0] = new Client("client2", "prenomClient2", new DateTime(1962,12,23), 2);
tablo[1] = new Client("client1", "prenomClient1", new DateTime(1965, 11, 18), 1);
tablo[2] = new Client("client5", "prenomClient5", new DateTime(1970, 05, 23), 5);
tablo[3] = new Client("client3", "prenomClient3", new DateTime(1982, 06, 02), 3);
tablo[4] = new Client("client4", "prenomClient4", new DateTime(1960, 02, 18), 4);

Console.WriteLine("affichage du tableau original");
for (int i = 0; i < tablo.Length; i++)
    {
        Console.WriteLine(tablo[i].nom + " " + tablo[i].code);
    }

tri(tablo, (Client c1, Client c2) => {
   if (c1.code > c2.code)
   {
         return 1;
   }
   if (c1.code < c2.code)
   {
         return -1;
   }
   else
   return 0;
   });

   Console.WriteLine("affichage du tableau trié");
   for (int i = 0; i < tablo.Length; i++)
   {
    Console.WriteLine(tablo[i].nom + " " + tablo[i].code);
   }
```

C. Les types génériques

Les types génériques sont des éléments d'un programme qui s'adaptent, automatiquement, pour réaliser la même fonctionnalité sur différents types de données. Lorsque vous créez un élément générique, vous n'avez pas besoin de concevoir une version différente pour chaque type de donnée avec lequel vous souhaitez réaliser une fonctionnalité.

Pour faire une analogie avec un objet courant, nous allons prendre l'exemple d'un tournevis. En fonction du type de vis à utiliser, vous pouvez prendre un tournevis spécifique pour ce type de vis (plat, cruciforme, torx...). Une technique fréquemment utilisée par un bricoleur averti consiste à acquérir un tournevis universel avec de multiples embouts. En fonction du type de vis, il choisit l'embout adapté. Le résultat final est le même que s'il dispose d'une multitude de tournevis différents : il peut visser et dévisser.

Lorsque vous utilisez un type générique, vous le paramétrez avec un type de données. Ceci permet au code de s'adapter automatiquement et de réaliser la même action indépendamment du type de données. Une alternative pourrait être l'utilisation du type universel `Object`. L'utilisation des types génériques présente plusieurs avantages par rapport à cette solution :

- Elle impose la vérification des types de données au moment de la compilation et évite les vérifications qui doivent être effectuées manuellement avec l'utilisation du type `Object`.
- Elle évite les opérations de conversion, du type `Object` vers un type plus spécifique et inversement, consommatrices de ressources.
- Elle évite l'utilisation de la liaison `tardive`, incontournable avec le type `Object`.
- L'écriture du code est facilitée par l'environnement de développement grâce à IntelliSense.
- Elle favorise l'écriture d'algorithmes indépendants des types de données.

Les types génériques peuvent cependant imposer certaines restrictions concernant le type de donnée utilisé. Ils peuvent, par exemple, imposer que le type utilisé implémente une ou plusieurs interfaces, qu'il soit un type référence ou possède un constructeur par défaut.

Il est important de bien comprendre quelques termes utilisés avec les génériques :

Le type générique

C'est la définition d'une classe, structure, interface ou procédure pour laquelle vous spécifiez au moins un type de données, au moment de sa déclaration.

Le type paramètre

C'est l'emplacement réservé pour le type de données dans la déclaration du type générique.

Le type argument

C'est le type de données qui remplace le type de paramètre, lors de la construction d'un type à partir d'un type générique.

Les contraintes

Ce sont les conditions que vous imposez qui limitent le type argument que vous pouvez fournir.

Le type construit

C'est la classe, interface, structure ou procédure déclarée à partir d'un type générique pour lequel vous avez spécifié des types argument.

1. Les classes génériques

Une classe qui attend un type de paramètre est appelée classe générique. Vous pouvez générer une classe construite en fournissant à la classe générique un type argument pour chacun de ces types paramètre.

a. Définition d'une classe générique

Vous pouvez définir une classe générique qui fournit les mêmes fonctionnalités sur différents types de données. Pour cela, vous devez fournir un ou plusieurs types de paramètre dans la définition de la classe. Prenons l'exemple d'une classe, capable de gérer une liste d'éléments avec les fonctionnalités suivantes :

- Ajouter un élément ;
- Supprimer un élément ;
- Se déplacer sur le premier élément ;
- Se déplacer sur le dernier élément ;
- Se déplacer sur l'élément suivant ;
- Se déplacer sur l'élément précédent ;
- Obtenir le nombre d'éléments.

Nous devons tout d'abord définir la classe comme une classe ordinaire.

```
class ListeGenerique
    {
    }
```

La transformation de cette classe en classe générique s'effectue en ajoutant un type de paramètre immédiatement après le nom de la classe.

```
class ListeGenerique<typeDeDonnee>
{
}
```

Si plusieurs types de paramètres sont nécessaires, il doivent être séparés par des virgules.

Lors de la définition d'une classe générique, vous pouvez appliquer des restrictions aux types paramètres pouvant être utilisés au moment de l'utilisation de la classe générique. Si vous essayez d'instancier cette classe avec un type argument qui enfreint cette restriction une erreur de compilation sera générée. Ces restrictions, également appelées contraintes, sont placées sur le type paramètre de la classe générique. Les contraintes sont spécifiées à l'aide du mot-clé `where`. Six types de contraintes différentes peuvent s'appliquer sur un type paramètre avec bien sûr la possibilité de les combiner.

where typeDeDonnee : struct

Cette contrainte impose que le type paramètre soit un type par valeur et non un type référence. De plus, le type paramètre ne doit pas être un type nullable.

```
public class ListeGenerique<typeDeDonnee>
             where typeDeDonnee:struct
{
...
}
```

```
static ListeGenerique<int> listeEntiers;
static ListeGenerique<Client> listeClients;

public static void main()
{

    listeEntiers = new ListeGenerique<int>(5);
    listeClients = new ListeGenerique<Client>(5);
class Compta.Client

Erreur :
  Le type 'Compta.Client' doit être un type valeur non nullable afin d'être utilisé comme paramètre 'typeDeDonnee' dans le type ou la méthode générique 'testClasses.ListeGenerique<typeDeDonnee>'
```

where typeDeDonnee : class

Cette contrainte impose que le type paramètre soit un type référence : classe, interface, tableau ou délégué.

```
public class ListeGenerique<typeDeDonnee>
             where typeDeDonnee:class
{
...
}
```

```
static ListeGenerique<int> listeEntiers;
static ListeGenerique<Client> listeClients;

public static void main()
{

    listeClients = new ListeGenerique<Client>(5);
    listeEntiers = new ListeGenerique<int>(5);
struct System.Int32
Représente un entier signé 32 bits.

Erreur :
  Le type 'int' doit être un type référence afin d'être utilisé comme paramètre 'typeDeDonnee' dans le type ou la méthode générique 'testClasses.ListeGenerique<typeDeDonnee>'
```

where typeDeDonnee: new()

Cette contrainte impose la présence d'un constructeur public et sans paramètre dans le type paramètre. Si cette contrainte est utilisée conjointement avec d'autres contraintes, elle doit être dans ce cas la dernière de la liste. Les contraintes doivent être séparées par des virgules dans la liste.

```
public class ListeGenerique<typeDeDonnee>
             where typeDeDonnee: class,new()
{
...
}
```

```
listeClients = new ListeGenerique<Client>(5);
```

class Compta.Client

Erreur :
'Compta.Client' doit être un type non abstrait avec un constructeur sans paramètre public afin de l'utiliser comme paramètre 'typeDeDonnee' dans le type ou la méthode générique 'testClasses.ListeGenerique<typeDeDonnee>'

where typeDeDonnee: nom de classe

Cette contrainte exige que le type paramètre soit la classe indiquée ou l'une de ses sous-classes.

```
public class ListeGenerique<typeDeDonnee>
             where typeDeDonnee: Client
{
...
}
```

where typeDeDonnee: interface1,interface2,...

Cette contrainte exige que le type paramètre implémente la ou les interfaces indiquées.

```
public class ListeGenerique<typeDeDonnee>
             where typeDeDonnee: Comparable
{
...
}
```

Dans le code de la classe, chaque membre qui doit être du type du paramètre doit être défini avec le type `typeDeDonnee`, dans notre cas. Voyons maintenant le code complet de la classe.

```
public class ListeGenerique<typeDeDonnee>
{
    // tableau pour stocker les éléments de la liste
    private typeDeDonnee[] liste;
    // pointeur de position dans la liste
```

```
    private int position;
    // pointeur pour l'ajout d'un nouvel element
    private int elementSuivant;
    //nombre d'élémments de la liste
    private int nbElements;
    // dimension de la liste
    private int taille;
    // indique si la liste est pleine
    private bool complet = false;
    // constructeur avec un parametre permettant de dimensionner la liste
    public ListeGenerique(int taille)
    {
        liste = new typeDeDonnee[taille];
       this.taille = taille;
    }
    public void ajout(typeDeDonnee element)
    {
        // on verifie si la liste est complete avant
        // d'ajouter un element
        if (!complet)
        {
            liste[elementSuivant] = element;
            nbElements = nbElements + 1;
            complet = (nbElements == taille);
            // si la liste n'est pas complete on positionne le pointeur
            // pour l'ajout de l'element suivant
            if (!complet)
            {
                elementSuivant = elementSuivant + 1;
            }
        }
     }
    public void supprime(int index)
    {
        int i;
        // on verifie si l'index n'est pas superieur au nombre d'elements
        // si l'index n'est pas inferieur à 0
        if (index >= nbElements || index < 0)
        {
           return;
        }
        // on decale les elements d'une position vers le haut
        for (i = index; i <= nbElements - 2; i++)
        {
            liste[i] = liste[i + 1];
        }
        // on positionne le pointeur pour l'ajout d'un nouvel élément
```

```
        elementSuivant = elementSuivant - 1;
        // on met a jour le nombre d'elements
        nbElements = nbElements - 1;
    }
    public int tailleListe
    {
        get
        {
            return nbElements;
        }
    }
    public typeDeDonnee premier()
    {
        if (nbElements == 0)
        {
            throw new Exception("liste vide");
        }
        // on deplace le pointeur sur le premier element
        position = 0;
        return liste[0];
    }
    public typeDeDonnee dernier()
    {
        if (nbElements == 0)
        {
            throw new Exception("liste vide");
        }
        // on deplace le pointeur sur le dernier element
        position = nbElements - 1;
        return liste[position];
    }
    public typeDeDonnee suivant()
    {
        if (nbElements == 0)
        {
            throw new Exception("liste vide");
        }
        // on verifie si on n'est pas a la fin de la liste
        if (position == nbElements - 1)
        {
            throw new Exception("pas d'element suivant");
        }
        // on deplace le pointeur sur l'element suivant
        position = position + 1;
        return liste[position];
    }
    public typeDeDonnee precedent()
```

```
    {
        if (nbElements == 0)
        {
            throw new Exception("liste vide");
        }
        // on verifie si on n'est pas sur le premier element
        if (position == 0)
        {
            throw new Exception("pas d'element precedent");
        }
        // on se deplace sur l'element precedent
        position = position - 1;
        return liste[position];
    }
}
```

b. Utilisation d'une classe générique

Pour pouvoir utiliser une classe générique, vous devez tout d'abord générer une classe construite en fournissant un type argument pour chacun de ces types paramètre. Vous pouvez alors instancier la classe construite par un des constructeurs disponibles. Nous allons utiliser la classe conçue précédemment pour travailler avec une liste d'entiers.

```
static ListeGenerique<int> liste = new ListeGenerique<int>(5);
```

Cette déclaration permet d'instancier une liste de cinq entiers. Les méthodes de la classe sont alors disponibles.

```
liste.ajout(10);
liste.ajout(11);
liste.ajout(12);
liste.ajout(13);
liste.ajout(14);
liste.ajout(15);
```

Le compilateur vérifie bien sûr que nous utilisons notre classe correctement, notamment en vérifiant les types de données que nous lui confions.

```
liste.ajout("premier");
liste.ajout("deuxieme");
liste.ajout("troisieme");
liste.ajout(Argument '1' : impossible de convertir de 'string' en 'int'
liste.ajout("cinquieme");
```

Voici le code d'une petite application permettant de tester le bon fonctionnement de notre classe générique :

```
static class testGenerique
{
    static ListeGenerique<int> liste = new ListeGenerique<int>(5);
    public static void main()
    {
        liste.ajout(10);
        liste.ajout(11);
        liste.ajout(12);
        liste.ajout(13);
        liste.ajout(14);
        liste.ajout(15);
  /*      liste.ajout("premier");
        liste.ajout("deuxieme");
        liste.ajout("troisieme");
        liste.ajout("quatrieme");
        liste.ajout("cinquieme");*/
        menu();
    }
   public static void menu()
    {
     char choix='\0';
     Console.SetCursorPosition(1, 24);
     Console.WriteLine("p (premier) < (precedent) >(suivant) d (dernier)
f (fin)");
        while (choix != 'f') {
            choix = Console.ReadKey().KeyChar;
            Console.Clear();
            Console.SetCursorPosition(1, 1);
            try
            {
                switch (choix)
                {
                    case 'p':
                        Console.WriteLine("le premier {0}", liste.premier());
                        break;
                    case '<':
                        Console.WriteLine("le precedent {0}", liste.precedent());
                        break;
                    case '>':
                        Console.WriteLine("le suivant {0}", liste.suivant());
                        break;
                    case 'd':
                        Console.WriteLine("le dernier {0}", liste.dernier());
                        break;
                }
            }
            catch (Exception e)
```

```
            {
                Console.ForegroundColor = ConsoleColor.Red;
                Console.WriteLine(e.Message);
                Console.ForegroundColor = ConsoleColor.White;
            }
            Console.SetCursorPosition(1, 24);
            Console.WriteLine("p (premier) < (precedent) >(suivant) d (dernier) 
f (fin)");
        }
      }
}
```

Nous pouvons également vérifier que notre classe fonctionne sans problème si nous lui demandons de travailler avec des chaînes de caractères.

```
static ListeGenerique<String> liste = new ListeGenerique<String>(5);
public static void main()
        {
           liste.ajout("premier");
           liste.ajout("deuxieme");
           liste.ajout("troisieme");
           liste.ajout("quatrieme");
           liste.ajout("cinquieme");
           menu();
        }
```

2. Interfaces génériques

De façon tout à fait similaire à ce que l'on vient de voir concernant les classes génériques, il est également possible de concevoir des interfaces génériques. Elles utilisent les mêmes techniques de conception que les classes génériques.

a. Définition d'une interface générique

La définition d'une interface générique est en tout point similaire avec la déclaration d'une interface normale, hormis le fait que l'on doit spécifier au moins un type paramètre après le nom de l'interface. L'interface Comparable définie précédemment peut donc prendre la forme suivante :

```
interface ComparableGenerique<typeDeDonnees>
    {
        int compare(typeDeDonnees o1);

    }
```

Le type paramètre est bien sûr utilisable dans la signature des méthodes exigées par l'interface.

b. Utilisation d'une interface générique

Comme une interface normale, une interface générique doit être implémentée par une classe. Lors de la déclaration de la classe, le ou les types paramètres doivent être remplacés par un ou des types arguments.

L'utilisation de notre interface générique peut donc prendre la forme suivante :

```
  public  class Client:Personne,ComparableGenerique<Client>
{
...
}
```

Le compilateur exige donc maintenant que la ou les méthodes décrites dans l'interface soient réellement disponibles dans la classe.

```
public  class Client:Personne,ComparableGenerique<Client>
{            'Compta.Client' n'implémente pas le membre d'interface 'testClasses.ComparableGenerique<Compta.Client>.compare(Compta.Client)'
```

Il faut également noter que le compilateur a bien pris en compte le type argument utilisé pour la déclaration de la classe puisqu'il nous réclame la présence d'une fonction nommée `compare` et attend comme paramètre un objet de type Client (le type argument spécifié au moment de la déclaration de la classe).

Le code de la fonction `compare` peut d'ailleurs être énormément simplifié par rapport à celui de la version non générique de la classe, puisqu'il n'y a maintenant plus besoin d'effectuer une opération de transtypage avant d'utiliser le paramètre reçu par la fonction.

```
public int compare(Client c)
{
      return leNom.CompareTo(c.leNom);
}
```

3. Procédures et fonctions génériques

Les procédures ou fonctions génériques sont des méthodes définies avec au moins un type paramètre. Ceci permet au code appelant de spécifier le type de données dont il a besoin à chaque appel de la procédure ou fonction. Une telle méthode peut cependant être utilisée sans indiquer d'information pour le type argument. Dans ce cas, le compilateur essaie de déterminer le type, en fonction des arguments passés à la méthode. Cette solution doit toutefois être utilisée avec précaution, car si le compilateur ne peut pas déterminer le type des arguments, il génère une erreur de compilation.

a. Création d'une procédure ou fonction générique

La déclaration d'une procédure ou fonction générique doit contenir au moins un type paramètre. Ce type paramètre est défini par un identifiant. Cet identifiant est ensuite utilisé dans le reste du code, à chaque fois que vous avez besoin d'utiliser le type paramètre.

Nous allons créer une fonction générique capable de rechercher un élément particulier dans un tableau de n'importe quel type. Cette fonction va utiliser un type paramètre indiquant la nature des éléments présents dans le tableau. Pour pouvoir rechercher un élément dans le tableau, nous devrons le comparer avec ceux présents dans toutes les cases du tableau. Pour s'assurer que cette comparaison sera possible, nous ajoutons une contrainte sur le type paramètre : il doit implémenter l'interface `Icomparable` afin de garantir que la méthode `CompareTo` utilisée dans la fonction soit disponible pour chaque élément du tableau. La déclaration de la fonction prend la forme suivante :

```
public static int rechercheGenerique<typeDonnee>(typeDonnee[] tablo, typeDonnee
elementRecherche) where typeDonnee : IComparable
```

Après avoir vérifié que le tableau contient au moins un élément, nous devons comparer l'élément recherché avec celui présent dans chaque case du tableau. S'il y a égalité, la fonction retourne l'index où l'élément a été trouvé, sinon la fonction retourne `-1`. Pour effectuer la comparaison, nous utiliserons la fonction `CompareTo` de chaque élément du tableau.

```
public static int rechercheGenerique<typeDonnee>(typeDonnee[] tablo, type-
Donnee elementRecherche) where typeDonnee : IComparable
{
   //test si le tableau a plus d'une dimension
   if (tablo.Rank > 1)
   {
       return -1;
   }
   // test si le tableau est vide
   if (tablo.Length == 0)
   {
       return -1;
   }
   for (int i = 0; i <= tablo.GetUpperBound(0); i++)
   {
       if (tablo[i].CompareTo(elementRecherche) == 0)
       {
          return i;
       }
   }
   return -1;
}
```

b. Utilisation d'une procédure ou fonction générique

L'utilisation d'une procédure ou fonction générique est identique à celle d'une procédure ou fonction classique, hormis la nécessité de spécifier un type argument pour le ou les types paramètre.

Le code suivant permet de tester le bon fonctionnement de notre fonction.

```
public static void main()
{
   int[] t = { 12, 45, 85, 47, 62, 95, 81 };
   int resultat;
   resultat = rechercheGenerique<int>(t, 47);
   if (resultat == -1)
   {
      Console.WriteLine("valeur non trouvée");
   }
   else
   {
       Console.WriteLine("valeur trouvée à la position {0}", resultat);
   }
   Console.ReadLine();
   string[] s = { "un", "deux", "trois", "quatre", "cinq" };
  resultat = rechercheGenerique<string>(s, "six");
  if (resultat == -1)
  {
     Console.WriteLine("valeur non trouvée");
  }
  else
  {
     Console.WriteLine("valeur trouvée à la position {0}", resultat);
  }
  Console.ReadLine();
  }
```

4. Délégués génériques

Comme tout autre élément, un délégué peut définir des types paramètres dans sa déclaration. Lors de l'utilisation du délégué, il faut fournir des types arguments pour chacun de ses types paramètres. L'extrait de code ci-dessous déclare un délégué générique.

```
public delegate int comparaison<typeDeDonnees>(typeDeDonnees
p1, typeDeDonnees p2);
```

Ce délégué peut ensuite être utilisé dans la déclaration d'une méthode en fournissant un type argument pour chacun de ses types paramètres.

```
public static void tri(Client[] tablo, comparaison<Client> comparateur)
        {
            Client o;
            for (int i = 0; i < tablo.Length - 1; i++)
            {
```

```
                for (int j = i + 1; j < tablo.Length; j++)
                {
                   if (comparateur.Invoke(tablo[j], tablo[i]) < 0)
                    {
                        o = tablo[j];
                        tablo[j] = tablo[i];
                        tablo[i] = o;
                    }
                }
            }
        }
```

Pour pouvoir appeler cette fonction, il faut maintenant lui fournir comme premier paramètre un tableau de clients et une fonction qui respecte la signature du délégué, en second paramètre.

```
  public static int compareCode(Client c1, Client c2)
        {
            if (c1.code < c2.code)
            {
                return -1;
            }
            if (c1.code > c2.code)
            {
                return 1;
            }
            else
            {
                return 0;
            }
        }
public static comparaison<Client> del = new comparaison<Client>
 (compareCode);

tri(tablo, del);
```

Le compilateur vérifie bien sûr que la signature de la fonction est compatible avec la définition du délégué.

```
public static int compareChaine(String c1, String c2)
{
    return c1.CompareTo(c2);
}


public static comparaison<Client> del = new comparaison<Client>(compareChaine);
                                        Aucune surcharge pour 'compareChaine' ne correspond au délégué 'testClasses.Principale.comparaison<Compta.Client>'
```

5. Variance

En programmation objet, la variance désigne le fait d'utiliser un type d'objets ne correspondant pas exactement à celui attendu. Il y a tout de même une petite restriction puisque le type utilisé et le type attendu doivent faire partie de la même hiérarchie de classe. Le type utilisé peut ainsi être un super type du type attendu ou un sous-type du type attendu. Si le type utilisé est un super type du type attendu (type moins dérivé), on parle dans ce cas de contravariance. Si le type utilisé est un sous-type du type attendu (type plus dérivé), on parle dans ce cas de covariance. Prenons l'exemple d'une classe `Personne` et d'une de ses sous-classes, la classe `Client`. La covariance consiste à utiliser la classe `Client` là où la classe `Personne` est attendue. La contravariance est la démarche inverse puisqu'elle consiste à utiliser la classe `Personne` là où la classe `Client` est attendue. Ces deux mécanismes sont pris en charge par les interfaces génériques et les délégués génériques. Nous allons détailler ci-dessous ces notions.

a. Variance dans les interfaces génériques

Pour illustrer tout cela, nous utiliserons les deux classes définies ci-dessous :

```
public class Personne
    {
        protected string leNom;
        protected string lePrenom;
        protected DateTime laDate_naiss;
        protected string leMotDePasse;
        public static int essai = 10;

        public Personne()
        {
            leNom = "";
            lePrenom = "";
            leMotDePasse = "";
        }

        public Personne(string nom, string prenom, string pwd)
        {
            leNom = nom;
            lePrenom = prenom;
            leMotDePasse = pwd;
        }
        public Personne(string nom, string prenom, DateTime dNaiss)
        {
            leNom = nom;
            lePrenom = prenom;
            laDate_naiss = dNaiss;
        }
```

```
        public string nom
        {
            get
            {
                return leNom;
            }
            set
            {
                leNom = value.ToUpper();
            }
        }
        public string prenom
        {
            get
            {
                return lePrenom;
            }
            set
            {
                lePrenom = value.ToLower(); ;
            }
        }
        public DateTime date_naiss
        {
            get
            {
                return laDate_naiss;
            }
            set
            {
                if (value.Year >= 1900)
                {
                    laDate_naiss = value;
                }
            }
        }
        public int age
        {
            get
            {
                return DateTime.Now.Year - laDate_naiss.Year;
            }
        }
        public string motDePasse
```

```
        {
            set
            {
                leMotDePasse = value;
            }
        }
    }
```

```
  public class Client : Personne
    {
        private int leNumero;

        public int numero
        {
            get
            {
                return leNumero;
            }
            set
            {
                leNumero = value;
            }
        }

    }
```

Contravariance dans les interfaces génériques

Les deux classes définies précédemment sont maintenant complétées par l'interface générique suivante.

```
interface ComparateurGenerique<typeDeDonnees>
    {
        int compare(typeDeDonnees o1, typeDeDonnees o2);
    }
```

Les classes implémentant cette interface devront contenir au moins la méthode `compare`. Nous allons donc maintenant créer deux classes capables de comparer des Personnes ou des Clients en implémentant l'interface `ComparateurGenerique` avec comme type argument la classe `Personne` ou la classe `Client`. La comparaison des personnes se fera sur le nom et la comparaison des clients se fera sur le numéro.

```
public class ComparateurPersonne : ComparateurGenerique<Personne>
    {
        public int compare(Personne p1, Personne p2)
        {
```

```
            return p1.nom.CompareTo(p2.nom);
        }
    }


public class comparateurClient : ComparateurGenerique<Client>
    {
        public int compare(Client p1, Client p2)
        {
            return p1.numero.CompareTo(p2.numero);

        }
    }
```

Notre dernière étape consiste à créer une méthode utilisant notre interface générique comme paramètre. Pour cela, nous ajoutons la fonction suivante vérifiant l'égalité de deux clients en fonction du comparateur qui lui est passé comme premier argument.

```
public static void verifEgalite(ComparateurGenerique<Client>
c,Client c1,Client c2)
{
    if (c.compare(c1, c2) == 0)
    {
           Console.WriteLine("les deux sont identiques");
    }
    else
    {
         Console.WriteLine("les deux sont differents");
    }
}
```

Il nous reste maintenant à tester ceci en créant deux instances de la classe `Client` puis en essayant de les comparer avec comme critère le numéro du client. Pour cela, nous utiliserons une instance de la classe `ComparateurClient`.

```
Client c1, c2;
c1 = new Client();
c1.numero = 10;
c1.nom = "dupond";
c2 = new Client();
c2.numero = 10;
c2.nom = "durand";
verifEgalite(new ComparateurClient(), c1, c2);
```

Notre code fonctionne correctement puisque nous obtenons le message suivant sur la console.

```
les deux clients sont identiques
```

Si maintenant nous souhaitons comparer nos deux clients sur leur nom plutôt que sur leur numéro, nous pouvons utiliser la classe `ComparateurPersonne` puisque la méthode `compare`, définie dans cette classe, attend comme paramètres deux instances de la classe `Personne` ; donc si nous lui fournissons deux instances de la classe `Client`, elle fonctionnera de la même façon : nos instances de la classe `Client` possèdent bien un nom, du fait de la relation d'héritage avec la classe `Personne`. Pourtant, le compilateur n'est pas du même avis que nous et détecte une erreur.

```
        verifEgalite(new comparateurPersonne(), c1, c2);
void TestsVariance.verifEgalite(ComparateurGenerique<Client> c, Client c1, Client c2)

Erreur :
   La méthode surchargée correspondant le mieux à 'testVariances.TestsVariance.verifEgalite(testVariances.ComparateurGenerique<testVariances.Client>, testVariances.Client, testVariances.Client)' possède des arguments non valides
```

En fait, la fonction `verifEgalite` attend comme premier paramètre un délégué capable de travailler avec des Clients ; or, nous lui fournissons uniquement un délégué capable de travailler avec des Personnes. Nous utilisons la classe `Personne` là où la classe `Client` est attendue, nous sommes donc en présence de contravariance. Pour que le compilateur l'accepte, il est indispensable de rajouter le mot-clé `in` dans la déclaration de l'interface générique.

```
interface ComparateurGenerique<in typeDeDonnees>
  {
       int compare(typeDeDonnees o1, typeDeDonnees o2);
  }
```

Cependant, un type peut être déclaré contravariant dans une interface ou dans un délégué générique, uniquement s'il est utilisé comme type d'arguments de méthode. Il ne peut en aucun cas être utilisé comme type de retour d'une méthode.

Si nous modifions notre interface avec l'ajout d'une méthode utilisant le type contravariant comme type de retour, nous obtenons une erreur de compilation.

```
interface ComparateurGenerique<in typeDeDonnees>
    Variance non valide : le paramètre de type 'typeDeDonnees' doit être selon la méthode covariant, valide sur 'testVariances.ComparateurGenerique<typeDeDonnees>.lePlusGrand(typeDeDonnees, typeDeDonnees)'. 'typeDeDonnees' est contravariant.

{
    int compare(typeDeDonnees o1, typeDeDonnees o2);
    typeDeDonnees lePlusGrand(typeDeDonnees o1, typeDeDonnees o2);
}
```

Covariance dans les interfaces génériques

Pour illustrer la covariance dans les interfaces génériques, nous allons créer une nouvelle interface définissant la méthode `creationInstance`. Dans les classes qui implémenteront cette interface, cette méthode devra retourner une instance du type argument utilisé lors de l'implémentation de l'interface.

```
public interface IFabrique<typeDeDonnee>

    {
         typeDeDonnee creationInstance();

    }
```

Cette interface est ensuite implémentée par la classe suivante.

```
   public class Fabrique<typeDeDonnee> : IFabrique<typeDeDonnee>
        where typeDeDonnee : new()
    {
        public  typeDeDonnee creationInstance()
        {
            return new typeDeDonnee();
        }
    }
```

Il faut noter que, dans cette classe, nous avons ajouté une restriction sur le type paramètre pour être certain que la classe utilisée comme type argument dispose bien d'un constructeur par défaut.

Nous pouvons maintenant créer une instance de cette classe et l'utiliser pour produire des instances de la classe `Personne`.

```
  IFabrique<Personne> fPersonne = new Fabrique<Personne>();
  Personne p;
  p=fPersonne.creationInstance();
```

Ce code se compile sans erreur et nous permet bien d'obtenir des instances de la classe `Personne`. Si nous modifions ce code pour créer un objet Fabrique de Client, nous obtenons une erreur de compilation :

```
fPersonne = new Fabrique<Client>();
```

```
            fPersonne = new Fabrique<Client>();
Fabrique<Client>.Fabrique()

Erreur :
   Impossible de convertir implicitement le type 'testVariances.Fabrique<testVariances.Client>' en 'testVariances.IFabrique<testVariances.Personne>'. Une conversion explicite existe (un cast est-il manquant ?)
```

Effectivement, nous essayons d'affecter à une variable de type `IFabrique<Personne>` une instance de `IFabrique<Client>`. Nous sommes en fait en train d'utiliser la covariance en spécifiant un type plus dérivé que celui attendu. Pour que le compilateur accepte cette situation, il faut utiliser le mot-clé `out` dans la déclaration de l'interface générique.

```
  public interface IFabrique<out typeDeDonnee>

    {
```

```
        typeDeDonnee creationInstance();

    }
```

Cette technique comporte cependant une limitation puisque le type déclaré covariant ne peut être utilisé que comme type de retour d'une fonction. S'il est utilisé comme type pour un paramètre de méthode, le compilateur déclenche une erreur.

```
    public interface IFabrique<out typeDeDonnee>
Variance non valide : le paramètre de type 'typeDeDonnee' doit être selon la méthode contravariant, valide sur 'testVariances.IFabrique<typeDeDonnee>.duplicationInstance(typeDeDonnee)'. 'typeDeDonnee' est covariant.

    {
        typeDeDonnee creationInstance();
        typeDeDonnee duplicationInstance(typeDeDonnee modele);

    }
```

b. Variance dans les délégués génériques

Comme les interfaces génériques, les délégués génériques prennent en charge la contravariance et la covariance. Il est donc possible d'utiliser, pour un délégué générique, un type plus dérivé ou un type moins dérivé que celui attendu. Les limitations sont les mêmes que pour les interfaces génériques puisqu'un type moins dérivé ne peut être utilisé que comme paramètre d'un délégué générique et un type plus dérivé que celui attendu ne peut être utilisé que comme type de retour d'une fonction générique.

Contravariance dans les délégués génériques

Pour illustrer la contravariance dans les délégués génériques, nous allons reprendre l'exemple utilisé pour les délégués génériques :

```
public delegate int comparaison<typeDeDonnees>(typeDeDonnees
p1, typeDeDonnees p2);
```

```
public static void tri(Client[] tablo, comparaison<Client> comparateur)
        {
            Client o;
            for (int i = 0; i < tablo.Length - 1; i++)
            {
                for (int j = i + 1; j < tablo.Length; j++)
                {
                    if (comparateur.Invoke(tablo[j], tablo[i]) < 0)
                    {
                        o = tablo[j];
                        tablo[j] = tablo[i];
                        tablo[i] = o;
                    }
                }
            }
        }
```

Pour effectuer notre test, nous ajoutons une fonction respectant la signature du délégué et permettant de réaliser la comparaison de deux Personnes sur le nom de ces personnes.

```
public static int compareNom(Personne p1, Personne p2)
{
       return p1.nom.CompareTo(p2.nom);
}
```

Il nous reste maintenant qu'à utiliser tout ceci pour trier un tableau de Clients :

```
Client[] tab = new Client[5];
tab[0] = new Client("toto2", "prenom2", new DateTime(1956, 12, 23), 2);
tab[1] = new Client("toto1", "prenom1", new DateTime(1956, 12, 23), 1);
tab[2] = new Client("toto5", "prenom5", new DateTime(1956, 12, 23), 5);
tab[3] = new Client("toto3", "prenom3", new DateTime(1956, 12, 23), 3);
tab[4] = new Client("toto4", "prenom4", new DateTime(1956, 12, 23), 4);
comparaison<Personne> CP=compareNom;
tri(tab, CP);
```

Comme nous n'avons pas pris de précaution particulière, lorsque nous appelons la fonction de tri en lui passant comme paramètre une instance de délégué travaillant avec des objets `Personne` alors que celle-ci attend une instance de délégué travaillant avec des Clients, le compilateur génère une erreur.

```
        tri(tab, CP);
(variable locale) Client[] tab

Erreur :
   La méthode surchargée correspondant le mieux à 'testClasses.Principale.tri(Compta.Client[], testClasses.Principale.comparaison<Compta.Client>)' possède des arguments non valides
```

Pour que le compilateur autorise la contravariance, il faut utiliser le mot `in` dans la déclaration du délégué.

```
public delegate int comparaison<in typeDeDonnees>(typeDeDonnees
p1, typeDeDonnees p2);
```

Comme pour les interfaces génériques, un type peut être déclaré contravariant uniquement s'il est utilisé comme type d'arguments de méthode. Il ne peut en aucun cas être utilisé comme type de retour d'une méthode.

Covariance dans les délégués génériques

Pour illustrer le fonctionnement de la covariance dans les délégués génériques, nous allons créer une fonction capable de retourner un tableau rempli avec des instances d'une classe particulière. La création des instances de classe nécessaires pour remplir le tableau sera confiée à un délégué.

Le délégué générique correspondant peut avoir la forme suivante :

```
public delegate typeDeDonnees construction<out typeDeDonnees> ()
where typeDeDonnees: new();
```

La restriction sur le type nous impose d'avoir un constructeur par défaut dans la classe correspondante.

Nous pouvons donc maintenant écrire deux fonctions respectant la signature du délégué.

```
public static Client fabricationClient()
{
     return new Client();
}

public static Personne fabricationPersonne()
{
     return new Personne();
}
```

Il nous reste maintenant à écrire la fonction permettant la création d'un tableau. Cette fonction attend, comme premier paramètre, la taille du tableau et, comme deuxième paramètre, le délégué chargé de créer les instances de classe servant à remplir le tableau. Cette fonction retourne le tableau rempli.

```
public static Personne[] remplirTableau(int taille, construction<Personne> cc)
{
            Personne[] tablo;
            tablo=new Personne[taille];
            for (int i=0;i<taille;i++)
            {
                tablo[i] = cc.Invoke();
            }
            return tablo;
}
```

Nous pouvons donc maintenant utiliser ceci avec les quelques lignes de code ci-dessous.

```
construction<Personne> cp;
cp = fabricationPersonne;
Personne[] tablo=   remplirTableau(5, cp);
```

Le compilateur ne trouve rien à redire concernant ce code.

Si maintenant nous essayons de remplir le tableau non pas avec des instances de la classe `Personne` mais des instances de la classe `Client`. Grâce à la relation d'héritage entre ces deux classes, une case du tableau peut bien sûr être utilisée pour référencer une instance de la classe `Personne`, mais également une instance de n'importe laquelle de ces sous-classes, donc de la classe `Client`.

Nous pouvons donc en toute confiance écrire le code suivant :

```
construction<Client> ccli;
ccli = fabricationClient;
Personne[] tablo=   remplirTableau(5, ccli);
```

Malheureusement, le compilateur découvre la supercherie puisque nous fournissons à notre fonction une instance de délégué qui utilise un type plus dérivé que celui attendu.

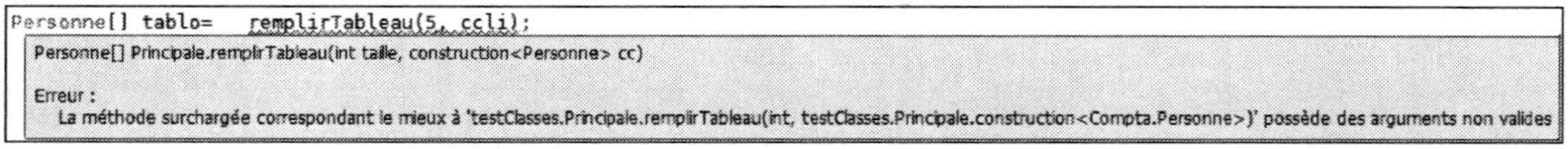

```
Personne[] tablo=   remplirTableau(5, ccli);
Personne[] Principale.remplirTableau(int taille, construction<Personne> cc)

Erreur :
   La méthode surchargée correspondant le mieux à 'testClasses.Principale.remplirTableau(int, testClasses.Principale.construction<Compta.Personne>)' possède des arguments non valides
```

Pour que cette manipulation soit acceptée par le compilateur, il faut obligatoirement l'autoriser en ajoutant le mot-clé `out` dans la déclaration du délégué.

```
public delegate typeDeDonnees construction<out typeDeDonnees> ()
where typeDeDonnees: new();
```

Comme pour la covariance avec les interfaces génériques, une restriction s'applique puisque le type covariant ne peut être utilisé que comme type de retour et non comme type pour un paramètre de méthode.

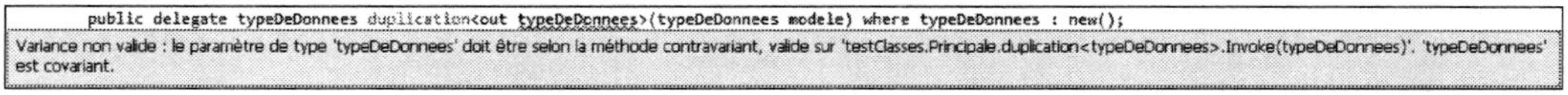

```
public delegate typeDeDonnees duplication<out typeDeDonnees>(typeDeDonnees modele) where typeDeDonnees : new();
Variance non valide : le paramètre de type 'typeDeDonnees' doit être selon la méthode contravariant, valide sur 'testClasses.Principale.duplication<typeDeDonnees>.Invoke(typeDeDonnees)'. 'typeDeDonnees' est covariant.
```

D. Les collections

Les applications ont très fréquemment besoin de manipuler de grandes quantités d'information. De nombreuses structures sont disponibles en Visual C# pour faciliter la gestion de ces informations. Elles sont regroupées sous le terme `collection`. Comme dans la vie courante, il y a différents types de collection. Il peut y avoir des personnes qui récupèrent toute sorte de choses mais qui n'ont pas d'organisation particulière pour les ranger, d'autres qui sont spécialisées dans la collection de certains types d'objets, les maniaques qui prennent toutes les précautions possibles pour pouvoir retrouver à coup sûr un objet...

Il existe dans le Framework .NET des classes correspondant à chacune de ces situations.

1. Les collections prédéfinies

Les différentes classes permettant la gestion de collections sont réparties dans deux espaces de noms :

- System.Collections
- System.Collections.Generic

Le premier contient les classes normales alors que le deuxième contient les classes génériques équivalentes permettant la création de collections fortement typées. Ces collections fortement typées sont spécialisées dans la gestion d'un type précis de données. Bien que ces nombreuses classes fournissent des fonctionnalités différentes, elles ont quand même des points communs, dûs au fait qu'elles implémentent les mêmes interfaces. Par exemple, toutes ces classes sont capables de fournir un objet `enumerator` permettant de parcourir l'ensemble de la collection. C'est cet objet qui est d'ailleurs utilisé par l'instruction `Foreach` de Visual C#.

a. Array

La classe `Array` ne fait pas partie de l'espace de noms `System.Collections` mais elle peut quand même être considérée comme une collection car elle implémente l'interface `Ilist`. Les tableaux créés à partir de la classe `Array` sont de taille fixe. Cette classe contient une multitude de méthodes partagées, permettant l'exécution de nombreuses fonctionnalités sur des tableaux. Deux propriétés sont très utiles pour l'utilisation de la classe `Array` :

- `Length` qui représente le nombre total d'éléments dans le tableau.
- `Rank` qui contient le nombre de dimensions du tableau.

Cette classe est rarement utilisée pour la création d'un tableau car l'on préfère utiliser la syntaxe Visual C# pour cela.

b. ArrayList et List

La classe `ArrayList` ou sa version générique `List` sont des évolutions de la classe `Array`. Elles apportent de nombreuses améliorations par rapport à cette dernière.

- La taille d'un `ArrayList` est dynamique et est automatiquement ajustée en fonction des besoins.
- Elle propose des méthodes permettant l'ajout, l'insertion et la suppression de plusieurs éléments simultanément en une seule opération.

Par contre, sur certains points, la classe `ArrayList` est moins efficace qu'un simple tableau :

- Les `ArrayList` n'ont qu'une seule dimension.
- Un tableau de données d'un type spécifique est plus efficace qu'un `ArrayList` dont les éléments sont gérés en tant qu'Object. L'utilisation de la version générique (`List`) permet d'obtenir des performances équivalentes.

Comme toute classe, un `ArrayList` doit être instancié avant de pouvoir être utilisé. Deux constructeurs sont disponibles. Le premier est le constructeur par défaut et crée un `ArrayList` avec une capacité initiale de zéro. Il sera ensuite dimensionné, automatiquement, lors de l'ajout d'éléments. Cette solution n'est pas conseillée car l'agrandissement de l'`ArrayList` consomme beaucoup de ressources. Si vous avez une estimation du nombre d'éléments à stocker, il est préférable d'utiliser le deuxième constructeur qui attend comme paramètre la capacité initiale de l'`ArrayList`. Ceci évite le dimensionnement automatique lors de l'ajout.

À noter que la taille indiquée n'est pas définitive et l'`ArrayList` pourra contenir plus d'éléments que prévu initialement.

La propriété `Capacity` permet de connaître le nombre d'éléments que l'`ArrayList` peut contenir. La propriété `Count` indique le nombre actuel d'éléments dans l'`ArrayList`. Les méthodes `Add` et `AddRange` ajoutent des éléments à la fin de la liste. Les méthodes `Insert` et `InsertRange` permettent de choisir l'emplacement où va s'effectuer l'ajout. La propriété `Item`, qui est la propriété par défaut de classe, s'utilise pour atteindre un élément à une position donnée. La suppression d'éléments se fait par la méthode `RemoveAt` ou `RemoveRange` ; la première attend comme paramètre l'index de l'élément à supprimer, la deuxième exige en plus le nombre d'éléments à supprimer. La méthode `Clear` est plus radicale et supprime tous les éléments.

Le code suivant illustre le fonctionnement de cette classe :

```
public static void main()
    {
    ArrayList liste;
    Client c;
    liste = new ArrayList();
    Console.WriteLine("capacité initiale de la liste {0}", liste.Capacity);
    Console.WriteLine("nombre d'éléments de la liste {0}", liste.Count);
    Console.WriteLine("ajout d'un client");
    c = new Client("client1", "prenom1", new DateTime(1964,12,23), 1001);
    liste.Add(c);
    Console.WriteLine("capacité de la liste {0}", liste.Capacity);
    Console.WriteLine("nombre d'éléments de la liste {0}", liste.Count);
    Console.WriteLine("ajout de quatre clients");
    c = new Client("client2", "prenom2", new DateTime(1964,12,23), 1002);
    liste.Add(c);
    c = new Client("client3", "prenom3", new DateTime(1964,12,23), 1003);
    liste.Add(c);
    c = new Client("client4", "prenom4", new DateTime(1964, 12, 23), 1004);
    liste.Add(c);
    c = new Client("client5", "prenom5", new DateTime(1964, 12, 23), 1005);
    liste.Add(c);
    Console.WriteLine("capacité de la liste {0}", liste.Capacity);
    Console.WriteLine("nombre d'éléments de la liste {0}", liste.Count);
    Console.WriteLine("affichage de la liste des clients");
    foreach ( Client cl in liste)
    {
        cl.affichage();
        Console.WriteLine();
    }
    Console.WriteLine("effacement des clients 1002, 1003, 1004");
    liste.RemoveRange(1, 3);
    Console.WriteLine("capacité de la liste {0}", liste.Capacity);
```

```
    Console.WriteLine("nombre d'éléments de la liste {0}", liste.Count);
    Console.WriteLine("affichage de la liste des clients");
    foreach ( Client cl in liste)
    {
        cl.affichage();
        Console.WriteLine();
    }
    Console.WriteLine("affichage du deuxième client de la liste");
    ((Client)liste[1]).affichage();
    Console.WriteLine();
    Console.WriteLine("effacement de tous les clients");
    liste.Clear();
    Console.WriteLine("capacité de la liste {0}", liste.Capacity);
    Console.WriteLine("nombre d'éléments de la liste {0}", liste.Count);
    Console.ReadLine();
    }
    }
```

Il affiche le résultat suivant :

```
capacité initiale de la liste 0
nombre d'éléments de la liste 0
ajout d'un client
capacité de la liste 4
nombre d'éléments de la liste 1
ajout de quatre clients
capacité de la liste 8
nombre d'éléments de la liste 5
affichage de la liste des clients
Mr client1 prenom1 né le 23/12/1964 00:00:00
Code client : 1001
Mr client2 prenom2 né le 23/12/1964 00:00:00
Code client : 1002
Mr client3 prenom3 né le 23/12/1964 00:00:00
Code client : 1003
Mr client4 prenom4 né le 23/12/1964 00:00:00
Code client : 1004
Mr client5 prenom5 né le 23/12/1964 00:00:00
Code client : 1005
effacement des clients 1002, 1003, 1004
capacité de la liste 8
nombre d'éléments de la liste 2
affichage de la liste des clients
Mr client1 prenom1 né le 23/12/1964 00:00:00
Code client : 1001
```

```
Mr client5 prenom5 né le 23/12/1964 00:00:00
Code client : 1005
affichage du deuxième client de la liste
Mr client5 prenom5 né le 23/12/1964 00:00:00
Code client : 1005
effacement de tous les clients
capacité de la liste 8
nombre d'éléments de la liste 0
```

La capacité de la liste ne diminue pas lors de la suppression d'un élément, même lorsque la liste est vide.

c. Hashtable et Dictionary

Une `Hashtable` ou sa version générique `Dictionary` enregistre les informations sous forme de couple clés valeur. La `Hashtable` est constituée en interne de compartiments contenant les éléments de la collection. Pour chaque élément de la collection, un code est généré par une fonction de hachage, basée sur la clé de chaque élément. Le code est ensuite utilisé pour identifier le compartiment dans lequel est stocké l'élément. Lors de la recherche d'un élément dans la collection, l'opération inverse est effectuée. Le code de hachage est généré à partir de la clé de l'élément recherché. Cette clé sert ensuite à identifier le compartiment dans lequel se trouve l'élément recherché. Pour qu'une `Hashtable` puisse stocker un objet, celui-ci doit être capable de fournir son propre code de hachage.

d. Queue

Ce type de collection est utilisé lorsque vous avez besoin d'un espace de stockage temporaire. Lorsqu'un élément est récupéré à partir de la collection, il est en même temps supprimer de la collection.

Les collections de type `Queue` sont adaptées, si vous avez besoin d'accéder aux informations dans le même ordre que celui dans lequel elles ont été stockées dans la collection. Ce type de gestion est parfois appelé First In - First Out (FiFo). Les trois principales opérations disponibles sont :

- `Enqueue` pour ajouter un élément à la fin de la queue,
- `Dequeue` pour obtenir l'élément le plus ancien de la queue et le supprimer,
- `Peek` pour obtenir l'élément le plus ancien sans le supprimer de la queue.

L'exemple suivant illustre l'utilisation de ces trois méthodes.

```
public static void main()
{
 Queue<Client> q;
   q = new Queue<Client>();
   Client c;
   c = new Client("client1", "prenom1", new DateTime(1964, 12, 23), 1001);
   Console.WriteLine("arrivée du premier client:{0}", c.nom);
```

```
    q.Enqueue(c);
    c = new Client("client2", "prenom2", new DateTime(1964, 12, 23), 1002);
    Console.WriteLine("arrivée du deuxième client:{0}", c.nom);
    q.Enqueue(c);
    c = new Client("client3", "prenom3", new DateTime(1964, 12, 23), 1003);
    Console.WriteLine("arrivée du troisième client:{0}", c.nom);
    q.Enqueue(c);
    Console.WriteLine("départ du premier client:{0}", q.Dequeue().nom);
    Console.WriteLine("il reste {0} clients", q.Count);
    Console.WriteLine("départ du deuxième client:{0}", q.Dequeue().nom);
    Console.WriteLine("il reste {0} client", q.Count);
    Console.WriteLine("le troisième client s'incruste:{0}", q.Peek().nom);
    Console.WriteLine("il reste {0} client", q.Count);
    Console.WriteLine("départ du troisième client:{0}", q.Dequeue().nom);
    Console.WriteLine("il reste {0} client", q.Count);
    Console.ReadLine();
}
```

e. Stack

Les collections de ce type utilisent le même principe que les `Queue` : lorsqu'un élément est récupéré de la collection, il en est supprimé. La seule distinction par rapport à la classe `Queue` est l'ordre dans lequel les éléments sont récupérés. Ce type de collection utilise la technique `last in - first out` (lifo). L'exemple classique de ce type de gestion est la pile d'assiettes de votre cuisine. Après avoir fait la vaisselle, vous empilez les assiettes sur une étagère. Le lendemain lorsque vous mettez le couvert, la première assiette disponible est la dernière, rangée la veille.

Les trois principales opérations disponibles sont :

- `Push` pour ajouter un élément au sommet de la pile ;
- `Pop` pour obtenir l'élément au sommet de la pile et le supprimer ;
- `Peek` pour obtenir l'élément au sommet de la pile sans le supprimer de la pile.

2. Choisir un type de collection

Voici quelques conseils pour choisir le type de collection adapté à vos besoins.

- Vous avez besoin d'accéder aux éléments de la collection par un index : utilisez une `ArrayList`.
- L'accès aux éléments doit s'effectuer dans l'ordre de l'ajout dans la collection ou dans l'ordre inverse : utilisez une `Queue` ou une `Stack`.
- Vous avez besoin de trier les éléments dans un ordre différent de celui dans lequel ils sont ajoutés à la collection : utilisez une `ArrayList` ou une `Hashtable`.
- Les éléments à stocker dans la liste sont des couples clé-élément : utilisez une `Hashtable`.

Chapitre 6 : Gestion des erreurs et débogage du code

A. Les différents types d'erreurs 236
B. Traitement des exceptions 239
C. Les outils de débogage 244
D. Autres techniques de débogage 259

A. Les différents types d'erreurs

Pour un développeur, les erreurs sont une des principales sources de stress. En fait, nous pouvons classer ces erreurs en trois catégories. Regardons chacune d'entre elles et les solutions disponibles pour les traiter.

1. Les erreurs de syntaxe

Ce type d'erreur se produit au moment de la compilation, lorsqu'un mot-clé du langage est mal orthographié. Très fréquentes avec les premiers outils de développement où l'éditeur de code et le compilateur étaient deux entités séparées, elles deviennent de plus en plus rares avec les environnements tels que Visual Studio. La plupart de ces environnements proposent une analyse syntaxique au fur et à mesure de la saisie du code. De ce point de vue, Visual Studio propose de nombreuses fonctionnalités nous permettant d'éliminer ces erreurs.

Il surveille par exemple qu'à chaque parenthèse ouvrante correspond une parenthèse fermante.

```
if(choix=1
{           ) attendue
    Console.BackgroundColor=ConsoleColor.Yellow;
}
```

D'autre part les "fautes d'orthographe" dans les noms de propriétés ou de méthodes sont facilement éliminées grâce aux fonctionnalités `IntelliSense`. `IntelliSense` prend en charge les fonctionnalités suivantes :

- L'affichage automatique de la liste des membres disponibles :

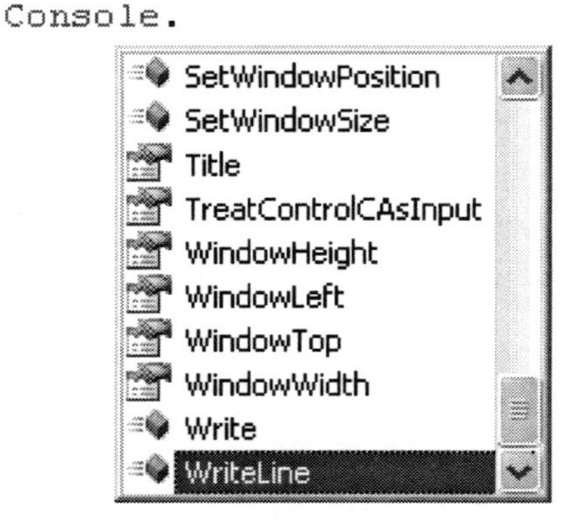

- L'affichage de la liste des paramètres à fournir pour l'appel d'une procédure ou fonction :

```
Console.WriteLine(
▲ 11 sur 19 ▼ void Console.WriteLine(string value)
              Écrit dans le flux de sortie standard la valeur de chaîne spécifiée, suivie du terminateur de la ligne active.
              value: Valeur à écrire.
```

Si plusieurs surcharges sont disponibles, `IntelliSense` affiche leur nombre et vous permet de les parcourir en utilisant les flèches haut et bas du clavier.

- L'affichage d'informations ponctuelles sur membres d'une classe :

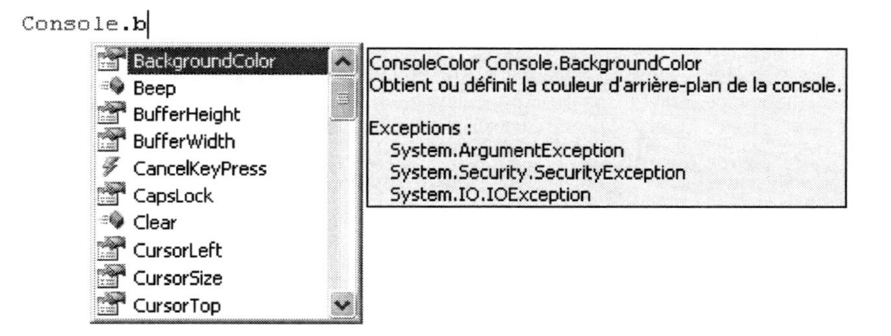

- Le complément automatique de mots : commencez à saisir un début de mot puis utilisez la combinaison de touches [Ctrl] [Espace] pour afficher tout ce que vous pouvez utiliser comme mot, à cet emplacement, commençant par les caractères déjà saisis. S'il n'y a qu'une seule possibilité, le mot est ajouté automatiquement, sinon sélectionnez-le dans la liste et validez avec la touche [Tab].
- L'affichage de la liste des valeurs possibles pour une propriété de type énumération.

```
Console.BackgroundColor=ConsoleColor.
    DarkGreen
    DarkMagenta
    DarkRed
    DarkYellow
    Gray
    Green
    Magenta
    Red
    White
    Yellow      ConsoleColor ConsoleColor.Yellow
                Jaune
```

Avec toutes ces fonctionnalités, il est pratiquement impossible de générer des fautes de syntaxe dans le code.

2. Les erreurs d'exécution

Ces erreurs apparaissent après la compilation, lorsque vous lancez l'exécution de votre application. La syntaxe du code est correcte mais l'environnement de votre application ne permet pas l'exécution d'une instruction utilisée dans votre application. C'est, par exemple, le cas si vous essayez d'ouvrir un fichier qui n'existe pas sur le disque de votre machine. Vous obtiendrez sûrement une boîte de dialogue de ce type.

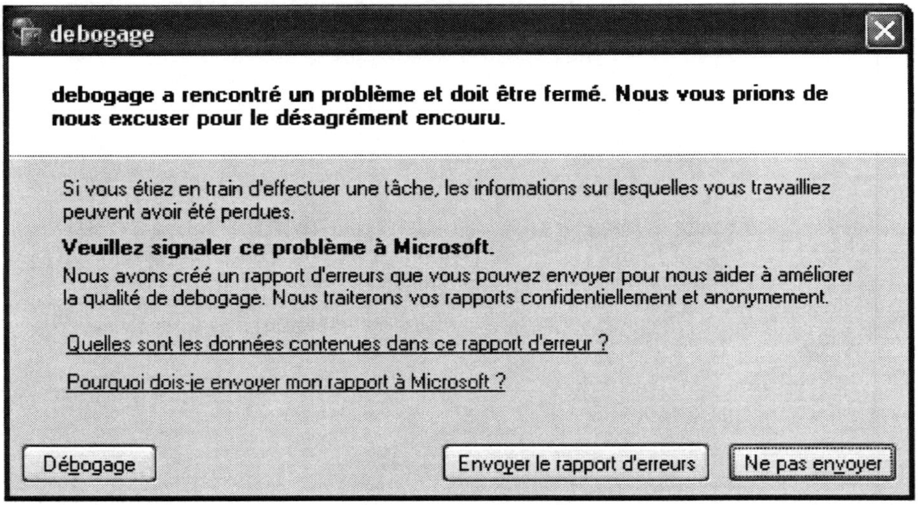

Ce type de boîte de dialogue n'est pas très sympathique pour l'utilisateur !

Heureusement, Visual C# permet la récupération de ce type d'erreur et évite ainsi l'affichage de cette inquiétante boîte de dialogue.

Nous détaillerons cela un peu plus loin dans ce chapitre.

Les erreurs de logique

Les pires ennemis des développeurs. Tout se compile sans problème, tout s'exécute sans problème et pourtant "ça ne marche pas" !!!

Il convient, dans ce cas, de revoir la logique de fonctionnement de l'application. Les outils de débogage nous permettent de suivre le déroulement de l'application, de placer des points d'arrêt, de visualiser le contenu des variables, etc.

B. Traitement des exceptions

1. Récupération d'exceptions

La gestion des exceptions donne la possibilité de protéger un bloc de code contre les erreurs d'exécution qui pourraient s'y produire. Le code dangereux doit être placé dans un bloc `try`. Si une exception est déclenchée dans ce bloc de code, Visual C# regarde les instructions `catch` qui suivent. S'il en existe une capable de traiter l'exception, le code correspondant est exécuté, sinon la même exception peut être déclenchée pour éventuellement être récupérée par un bloc `try`, de plus haut niveau. Une instruction `finally` permet de marquer un groupe d'instructions, exécutées avant la sortie du bloc `try`, qu'une erreur se soit produite ou non.

La syntaxe générale est donc la suivante :

```
try
{
    ...
    Instructions dangereuses
    ...
}
catch (Exception1 e1)
{
    ...
    Code exécuté si une exception de type Exception1 se produit
    ...
}
catch (Exception2 e2)
{
    ...
    Code exécuté si une exception de type Exception2 se produit
    ...
}
finally
{
    Code exécuté dans tous les cas avant la sortie du bloc try
}
```

Cette structure a un fonctionnement très similaire au `switch` déjà étudié. Chaque type d'erreur est associé à une classe d'exception et lorsque cette erreur se produit, une instance de la classe `Exception` correspondante est créée. Nous pourrons donc déterminer, pour chaque instruction `catch`, quel type d'exception elle doit traiter.

La classe de base est la classe `Exception` à partir de laquelle est créée une multitude de sous-classes spécialisées chacune pour un type d'erreur particulier. Voici la liste des classes dérivant directement de la classe `Exception`.

```
Microsoft.Build.BuildEngine..::.InternalLoggerException
    Microsoft.Build.BuildEngine..::.InvalidProjectFileException
    Microsoft.Build.BuildEngine..::.InvalidToolsetDefinitionException
    Microsoft.Build.BuildEngine..::.RemoteErrorException
    Microsoft.Build.Exceptions..::.BuildAbortedException
    Microsoft.Build.Exceptions..::.InternalLoggerException
    Microsoft.Build.Exceptions..::.InvalidProjectFileException
    Microsoft.Build.Exceptions..::.InvalidToolsetDefinitionException
    Microsoft.Build.Framework..::.LoggerException
    Microsoft.CSharp.RuntimeBinder..::.RuntimeBinderException
    Microsoft.CSharp.RuntimeBinder..::.RuntimeBinderInternalCompilerException
    Microsoft.JScript..::.CmdLineException
    Microsoft.JScript..::.ParserException
    Microsoft.VisualBasic.ApplicationServices..::.CantStartSingleInstanceException
    Microsoft.VisualBasic.ApplicationServices..::.NoStartupFormException
    Microsoft.VisualBasic.Compatibility.VB6..::.WebClassContainingClassNotOptional
    Microsoft.VisualBasic.Compatibility.VB6..::.WebClassCouldNotFindEvent
    Microsoft.VisualBasic.Compatibility.VB6..::.WebClassNextItemCannotBeCurrentWebItem
    Microsoft.VisualBasic.Compatibility.VB6..::.WebClassNextItemRespondNotFound
    Microsoft.VisualBasic.Compatibility.VB6..::.WebClassUserWebClassNameNotOptional
    Microsoft.VisualBasic.Compatibility.VB6..::.WebClassWebClassFileNameNotOptional
    Microsoft.VisualBasic.Compatibility.VB6..::.WebClassWebItemNotValid
    Microsoft.VisualBasic.Compatibility.VB6..::.WebItemAssociatedWebClassNotOptional
    Microsoft.VisualBasic.Compatibility.VB6..::.WebItemClosingTagNotFound
    Microsoft.VisualBasic.Compatibility.VB6..::.WebItemCouldNotLoadEmbeddedResource
    Microsoft.VisualBasic.Compatibility.VB6..::.WebItemCouldNotLoadTemplateFile
    Microsoft.VisualBasic.Compatibility.VB6..::.WebItemNameNotOptional
    Microsoft.VisualBasic.Compatibility.VB6..::.WebItemNoTemplateSpecified
    Microsoft.VisualBasic.Compatibility.VB6..::.WebItemTooManyNestedTags
    Microsoft.VisualBasic.Compatibility.VB6..::.WebItemUnexpectedErrorReadingTemplateFile
    Microsoft.VisualBasic.CompilerServices..::.IncompleteInitialization
    Microsoft.VisualBasic.CompilerServices..::.InternalErrorException
    Microsoft.VisualBasic.FileIO..::.MalformedLineException
    System.Activities.ExpressionParser..::.SourceExpressionException
    System.Activities.Expressions..::.LambdaSerializationException
    System.Activities..::.InvalidWorkflowException
    System.Activities.Presentation.Metadata..::.AttributeTableValidationException
    System.Activities.Statements..::.WorkflowTerminatedException
    System.Activities..::.WorkflowApplicationException
    System.AddIn.Hosting..::.AddInSegmentDirectoryNotFoundException
    System.AddIn.Hosting..::.InvalidPipelineStoreException
    System..::.AggregateException
    System..::.ApplicationException
    System.ComponentModel.Composition..::.CompositionContractMismatchException
    System.ComponentModel.Composition..::.CompositionException
    System.ComponentModel.Composition..::.ImportCardinalityMismatchException
    System.ComponentModel.Composition.Primitives..::.ComposablePartException
    System.ComponentModel.DataAnnotations..::.ValidationException
    System.ComponentModel.Design..::.ExceptionCollection
    System.Configuration.Provider..::.ProviderException
    System.Configuration..::.SettingsPropertyIsReadOnlyException
    System.Configuration..::.SettingsPropertyNotFoundException
    System.Configuration..::.SettingsPropertyWrongTypeException
    System.Data.Linq..::.ChangeConflictException
```

```
System.Diagnostics.Eventing.Reader..::.EventLogException
System.DirectoryServices.ActiveDirectory..::.ActiveDirectoryObjectExistsException
System.DirectoryServices.ActiveDirectory..::.ActiveDirectoryObjectNotFoundException
System.DirectoryServices.ActiveDirectory..::.ActiveDirectoryOperationException
System.DirectoryServices.ActiveDirectory..::.ActiveDirectoryServerDownException
System.DirectoryServices.Protocols..::.DirectoryException
System.IdentityModel.Selectors..::.CardSpaceException
System.IdentityModel.Selectors..::.IdentityValidationException
System.IdentityModel.Selectors..::.PolicyValidationException
System.IdentityModel.Selectors..::.ServiceBusyException
System.IdentityModel.Selectors..::.ServiceNotStartedException
System.IdentityModel.Selectors..::.StsCommunicationException
System.IdentityModel.Selectors..::.UnsupportedPolicyOptionsException
System.IdentityModel.Selectors..::.UntrustedRecipientException
System.IdentityModel.Selectors..::.UserCancellationException
System..::.InvalidTimeZoneException
System.IO.IsolatedStorage..::.IsolatedStorageException
System.IO.Log..::.SequenceFullException
System.Management.Instrumentation..::.InstrumentationBaseException
System.Management.Instrumentation..::.WmiProviderInstallationException
System.Net.Mail..::.SmtpException
System.Net.PeerToPeer..::.PeerToPeerException
System.Runtime.CompilerServices..::.RuntimeWrappedException
System.Runtime.DurableInstancing..::.InstancePersistenceException
System.Runtime.Remoting.MetadataServices..::.SUDSGeneratorException
System.Runtime.Remoting.MetadataServices..::.SUDSParserException
System.Runtime.Serialization..::.InvalidDataContractException
System.Security.RightsManagement..::.RightsManagementException
System.ServiceModel.Channels..::.InvalidChannelBindingException
System..::.SystemException
System.Threading..::.BarrierPostPhaseException
System.Threading..::.LockRecursionException
System.Threading.Tasks..::.TaskSchedulerException
System..::.TimeZoneNotFoundException
System.Web.Query.Dynamic..::.ParseException
System.Web.Security..::.MembershipCreateUserException
System.Web.Security..::.MembershipPasswordException
System.Web.UI..::.ViewStateException
System.Web.UI.WebControls..::.EntityDataSourceValidationException
System.Web.UI.WebControls..::.LinqDataSourceValidationException
System.Windows.Automation..::.NoClickablePointException
System.Windows.Automation..::.ProxyAssemblyNotLoadedException
System.Windows.Controls..::.PrintDialogException
System.Windows.Forms..::.AxHost..::.InvalidActiveXStateException
System.Windows.Xps..::.XpsException
System.Windows.Xps..::.XpsWriterException
System.Workflow.Activities.Rules..::.RuleException
System.Workflow.ComponentModel.Compiler..::.WorkflowValidationFailedException
System.Workflow.ComponentModel.Serialization..::.WorkflowMarkupSerializationException
System.Workflow.ComponentModel..::.WorkflowTerminatedException
System.Workflow.Runtime..::.WorkflowOwnershipException
System.Xaml..::.XamlException
```

Cette liste ne présente que le premier niveau de la hiérarchie. Chacune de ces classes a elle aussi de nombreux descendants.

Ces différentes classes sont utilisées pour indiquer dans chaque instruction `catch` le type d'exception qu'elle doit gérer.

```
public static void ouvertureFichier()
{
    try
    {
        fichier = new FileStream("a:\\data.txt", FileMode.Open);
    }
    catch (IOException e)
    {
        Console.WriteLine("erreur d'ouverture de fichier");
    }
    finally
    {
        Console.WriteLine("fin de la procedure d'ouverture de fichier");
    }
}
```

Si, parmi tous les `catch`, aucun ne correspond à l'exception générée, l'exception est propagée dans le code des procédures ou fonctions appelantes, à la recherche d'une instruction `catch` capable de prendre en compte cette exception. Si aucun bloc n'est trouvé, une erreur d'exécution est déclenchée.

Si le paramètre indiqué à l'instruction `catch` est une classe "d'exception générale", cette instruction `catch` sera capable de capturer toutes les exceptions créées à partir de cette classe ou de ces sous-classes. Le code suivant nous permet donc de capturer toutes les exceptions.

```
public static void ouvertureFichier()
{
 try
 {
     fichier = new FileStream("a:\\data.txt", FileMode.Open);
 }
 catch (Exception e)
 {
   Console.WriteLine("erreur d'ouverture de fichier");
 }
 finally
 {
    Console.WriteLine("fin de la procedure d'ouverture de fichier");
 }
}
```

Les différentes classes disposent des propriétés suivantes, nous permettant d'avoir plus d'informations sur l'origine de l'exception.

`Message`
: Chaîne de caractères associée à l'exception.

`Source`
: Nom de l'application qui a déclenché l'exception.

`StackTrace`
: Liste de toutes les méthodes par lesquelles l'application est passée avant le déclenchement de l'erreur.

`TargetSite`
: Nom de la méthode ayant déclenché l'exception.

`InnerException`
: Obtient l'exception originale, si deux exceptions sont déclenchées en cascade.

a. Création et déclenchement d'exceptions

Les exceptions sont avant tout des classes, il est donc possible de créer nos propres exceptions en héritant d'une des nombreuses classes d'exception déjà disponibles. Pour respecter les conventions du Framework .Net, il est conseillé de conserver le terme `Exception` dans le nom de la classe. Nous pouvons par exemple écrire le code suivant :

```
class CaMarchePasException:Exception
{
  public CaMarchePasException(): base()
  {
  }
  public CaMarchePasException(String message): base( message)
  {
  }
  public CaMarchePasException(String message,Exception inner):
base( message, inner)
  {
  }
}
```

Cette classe peut ensuite être utilisée pour le déclenchement d'une exception personnalisée. Le code suivant déclenche une exception personnalisée dans un bloc `catch`.

```
catch (Exception e)
{
    throw new CaMarchePasException("erreur dans l'application", e);
}
```

C. Les outils de débogage

Dans le chapitre consacré à la gestion des erreurs, nous avons vu que les erreurs de logique sont les plus difficiles à éliminer d'une application. Heureusement, Visual Studio.NET nous propose de nombreux outils de débogage à la fois performants et simples à utiliser. Ils permettent notamment de contrôler le déroulement de l'exécution de l'application (en plaçant des points d'arrêt et en faisant exécuter les instructions une par une), de visualiser et de modifier le contenu des variables, de visualiser le contenu de la mémoire à un emplacement particulier, de vérifier la liste de toutes les fonctions utilisées, etc. Ces différents outils sont accessibles par la barre d'outils **Déboguer**.

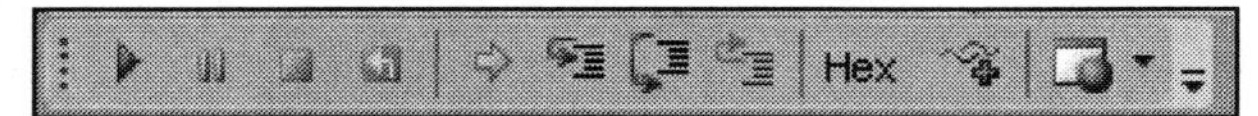

Le menu **Déboguer** fournit également l'accès à de nombreux outils :

Déboguer

Fenêtres ▸	
Continuer	F5
Interrompre tout	Ctrl+Alt+Break
Arrêter le débogage	Maj+F5
Détacher tout	
Tout arrêter	
Redémarrer	Ctrl+Maj+F5
Attacher au processus...	
Exceptions...	Ctrl+Alt+E
Pas à pas détaillé	F11
Pas à pas principal	F10
Pas à pas sortant	Maj+F11
Espion express...	Maj+F9
Basculer le point d'arrêt	F9
Nouveau point d'arrêt ▸	
Supprimer tous les points d'arrêt	Ctrl+Maj+F9
Désactiver tous les points d'arrêt	
Effacer tous les DataTips	
Exporter les DataTips...	
Importer les DataTips...	
Enregistrer le dump sous...	
Options et paramètres...	

Fenêtres	
Points d'arrêt	Ctrl+Alt+B
Sortie	
Tâches parallèles	Ctrl+Maj+D, K
Piles parallèles	Ctrl+Maj+D, S
Espion ▸	
Automatique	Ctrl+Alt+V, A
Variables locales	Ctrl+Alt+V, L
Immédiat	Ctrl+Alt+I
Pile des appels	Ctrl+Alt+C
Threads	Ctrl+Alt+H
Modules	Ctrl+Alt+U
Processus	Ctrl+Alt+Z
Mémoire ▸	
Code Machine	Ctrl+Alt+D
Registres	Ctrl+Alt+G

En fonction de la configuration de l'environnement de Visual Studio, certains outils ne seront peut-être pas disponibles. Vous pouvez reconfigurer Visual Studio pour intégrer ces outils supplémentaires par le menu **Outils - Importation et exportation de paramètres**. Les différentes boîtes de dialogue vous proposent de sauvegarder votre environnement actuel avant de le modifier, puis de choisir un environnement type à importer.

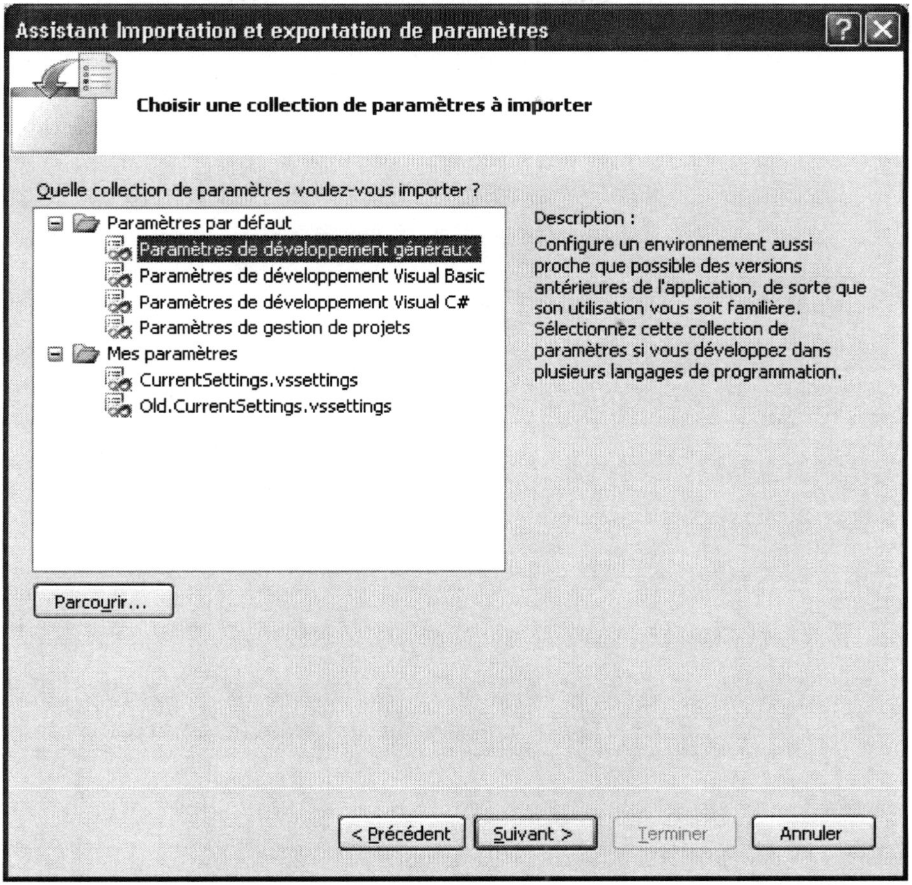

Parmi les configurations disponibles, c'est la configuration **Paramètres de développement généraux** qui propose le plus de fonctionnalités.

Pour les explications suivantes de ce chapitre, nous allons considérer que c'est cette configuration qui est utilisée dans Visual Studio.

1. Contrôle de l'exécution

a. Démarrage de la solution

Un projet dans Visual Studio peut être dans trois états distincts :

- en conception
- en exécution
- en mode arrêt (l'exécution a été interrompue).

Le lancement de l'exécution peut s'effectuer par la barre d'outils ou par le raccourci-clavier [F5] ou [Ctrl] [F5]. Si, c'est cette dernière solution qui est utilisée, l'application est lancée en mode normal et aucun outil de débogage n'est disponible.

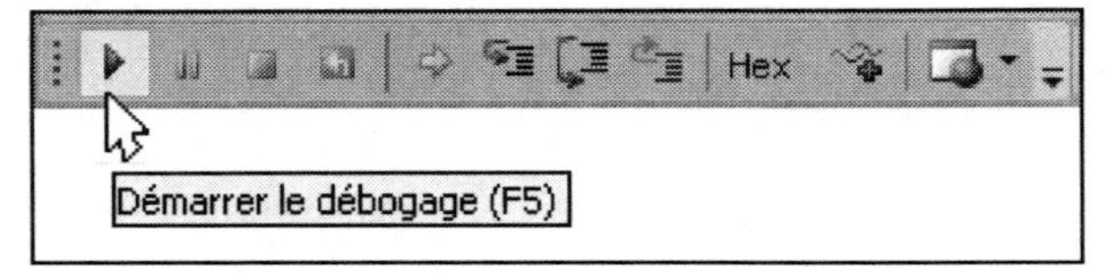

Si la solution contient plusieurs projets, l'un d'entre eux doit être configuré comme projet de démarrage pour la solution. Ce projet doit également avoir un objet de démarrage configuré, c'est par son exécution que va débuter l'application.

b. Arrêter la solution

L'arrêt de l'application peut s'effectuer en fermant toutes les fenêtres ; pour une application Windows, dès que la dernière fenêtre est fermée, l'application s'arrête ou par la combinaison de touches [Ctrl] **c** pour une application console. La barre d'outils ou le raccourci-clavier [Ctrl] [Alt] [Pause] permettent aussi d'arrêter l'application.

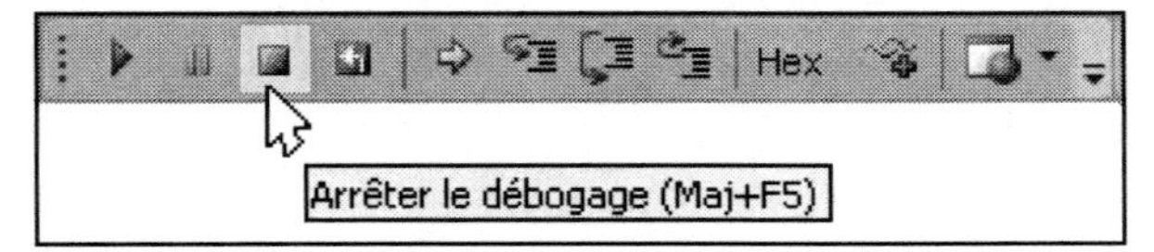

c. Interrompre la solution

L'interruption de l'exécution s'effectue avec la combinaison de touches [Ctrl][Alt][Pause] ou par la barre d'outils :

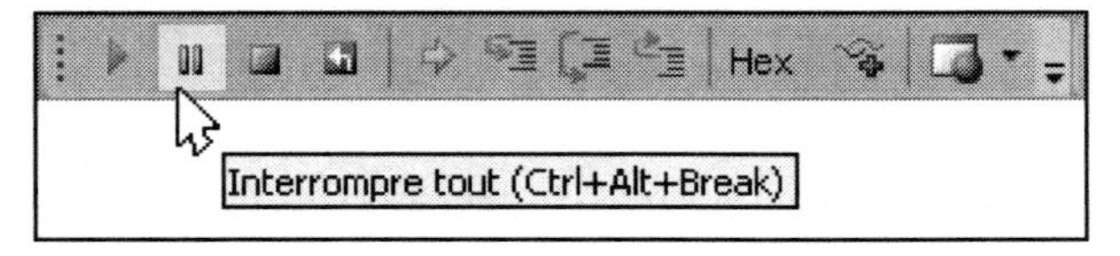

L'interruption se produit sur l'instruction suivant celle en cours d'exécution au moment de la demande d'arrêt. La fenêtre de code devient à nouveau visible avec un repère en face de la ligne où l'exécution s'est interrompue.

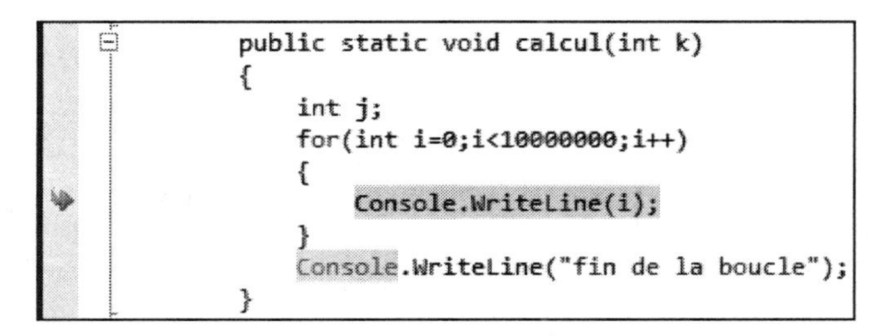

```
public static void calcul(int k)
{
    int j;
    for(int i=0;i<10000000;i++)
    {
        Console.WriteLine(i);
    }
    Console.WriteLine("fin de la boucle");
}
```

Cette méthode n'est pas très pratique car il faut avoir beaucoup de chance pour interrompre l'exécution à un endroit précis. Nous verrons un peu plus loin que les points d'arrêts sont une bien meilleure solution pour interrompre l'exécution du code.

d. Poursuivre l'exécution

Une fois en mode arrêt, nous avons de nombreuses possibilités pour continuer l'exécution de l'application.

La première possibilité permet de reprendre l'exécution normale de l'application en utilisant la même technique que pour le démarrage du programme (barre d'outils ou raccourci-clavier [F5]). Cependant une technique plus courante lors d'un débogage est l'exécution en pas à pas.

Trois solutions sont disponibles :

- Pas à pas détaillé ([F11])
- Pas à pas principal ([F10])
- Pas à pas sortant ([Shift] [F11])

Le Pas à pas détaillé et le Pas à pas principal diffèrent simplement par leur façon de gérer les appels de procédures et fonctions. Si nous sommes en mode arrêt sur une ligne de code contenant un appel à une procédure ou une fonction, le mode Pas à pas détaillé va permettre de rentrer dans le code de la fonction puis de lancer l'exécution de son code ligne par ligne. Le mode Pas à pas principal exécutera la procédure ou la fonction en une seule fois sans que vous puissiez voir ce qui se passe à l'intérieur de la procédure ou fonction.

Le Pas à pas sortant permet l'exécution du code jusqu'à la fin d'une procédure ou fonction, sans décomposer ligne par ligne, puis repasse en mode arrêt sur la ligne suivant l'appel de la fonction.

Une dernière solution nous permet facilement d'exécuter un bloc de code puis de s'arrêter sur une ligne spécifique. Pour cela, un menu contextuel sur la fenêtre de code nous offre la possibilité de relancer l'exécution jusqu'à l'emplacement du curseur, sans s'arrêter sur toutes les instructions entre la ligne actuelle et la position du curseur (très utile pour exécuter rapidement toutes les itérations d'une boucle).

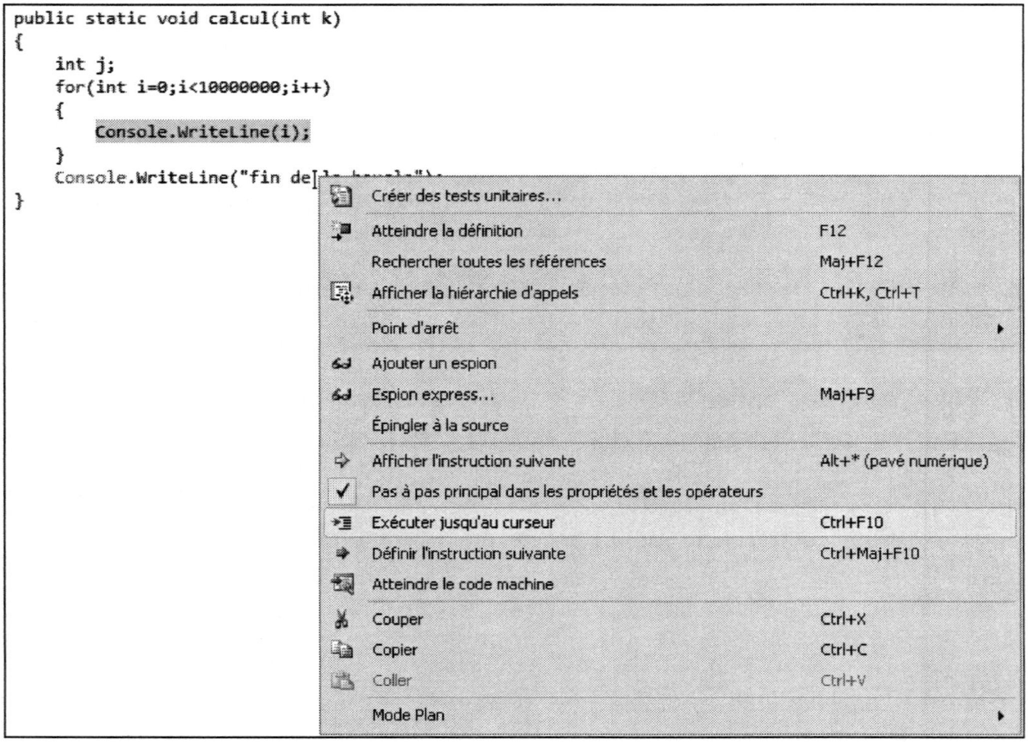

```
public static void calcul(int k)
{
    int j;
    for(int i=0;i<10000000;i++)
    {
        Console.WriteLine(i);
    }
    Console.WriteLine("fin de
}
```

Créer des tests unitaires...	
Atteindre la définition	F12
Rechercher toutes les références	Maj+F12
Afficher la hiérarchie d'appels	Ctrl+K, Ctrl+T
Point d'arrêt	▸
Ajouter un espion	
Espion express...	Maj+F9
Épingler à la source	
Afficher l'instruction suivante	Alt+* (pavé numérique)
Pas à pas principal dans les propriétés et les opérateurs	
Exécuter jusqu'au curseur	Ctrl+F10
Définir l'instruction suivante	Ctrl+Maj+F10
Atteindre le code machine	
Couper	Ctrl+X
Copier	Ctrl+C
Coller	Ctrl+V
Mode Plan	▸

Inversement, si vous souhaitez ignorer l'exécution d'un bloc de code ou au contraire à nouveau exécuter un bloc de code, il est possible de déplacer le point d'exécution pour désigner la prochaine instruction exécutée. Il suffit de déplacer la flèche jaune affichée sur la marge en face de la prochaine instruction à exécuter.

```
public static void calcul(int k)
{
    int j;
    for(int i=0;i<10000;i++)
    {
        Console.WriteLine(i);
Ceci est la prochaine instruction qui sera exécutée. Pour changer l'instruction à exécuter ensuite, faites glisser la flèche. Les conséquences de cette opération sont imprévisibles.
    Console.WriteLine("fin de la boucle");
}
```

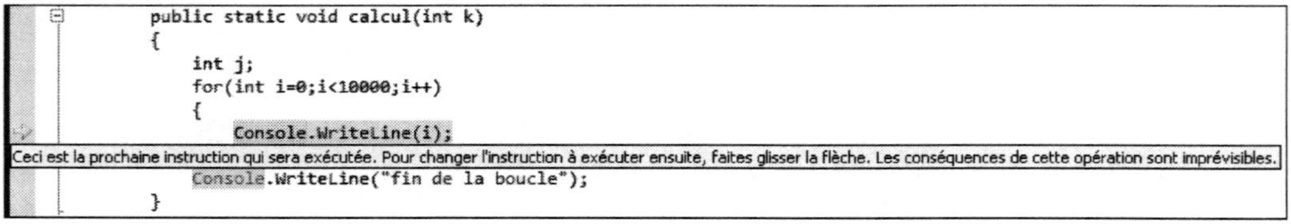

Comme nous l'indique Microsoft, cette commande doit être utilisée avec précaution. Il faut notamment se souvenir des points suivants : Les instructions situées entre l'ancien et le nouveau point d'exécution ne seront pas exécutées. Déplacer le point d'exécution en arrière n'annule pas les instructions déjà traitées. Le point d'exécution ne peut être déplacé qu'à l'intérieur d'une fonction ou procédure.

2. Points d'arrêt et TracePoint

Nous n'avons vu qu'une solution pour passer en mode arrêt était l'utilisation des touches [Ctrl] [Alt] [Pause]. Cette solution présente un gros inconvénient : l'exécution s'arrête n'importe où. Les points d'arrêt nous fournissent une solution plus élégante grâce à laquelle nous pouvons choisir l'emplacement où aura lieu l'interruption de l'exécution.

Les points d'arrêt peuvent aussi être conditionnels. Différents types de conditions sont pris en charge pour leur activation (condition, nombre de passage...).

Les TracePoint sont pratiquement identiques aux points d'arrêt mis à part que pour un TracePoint vous pouvez spécifier l'action exécutée lorsque le point est atteint. Ce peut être le passage en mode arrêt de l'application et/ou l'affichage d'un message. Les points d'arrêt ou les TracePoint sont affichés, dans l'environnement Visual Studio, par une série d'icônes. Les icônes vides représentent un élément désactivé.

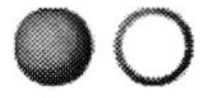 représente un point d'arrêt normal, activé ou désactivé.

représente un point d'arrêt avancé (condition, nombre de passage ou filtre).

 représente un TracePoint normal, activé ou désactivé.

représente un TracePoint avancé (condition, nombre de passage ou filtre).

représente un point d'arrêt ou un TracePoint en erreur.

représente un avertissement sur un point d'arrêt ou un TracePoint.

a. Placer un point d'arrêt

Pour placer un point d'arrêt, de nombreuses possibilités sont disponibles :

- effectuer un clic sur la marge de la fenêtre de code,
- positionner le curseur sur la ligne correspondante et utiliser le raccourci-clavier [Ctrl] **B**,
- utiliser l'option **Point d'arrêt - Insérer un point d'arrêt** du menu contextuel de la fenêtre de code.

Toutes ces techniques insèrent le point d'arrêt et matérialisent son emplacement par un point rouge dans la marge et le surlignement en rouge de la ligne correspondante.

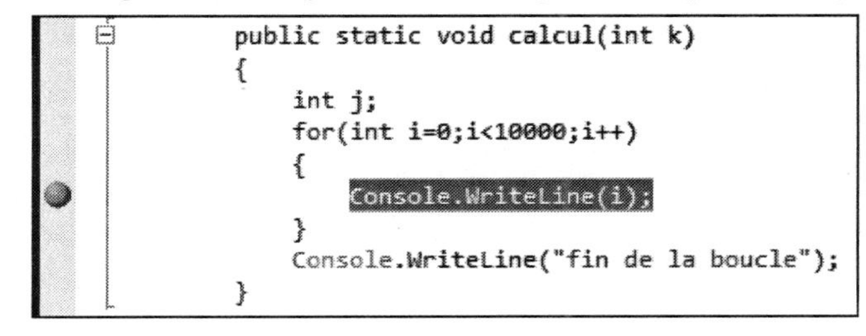
public static void calcul(int k)
{
int j;
for(int i=0;i<10000;i++)
{
Console.WriteLine(i);
}
Console.WriteLine("fin de la boucle");
}

Pour toutes ces solutions, le code doit être visible dans l'éditeur. L'option **Interrompre à la fonction** du menu **Déboguer - Nouveau point d'arrêt** permet de placer un point d'arrêt sur une procédure ou fonction en saisissant simplement son nom.

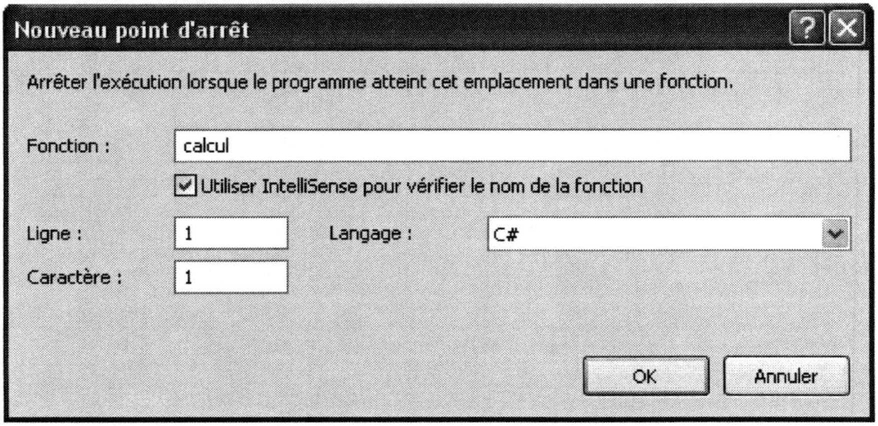

Nouveau point d'arrêt

Arrêter l'exécution lorsque le programme atteint cet emplacement dans une fonction.

Fonction : calcul

Utiliser IntelliSense pour vérifier le nom de la fonction

Ligne : 1 Langage : C#

Caractère : 1

OK Annuler

Attention, la boîte de dialogue vous propose de préciser sur quelle ligne de la fonction vous souhaitez placer un point d'arrêt mais cette fonctionnalité n'est pas disponible pour les points d'arrêt sur des fonctions.

Les points d'arrêt ainsi placés sont inconditionnels. Dès que l'exécution arrive sur cette ligne, l'application passe en mode arrêt. On peut perfectionner le fonctionnement des points d'arrêt en y ajoutant des conditions, un nombre de passage ou en le transformant en TracePoint. Il convient pour cela de modifier les propriétés du point d'arrêt par le menu contextuel disponible par un clic droit sur la ligne concernée par le point d'arrêt.

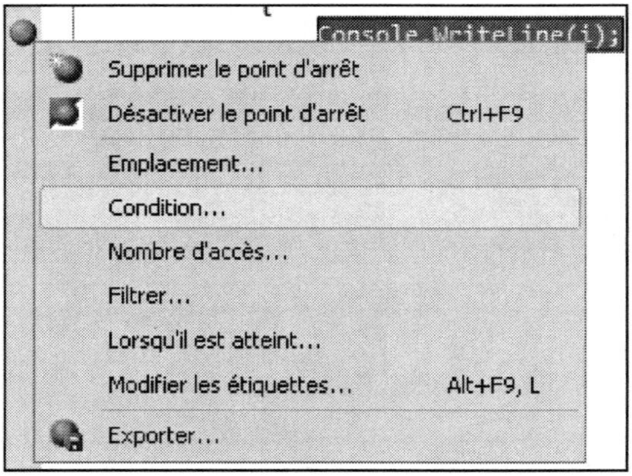

Console.WriteLine(i);

Supprimer le point d'arrêt

Désactiver le point d'arrêt Ctrl+F9

Emplacement...

Condition...

Nombre d'accès...

Filtrer...

Lorsqu'il est atteint...

Modifier les étiquettes... Alt+F9, L

Exporter...

Ajout d'une condition

Le passage en mode arrêt peut être soumis à condition. La boîte de dialogue suivante permet de préciser les conditions d'exécution du point d'arrêt.

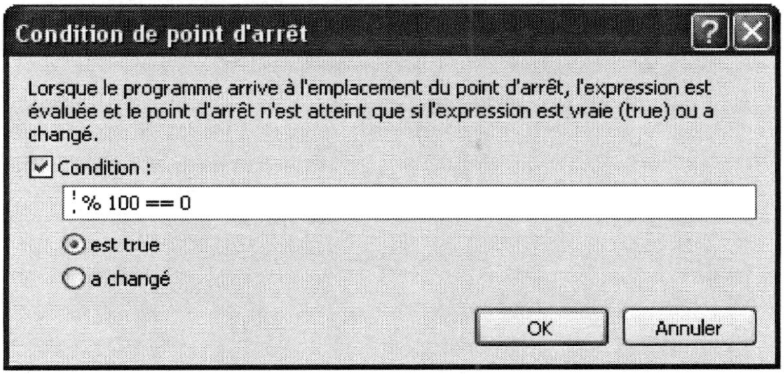

Condition de point d'arrêt

Lorsque le programme arrive à l'emplacement du point d'arrêt, l'expression est évaluée et le point d'arrêt n'est atteint que si l'expression est vraie (true) ou a changé.

☑ Condition :

i % 100 == 0

◉ est true

○ a changé

OK Annuler

Nous devons saisir, dans cette boîte de dialogue, une expression qui sera évaluée à chaque passage sur le point d'arrêt. L'exécution s'arrêtera alors :

- si le résultat de l'évaluation de la condition est vraie,
- si le résultat de l'évaluation de la condition a été modifié depuis le dernier passage sur ce point d'arrêt. À noter que, dans ce cas, au moins deux passages sont nécessaires pour provoquer l'arrêt de l'application (le premier servant simplement à mémoriser le résultat de l'expression).

Modification du nombre de passages

Les points d'arrêt sont également capables de compter le nombre de fois où ils sont atteints et de s'activer pour un nombre particulier de passages.

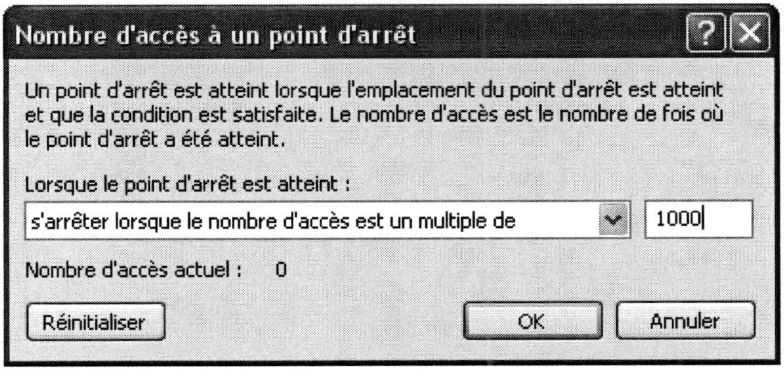

Nombre d'accès à un point d'arrêt

Un point d'arrêt est atteint lorsque l'emplacement du point d'arrêt est atteint et que la condition est satisfaite. Le nombre d'accès est le nombre de fois où le point d'arrêt a été atteint.

Lorsque le point d'arrêt est atteint :

s'arrêter lorsque le nombre d'accès est un multiple de 1000

Nombre d'accès actuel : 0

Réinitialiser OK Annuler

Cette boîte de dialogue nous permet de définir le nombre de passages sur le point d'arrêt pour que celui-ci arrête effectivement l'application. Quatre options sont disponibles pour la condition d'arrêt sur le nombre de passages.

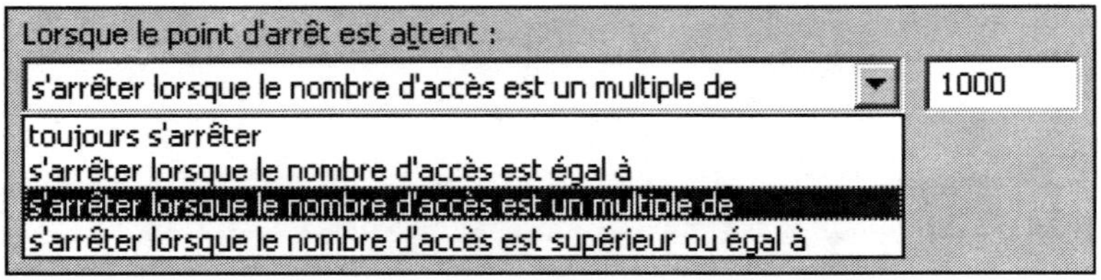

Lorsque le point d'arrêt est atteint :

s'arrêter lorsque le nombre d'accès est un multiple de | 1000

toujours s'arrêter
s'arrêter lorsque le nombre d'accès est égal à
s'arrêter lorsque le nombre d'accès est un multiple de
s'arrêter lorsque le nombre d'accès est supérieur ou égal à

Attention, si une condition est indiquée pour le point d'arrêt, le nombre de passage correspond au nombre de fois où l'exécution de l'application est passée sur cette ligne avec la condition vérifiée. Avec la configuration de notre exemple, nous nous arrêterons dans la boucle au 100000e passage (la condition sera vraie pour i=0,100,200,300, 400,500,600,700,800,900).

Filtrage

Les filtres permettent d'ajouter des critères supplémentaires pour l'exécution d'un point d'arrêt. Ces critères portent sur le nom de la machine où s'exécute l'application, ainsi que le processus ou le thread.

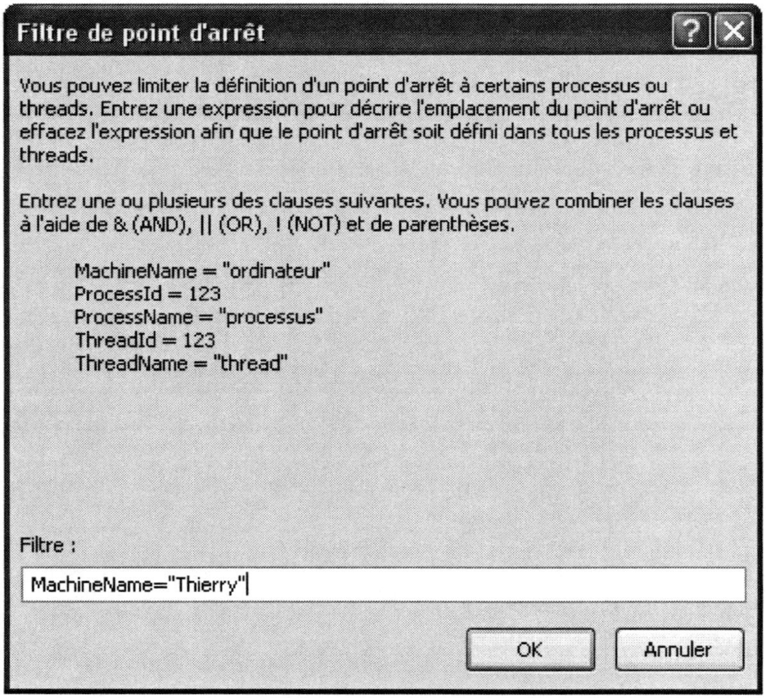

Filtre de point d'arrêt

Vous pouvez limiter la définition d'un point d'arrêt à certains processus ou threads. Entrez une expression pour décrire l'emplacement du point d'arrêt ou effacez l'expression afin que le point d'arrêt soit défini dans tous les processus et threads.

Entrez une ou plusieurs des clauses suivantes. Vous pouvez combiner les clauses à l'aide de & (AND), || (OR), ! (NOT) et de parenthèses.

MachineName = "ordinateur"
ProcessId = 123
ProcessName = "processus"
ThreadId = 123
ThreadName = "thread"

Filtre :

MachineName="Thierry"

OK | Annuler

La condition doit être exprimée avec les mots-clés **MachineName**, **ProcessId**, **ProcessName**, **ThreadId**, **ThreadName** et les opérateurs **&** (et), || **(ou)**, **! (not)**.

Transformation en TracePoint

Un point d'arrêt peut être transformé en TracePoint en précisant une action particulière à exécuter lorsqu'il sera atteint.

Lorsque le point d'arrêt est atteint

Indiquer ce qu'il faut faire lorsque le point d'arrêt est atteint.

Afficher un message :

Function: $FUNCTION, Thread: $TID $TNAME

Vous pouvez inclure la valeur d'une variable ou d'une autre expression dans le message en le plaçant entre accolades, par exemple "La valeur de x est {x}." Pour insérer une accolade, utilisez "\{". Pour insérer une barre oblique, utilisez "\\".

Les mots clés spéciaux suivants seront remplacés par leurs valeurs actuelles :
$ADDRESS - Instruction actuelle, $CALLER - Nom de la fonction précédente,
$CALLSTACK - Pile des appels, $FUNCTION - Nom de la fonction actuelle,
$PID - ID de processus, $PNAME - Nom de processus
$TID - ID de thread, $TNAME - Nom de thread

Exécuter une macro :

Continuer l'exécution

OK Annuler

Cette boîte de dialogue attend le libellé du message affiché dans la fenêtre de sortie lorsque le point d'arrêt est atteint. Elle autorise également l'exécution d'une macro. Pour que le point d'arrêt soit vraiment transformé en TracePoint, l'option **Continuer l'exécution** doit être activée.

b. Activer, désactiver, supprimer un point d'arrêt

Les points d'arrêt peuvent également être momentanément désactivés en utilisant le menu contextuel.

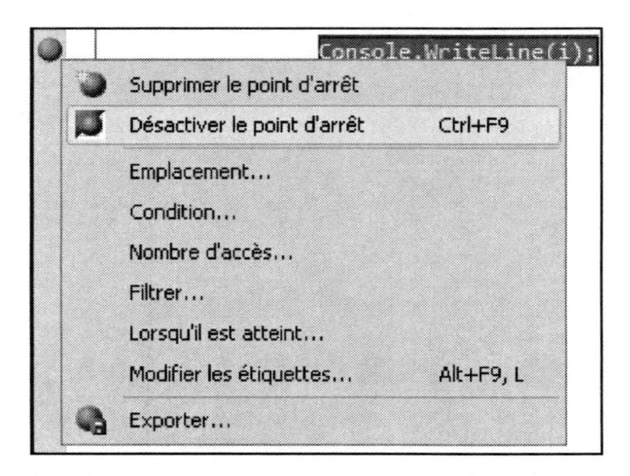

Le point d'arrêt peut ensuite être à nouveau activé en utilisant à nouveau le menu contextuel. Ce même menu permet aussi la suppression d'un point d'arrêt, mais il est plus rapide d'effectuer un double clic sur le point d'arrêt lui-même. Le menu **Déboguer** propose également l'option **Supprimer tous les points d'arrêt**, évitant d'avoir à parcourir de nombreuses lignes de code pour éliminer l'ensemble des points d'arrêt.

Pour nous faciliter la tâche lors du débogage d'une application, une fenêtre nous propose un récapitulatif de tous les points d'arrêt placés dans votre projet. Cette fenêtre est accessible par l'intermédiaire du menu **Déboguer - Fenêtres - Points d'arrêt**. Cette fenêtre propose un menu contextuel permettant de réaliser les principales actions sur un point d'arrêt.

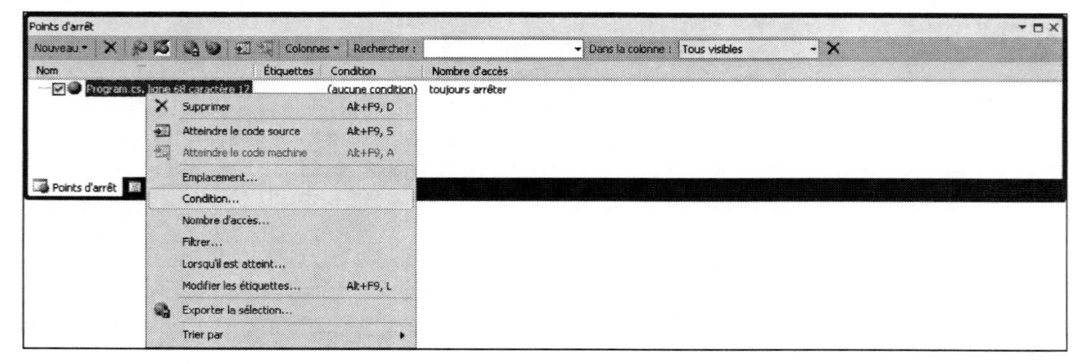

Les points d'arrêt sont conservés lorsque vous fermez votre projet.

3. Examen du contenu de variables

L'intérêt du débogueur est de pouvoir suivre le fonctionnement de l'application au cours de son fonctionnement. Il est également primordial de pouvoir visualiser, lorsque l'application est en mode arrêt, les valeurs contenues dans les différentes variables de l'application.

Cette visualisation nous permet de vérifier le résultat des traitements déjà effectués ou d'anticiper sur les traitements effectués dans la suite du code.

a. DataTips

Les DataTips fournissent un moyen rapide pour visualiser le contenu d'une variable. Il suffit de déplacer le curseur de la souris au-dessus du nom et après, un court instant, une fenêtre présentant le contenu de la variable s'affiche. Si la variable est un type complexe, une instance de classe par exemple, le DataTips propose un petit signe + permettant de descendre dans la structure de la variable. Les informations visualisées sont également modifiables directement dans le DataTips. Le DataTips disparaît automatiquement lorsque la souris quitte sa surface.

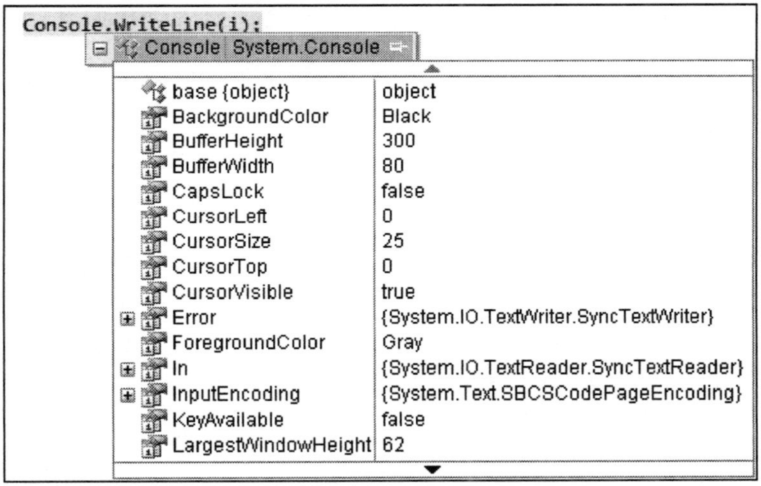

```
Console.WriteLine(i);
```

Console System.Console

base {object}	object
BackgroundColor	Black
BufferHeight	300
BufferWidth	80
CapsLock	false
CursorLeft	0
CursorSize	25
CursorTop	0
CursorVisible	true
Error	{System.IO.TextWriter.SyncTextWriter}
ForegroundColor	Gray
In	{System.IO.TextReader.SyncTextReader}
InputEncoding	{System.Text.SBCSCodePageEncoding}
KeyAvailable	false
LargestWindowHeight	62

Pour afficher le résultat du calcul d'une expression, il convient au préalable de sélectionner l'expression puis de placer le curseur de la souris sur la sélection. Le débogueur évalue l'expression et affiche le résultat. Le DataTips ne peut afficher que les variables accessibles dans la portée courante (variables déclarées dans la fonction où l'on est arrêté ou variables globales).

Une petite astuce, si vous souhaitez visualiser le code masqué par le DataTips sans le faire disparaître, vous pouvez utiliser la touche [Ctrl] qui le rend transparent.

b. Fenêtre Automatique

La fenêtre **Automatique** affiche les variables utilisées dans l'instruction courante et dans l'instruction précédente. Cette fenêtre est accessible par le menu **Déboguer - Fenêtres - Automatique**.

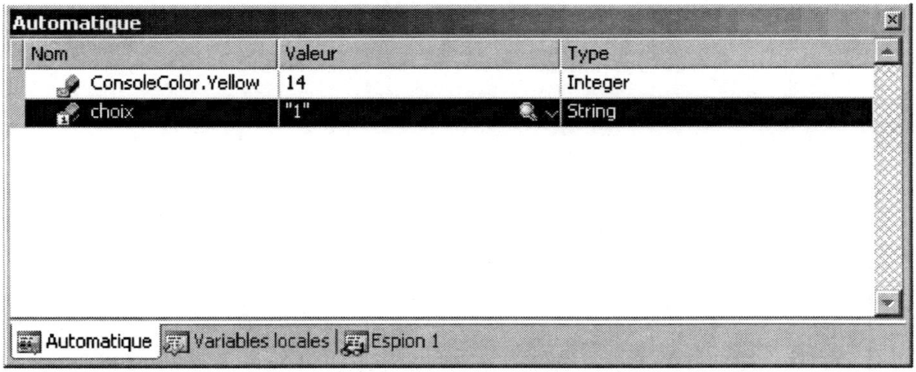

Automatique

Nom	Valeur	Type
ConsoleColor.Yellow	14	Integer
choix	"1"	String

Automatique | Variables locales | Espion 1

Cette fenêtre permet également la modification du contenu d'une variable en double cliquant sur la valeur, dans la fenêtre, et en validant la modification, après saisie par la touche [Entrée]. L'application continuera à s'exécuter avec cette nouvelle valeur pour la variable.

c. Fenêtre Variables locales

La fenêtre **Variables locales** est accessible par le même **Déboguer - Fenêtres - Variables locales** et possède un fonctionnement identique à la fenêtre **Automatique** mis à part qu'elle affiche toutes les variables dans la portée actuelle.

> Dans toutes ces fenêtres, vous ne pouvez pas contrôler la liste des variables qui sont affichées puisque le débogueur en détermine la liste, en fonction du contexte dans lequel se trouve votre application. Il est parfois plus pratique de configurer manuellement la liste des variables et expressions à surveiller pendant le fonctionnement de l'application.

d. Les fenêtres Espion

La fenêtre **Espion** permet l'affichage des variables semblant intéressantes pour le débogage de l'application. Cette fenêtre ou plutôt ces fenêtres, puisque quatre fenêtres **Espion** sont disponibles, sont affichées par le menu **Déboguer - Fenêtres - Espion** puis **Espion 1** à **Espion 4**. Nous devons ensuite configurer la fenêtre en ajoutant les variables et expressions que nous souhaitons visualiser. En effectuant un double clic dans la colonne **Nom**, vous pouvez saisir ce que vous souhaitez afficher dans la fenêtre. Vous pouvez également effectuer un glisser-déplacer depuis la fenêtre de code. Si vous saisissez un nom de variable complexe (une instance de classe par exemple), l'ensemble de ses propriétés est affiché dans la fenêtre sous forme d'arborescence.

Le contenu des variables ne sera affiché que si l'application est en mode arrêt sur une ligne de code à partir de laquelle cette variable est accessible. Par exemple, le contenu des variables locales à une procédure ou fonction n'est affiché que si le code est arrêté dans cette procédure ou fonction.

Dans le cas contraire, la fenêtre **Espion** nous indique simplement que cette variable n'est pas déclarée dans la portion de code où nous nous trouvons, en l'affichant en caractères grisés.

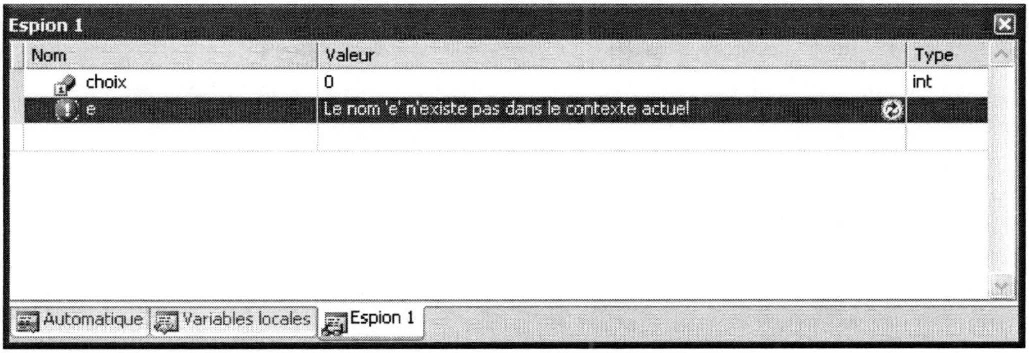

Dans cet exemple, la variable est déclarée dans une autre procédure que celle où se trouve le pointeur d'exécution.

Comme pour les autres fenêtres, le contenu de la variable peut être modifié en double cliquant dessus pour passer en mode édition et en validant la saisie par la touche [Entrée].

e. La fenêtre Espion express

La fenêtre **Espion express** propose le même principe de fonctionnement et est accessible par le menu **Déboguer - Espion express**. Dans ce cas, la variable ou l'expression sur laquelle se trouve le curseur est affichée dans la fenêtre **Espion express**. Cette fenêtre étant modale, vous devrez obligatoirement la fermer avant de poursuivre le débogage de votre application.

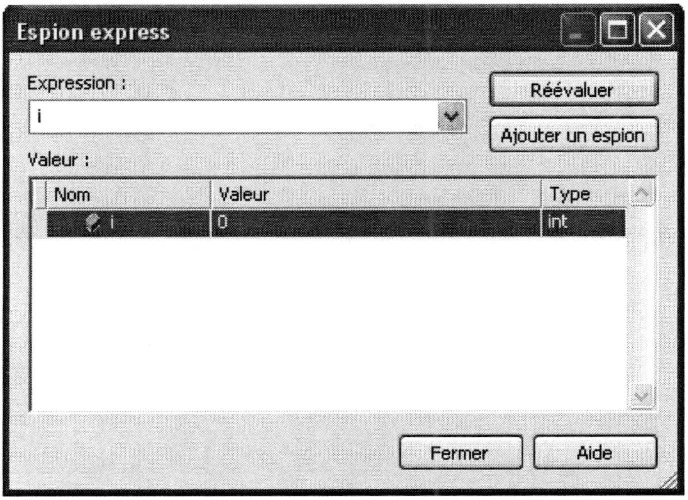

Le bouton **Ajouter un espion** permet d'ajouter rapidement l'expression dans la fenêtre **Espion** pour pouvoir l'étudier dans la suite du débogage.

4. Les autres fenêtres de débogage

De nombreuses autres fenêtres sont disponibles pour le débogage mais certaines ne sont pas vraiment utiles pour le développement d'applications avec Visual C#. Elles sont plutôt réservées pour le test d'applications développées avec d'autres langages, C++ par exemple.

Il s'agit, par exemple, de la fenêtre mémoire permettant la visualisation du contenu d'une zone mémoire dont on connaît l'adresse.

```
Mémoire 1
Adresse 0x0012F4B0                Colonnes 16
0x0012F4B0  74 65 73 74 20 63 70 70 00 cc cc cc cc cc cc cc  test cpp.ÌÌÌÌÌÌÌ
0x0012F4C0  cc cc cc cc 08 83 42 00 cc cc cc cc a0 f5 12 00  ÌÌÌÌ.□B.ÌÌÌÌ õ..
0x0012F4D0  bb ed 41 00 ff ff ff ff 04 f5 12 00 c0 98 20 5d  »íA.ÿÿÿÿ.õ..À□ ]
0x0012F4E0  00 00 00 00 21 b8 16 5d 70 33 2f 5d c0 e9 14 5d  ....!¸.]p3/]Àé.]
0x0012F4F0  85 01 00 00 04 00 00 00 01 00 00 00 a7 13 41 00  □...........§.A.
0x0012F500  01 00 00 00 60 f5 12 00 fb 9e 20 5d 08 83 42 00  ....`õ..û□ ].□B.
0x0012F510  40 e1 00 00 00 00 00 00 a7 13 41 00 00 00 00 00  @á......§.A.....

Page de démarrage | MainFrm.cpp | testmfc.cpp | Code Machine
CtestmfcApp                         OnAppAbout
    {
        char  x[]="test cpp";
              x = 0x0012f4b0 "test cpp"
        CAboutDlg aboutDlg;
        aboutDlg.DoModal();
    }
```

Si vous le désirez, vous pouvez visualiser le code machine correspondant aux instructions Visual C#.

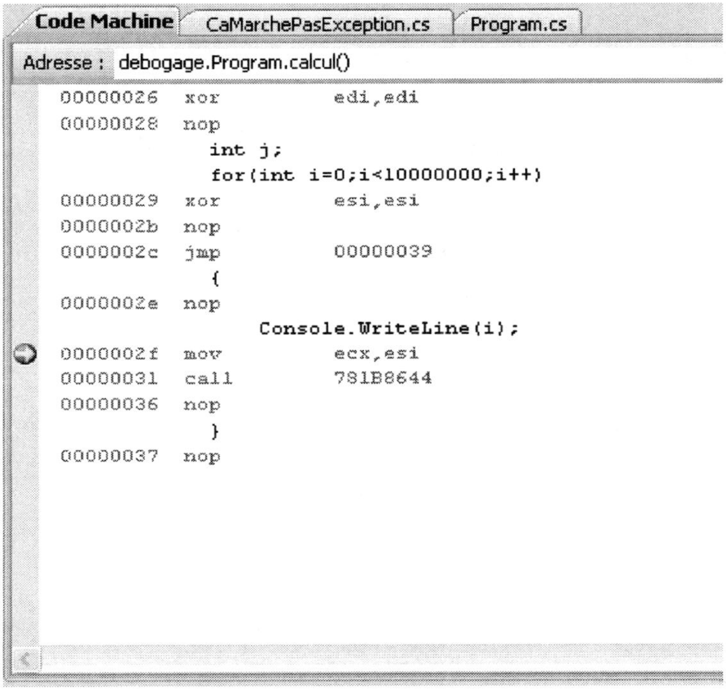

Code Machine | CaMarchePasException.cs | Program.cs

Adresse : debogage.Program.calcul()

```
00000026  xor        edi,edi
00000028  nop
             int j;
             for(int i=0;i<10000000;i++)
00000029  xor        esi,esi
0000002b  nop
0000002c  jmp        00000039
             {
0000002e  nop
                 Console.WriteLine(i);
0000002f  mov        ecx,esi
00000031  call       781B8644
00000036  nop
             }
00000037  nop
```

D. Autres techniques de débogage

La compilation conditionnelle

Vous pouvez utiliser la compilation conditionnelle pour spécifier des portions de code qui seront ou non compilées, en fonction de la valeur d'une constante que vous aurez au préalable définie. Par exemple, vous pouvez tester plusieurs solutions pour résoudre un problème, en utilisant plusieurs algorithmes et vérifier le plus efficace d'entre eux.

Le bloc de code dont la compilation est soumise à condition doit être encadré par les instructions `#if condition` et `#endif` en fonction de la valeur de la condition, le bloc de code sera ou non compilé. Il faut bien sûr que la ou les variables utilisées dans la condition soi(en)t initialisée(s) avant son (leur) apparition dans une instruction `#if`.

```
#define versionTest
using System;
using System.Collections.Generic;
using System.Linq;
using System.Text;
using System.IO;
```

```
namespace debogage
{
    class Program
    {
        public static void test()
        {
#if versionTest
            for(int i=0;i<10000000;i++)
            {
                Console.WriteLine(i);
                calcul(i);
            }
#else
            for(int i=0;i<10000000;i++)
            {
                calcul(i);
            }
#endif
        }
```

Les constantes peuvent être déclarées avec l'instruction `#define`, comme dans l'exemple ci-dessus, ou encore dans les propriétés du projet.

Si elles sont déclarées dans le code, elles doivent obligatoirement l'être sur les premières lignes du fichier.

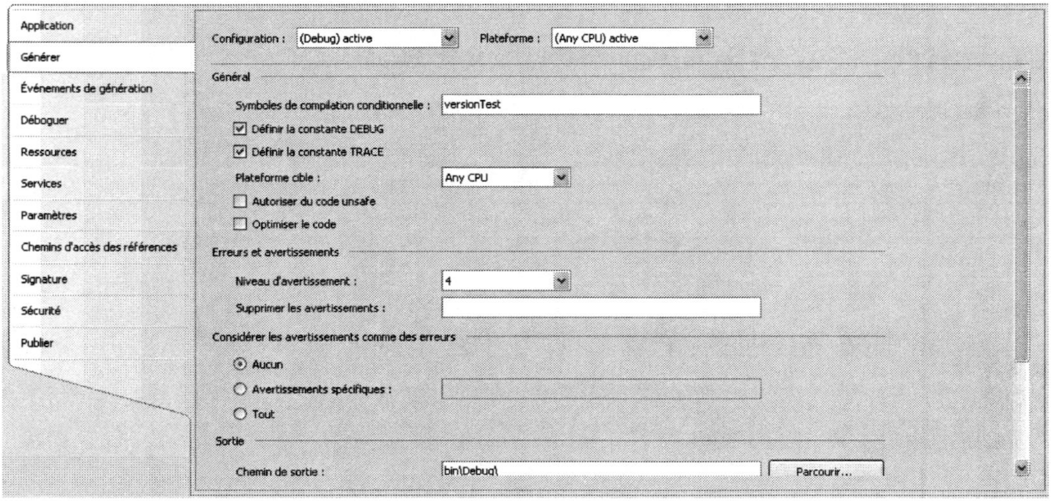

Attention cependant, car les constantes déclarées avec ces deux méthodes ne sont utilisables que pour la compilation conditionnelle et ne sont pas accessibles depuis le code C#.

```
Console.WriteLine(versionTest);
```

Le nom 'versionTest' n'existe pas dans le contexte actuel

Chapitre 7 : Applications Windows

A. Les différents types d'application 264
B. Les fenêtres 266
C. Les événements clavier et souris. 281
D. Les boîtes de dialogue 291
E. Utilisation des contrôles 304
F. Les contrôles 316
G. L'héritage de formulaires 380

A. Les différents types d'application

Les applications Windows sont basées sur une ou plusieurs fenêtres constituant l'interface entre l'utilisateur et l'application. Pour développer ce type d'application, nous avons à notre disposition dans le Framework.NET un ensemble de classes permettant la conception de l'interface de l'application. Ces éléments sont fréquemment regroupés sous le terme Technologie Windows Forms. Une application basée sur les Windows Forms utilisera un ou plusieurs formulaires pour construire l'interface utilisateur de l'application. Sur ces formulaires (ou feuilles), nous placerons des contrôles afin de définir exactement l'aspect de l'interface de l'application. Les formulaires seront créés à partir de classes du Framework.NET que l'on spécialisera par l'ajout de fonctionnalités. Le formulaire ainsi créé étant lui-même une classe, il sera possible de le réutiliser, dans une autre application, en lui ajoutant des fonctionnalités supplémentaires par une relation d'héritage. Les Windows Forms peuvent être créés directement par le code mais l'environnement de développement Visual Studio propose toute une panoplie d'outils graphiques pour nous faciliter la tâche. Nous utiliserons principalement cette technique.

1. Modes de présentation des fenêtres

Dans une application Windows, trois styles de présentation sont disponibles pour les fenêtres de l'application.

a. Interface mono document (SDI)

Une seule fenêtre est disponible dans l'application. Pour pouvoir ouvrir un nouveau document, le document actif de l'application doit obligatoirement être fermé. Le bloc-notes de Windows est une application SDI.

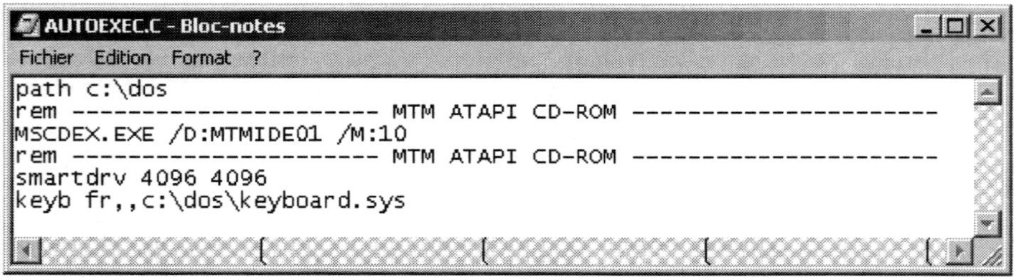

AUTOEXEC.C - Bloc-notes

Fichier Edition Format ?

```
path c:\dos
rem ---------------------- MTM ATAPI CD-ROM ----------------------
MSCDEX.EXE /D:MTMIDE01 /M:10
rem ---------------------- MTM ATAPI CD-ROM ----------------------
smartdrv 4096 4096
keyb fr,,c:\dos\keyboard.sys
```

b. Interface multidocuments (MDI)

L'application est constituée d'une fenêtre principale (la fenêtre mère) dans laquelle vont apparaître plusieurs fenêtres (fenêtres filles) contenant les documents sur lesquels vous souhaitez travailler. En règle générale, ce type d'application dispose d'un menu permettant la réorganisation des différentes fenêtres filles. Ce type de présentation est utilisé par la plupart des applications bureautiques.

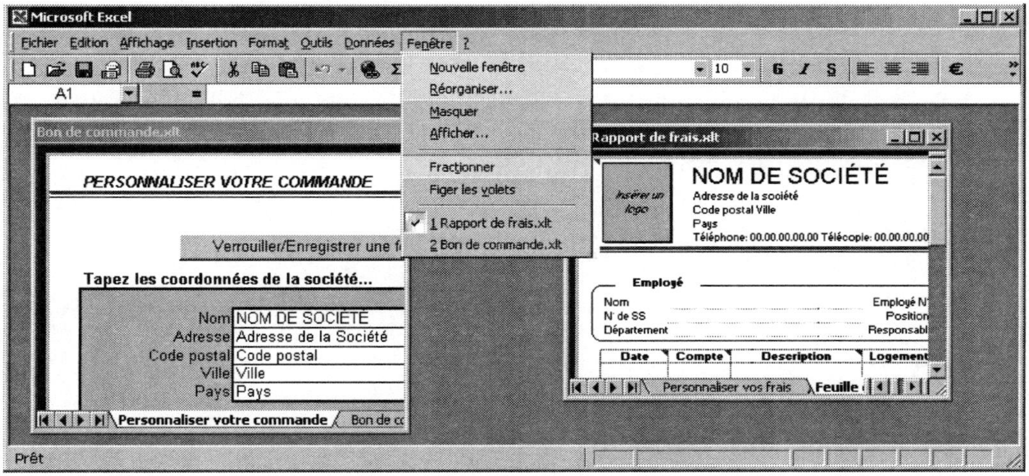

c. Interface de style explorateur

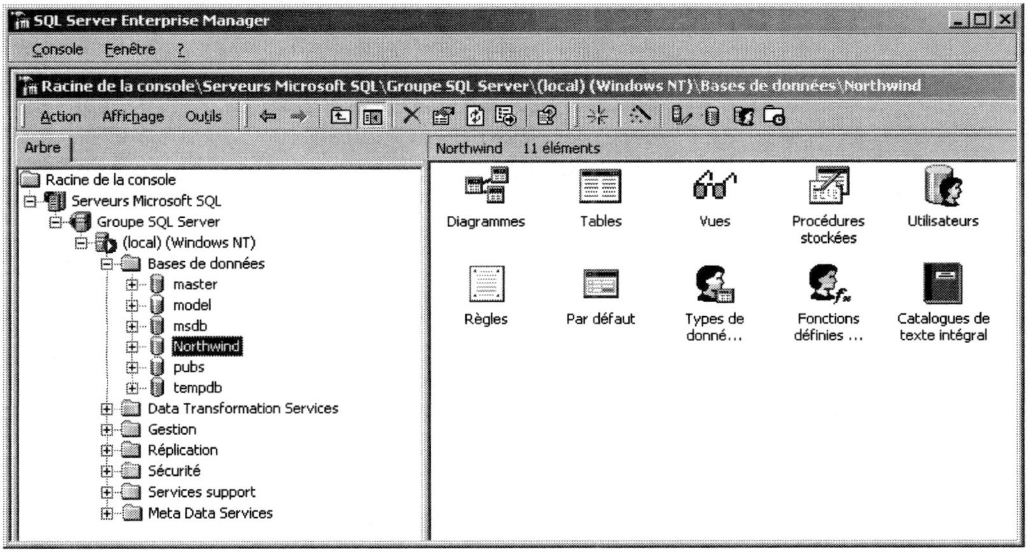

Ce style d'interface se développe de plus en plus au détriment des deux autres. Dans ce cas, la fenêtre est divisée en deux zones. La zone de gauche présente une vue, sous forme d'arborescence, des éléments pouvant être manipulés par l'application. La zone de droite présente l'élément sélectionné dans l'arborescence et permet sa modification. De nombreux outils d'administration utilisent cette présentation.

B. Les fenêtres

Lorsque vous commencez une nouvelle application Windows Forms, l'environnement de développement ajoute automatiquement au projet un formulaire. Ce formulaire sert de point de départ pour l'application. Vous pouvez immédiatement lancer l'exécution de la solution et tout fonctionne. Certes, l'application ne permet pas d'effectuer grand-chose, mais elle a toutes les fonctionnalités d'une application Windows et, cela, sans écrire une seule ligne de code. En fait, il existe bien du code correspondant à cette application mais il a été généré automatiquement par Visual Studio. Comme ce code ne doit jamais être modifié manuellement, les fichiers le contenant sont masqués dans l'explorateur de solutions. Pour les afficher, vous pouvez utiliser le bouton de la barre d'outils de l'explorateur de solutions. Vous pouvez alors constater que de nombreux fichiers existent déjà dans le projet. Les fichiers réservés de Visual Studio ont tous l'extension .designer.cs. Vous pouvez bien sûr visualiser le contenu de ces fichiers.

Le fichier associé à la première fenêtre de l'application est nommé form1.designer.cs. Il va contenir la description de toutes les actions, traduites en code Visual C#, que vous allez réaliser pour personnaliser les caractéristiques de la fenêtre.

Regardons le contenu de ce fichier :

```
namespace appliWindows
{
    partial class Form1
    {
        /// <summary>
        /// Variable nécessaire au concepteur.
        /// </summary>
        private System.ComponentModel.IContainer components = null;
        /// <summary>
        /// Nettoyage des ressources utilisées.
        /// </summary>
        /// <param name="disposing">true si les ressources managées
doivent être supprimées ; sinon, false.</param>
        protected override void Dispose(bool disposing)
        {
            if (disposing && (components != null))
            {
                components.Dispose();
            }
            base.Dispose(disposing);
        }
        #region Code généré par le Concepteur Windows Form
        /// <summary>
        /// Méthode requise pour la prise en charge du concepteur -
```

```
ne modifiez pas
        /// le contenu de cette méthode avec l'éditeur de code.
        /// </summary>
        private void InitializeComponent()
        {
            this.components = new System.ComponentModel.Container();
            this.AutoScaleMode = System.Windows.Forms.AutoScaleMode.Font;
            this.Text = "Form1";
        }

        #endregion
    }
}
```

Il contient la définition de la classe correspondant à la fenêtre héritant de la classe `System.Windows.Forms.Form`. Cette définition comporte une petite particularité par rapport à la définition d'une classe telle que nous l'avons vue dans le chapitre consacré à la programmation objet. Le mot-clé `partial` est spécifié devant le nom de la classe. Ce mot-clé clé indique au compilateur que le fichier ne contient qu'une partie de la définition de la classe, l'autre partie étant disponible dans le fichier form1.cs. Cette technique permet de répartir les rôles :

- Visual Studio se charge de générer, dans le fichier form1.designer.cs, le code correspondant à la personnalisation de l'aspect de la fenêtre.
- Vous êtes responsable du code, contenu dans le fichier form1.cs, chargé de la personnalisation du fonctionnement de la fenêtre.

Cette solution limite les risques de modification involontaire de la partie de code réservée à Visual Studio. L'élément le plus important est constitué par la méthode `Initialize-Component`. Cette méthode est appelée automatiquement à la création d'une instance de la fenêtre, lors de l'appel du constructeur.

Si vous ajoutez un constructeur surchargé, vous êtes responsable de cet appel. Le plus simple dans ce cas est de faire appel au constructeur par défaut.

```
public Form1(int i):this()
{
}
```

Pensez également à bien respecter, dans le constructeur par défaut, l'emplacement de vos initialisations particulières. Si elles sont placées avant l'appel à la méthode `InitializeComponent`, celui-ci risque de les modifier. Avant l'appel de la méthode `InitializeComponent` les éléments graphiques de la fenêtre ne sont pas disponibles car c'est le rôle principal de cette méthode de les créer et d'initialiser certaines de leurs propriétés.

Une méthode dispose est également créée pour pouvoir supprimer tous les objets instanciés par la classe. Cette méthode commence par supprimer les objets créés puis elle appelle la méthode dispose de la classe parente.

```
protected override void Dispose(bool disposing)
{
      if (disposing && (components != null))
      {
          components.Dispose();
      }
      base.Dispose(disposing);
}
```

Nous avons fait le tour du code généré automatiquement. Regardons maintenant comment modifier l'apparence et le comportement de notre fenêtre par l'intermédiaire de ces propriétés.

1. Dimension et position des fenêtres

La position de la feuille sur l'écran (ou sur son conteneur) est modifiée par la propriété location. Cette propriété est une structure composée de deux membres, indiquant les coordonnées du coin supérieur gauche de la feuille par rapport au coin supérieur gauche de l'écran. Les membres de cette structure peuvent être modifiés dans la fenêtre de propriétés de Visual C#. En fait, lorsque vous modifiez des propriétés, du code est ajouté pour prendre en compte vos modifications. Par exemple, si nous voulons que notre fenêtre apparaisse aux coordonnées 100 100, nous modifions la propriété Location.

Localizable	False
⊟ Location	**100; 100**
X	**100**
Y	**100**

Si nous regardons dans le code, nous retrouvons la modification de notre propriété.

```
this.Location = new System.Drawing.Point(100, 100);
```

Les dimensions de la fenêtre sont modifiables par la propriété size qui contient deux membres Width et Height indiquant la largeur et la hauteur de la fenêtre.

Résumons tout cela par un petit schéma :

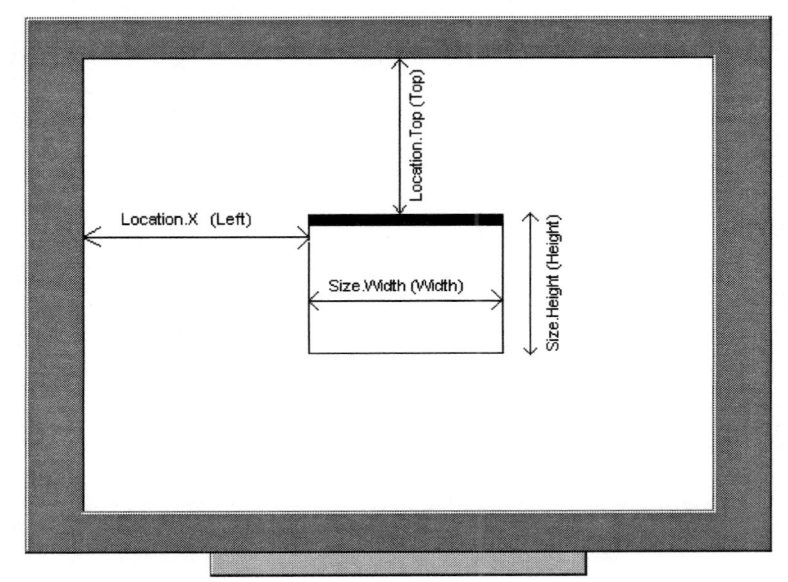

Les unités sont des pixels, pour toutes les propriétés, concernant les dimensions et positions d'objet. Les propriétés `Left`, `Top`, `Height` et `Width` sont disponibles dans le code mais pas dans la fenêtre de propriétés. La correspondance avec les propriétés `Location` et `Size` de ces propriétés est indiquée entre parenthèses sur le schéma.

Ces propriétés sont mises à jour pendant l'exécution de l'application, si la fenêtre est déplacée ou redimensionnée. Elles sont accessibles par le code de l'application.

La largeur et la hauteur de la fenêtre peuvent évoluer entre les limites fixées par les propriétés `MinimumSize` et `MaximumSize`. Par défaut ces deux propriétés sont initialisées à 0 ; 0 indiquant, dans ce cas, qu'il n'y a pas de limite fixée pour la taille de la fenêtre.

Deux autres propriétés indiquent le comportement de la fenêtre au démarrage de l'application.

La propriété `StartPosition` permet d'imposer une position à la fenêtre, au démarrage de l'application. Les valeurs possibles sont résumées dans le tableau suivant :

Valeur de la propriété	Effet sur la fenêtre
Manual	Les propriétés `Location` et `Size` sont utilisées pour l'affichage de la fenêtre.
CenterParent	La fenêtre est centrée dans la fenêtre mère.
CenterScreen	La fenêtre est centrée sur l'écran.

Valeur de la propriété	Effet sur la fenêtre
WindowsDefaultLocation	Le système positionne automatiquement les fenêtres en partant du coin supérieur gauche de l'écran. Les fenêtres sont décalées vers le bas droit de l'écran à chaque affichage d'une nouvelle fenêtre. La taille de chaque fenêtre est spécifiée par la propriété `Size`.
WindowsDefaultBounds	Même principe que ci-dessus, mais la taille est déterminée par le système à l'affichage de la fenêtre.

La propriété `WindowState` indique l'état de la feuille. Les trois valeurs possibles sont :

Valeur de la propriété	État de la fenêtre
Normal	Taille définie par la propriété `Size`.
Minimized	Fenêtre en icône sur la barre des tâches.
Maximized	Fenêtre en plein écran.

Ces propriétés peuvent, bien sûr, être modifiées par le code de l'application. Par contre, il est plus efficace d'utiliser les méthodes `SetLocation` et `SetSize` qui permettent directement le dimensionnement et le positionnement de la feuille. L'utilisation de ces méthodes ou la manipulation directe des propriétés déclenche les événements `Resize` et `Move` sur la feuille correspondante.

Pour ajouter le code de gestion de ces événements, vous devez créer une méthode respectant la signature des délégués et associer chaque méthode à l'événement. Ce travail est grandement facilité par Visual Studio par l'intermédiaire de la fenêtre de propriétés. Le bouton de cette dernière permet d'obtenir la liste des événements disponibles pour l'élément sélectionné. Il suffit juste d'effectuer un double clic sur le nom de l'événement qui nous intéresse pour que Visual Studio génère un squelette de méthode et associe automatiquement cette méthode à l'événement. Cette association est réalisée dans la méthode `InitializeComponent`. Voici un exemple de code généré :

```
private void InitializeComponent()
{
    this.SuspendLayout();
    //
    // Form1
    //
    this.AutoScaleDimensions = new System.Drawing.SizeF(6F, 13F);
    this.AutoScaleMode = System.Windows.Forms.AutoScaleMode.Font;
    this.ClientSize = new System.Drawing.Size(292, 266);
    this.Location = new System.Drawing.Point(100, 100);
    this.Name = "Form1";
    this.Text = "Form1";
```

```
    this.Move += new System.EventHandler(this.Form1_Move);
    this.Resize += new System.EventHandler(this.Form1_Resize);
    this.ResumeLayout(false);
}
private void Form1_Resize(object sender, EventArgs e)
{
}
private void Form1_Move(object sender, EventArgs e)
{
}
```

Il nous reste simplement à compléter le code des méthodes générées automatiquement.

```
private void Form1_Resize(object sender, EventArgs e)
{
   Console.WriteLine("Ma largeur : {0}", this.Size.Width);
   Console.WriteLine("Ma hauteur : {0}", this.Size.Height);
}
private void Form1_Move(object sender, EventArgs e)
{
    Console.WriteLine("Je suis à la position x : {0}", this.Location.X);
    Console.WriteLine("Je suis à la position y : {0}", this.Location.Y);
}
```

Nous obtenons les informations suivantes :

```
Je suis à la position X :263
Je suis à la position Y :311
Ma largeur : 364
Ma hauteur : 122
```

Une petite curiosité pour terminer avec la taille et position des fenêtres. Si nous réduisons notre fenêtre en icône, en cliquant sur le bouton **Réduire** ou en modifiant la propriété `WindowState`, nous obtenons les valeurs suivantes :

```
Je suis à la position X :-32000
Je suis à la position Y :-32000
Ma largeur : 160
Ma hauteur : 24
```

Les positions X et Y de la feuille sont bien des valeurs négatives ! En fait, vous pouvez utiliser des valeurs comprises dans la limite de celles acceptables pour un entier. Seule la partie de votre fenêtre comprise entre zéro et la largeur et hauteur de votre écran sera visible. Vous pouvez d'ailleurs utiliser la méthode `GetBounds` de l'objet `Screen` pour obtenir la taille de l'écran.

```
private void Form1_Move(object sender, EventArgs e)
{
    Console.WriteLine("Je suis à la position x : {0}", this.Location.X);
    Console.WriteLine("Je suis à la position y : {0}", this.Location.Y);
    Console.Write(" sur un ecran de {0} par {1}",
                    Screen.GetBounds(this).Width,
                    Screen.GetBounds(this).Height);
}
```

Ce code nous permet de connaître la dimension de l'écran qui affiche l'application.

```
Je suis à la position X : 115
Je suis à la position Y : 203
sur un écran de : 1280 par 800
```

Pour que l'utilisateur puisse déplacer ou modifier la taille de la fenêtre, il doit disposer des outils nécessaires :

- une barre de titre pour pouvoir agripper la fenêtre et la déplacer ;
- une bordure pour pouvoir la dimensionner ;
- des boutons pour pouvoir l'agrandir, la réduire et l'afficher avec sa taille normale.

Pour pouvoir redimensionner la fenêtre, celle ci doit disposer d'une bordure de type "sizable" affectée à sa propriété `FormBorderStyle`.

Pour être déplacée, une fenêtre doit avoir une barre de titre. Cette barre de titre peut être masquée par la propriété `ControlBox` positionnée sur `false` ; dans ce cas, même le titre de la fenêtre spécifié par la propriété `Text` n'est plus affiché. Dans le cas où la barre de titre est affichée, les différents boutons apparaissant dessus peuvent être contrôlés avec les propriétés suivantes :

`MinimizeBox`	Affichage ou non du bouton de mise en icône de la fenêtre.
`MaximizeBox`	Affichage ou non du bouton d'agrandissement de la fenêtre.
`HelpButton`	Affichage du bouton d'aide. Visible seulement si les deux boutons précédents ne sont pas visibles.

2. Couleurs et Police utilisées sur les fenêtres

La propriété `BackColor` indique la couleur de fond utilisée sur la fenêtre. Cette couleur sera également utilisée pour tous les contrôles qui seront, par la suite, placés sur la feuille. La propriété `ForeColor` indique la couleur des éléments qui seront tracés directement sur la feuille ou la couleur de la légende des contrôles placés sur cette feuille. Il existe quatre possibilités pour affecter une valeur à ces propriétés de couleur :

- par la fenêtre de propriétés, en choisissant une couleur dans l'onglet **Personnaliser**.
- par la fenêtre de propriétés, en choisissant une couleur web. Ces couleurs correspondent aux couleurs disponibles en langage HTML.

- par la fenêtre de propriétés, en choisissant une couleur système. Dans ce cas, votre application s'adaptera automatiquement à l'environnement du poste de travail sur lequel elle est installée. Si l'utilisateur a configuré son poste pour avoir des boutons de couleur rose fluo, il retrouvera la même apparence dans votre application.
- en fabriquant vous-même votre couleur avec un peu de rouge, un peu de vert, un peu de bleu. Pour mélanger tout cela et obtenir la couleur finale, utilisez la méthode `FromARGB` qui prend comme paramètre la quantité de rouge, la quantité de vert, la quantité de bleu et fournit la couleur résultante. Les quantités de chaque couleur sont des valeurs comprises entre 0 et 255, cette dernière valeur correspondant à une couleur pure.

La propriété `Opacity` permet de régler la transparence de votre feuille. La valeur doit être comprise entre zéro (fenêtre transparente) et un (fenêtre opaque). Vous pouvez également faire de la tapisserie en indiquant une image de fond pour votre fenêtre avec la propriété `BackgroundImage`. Si l'image n'est pas assez grande pour couvrir la fenêtre, elle est reproduite en mosaïque.

De la même manière, vous pouvez spécifier qu'une couleur sera considérée transparente sur votre fenêtre. Pour cela, vous devez affecter à la propriété `TransparencyKey` la valeur de cette couleur.

Pour illustrer l'utilisation peu évidente de cette propriété, nous avons indiqué dans la fenêtre ci-dessous que la couleur blanche était transparente (on aperçoit une partie de la fenêtre de propriétés à travers la zone de texte).

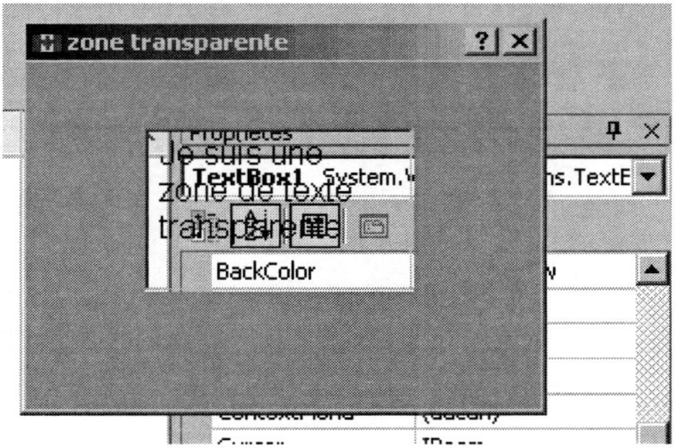

La propriété `Font` permet de spécifier les caractéristiques de la police de caractères, utilisée pour l'affichage de texte, directement sur la fenêtre. Cette police sera également utilisée par défaut pour tous les contrôles que l'on placera sur la fenêtre. Vous pouvez modifier les propriétés directement dans la fenêtre de propriété, en déroulant la propriété `Font` en cliquant sur le signe plus (+) en face de la propriété.

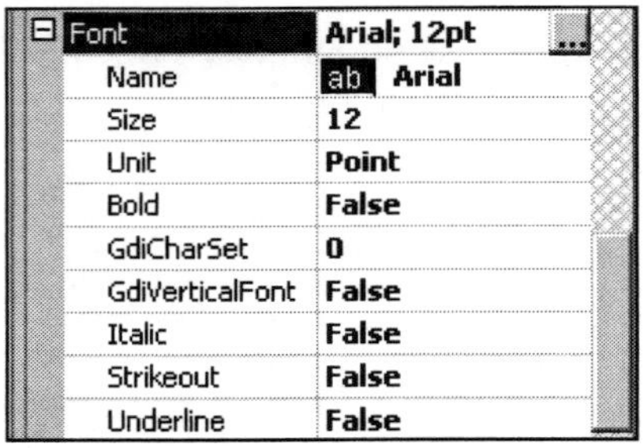

Vous pouvez également modifier les caractéristiques de la police avec la boîte de dialogue standard de choix de police. Celle-ci est affichée en utilisant le bouton ..., en regard de la propriété `Font` dans la fenêtre de propriétés.

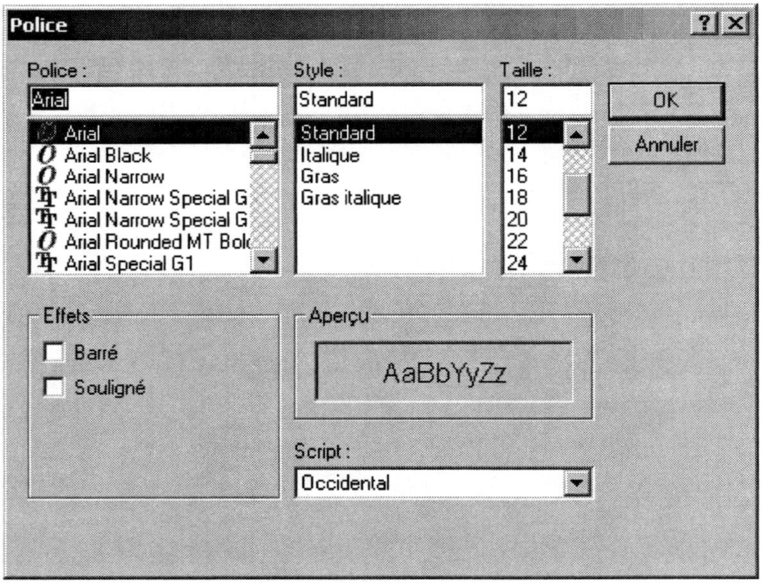

3. Les fenêtres MDI

Les applications MDI sont constituées de deux types de feuilles :

- les feuilles mères,
- les feuilles filles.

Dans Visual C#, la même classe de base est utilisée pour les deux types de fenêtre. Dans le premier cas, on indiquera simplement le fait que la fenêtre est une fenêtre mère MDI en positionnant sur **True** sa propriété `IsMdiContainer`. Pour ajouter ensuite une fenêtre fille, il convient bien sûr d'abord de créer la fenêtre puis de l'associer à une fenêtre mère par sa propriété `MdiParent`.

Voici un code qui crée trois fenêtres et les transforme en fenêtres filles MDI :

```
public partial class FenetresMDI : Form
{
public FenetresMDI()
{
    InitializeComponent();
    Form fenetre1, fenetre2, fenetre3;
    fenetre1 = new Form();
    fenetre1.Text="fenetre 1";
    fenetre1.MdiParent=this;
    fenetre1.Show();
    fenetre2 = new Form();
    fenetre2.Text = "fenetre 2";
    fenetre2.MdiParent = this;
    fenetre2.Show();
    fenetre3 = new Form();
    fenetre3.Text = "fenetre 3";
    fenetre3.MdiParent = this;
    fenetre3.Show();
}
}
```

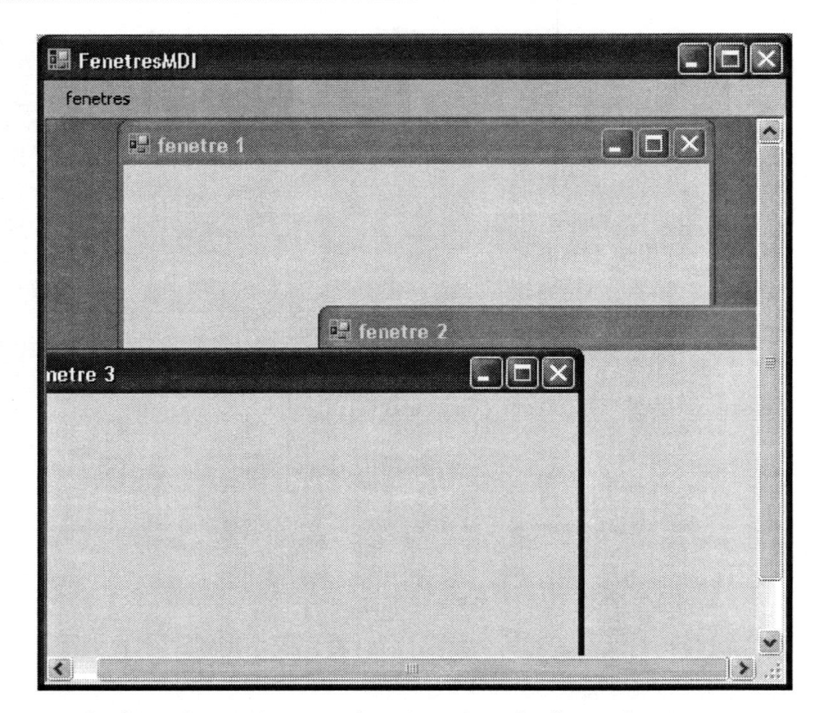

Pour obtenir des fenêtres filles bien rangées dans leur fenêtre mère, vous pouvez faire appel à la méthode `LayoutMdi` en lui passant comme paramètre l'une des constantes prédéfinies de l'énumération `MdiLayout` :

```
this.LayoutMdi(MdiLayout.TileHorizontal);
```

```
this.LayoutMdi(MdiLayout.TileVertical);
```

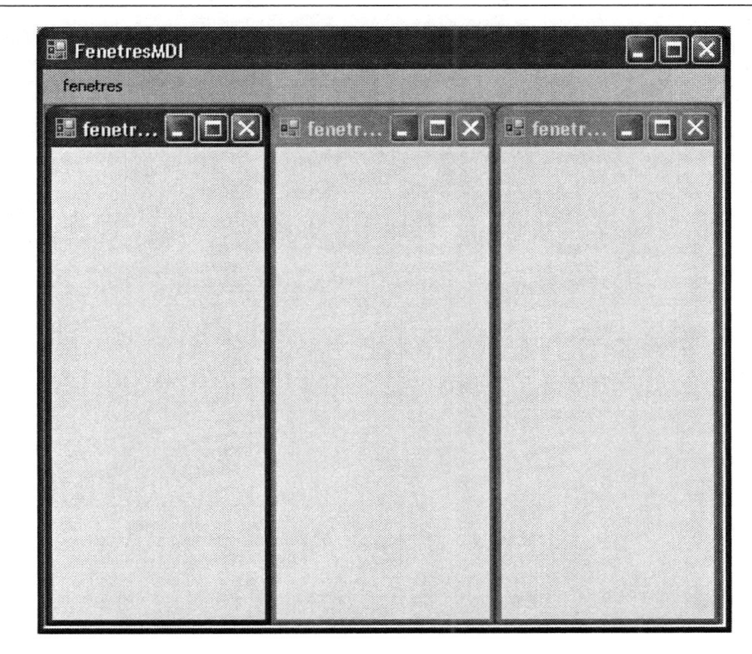

```
this.LayoutMdi(MdiLayout.Cascade);
```

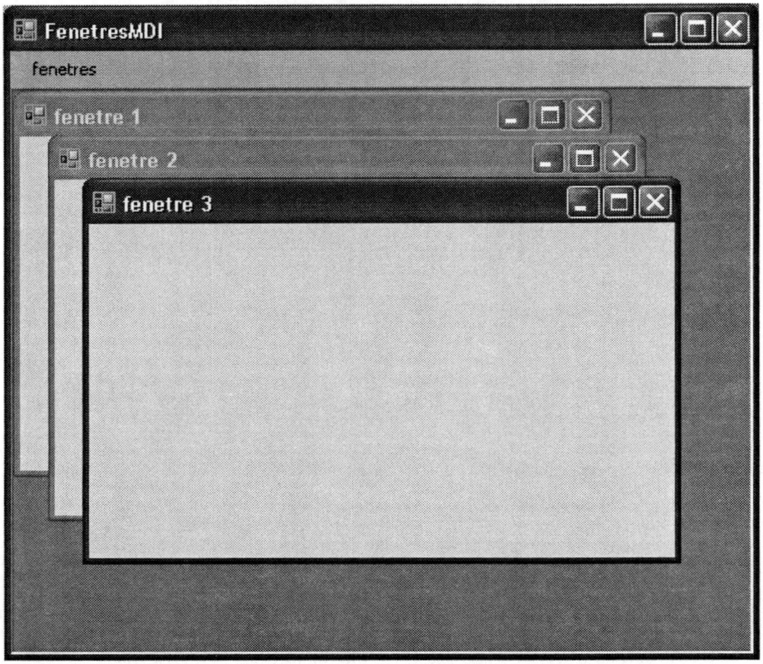

Ces différentes méthodes sont, en général, appelées par un menu de l'application qui fournit la liste des fenêtres ouvertes dans l'application. Nous verrons comment mettre cela en œuvre dans la section consacrée aux menus.

Pour illustrer une autre manipulation possible des fenêtres MDI, nous allons les utiliser pour réaliser une application de style Explorateur. Voici ci-après l'aspect général de l'application.

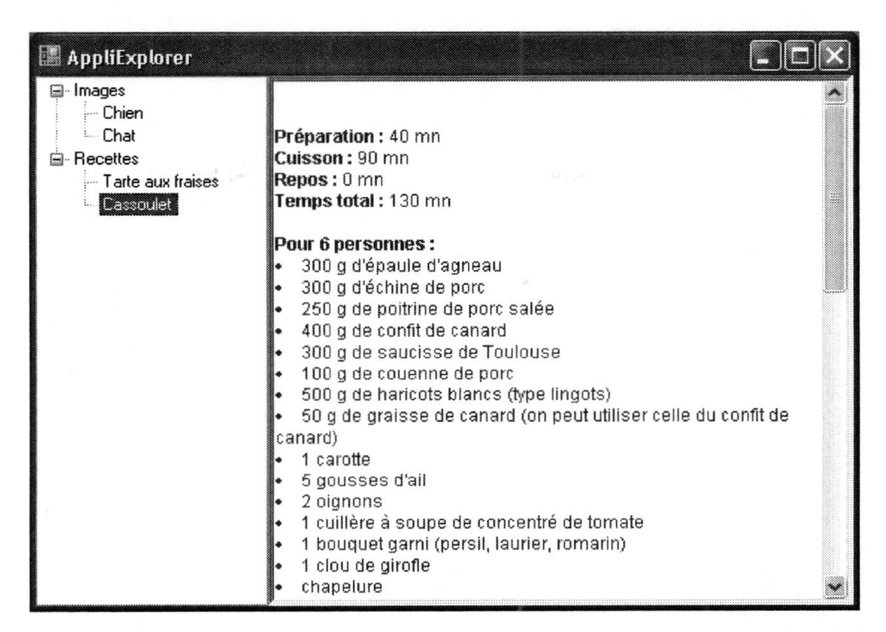

Dans la partie gauche, toujours visible, nous avons sous forme d'arborescence les documents disponibles dans l'application. En fonction de la sélection faite dans cette arborescence, la zone de droite s'adapte pour afficher soit l'image soit le texte d'une recette. Nous avons donc besoin de trois fenêtres différentes :

- la fenêtre principale qui va contenir le contrôle TreeView, et par la suite les fenêtres chargées de visualiser les documents,
- une fenêtre pour l'affichage des images,
- une fenêtre pour l'affichage du texte.

Préparons la fenêtre principale :

→ Modifiez la propriété `IsMdiContainer` sur `True` pour activer la fonctionnalité de fenêtre mère MDI.

→ Ajoutez un contrôle TreeView.

→ Modifiez la propriété `Dock` du contrôle TreeView sur `Left` pour qu'il soit associé à la bordure gauche de la fenêtre.

→ Ajoutez les éléments dans le contrôle TreeView en vous aidant de l'éditeur de nœuds.

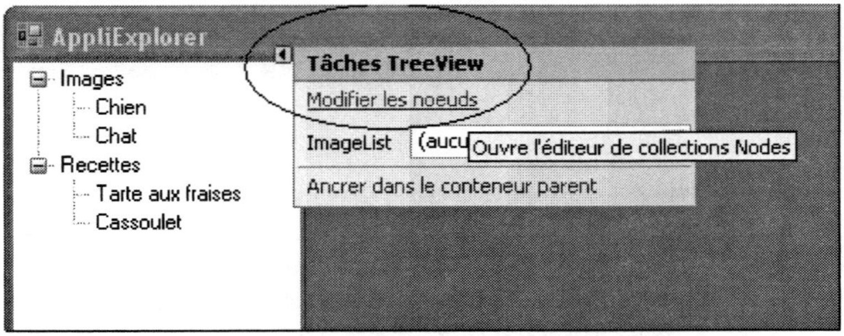

- Pour notre application, la propriété `Name` des nœuds racines est utilisée pour déterminer le type de document (tx pour fichier texte, gr pour fichier graphique). Pour les autres nœuds de l'arborescence, elle mémorise le nom du fichier concerné.

Les fenêtres enfants sont toutes aussi simples à configurer.

Pour la fenêtre graphique :

→ Modifiez la propriété `BorderStyle` sur none.

→ Ajoutez un contrôle PictureBox.

→ Modifiez la propriété `dock` de ce contrôle sur Fill pour qu'il occupe toute la surface disponible de la fenêtre.

→ Modifiez la propriété `SizeMode` de ce contrôle sur StretchImage pour que l'image s'adapte à la taille du contrôle (donc de la fenêtre).

Pour la fenêtre texte :

→ Modifiez la propriété `BorderStyle` sur none.

→ Ajoutez un contrôle RichTextBox.

→ Modifiez la propriété `dock` de ce contrôle sur Fill pour qu'il occupe toute la surface disponible de la fenêtre.

Il ne nous reste plus maintenant qu'à écrire quelques lignes de code pour afficher la bonne fenêtre lors d'une sélection dans le contrôle TreeView. Voici ci-dessous ces quelques lignes de code.

```
private void treeView1_AfterSelect(object sender, TreeViewEventArgs e)
{
if (e.Node.Parent != null)
{
    foreach (Form f in this.MdiChildren)
    {
        f.Close();
    }
}
```

```
switch ( e.Node.Parent.Name)
    {
        case "gr":
           Graphique fGr;
           fGr=new Graphique();
           fGr.MdiParent=this;
           fGr.Show();
           fGr.Dock=DockStyle.Fill;
           fGr.pictureBox1.Image=Image.FromFile("../../" + e.Node.Name);
           break;
        case  "tx":
           Texte fTx;
           fTx=new Texte();
           fTx.MdiParent=this;
           fTx.Show();
           fTx.Dock=DockStyle.Fill;
           fTx.richTextBox1.LoadFile("../../" + e.Node.Name);
           break;
    }
}
```

La totalité du code se trouve dans la procédure événementielle `TreeView1_AfterSelect` appelée automatiquement après la sélection par l'utilisateur d'un élément dans le contrôle TreeView. Notre premier travail consiste à tester si c'est un nœud enfant qui vient d'être sélectionné. Si c'est le cas, nous fermons toutes les fenêtres enfants déjà présentes (toutes est un bien grand mot puisque avec ce mécanisme il ne pourra jamais y en avoir plus d'une d'affichée à la fois). Ensuite, nous testons le type de document demandé en vérifiant la propriété `Name` du nœud parent de l'élément sélectionné (gr ou tx). En fonction du résultat, nous créons une instance de la fenêtre adaptée à la situation. Nous établissons son lien de parenté avec la fenêtre principale (propriété `MdiParent`). La fenêtre est ensuite affichée en occupant toute la surface libre de la fenêtre mère Mdi (propriété `Dock`=DockStyle.Fill). Ultime étape, nous affichons le document dans le contrôle adapté, RichTextBox ou PictureBox. Il faut également noter que pour que ces deux contrôles soient accessibles de l'extérieur de la classe dans laquelle ils sont déclarés, vous devez modifier leur propriété `Modifiers` avec la valeur `Public`. Cette propriété détermine la visibilité de la variable utilisée pour référencer le contrôle.

C. Les événements clavier et souris

La gestion du clavier et de la souris s'effectue exclusivement en utilisant les différents événements que ces deux périphériques sont capables de déclencher. La plupart des contrôles sont capables de gérer ces événements, il nous faut simplement connaître à quel moment ils sont déclenchés et quelles informations ils fournissent.

1. Les événements clavier

Les possibilités d'action de l'utilisateur sur son clavier sont limitées : il peut simplement frapper une touche du clavier.

Dans Visual C#, cette action est décomposée en trois événements distincts :

`KeyDown`
: Cet événement se produit lors de l'enfoncement de la touche.

`KeyUp`
: Cet événement se produit lors du relâchement de la touche.

`KeyPress`
: Cet événement se produit lors de l'enfoncement, uniquement si la touche correspond à un caractère ASCII.

Dans les événements `KeyDown` et `KeyUp`, un argument de type `KeyEventArgs` donne des informations complémentaires sur l'événement.

Les propriétés suivantes sont notamment disponibles :

- Alt indique l'état de la touche [Alt] du clavier au moment où l'événement se produit.
- Ctrl et Shift fournissent des informations identiques pour les touches [Ctrl] et [Shift].
- `KeyCode` indique le numéro de la touche sur le clavier.

L'événement `KeyDown` est utilisé principalement pour travailler avec les touches de fonction. Nous pouvons, par exemple, convertir en majuscules le texte d'un contrôle `TextBox` si l'utilisateur frappe la combinaison de touches [Shift][Ctrl][Alt][F8].

```
private void textBox1_KeyDown(object sender, KeyEventArgs e)
{
    if (e.Alt && e.Control && e.Shift && (e.KeyCode == Keys.F8))
    {
        textBox1.Text = textBox1.Text.ToUpper();
    }
}
```

Une autre solution est possible en utilisant la propriété `Modifiers` qui regroupe l'état des touches [Shift], [Ctrl] et [Alt].

```
private void textBox1_KeyDown1(object sender, KeyEventArgs e)
{
    if (e.Modifiers==(Keys.Shift|Keys.Control|Keys.Alt) &&
        e.KeyCode==Keys.F8)
    {
        textBox1.Text = textBox1.Text.ToUpper();
    }
}
```

Enfin, la dernière possibilité consiste à utiliser la propriété KeyData qui regroupe l'état des touches [Shift], [Ctrl], [Alt] et une touche de fonction.

```
private void textBox1_KeyDown(object sender, KeyEventArgs e)
{
    if (e.KeyData == (Keys.Shift | Keys.Control | Keys.Alt|Keys.F8))
    {
        textBox1.Text = textBox1.Text.ToUpper();
    }
}
```

L'événement KeyPress nous informe simplement, par l'intermédiaire du paramètre e de type KeyPressEventArgs, sur le caractère qui vient d'être saisi. Nous pouvons par exemple utiliser cet événement pour vérifier que tous les caractères saisis sont numériques, si ce n'est pas le cas, nous émettons un beep.

```
private void textBox1_KeyPress(object sender, KeyPressEventArgs e)
{
    bool resultat;
    int i;
    resultat=int.TryParse((e.KeyChar.ToString()),out i);
    if (!resultat)
    {
        SystemSounds.Beep.Play();
    }
}
```

Cette procédure informe simplement l'utilisateur qu'il a saisi un caractère invalide, mais le caractère apparaît tout de même dans la zone de texte. Il serait plus judicieux d'éviter que le caractère atteigne la zone de texte. La propriété Handled du paramètre permet, en lui affectant la valeur **true**, d'indiquer que l'événement clavier vient d'être géré et qu'il ne doit pas être pris en compte par le contrôle.

```
private void textBox1_KeyPress(object sender, KeyPressEventArgs e)
{
    bool resultat;
    int i;
    resultat=int.TryParse((e.KeyChar.ToString()),out i);
    if (!resultat)
    {
        SystemSounds.Beep.Play();
        e.Handled = true;
    }
}
```

Si plusieurs contrôles TextBox doivent avoir le même fonctionnement, vous pouvez recopier ce code dans les événements KeyPress de chacun des contrôles. Une solution plus élégante nous permet de centraliser le traitement dans l'événement KeyPress de la fenêtre. Pour cela, il convient d'indiquer à la propriété KeyPreview de la fenêtre qu'elle recevra les événements clavier avant le contrôle de la fenêtre qui a le focus. Il faut simplement tester le contrôle actif de la feuille et vérifier s'il doit "subir" le traitement.

```
private void evt_KeyPress(object sender, KeyPressEventArgs e)
{
    if (this.ActiveControl == textBox1)
    {
        bool resultat;
        int i;
        resultat = int.TryParse((e.KeyChar.ToString()), out i);
        if (!resultat)
        {
            SystemSounds.Beep.Play();
            e.Handled = true;
        }
    }
}
```

2. Les événements souris

Ces événements sont principalement liés à l'utilisation des boutons ou de la molette de la souris. L'événement click est le plus utilisé des événements souris. Il correspond à un appui suivi d'un relâchement du bouton principal de la souris. Il faut bien parler de bouton principal de la souris car en fonction de la configuration du poste de travail, ce bouton principal peut être aussi le bouton droit (configuration pour gaucher). L'événement DoubleClick n'est pas pris en charge par tous les contrôles, ainsi, par exemple, les contrôles Button ne sont pas capables de gérer le double clic, ils génèrent en fait deux événements click à la suite.

Des événements souris plus élémentaires sont aussi disponibles :

- MouseDown lorsqu'un bouton de la souris est enfoncé ;
- MouseUp lorsqu'un bouton de la souris est relâché ;
- MouseWheel lorsque la molette est actionnée.

Pour ces trois événements, un paramètre de type MouseEventArgs est fourni. Par l'intermédiaire des propriétés disponibles dans cette classe, on obtient les informations suivantes :

- le bouton à l'origine de l'événement avec la propriété Button ;
- le nombre de fois où le bouton est enfoncé ou relâché avec la propriété Clicks ;

- le nombre de crans de déplacement de la roulette avec la propriété `Delta`. Cette propriété est un entier positif ou négatif, suivant le sens de rotation de la molette. Chaque déplacement de la molette d'un cran incrémente ou décrémente cette propriété d'une valeur de 120 ;
- les propriétés x et y indiquent l'emplacement sur le contrôle où l'événement souris vient de se produire.

Les déplacements de la souris génèrent quatre événements :

- `MouseEnter` lorsque la souris entre au-dessus d'un contrôle ;
- `MouseMove` lorsque la souris se déplace sur le contrôle ;
- `MouseLeave` lorsque la souris quitte la surface du contrôle ;
- `MouseHover` lorsque la souris reste au-dessus d'un contrôle pendant une seconde.

Comme pour les événements liés aux boutons de la souris, un paramètre de type `MouseEventArgs` nous est fourni dans ces événements.

Un petit exemple pour tester cela avec une application de dessin très rudimentaire.

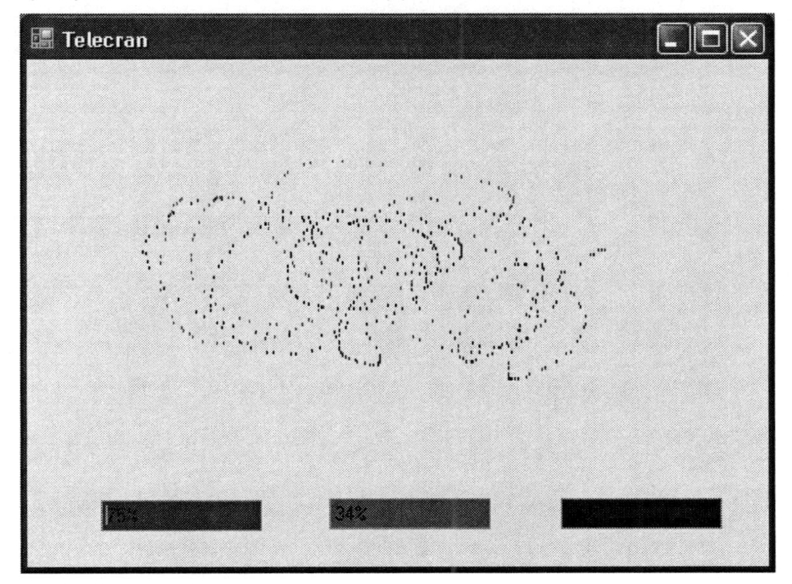

À chaque déplacement de la souris, un point est tracé sur la feuille avec la couleur indiquée par les trois zones de texte (rouge, vert, bleu). Pour modifier la couleur, il suffit de déplacer la souris au-dessus de la zone de texte correspondante (le focus se place automatiquement grâce à l'événement `MouseHover`) et d'actionner la molette de la souris pour incrémenter ou décrémenter le pourcentage.

```
public partial class Telecran :Form
    {
        int rouge;
        int vert;
        int bleu;
        public Telecran()
        {
            InitializeComponent();
        }
        private void telecran_MouseMove(object sender,
                                  System.Windows.Forms.MouseEventArgs e)
        {
            Graphics g;
            Pen crayon;
            if (e.Button == MouseButtons.Left)
            {
                g = Graphics.FromHwnd(this.Handle);
                crayon = new Pen(Color.FromArgb((int)(rouge * 2.55),
                                                (int)(vert * 2.55),
                                                (int)( bleu * 2.55)));
                g.DrawEllipse(crayon, e.X, e.Y, 1, 1);
            }
        }
        private void txtRouge_MouseWheel(object sender,
                                  System.Windows.Forms.MouseEventArgs e)
        {
            rouge += e.Delta / 120;
            if (rouge > 100)
            {
                rouge = 100;
                txtRouge.Text = "100%";
            }
            else if (rouge < 0)
            {
                rouge = 0;
                txtRouge.Text = "0%";
            }
            else
            {
                txtRouge.Text = rouge + "%";
            }
        }
        private void txtVert_MouseWheel(object sender,
                                  System.Windows.Forms.MouseEventArgs e)
```

```
        {
            vert += e.Delta / 120;
            if (vert > 100)
            {
                vert = 100;
                txtVert.Text = "100%";
            }
            else if (rouge < 0)
            {
                vert = 0;
                txtVert.Text = "0%";
            }
            else
            {
                txtVert.Text = vert + "%";
            }
        }
        private void txtBleu_MouseWheel(object sender,
                                  System.Windows.Forms.MouseEventArgs e)
        {
            bleu += e.Delta / 120;
            if (bleu > 100)
            {
                bleu = 100;
                txtBleu.Text = "100%";
            }
            else if (bleu < 0)
            {
                bleu = 0;
                txtBleu.Text = "0%";
            }
            else
            {
                txtBleu.Text = bleu + "%";
            }
        }
        private void txtRouge_MouseHover(object sender, System.EventArgs e)
        {
            txtRouge.Focus();
        }
        private void txtVert_MouseHover(object sender, System.EventArgs e)
        {
            txtVert.Focus();
        }
```

```
        private void txtBleu_MouseHover(object sender, System.EventArgs e)
        {
            txtBleu.Focus();
        }
    }
```

3. Le Drag and Drop

Le Drag and Drop est une fonctionnalité très utilisée dans les applications Windows. Elle permet le déplacement d'informations dans une application ou entre applications, en "accrochant" un élément au curseur de la souris et en le lâchant ensuite au-dessus de sa destination.

On peut pratiquement accrocher n'importe quel élément au curseur de la souris pour ensuite le déplacer ou le copier (texte, image, fichier...). Pour guider l'utilisateur sur ces possibilités, le curseur de la souris est modifié en fonction des contrôles qui sont survolés par la souris.

Une opération de Drag and Drop se déroule en trois étapes :

- accrochage d'un élément à la souris ;
- déplacement de la souris vers la destination ;
- largage au-dessus de la destination.

Lors de l'opération de largage, nous avons deux possibilités :

- l'élément accroché à la souris est déplacé. Dans ce cas, il disparaît du contrôle de départ au moment du largage au-dessus du contrôle de destination.
- l'élément accroché est copié. Dans ce cas, c'est une copie qui est larguée au-dessus du contrôle de destination.

Regardons en détail le code nécessaire pour mener à bien une opération de Drag and Drop. Nous prendrons un exemple simple réalisant une copie entre deux zones de texte (`TxtSource`, `TxtDestination`).

a. Démarrage du Drag and Drop

En général, une opération de Drag and Drop est démarrée lorsque la souris se déplace au-dessus d'un contrôle et le sélectionne sans relâchement du bouton de la souris. On considère, dans ce cas, que l'utilisateur vient d'accrocher le contrôle à sa souris.

Dans le code, cela ce traduit simplement par l'appel de la méthode `DoDragDrop` du contrôle de départ. L'appel de cette méthode nécessite deux paramètres :

- l'élément que nous accrochons au curseur de la souris (une chaîne de caractères, une image bitmap ou une image métafile),
- les opérations autorisées pour l'objet accroché (copie, déplacement...).

```
private void txtSource_MouseMove(object sender, MouseEventArgs e)
{
    if (e.Button == MouseButtons.Left)
    {
        txtSource.DoDragDrop(txtSource.Text,
DragDropEffects.Move | DragDropEffects.Copy);
    }
}
```

b. Configuration des contrôles pour la réception

Il convient avant tout de configurer les contrôles de destination pour qu'ils acceptent la réception d'un élément en modifiant la propriété `AllowDrop` sur **true**.

Ensuite, nous devons gérer l'événement `DragEnter` qui se produit lorsque la souris entre sur la surface du contrôle avec un élément "accroché". Dans la gestion de cet événement, il faut déterminer ce qui est accroché au curseur de la souris pour savoir si le contrôle peut l'accepter. Enfin, il faut déterminer si l'utilisateur souhaite faire un déplacement ou une copie de l'élément accroché au curseur de la souris.

Pour effectuer cela dans le code, dans l'événement `DragEnter`, nous avons à notre disposition le paramètre `e` qui est une instance de la classe `DragEventArg`. Cette classe nous fournit de nombreuses propriétés pour nous aider dans nos décisions :

`AllowedEffect`
: Permet de savoir quelles sont les opérations autorisées par le contrôle à l'origine du Drag and Drop.

`Data`
: Contient les informations accrochées au curseur de la souris. Par l'intermédiaire de cette propriété, on peut obtenir le type d'information en appelant la méthode `GetDataPresent` ou obtenir les données en appelant la méthode `GetData`.

`Effect`
: Indique l'action autorisée par le contrôle de destination. Cette propriété est utilisée pour contrôler l'apparence du curseur de la souris.

`KeyState`
: Indique l'état des touches [Shift], [Ctrl], [Alt] nous permettant de savoir si l'utilisateur souhaite effectuer un déplacement ou une copie.

`X, Y`
: Indique les coordonnées de la souris sur le contrôle.

```
private void txtDestination_DragEnter(object sender, DragEventArgs e)
{
if (e.Data.GetDataPresent(DataFormats.Text))
{
    if ((e.KeyState & 8) == 8)
    {
        e.Effect = DragDropEffects.Copy;
    }
    else
    {
        e.Effect = DragDropEffects.Move;
    }
}
}
```

c. Récupération de l'élément accroché

Lorsque l'utilisateur relâche le bouton de la souris, l'événement `DragDrop` se produit sur le contrôle de destination. Dans cet événement, il faut récupérer l'élément accroché et le placer dans le contrôle de destination. S'il s'agit d'un déplacement, il faut aussi supprimer l'information du contrôle source. Problème ! qui est le contrôle source ? Nous n'avons aucune information sur son identité. La solution consiste à stocker, dans une variable une référence vers le contrôle à l'origine de l'opération de Drag and Drop au début de l'opération.

```
public partial class testDnd : Form
{
    TextBox ctrlSource;
public testDnd()
{
    InitializeComponent();
}
private void txtSource_MouseMove(object sender, MouseEventArgs e)
{
    if (e.Button == MouseButtons.Left)
    {
        txtSource.DoDragDrop(txtSource.Text, DragDropEffects.Move |
                                             DragDropEffects.Copy);
        ctrlSource = txtSource;
    }
}
private void txtDestination_DragEnter(object sender, DragEventArgs e)
{
if (e.Data.GetDataPresent(DataFormats.Text))
{
```

```
    if ((e.KeyState & 8) == 8)
    {
        e.Effect = DragDropEffects.Copy;
    }
    else
    {
        e.Effect = DragDropEffects.Move;
    }
}
}
private void txtDestination_DragDrop(object sender, DragEventArgs e)
{
    txtDestination.Text = (String)e.Data.GetData(DataFormats.Text);
    if ((e.KeyState & 8) != 8)
    {
        ctrlSource.Clear();
    }
}
}
```

D. Les boîtes de dialogue

Les boîtes de dialogue sont des fenêtres qui ont une fonction spéciale dans une application. Elles sont, en général, utilisées pour demander la saisie d'informations à l'utilisateur. Pour s'assurer que ces informations sont bien saisies avant de continuer l'exécution de l'application, les boîtes de dialogue sont souvent affichées en mode modal, c'est-à-dire que le reste de l'application est bloqué tant que la boîte de dialogue est affichée. Il arrive fréquemment que dans une application, on ait besoin des mêmes informations : un nom de fichier à ouvrir, une police de caractère à choisir, etc. Pour nous éviter d'avoir à recréer, à chaque fois, une nouvelle boîte de dialogue, nous avons à notre disposition une série de boîtes de dialogue prédéfinies.

1. La boîte de message

Les boîtes de message permettent de passer une information à l'utilisateur et lui donnent la possibilité de répondre par l'intermédiaire des boutons de commande de la boîte de message.

La boîte de message est disponible par l'intermédiaire de la méthode `show` disponible dans la classe `MessageBox`. Cette méthode prend de nombreux paramètres pour configurer la boîte de dialogue. Le premier paramètre correspond au message affiché. Le paramètre suivant spécifie le titre de la boîte de message. Les paramètres suivants doivent être choisis parmi des constantes prédéfinies pour indiquer respectivement :

- les boutons disponibles sur la boîte de message ;
- l'icône affichée sur la boîte de message ;

- le bouton sélectionné par défaut à l'affichage de la boîte de message.

Les constantes disponibles sont :

- pour le choix des boutons :

Constante	Signification
MessageBoxButtons.OK	Bouton OK seul
MessageBoxButtons.OKCancel	Boutons OK et Annuler
MessageBoxButtons.AbortRetryIgnore	Boutons Abandonner, Réessayer et Ignorer
MessageBoxButtons.YesNoCancel	Boutons Oui, Non et Annuler
MessageBoxButtons.YesNo	Boutons Oui et Non
MessageBoxButtons.RetryCancel	Boutons Réessayer et Annuler

- pour le choix des icônes :

Constante	Signification
MessageBoxIcon.Information	
MessageBoxIcon.Exclamation	
MessageBoxIcon.Error	
MessageBoxIcon.Question	

- pour le choix du bouton par défaut :

Constante	Signification
MessageBoxDefaultButton.Button1	Premier bouton
MessageBoxDefaultButton.Button2	Deuxième bouton
MessageBoxDefaultButton.Button3	Troisième bouton

Pour obtenir la boîte de message suivante,

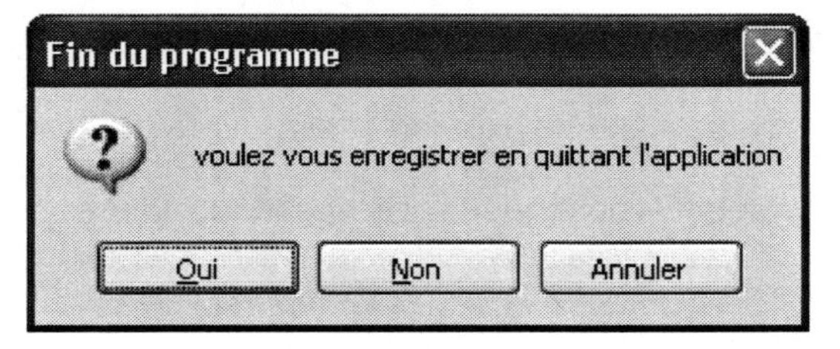

nous utiliserons le code suivant :

```
DialogResult reponse;
reponse=MessageBox.Show("voulez vous enregistrer en quittant l'application"
                        , "Fin du programme",
                         MessageBoxButtons.YesNoCancel,
                         MessageBoxIcon.Question,
                         MessageBoxDefaultButton.Button1);
```

Comme nous posons une question à l'utilisateur, nous devons récupérer sa réponse pour décider de la conduite à tenir dans l'application. Pour cela, la méthode `Show` renvoie une valeur indiquant le bouton utilisé pour fermer la boîte de message. Ici encore, une série de constantes est définie pour identifier chaque cas possible.

Valeur renvoyée	Bouton utilisé
DialogResult.Ok	Bouton Ok
DialogResult.Cancel	Bouton Annuler
DialogResult.Abort	Bouton Abandonner
DialogResult.Retry	Bouton Réessayer
DialogResult.Ignore	Bouton Ignorer
DialogResult.Yes	Bouton Oui
DialogResult.No	Bouton Non

Nous pouvons ensuite tester la réponse :

```
switch (reponse)
    {
        case DialogResult.Yes:
            ...
            break;
        case DialogResult.No:
            ...
            break;
        case DialogResult.Cancel:
            ...
            break;
    }
```

2. Les boîtes de dialogue de Windows

De nombreuses boîtes de dialogue sont déjà définies au niveau du système Windows lui-même. Pour pouvoir les utiliser dans nos applications, nous avons à notre disposition une série de classes. Regardons comment les configurer et les utiliser dans une application.

a. Dialogue d'ouverture de fichier

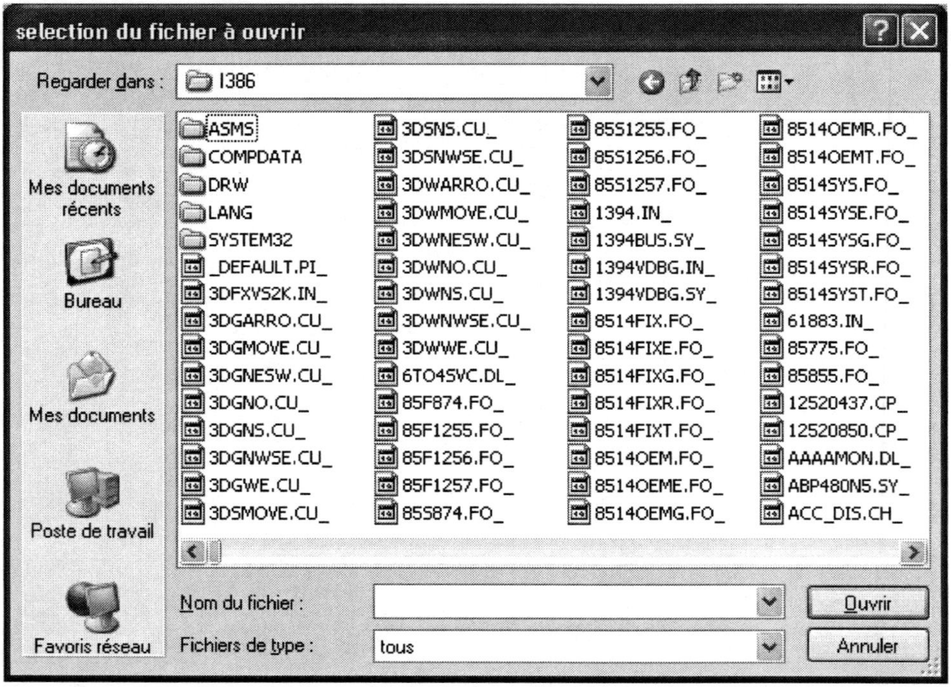

Cette boîte de dialogue nous permet la sélection d'un ou de plusieurs noms de fichier avec la possibilité de se déplacer dans l'arborescence de la machine. La classe utilisée est la classe `OpenFileDialog`. Nous devons donc créer une instance dans notre application.

```
OpenFileDialog dlgOuvrir;
    dlgOuvrir = new OpenFileDialog();
```

Il convient également de configurer notre boîte de dialogue. La propriété `InitialDirectory` indique le répertoire sur lequel se trouve la boîte de dialogue à son ouverture. Il est possible de n'afficher que certains fichiers dans les répertoires qui seront parcourus, il faut donc configurer par l'intermédiaire de la propriété `Filter` les correspondances entre la description du contenu et l'extension associée. La propriété `Filter` stocke l'information sous forme d'une chaîne de caractères. La description et l'extension sont séparées dans la chaîne par le caractère | ([AltGr] 6). Si plusieurs extensions sont disponibles pour une même description, elles doivent être séparées par un point-virgule dans la chaîne. Vous pouvez également indiquer si une extension doit être ajoutée aux noms de fichiers saisis manuellement, si ceux-ci n'en comportent pas.

La propriété `DefaultExt` contient l'extension à ajouter et `AddExtension` indique si cette extension est ajoutée automatiquement. Dans la mesure où l'on permet à l'utilisateur de saisir manuellement le chemin et le nom du fichier à ouvrir, vous pouvez confier à la boîte de dialogue le soin de vérifier que le nom et le chemin d'accès sont corrects. Les propriétés `CheckFileExist` et `CheckPathExist` gèrent ces vérifications. Vous pouvez également autoriser les sélections multiples par l'intermédiaire de la propriété `Multiselect`.

Enfin, pour afficher la boîte de dialogue, on utilise la méthode `ShowDialog` :

```
dlgOuvrir.Title = "selection du fichier à ouvrir";
    dlgOuvrir.Filter = "tous|*.*|Images|*.bmp;*.gif;*.jpg|texte|*.txt";
    dlgOuvrir.DefaultExt = "toto";
    dlgOuvrir.AddExtension = true;
    dlgOuvrir.CheckFileExists = false;
    dlgOuvrir.Multiselect = true;
    dlgOuvrir.ShowDialog();
```

Les noms du fichier ou des fichiers sélectionnés sont disponibles dans la propriété `FileNames` pour une sélection unique ou dans la propriété `FileNames` pour les sélections multiples. Cette propriété `FileNames` est un tableau de chaînes de caractères avec, dans chaque case du tableau, le nom complet d'un des fichiers sélectionnés.

```
foreach (String nomFichier in dlgOuvrir.FileNames)
    {
        Console.WriteLine(nomFichier);
    }
```

b. Dialogue d'enregistrement de fichier

La boîte de dialogue d'enregistrement de fichier est similaire à la précédente, mis à part la propriété `Multiselect` qui disparaît et les propriétés `CreatePrompt` et `OverwritePrompt` permettant d'afficher un message d'avertissement, si le nom du fichier saisi n'existe pas ou au contraire s'il existe déjà.

c. Dialogue de choix de répertoire

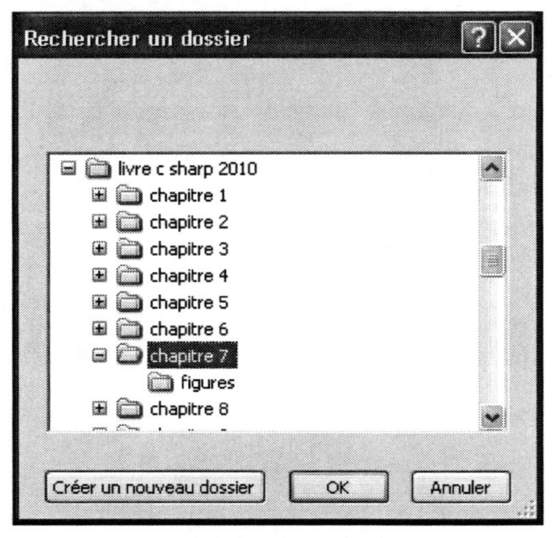

Cette boîte de dialogue est utilisée pour la sélection ou la création d'un répertoire. Elle est créée à partir de la classe `FolderBrowserDialog`. Cette dernière comporte très peu de propriétés. La plus utilisée est certainement la propriété `SelectedPath` permettant la récupération du chemin d'accès au répertoire sélectionné. Le répertoire racine de la boîte de dialogue est indiqué par la propriété `RootFolder`. Cette propriété reçoit une des valeurs de l'énumération `Environment.SpecialFolder` représentant les principaux répertoires caractéristiques du système comme, par exemple, le répertoire **Mes documents**. Si cette propriété est utilisée la sélection ne pourra se faire que dans un sous répertoire du répertoire racine. L'ajout d'un bouton permettant la création d'un nouveau répertoire peut être autorisé en modifiant la propriété `ShowNewFolderButton`. L'affichage de la boîte de dialogue se fait de manière classique par la méthode `ShowDialog` :

```
FolderBrowserDialog dlgChoixRep;
    dlgChoixRep = new FolderBrowserDialog();
    dlgChoixRep.RootFolder = Environment.SpecialFolder.MyDocuments;
    dlgChoixRep.ShowDialog();
    MessageBox.Show(dlgChoixRep.SelectedPath, "repertoire selectionné");
```

Il faut également noter que le chemin d'accès retourné par cette boîte de dialogue est un chemin absolu comme dans l'exemple ci-dessous :

Répertoire sélectionné

C:\Documents and Settings\tgroussard\Mes documents\livre c sharp 2010\chapitre 7

OK

d. Dialogue de choix d'une couleur

La boîte de dialogue de choix de couleur créée à partir de la classe `ColorDialog` peut avoir deux configurations différentes.

Une version "simple" où seules les couleurs de base sont disponibles.

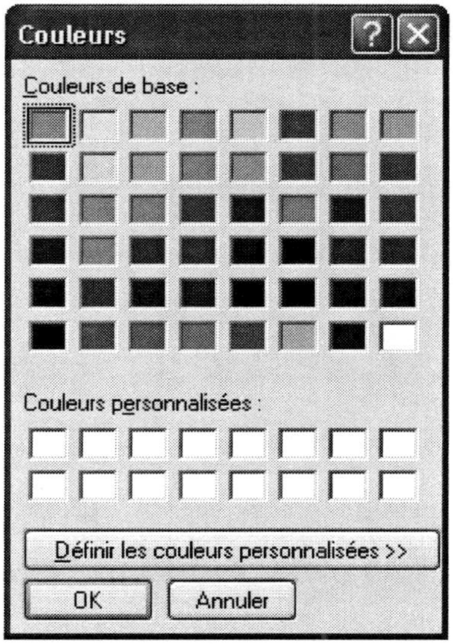

Une version complète dans laquelle l'utilisateur pourra créer des couleurs personnalisées.

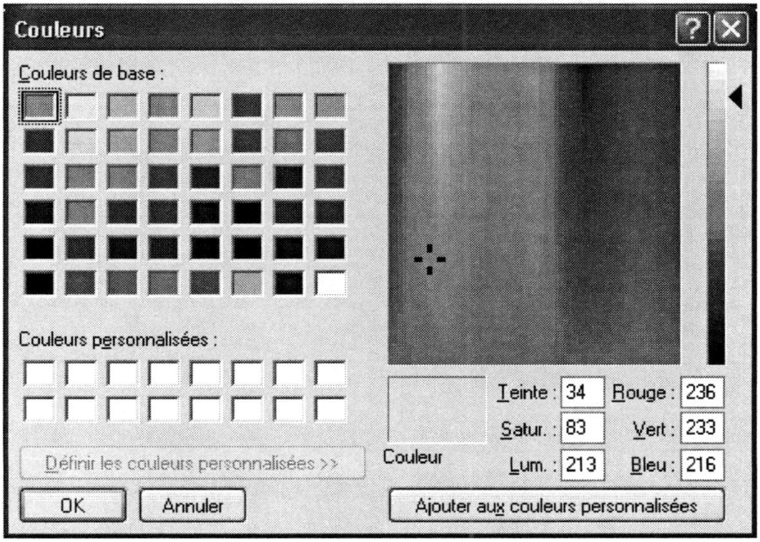

La propriété `Color` permet d'initialiser la boîte de dialogue avant son affichage et ensuite de récupérer la couleur choisie par l'utilisateur. Vous pouvez interdire l'utilisation des couleurs personnalisées ou au contraire afficher la boîte de dialogue complète dès son ouverture. Pour interdire l'affichage des couleurs personnalisées, on modifie la propriété `AllowFullOpen`. Pour forcer l'affichage complet, on utilise la propriété `FullOpen`.

L'affichage de la boîte de dialogue s'effectue toujours par la méthode `ShowDialog`. Pour conserver une qualité d'affichage correcte, vous pouvez également n'autoriser que l'utilisation de couleurs pures (les couleurs obtenues par juxtaposition de différents pixels seront éliminées des choix possibles). Cette option est à utiliser si vous avez une carte graphique configurée en 256 couleurs.

Cet exemple modifie la couleur de fond de notre feuille.

```
ColorDialog dlgColor;
    dlgColor = new ColorDialog();
    dlgColor.FullOpen = true;
    dlgColor.SolidColorOnly = true;
    dlgColor.Color = this.BackColor;
    dlgColor.ShowDialog();
    this.BackColor = dlgColor.Color;r
```

e. Dialogue de choix d'une police

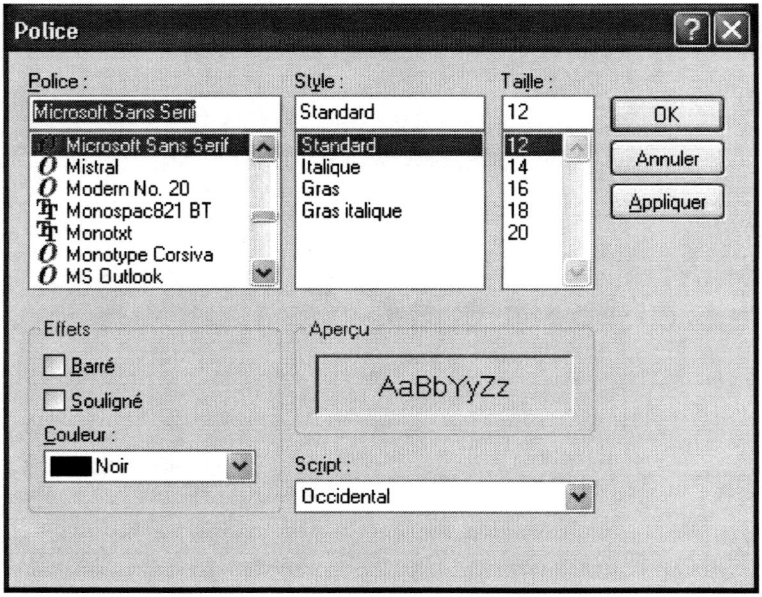

La classe de base utilisée pour la sélection d'une police est la classe `FontDialog`. La propriété `Font` permet de définir la police de caractères utilisée pour initialiser la boîte de dialogue ou, après fermeture, de récupérer la police sélectionnée. Vous pouvez également afficher une boîte de dialogue simplifiée sans le choix de couleur ou des effets. Pour cela, les propriétés `ShowColor` et `ShowEffects` contrôlent l'affichage de ces paramètres dans la boîte de dialogue. Afin de garantir que les paramètres sélectionnés correspondent bien à une police existant sur la machine, vous pouvez utiliser la propriété `FontMustExist`. Cette propriété obligera la boîte de dialogue à vérifier l'existence d'une police correspondante sur le système avant de se fermer. Certaines polices proposent plusieurs jeux de caractères. Vous pouvez autoriser les utilisateurs à choisir l'un de ces jeux de caractères en modifiant la propriété `AllowScriptChange`. La taille de la police sélectionnée peut également être limitée par les propriétés `MaxSize` et `MinSize`.

Pour vous rendre compte de l'effet de la police sélectionnée, un aperçu sur quelques caractères est disponible. Si cet aperçu n'est pas suffisant, vous avez la possibilité d'afficher un bouton **Appliquer** sur votre boîte de dialogue par l'intermédiaire de la propriété `ShowApply`. Ce bouton déclenche un événement `Apply` sur la boîte de dialogue. Dans la gestion de cet événement, vous pouvez utiliser la propriété `Font` de la boîte de dialogue pour visualiser l'effet de la police actuellement sélectionnée sur votre texte. La variable faisant référence à la boîte de dialogue doit être déclarée avec le mot-clé `WithEvents` donc en dehors d'une procédure. Un petit exemple pour visualiser l'utilisation de ces propriétés :

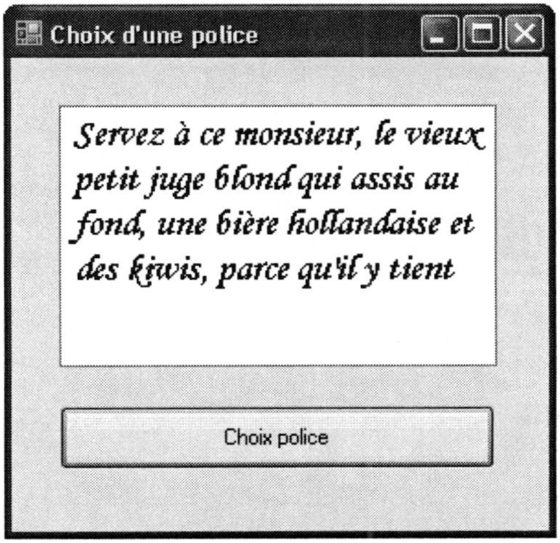

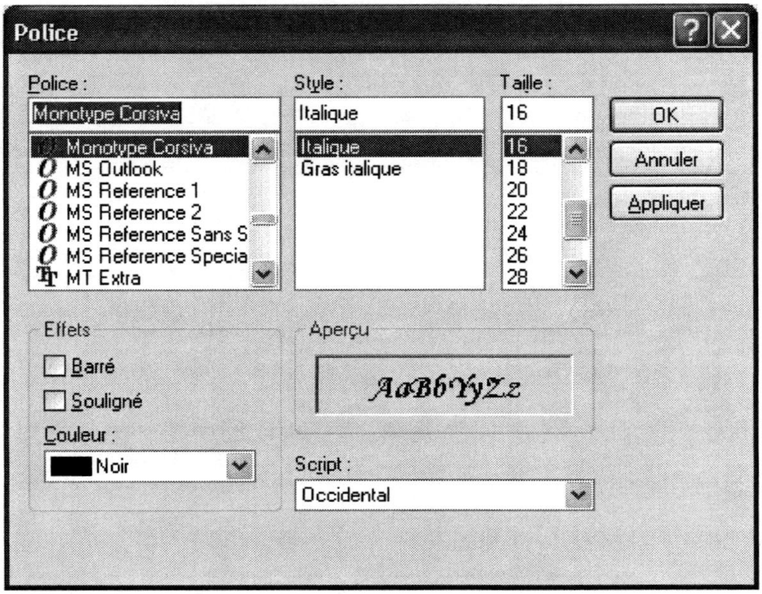

```
    dlgFont = new FontDialog();
    dlgFont.ShowApply = true;
    dlgFont.ShowColor = true;
    dlgFont.ShowEffects = true;
    dlgFont.MaxSize = 20;
    dlgFont.MinSize = 12;
    dlgFont.FontMustExist = true;
    dlgFont.AllowScriptChange = true;
    dlgFont.Apply += dlgFont_Apply;
    dlgFont.ShowDialog();
    txtEchantillon.Font = dlgFont.Font;
```

f. Dialogue de mise en page

Par l'intermédiaire de cette boîte de dialogue, vous allez pouvoir configurer les paramètres de mise en page de votre document (marges, orientation...).

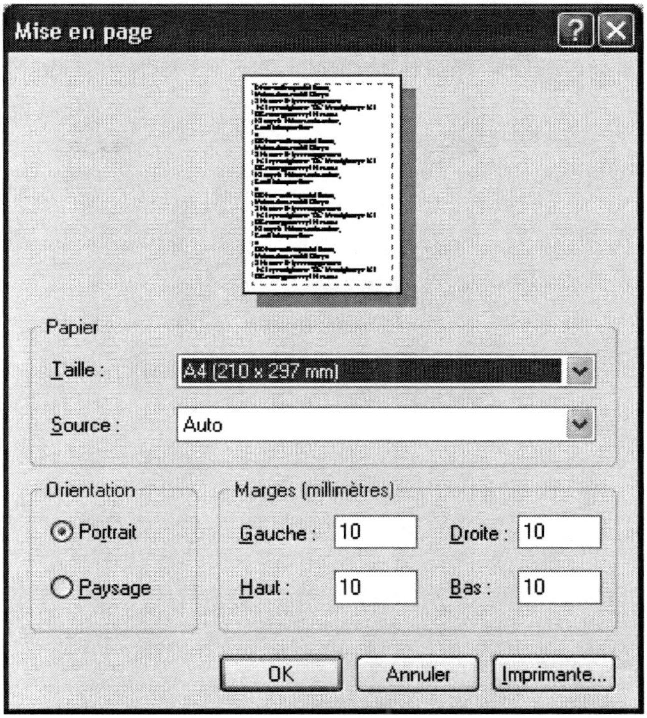

Cette boîte de dialogue est créée à partir de la classe `PageSetupDialog`. Pour travailler, cette classe a besoin de deux classes auxiliaires : la classe `PageSettings` sert à stocker la configuration de la mise en page, la classe `PrinterSettings` stocke la configuration de l'imprimante sélectionnée. Il faut créer une instance de ces deux classes et les associer aux propriétés `PageSettings` et `PrinterSettings` de la boîte de dialogue. Vous serez obligé d'importer l'espace de noms `System.Drawing.Printing` pour pouvoir utiliser ces deux classes.

L'utilisation des différentes rubriques de la boîte de dialogue peut être interdite par la modification des propriétés suivantes :

- `AllowMargins` pour la modification des marges ;
- `AllowOrientation` pour la modification de l'orientation ;
- `AllowPaper` pour le choix du papier ;
- `AllowPrinter` pour le choix de l'imprimante.

Les choix de l'utilisateur seront ensuite récupérés à l'aide des propriétés `PageSettings` et `PrinterSettings` de la boîte de dialogue.

Voici un exemple d'utilisation :

```
PageSetupDialog dlgPgSetup=null;
PageSettings configPg;
PrinterSettings configPrt;
dlgPgSetup = new PageSetupDialog();
configPg = new PageSettings();
configPrt = new PrinterSettings();
dlgPgSetup.PageSettings = configPg;
dlgPgSetup.AllowPrinter = true;
dlgPgSetup.PrinterSettings = configPrt;
dlgPgSetup.ShowDialog();
MessageBox.Show("vous avez choisi d'imprimer avec l'imprimante " +
dlgPgSetup.PrinterSettings.PrinterName + " sur du papier " +
dlgPgSetup.PageSettings.PaperSize.PaperName + " en format " +
((dlgPgSetup.PageSettings.Landscape ? "payssage" : "portrait")));
```

g. Dialogue de configuration d'impression

Avec cette boîte de dialogue, vous pouvez configurer les paramètres d'impression de votre document. Elle sera créée à partir de la classe `PrintDialog`.

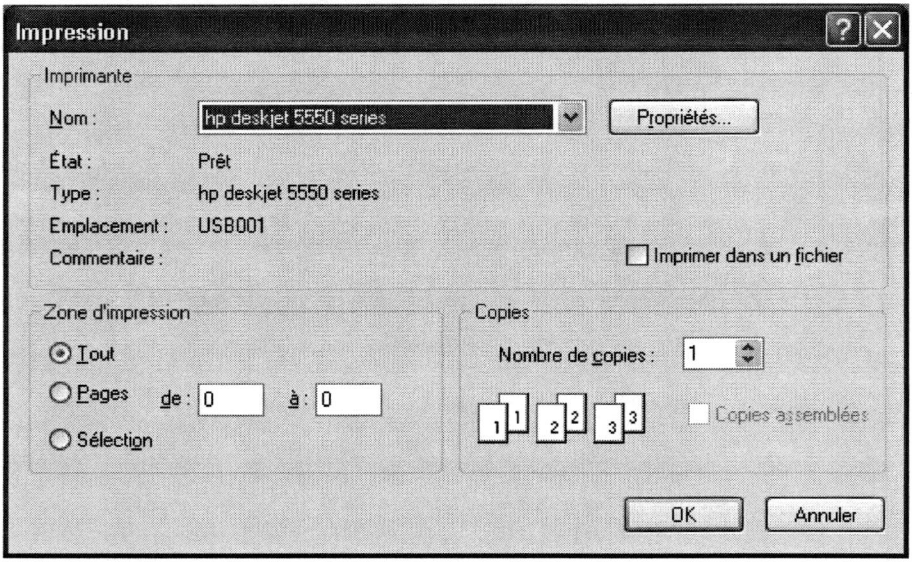

Comme pour la boîte de dialogue de mise en page, la boîte de dialogue de configuration d'impression a besoin d'une instance de la classe `PrinterSettings` pour stocker les informations de configuration de l'imprimante.

Les différentes rubriques peuvent être interdites d'utilisation, par la modification des propriétés suivantes :

- `AllowSelection` autorise l'utilisation du bouton **Sélection**. En général ce bouton est accessible uniquement s'il y a quelque chose de sélectionné dans le document que vous voulez imprimer.
- `AllowSomePages` autorise la sélection d'une page de début et d'une page de fin pour l'impression du document. Ce bouton doit être disponible si le document contient plusieurs pages.
- `AllowPrintToFile` indique si la case à cocher **Imprimer dans un fichier** est disponible. Cette fonctionnalité permet par exemple la récupération d'un fichier au format PostScript pour l'importer dans une autre application.

Le résultat des différentes options sélectionnées est disponible après fermeture de la boîte de dialogue, par l'intermédiaire de la propriété `PrinterSettings`.

Voici un nouvel exemple pour cette boîte de dialogue.

```
PrinterSettings configPrt;
PrintDialog dlgprinter;
configPrt = new PrinterSettings();
dlgprinter = new PrintDialog();
dlgprinter.PrinterSettings = configPrt;
dlgprinter.AllowSomePages = true;
dlgprinter.AllowSelection = true;
dlgprinter.ShowDialog();
switch (dlgprinter.PrinterSettings.PrintRange)
{
  case PrintRange.AllPages:
      MessageBox.Show("vous avez demandé l'impression de tout le
                       document");
      break;
  case PrintRange.SomePages:
      MessageBox.Show("vous avez demandé l impression de la page " +
               dlgprinter.PrinterSettings.FromPage + " à la page " +
               dlgprinter.PrinterSettings.ToPage);
      break;
  case PrintRange.Selection:
      MessageBox.Show("vous avez demandé l'impression de la séléction");
      break;
}
```

3. Boîte de dialogue personnalisée

Après ce bref aperçu des boîtes de dialogue prédéfinies, nous allons voir comment créer nos propres boîtes de dialogue. La base de création d'une boîte de dialogue est une fenêtre classique pour laquelle on modifie les propriétés suivantes :

- Le style de la bordure, pour avoir une fenêtre non redimensionnable.
- La propriété `ShowInTaskBar` qui est positionnée à **False** pour que la fenêtre n'apparaisse pas sur la barre des tâches.
- Il faut également prévoir un bouton de validation et un bouton d'annulation pour la fermeture de la boîte de dialogue.

L'affichage de la boîte de dialogue se fera par l'appel de la méthode `ShowDialog` au lieu de la méthode `Show` car la méthode `ShowDialog` affiche la fenêtre en mode modal (notre boîte de dialogue sera la seule partie utilisable de l'application tant qu'elle sera ouverte).

À la fermeture de la boîte, il faut pouvoir déterminer quel bouton a provoqué la fermeture de la boîte de dialogue. C'est en fait la méthode `Showdialog` qui va nous fournir la solution. Elle nous retourne une des valeurs de l'énumération `System.Windows.Forms.DialogResult`. La valeur retournée n'est bien sur pas prise au hasard. Vous êtes donc obligés, au moment de la conception de la boîte de dialogue, de fournir la valeur à retourner pour chacun des boutons provoquant la fermeture de la boîte de dialogue. Vous pouvez le faire en modifiant la propriété `DialogResult` de la boîte de dialogue dans l'événement `Click` de chacun des boutons ou en modifiant la propriété `DialogResult` des boutons concernés par la fermeture de la boîte de dialogue. À noter que dans ce cas il n'y a pas besoin de gérer l'événement `Click` sur le bouton pour provoquer la fermeture de la boîte de dialogue. Si les deux solutions sont utilisées simultanément, la propriété `DialogResult` de la boîte de dialogue sera prioritaire pour déterminer la valeur renvoyée par la méthode `ShowDialog`.

Maintenant que nous savons comment configurer et afficher une boîte de dialogue, le plus dur reste à faire : créer l'interface visuelle de la boîte de dialogue.

E. Utilisation des contrôles

Les contrôles vont nous permettre de créer l'interface entre l'application et son utilisateur. C'est par leur intermédiaire que l'utilisateur pourra agir sur le fonctionnement de l'application en saisissant du texte, en choisissant des options, en lançant l'exécution d'une partie spécifique de notre application, etc.

Les contrôles seront disponibles, en Visual C#, par l'intermédiaire d'une série de classes qui devront être instanciées au cours de l'exécution de l'application.

Ces différentes classes sont issues d'une hiérarchie qui commence par la classe de base `Control`. Cette classe assure les fonctions élémentaires des contrôles (positions, dimensions...) puis une classe dérivée ajoute des fonctionnalités supplémentaires et ainsi de suite jusqu'à la classe finale de la hiérarchie.

1. Ajout de contrôles

Les contrôles peuvent être ajoutés sur une fenêtre de deux manières différentes. La plus simple, et la plus rapide également, passe par l'utilisation de la boîte à outils. Ici encore il existe trois possibilités pour l'ajout des contrôles.

- Effectuez un double clic sur le contrôle dans la boîte à outils. Cette méthode permet d'en placer un exemplaire, avec une taille par défaut au centre de la fenêtre.
- Effectuez un glisser-déplacer entre la boîte à outils et la fenêtre. Dès que vous survolez la feuille, le curseur de la souris vous indique, par la présence d'un petit signe plus (+), que vous allez ajouter quelque chose sur votre feuille. La position à laquelle vous lâcherez le bouton de votre souris correspondra à la position du coin supérieur gauche de votre contrôle. Il sera dimensionné avec les valeurs par défaut.
- Sélectionnez le contrôle dans la boîte à outils puis cliquer sur la fenêtre à l'endroit où vous voulez placer le coin supérieur gauche de votre contrôle, puis sans relâcher le bouton de la souris, agrandissez le rectangle jusqu'à la taille désirée pour votre contrôle.

Si vous souhaitez placer plusieurs exemplaires du même contrôle sur votre fenêtre, il est possible de bloquer la sélection dans la boîte à outils en utilisant la touche [Ctrl] lorsque vous sélectionnez le contrôle dans la boîte à outils. Vous pourrez alors placer plusieurs exemplaires du même contrôle sans avoir à le resélectionner dans la boîte à outils en conservant la touche [Ctrl] enfoncée.

Certains contrôles n'ont pas d'interface visible au moment de la conception de la fenêtre. Pour éviter d'encombrer la surface de la fenêtre, ils sont placés dans une zone située en bas de la fenêtre de conception graphique ; c'est le cas par exemple des contrôles `ImageList` et `Timer` que nous verrons un peu plus loin dans ce chapitre. Il est possible d'ajouter des contrôles à la boîte à outils. Ces contrôles peuvent être des contrôles .net ou des contrôles ActiveX. L'utilisation de contrôles ActiveX va entraîner quelques inconvénients pour votre application. Le code de votre application sera moins efficace (des opérations supplémentaires seront nécessaires pour accéder au contrôle ActiveX).

Le déploiement de votre application nécessitera des modifications dans la base de registre des machines pour l'enregistrement des contrôles ActiveX.

Les contrôles ajoutés sont nommés automatiquement par Visual Studio au fur et à mesure de l'ajout. Par contre, les noms utilisés par défaut ne sont pas très explicites.

Le code suivant ne doit pas vous paraître très limpide.

```
Button1.Enabled = false;
TextBox1.Clear();
CheckBox1.Checked = true;
RadioButton1.Checked = false;
RadioButton2.Checked = true;
```

Il est donc primordial, pour la lisibilité du code, de renommer les contrôles de préférence dès la création ou, au plus tard, avant de les utiliser dans le code. Il suffit simplement de changer la propriété `name` de chacun d'entre eux à l'aide de la fenêtre de propriétés. Il n'y a pas de règle absolue à respecter pour les noms des contrôles. Une solution fréquemment utilisée consiste à associer un préfixe représentatif du type du contrôle à un nom explicite pour l'application. Les préfixes ne sont pas normalisés.

Préfixe	Contrôle
cbo	ComboBox
lst	Listbox
chk	CheckBox
opt	RadioButton
cmd	Button
txt	TextBox
lbl	Label

Avec le respect de ces conventions et un peu de bon sens, le code est nettement plus clair :

```
cmdValidation.Enabled = false;
txtNom.Clear();
chkItalique.Checked = true;
optBleu.Checked = false;
optVert.Checked = true;
```

2. Position et dimension des contrôles

Après avoir placé les contrôles sur la fenêtre, il est bien sûr possible de les repositionner ou de les redimensionner. Lorsque vous déplacez la souris au-dessus d'un contrôle, le curseur change d'apparence pour indiquer la possibilité de déplacer le contrôle.

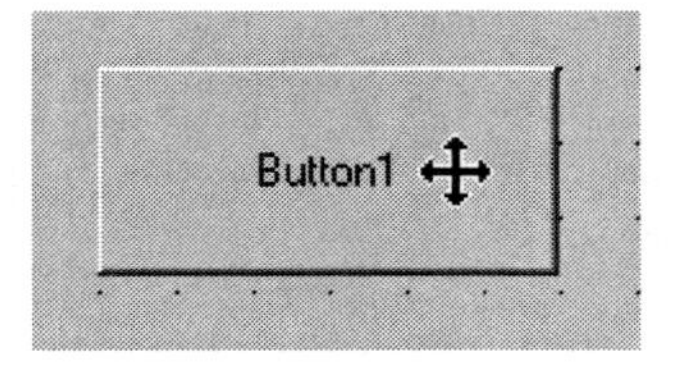

Il suffit de cliquer sur le contrôle puis de déplacer la souris. Un rectangle noir suit alors votre curseur de souris, pour représenter la future position de votre contrôle. Des lignes de guidage sont affichées pendant le déplacement du contrôle pour faciliter son alignement avec les autres contrôles déjà placés sur la fenêtre. Les lignes bleues représentent les alignements possibles sur les bordures des autres contrôles, les lignes roses représentent les alignements possibles sur les libellés des contrôles. Le contrôle sera effectivement déplacé au moment où vous relâcherez le bouton de votre souris.

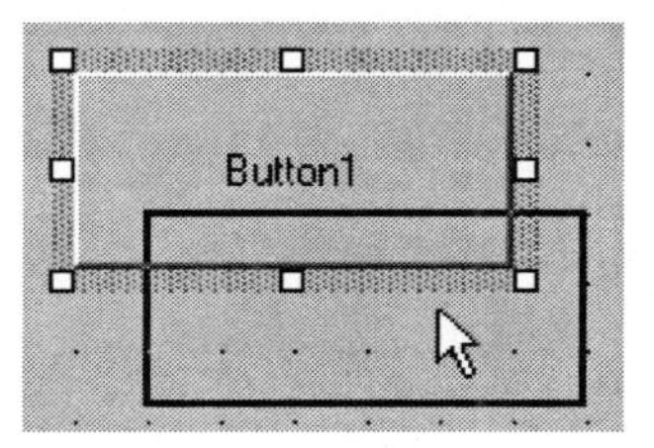

L'utilisation des flèches du clavier est également possible et apporte plus de précision dans les déplacements.

Vous pouvez aussi modifier la position d'un contrôle par sa propriété `Location` dans la fenêtre de propriétés. Cette propriété est d'ailleurs modifiée lorsque vous déplacez un contrôle avec la souris ou le clavier.

Enfin, la dernière possibilité est de modifier les propriétés `Left` et `Top` du contrôle par le code. Le morceau de code suivant permet de déplacer le bouton de commande à une position aléatoire à chaque fois que vous cliquez dessus.

```
private void cmdTest_Click(object sender, EventArgs e)
{
cmdTest.Left = new Random().Next(0,(this.ClientSize.Width-
                                    cmdTest.Size.Width));
    cmdTest.Top = new Random().Next(0, (this.ClientSize.Height -
                                        cmdTest.Size.Height));
}
```

Des fonctionnalités plus évoluées permettent le positionnement des contrôles les uns par rapport aux autres. Pour pouvoir les utiliser, il faut au préalable sélectionner plusieurs contrôles sur votre feuille. Pour cela, deux solutions possibles :

- Dessiner un rectangle de sélection, avec la souris, autour des contrôles.
- Cliquer sur les contrôles les uns après les autres en maintenant la touche [Ctrl] enfoncée. Le premier contrôle sélectionné apparaît avec des poignées de sélection blanches.

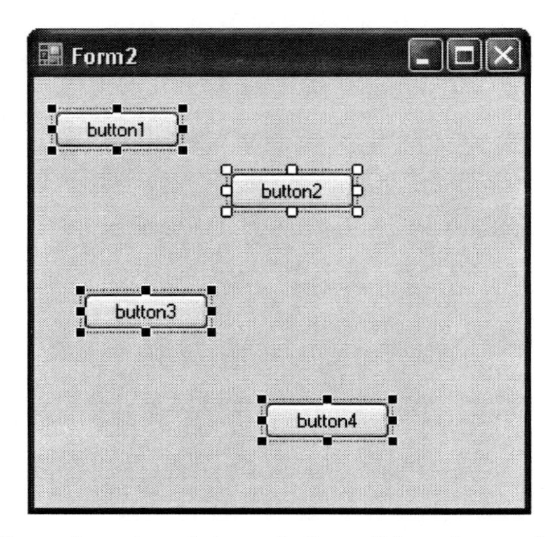

Les options du menu **Format** sont maintenant disponibles et vous fournissent de nombreuses options pour positionner les contrôles. Le contrôle qui apparaît dans la sélection avec des poignées de sélection blanches est considéré comme référence pour l'alignement.

Format
Aligner
Uniformiser la taille
Espacement horizontal
Espacement vertical
Centrer sur le formulaire
Ordre
Verrouiller les contrôles
Côtés gauches
Centres
Côtés droits
Sommets
Milieux
Bases
Sur la grille

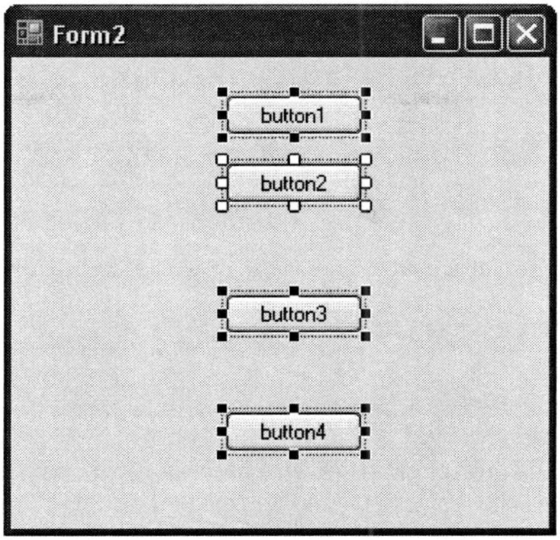

De nombreuses autres options sont disponibles pour organiser le placement des contrôles sur votre feuille.

Le redimensionnement des contrôles est également très simple à mettre en œuvre puisqu'il suffit de sélectionner le ou les contrôles à redimensionner et de placer le curseur de la souris sur l'une des poignées de sélection, pour faire apparaître une flèche vous indiquant dans quelle direction vous pouvez redimensionner le contrôle. Il faut alors cliquer sur le carré correspondant et déplacer la souris jusqu'à ce que le contrôle ait atteint la taille désirée.

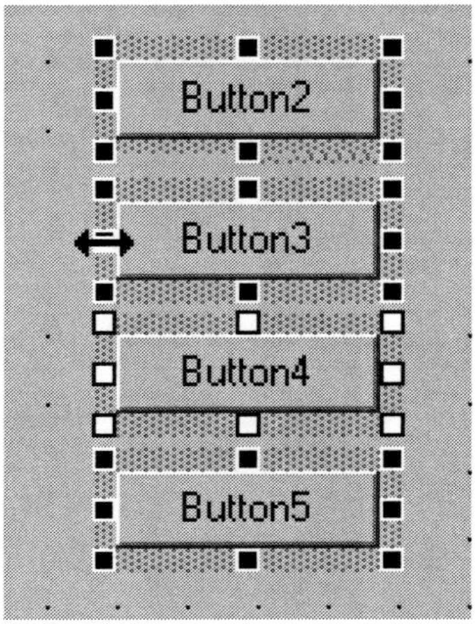

Vous pouvez également utiliser les flèches du clavier en association avec la touche [Shift] pour le dimensionnement des contrôles.

Le redimensionnement par le code utilise la méthode `SetBounds` qui permet à la fois de fixer la position et la taille du contrôle. Le code suivant diminue la taille du bouton à chaque fois que l'on clique dessus.

```
private void cmdMincir_Click(object sender, EventArgs e)
{
    cmdMincir.SetBounds(cmdMincir.Left, cmdMincir.Top,
                        cmdMincir.Width - 5, cmdMincir.Height - 5);
}
```

Après de nombreux efforts pour positionner et dimensionner les contrôles, il serait dommage qu'une erreur de manipulation vienne remettre tout en cause. Pour éviter ces soucis, il est possible de verrouiller les contrôles sur la feuille, par le menu **Format - Verrouiller les contrôles**. Cette commande bloque le déplacement et le redimensionnement de tous les contrôles présents sur la feuille ainsi que le redimensionnement de la feuille elle-même. Les contrôles peuvent ensuite être déverrouillés par la même option de menu. Vous pouvez également déverrouiller les contrôles individuellement par la propriété `locked`.

Si vous concevez une application dans laquelle l'utilisateur peut redimensionner la fenêtre au moment de l'exécution, les contrôles doivent suivre les modifications de taille de la fenêtre. Pour autoriser le redimensionnement automatique d'un contrôle, vous pouvez utiliser la propriété `Anchor` du contrôle. Par l'intermédiaire de cette propriété, vous indiquez que la distance entre les bords du contrôle et les positions d'ancrage sera conservée lors du redimensionnement de la fenêtre. À la création, les contrôles sont ancrés aux bords haut et gauche de la feuille. La modification de cette propriété s'effectue par un petit assistant, disponible dans la fenêtre de propriétés.

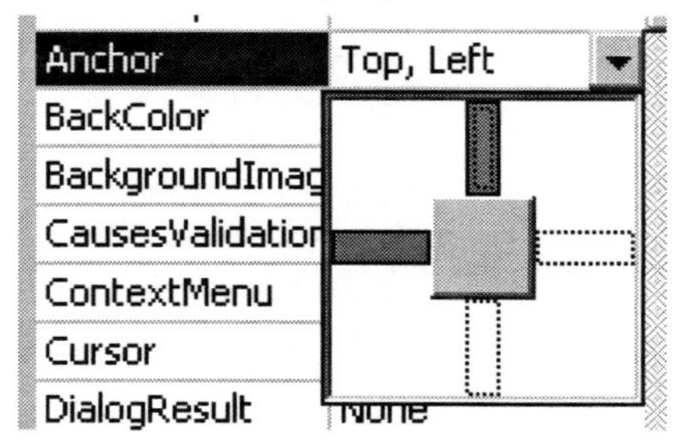

Pour modifier la propriété `anchor`, sélectionnez la branche de l'étoile correspondant au côté avec lequel vous voulez réaliser un ancrage, ou supprimer un ancrage existant.

Par exemple, pour la fenêtre suivante, les contrôles sont ancrés à gauche et à droite.

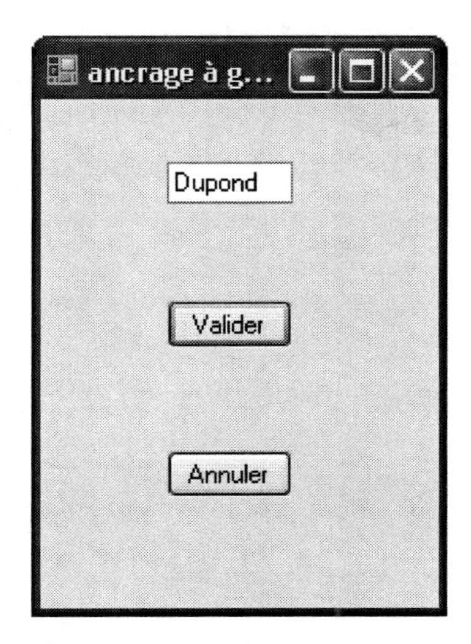

Si nous redimensionnons la fenêtre, les contrôles suivent l'agrandissement horizontal de la feuille.

ancrage à gauche et à droite
Dupond
Valider
Annuler

Vous pouvez également indiquer qu'un contrôle doit adapter une ou plusieurs de ces dimensions à celle de son conteneur. Pour cela, vous utilisez la propriété `Dock` du contrôle en indiquant sur quelle bordure de son conteneur notre contrôle va adapter une de ses dimensions.

Par exemple, nous pouvons placer un contrôle `PictureBox` en demandant à l'amarrer à la bordure basse de la fenêtre.

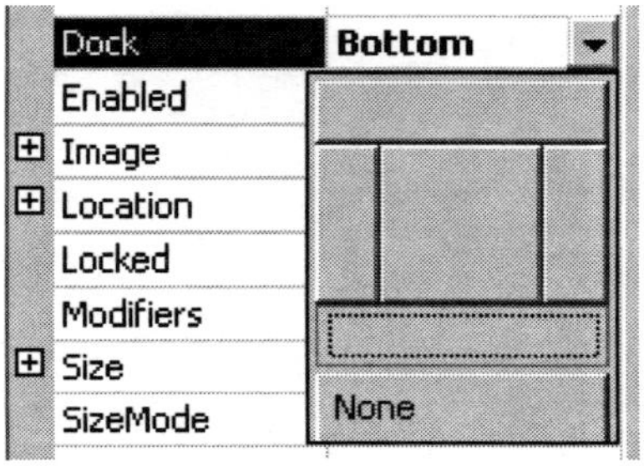

Notre PictureBox s'adapte automatiquement à la largeur de la fenêtre et reste collée à sa bordure basse.

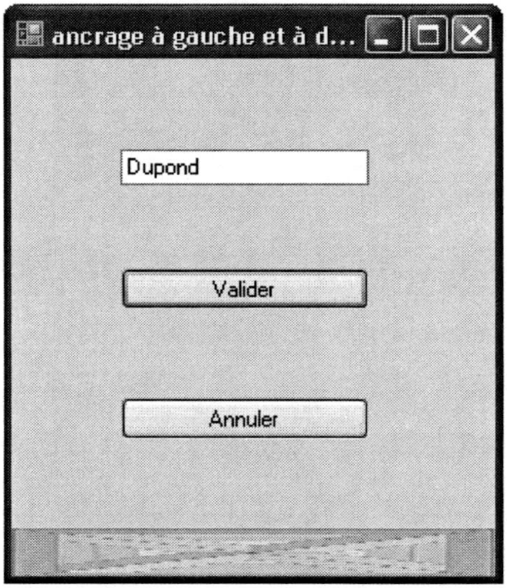

3. Passage du focus entre contrôles

Lorsque vous concevez votre application, vous devez penser aux personnes réfractaires à l'utilisation de la souris en leur permettant quand même d'utiliser l'application. Il convient donc de concevoir l'application pour qu'elle puisse fonctionner uniquement en utilisant le clavier (sans clavier ni souris ce sera beaucoup plus difficile !).

Dans une application Windows, on dit d'un contrôle qu'il détient le focus lorsqu'il est prêt à recevoir la saisie de l'utilisateur. Le focus peut se déplacer de contrôle en contrôle en utilisant la touche [Tab]. Deux propriétés des contrôles règlent le passage du focus par la touche [Tab].

- La propriété `TabStop` indique si un contrôle pourra recevoir le focus par l'utilisation de la touche [Tab].

- La propriété `TabIndex` indique l'ordre dans lequel le focus sera passé entre les contrôles.

Par défaut, les propriétés `TabIndex` sont numérotées dans l'ordre dans lequel les contrôles sont créés.

Pour modifier cet ordre, vous pouvez modifier directement la propriété `TabIndex` de chaque contrôle ou utiliser le menu **Affichage - Ordre de tabulation**. Les contrôles sont alors affichés avec, dans leur coin supérieur gauche, la valeur de leur propriété `TabIndex`.

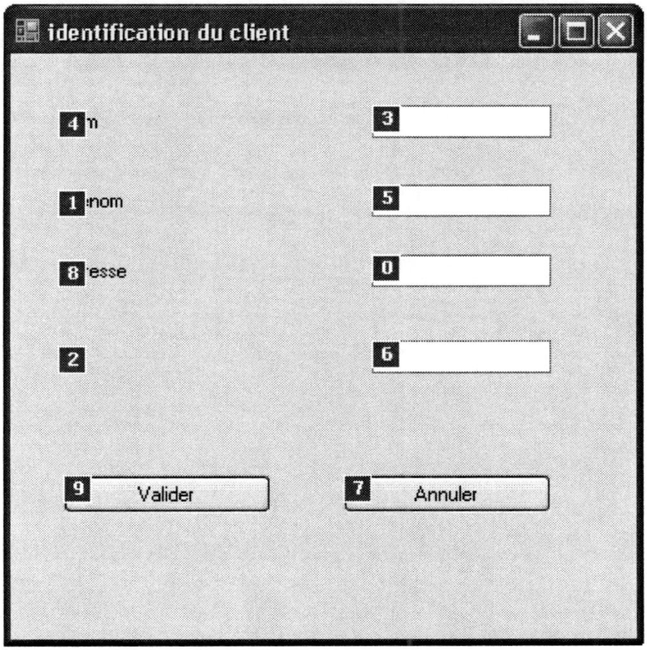

Vous devez ensuite cliquer sur les contrôles, dans l'ordre dans lequel vous voulez que le focus soit passé.

L'ordre suivant semble beaucoup plus logique pour cette boîte de dialogue.

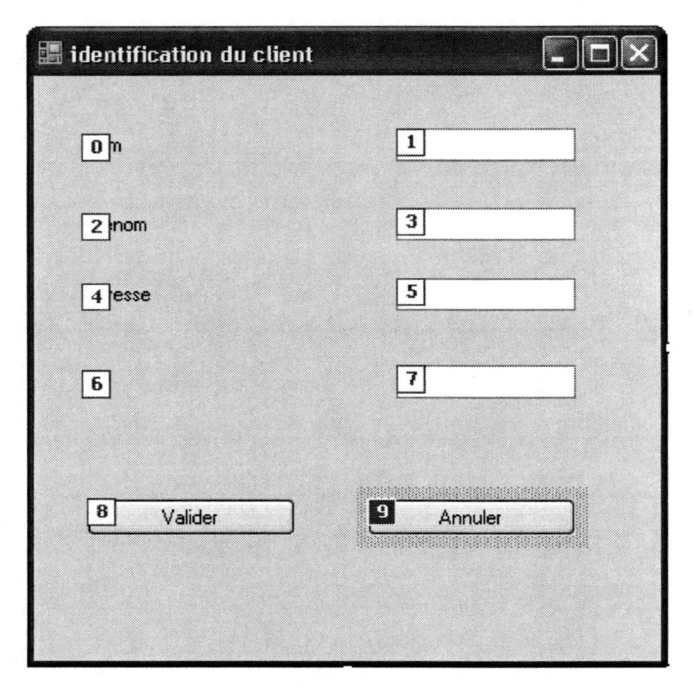

Vous pouvez ensuite revenir en mode normal en utilisant à nouveau le menu **Affichage - Ordre de tabulation** ou en utilisant la touche [Echap].

4. Raccourcis-clavier

Certains utilisateurs pressés souhaitent pouvoir se déplacer directement sur un contrôle particulier sans avoir à passer le focus sur tous ceux qui le précèdent dans l'ordre des tabulations. Vous pouvez, pour cela, ajouter un raccourci-clavier qui sera activé par l'intermédiaire de la touche [Alt] et un caractère. Pour spécifier le caractère à utiliser pour activer le contrôle, il faut ajouter dans la propriété `Text` du contrôle un caractère & devant le caractère utilisé pour le raccourci-clavier associé au contrôle. Cela provoque l'activation du raccourci et le soulignement du caractère dans le texte apparaissant sur le contrôle.

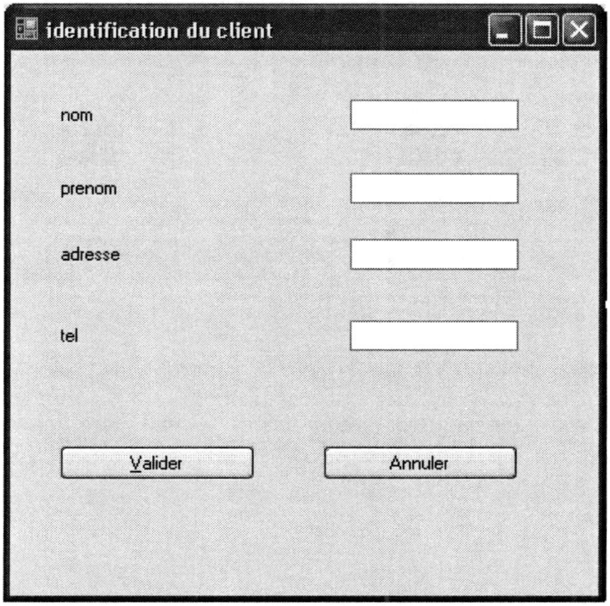

Si par contre, vous voulez insérer un caractère & dans la légende de votre contrôle, il faut le répéter deux fois dans sa propriété `Text`.

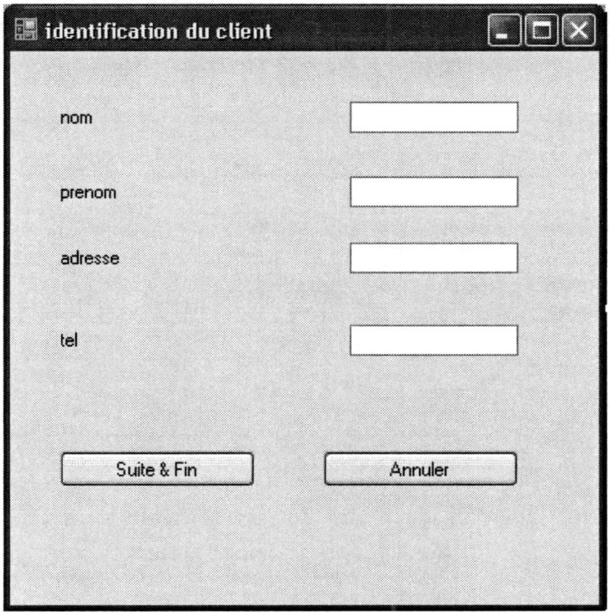

Pour certains contrôles (boutons, case à cocher, bouton d'option...), l'utilisation du raccourci-clavier est équivalent à un clic de souris et lance l'action correspondante, pour les autres, le raccourci-clavier place simplement le focus sur le contrôle correspondant.

Pour les contrôles n'ayant pas de légende, il faudra passer par l'intermédiaire d'un contrôle `label` qui lui servira de légende et activera également le raccourci-clavier. Nous verrons cela un peu plus loin dans ce chapitre.

Maintenant que nous savons utiliser les contrôles dans une application, nous allons examiner dans le détail les plus utilisés.

F. Les contrôles

Chaque contrôle utilisable dans Visual C# est représenté par une classe dont nous allons pouvoir créer des instances pour concevoir l'interface de l'application. La majorité des contrôles dérivent de la classe `Control` et de ce fait, héritent d'un bon nombre de propriétés de méthodes et d'événements.

Nous allons donc étudier les éléments les plus utiles de la classe `Control`.

1. La classe Control

a. Dimensions et position

Les propriétés `Left`, `Top`, `Width`, `Height` permettent le positionnement des contrôles. Ces propriétés peuvent être modifiées individuellement et acceptent des valeurs de type `Integer`.

Il est donc possible dans notre code d'utiliser la syntaxe suivante :

```
TextBoxNom.Left = 100;
        TextBoxNom.Top = 50;
        TextBoxNom.Width = 150;
        TextBoxNom.Height = 50;
```

Deux autres propriétés permettent de travailler avec la position et la taille d'un contrôle : la propriété `Location` accepte un objet de type point grâce auquel nous pouvons spécifier la position de notre contrôle ; de la même manière, la propriété `Size` qui accepte un objet de type `Size`, gère les dimensions du contrôle. Les lignes précédentes peuvent être remplacées par :

```
TextBoxNom.Location = New Point(100, 50);
      TextBoxNom.Size = New Size(150, 50);
```

dans lesquelles nous construisons une instance de `Point` et de `Size`, avant de les associer aux propriétés correspondantes.

Une troisième possibilité nous permet de manipuler, à la fois, la position et la taille des contrôles : la propriété `Bounds` attend une instance de la classe `Rectangle` pour définir les caractéristiques du contrôle. Notre code se résume donc à une seule ligne :

```
TextBoxNom.Bounds = New Rectangle(100, 50, 150, 50);
```

La méthode `SetBounds` permet également de modifier les positions et dimensions des contrôles sans avoir à créer de nouvelle instance de la classe `Rectangle` mais en modifiant celle déjà associée au contrôle.

```
TextBoxNom.SetBounds(100, 50, 150, 50);
```

La modification de ces propriétés entraîne le déclenchement des événements `Resize` et `Move` sur le contrôle. Ces événements sont bien sûr déclenchés lorsque la valeur des propriétés est modifiée dans le code, mais aussi lorsque, par exemple, la modification de taille de la fenêtre entraîne un repositionnement ou un redimensionnement du contrôle.

Le comportement des contrôles lorsque la fenêtre est redimensionnée est spécifié par les propriétés `Anchor` et `Dock`. Nous avons déjà vu comment modifier ces propriétés, par l'intermédiaire de la fenêtre de propriétés. Pour les modifier par le code, il suffit d'y affecter une des valeurs définies dans les énumérations `AnchorStyles` et `DockStyle`.

```
TextBoxNom.Anchor=AnchorStyles.
    Bottom
    Left
    None
    Right
    Top
```

```
TextBoxNom.Dock=DockStyle.
    Bottom
    Fill
    Left
    None
    Right
    Top
```

Jusqu'à présent, les positions avec lesquelles nous avons travaillé étaient des positions exprimées par rapport au coin supérieur gauche du conteneur du contrôle. Dans certains cas, il peut être utile d'obtenir les coordonnées d'un point du contrôle non pas rapport au coin supérieur gauche du contrôle, mais par rapport au coin supérieur gauche de l'écran. La méthode `PointToScreen` permet cette conversion. Elle attend, comme paramètre, une instance de la classe `Point` avec les coordonnées exprimées par rapport au contrôle et renvoie une nouvelle instance de la classe `Point` avec les coordonnées exprimées par rapport à l'écran.

Le code suivant convertit, en coordonnées écran, la position supérieure gauche d'un contrôle TextBox :

```
private void button1_Click(object sender, EventArgs e)
{
    Console.WriteLine("Controle/Fenetre");
    Console.WriteLine(button1.Location);
    Point p=new Point(0,0);
    p=button1.PointToScreen(button1.Location);
    Console.WriteLine("Controle/Ecran");
    Console.WriteLine(p);
}
```

Résultat :

```
Controle/fenetre  :{X=107,Y=72}
Controle/ecran  :{X=306,Y=255}
```

L'opération inverse peut être réalisée par la méthode `pointToClient` qui elle, prend comme paramètre un point en coordonnées écran et renvoie un point exprimé en coordonnées liées au contrôle. Si l'on effectue l'opération inverse, c'est-à-dire en partant des coordonnées écran, on obtient bien la même valeur :

```
Console.WriteLine("Controle/Fenetre à partir de l'écran" +
                        button1.PointToClient(p).ToString());
```

Résultat :

```
controle / fenetre à partir de l'écran{X=107,Y=72}
```

b. Apparence des contrôles

La couleur de fond du contrôle peut être modifiée par la propriété `BackColor` tandis que la couleur du texte du contrôle est modifiée par la propriété `ForeColor`.

On peut affecter à ces propriétés des valeurs définies dans l'espace de noms `System.Drawing.Color` pour obtenir des couleurs prédéfinies dans Visual Basic.

```
TextBoxNom.BackColor = System.Drawing.Color.Yellow;
```

On peut également utiliser les constantes définies dans l'espace de noms `System.Drawing.SystemColors` pour utiliser une des couleurs définies au niveau du système lui-même. L'intérêt, dans ce cas, est que votre application va s'adapter en fonction de la configuration de la machine sur laquelle elle fonctionnera.

```
TextBoxNom.BackColor=System.Drawing.SystemColors.InactiveCaptionText;
```

La troisième solution consiste à effectuer le mélange de couleur vous-même, en utilisant la fonction `FromArgb` et en spécifiant comme paramètre la quantité de chacune des couleurs de base (Rouge, Vert, Bleu).

```
TextBoxNom.BackColor = System.Drawing.Color.FromArgb (127, 0, 127);
```

La police est modifiable par la propriété `Font` du contrôle. On peut, pour l'occasion, créer une nouvelle instance de la classe `Font` et l'affecter au contrôle. Il y a treize constructeurs différents pour la classe `Font` donc treize façons différentes de créer une police de caractère. Nous utiliserons la plus simple en indiquant, simplement, le type de police et la taille.

```
TextBoxNom.Font = New Font(System.Drawing.FontFamily.GenericMonospace, 16);
```

Après avoir effectué des modifications sur ces propriétés, il est possible de revenir à une configuration normale en appelant les méthodes `ResetBackColor`, `ResetForeColor`, `ResetFont`. Les propriétés correspondantes sont réinitialisées avec les valeurs définies pour le conteneur du contrôle.

La propriété `BackgroundImage` permet de spécifier une image qui sera utilisée comme fond pour le contrôle. Si l'image n'est pas assez grande pour recouvrir le contrôle, elle est représentée en mosaïque :

```
BtnValider.BackgroundImage = New Bitmap("cut.bmp");
```

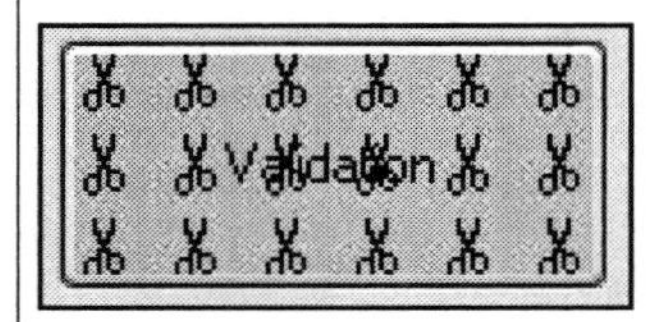

Le résultat est parfois déroutant !

Pour revenir à quelque chose de plus classique :

```
BtnValider.BackgroundImage = null ;
```

La propriété `Cursor` permet de choisir l'apparence du curseur lorsque la souris se trouve sur la surface du contrôle. Plusieurs curseurs sont prédéfinis dans Windows.

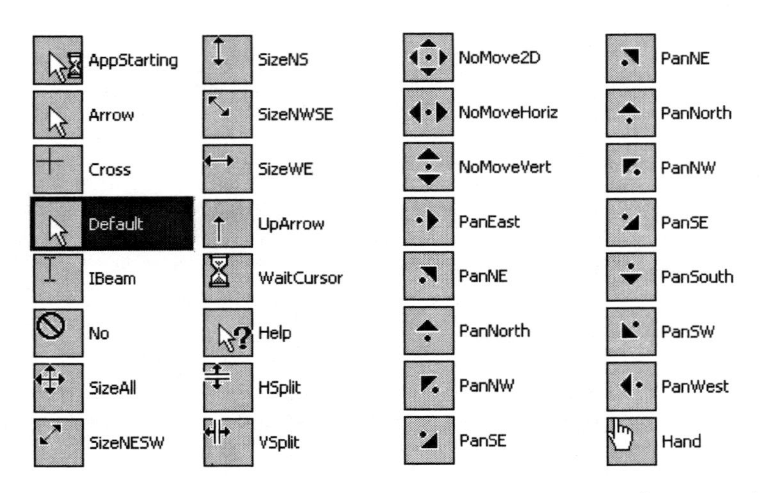

Ces curseurs sont rangés dans une collection **Cursors** et peuvent être utilisés directement en les affectant à la propriété `Cursor` du contrôle.

```
BtnValider.Cursor = Cursors.WaitCursor;
```

Si, parmi ceux-ci, aucun ne vous convient, vous pouvez utiliser un curseur personnalisé en créant une instance de la classe `Cursor` et en l'affectant à la propriété `Cursor` du contrôle.

```
BtnValider.Cursor = New Cursor("h_nodrop.cur");
```

La détection de l'entrée et de la sortie de la souris sur le contrôle et la modification du curseur en conséquence est gérée automatiquement par le contrôle lui-même.

> Comme pour la police de caractère, il est possible de restaurer le curseur par défaut en appelant la méthode `ResetCursor`.

La modification de la plupart des propriétés des contrôles déclenche un événement. Ces événements sont identifiés par le nom de la propriété suivi du suffixe `Changed`. Ils peuvent être utilisés pour sauvegarder les préférences de l'utilisateur lorsqu'il personnalise l'application.

c. Comportement des contrôles

Les contrôles placés sur une feuille peuvent être masqués en modifiant la propriété `Visible` ou désactivés en modifiant la propriété `Enabled`. Dans ce cas, le contrôle est toujours visible mais apparaît avec un aspect grisé pour indiquer à l'utilisateur que ce contrôle est inactif pour le moment.

```
BtnValider.Enabled = False;
```

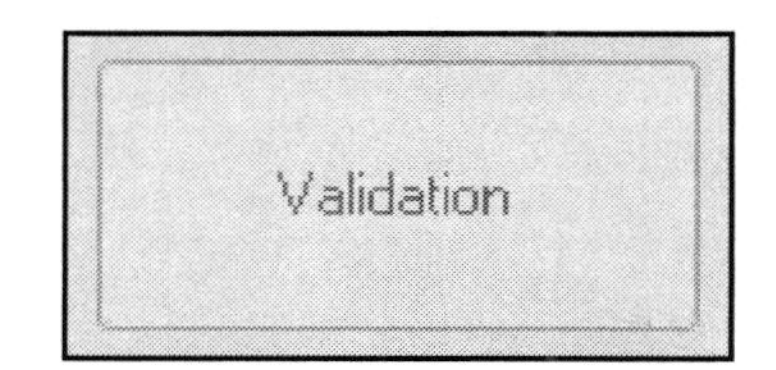

Les contrôles dans cet état ne peuvent bien sûr pas recevoir le focus dans l'application. Vous pouvez vérifier cela en examinant la propriété `CanFocus` qui renvoie un Boolean. Vous pouvez également vérifier si un contrôle détient actuellement le focus, en vérifiant la propriété `Focused` ou la propriété `ContainsFocus`. Cette dernière est à utiliser avec les contrôles conteneurs (c'est-à-dire les contrôles qui peuvent contenir d'autres contrôles), dans ce cas cette propriété est positionnée sur **True** si l'un des contrôles placés à l'intérieur du conteneur a le focus.

Le focus peut être placé sur un contrôle sans l'intervention de l'utilisateur, en appelant la méthode focus du contrôle.

```
BtnValider.Focus();
```

Pour surveiller le passage du focus d'un contrôle à l'autre, quatre événements sont à votre disposition :

- `Enter` indique que le focus arrive sur un des contrôles d'un conteneur.
- `GotFocus` indique qu'un contrôle particulier a reçu le focus.
- `LostFocus` indique qu'un contrôle a perdu le focus.
- `Leave` indique que le focus n'est plus sur un des contrôles du conteneur.

Par exemple, pour bien visualiser qu'un contrôle a le focus, on peut utiliser le code suivant qui modifie la couleur du texte lorsque le contrôle reçoit ou perd le focus :

```
void txtNom_LostFocus(object sender, EventArgs e)
{
    txtNom.ResetForeColor(); ;
}
void txtNom_GotFocus(object sender, EventArgs e)
{
    txtNom.ForeColor = Color.Green;
}
```

Dans certains cas, il est souhaitable de vérifier la saisie de l'utilisateur dans un formulaire avant de continuer dans l'application. Cette vérification peut être effectuée à la fermeture du formulaire ou au fur et à mesure de la saisie, dans les différents contrôles du formulaire.

Chaque contrôle peut être configuré pour permettre la vérification de la saisie en modifiant la propriété CausesValidation sur **True**. Juste avant que le contrôle ne perde le focus, l'événement Validating est déclenché pour permettre la vérification de la saisie de l'utilisateur. Si la saisie n'est pas correcte (en fonction des critères que nous avons fixés), nous pouvons bloquer le passage du focus vers un autre contrôle en modifiant la propriété Cancel de l'objet CancelEventArg qui est passé comme paramètre. Dans ce cas, le focus reste sur le contrôle pour lequel la saisie n'est pas correcte. Par contre, si la saisie est correcte, l'événement Validated est déclenché sur le contrôle et le focus se déplace sur le contrôle suivant.

Par exemple, pour saisir un numéro de téléphone, nous pouvons vérifier que seules des valeurs numériques ont été saisies. En cas d'erreur nous générons un beep, modifions la couleur du texte et bloquons le passage du focus sur un autre contrôle.

```
private void txtTel_Validating(object sender, CancelEventArgs e)
{
    bool resultat;
    long i;
    resultat = long.TryParse(txtTel.Text, out i);
    if (!resultat)
    {
        SystemSounds.Beep.Play();
        txtTel.ForeColor = Color.Red;
        e.Cancel = true;
    }
}
private void txtTel_Validated(object sender, EventArgs e)
{
    txtTel.ResetForeColor();
}
```

Deux propriétés sont parfois utiles lorsque nous travaillons avec des contrôles conteneur. La propriété HasChildren nous permet de savoir si des contrôles sont placés dans notre conteneur. Si c'est le cas, la collection Controls contient la liste de tous ces contrôles. Nous pouvons par exemple modifier la couleur de texte de tous les contrôles d'un conteneur lorsque le focus est placé sur l'un d'entre eux.

```
private void grBoxIdent_Enter(object sender, EventArgs e)
{
if (grBoxIdent.HasChildren)
{
    foreach (Control c in grBoxIdent.Controls)
    {
        c.ForeColor = Color.YellowGreen;
    }
}
```

```
}
private void grBoxIdent_Leave(object sender, EventArgs e)
{
if (grBoxIdent.HasChildren)
{
    foreach (Control c in grBoxIdent.Controls)
    {
        c.ResetForeColor();
    }
}
}
```

L'opération inverse est également possible c'est-à-dire, qu'à partir d'un contrôle, nous pouvons récupérer les propriétés de son conteneur. La propriété `Parent` fournit une référence vers le conteneur du contrôle. Nous pouvons, par exemple, faire en sorte que la couleur de fond de chaque contrôle change en même temps que celle de son conteneur.

```
private void grBoxIdent_BackColorChanged(object sender, EventArgs e)
{
    foreach (Control c in grBoxIdent.Controls)
    {
        c.BackColor = c.Parent.BackColor;
    }
}
```

Maintenant que nous avons exploré les propriétés communes aux différents contrôles disponibles, nous allons les étudier un par un en explorant leurs spécificités.

2. Les contrôles d'affichage d'informations

a. Le contrôle Label

Le contrôle Label est utilisé pour afficher, sur un formulaire, un texte qui ne sera pas modifiable par l'utilisateur. Il sert essentiellement à fournir une légende à des contrôles qui n'en possède pas (zones de texte par exemple, liste déroulante...). Dans ce cas, il permettra également de fournir un raccourci-clavier pour atteindre le contrôle.

Le texte affiché par le contrôle est indiqué par la propriété `Text`. Cette propriété pourra bien sûr être modifiée par le code l'application. Il faut cependant être prudent car, par défaut, le contrôle conservera la taille que vous lui avez donnée à la conception. Si la nouvelle chaîne de caractères affectée à la propriété `Text` est plus longue que celle spécifiée au moment de la conception, seul le début sera visible. Pour éviter ce problème, il faut demander au contrôle `Label` d'adapter sa largeur en fonction du texte à afficher, en modifiant la propriété `AutoSize` sur **True**.

Par défaut, le contrôle `Label` n'a pas de bordure. Vous pouvez en ajouter une en modifiant la propriété `BorderStyle`, en utilisant l'une des trois valeurs disponibles.

```
label1.BorderStyle=BorderStyle.
    Fixed3D
    FixedSingle
    None
```

Vous avez aussi la possibilité d'indiquer la position du texte dans le contrôle par l'intermédiaire de la propriété `TextAlign`. Dans le code, vous utiliserez l'une des constantes prédéfinies.

```
label1.TextAlign=ContentAlignment.
    BottomCenter
    BottomLeft
    BottomRight
    MiddleCenter
    MiddleLeft
    MiddleRight
    TopCenter
    TopLeft
    TopRight
```

Par la fenêtre de propriété, il suffit de cliquer sur la position désirée pour le texte à l'intérieur de votre contrôle.

TextAlign | **MiddleRight**

À noter cependant que la propriété `TextAlign` modifiera la position du texte uniquement si la propriété `AutoSize` est positionnée sur **False**.

Les contrôles `Label` peuvent également afficher des images. Vous pouvez indiquer l'image à afficher à l'aide de la propriété `Image`. Une autre solution consiste à utiliser un contrôle `ImageList` qui servira, en quelque sorte, de stockage pour les images de l'application. Dans ce cas, vous indiquez, par l'intermédiaire de la propriété `ImageList`, dans quel contrôle vous allez chercher l'image, et par la propriété `ImageIndex` à quel endroit elle se trouve dans le contrôle `ImageList`. Si vous utilisez un contrôle `ImageList`, la propriété Image de votre contrôle sera ignorée. Comme pour le texte, vous pouvez modifier la position de l'image dans le contrôle par la propriété `ImageAlign` avec les mêmes constantes que pour la propriété `TextAlign`.

Nous avons indiqué que le contrôle `Label` pouvait être utilisé comme raccourci-clavier pour un autre contrôle. Pour cela, trois précautions sont à prendre.

- Comme pour les autres contrôles, ajouter un & dans la propriété `Text` pour le caractère utilisé comme raccourci.
- Indiquer au contrôle `Label` son rôle de gestionnaire de raccourci-clavier en modifiant la propriété `UseMnemonic` sur **True**.
- Vérifier que le contrôle, qui doit recevoir le focus, est immédiatement après le contrôle `Label` dans l'ordre des tabulations (propriété `TabIndex`).

b. Le contrôle LinkLabel

Le contrôle `LinkLabel` hérite de toutes les caractéristiques du contrôle `Label` et ajoute simplement des fonctionnalités de lien style `Web`. Les propriétés supplémentaires par rapport au contrôle `Label` gèrent les différents paramètres du lien.

La propriété `LinkArea` indique quelle portion du texte activera le lien. Cette propriété peut être modifiée, par l'intermédiaire de la fenêtre de propriétés, avec un petit utilitaire dans lequel vous devez sélectionner la portion de texte constituant le lien.

Les couleurs utilisées pour le lien sont modifiables par trois propriétés :

`LinkColor` couleur du lien à l'état normal.

`VisitedLinkColor` couleur du lien après une première utilisation.

`ActiveLinkColor` couleur du lien au moment où l'on clique dessus.

L'apparence du lien est modifiable par la propriété `LinkBehavior`.

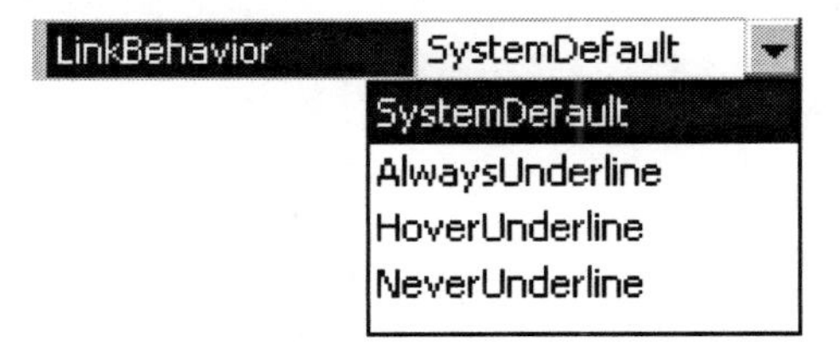

Les quatre valeurs possibles permettent respectivement :

- d'utiliser la même configuration, pour les liens, que votre navigateur ;
- d'avoir les liens toujours soulignés ;
- d'avoir les liens soulignés lorsque la souris les survole ;
- de ne jamais avoir les liens soulignés.

Lorsque l'utilisateur clique sur le lien, l'événement `LinkClicked` est déclenché dans l'application ; à vous d'écrire du code, pour exécuter une action dans votre application.

Vous devez également modifier la propriété `LinkVisited` en la positionnant sur **True**, pour indiquer que ce lien a déjà été utilisé dans l'application.

L'action peut être l'ouverture d'une page d'un site Web dans le navigateur par défaut, comme dans l'exemple suivant :

```
private void linkLabel1_LinkClicked(object sender,
                                    LinkLabelLinkClickedEventArgs e)
{
    System.Diagnostics.Process.Start("http://www.microsoft.com");
    linkLabel1.LinkVisited = true;
}
```

Ou encore, l'affichage d'une nouvelle feuille dans notre application comme dans l'exemple suivant :

```
private void linkLabel2_LinkClicked(object sender,
                                    LinkLabelLinkClickedEventArgs e)
{
    testDialogues d;
    d = new testDialogues();
    d.ShowDialog();
    linkLabel2.LinkVisited = true;
}
```

c. Le contrôle StatusStrip

Le contrôle `StatusStrip` est généralement utilisé pour présenter des informations à l'utilisateur, concernant le fonctionnement de l'application. Il peut afficher les informations sur plusieurs types zones. Les informations peuvent être affichées sous forme de texte, de barre de progression, de menu ou de bouton de commande associé à un menu. Un éditeur spécifique accessible par la propriété `Items` du contrôle permet sa configuration.

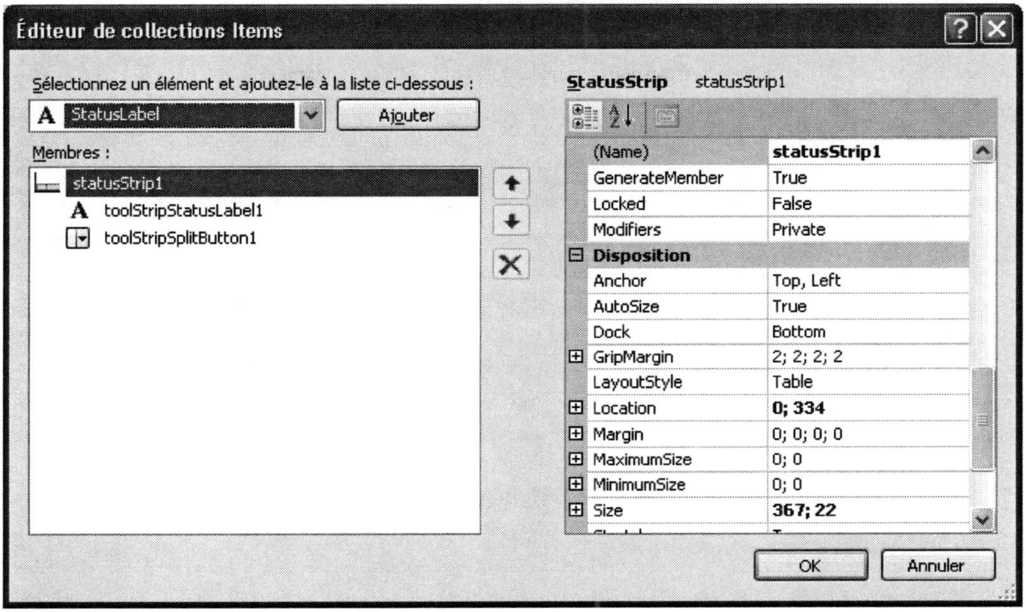

Chaque élément ajouté sur le contrôle `StatusStrip` doit ensuite être configuré individuellement. Les propriétés des éléments pouvant être utilisés pour la construction d'une `StatusStrip` sont très semblables à celles des contrôles normaux. Par exemple, l'élément `ToolStripStatusLabel` est pratiquement identique au contrôle `LinkLabel`.

d. Le contrôle ToolTip

Ce contrôle permet l'affichage d'une bulle d'aide associée à un contrôle. Ce contrôle n'a pas d'interface visible, il sera donc placé dans la zone située en dessous de la fenêtre de conception. Il effectue beaucoup de travail sans aucun effort de programmation. Il surveille, par exemple, en permanence où se trouve la souris ; si celle-ci est sur un contrôle, il vérifie s'il y a une info-bulle associée au contrôle et si c'est le cas, il affiche l'info-bulle pendant la durée spécifiée par la propriété `AutoPopDelay`.

Pour pouvoir fonctionner, le contrôle `ToolTip` doit associer une chaîne de caractères à chacun des contrôles de l'interface. Pour cela, dès qu'un contrôle `ToolTip` est disponible sur une feuille, une propriété `ToolTip` est ajoutée à chacun des contrôles, permettant ainsi de spécifier le texte de l'info-bulle associée au contrôle.

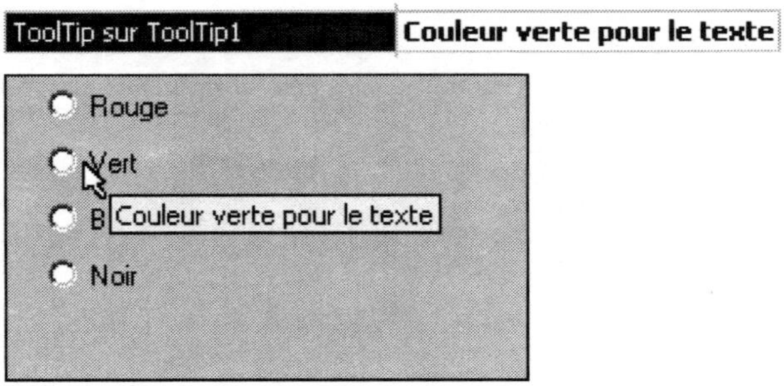

ToolTip sur ToolTip1 | Couleur verte pour le texte

Rouge
Vert
B Couleur verte pour le texte
Noir

Les chaînes de caractères associées à chaque contrôle peuvent également être indiquées par l'intermédiaire du code, en appelant la méthode `SetToolTip` et en indiquant comme paramètre, le nom du contrôle et la chaîne de caractères, qui lui est associée.

```
toolTip1.SetToolTip(radioButton1, "Couleur Rouge pour le texte");
```

Cette technique permet de conserver des légendes relativement courtes pour les contrôles, tout en fournissant suffisamment d'informations sur l'utilisation de l'application.

e. Le Contrôle ErrorProvider

Ce contrôle permet d'indiquer facilement à l'utilisateur des problèmes sur les données qu'il a saisies, sur un formulaire. En général, il intervient lors de la phase de validation des données du formulaire, en affichant en face de chaque contrôle une petite icône afin d'attirer l'attention de l'utilisateur. Des informations supplémentaires peuvent être fournies par une info-bulle associée au contrôle `ErrorProvider`.

Un même contrôle `ErrorProvider` peut être utilisé pour tous les contrôles d'un formulaire.

L'activation du contrôle `ErrorProvider` peut s'effectuer à la fermeture du formulaire lorsque l'utilisateur clique sur le bouton **OK**, mais il est également possible de surveiller la saisie au fur et à mesure où elle est effectuée en gérant par exemple les événements `Validating`. Cet événement est déclenché par un contrôle au moment où celui-ci perd le focus. Nous pouvons, dans ce cas, vérifier immédiatement la valeur saisie dans le contrôle et réagir en conséquence en affichant notre contrôle `ErrorProvider`. Pour cela, nous appelons la méthode `SetError` en spécifiant le nom du contrôle qui nous pose problème et la chaîne de caractères affichée dans l'info-bulle associée au contrôle. S'il n'y a pas d'erreur, il faut réinitialiser la chaîne pour faire disparaître l'icône du contrôle `ErrorProvider`.

```
private void txtTel_Validating(object sender, CancelEventArgs e)
{
    bool resultat;
    long i;
    resultat = long.TryParse(txtTel.Text, out i);
```

```
    if (!resultat)
    {
        SystemSounds.Beep.Play();
        txtTel.ForeColor = Color.Red;
        e.Cancel = true;
        errorProvider1.SetError(txtTel, "valeur numérique obligatoire");
    }

}

private void txtTel_Validated(object sender, EventArgs e)
{
    txtTel.ResetForeColor();
    errorProvider1.SetError(txtTel, "");
}
```

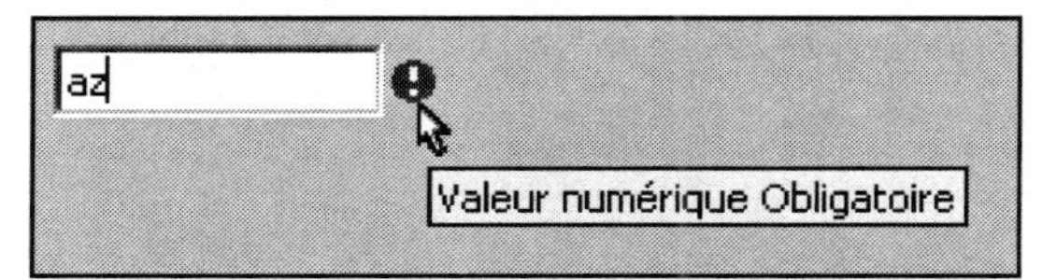

f. Le contrôle NotifyIcon

Ce contrôle est principalement utilisé pour afficher des informations sur le fonctionnement d'un processus s'exécutant en tâche de fond dans l'application. Il est affiché dans la zone de statut du système. La propriété `Icon` du contrôle détermine l'icône affichée. La propriété `Text` représente la légende affichée lorsque la souris survole le contrôle.

En gérant l'événement `DoubleClick` du contrôle, vous pouvez afficher une boîte de dialogue permettant la configuration du processus associé au contrôle.

```
private void IconService_DoubleClick(object sender, EventArgs e)
{
    DialogueConfig d;
    d = new DialogueConfig();
    d.ShowDialog();
}
```

Il est également possible d'associer un menu contextuel, en renseignant la propriété `ContextMenuStrip`. Ce menu peut, par exemple, contrôler le fonctionnement du processus auquel est associé le contrôle.

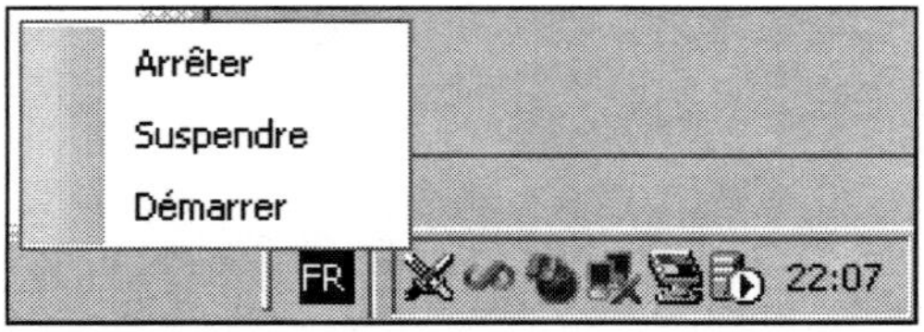

Arrêter
Suspendre
Démarrer

g. Le contrôle HelpProvider

Le contrôle `HelpProvider` assure la liaison entre un fichier d'aide et l'application. Le fichier d'aide doit être généré par l'outil `Html Help Workshop`, disponible en téléchargement sur le site Microsoft. Pour nos exemples, nous utiliserons un fichier d'aide existant sur le système : le fichier C:\WINDOWS\ Help\charmap.chm correspondant à l'utilitaire Table des caractères. Ce fichier doit être associé au contrôle par la propriété `HelpNamespace`. La présence d'un contrôle `HelpProvider` sur une fenêtre, ajoute automatiquement trois propriétés à chaque contrôle présent sur la fenêtre :

`HelpKeyword`
: Indique le mot-clé associé au contrôle dans le fichier d'aide.

`HelpNavigator`
: Indique l'action exécutée lors de l'affichage de l'aide.

`HelpString`
: Contient la chaîne de caractères affichée lors de l'utilisation du bouton **?** d'une boîte de dialogue. Pour que ce bouton soit disponible sur la boîte de dialogue, il faut modifier la propriété `HelpButton` de la fenêtre sur **True** et masquer les boutons d'agrandissement et de réduction de la fenêtre, en modifiant les propriétés `Maximize-Box` et `MinimizeBox` sur **False**.

L'exemple suivant associe au bouton de commande `CmdOk`, la rubrique d'aide **Vue d'ensemble de la table de caractères** du fichier charmap.chm et configure le système d'aide, pour que cette rubrique soit affichée automatiquement lorsque la touche [F1] est utilisée.

HelpKeyword on HelpProvider1	**Vue d'ensemble de la table de caractères**
HelpNavigator on HelpProvider1	AssociateIndex
HelpString on HelpProvider1	**chaine affichée lors de l'utilisation du bouton ?**

h. Le contrôle ProgressBar

Ce contrôle est utilisé pour informer l'utilisateur sur la progression d'une action lancée dans l'application. Il affiche cette information sous la forme d'une zone rectangulaire, qui sera plus ou moins remplie en fonction de l'état d'avancement de l'action exécutée. L'aspect de la `ProgressBar` est contrôlé par sa propriété **Style**. Trois valeurs sont disponibles :

`Continuous`
: La progression est affichée par une barre bleue pleine.

`Blocks`
La progression est affichée par une série de petits rectangles.

`Marquee`
Cette présentation est identique à la précédente avec, en plus, un défilement à l'intérieur de la ProgressBar.

La position de la barre de progression est contrôlée par la propriété `Value`. Cette propriété peut évoluée entre les deux extrêmes indiqués par les propriétés `Minimum` et `Maximum`.

Trois techniques sont disponibles pour faire évoluer la barre de progression :

- Modifier directement la propriété `Value` du contrôle. À noter que dans ce cas, si la valeur de cette propriété dépasse les extrêmes, une exception est déclenchée.
- Utiliser la méthode `PerformStep` qui incrémente à chaque appel la propriété `Value` de la valeur contenue dans la propriété `Step`. Le contrôle vérifie, dans ce cas, la valeur contenue dans la propriété `Value` et s'assure qu'elle ne dépassera pas les extrêmes.
- Utiliser la méthode `Increment` en indiquant comme paramètre, la valeur utilisée comme incrément pour la propriété `Value`. La valeur de la propriété `Value` est également vérifiée lors de l'exécution de cette méthode.

Si la `ProgressBar` a le style `Marquee`, la propriété `Value` n'a aucun effet sur la taille de la barre de progression et les méthodes `PerformStep` et `Increment` ne doivent pas être utilisées, sinon une exception est déclenchée.

L'exemple suivant présente une horloge originale où l'heure est affichée par trois `ProgressBar` :

```
public partial class Horloge : Form
{
public Horloge()
{
    InitializeComponent();
    pgbHeure.Minimum = 0;
    pgbHeure.Maximum = 23;
    pgbHeure.Style = ProgressBarStyle.Continuous;
    pgbMinute.Minimum = 0;
    pgbMinute.Maximum = 59;
    pgbMinute.Style = ProgressBarStyle.Continuous;
    pgbSeconde.Minimum = 0;
    pgbSeconde.Maximum = 59;
    pgbSeconde.Style = ProgressBarStyle.Continuous;
    Timer1.Interval = 10;
    Timer1.Enabled = true;
}
private void Timer1_Tick(object sender, System.EventArgs e)
{
```

```
    pgbHeure.Value = DateTime.Now.Hour;
    pgbMinute.Value = DateTime.Now.Minute;
    pgbSeconde.Value = DateTime.Now.Second;
}
}
```

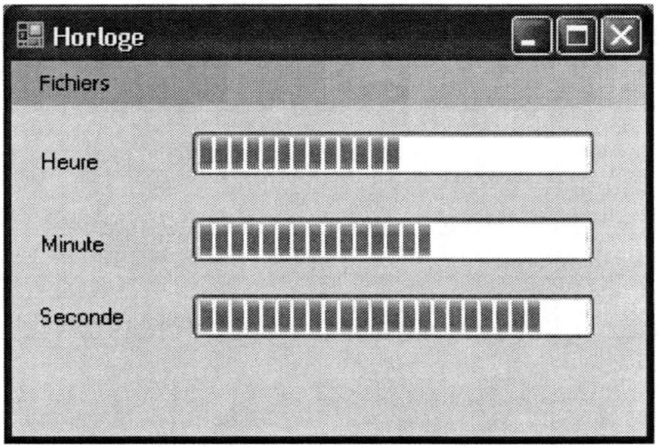

3. Les contrôles d'édition de texte

a. Le contrôle TextBox

Le contrôle `TextBox` est utilisé pour permettre à l'utilisateur de saisir des informations. Le contrôle peut être configuré pour saisir du texte sur une ou plusieurs lignes. La taille maximale du texte varie de 2000 à 32000 caractères, suivant la configuration du contrôle (simple ligne ou multiligne). Le contrôle est également capable de gérer la sélection de texte et les opérations avec le presse-papiers. De nombreuses propriétés et méthodes sont disponibles pour travailler avec ce contrôle. Le texte affiché dans le contrôle peut être modifié ou récupéré par la propriété `Text`. Le format d'affichage du texte est modifiable par différentes propriétés. La propriété `Autosize` permet de demander au contrôle `TextBox` de se redimensionner, en fonction de la taille de la police de caractères. Cette propriété est presque toujours positionnée sur **True**. La propriété `CharacterCasing` autorise le contrôle à modifier tous les caractères saisis soit en minuscules soit en majuscules.

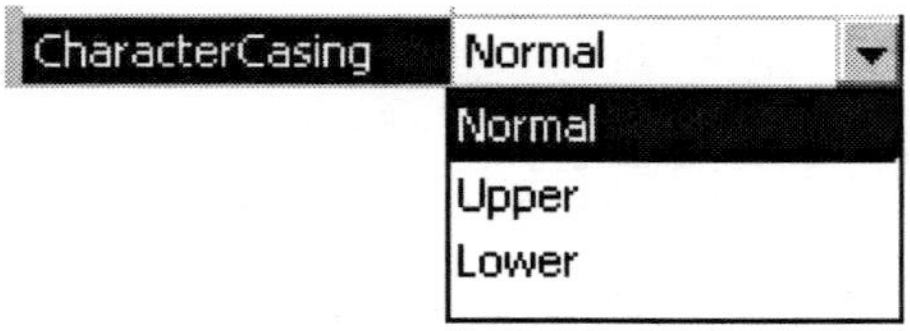

La propriété `Lines` permet de récupérer le texte saisi, ligne par ligne. Cette propriété est un tableau de chaînes de caractères qui contient autant de cases qu'il y a de lignes. Elle n'a d'intérêt que si le contrôle est configuré pour accepter la saisie sur plusieurs lignes avec la propriété `Multiline` positionnée sur **True**. Dans ce cas, il faut également prévoir la possibilité de faire défiler le texte, en ajoutant des barres de défilement avec la propriété `ScrollBars`. Les différentes possibilités permettront d'avoir une barre de défilement horizontale, verticale ou les deux. Attention cependant car la barre de défilement verticale ne sera visible que si la propriété `WordWrap` est positionnée sur **False** sinon le contrôle gère lui-même le retour à la ligne lorsque la longueur de la ligne dépasse la largeur du contrôle. Par contre, dans ce cas les retours chariot ajoutés automatiquement ne sont pas insérés dans le texte.

Il fait beau aujoud'hui sur la
région nantaise.
Pourvu que ça continue

Dans cet exemple, la propriété `Lines` contiendra deux éléments car le premier retour chariot est simplement ajouté par le contrôle pour l'affichage.

Lines(0)-> Il fait beau aujourd'hui sur la région nantaise

Lines(1)-> Pourvu que ça continue

La longueur maximale du texte du contrôle est fixée par la propriété `MaxLength`. À noter que dans le cas d'un contrôle multiligne, les caractères retour chariot et saut de ligne sont également comptés. Cette propriété est fréquemment utilisée lorsque l'on utilise le contrôle `TextBox` pour la saisie d'un mot de passe. Dans ce cas, la propriété `PasswordChar` indique le caractère utilisé à l'affichage, pour masquer la saisie de l'utilisateur. En général, on utilise le caractère * ou #. Cette propriété n'influence bien sûr que l'affichage, et les caractères saisis par l'utilisateur sont toujours récupérés dans la propriété `Text`.

La gestion de la sélection du texte se fait automatiquement par le contrôle. La propriété `SelectedText` permet de récupérer la chaîne de caractères actuellement sélectionnée dans le contrôle. Les propriétés `SelectionStart` et `SelectionLength` indiquent respectivement le caractère de début de la sélection (le premier caractère à l'indice 0) et le nombre de caractères de la sélection. Ces propriétés sont également utilisées pour insérer du texte dans le contrôle : la propriété `SelectionStart` indique, dans ce cas, le point d'insertion et la propriété `SelectedText`, le texte à insérer. Pour l'ajout de texte à la suite de celui déjà présent dans le contrôle, il est plus pratique d'utiliser la méthode `AppendText` en passant comme paramètre la chaîne de caractère à ajouter.

Le remplacement d'une portion de texte dans le contrôle `TextBox` se fait en deux étapes. Il faut d'abord sélectionner le texte que l'on veut remplacer à l'aide des propriétés `SelectionStart` et `SelectionLength`, puis indiquer le texte de remplacement avec la propriété `SelectedText`. Le texte remplacé et le texte de remplacement ne doivent pas forcément avoir la même taille.

```
TextBox1.SelectionStart = 39;
        TextBox1.SelectionLength = 8;
        TextBox1.SelectedText = "Ouest";
```

La sélection de texte peut également s'effectuer avec la méthode `Select`, en indiquant le caractère de début de la sélection et le nombre de caractères de la sélection.

```
TextBox1.Select(39,8);
        TextBox1.SelectedText = "Ouest";
```

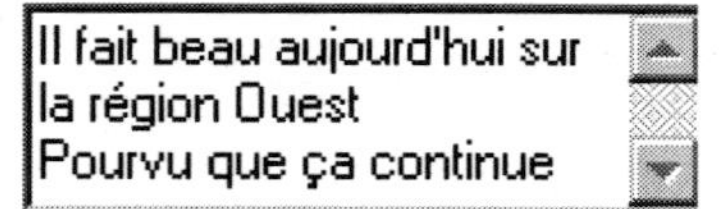

La sélection de la totalité du texte peut être effectuée avec la méthode `SelectAll`. Par exemple, on peut forcer la sélection de tout le texte lorsque le contrôle reçoit le focus.

```
void textBox1_GotFocus(object sender, System.EventArgs e)
{
     textBox1.SelectAll();
}
```

De manière classique, dès qu'un contrôle perd le focus, la sélection de texte qu'il y avait à l'intérieur du contrôle n'est plus visible. La propriété `HideSelection` positionnée sur **False** permet de conserver la sélection visible, même si le contrôle n'a plus le focus.

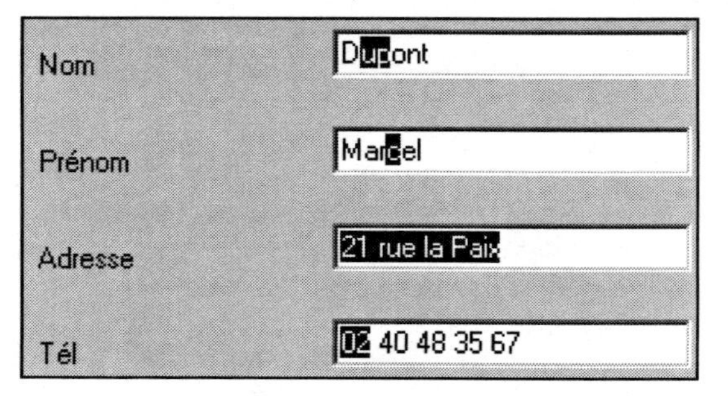

Pour la gestion du presse-papiers, le contrôle `TextBox` dispose d'un menu contextuel permettant d'effectuer les opérations courantes. Vous avez cependant la possibilité d'appeler les méthodes `copy`, `cut` et `paste` pour gérer les opérations de copier coller d'une autre manière, par exemple un menu de l'application. Les opérations couper et coller ne seront cependant pas possibles si le contrôle `TextBox` est configuré en lecture seule avec la propriété `ReadOnly` positionnée sur **True**, la modification du texte par l'utilisateur est bien dans ce cas impossible.

Tout le monde ayant droit à l'erreur, le contrôle `TextBox` nous propose la méthode `Undo` permettant d'annuler la dernière modification de texte effectuée sur le contrôle. Cette méthode est déjà utilisable par l'option **annuler** du menu contextuel du contrôle `TextBox` ou par le raccourci-clavier [Ctrl] **Z**. Elle peut bien sûr être appelée par un autre menu de votre application. Il n'y a qu'un seul niveau de "`Undo`", vous ne pourrez revenir au texte que vous avez saisi, il y a deux heures!

Est également disponible sur ce contrôle, l'événement `TextChanged` qui se produit lorsque la propriété `Text` du contrôle est modifiée (par le code de l'application ou par l'utilisateur).

b. Le contrôle MaskedTextBox

Ce contrôle est une amélioration du contrôle `TextBox` car il permet de vérifier automatiquement que les informations saisies correspondent à ce qui est attendu par l'application. La propriété `Mask` détermine le format des informations pouvant être saisies dans le contrôle. L'éditeur, accessible par la fenêtre de propriétés, permet de choisir un masque existant ou de configurer votre propre masque.

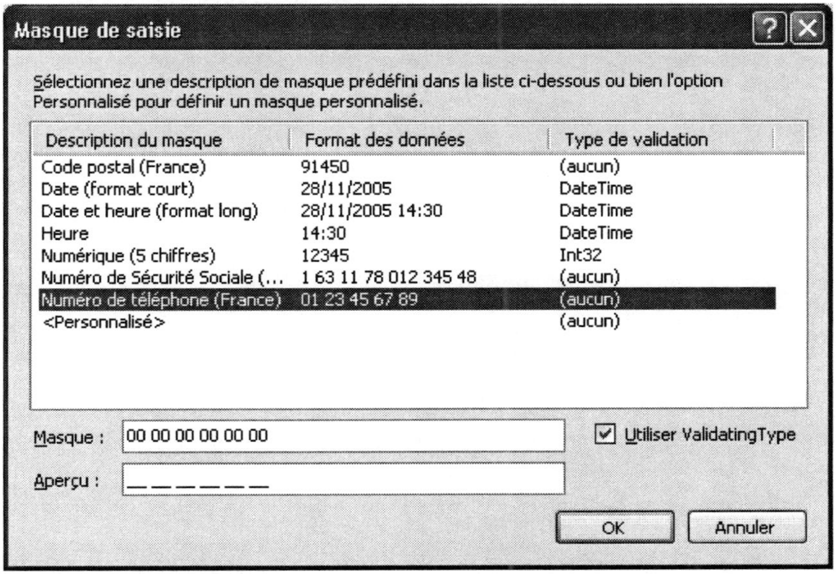

Masque de saisie

Sélectionnez une description de masque prédéfini dans la liste ci-dessous ou bien l'option Personnalisé pour définir un masque personnalisé.

Description du masque	Format des données	Type de validation
Code postal (France)	91450	(aucun)
Date (format court)	28/11/2005	DateTime
Date et heure (format long)	28/11/2005 14:30	DateTime
Heure	14:30	DateTime
Numérique (5 chiffres)	12345	Int32
Numéro de Sécurité Sociale (...	1 63 11 78 012 345 48	(aucun)
Numéro de téléphone (France)	01 23 45 67 89	(aucun)
<Personnalisé>		(aucun)

Masque : 00 00 00 00 00 00 — Utiliser ValidatingType

Aperçu : __ __ __ __ __ __

OK — Annuler

Pour la propriété `Mask`, certains caractères ont une signification particulière :

0 représente un chiffre obligatoire (0 à 9)

9 représente un chiffre ou un espace optionnel

L représente une lettre obligatoire (de a à z ou A à Z).

? représente une lettre optionnelle.

C représente un caractère quelconque

. représente le séparateur décimal

, représente le séparateur des milliers

: représente le séparateur horaire

/ représente le séparateur de date

$ représente le symbole monétaire

< les caractères suivants seront transformés en minuscules.

> les caractères suivants seront transformés en majuscules

| annule l'effet des deux caractères > et <

\ caractère d'échappement faisant perdre sa signification spéciale au caractère suivant

- Tous les autres caractères sont affichés tels quels dans le contrôle.

Le masque suivant peut, par exemple, être utilisé pour la saisie d'une adresse IP :

```
000\.000\.000\.000
```

c. Le contrôle RichTextBox

Le contrôle `RichTextBox` permet l'affichage, la saisie et la manipulation de texte avec mise en forme. Il possède les mêmes fonctionnalités que le contrôle `TextBox` mais il est capable de gérer des polices de caractère différentes, des couleurs différentes, des images, etc. Il propose en fait toutes les fonctions de base d'une application de traitement de texte. Nous allons donc détailler ces principales fonctions.

Chargement et enregistrement de fichier

Les méthodes `LoadFile` et `SaveFile` permettent le chargement et l'enregistrement depuis ou vers un fichier. Le seul paramètre obligatoire pour ces deux fonctions représente le chemin d'accès complet vers le fichier à charger ou à sauvegarder. Le format de fichier utilisé par défaut par ces deux fonctions est le format rtf (*Rich Text Format*). Si d'autres formats de fichier doivent être utilisés nous devons alors le spécifier par un deuxième paramètre qui est une constante de l'énumération `RichTextBoxStreamType`. Dans le cas d'une lecture de fichier il est important que les informations contenues dans le fichier soient en accord avec la constante utilisée.

Par exemple, la lecture d'un fichier texte normal avec la ligne de code suivante déclenchera une exception.

```
rtb.LoadFile(dlgOuvrir.FileName, RichTextBoxStreamType.RichText);
```

Par contre, il n'y a pas de problème pour l'enregistrement car c'est le contrôle RichTextBox qui gère lui-même le format des informations inscrites dans le fichier. Le seul risque est de perdre les informations de mise en page contenues dans le contrôle si un format d'enregistrement inadapté est utilisé. Par exemple la ligne suivante fera perdre toutes les informations de formatage lors de l'enregistrement du fichier.

```
rtb.SaveFile(dlgEnregistrer.FileName, RichTextBoxStreamType.PlainText);
```

Ajout de texte

Le contrôle RichTextBox gère son contenu grâce à deux propriétés :

- la propriété Text qui, comme pour les autres contrôles, définit les informations affichées dans le contrôle. C'est le texte brut qui est stocké dans cette propriété.
- La propriété Rtf contient elle aussi le texte affiché par le contrôle mais elle contient en plus les informations concernant la présentation du texte.

Pour ajouter du texte à un contrôle nous pouvons définir la propriété Text ou la propriété Rtf. Dans ce second cas, il faut également inclure les caractères de formatage utilisés par le contrôle pour la mise en forme du texte. Les codes Rtf étant loin d'être simples cette solution est rarement utilisée. Heureusement une solution plus souple existe.

La méthode AppendText permet d'ajouter une chaîne de caractères au contenu du contrôle RichTextBox. Le formatage de la chaîne à ajouter doit être défini au préalable par l'intermédiaire des propriétés de la sélection.

La propriété SelectionFont détermine la police utilisée pour l'affichage du texte ajouté. Pour ajouter du texte en gras et souligné il faut donc modifier les caractéristiques de la police. Plus exactement il faut créer la police désirée car il n'est pas possible de modifier les caractéristiques d'une police existante puisque ses propriétés sont en lecture seule.

```
richTextBox1.Font.Bold = true;
```

Font RichTextBox.Font
Obtient ou définit la police utilisée lors de l'affichage de texte dans le contrôle.

Erreur :
La propriété ou l'indexeur 'System.Drawing.Font.Bold' ne peut pas être assigné -- il est en lecture seule

La syntaxe suivante est correcte pour la modification des caractéristiques de la police existante.

```
richTextBox1.SelectionFont = new Font(richTextBox1.SelectionFont,
                                      FontStyle.Bold |
                                      FontStyle.Underline);
```

Les couleurs du texte et du fond sont déterminées par les propriétés SelectionColor et SelectionBackColor.

```
rtb.SelectionBackColor = Color.Beige;
rtb.SelectionColor = Color.Red;
```

L'alignement du texte est représenté par la propriété `SelectionAlignment` à laquelle vous devez affecter une des valeurs de l'énumération `HorizontalAlignment`.

```
rtb.SelectionAlignment = HorizontalAlignment.Center;
```

4. Les contrôles de déclenchement d'actions

a. Le contrôle Button

Le contrôle `Button` est principalement utilisé, dans une application, pour lancer l'exécution d'une action. Cette action peut être l'exécution d'une portion de code ou la fermeture d'une boîte de dialogue. Comme pour les contrôles vus jusqu'à présent, le libellé du bouton est modifiable par la propriété `Text` du contrôle. Cette propriété `Text` peut contenir un & pour créer un raccourci-clavier. Lorsque le bouton est utilisé pour la fermeture d'une boîte de dialogue, vous devez indiquer par l'intermédiaire de la propriété `DialogResult`, la valeur qui sera renvoyée lorsque la boîte de dialogue sera fermée par ce bouton. Les valeurs utilisables pour cette propriété, correspondent aux boutons standards rencontrés sous Windows.

DialogResult OK
None
OK
Cancel
Abort
Retry
Ignore
Yes
No

Lorsque l'on crée une boîte de dialogue, il y a généralement au moins un bouton de validation et un bouton d'annulation. On peut indiquer que, pour cette boîte de dialogue, l'utilisation de la touche [Entrée] sera équivalente à un clic sur le bouton de validation, et l'utilisation de la touche [Echap] sera équivalente à l'utilisation du bouton d'annulation. Il convient, pour cela, d'indiquer dans la propriété `AcceptButton` de la fenêtre, le nom du contrôle correspondant au bouton de validation et dans la propriété `CancelButton`, le nom du contrôle utilisé pour l'annulation.

b. Le contrôle MenuStrip

La majorité des applications disposent d'une barre de menus. Par l'intermédiaire de ces menus, l'utilisateur pourra activer les différentes fonctionnalités de l'application. Les menus sont constitués d'éléments de menus permettant le lancement d'actions dans l'application ou l'apparition d'un sous-menu. Dans ce cas, un petit triangle à côté du libellé de menu prévient l'utilisateur de la présence d'un sous-menu. Les menus peuvent également servir à activer ou non une option, dans ce cas, un petit repère est affiché devant le libellé du menu pour marquer l'activation de l'option. Pour les inconditionnels du clavier, il est également possible d'associer à un menu une combinaison de touches équivalente à un clic sur le menu.

La figure suivante présente toutes ces notions.

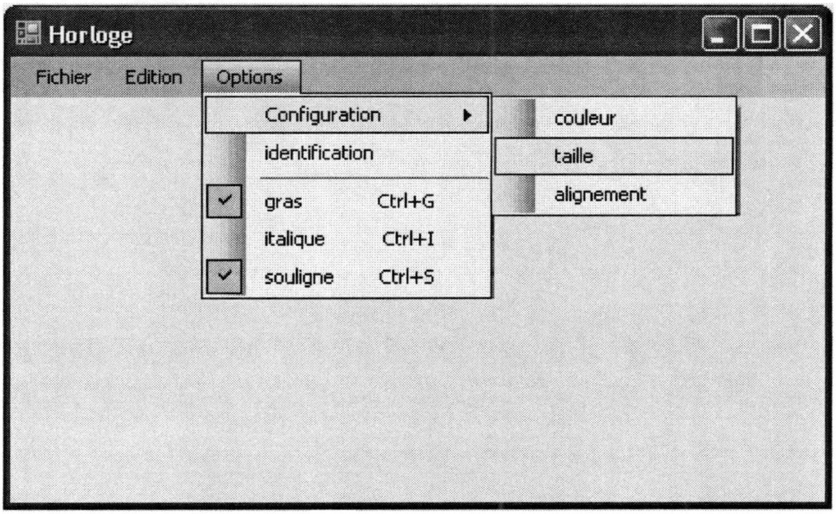

Voyons maintenant comment mettre tout cela en œuvre. La première chose à faire est d'insérer un contrôle `MenuStrip` sur la feuille. Ce contrôle se place à deux endroits dans le concepteur :

- dans la zone réservée aux contrôles invisibles ;
- directement sur la fenêtre, à la place d'une barre de menu standard.

C'est à partir de cet endroit que vous allez pouvoir composer le menu. Le concepteur de menu vous propose les différentes zones dans lesquelles vous pouvez saisir les informations constituant le menu.

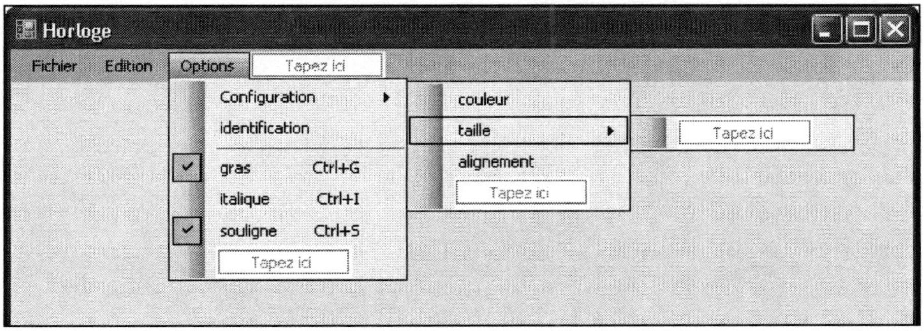

Vous pouvez ainsi composer complètement la barre de menu et visualiser son apparence au fur et à mesure de sa conception.

À chaque fois que vous insérez un élément, le concepteur crée une nouvelle instance de la classe `ToolStripMenuItem` et l'insère dans la collection **Items**, pour les titres de menus et dans la collection **DropDownItems**, pour les éléments de menu et de sous-menu.

Le menu contextuel, affiché par un clic droit, permet l'ajout d'une barre de séparation.

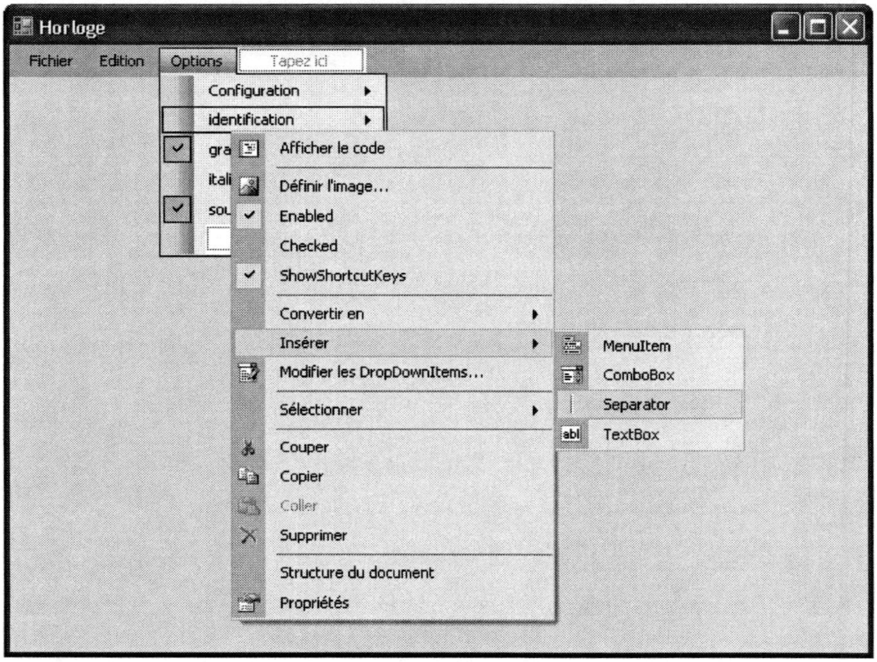

Il reste maintenant à configurer les propriétés de chacun des éléments de menu.

Regardons les propriétés les plus intéressantes :

`Text`
: Contient le libellé du menu.

`Visible`
: Permet de masquer un élément de menu.

`Enabled`
: Permet d'interdire l'utilisation de l'élément. Il apparaît alors en grisé dans le menu.

`Checked`
: Indique si l'élément de menu est coché ou non.

`CheckOnClick`
: Permet de changer automatiquement l'état du menu à chaque clic. La valeur de la propriété `Checked` est, dans ce cas, inversée à chaque clic sur le menu.

`ShortcutKeys`
Définit la combinaison de touches équivalente à un clic sur le menu.

Cette propriété est facilement modifiable par la fenêtre de propriétés :

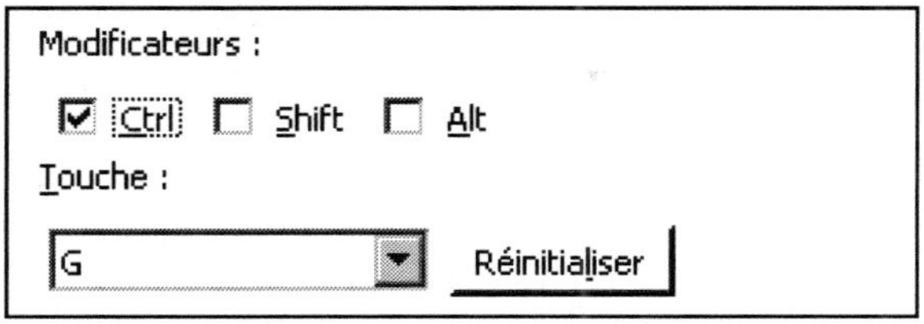

Modificateurs :
☑ Ctrl ☐ Shift ☐ Alt
Touche :
G ▾ Réinitialiser

La propriété `ShowShortCutKeys` autorise l'affichage du raccourci à côté du libellé du menu.

Ces propriétés sont aussi modifiables par le code. Si, par exemple, une barre d'outils est également disponible, les actions réalisées avec celle-ci doivent bien sûr agir sur l'état du menu correspondant et la réciproque doit aussi être vraie.

```
private void btnGras_Click(object sender, System.EventArgs e)
{
    MnuGras.Checked = btnGras.Checked;
}
private void btnItalique_Click(object sender, System.EventArgs e)
{
    MnuItalique.Checked = btnItalique.Checked;
}
private void btnSouligne_Click(object sender, System.EventArgs e)
{
    MnuSouligne.Checked = btnSouligne.Checked;
}
private void MnuGras_Click(object sender, System.EventArgs e)
{
    btnGras.Checked = MnuGras.Checked;
}
private void MnuItalique_Click(object sender, System.EventArgs e)
{
    btnItalique.Checked = MnuItalique.Checked;
}
private void MnuSouligne_Click(object sender, System.EventArgs e)
{
    btnSouligne.Checked = MnuSouligne.Checked;
}
```

Dans certains cas, il est nécessaire d'ajouter dynamiquement des éléments pendant le fonctionnement de l'application pour ajouter par exemple la liste des derniers fichiers utilisés dans l'application.

La solution consiste à ajouter, à la collection **DropDownItems**, un nouvel élément en utilisant la méthode `Add`.

```
MnuFichiers.DropDownItems.Add("essai.txt");
```

Cette opération ajoute bien un élément au menu, mais il ne nous sera pas d'une grande utilité ! Il nous est en effet impossible de pouvoir récupérer les événements `Click` sur ce menu.

Pour résoudre ce problème, nous devons utiliser une syntaxe différente de la méthode `Add` nous permettant d'associer un gestionnaire d'événement au nouvel élément ajouté.

Il faut d'abord créer la procédure qui sera utilisée pour la gestion de cet événement :

```
void FichiersRecent_Click(object sender, EventArgs e)
{
...
...
}
```

Puis, au moment d'ajouter l'élément de menu, nous devons indiquer que notre procédure sera responsable de la gestion des événements `Click` sur le menu.

```
MnuFichiers.DropDownItems.Add("essai.txt",null,MnuFichiers_Click);
```

c. Le menu ContextMenuStrip

Le menu contextuel permet d'associer aux différents contrôles de l'interface de l'application, un menu qui sera affiché lors d'un clic avec le bouton droit de la souris sur le contrôle. Les menus doivent d'abord être conçus en ajoutant sur la feuille des contrôles `ContextMenuStrip`.

Ce contrôle apparaît, sur la barre de menu de l'application, juste pour vous permettre de saisir les différents éléments du menu. À noter qu'un menu contextuel ne comporte pas de titre mais permet simplement la saisie d'éléments de menu et de sous-menus. Il faut ensuite associer, à chaque contrôle, le menu contextuel correspondant par l'intermédiaire de la propriété `ContextMenuStrip`.

L'affichage du menu se fera automatiquement lorsque l'utilisateur fera un clic droit sur le contrôle correspondant.

d. Le contrôle ToolStrip

Le contrôle `ToolStrip` et toutes les classes associées sont utilisés pour la création de barres d'outils. Ce contrôle sert en fait de conteneur pour les éléments constituant une barre d'outils. Ces éléments sont ajoutés au contrôle `ToolStrip` par l'intermédiaire du menu qui est affiché en cliquant sur la petite flèche présente à gauche sur le contrôle.

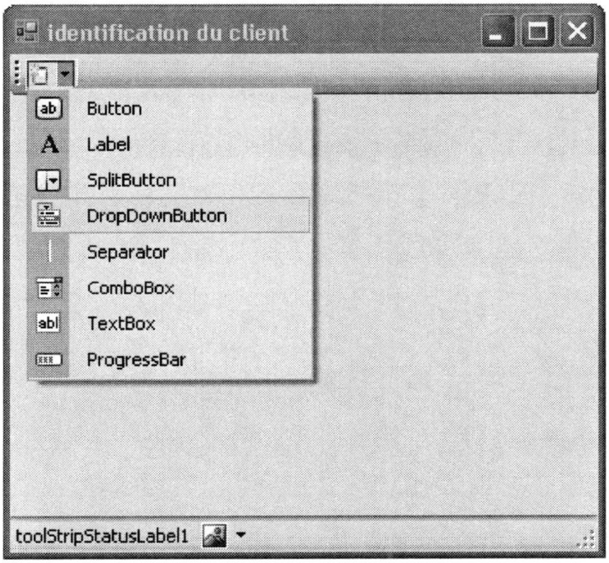

Cette solution permet de créer une barre d'outils de A à Z en y ajoutant tous les éléments un à un. Dans beaucoup d'applications, les barres d'outils comportent un ensemble de boutons standard. Pour nous faciliter la tâche, le contrôle `ToolStrip` contient un assistant pour générer automatiquement une barre d'outils avec toutes les fonctionnalités de base d'une application. Vous devez pour cela cliquer sur la petite flèche présente sur la droite du contrôle et choisir l'option **Ajouter des éléments standard**. La barre d'outils prend alors l'apparence suivante.

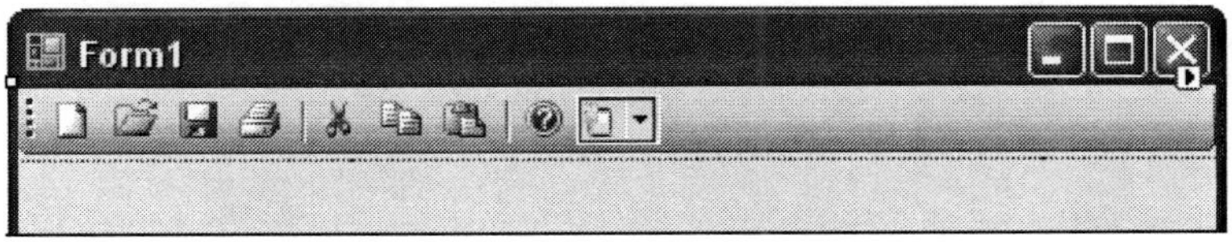

Les boutons classiques sont ajoutés automatiquement à la barre d'outils. La 'magie' de l'assistant s'arrête ici car il n'y a, bien sûr, pas de code généré automatiquement pour réagir aux clics sur ces différents boutons. Vous devez donc l'écrire vous-même comme pour tous les autres contrôles de l'interface de l'application.

e. Le contrôle ToolStripContainer

Le but de ce contrôle est de faciliter la conception d'une fenêtre lorsque celle-ci doit contenir plusieurs barres d'outils. Ce contrôle est généralement placé sur une fenêtre avec la propriété `Dock` positionnée sur `Fill` pour occuper toute la surface disponible de la fenêtre.

Il dispose sur chacune de ses bordures d'un conteneur pour accueillir les différentes barres d'outils. Par défaut ces conteneurs ne sont pas visibles et il faut donc les activer avant de pouvoir y ajouter des éléments. Pour cela, vous devez cliquer sur les petites flèches présentes sur les onglets en périphérie du contrôle.

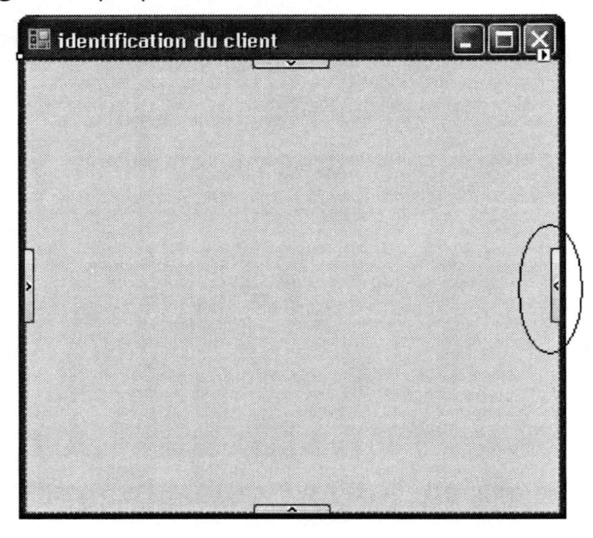

Une nouvelle zone devient active sur laquelle il est possible de placer un ou plusieurs `Tool Strip`. Attention ces différentes zones ne peuvent contenir que des contrôles `ToolStrip`. La zone centrale peut par contre contenir n'importe quel contrôle.

L'avantage de l'utilisation du contrôle `ToolStripContainer` réside dans la possibilité de modifier la disposition des barres d'outils pendant l'exécution de l'application. Pour déplacer une barre d'outils, l'utilisateur doit la saisir en cliquant sur les trois points présents sur la barre d'outils et réaliser un glisser déplacer vers une des bordures de la fenêtre. La barre d'outils vient alors s'ancrer sur la bordure correspondante.

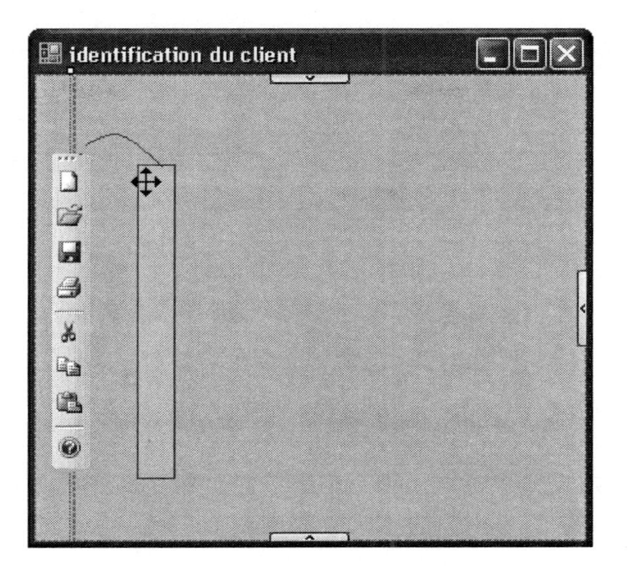

5. Contrôles de sélection

a. Le contrôle CheckBox

Le contrôle `CheckBox` est utilisé pour proposer à l'utilisateur plusieurs options, parmi lesquelles il pourra en choisir une ou plusieurs. Le contrôle `CheckBox` peut en général prendre deux états : coché lorsque l'option est sélectionnée ou non coché lorsque l'option n'est pas sélectionnée. Une troisième possibilité correspond à un état indéterminé de la case à cocher ; dans ce cas, elle apparaît en grisé. L'état de la case à cocher peut être vérifié ou modifié par la propriété `Checked`. Cette propriété fournit un boolean qui reflète l'état de la case. Si la case à cocher est configurée pour fonctionner avec trois états possibles, en positionnant la propriété `ThreeState` sur **True**, la propriété `CheckState` indique l'état de la case à cocher par l'intermédiaire d'une des valeurs définies dans l'énumération.

```
checkbox1.CheckState=
```

- CheckState.Checked
- CheckState.Indeterminate
- CheckState.Unchecked

Comme pour les autres contrôles, la propriété `TextAlign` permet de modifier la position du texte sur le contrôle. La propriété `CheckAlign`, suivant le même principe, permet de modifier la position de la case à cocher par rapport au texte.

Par défaut, le contrôle `CheckBox` gère lui-même l'affichage de la coche et la modification des propriétés `Checked` et `CheckState` en fonction des actions de l'utilisateur. Vous pouvez reprendre la responsabilité de la gestion de l'état de la case à cocher, en modifiant la propriété `AutoCheck` sur **False**. Dans ce cas, vous devez gérer l'événement `Click` et modifier par le code, dans la gestion de cet événement, la propriété `Checked` ou la propriété `CheckState`. L'exemple de code, ci-après, permet de modifier les caractéristiques de la police de caractère d'un contrôle `TextBox`. Dans cet exemple, nous travaillons avec l'événement `CheckedChanged` du contrôle `CheckBox` qui nous indique chaque changement de l'état de la case à cocher.

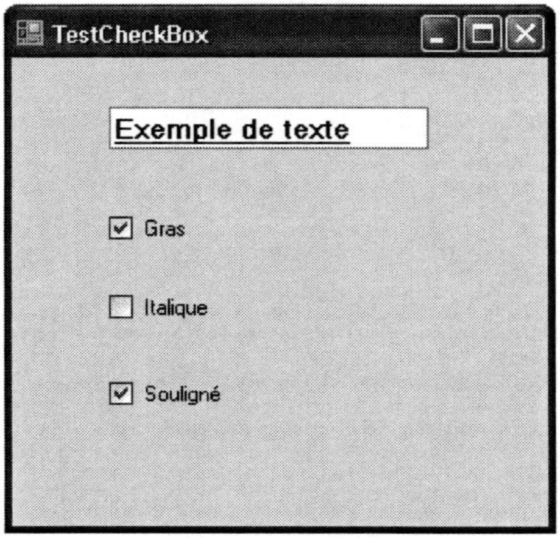

```
private void chkGras_CheckedChanged(object sender, System.EventArgs e)
{
FontStyle style;
style = TxtExemple.Font.Style;
if (chkGras.Checked)
{
    style = style | FontStyle.Bold;
}
else
{
    style = style & ~FontStyle.Bold;
}
TxtExemple.Font = new Font(TxtExemple.Font, style);
}
private void chkItalique_CheckedChanged(object sender, System.EventArgs e)
{
FontStyle style;
style = TxtExemple.Font.Style;
if (chkItalique.Checked)
```

```
{
    style = style | FontStyle.Italic;
}
else
{
    style = style & ~FontStyle.Italic;
}
TxtExemple.Font = new Font(TxtExemple.Font, style);
}
private void chkSouligne_CheckedChanged(object sender, System.EventArgs e)
{
FontStyle style;
style = TxtExemple.Font.Style;
if (chkSouligne.Checked)
{
    style = style | FontStyle.Underline;
}
else
{
    style = style & ~FontStyle.Underline;
}
TxtExemple.Font = new Font(TxtExemple.Font, style);
}
```

b. Le contrôle RadioButton

Le contrôle `RadioButton` permet également de proposer à l'utilisateur différentes options parmi lesquelles il ne pourra en sélectionner qu'une seule. Comme son nom l'indique, ce contrôle fonctionne comme les boutons permettant de sélectionner une station sur un poste de radio (Vous ne pouvez pas écouter trois stations de radio en même temps !). Les propriétés sont strictement identiques à celles disponibles dans le contrôle `CheckBox` hormis la propriété `CheckState` car ce contrôle ne peut avoir que deux états et un boolean est suffisant pour représenter l'état du contrôle.

Complétons notre exemple précédent en ajoutant des options pour l'alignement du texte :

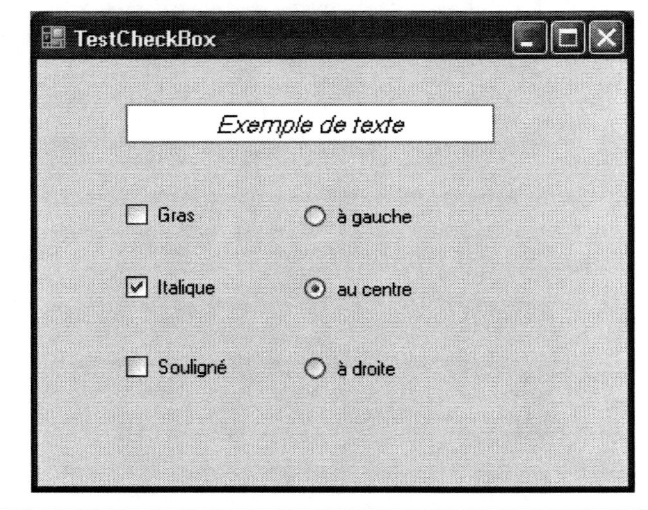


```
private void optCentre_CheckedChanged(object sender, EventArgs e)
{
    if (optCentre.Checked)
    {
        TxtExemple.TextAlign = HorizontalAlignment.Center;
    }
}
private void optDroite_CheckedChanged(object sender, EventArgs e)
{
    if (optDroite.Checked)
    {
        TxtExemple.TextAlign = HorizontalAlignment.Right;
    }
}
private void optGauche_CheckedChanged(object sender, EventArgs e)
{
    if (optGauche.Checked)
    {
        TxtExemple.TextAlign = HorizontalAlignment.Left;
    }
}
```

Il est conseillé, lorsque l'interface de votre application contient des contrôles `RadioButton`, qu'il y en ait toujours un de sélectionné à l'affichage du formulaire (correspondant à l'option par défaut).

Complétons notre application en ajoutant le choix de la couleur du texte :

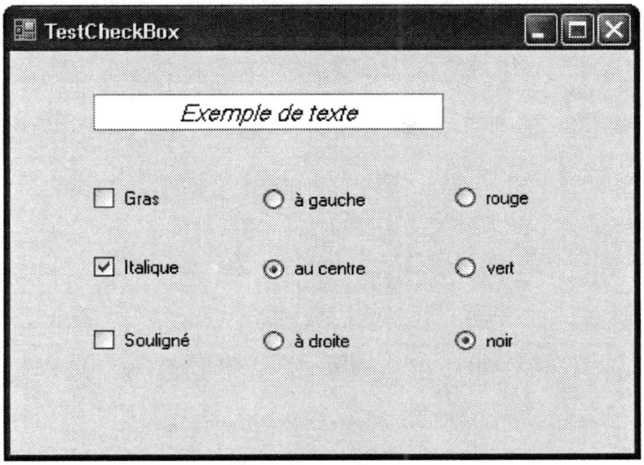

```
private void optNoir_CheckedChanged(object sender, EventArgs e)
{
if (optNoir.Checked)
{
    TxtExemple.ForeColor = Color.Black;
}
}
private void optVert_CheckedChanged(object sender, EventArgs e)
{
if (optVert.Checked)
{
    TxtExemple.ForeColor = Color.Green;
}
}
private void optBleu_CheckedChanged(object sender, EventArgs e)
{
if (optBleu.Checked)
{
    TxtExemple.ForeColor = Color.Blue;
}
}
```

Nous avons quelques soucis pour le fonctionnement de notre application, car il n'est pas possible de choisir une option d'alignement et une option de couleur simultanément. Les contrôles `RadioButton` étant conçus de telle sorte qu'ils ne puissent pas y en avoir deux sélectionnés simultanément dans un même conteneur. La solution à notre problème passe donc par l'utilisation d'un conteneur pour isoler les contrôles les uns des autres. C'est ce que nous verrons avec les contrôles `GroupBox` et `Panel`.

c. Le contrôle ListBox

Le contrôle `ListBox` propose à l'utilisateur une liste de choix dans laquelle il pourra en sélectionner un ou plusieurs. Le contrôle gère automatiquement l'affichage des éléments avec, au besoin, l'ajout d'une barre de défilement sur le contrôle. Les éléments affichés dans la liste peuvent être saisis au moment de la conception, dans la fenêtre de propriétés, ou modifiés par le code. En règle générale, les éléments de la liste sont des chaînes de caractères mais peuvent être n'importe quel type d'objet. Par défaut, le contrôle `ListBox` propose les éléments sous forme de liste avec un défilement vertical.

ROUGE
VERT
BLEU
JAUNE

La propriété `MultiColumn` positionnée sur **True** permet d'avoir un défilement horizontal de la liste.

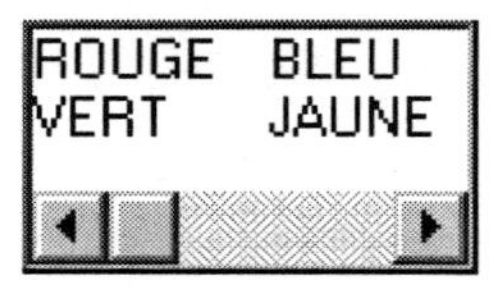

Dans ce cas, la propriété `ColumnWidth` indique la largeur de chacune des colonnes. La propriété `IntegralHeight` évite d'avoir un élément de la liste partiellement visible.

Si cette propriété est positionnée sur **True**, la liste se redimensionne pour n'afficher que des éléments complets.

Les éléments de la liste sont gérés sous forme de collection, par la propriété `Items`. Nous pouvons donc ajouter des éléments à la liste en utilisant la méthode `Add` de la collection et en passant, comme paramètre, l'objet à insérer dans la liste. Dans la majorité des cas, l'objet inséré est une chaîne de caractères mais n'importe quel autre type d'objet peut être utilisé. Il faut cependant que l'objet ajouté dispose d'une méthode `ToString` pour permettre l'affichage par le contrôle `ListBox`.

```
class Couleur
 {
public String nom;
public Color valeur;
public Couleur(String n, Color c)
{
 nom = n;
 valeur = c;
```

```
}
public override String ToString()
{
 return nom;
}
}
...
...
 lstCouleurs.Items.Add(new Couleur("rouge",Color.Red));
 lstCouleurs.Items.Add(new Couleur("Vert",Color.Green));
```

Les éléments sont ajoutés à la fin de la liste sauf si la propriété `Sorted` est positionnée sur **True** car, dans ce cas, les éléments de la liste sont triés par ordre croissant. La méthode `Insert` ajoute un élément dans la liste, à un emplacement précis (le premier élément de la liste se trouve à l'emplacement zéro). Pour insérer un élément en deuxième position, nous utiliserons le code ci-après :

```
lstCouleurs.Items.Insert(1, new Couleur("Jaune", Color.Yellow));
```

L'effacement d'un élément de la liste s'effectue avec la méthode `RemoveAt` en passant comme paramètre l'index de l'élément à supprimer.

```
lstCouleurs.Items.RemoveAt(0);
```

On peut aussi effectuer un nettoyage complet de la liste avec la méthode `Clear`.

```
LstCouleurs.Items.Clear();
```

Deux méthodes sont utiles, lors de l'ajout d'éléments dans la liste, si l'on veut éviter les doublons. La méthode `FindString` recherche le premier élément de la liste qui commence par la chaîne de caractères spécifiée. Cette fonction renvoie l'index de l'élément correspondant au critère ou la valeur -1, si rien n'est trouvé. La même chose peut être effectuée avec la méthode `FindString Exact` mais, dans ce cas, il faut une concordance exacte des chaînes de caractères.

Par défaut, les `ListBox` n'autorisent que la sélection d'un élément. La propriété `SelectionMode` permet de choisir quatre modes de sélection :

- Le premier (**None**) risque d'être frustrant pour l'utilisateur car la `ListBox` sera pleinement fonctionnelle mais le clic souris ne produira aucun effet.

- L'option **One** est la valeur par défaut où chaque clic de souris sélectionne l'élément et désélectionne l'élément précédemment sélectionné dans la liste.
- Avec l'option **MultiSimple**, chaque clic sur un élément inverse son état. Il peut y avoir plusieurs éléments sélectionnés en même temps.
- La dernière option **MultiExtended** permet également la sélection de plusieurs éléments mais offre la possibilité de sélectionner plusieurs éléments successifs rapidement. En sélectionnant le premier, puis en utilisant la touche [Shift] et en cliquant sur le dernier, tous les éléments présents entre les deux sont également sélectionnés.

Il faut bien sûr récupérer, dans le code, la ou les sélections de l'utilisateur. Dans le cas d'une sélection simple, la propriété `SelectedIndex` indique l'indice, dans la collection **Items**, de l'élément sélectionné alors que la propriété `SelectedItem` fournit une référence vers l'objet sélectionné dans la liste.

Pour les sélections multiples, le principe de fonctionnement est le même mais les informations sont renvoyées sous forme de collection. La collection **SelectedIndices** nous propose la liste des indices des éléments sélectionnés, alors que la collection **SelectedItems** nous donne la liste des objets sélectionnés. Dans les deux cas, il faut parcourir la liste pour extraire les éléments.

```
foreach (Couleur c in lstCouleurs.SelectedItems)
            {
                    Console.WriteLine(c.ToString());
            }
```

Le fait de stocker des objets dans la collection **Items** nous permet d'avoir accès, par l'intermédiaire de la propriété `SelectedItem`, à toutes les propriétés de l'objet. Nous pouvons ainsi, par exemple, dans le cas où nous avons utilisé des objets couleurs, utiliser la propriété `valeur`.

Dans l'exemple suivant, nous modifions la couleur de fond de la feuille en fonction de la sélection dans la `ListBox`. Pour cela, nous gérons l'événement `SelectedIndexChanged` qui se produit à chaque nouvelle sélection de l'utilisateur.

```
private void lstCouleurs_SelectedIndexChanged(object sender, EventArgs e)
{
  this.BackColor = ((Couleur)lstCouleurs.SelectedItem).valeur;
}
```

d. Le contrôle NumericUpDown

Le contrôle `NumericUpDown` est l'association d'une zone de texte et de deux boutons. Ces deux boutons servent à incrémenter ou décrémenter la valeur affichée dans la zone de texte. Ce contrôle est très simple à utiliser. La valeur qu'il est chargé de gérer est stockée dans la propriété `value`. Elle peut évoluer entre deux extrêmes représentés par les propriétés `Minimum` et `Maximum`. Le pas d'incrémentation est défini par la propriété `Increment`. Toutes ces valeurs peuvent être des valeurs décimales. Le format d'affichage peut être modifié par la propriété `DecimalsPlaces` qui permet de spécifier le nombre de décimales affichées. Cette propriété intervient uniquement au niveau de l'affichage et ne change pas la valeur de la propriété `Value`. Voici comme exemple un petit morceau de code qui simule le fonctionnement d'un thermostat de chauffage. Ce n'est bien sûr pas la température de votre bureau qui sera modifiée par l'application, mais la couleur de fond de la fenêtre du bleu pour le plus "froid" au rouge pour le plus "chaud".

```
private void testListes_Load(object sender, EventArgs e)
      {
       Thermostat.DecimalPlaces = 1;
       Thermostat.Increment = 0.1M;
       Thermostat.Maximum = 25;
       Thermostat.Minimum = 15;
       Thermostat.Value = 15;
      }
      private void Thermostat_ValueChanged(object sender, EventArgs e)
      {
         this.BackColor=Color.FromArgb(
                         (int)(25 * (Thermostat.Value -15)),
   0,(int)(25 * (25 - Thermostat.Value)));
      }
```

e. Le contrôle TrackBar

Ce contrôle propose un aspect plus visuel du contrôle `NumericUpDown` tout en fournissant les mêmes fonctionnalités. Il se présente sous la forme d'un potentiomètre sur lequel l'on peut déplacer un curseur pour ajuster une valeur numérique. Contrairement au contrôle `NumericUpDown`, il n'y a pas d'affichage de la valeur et celle-ci ne peut être qu'une valeur entière. Les deux valeurs extrêmes sont définies par les propriétés `Minimum` et `Maximum`.

Deux pas d'incrémentation sont également disponibles avec les propriétés `SmallChange` et `LargeChange`. La propriété `SmallChange` est utilisée pour incrémenter ou décrémenter la valeur lors de l'utilisation des flèches de déplacement du clavier. La propriété `LargeChange` est utilisée suite à la frappe des touches page suivante ou page précédente. Si le curseur du potentiomètre est déplacé à l'aide de la souris, la propriété `Value` correspond à l'emplacement du curseur. Aucun des deux pas d'incrémentation n'est utilisé dans ce cas. Pour faciliter l'ajustement d'une valeur, des repères sont placés sur le potentiomètre. Leur espacement est déterminé par la propriété `TickFrequency`.

f. Le contrôle DomainUpDown

Ce contrôle a pratiquement le même fonctionnement que le contrôle `Listbox`. Il se présente comme une zone de texte à laquelle sont associés deux boutons permettant le déplacement dans une liste d'éléments. La principale propriété de ce contrôle est la propriété `Items` qui contient les éléments proposés dans la liste. Les seules différences avec le contrôle `Listbox` sont liées aux sélections multiples qui sont impossibles pour ce contrôle et la propriété `Wrap` permettant le parcours de la liste de manière circulaire.

g. Le contrôle CheckedListBox

Ce contrôle est une amélioration du contrôle `ListBox` et de ce fait fonctionne pratiquement de la même manière. La seule limitation par rapport au contrôle `ListBox` est qu'il n'accepte pas les sélections multiples. L'évolution par rapport au contrôle `ListBox` réside dans les cases à cocher présentes devant les éléments de la liste. Ces cases peuvent être cochées indépendamment de la sélection des éléments. La récupération des cases cochées est possible par l'intermédiaire de la propriété `CheckedItems`. Cette collection contient tous les éléments cochés de la liste.

```
private void checkedListBox1_SelectedIndexChanged(object sender,
                                                 EventArgs e)
{
  foreach (var elt in checkedListBox1.CheckedItems)
  {
     Console.WriteLine(elt.ToString());
  }
}
```

Une autre solution pour obtenir les éléments cochés de la liste consiste à parcourir la liste et à tester avec la méthode `GetItemChecked` si la case correspondante est cochée.

```
for (int i = 0; i < checkedListBox1.Items.Count - 1; i++)
    {
   if (checkedListBox1.GetItemChecked(i))
   {
    Console.WriteLine(checkedListBox1.Items[i]);
   }
    }
```

La propriété `CheckOnClick` détermine si l'activation ou la désactivation de la case à cocher se fait sur le premier clic d'un élément dans la liste (true) ou si un double clic est nécessaire pour changer l'état de la case à cocher (false).

h. Le contrôle ComboBox

Le contrôle `ComboBox` est l'association d'un contrôle `ListBox` et d'un contrôle `TextBox`. L'utilisateur pourra, suivant la configuration du contrôle, choisir un élément dans la liste ou saisir du texte.

La propriété `DropDownStyle` indique le mode de fonctionnement de la `ComboBox`.

DropDownStyle	**Simple**
	Simple
	DropDown
	DropDownList

`Simple`
: L'utilisateur sélectionne un élément dans la liste ou saisit du texte dans la zone de texte. La liste est affichée en permanence.

`DropDown`
: Même configuration, mais la liste n'est affichée qu'à la demande de l'utilisateur.

`DropDownList`
: L'utilisateur ne peut plus saisir dans la zone de texte mais simplement choisir un élément de la liste, après avoir demandé son affichage.

L'état de l'affichage de la liste est contrôlé par la propriété `DroppedDown`. On peut, par exemple, écrire du code pour que la liste soit déroulée dès que le contrôle reçoit le focus.

```
void comboBox1_GotFocus(object sender, EventArgs e)
    {
      comboBox1.DroppedDown = true;
    }
```

Il n'est pas possible de réaliser des sélections multiples avec le contrôle `ComboBox`. Le texte peut être récupéré dans la propriété `Text`. Cette propriété est mise à jour même si l'utilisateur a sélectionné un élément dans la liste. Dans ce cas, la propriété `SelectedIndex` est égale à l'index de l'élément sélectionné. Si l'utilisateur a saisi du texte directement, cette propriété est égale à -1.

i. Le contrôle TreeView

Le contrôle `TreeView` permet la présentation d'informations, sous forme d'une arborescence identique à la présentation des fichiers et des dossiers dans l'explorateur de Windows. Chaque élément est représenté sous forme d'un nœud pouvant éventuellement contenir des nœud enfants. Chaque élément peut être affiché sous forme développée ou réduite, par l'intermédiaire du signe (plus (+) ou moins (-)) affiché en face de chaque nœud.

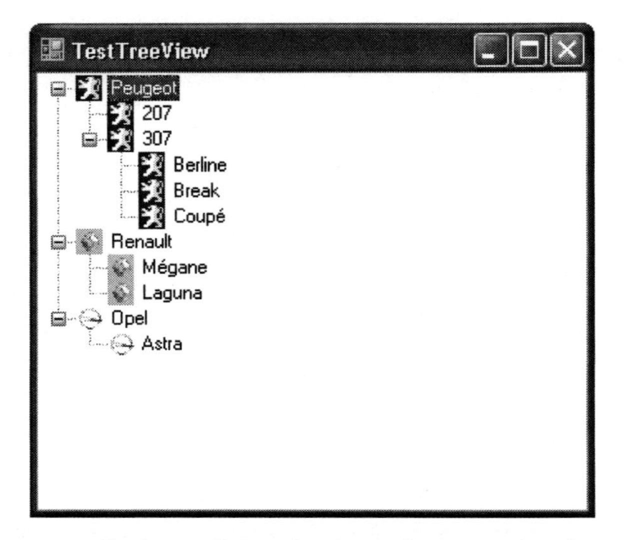

La propriété `Nodes` contient la liste de tous les nœuds de premier niveau de l'arborescence. Chacun d'entre eux dispose également d'une propriété `Nodes`, qui stocke à son tour la liste de tous ses nœuds enfants et ainsi de suite jusqu'au dernier niveau de l'arborescence. Ces propriétés `Nodes` sont modifiables au moment de la conception, par un éditeur spécifique accessible par la fenêtre de propriétés.

Éditeur TreeNode

Sélectionner un nœud à modifier :

Peugeot
207
307
Berline
Break
Coupé
Renault
Mégane
Laguna
Opel
Astra

Ajouter une racine
Ajouter un enfant

Propriétés 207 :

ToolTipText	
Comportement	
Checked	False
ContextMenu	(aucun)
ContextMenuStrip	(aucun)
ImageIndex	0
ImageKey	(par défaut)
Index	0
SelectedImageIndex	(par défaut)
SelectedImageKey	(par défaut)
StateImageIndex	(aucun)
StateImageKey	(aucun)

ImageIndex
La valeur de l'index du ImageList affichée lorsque le nœud d'arbre est dans un état non sélectionné.

OK
Annuler

Le bouton **Ajouter une racine** ajoute un élément racine à la propriété Nodes du contrôle TreeView. Pour chaque élément, il convient également d'indiquer son libellé par la propriété Text, l'image affichée sur le nœud par la propriété ImageIndex ainsi que l'image affichée, lorsque le nœud est sélectionné dans l'arborescence, par la propriété SelectedImageIndex.

Ces images sont extraites du contrôle ImagelList que vous aurez, au préalable, associé à la propriété Imagelist du contrôle. Ce contrôle ImageList doit bien sûr être créé et rempli avant la modification des propriétés du contrôle TreeView.

Chaque nœud possède donc une image, pour son affichage normal, et une image, pour son affichage lorsqu'il est sélectionné. La valeur (**Default**) pour ces deux images indique que le nœud n'utilisera pas une image spécifique, mais les images par défaut qui sont indiquées dans les propriétés ImageIndex et SelectedImageIndex du contrôle TreeView. Vous pouvez de cette façon utiliser des images identiques pour tous les nœuds. Seuls ceux ayant un affichage particulier nécessiteront la modification des valeurs par défaut.

L'ajout de nœud dans l'arborescence par le code est un petit peu plus complexe. Il faut créer un nouveau nœud en instanciant la classe TreeNode et en indiquant, dans l'appel du constructeur de la classe, la légende affichée sur le nœud. L'image et l'image de sélection sont également à préciser si vous ne voulez pas utiliser les valeurs par défaut. La création d'un nœud peut donc prendre les deux formes suivantes.

```
TreeNode noeud;
        noeud = new TreeNode("Twingo");
```

ou bien

```
TreeNode noeud;
         noeud = new TreeNode("Twingo", 2, 3);
```

en indiquant, dans ce cas, l'index de l'image pour l'affichage normal, suivi de l'index pour l'affichage lorsque le nœud sera sélectionné.

Il faut ensuite "raccrocher" ce nouveau nœud à une branche de notre arborescence, en utilisant méthode Add du nœud qui va devenir le parent du petit nouveau.

Ainsi, pour ajouter un enfant à la deuxième racine de l'arborescence, nous utiliserons le code suivant :

```
treeView1.Nodes[1].Nodes.Add(noeud);
```

Vous pouvez aussi supprimer un nœud par le code, en utilisant la méthode RemoveAt de la collection correspondante. Par exemple, pour supprimer la Peugeot 206, nous utiliserons le code suivant :

```
treeView1.Nodes[0].Nodes.RemoveAt(0);
```

Lorsque l'on travaille avec le contrôle TreeView, on a fréquemment besoin de savoir sur quel élément du contrôle l'utilisateur a cliqué (pour afficher les caractéristiques du véhicule dans notre cas).

Dans l'événement AfterSelect du contrôle TreeView, on dispose, par l'intermédiaire du paramètre e, une référence sur le nœud sur lequel l'utilisateur a cliqué. La propriété Text de cet élément nous permet donc d'identifier le nœud du contrôle TreeView et de réagir en conséquence.

```
private void treeView1_AfterSelect(object sender, TreeViewEventArgs e)
      {
        switch (e.Node.Text)
        {
             case "Peugeot":
              Console.WriteLine("Peugeot");
              break;
             case "Renault":
              Console.WriteLine("Renault");
              break;
             case "Opel":
              Console.WriteLine("Opel");
              break;
        }
      }
```

j. Le contrôle ListView

Ce contrôle fournit la possibilité de présenter des informations, à l'utilisateur, de quatre façons différentes comme le permet le volet droit de l'explorateur de Windows.

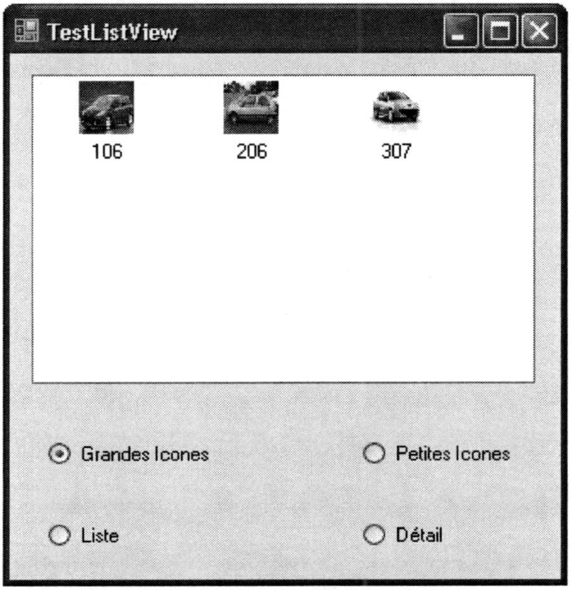
TestListView
106
206
307
Grandes Icones
Petites Icones
Liste
Détail

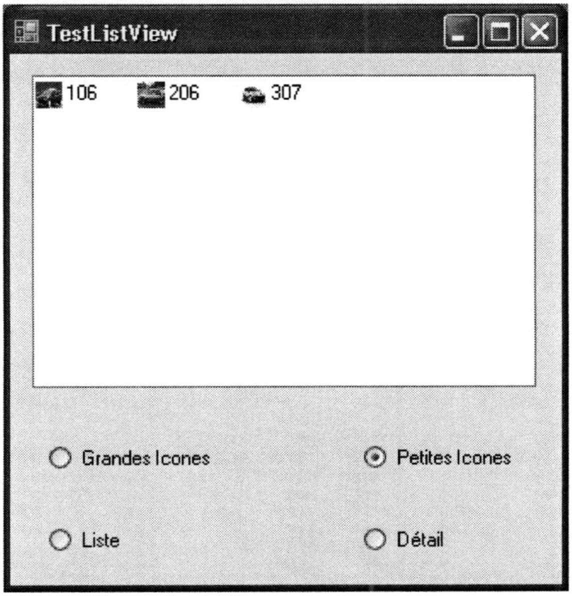
TestListView
106
206
307
Grandes Icones
Petites Icones
Liste
Détail

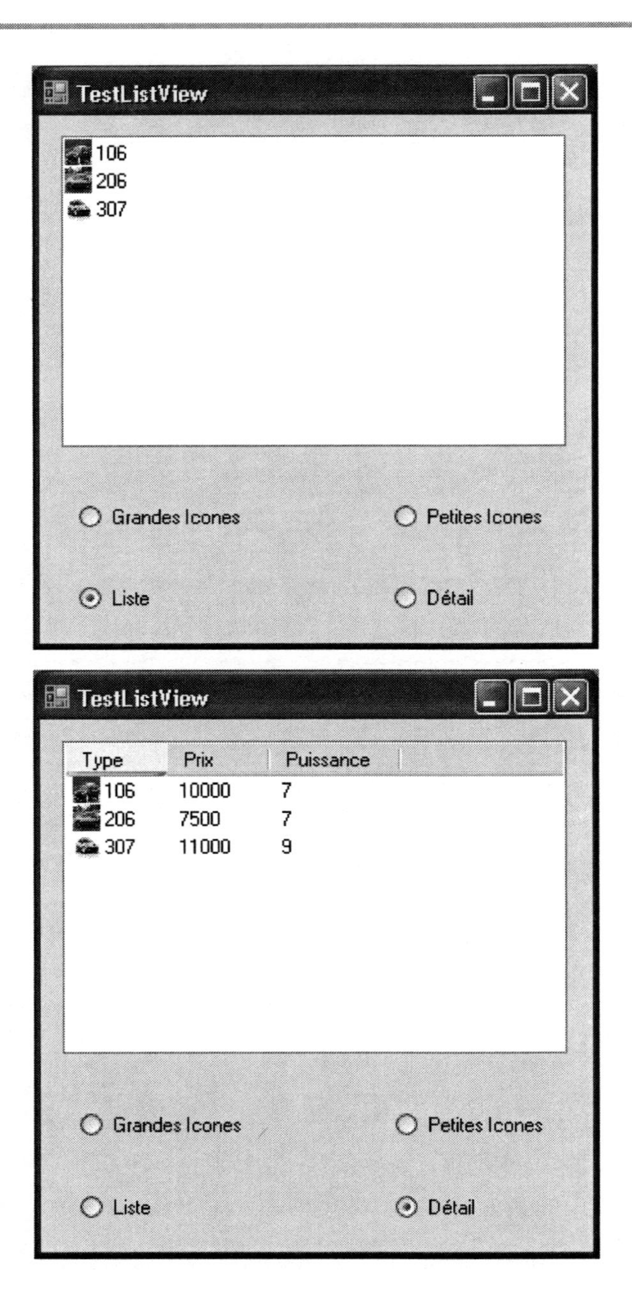
TestListView
106
206
307
Grandes Icones
Petites Icones
Liste
Détail
TestListView
Type
Prix
Puissance
106
10000
7
206
7500
7
307
11000
9
Grandes Icones
Petites Icones
Liste
Détail

Comme pour le contrôle `TreeView`, ce contrôle dispose d'une collection **Items** stockant les informations à afficher. Cette collection peut être remplie par un éditeur spécifique accessible depuis la fenêtre de propriétés de C#.

Cet éditeur permet d'ajouter ou de supprimer des éléments dans l'affichage du contrôle et pour chacun d'entre eux, la modification de la légende par la propriété `Text` et de l'image associée par la propriété `ImageIndex`. La propriété `SubItems` est également une collection utilisée lors de l'affichage détaillé. Cette collection contient les informations affichées dans chacune des colonnes du mode détaillé.

Les colonnes sont créées par la propriété `Columns` du contrôle. Un éditeur spécifique est également disponible pour la gestion des colonnes.

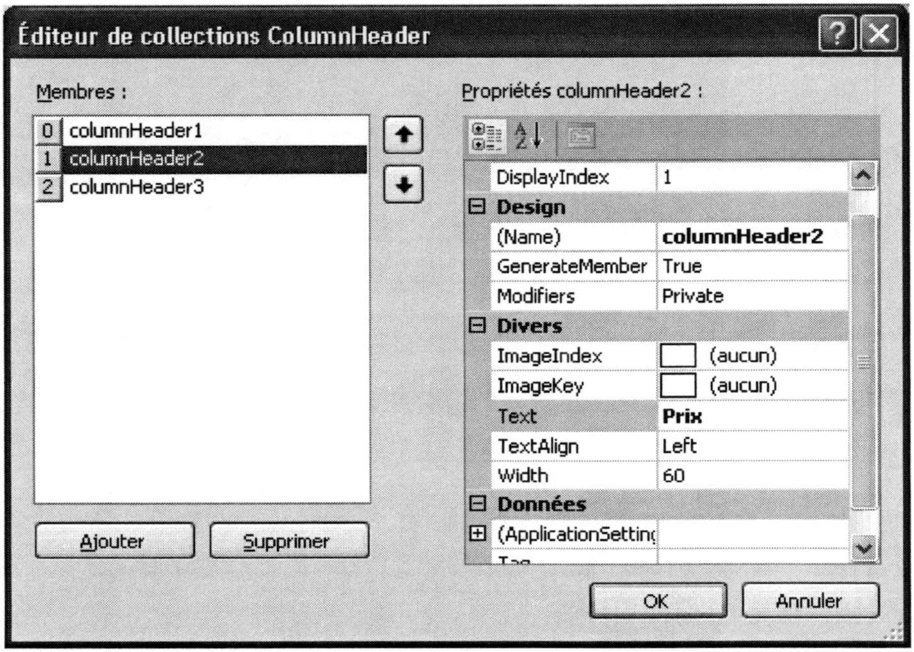

La propriété `Text` correspond au titre des colonnes. Chaque colonne est associée aux éléments qui auront été saisis dans la propriété `SubItems`. Résumons tout cela avec la présentation de nos véhicules et de leurs caractéristiques.

Pour chaque véhicule à afficher, il faut insérer un élément dans la collection **Items** du contrôle `ListView`. Pour chacun de ces éléments, la propriété `SubItems` doit contenir les informations utilisées pour l'affichage en mode détail (le type du véhicule, son prix et sa puissance).

Il faut ensuite ajouter trois colonnes à la propriété `Columns` du contrôle `ListView` (type, prix, puissance).

Pour terminer la configuration, les propriétés `LargeImageList` et `SmallImageList` indiquent respectivement les contrôles `ImageList` où seront récupérées les images pour l'affichage en mode Grandes Icônes ou Petites Icônes.

Le type de présentation de l'affichage est modifiable par la propriété `View` :

```
private void optGrandes_CheckedChanged(object sender, EventArgs e)
{
 listView1.View = View.LargeIcon;
}
private void optListe_CheckedChanged(object sender, EventArgs e)
{
```

```
 listView1.View = View.List;
}
private void optPetites_CheckedChanged(object sender, EventArgs e)
{
 listView1.View = View.SmallIcon;
}
private void optDetail_CheckedChanged(object sender, EventArgs e)
{
 listView1.View = View.Details;
}
```

6. Les contrôles de regroupement

a. Le contrôle GroupBox

Le contrôle `GroupBox` permet le regroupement logique et visuel de contrôles sur un formulaire. Le contrôle possède une bordure et une légende apparaissant sur la bordure haute. Ce contrôle facilite également le placement des contrôles sur la fenêtre, car après avoir placé les contrôles sur le `GroupBox`, ceux-ci se déplacent en bloc avec le contrôle `GroupBox`. Il permet également d'isoler les `RadioButtons`, les uns des autres, lorsqu'ils doivent fonctionner de manière indépendante.

b. Le contrôle Panel

Le contrôle `Panel` dispose des mêmes fonctionnalités que le contrôle `GroupBox`. Il ne dispose cependant pas de propriété `Text` et ne permet donc pas l'affichage d'une légende. Par contre, il possède une propriété `BorderStyle` permettant de supprimer l'affichage de la bordure. Nous avons, dans ce cas, des contrôles qui sont regroupés logiquement sans indication visible de ce regroupement. La propriété `AutoScroll` du contrôle permettra d'afficher automatiquement des barres de défilement si sa surface n'est pas suffisante pour afficher l'ensemble des contrôles qui lui sont confiés.

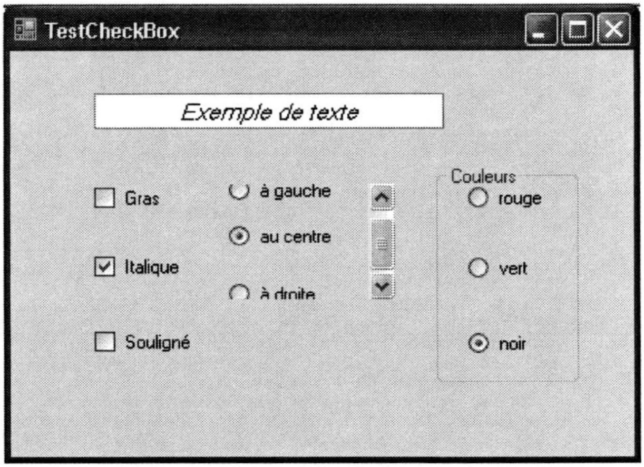

Pour ces deux contrôles, la modification de la propriété `Enabled` désactivera également l'ensemble des contrôles qui sont placés à l'intérieur, sans avoir à modifier cette propriété pour chacun des contrôles.

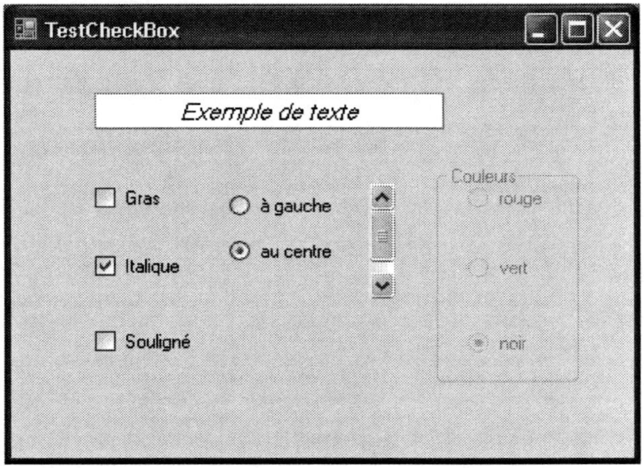

c. Le contrôle TabControl

Le contrôle `TabControl` affiche plusieurs onglets similaires aux intercalaires d'un classeur. L'utilisation principale de ce contrôle est la création de boîte de dialogue à plusieurs onglets.

La propriété principale `TabPages` contient la liste de toutes les pages associées au contrôle. Un éditeur spécifique nous permet la manipulation de ces pages.

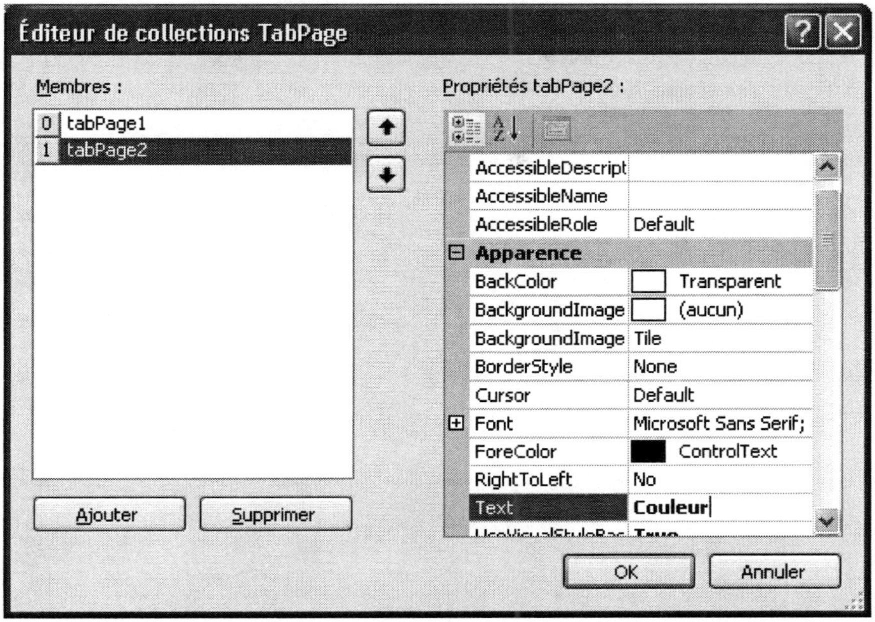

Chaque onglet est considéré comme une page, sur laquelle on pourra placer des contrôles. Pour chacun des onglets, on retrouve d'ailleurs beaucoup de propriétés déjà disponibles sur les fenêtres.

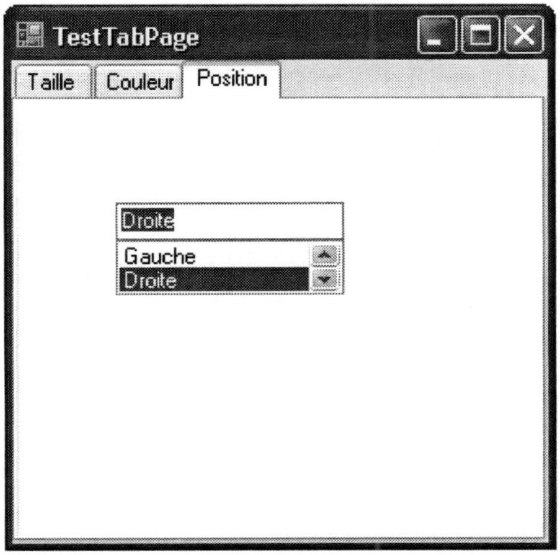

L'insertion de contrôles s'effectue en sélectionnant au préalable l'onglet de destination, puis en dessinant les contrôles dessus, de la même manière que sur une fenêtre classique. Si votre boîte de dialogue contient de nombreux onglets, vous pouvez choisir de les afficher sur plusieurs lignes en modifiant la propriété `Multiline` du contrôle.

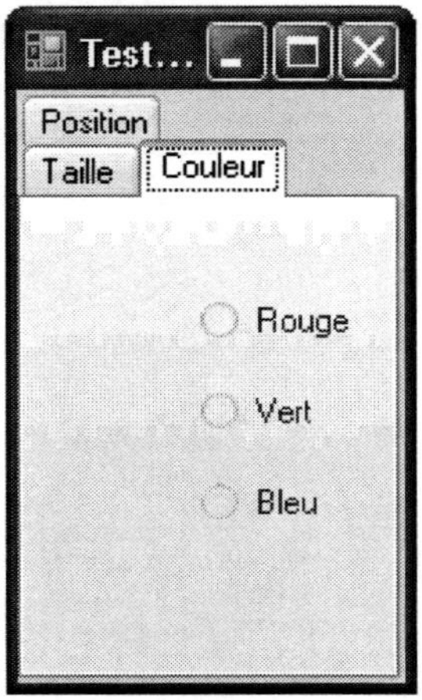

Il est également possible d'interdire l'utilisation de tous les contrôles présents sur un onglet, en modifiant la propriété `Enabled` de l'onglet. Par exemple, pour interdire l'utilisation de l'onglet **Couleur** :

```
tabControl1.TabPages[1].Enabled = false;
```

Comme pour beaucoup d'autres contrôles, une propriété `ImageList` permet d'associer des images bitmap à chacun des onglets, par l'intermédiaire de la propriété `ImageIndex` de chaque onglet.

d. Le contrôle SplitContainer

Ce contrôle permet la création d'interface utilisateur comparable à l'explorateur Windows. Il sépare la fenêtre en deux parties par une barre horizontale ou verticale. Cette barre peut être déplacée par l'utilisateur pour redimensionner chacune des zones délimitées. Il est fréquemment associé avec un contrôle `TreeView` dans sa partie gauche et un ensemble de contrôles dans la partie droite permettant la modification de l'élément sélectionné dans le TreeView. Cette présentation est par exemple utilisée dans l'outil **MMC** (*Microsoft Management Console*), par lequel de nombreux paramètres de fonctionnement du système sont configurables. Chaque partie du contrôle est utilisable comme un containeur pour d'autres contrôles.

La propriété `Orientation` indique le sens dans lequel est découpé la surface du contrôle. Le dimensionnement de chacune des deux zones peut être interdit avec la propriété `IsSplitterFixed` positionnée sur **True**. Il est également possible d'interdire le redimensionnement d'une seule zone avec la propriété `FixedPanel`. Dans ce cas, si les dimensions du conteneur du contrôle (la fenêtre) sont modifiées, une seule zone est redimensionnée. La propriété `Orientation` détermine bien sûr le sens de découpage du contrôle.

e. Le contrôle FlowLayoutPanel

Le contrôle `FlowLayoutPanel` organise automatiquement le placement des contrôles que vous lui confiez. En fonction de la valeur de la propriété `FlowDirection`, les contrôles seront disposés :

- de la gauche vers la droite ;
- de la droite vers la gauche ;
- du haut vers le bas ;
- du bas vers le haut.

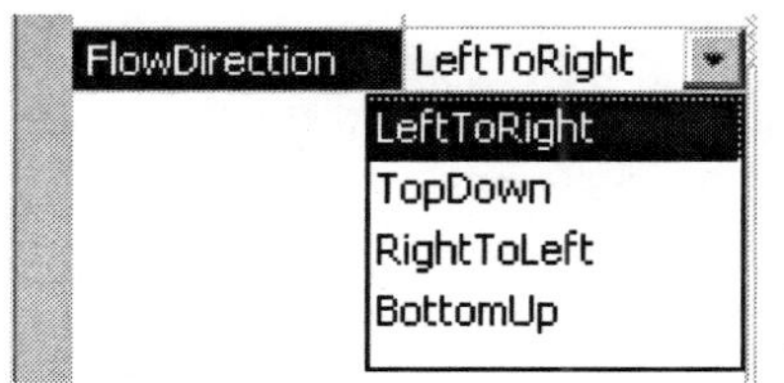

Si l'espace disponible n'est pas suffisant pour l'ajout d'un contrôle supplémentaire, la propriété `WrapContents` indique si une nouvelle colonne ou ligne est ajoutée, en fonction de l'orientation dans laquelle le contrôle `FlowLayoutPanel` travaille ou si les contrôles supplémentaires sont tronqués.

f. Le contrôle TableLayoutPanel

Il est parfois important qu'un formulaire conserve un aspect correct lorsqu'il est redimensionné. La première solution nous venant à l'esprit consiste à gérer un des événements survenant pendant le dimensionnement de la fenêtre, `Resize`, `Layout` par exemple et de modifier les positions et dimensions des contrôles en conséquence. Cette solution est très lourde à mettre en œuvre et doit être répétée sur chaque formulaire. L'autre solution, plus efficace est de demander à un gestionnaire de positionnement de gérer la taille et position des contrôles qu'on lui confie. Le contrôle `TableLayoutPanel` est spécialisé pour ce travail. Ce conteneur organise son contenu sous forme d'une grille un petit peu de la même manière qu'un tableau en langage HTML.

Il faut tout d'abord placer sur le formulaire un contrôle `TableLayoutPanel`. Par défaut le contrôle est généré avec deux lignes et deux colonnes. Pour modifier cette disposition il suffit simplement d'activer les options du contrôle en cliquant sur la petite flèche située sur le coin supérieur droit puis en utilisant l'option correspondante.

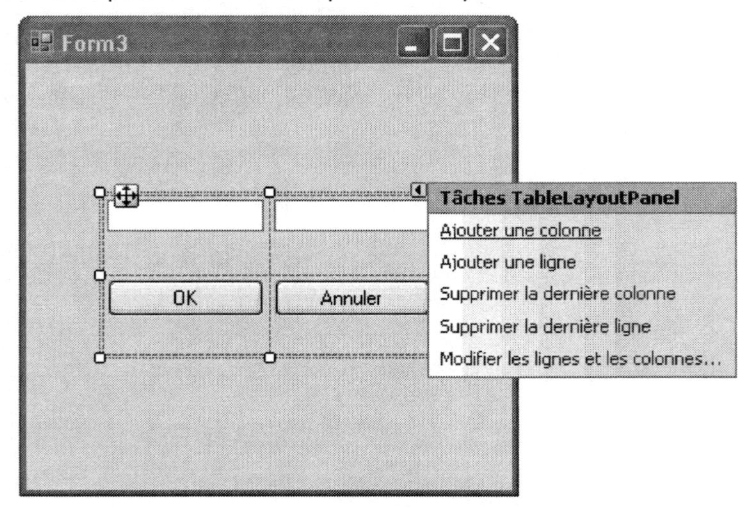

Chaque ligne et colonne peut également être modifiée après sa création en choisissant l'option **Modifier les lignes et les colonnes**.

Les contrôles peuvent ensuite être placés dans chacune des cases. Il ne peut y avoir qu'un seul contrôle par case.

Le principal intérêt de ce contrôle se situe pendant le dimensionnement du formulaire puisque les contrôles vont suivre automatiquement les modifications de taille du formulaire. Pour cela, le contrôle `TableLayoutPanel` doit être ancré sur les bordures gauche et droite du formulaire.

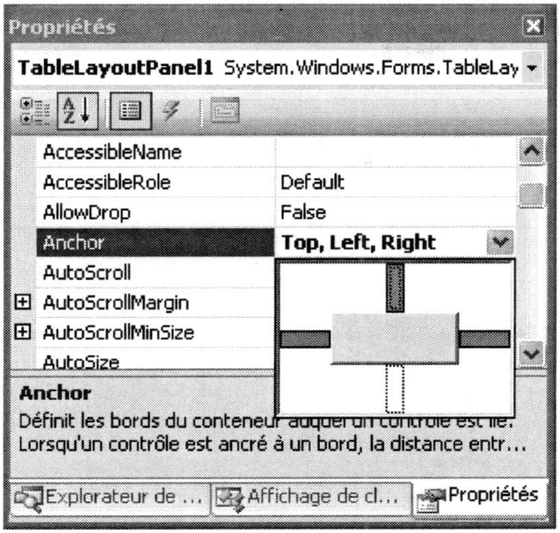

Il en va de même pour tous les contrôles placés dans le `TableLayoutPanel`.

Après une modification de la taille de la fenêtre, nous conservons toujours un aspect correct du formulaire.

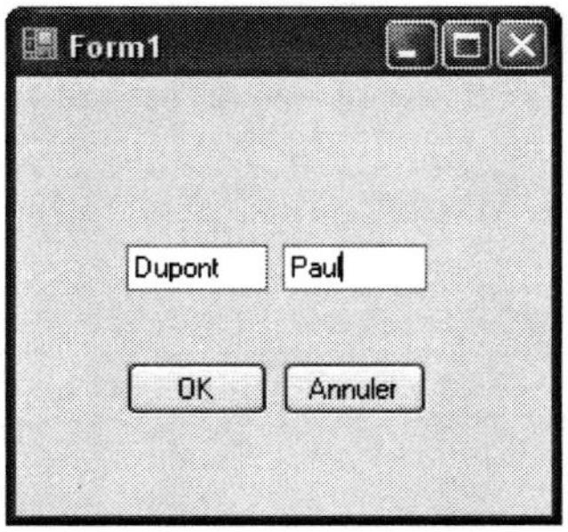

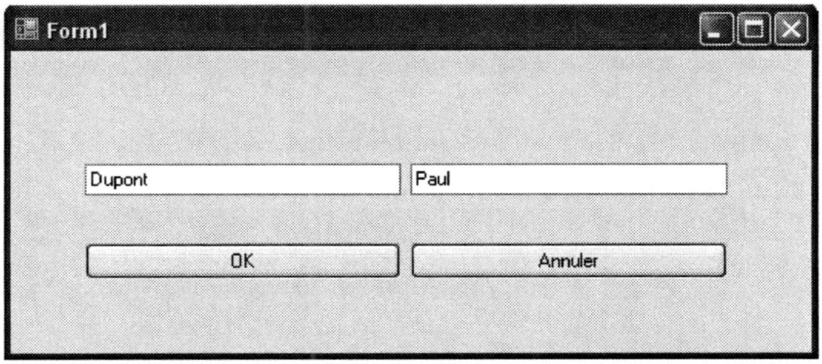

Pour comprendre l'intérêt du contrôle `TableLayoutPanel` essayez la manipulation suivante. Ajoutez un nouveau formulaire puis faites un copier-coller des deux zones de texte et des deux boutons sur ce formulaire. Exécutez l'application et modifiez la taille du formulaire. Le résultat prouve bien l'utilité de ce contrôle.

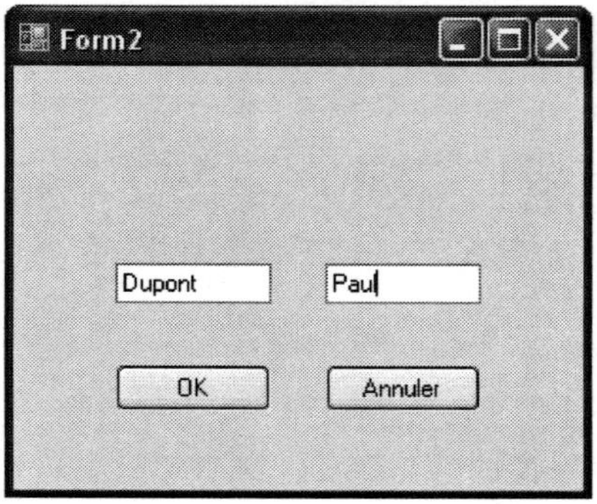

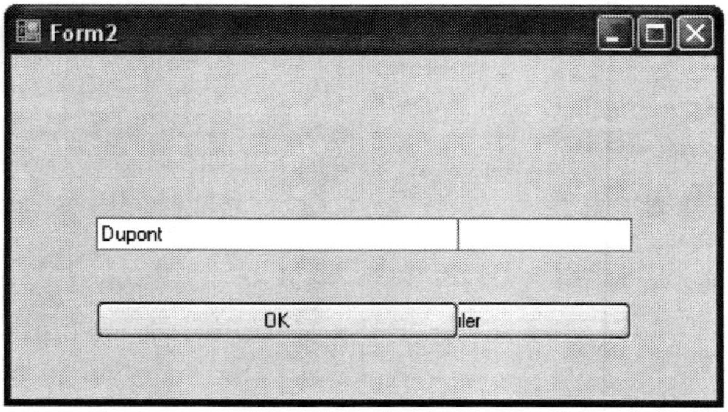

7. Les contrôles graphiques

a. Le contrôle PictureBox

Le contrôle `PictureBox` est utilisé pour afficher des images dans une application. Plusieurs formats de fichiers sont pris en charge par le contrôle :

- Les fichiers Bitmap (*.bmp)
- Les fichiers Icones (*.ico)
- Les fichiers Gif (*.gif)
- Les métafichiers (*.wmf)
- Les fichiers JPEG (*.jpg)

Le contenu du contrôle est spécifié dans la propriété `Picture`. Dans la fenêtre de propriétés, vous pouvez rechercher le fichier à charger dans le contrôle grâce à la boîte de dialogue ci-après.

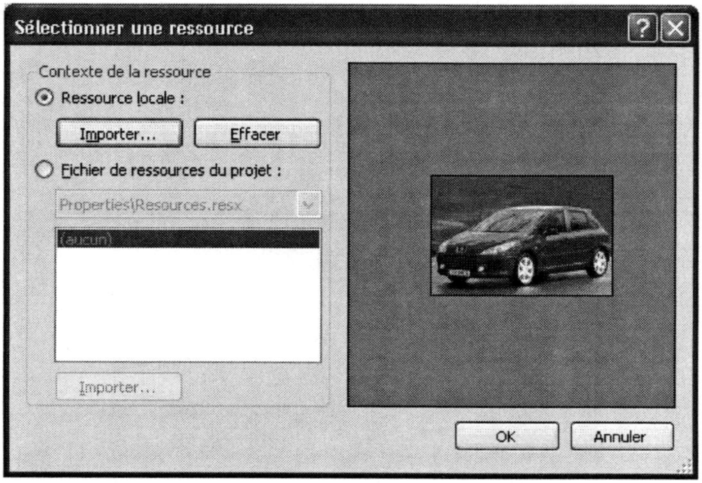

Le bouton **Effacer** permet de réinitialiser la propriété pour éliminer un fichier déjà présent.

Pour modifier l'image affichée, par l'intermédiaire du code, nous devons charger le contenu du fichier et l'affecter à la propriété `Picture` qui attend une instance de la classe `Image`. Pour créer cette instance, nous utilisons la méthode statique `FromFile` de la classe `Image` qui prend comme paramètre le nom du fichier et qui renvoie l'instance de la classe `Image` créée.

```
pictureBox1.Image = Image.FromFile("titi.gif");
```

Pour effacer une image par le code, vous pouvez utiliser le code suivant :

```
pictureBox1.Image = null;
```

Par l'intermédiaire de la propriété `SizeMode`, vous pouvez choisir comment le contrôle et l'image vont adapter leur taille respective :

normal
: Les deux éléments conservent leurs dimensions. L'image est placée dans le coin supérieur gauche du contrôle.

StretchImage
: L'image est agrandie pour occuper toute la surface du contrôle. Dans le cas d'images non vectorielles, le résultat est parfois décevant.

AutoSize
: Le contrôle s'adapte à la taille de l'image.

CenterImage
: Les deux éléments conservent leurs dimensions mais l'image est centrée par rapport au contrôle.

Zoom
: L'image est agrandie ou rétrécie pour occuper toute la largeur ou hauteur du contrôle mais le même ratio est utilisé verticalement et horizontalement.

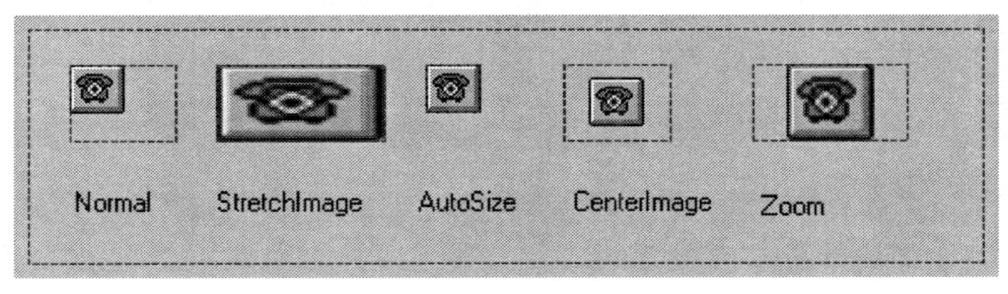

b. Le contrôle ImageList

Le contrôle `ImageList` est utilisé dans une application pour servir de “réservoir d’images”. Il ne fournit aucune fonctionnalité pour l’affichage des images, mais permet simplement leur stockage dans l’application. De nombreux types de fichiers peuvent être utilisés dans ce contrôle (bmp, ico, gif, jpg...). Toutefois, les images stockées dans ce contrôle ne sont pas forcément du même type. Vous pouvez, par exemple, mélanger des fichiers bmp et des fichiers ico. Une petite restriction tout de même : les images issues de metafile (wmf) ne sont pas prises en compte. Ce contrôle n’a pas d’interface visible au moment de l’exécution donc il ne sera pas placé directement sur la feuille, mais dans une zone réservée à ce type de contrôles dans l’interface de conception graphique.

Ce contrôle sera utilisé en association avec tout type de contrôle possédant une propriété `ImageList`, `SmallImageList`, ou `LargeImageList`. Pour ces contrôles, une autre propriété, en général la propriété `ImageIndex`, indique l’image stockée dans le contrôle `ImageList` que vous voulez lui associer. De cette manière, vous pouvez rapidement modifier l’image affichée sur un bouton en modifiant la propriété `ImageIndex` du bouton, afin de sélectionner l’une des images disponibles dans le contrôle `ImageList`.

La propriété `Images` est la propriété principale du contrôle `ImageList`. C’est une collection dans laquelle les images sont stockées. Chaque image est accessible par l’intermédiaire de son index dans la collection.

Cette propriété peut être modifiée au moment de la conception de l’application, par l’intermédiaire de la fenêtre de l’éditeur de collections d’images affichée lorsque l’on modifie la propriété `Images` du contrôle.

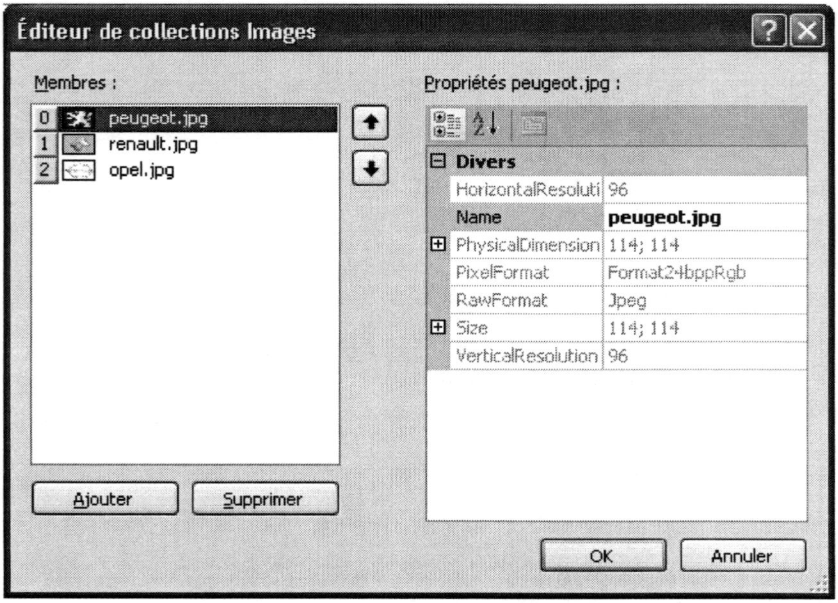

Par l'intermédiaire de cet éditeur, on peut notamment ajouter des images, en supprimer ou modifier leur classement dans la collection. Cependant, il n'y a pas possibilité de modifier l'image une fois insérée dans la collection. Il faut, dans ce cas, la supprimer et en insérer une nouvelle avec le contenu du fichier correspondant.

L'insertion d'une image peut également s'effectuer par l'intermédiaire du code, en utilisant la méthode `Add` disponible dans la collection Images du contrôle.

```
imageList1.Images.Add(Image.FromFile("dome.bmp"));
```

De la même façon, on peut supprimer, par le code, une image déjà présente dans la liste en utilisant la méthode `RemoveAt` et en indiquant l'index de l'élément à supprimer.

```
imageList1.Images.RemoveAt(6);
```

La méthode `Clear` permet de vider complètement la collection `Images` supprimant ainsi toutes les images du contrôle `ImageList`.

Pour toutes les images de la liste, vous pouvez également indiquer par l'intermédiaire de la propriété `ColorDepth` le nombre de couleurs gérées par le contrôle `ImageList`. La propriété `ImageSize` indique la taille des images. Cette taille sera identique pour toutes les images placées dans le contrôle. Les images insérées seront éventuellement agrandies ou diminuées pour s'adapter à cette taille (les résultats sont parfois décevants).

8. Les contrôles de gestion du temps

Deux contrôles sont disponibles pour la saisie de dates. Le contrôle `DateTimePicker` permet la saisie d'une date alors que le contrôle `MonthCalendar` autorise la saisie d'une plage de dates.

a. Le contrôle DateTimePicker

Ce contrôle associe une zone de texte et un calendrier. La date sera soit saisie directement dans la zone de texte (avec quand même une vérification des informations saisies), soit beaucoup plus facilement en affichant le calendrier en utilisant le bouton situé à coté de la zone de texte (comme pour une ComboBox).

La propriété `Value` permet de récupérer la date saisie ou au contraire de spécifier la date sélectionnée sur le calendrier à son affichage. Par défaut, le calendrier est initialisé avec la date du jour.

b. Le contrôle MonthCalendar

Ce contrôle correspond, en fait, au calendrier associé au contrôle `DateTimePicker` avec bien sûr des fonctionnalités supplémentaires. Vous pouvez, par exemple, indiquer une liste de dates qui apparaîtront en gras sur le calendrier (par exemple les jours fériés). La propriété `AnnuallyBoldedDates` contient la liste de tous ces jours "spéciaux".

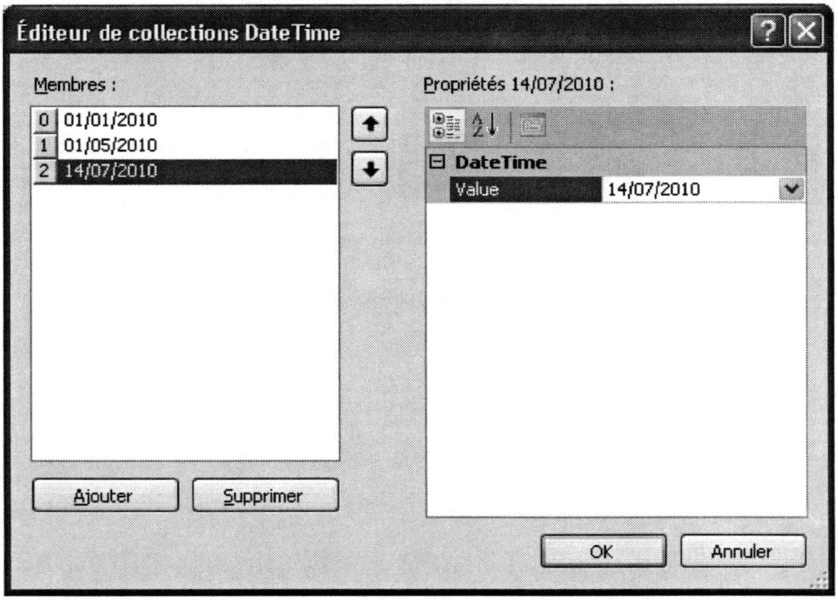

Éditeur de collections DateTime

Membres :

0 01/01/2010
1 01/05/2010
2 14/07/2010

Propriétés 14/07/2010 :

DateTime
Value 14/07/2010

Ajouter Supprimer

OK Annuler

La propriété `MonthlyBoldedDates` permet d'indiquer les jours qui apparaîtront en gras chaque mois (le jour où vous avez une facture à payer par exemple !).

L'intérêt principal de ce contrôle est qu'il permet la sélection d'une plage de dates. La propriété `MaxSelectionCount` indique le nombre de jours maximal de la sélection (par défaut, 7). Il reste un problème cependant, car il n'y a pas de solution simple pour choisir une plage de date "à cheval" sur plusieurs mois. Les calendriers des mois compris dans la sélection doivent être tous visibles, pour permettre la sélection d'une plage sur plusieurs mois. La solution consiste donc à configurer le contrôle pour qu'il affiche plusieurs mois simultanément. La propriété `CalendarDimensions` fixe le format du calendrier.

Par exemple, une application utilisée pour gérer un planning de vacances pourrait utiliser la configuration suivante :

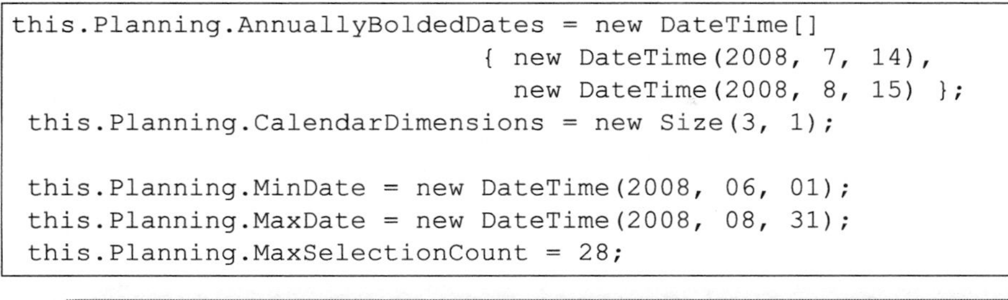

```
this.Planning.AnnuallyBoldedDates = new DateTime[]
                             { new DateTime(2008, 7, 14),
                               new DateTime(2008, 8, 15) };
 this.Planning.CalendarDimensions = new Size(3, 1);

 this.Planning.MinDate = new DateTime(2008, 06, 01);
 this.Planning.MaxDate = new DateTime(2008, 08, 31);
 this.Planning.MaxSelectionCount = 28;
```

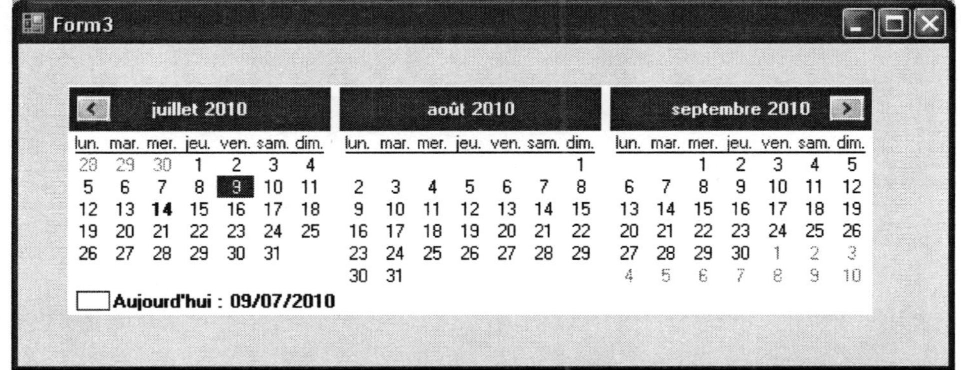

Vous pouvez, ensuite, obtenir l'intervalle sélectionné en utilisant la propriété `Selection-Range` qui contient elle-même une propriété `Start` et une propriété `End`. L'événement `DateSelected` se déclenche lorsque l'une des bornes de la sélection est modifiée. On peut donc l'utiliser pour mettre à jour une zone de texte, comme dans l'exemple ci-dessous.

```
txtVacances.Text = "vous etes en vacances du " +
                    Planning.SelectionRange.Start +
                    " au " + Planning.SelectionRange.End;
```

c. Le contrôle Timer

Ce contrôle va nous permettre de déclencher des événements à intervalles réguliers dans l'application. Ce contrôle est très simple d'utilisation puisqu'il ne possède que deux propriétés.

`Interval`
: Indique le délai entre deux événements. Ce délai est exprimé en millisecondes.

`Enabled`
: Indique si le contrôle génère des événements ou est inactif.

À chaque expiration du délai, un événement `Tick` est déclenché.

Il faut cependant être prudent lors de l'utilisation de ce contrôle en tenant compte des remarques suivantes :

- Si le système est très chargé (parce qu'il effectue des opérations d'entrée/sortie réseau par exemple), il se peut que les événements `Tick` ne soient pas déclenchés régulièrement.
- La précision du contrôle `Timer` n'est pas digne d'une montre Suisse. Il ne faut pas, par exemple, incrémenter une variable sur l'événement `Tick` d'un contrôle `Timer` pour mesurer une durée, mais plutôt se servir de l'horloge système comme dans l'exemple ci-dessous :

```
private void TestTimer_Load(object sender, EventArgs e)
{
  depart = DateTime.Now;
}
private void timer1_Tick(object sender, EventArgs e)
{
 TimeSpan duree;
 duree = DateTime.Now.Subtract(depart);
 this.Text = "vous travaillez depuis" + new DateTime(duree.Ticks).Hour +
            " heure(s) " + new DateTime(duree.Ticks).Minute +
            " minute(s) " + new DateTime(duree.Ticks).Second +
            " seconde(s) ";
}
```

d. Le composant BackGroundWorker

Il arrive parfois d'avoir à effectuer, dans une application, des opérations relativement longues comme par exemple des chargements d'images ou des recherches sur un disque dur. Ces opérations entraînent un blocage de l'application pendant leur exécution. L'utilisateur a l'impression que l'application ne répond plus et il est parfois tenté de mettre fin à l'application brutalement. Une solution envisageable est de fournir à l'utilisateur une information sur l'avancement du traitement avec par exemple l'affichage d'une barre de progression. Même avec cette solution l'utilisateur sera obligé d'attendre la fin du traitement pour pouvoir continuer à utiliser l'application. Le composant `BackGroundWorker` permet de résoudre ce problème en exécutant ces opérations de façon asynchrone en arrière-plan. Le code est exécuté sur un thread différent du thread principal de l'application qui lui continuera à gérer l'interface de l'application. Vous devez juste indiquer au `BackGroundWorker` le code qu'il doit exécuter puis appeler sa méthode `RunWorkerAsync` . À la fin de l'exécution, celui-ci vous préviendra en déclenchant l'événement `RunWorkerCompleted` . Nous allons tester ceci en réalisant une application calculant combien il y a de nombres premiers entre 0 et une valeur fixée. Tout d'abord voici le code d'une fonction vérifiant si un nombre est premier.

```
public bool estPremier(int nb)
    {
    if (nb < 2)
```

```
    {
     return false;
    }
    if (nb == 2)
    {
     return true;
    }
    if (nb % 2 == 0)
    {
     return false;
    }
    int i;
    i = 3;
    while ((i * i <= nb))
    {
     if (nb % i == 0)
     {
    return false;
     }
     else
     {
    i = i + 1;
     }
    }
    return true;
    }
```

Ce code est loin d'être le plus efficace en temps de calcul pour réaliser cette opération mais c'est un petit peu le but recherché. La deuxième fonction va calculer combien il y a de nombres premiers entre 0 et la valeur passée comme paramètre.

```
public object comptePremier(int maxi)
 {
         int i;
         int nb=0;
         for (i = 0; i <= maxi; i++)
         {
          if (estPremier(i))
          {
                 nb = nb + 1;
          }
         }
         return nb;
 }
```

Nous devons ensuite placer sur le formulaire un contrôle BackGroundWorker, deux TextBox et deux Button. La première zone de texte servira pour la saisie de la valeur maximum de calcul, la deuxième pour l'affichage du résultat. Le premier bouton lancera le calcul par l'intermédiaire du BackGroundWorker, le deuxième lancera le calcul directement. Pour vérifier la réactivité de l'application, nous ajoutons également un contrôle TextBox multiligne par exemple.

Écrivons maintenant les gestionnaires d'événements pour les deux boutons. Le premier est simple puisque nous appelons simplement la fonction comptePremier en lui passant la valeur saisie dans la zone de texte txtNbCalculs et nous affichons le résultat dans la zone de texte txtResultat. La modification des propriétés Enabled des boutons évite de lancer une deuxième fois le calcul avant que le précédent soit terminé.

```
private void cmdNormal_Click(object sender, System.EventArgs e)
{
 cmdNormal.Enabled = false;
 cmdBackGround.Enabled = false;
 txtResultat.Text = "";
 txtResultat.Text = comptePremier(int.Parse(txtNbCalculs.Text)).ToString();
 cmdNormal.Enabled = true;
 cmdBackGround.Enabled = true;
}
```

Le code du bouton BackGround est aussi simple. La seule grosse différence se situe au niveau de l'appel de la fonction comptePremier qui est en fait appelée indirectement par la méthode RunWorkerAsync. Le paramètre passé à cette méthode sera ensuite envoyé à la fonction comptePremier.

```
private void cmdBackGround_click(object sender, System.EventArgs e)
 {
      cmdBackGround.Enabled = false;
      cmdNormal.Enabled = false;
      txtResultat.Text = "";
      bgw.RunWorkerAsync(txtNbCalculs.Text);
 }
```

Il nous reste encore deux choses à préciser pour que l'application soit opérationnelle. Nous devons indiquer au BackGroundWorker quel code il doit exécuter en tâche de fond. Pour cela il faut gérer son événement DoWork qui lui, est exécuté sur le thread associé au BackGroundWorker. L'information à fournir à la fonction comptePremier est obtenue par l'intermédiaire de la propriété Argument du paramètre.

```
private void bgw_DoWork(object sender,
                       System.ComponentModel.DoWorkEventArgs e)
{
  e.Result = comptePremier(int.Parse(e.Argument.ToString())).ToString();
}
```

Le résultat doit être transmis dans la propriété `Result`. Le `BackGroundWorker` nous prévient qu'il a terminé le travail en déclenchant l'événement `RunWorkerCompleted`. En réponse à cet événement, nous récupérons le résultat par l'intermédiaire de la propriété `Result` et nous l'affichons dans la zone de texte de résultat.

```
private void bgw_RunWorkerCompleted(object sender,
                    System.ComponentModel.RunWorkerCompletedEventArgs e)
 {
     txtResultat.Text = (String)e.Result;
     cmdBackGround.Enabled = true;
     cmdNormal.Enabled = true;
 }
```

Il y a juste un piège à éviter dans l'utilisation du `BackGroundWorker`. Le code de l'événement `DoWork` ne doit absolument pas accéder aux autres contrôles du formulaire car ils ne sont pas gérés par le même Thread. Si vous tentez de le faire, vous obtiendrez l'exception suivante.

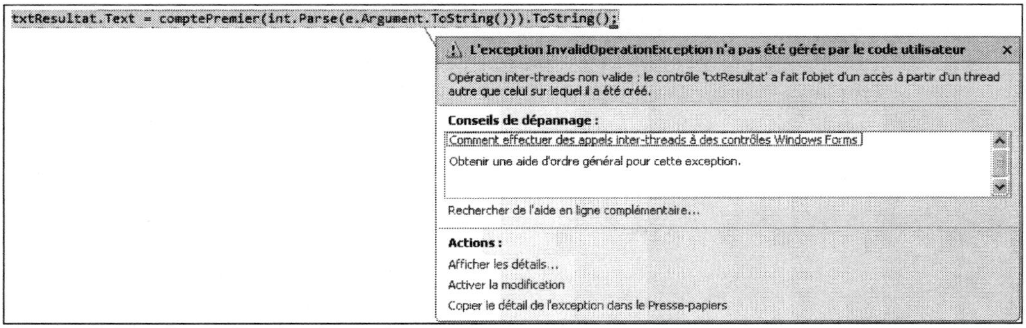

```
txtResultat.Text = comptePremier(int.Parse(e.Argument.ToString())).ToString();
```

L'exception InvalidOperationException n'a pas été gérée par le code utilisateur

Opération inter-threads non valide : le contrôle 'txtResultat' a fait l'objet d'un accès à partir d'un thread autre que celui sur lequel il a été créé.

Conseils de dépannage :

Comment effectuer des appels inter-threads à des contrôles Windows Forms

Obtenir une aide d'ordre général pour cette exception.

Rechercher de l'aide en ligne complémentaire...

Actions :

Afficher les détails...

Activer la modification

Copier le détail de l'exception dans le Presse-papiers

Pour tester le fonctionnement, vous devez simplement fournir une valeur (environ 10000000) puis lancer le calcul par l'un des deux boutons. Pendant que le calcul s'exécute vous pouvez essayer d'utiliser le troisième contrôle `TextBox`. Dans le cas du traitement par le `BackGroundWorker`, ce contrôle est utilisable en cours de calcul. L'appel direct de la fonction `comptePremier` bloque l'interface de l'application pendant son exécution.

G. L'héritage de formulaires

Vous pouvez parfois avoir besoin qu'un projet appelle un formulaire similaire à un autre que vous avez déjà créé dans un autre projet. Vous pouvez également créer un formulaire de base contenant des paramètres tel qu'un arrière-plan statique ou une présentation particulière des contrôles que vous comptez réutiliser plusieurs fois dans un projet, chaque nouvelle version contenant des modifications par rapport au modèle d'origine. L'héritage de formulaire vous permet de créer un formulaire de base puis d'en hériter pour personnaliser les nouvelles versions ainsi créées.

Pour pouvoir créer un formulaire hérité, il faut bien sûr au préalable concevoir le formulaire de base. Pour que l'héritage de formulaire soit accessible, le projet contenant le formulaire de base doit obligatoirement avoir été compilé. L'ajout d'un formulaire hérité est réalisable par l'utilisation de la boîte de dialogue classique d'ajout d'élément à un projet en choisissant l'option **Formulaire hérité**.

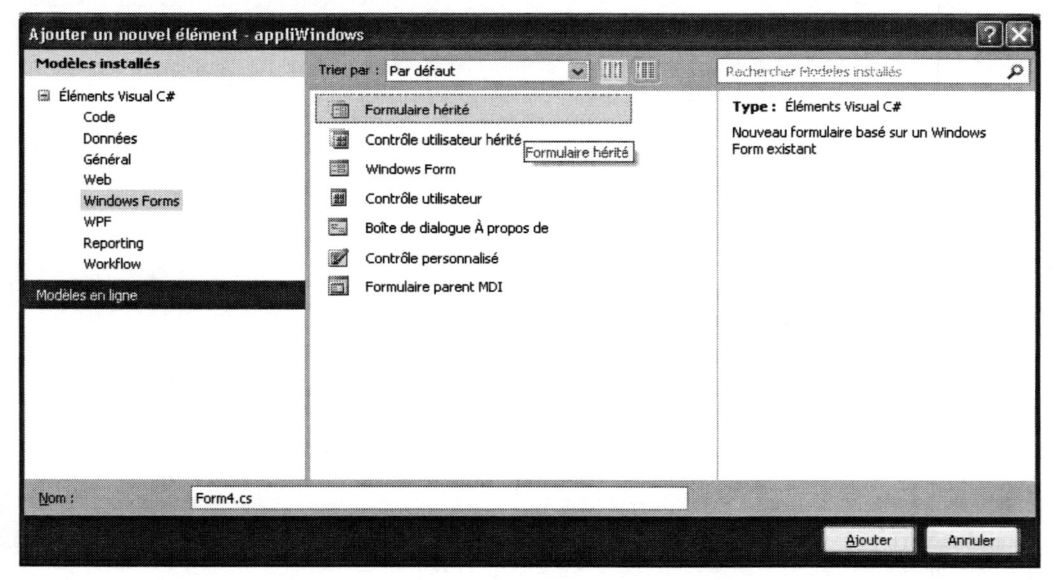

Nommez ensuite votre nouveau formulaire et cliquez sur le bouton **Ajouter**. La boîte de dialogue **Sélecteur d'héritage** s'ouvre et si le projet actuel contient déjà des formulaires, ils sont affichés dans cette boîte de dialogue. Pour hériter d'un formulaire disponible dans un autre assembly, cliquez sur le bouton **Parcourir** et sélectionnez le fichier (.exe ou .dll) contenant le formulaire de base puis validez votre choix avec le bouton **OK**. Le nouveau formulaire est alors ajouté à votre projet. Sur ce formulaire, les contrôles provenant de l'héritage sont marqués grâce au symbole .

La propriété `Modifiers` de chacun des contrôles du formulaire de base détermine les actions possibles sur ces contrôles dans un formulaire hérité. Les règles standard de l'héritage sont appliquées. Ces règles de visibilité sont résumées ci-dessous :

- Public : les contrôles peuvent être redimensionnés et déplacés. Le contrôle est accessible en interne par la classe qui le déclare et en externe par les autres classes.
- Protected : les contrôles peuvent être redimensionnés et déplacés. Le contrôle est accessible en interne par la classe qui le déclare et par toute classe héritant de la classe parente, mais il n'est pas accessible aux classes externes.
- Protected Internal : les contrôles peuvent être redimensionnés et déplacés. Peuvent être accessibles en interne par la classe qui les déclare, par toute classe qui hérite de la classe parente, et par d'autres membres de l'assembly qui les contient.
- Internal : tous les aspects du contrôle sont considérés comme accessibles seulement en lecture. Vous ne pouvez pas le déplacer ou le redimensionner, ni modifier ses propriétés. Le contrôle est accessible uniquement par d'autres membres de l'assembly qui le contient.
- Private : tous les aspects du contrôle sont considérés comme accessibles seulement en lecture. Vous ne pouvez pas le déplacer ou le redimensionner, ni modifier ses propriétés. Le contrôle n'est accessible que depuis la classe qui le déclare.

D'autres contrôles peuvent bien sûr être ajoutés sur le formulaire hérité pour personnaliser son aspect. Si le formulaire de base est modifié après son utilisation dans une relation d'héritage, les modifications sont propagées aux formulaires hérités lors de la compilation du formulaire de base.

Chapitre 8 : Accès aux bases de données

A. Principe de fonctionnement d'une base de données. 384

B. Présentation d'ADO.NET 388

C. Utilisation du mode connecté 394

D. Utilisation du mode non connecté 406

A. Principe de fonctionnement d'une base de données

Les bases de données sont devenues des éléments incontournables de la majorité des applications. Elles se substituent à l'utilisation de fichiers gérés par le développeur lui-même. Cet apport permet un gain de productivité important lors du développement et une amélioration significative des performances des applications. Elles facilitent également le partage d'informations entre utilisateurs. Pour pouvoir utiliser une base de données, vous devez connaître un minimum de vocabulaire lié à cette technologie.

1. Terminologie

Dans le contexte des bases de données, les termes suivants sont fréquemment utilisés :

Base de données relationnelle

Une base de donnée relationnelle est un type de base de données qui utilise des tables pour le stockage des informations. Elles utilisent des valeurs issues de deux tables, pour associer les données d'une table aux données d'une autre table. En règle générale, dans une base de données relationnelle, les informations ne sont stockées qu'une seule fois.

Table

Une table est un composant d'une base de données qui stocke les informations dans des enregistrements (lignes) et dans des champs (colonnes). Les informations sont, en général, regroupées par catégorie au niveau d'une table. Par exemple, nous aurons la table des Clients, des Produits ou des commandes.

Enregistrement

L'enregistrement est l'ensemble des informations relatives à un élément d'une table. Les enregistrements sont les équivalents, au niveau logique, des lignes d'une table. Par exemple, un enregistrement de la table **Clients** contient les caractéristiques d'un client particulier.

Champ

Un enregistrement est composé de plusieurs champs. Chaque champ d'un enregistrement contient une seule information sur l'enregistrement. Par exemple, un enregistrement Client peut contenir les champs **CodeClient**, **Nom**, **Prénom**...

Clé primaire

Une clé primaire est utilisée pour identifier, de manière unique, chaque ligne d'une table. La clé primaire est un champ ou une combinaison de champs dont la valeur est unique dans la table. Par exemple, le champ **CodeClient** est la clé primaire de la table **Client**. Il ne peut pas y avoir deux clients ayant le même code.

Clé étrangère

Une clé étrangère représente un ou plusieurs champs d'une table, qui font référence aux champs de la clé primaire d'une autre table. Les clés étrangères indiquent la manière dont les tables sont liées.

Relation

Une relation est une association établie entre des champs communs dans deux tables. Une relation peut être de un à un, de un à plusieurs ou de plusieurs à plusieurs. Grâce aux relations, les résultats de requêtes peuvent contenir des données issues de plusieurs tables. Une relation de un à plusieurs entre la table **Client** et la table **Commande** permet à une requête de renvoyer toutes les commandes correspondant à un client.

2. Le langage SQL

Avant de pouvoir écrire une application Visual C# utilisant des données, vous devez être familiarisé avec le langage SQL (*Structured Query Language*). Ce langage permet de dialoguer avec la base de données. Il existe différentes versions du langage SQL, en fonction de la base de données utilisée. Cependant, SQL dispose également d'une syntaxe élémentaire, normalisée, indépendante de toutes bases de données.

a. Recherche d'informations

Le langage SQL permet de spécifier les enregistrements à extraire ainsi que l'ordre dans lequel vous souhaitez les extraire. Vous pouvez créer une instruction SQL qui extrait des informations de plusieurs tables simultanément, ou créer une instruction qui extrait uniquement un enregistrement spécifique.

L'instruction `SELECT` est utilisée pour renvoyer des champs spécifiques d'une ou de plusieurs tables de la base de données.

L'instruction suivante renvoie la liste des noms et prénoms de tous les enregistrements de la table **Client** :

```
SELECT Nom,Prenom FROM Client
```

Vous pouvez utiliser le symbole * à la place de la liste des champs pour lesquels vous souhaitez la valeur :

```
SELECT * FROM Client
```

Vous pouvez limiter le nombre d'enregistrements sélectionnés, en utilisant un ou plusieurs champs pour filtrer le résultat de la requête. Différentes clauses sont disponibles pour exécuter ce filtrage.

Clause WHERE

Cette clause permet de spécifier la liste des conditions, que devront remplir les enregistrements pour faire partie des résultats retournés. L'exemple suivant permet de retrouver tous les clients habitant Nantes :

```
SELECT * FROM Client WHERE Ville='Nantes'
```

La syntaxe de cette clause nécessite l'utilisation de simple cote pour la délimitation des chaînes de caractères.

Clause WHERE ... IN

Vous pouvez utiliser la clause `WHERE ... IN` pour renvoyer tous les enregistrements qui répondent à une liste de critères. Par exemple, vous pouvez rechercher tous les clients habitant en France ou en Espagne :

```
SELECT * FROM Client WHERE Pays IN ('France','Espagne')
```

Clause WHERE ... BETWEEN

Vous pouvez également renvoyer une sélection d'enregistrements qui se situent entre deux critères spécifiés. La requête suivante permet de récupérer la liste des commandes passées au mois de novembre 2005 :

```
SELECT * from Commandes WHERE DateCommande BETWEEN '01/11/05' AND '30/11/05'
```

Clause WHERE ... LIKE

Vous pouvez utiliser la clause `WHERE ... LIKE` pour renvoyer tous les enregistrements pour lesquels il existe une condition particulière pour un champ donné. Par exemple, la syntaxe suivante sélectionne tous les clients dont le nom commence par un d :

```
SELECT * FROM Client WHERE Nom LIKE 'd%'
```

Dans cette instruction, le symbole % est utilisé pour remplacer une séquence de caractères quelconque.

Clause ORDER BY ...

Vous pouvez utiliser la clause `ORDER BY` pour renvoyer les enregistrements dans un ordre particulier. L'option `ASC` indique un ordre croissant, l'option `DESC` indique un ordre décroissant. Plusieurs champs peuvent être spécifiés comme critère de tri. Ils sont analysés de la gauche vers la droite. En cas d'égalité sur la valeur d'un champ, le champ suivant est utilisé :

```
SELECT * FROM Client ORDER BY Nom DESC,Prenom ASC
```

Cette instruction retourne les clients triés par ordre décroissant sur le nom et, en cas d'égalité, par ordre croissant sur le prénom.

b. Ajout d'informations

La création d'enregistrements dans une table s'effectue par la commande INSERT INTO. Vous devez indiquer la table dans laquelle vous souhaitez insérer une ligne, la liste des champs pour lesquels vous spécifiez une valeur et, enfin, la liste des valeurs correspondantes. La syntaxe complète est donc la suivante :

```
INSERT INTO client (codeClient,nom,prenom) VALUES (1000,'Dupond','Pierre')
```

Lors de l'ajout de ce nouveau client, seuls le nom et le prénom seront renseignés dans la table. Les autres champs prendront la valeur **NULL**. Si la liste des champs n'est pas indiquée, l'instruction insert exige que vous spécifiez une valeur pour chaque champ de la table. Vous êtes donc obligés d'utiliser le mot-clé **NULL** pour indiquer que, pour un champ particulier, il n'y a pas d'information. Si la table **Client** est composée de cinq champs (codeClient,nom,prenom,adresse,pays), l'instruction précédente peut être écrite avec la syntaxe suivante :

```
INSERT INTO client VALUES (1000,'Dupond','Pierre',NULL,NULL)
```

Dans ce cas, les deux mots-clés NULL sont obligatoires pour les champs adresse et pays.

c. Mise à jour d'informations

La modification des champs pour des enregistrements existants, s'effectue par l'instruction UPDATE. Cette instruction peut mettre à jour plusieurs champs de plusieurs enregistrements d'une table, à partir des expressions qui lui sont fournies. Pour cela, vous devez fournir le nom de la table à mettre à jour ainsi que la valeur à affecter aux différents champs. La liste est indiquée par le mot-clé **SET** suivi de l'affectation de la nouvelle valeur aux différents champs. Si vous voulez que les modifications ne portent que sur un ensemble limité d'enregistrements, vous devez spécifier la clause WHERE, afin de limiter la portée de la mise à jour. Si aucune clause WHERE n'est indiquée, la modification se fera sur l'ensemble des enregistrements de la table.

Par exemple, pour modifier l'adresse d'un client particulier, vous pouvez utiliser l'instruction suivante :

```
UPDATE Client SET adresse= '4 rue de Paris 44000 Nantes' WHERE codeClient=1000
```

Si la modification porte sur l'ensemble des enregistrements de la table, la clause WHERE est inutile. Par exemple, si vous souhaitez augmenter le prix unitaire de tous vos articles, vous pouvez utiliser l'instruction suivante :

```
UPDATE CATALOGUE SET prixUnitaire=prixUnitaire*1.1
```

d. Suppression d'informations

L'instruction `DELETE FROM` permet de supprimer un ou plusieurs enregistrements d'une table. Vous devez, au minimum, fournir le nom de la table sur laquelle va s'effectuer la suppression. Si vous n'indiquez pas plus de précisions, toutes les lignes de la table sont supprimées. En général, une clause `WHERE` est ajoutée pour limiter l'étendue de la suppression. La commande suivante efface tous les enregistrements de la table **Client** :

```
DELETE FROM Client
```

La commande suivante est moins radicale et ne supprime qu'un enregistrement particulier :

```
DELETE FROM Client WHERE codeClient=1000
```

Le langage SQL est, bien sûr, beaucoup plus complet que cela et ne se résume pas à ces cinq instructions. Néanmoins, elles sont suffisantes pour la manipulation de données à partir de Visual C#. Si vous souhaitez approfondir l'apprentissage du langage SQL, consultez un des ouvrages disponibles dans la même collection traitant de ce sujet de manière plus poussée.

B. Présentation d'ADO.NET

ADO.NET est un ensemble de classes, d'interfaces, de structures et d'énumérations permettant la manipulation des données. Les différents composants d'ADO.NET permettent de séparer l'accès aux données de la manipulation des données. ADO.NET facilite également l'utilisation du langage XML, en permettant la conversion de données relationnelles au format XML ou l'importation de données aux formats XML dans un modèle relationnel. Deux modes de fonctionnement sont disponibles dans ADO.NET :

- le mode connecté ;
- le mode non connecté.

1. Mode connecté

Dans un environnement connecté, l'application ou l'utilisateur est en permanence connecté à la source de données. Depuis les débuts de l'informatique, c'était le seul mode disponible. Ce mode présente certains avantages dans son fonctionnement :

- Il est facile à gérer : la connexion est réalisée au début de l'application puis est coupée à sa fermeture.
- L'accès concurrentiel est plus facile à contrôler : comme tous les utilisateurs sont connectés en permanence, il est plus facile de contrôler lequel travaille sur les données.
- Les données sont à jour : toujours grâce à la connexion permanente aux données, il est facilement envisageable de prévenir toutes les applications utilisant les données que des modifications viennent d'y être apportées.

Par contre, certains inconvénients viennent un peu noircir le tableau :

- La connexion réseau doit être constamment maintenue : en cas d'utilisation de l'application sur un ordinateur portable, l'accès au réseau risque de ne pas être disponible en permanence.
- Il y a un risque de gaspillage de ressources sur le serveur : au moment de l'établissement d'une connexion entre une application cliente et un serveur, des ressources sont allouées sur le serveur pour la gestion de cette connexion. Ces ressources restent monopolisées par la connexion, même si aucune information ne transite par cette connexion.

Cependant, dans certaines situations, l'utilisation d'un mode connecté est incontournable. C'est le cas, par exemple, des applications effectuant des traitements en temps réel.

2. Mode non connecté

Un mode non connecté signifie qu'une application ou un utilisateur n'est pas constamment connecté à une source de données. Les applications Internet utilisent souvent ce mode de fonctionnement. La connexion aux données est ouverte, les données sont extraites puis la connexion est coupée. L'utilisateur travaille avec les données, à partir de son navigateur, et la connexion est à nouveau ouverte pour la mise à jour de la source de données ou l'obtention d'autres données. Les utilisateurs, travaillant sur des ordinateurs portables, sont également les principaux utilisateurs d'environnements déconnectés. Un médecin peut, par exemple le matin, charger les dossiers médicaux des patients qu'il va visiter dans la journée, puis le soir, fusionner les modifications dans la base de données. Les avantages d'un environnement déconnecté sont les suivants :

- Les connexions sont utilisées pendant la plus courte durée possible. De cette façon, un petit nombre de connexions disponibles sur un serveur suffisent pour de nombreux utilisateurs.
- Un environnement déconnecté améliore l'évolutivité et les performances d'une application, en optimisant la disponibilité des connexions.

L'environnement déconnecté comporte cependant quelques inconvénients :

- Les données disponibles dans l'application ne sont pas toujours à jour. Par exemple, dans le cas de notre médecin, si sa secrétaire ajoute des résultats d'analyse après qu'il ait récupéré les dossiers médicaux de ces patients, il ne pourra pas disposer immédiatement des informations.
- Des conflits peuvent parfois survenir lors de la mise à jour des informations dans la base. Ce type de problèmes doit être pris en charge lors de la conception de l'application. Différentes approches sont disponibles pour la gestion de ces conflits :
  - Autoriser la prédominance des mises à jour, les plus récentes, en écrasant les données déjà présentes dans la base.
  - Autoriser la prédominance des mises à jour, les plus anciennes, en abandonnant les nouvelles mises à jour.
  - Prévoir du code permettant à l'utilisateur de choisir ce qu'il souhaite faire en cas de conflit lors d'une mise à jour.

3. Architecture d'ADO.NET

Le but d'ADO.NET est de fournir un ensemble de classes permettant l'accès aux bases de données. Deux types de composants sont disponibles :

- Les fournisseurs de données, spécifiques à un type de base de données. Ils assurent la communication avec un type spécifique de base de données et permettent la manipulation des données directement dans la base en mode connecté. Les possibilités sont cependant limitées puisque uniquement un accès en lecture seule est disponible.
- Les classes de manipulation des données, indépendantes du type de base de données, voire utilisables sans base de données, permettent la manipulation locale des données dans l'application.

4. Les fournisseurs de données

Les fournisseurs de données servent de passerelle entre une application et une base de données. Ils sont utilisés pour récupérer les informations, à partir de la base de données, et transférer les changements effectués sur les données par l'application vers la base de données. Quatre fournisseurs de données sont disponibles dans le Framework.NET :

- le fournisseur pour SQL Server ;
- le fournisseur pour OLE DB ;
- le fournisseur pour ODBC ;
- le fournisseur pour Oracle.

Ils proposent tous l'implémentation de quatre classes, de base, nécessaires pour le dialogue avec la base de données :

- La classe **Connection** permet d'établir une connexion avec le serveur de base de données.
- La classe **Command** permet de demander l'exécution d'une instruction ou d'un ensemble d'instructions SQL à un serveur.
- La classe **DataReader** procure un accès en lecture seule et un défilement, en avant seulement, aux données, (même principe qu'un fichier séquentiel).
- La classe **DataAdapter** est utilisée pour assurer le transfert des données vers un système de cache local à l'application (le `DataSet`) et mettre à jour la base de données, en fonction des modifications effectuées localement dans le `DataSet`.

Quelques autres classes sont disponibles pour, par exemple, la gestion des transactions, ou le passage de paramètres à une instruction SQL.

a. SQL Server

Le fournisseur de données pour SQL Server utilise un protocole natif pour dialoguer avec le serveur de base de données. Il est également peu consommateur de ressources puisqu'il accède au serveur, sans utiliser de couche logicielle supplémentaire telle que OLE DB ou ODBC. Il est utilisable avec SQL Server à partir de la version 7. Toutes les classes de ce fournisseur de données sont disponibles dans l'espace de noms **System.Data.SqlClient**.

Dans cet espace de noms, le nom de chaque classe est préfixé par `Sql`. Ainsi, la classe permettant de se connecter à un serveur SQL Server s'appelle `SqlConnection`.

b. OLE DB

Le fournisseur OLE DB utilise la couche logicielle OLE DB pour communiquer avec le serveur de base de données. Vous pouvez utiliser ce fournisseur pour dialoguer avec une base de données pour laquelle il n'existe pas de fournisseur spécifique, mais pour laquelle le pilote OLE DB est disponible. Avec cette solution, le fournisseur ne contacte pas le serveur directement mais passe par le pilote OLE DB pour communiquer. Pour que cette communication soit possible, le pilote doit implémenter certaines interfaces. Toutes les classes sont disponibles dans l'espace de noms **System.Data.OleDb**. Les noms de classe de cet espace de noms sont préfixés par `OleDb`. Pour pouvoir fonctionner correctement, ce fournisseur exige l'installation de MDAC 2.6 sur la machine (*Microsoft Data Access Components*) ou une version ultérieure.

c. ODBC

Le fournisseur ODBC utilise un pilote ODBC natif pour communiquer avec le serveur de base de données. Ce fournisseur utilise un pilote ODBC natif pour la communication. Le principe est identique à celui utilisé pour le fournisseur OLE DB. Toutes les classes sont disponibles dans l'espace de noms **System.Data.Odbc**. Les noms de classes sont préfixés par `Odbc`. Pour pouvoir fonctionner correctement, ce fournisseur exige l'installation sur la machine de MDAC 2.6 (*Microsoft Data Access Components*) ou une version ultérieure.

d. ORACLE

Le fournisseur pour Oracle permet la connexion à une source de données Oracle. Les classes sont localisées dans l'espace de noms **System.Data.OracleClient** et utilisent Oracle comme préfixe de nom.

5. Rechercher les fournisseurs disponibles

Pour assurer le bon fonctionnement d'une application utilisant un accès aux données, les fournisseurs de données doivent être disponibles sur le poste client. La classe `DbProviderFactories` propose la méthode partagée `GetFactoryClasses`, permettant d'énumérer les fournisseurs de données disponibles sur le poste. L'exemple de code suivant affiche le nom, la description et l'espace de noms racine de chacun des fournisseurs installés sur le poste de travail.

```
public static void listeFournisseurs()
    {
        DataTable resultat;
        //récupération de la liste des fournisseurs dans une dataTable
        resultat = DbProviderFactories.GetFactoryClasses();
        //parcours des colonnes de la dataTable et affichage du nom
        foreach (DataColumn colonne in resultat.Columns)
        {
```

```
            Console.Write(colonne.ColumnName + "\t");
        }
        Console.WriteLine();
        // parcours de la dataTable et affichage de chaque ligne
        foreach (DataRow ligne in resultat.Rows)
        {
            // parcours de chaque ligne et affichage de chaque champ
            foreach (DataColumn colonne in resultat.Columns)
            {
                Console.Write(ligne[colonne.ColumnName] + "\t");
            }
            Console.WriteLine();
        }
        Console.ReadLine();
    }
```

6. Compatibilité du code

En fonction du fournisseur utilisé, vous devez importer l'espace de noms correspondant pour avoir un accès facile aux classes du fournisseur. Cependant, comme les classes de chacun des fournisseurs ne portent pas le même nom, votre code sera spécifique à un type de fournisseur. Il est toutefois possible d'écrire du code pratiquement indépendant du type de fournisseur. Pour cela, au lieu d'utiliser les classes spécifiques à chacun des fournisseurs, vous pouvez utiliser comme type de données les interfaces qu'elles implémentent. L'utilisation d'une classe spécifique n'est indispensable que pour la création de la connexion. Une fois que la connexion est créée, vous pouvez travailler uniquement avec des interfaces. L'exemple de code suivant liste le contenu d'une table d'une base SQL Server, en utilisant uniquement des interfaces.

```
public static void accesParInterfaces()
    {
      IDbConnection ctn;
      ctn=new SqlConnection();
      ctn=new SqlConnection("Data Source=localhost;Initial Catalog=
Northwind;Integrated Security=True");
      IDbCommand cmd;
      cmd=ctn.CreateCommand();
      ctn.Open();
      cmd.CommandText="select * from products";
      IDataReader lecteur;
      lecteur=cmd.ExecuteReader();
      Console.WriteLine("lecture des données dans une base SQL server");
      while (lecteur.Read())
      {
          Console.WriteLine("numero : {0} nom produit: {1}",
```

```
lecteur.GetInt32(0),lecteur.GetString(1));
            }
          }
```

L'exécution de ce code affiche le résultat suivant :

```
lecture des données dans une base SQL server
numero : 1 nom produit: Chai
numero : 2 nom produit: Chang
numero : 3 nom produit: Aniseed Syrup
numero : 4 nom produit: Chef Anton's Cajun Seasoning
numero : 5 nom produit: Chef Anton's Gumbo Mix
numero : 6 nom produit: Grandma's Boysenberry Spread
numero : 7 nom produit: Uncle Bob's Organic Dried Pears
numero : 8 nom produit: Northwoods Cranberry Sauce
numero : 9 nom produit: Mishi Kobe Niku
numero : 10 nom produit: Ikura
numero : 11 nom produit: Queso Cabrales
numero : 12 nom produit: Queso Manchego La Pastora
numero : 13 nom produit: Konbu
numero : 14 nom produit: Tofu
numero : 15 nom produit: Genen Shouyu
numero : 16 nom produit: Pavlova
```

Si cette application doit ensuite migrer vers un autre type de base de données, il n'y a que la ligne concernant la connexion à modifier. Si les données sont maintenant disponibles dans une base Access, la création de la connexion prend alors la forme suivante :

```
ctn = new OleDbConnection("Provider=Microsoft.Jet.OLEDB.4.0;
Data Source=C:\\Documents and Settings\\tgroussard\\
Mes documents\\livre c sharp 2008\\chapitre 8\\NWIND.mdb");
```

L'exécution du code ainsi modifié génère bien le même résultat :

```
lecture des données dans une base SQL server
numero : 1 nom produit: Chai
numero : 2 nom produit: Chang
numero : 3 nom produit: Aniseed Syrup
numero : 4 nom produit: Chef Anton's Cajun Seasoning
numero : 5 nom produit: Chef Anton's Gumbo Mix
numero : 6 nom produit: Grandma's Boysenberry Spread
numero : 7 nom produit: Uncle Bob's Organic Dried Pears
numero : 8 nom produit: Northwoods Cranberry Sauce
numero : 9 nom produit: Mishi Kobe Niku
numero : 10 nom produit: Ikura
```

```
numero : 11 nom produit: Queso Cabrales
numero : 12 nom produit: Queso Manchego La Pastora
numero : 13 nom produit: Konbu
numero : 14 nom produit: Tofu
numero : 15 nom produit: Genen Shouyu
numero : 16 nom produit: Pavlova
```

Il convient, par contre, d'être prudent et de ne pas utiliser d'instructions SQL spécifiques à un type de base de données particulier. Pour faciliter la relecture du code, il est préférable de regrouper toutes les instructions SQL sous forme de constantes de type chaîne de caractères au début de chaque module. Avec cette technique, vous n'aurez pas à chercher des instructions SQL au milieu de centaines de lignes de code Visual C#. Il convient d'être également prudent lors de l'utilisation de paramètres dans une instruction SQL. Le fournisseur pour SQL Server utilise des paramètres nommés donc l'ordre de création des paramètres n'a pas d'importance. Le fournisseur pour OLE DB utilise la position des paramètres dans l'instruction SQL, pour le remplacement lors de l'exécution. L'ordre de la création des paramètres est donc, dans ce cas, capital pour le bon fonctionnement de l'instruction.

C. Utilisation du mode connecté

Dans ce chapitre, nous allons aborder les opérations pouvant être exécutées sur une base de données, en utilisant le mode connecté. Certaines notions étudiées dans ce chapitre seront également utiles pour le fonctionnement en mode déconnecté. Pour tester les différentes fonctionnalités étudiées dans ce chapitre, nous utiliserons un serveur SQL Server 2008. La base de données utilisée sera la base Northwind qui peut être installée grâce au script instrund.sql disponible dans les fichiers en téléchargement. Une partie de la structure de la base est disponible sur le schéma ci-après.

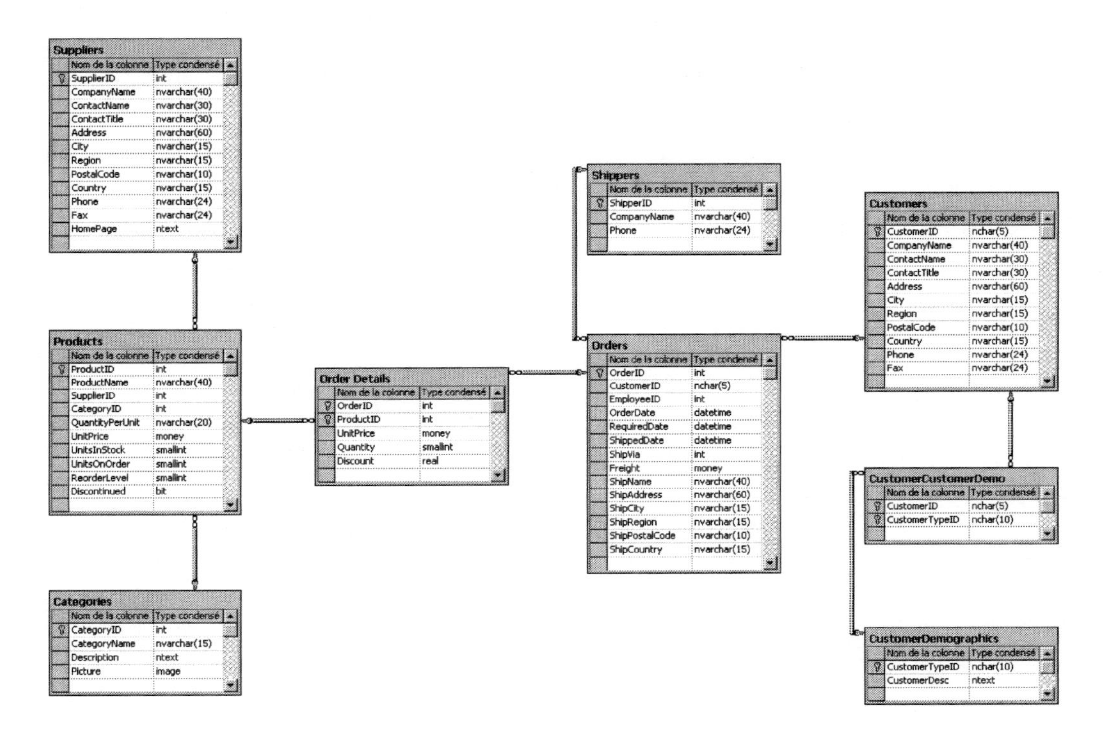

1. Connexion à une base

Pour pouvoir travailler avec un serveur de base de données, une application doit établir une connexion réseau avec le serveur. La classe `SqlConnection` est capable de gérer une connexion vers un serveur SQL Server version 7.0 ou ultérieure. Comme pour tout objet, nous devons en premier lieu déclarer une variable.

```
SqlConnection ctn;
```

Puis, nous devons créer l'instance de la classe et l'initialiser en appelant un constructeur. L'initialisation va consister essentiellement à indiquer les paramètres utilisés pour établir la connexion avec le serveur. Ces paramètres sont définis sous forme d'une chaîne de caractères. Ils peuvent être indiqués lors de l'appel du constructeur ou modifiés par la suite par la propriété `ConnectionString`.

a. Chaîne de connexion

Le format standard d'une chaîne de connexion est constitué d'une série de couples mot-clé/valeur séparés par des points virgules. Le signe = est utilisé pour l'affectation d'une valeur à un mot-clé. L'analyse de la chaîne est effectuée lors de l'affectation de la chaîne à la propriété `ConnectionString`. Les valeurs associées aux mots-clés sont alors extraites et affectées aux différentes propriétés de la connexion. Si une erreur de syntaxe est trouvée alors une exception est générée immédiatement et aucune propriété n'est modifiée. Par contre, certaines propriétés ne pourront être contrôlées que lors de l'ouverture de la connexion. C'est alors à ce moment qu'une exception sera déclenchée si la chaîne de connexion contient une erreur. La chaîne de connexion ne peut être modifiée que si la connexion est fermée. Les mots-clés suivants sont disponibles pour une chaîne de connexion :

Connect Timeout
Durée en secondes pendant laquelle l'application attendra une réponse du serveur à sa demande de connexion. Passé ce délai, une exception est déclenchée.

Data Source
Nom ou adresse réseau du serveur vers lequel est établie la connexion. Le numéro du port peut être spécifié à la suite du nom ou de l'adresse réseau. S'il n'est pas indiqué, le numéro de port est égal à 1433.

Initial Catalog
Nom de la base sur laquelle doit s'effectuer la connexion.

Integrated Security
Si cette valeur est positionnée sur **false** alors un nom d'utilisateur et un mot de passe doivent être fournis dans la chaîne de connexion. Sinon, le compte Windows de l'utilisateur est utilisé pour l'authentification.

Persist Security Info
Si cette valeur est positionnée sur **true**, alors le nom de l'utilisateur et son mot de passe sont accessibles par la connexion. Pour des raisons de sécurité, cette valeur doit être positionnée sur **false**. C'est d'ailleurs le cas si vous n'indiquez rien dans votre chaîne de connexion.

Pwd
Mot de passe associé au compte SQL Server utilisé pour la connexion. S'il n'y a pas de mot de passe associé à un compte, cette information peut être omise dans la chaîne de connexion.

User ID
Nom du compte SQL Server utilisé pour la connexion.

Connection LifeTime
Indique la durée de vie d'une connexion dans un pool de connexions. Une valeur égale à zéro indique une durée de vie infinie.

Connection Reset
Indique si la connexion est réinitialisée lors de sa remise dans le pool.

Max Pool Size
Nombre maximum de connexions dans le pool.

Min Pool Size
Nombre minimum de connexions dans le pool.

Pooling
Indique si la connexion peut être extraite d'un pool de connexion.

Une chaîne de connexion prend donc la forme minimale suivante :

```
ctn.ConnectionString= "Data Source=localhost;Initial Catalog=Northwind;
Integrated Security=true";
```

b. Pool de connexions

Les pools de connexions permettent d'améliorer les performances d'une application, en évitant la création de connexions supplémentaires. Lorsqu'une connexion est ouverte, un pool de connexions est créé en se basant sur un algorithme basé, lui-même sur la chaîne de connexion. Chaque pool est donc associé à une chaîne de connexion particulière. Si une nouvelle connexion est ouverte et qu'il n'existe pas de pool correspondant exactement à sa chaîne de connexion, alors un nouveau pool est créé. Les pools de connexions ainsi créés existeront jusqu'à la fin de l'application. Lors de la création du pool, d'autres connexions peuvent être créées automatiquement pour satisfaire la valeur `Min Pool Size` indiquée dans la chaîne de connexion. D'autres connexions pourront, par la suite, être ajoutées au pool jusqu'à atteindre la valeur `Max Pool Size` de la chaîne de connexion. Lorsqu'une connexion est requise, elle peut être obtenue à partir d'un pool de connexion (s'il en existe un correspondant exactement aux caractéristiques de la connexion demandée). Il faut bien sûr que le pool en contienne une disponible et active.

Si le nombre maximum de connexion dans le pool est atteint, la demande est mise en file d'attente jusqu'à ce qu'une connexion soit à nouveau disponible. Une connexion est remise à la disposition du pool, lors de sa fermeture ou lors de l'appel de la méthode `Dispose` sur la connexion. Pour cette raison, il est recommandé de fermer explicitement les connexions lorsqu'elles ne sont plus utilisées dans l'application. Les connexions sont retirées du pool lorsque celui-ci détecte que la connexion n'a pas été utilisée depuis un certain temps, indiqué par la valeur `ConnectionLifeTime` de la chaîne de connexion. Elles sont également retirées du pool, s'il détecte que la connexion avec le serveur a été interrompue.

c. Événements de connexion

La classe `SQLConnection` propose deux événements vous permettant d'être prévenu lorsque l'état de la connexion change ou qu'un message d'information est envoyé par le serveur. L'événement `StateChanged` est déclenché lors d'un changement d'état de la connexion. Le gestionnaire de cet événement reçoit un paramètre de type `StateChange-EventArg` permettant d'obtenir, avec la propriété `CurrentState`, l'état actuel de la connexion et avec la propriété `OriginalState`, l'état de la connexion avant le déclenchement de l'événement. Pour tester la valeur de ces deux propriétés, vous pouvez utiliser l'énumération `ConnectionState`.

```
public void etatConnection(Object sender,StateChangeEventArgs e)
{
    if (e.CurrentState==ConnectionState.
```

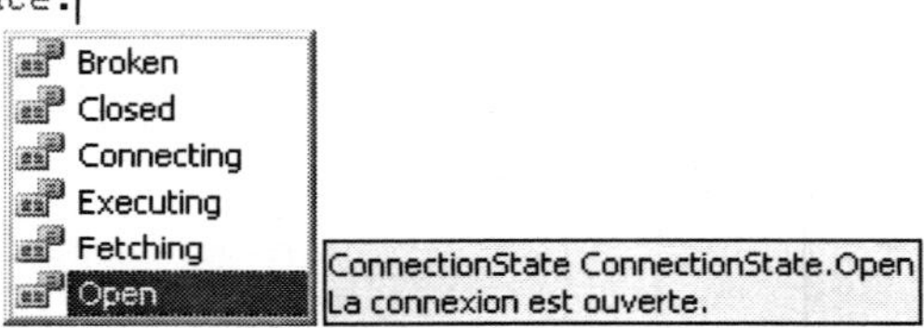

L'événement `InfoMessage` est déclenché lorsque le serveur vous informe d'une situation, anormale, mais qui ne justifie pas le déclenchement d'une exception (sévérité du message inférieure à 10). Le gestionnaire d'événements associé reçoit un paramètre de type `InfoMessageEventArgs`. Par la propriété `Errors` de ce paramètre, vous avez accès à des objets `SqlErrors` correspondant aux informations envoyées par le serveur. Le code suivant affiche, sur la console, les messages d'informations en provenance du serveur.

```
public static void ctn_InfoMessage(object sender, System.Data.SqlClient.SqlInfo
MessageEventArgs e)
    {
        foreach ( SqlError info in e.Errors)
        {
            Console.WriteLine(info.Message);
        }
    }
```

2. Exécution d'une commande

Après avoir établi une connexion vers un serveur de base de données, vous pouvez lui transmettre des instructions SQL. La classe `SqlCommand` est utilisée pour demander au serveur l'exécution d'une commande SQL. Cette classe contient plusieurs méthodes permettant l'exécution de différents types de requêtes SQL. La classe `SqlCommand` peut être instanciée de façon classique, en utilisant un de ses constructeurs ou une instance peut être obtenue par la méthode `CreateCommand` de la connexion.

a. Création d'une commande

La première possibilité pour créer une `SqlCommand` est d'utiliser un des constructeurs de la classe. L'utilisation du constructeur par défaut vous oblige par la suite à utiliser différentes propriétés, pour fournir les informations concernant l'instruction SQL à exécuter.

La propriété `CommandText` contient le texte de l'instruction SQL à exécuter. La propriété `Connection` doit faire référence à une connexion valide vers le serveur de base de données. Le code suivant résume ces différentes opérations :

```
SqlCommand cmd;
cmd = new SqlCommand();
cmd.Connection = ctn;
cmd.CommandText = "select * from products";
```

La deuxième solution est d'utiliser un constructeur surchargé, acceptant comme paramètres, l'instruction SQL sous forme d'une chaîne de caractères et la connexion utilisée par cette `SqlCommand`. Le code précédent peut donc se résumer à la ligne suivante :

```
cmd = new SqlCommand("select * from products", ctn);
```

La troisième solution est d'utiliser la méthode `CreateCommand` de la connexion. Dans ce cas, seule l'instruction SQL a besoin d'être spécifiée par la suite, avec la propriété `CommandText`.

```
SqlCommand cmd;
cmd = ctn.CreateCommand();
cmd.CommandText = "select * from products";
```

b. Lecture d'informations

Fréquemment, l'instruction SQL d'une `SqlCommand` sélectionne un ensemble d'enregistrements dans la base, ou éventuellement une valeur unique étant le résultat d'un calcul effectué sur des valeurs contenues dans la base. Une instruction SQL, renvoyant un ensemble d'enregistrements, doit être exécutée par la méthode `ExecuteReader`. Cette méthode retourne un objet `DataReader` qui va permettre, par la suite, la lecture des informations en provenance de la base de données. Si l'instruction SQL ne renvoie qu'une valeur unique, la méthode `ExecuteScalar` se charge de l'exécution et retourne elle-même la valeur en provenance de la base de données.

Le code suivant permet la récupération du nombre de commandes passées par un client :

```
SqlConnection ctn;
SqlCommand cmd;
ctn = new SqlConnection();
ctn = new SqlConnection("Data Source=localhost;Initial
                         Catalog=Northwind;Integrated Security=True");
ctn.Open();
cmd = ctn.CreateCommand();
```

```
cmd.CommandText = "select count(orderid) from orders where
                    customerid='FRANK'";
Console.WriteLine("le client FRANK à passé {0} commande(s)",
cmd.ExecuteScalar());
```

Le cas d'instructions renvoyant plusieurs enregistrements est un peu plus complexe. Après avoir exécuté l'instruction par la méthode `ExecuteReader` et récupéré l'objet `DataReader` vous pouvez utiliser ce dernier pour parcourir les résultats renvoyés. La méthode `Read` de la classe `DataReader` permet le déplacement dans l'ensemble des enregistrements renvoyés. Cette méthode retourne un boolean indiquant s'il reste un enregistrement suivant. Le déplacement n'est possible que du premier au dernier enregistrement. Ce type de déplacement est appelé `Forward Only`. Les informations contenues dans l'enregistrement courant sont accessibles par une des méthodes `Get...` de la classe `DataReader`. Ces méthodes permettent d'extraire les données de l'enregistrement et de les convertir dans un type de données .NET. Il en existe une version pour chaque type de données du Framework .NET. Il faut bien sûr que les informations présentes dans l'enregistrement, puissent être converties dans le type correspondant. Si la conversion est impossible, il y a déclenchement d'une exception. Les méthodes `Get...` attendent, comme paramètre, le numéro du champ à partir duquel elles récupèrent l'information. Vous pouvez aussi utiliser la propriété, par défaut, du `DataReader` en indiquant le nom du champ concerné. Il n'y a pas, dans ce cas, de conversion et la valeur renvoyée est de type `Object`.

Le code suivant affiche la liste de toutes les catégories de produits disponibles :

```
public static void testDataReader()
{
    SqlCommand cmd;
    SqlConnection ctn;
    SqlDataReader lecteur;
        ctn = new SqlConnection();
        ctn.ConnectionString = "Data Source=localhost;Initial
                               Catalog=Northwind;Integrated Security=true";
        ctn.Open();
        cmd = new SqlCommand();
        cmd.Connection = ctn;
        cmd.CommandText = " select * from categories";
        lecteur = cmd.ExecuteReader();
        while (lecteur.Read())
        {
            Console.WriteLine("numero de la categorie:{0}" + "\t" +
"Nom:{1}", lecteur.GetInt32(0),    lecteur["CategoryName"]);
        }
        lecteur.Close();
        ctn.Close();
 }
```

L'utilisation d'une connexion par un `DataReader` s'effectue de manière exclusive. Pour que la connexion soit à nouveau disponible pour une autre commande, vous devez obligatoirement fermer le `DataReader` après son utilisation.

c. Modification des informations

La modification des informations dans une base de données s'effectue principalement par les instructions `SQL INSERT`, `UPDATE`, `DELETE`. Ces instructions ne retournent pas d'enregistrements en provenance de la base de données. Pour utiliser ces instructions, vous devez créer une `SqlCommand`, puis demander l'exécution de cette commande par la méthode `ExecuteNonQuery`. Cette méthode retourne le nombre d'enregistrements affectés par l'exécution de l'instruction SQL contenue dans la `SqlCommand`. Si la propriété `CommandText` contient plusieurs instructions SQL, alors la valeur renvoyée par la méthode `ExecuteNonQuery` correspond au nombre total de lignes affectées par toutes les instructions SQL de la `SqlCommand`.

Le code suivant ajoute une nouvelle entreprise de livraison dans la table **Shippers** :

```
public static void  TestExecuteNonQuery()
    {
        SqlCommand cmd;
        SqlConnection ctn;
        ctn = new SqlConnection();
        ctn.ConnectionString = "Data Source=localhost;Initial
                                Catalog=Northwind;Integrated Security=true";
            ctn.Open();
            cmd = new SqlCommand();
            cmd.Connection = ctn;
            cmd.CommandText = "Insert into shippers (companyname,phone)
                                values ('DHL','02 40 41 42 43')";
            Console.WriteLine("{0} ligne(s) ajoutée(s) dans la table",
                               cmd.ExecuteNonQuery());
            ctn.Close();
     }
```

d. Utilisation de paramètres

La manipulation d'instructions SQL peut être facilitée par la création de paramètres. Ils permettent de construire des instructions SQL génériques, pouvant facilement être réutilisées. Le principe de fonctionnement est semblable aux procédures et fonctions de Visual C#. Une alternative à l'utilisation de paramètres pourrait être la construction dynamique d'instruction SQL par concaténation de chaînes de caractères.

Ci-dessous, un exemple utilisant cette technique et permettant la recherche d'un client par son code (nous verrons ensuite comment améliorer ce code en utilisant des paramètres) :

```
public static void TestRequeteConcat()
    {
        SqlCommand cmd;
        SqlConnection ctn;
        SqlDataReader lecteur;
        string codeClient;
            ctn = new SqlConnection();
            ctn.ConnectionString = "Data Source=localhost;Initial
                      Catalog=Northwind;Integrated Security=true";
            ctn.Open();
            cmd = new SqlCommand();
            cmd.Connection = ctn;
            Console.Write("saisir le code du client recherche :");
            codeClient = Console.ReadLine();
            cmd.CommandText = " SELECT * from Customers WHERE CustomerID =
                               '" + codeClient + "'";
            lecteur = cmd.ExecuteReader();
            while (lecteur.Read())
            {
                Console.WriteLine("nom du client:{0}",
                lecteur["ContactName"]);
            }
            lecteur.Close();
            ctn.Close();
        }
    }
```

La partie importante de ce code se situe lors de l'affectation d'une valeur à la propriété `CommandText`. Une instruction SQL correcte doit être construite par concaténation de chaînes de caractères. Dans notre cas, c'est relativement simple puisqu'il n'y a qu'une valeur variable dans l'instruction SQL, mais si plusieurs informations doivent varier, il y a une multitude de concaténations à réaliser. Les erreurs classiques dans ces concaténations sont :

- l'oubli d'un espace ;
- l'oubli des caractères ' ' pour encadrer une valeur de type chaîne de caractères ;
- un nombre de caractère ' impair.

Toutes ces erreurs ont, pour même effet, la création d'une instruction SQL invalide qui sera rejetée à l'exécution par le serveur.

L'utilisation des paramètres simplifie considérablement l'écriture de ce type de requête. Les paramètres sont utilisés pour marquer un emplacement dans une requête où sera placé, au moment de l'exécution, une valeur littérale chaîne de caractères ou numérique. Les paramètres peuvent être nommés ou anonymes. Un paramètre anonyme est introduit dans une requête par le caractère ?. Les paramètres nommés sont spécifiés par le caractère @ suivi du nom du paramètre.

La requête de notre exemple précédent peut prendre les formes suivantes :

```
cmd.CommandText = " SELECT * from Customers WHERE CustomerID = ?";
```

ou

```
cmd.CommandText = " SELECT * from Customers WHERE CustomerID = @Code";
```

L'exécution de la `SqlCommand` échoue maintenant si aucune information n'est fournie pour le ou les paramètres.

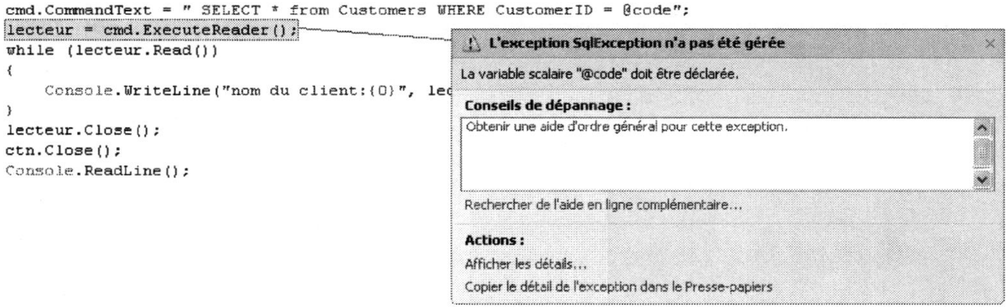

```
cmd.CommandText = " SELECT * from Customers WHERE CustomerID = @code";
lecteur = cmd.ExecuteReader();
while (lecteur.Read())
{
    Console.WriteLine("nom du client:{0}", le
}
lecteur.Close();
ctn.Close();
Console.ReadLine();
```

L'exception SqlException n'a pas été gérée
La variable scalaire "@code" doit être déclarée.
Conseils de dépannage :
Obtenir une aide d'ordre général pour cette exception.
Rechercher de l'aide en ligne complémentaire...
Actions :
Afficher les détails...
Copier le détail de l'exception dans le Presse-papiers

La `SqlCommand` doit avoir une liste de valeurs utilisées pour le remplacement des paramètres, au moment de l'exécution. Cette liste est stockée dans la collection **Parameters** de la `SqlCommand`. Avant l'exécution de la `SqlCommand`, il faut donc créer les objets `SqlParameter` et les ajouter à la collection. Pour chaque `SqlParameter`, il faut fournir :

- le nom du paramètre ;
- la valeur du paramètre ;
- la direction d'utilisation du paramètre.

Les deux premières informations sont indiquées lors de la construction de l'objet :

```
SqlParameter paramCodeClient;
paramCodeClient = new SqlParameter("@code", codeClient);
```

La direction d'utilisation indique si l'information contenue dans le paramètre, est passée au code SQL pour son exécution (`Input`) ou si c'est l'exécution du code SQL qui va modifier la valeur du paramètre (`Output`) ou les deux (`InputOutput`). La propriété `Direction` de la classe `SqlParameter` indique le mode d'utilisation du paramètre.

```
paramCodeClient = new SqlParameter("@code", codeClient);
paramCodeClient.Direction=ParameterDirection.
```

Input
InputOutput
Output
ReturnValue

Le paramètre est maintenant prêt à être ajouté à la collection **Parameters**. Il convient d'être vigilant à ce niveau, si la requête utilise les paramètres anonymes. Les paramètres doivent obligatoirement être ajoutés à la collection, dans l'ordre de leur apparition dans la requête. Si les paramètres nommés sont utilisés, il n'est pas indispensable de respecter cette règle, mais il est prudent de s'y conformer, si un jour le code SQL est modifié et n'utilise plus les paramètres nommés. Ceci pourra être le cas si vous devez changer de type fournisseur de données et que le nouveau n'accepte pas les paramètres nommés dans une instruction SQL. La `SqlCommand` est maintenant prête pour l'exécution. À noter qu'avec cette solution nous n'avons pas à nous soucier du type de valeur attendue par l'instruction SQL pour savoir si nous devons l'encadrer avec des caractères '. Si des paramètres sont utilisés en sortie de l'instruction SQL, ils ne seront disponibles qu'après la fermeture du `DataReader`. L'exemple suivant affiche en plus du nom du client, le nombre de commandes qu'il a déjà passées :

```
public static void TestRequeteParam()
    {
        SqlCommand cmd;
        SqlConnection ctn;
        SqlDataReader lecteur;
        string codeClient;
        SqlParameter paramCodeClient;
        SqlParameter paramNbCommandes;
            ctn = new SqlConnection();
            ctn.ConnectionString = "Data Source=localhost;Initial
                      Catalog=Northwind;Integrated Security=true";
            ctn.Open();
            cmd = new SqlCommand();
            cmd.Connection = ctn;
            Console.Write("saisir le code du client recherche :");
            codeClient = Console.ReadLine();
            cmd.CommandText = " SELECT * from Customers WHERE CustomerID =
                              @Code;select @nbCmd=count(orderid) from
                              orders where customerid=@code";
            paramCodeClient = new SqlParameter("@Code", codeClient);
            paramCodeClient.Direction = ParameterDirection.Input;
            cmd.Parameters.Add(paramCodeClient);
            paramNbCommandes = new SqlParameter("@nbCmd",null);
            paramNbCommandes.Direction = ParameterDirection.Output;
```

```
            paramNbCommandes.SqlDbType=SqlDbType.Int;
            cmd.Parameters.Add(paramNbCommandes);
            lecteur = cmd.ExecuteReader();
            while (lecteur.Read())
            {
                Console.WriteLine("nom du client:{0}",
                                  lecteur["ContactName"]);
            }
            lecteur.Close();
            Console.WriteLine("ce client a passe {0} commande(s)",
                              cmd.Parameters["@nbCmd"].Value);
            ctn.Close();
        }
```

e. Exécution de procédure stockée

Les procédures stockées sont des éléments d'une base de données correspondant à un ensemble d'instructions SQL, pouvant être exécutées par simple appel de leur nom. Ce sont des véritables programmes SQL pouvant recevoir des paramètres et renvoyer des valeurs. De plus, les procédures stockées sont enregistrées dans le cache mémoire du serveur, sous forme compilée lors de leur première exécution, ce qui accroît les performances pour les exécutions suivantes. Un autre avantage des procédures stockées est de centraliser sur le serveur de base de données tout le code SQL d'une application. Si des modifications doivent être apportées dans les instructions SQL, vous n'aurez que des modifications à effectuer sur le serveur sans avoir à reprendre le code de l'application, donc sans avoir à regénérer et redéployer l'application.

L'appel à une procédure stockée, à partir de Visual C#, est pratiquement similaire à l'exécution d'une instruction SQL. La propriété `CommandText` contient le nom de la procédure stockée. Vous devez également modifier la propriété `CommandType` avec la valeur `CommandType.StoredProcedure` pour indiquer que la propriété `CommandText` contient le nom d'une procédure stockée. Comme pour une instruction SQL, une procédure stockée peut utiliser des paramètres en entrée ou en sortie. Il y a un troisième type de paramètre disponible pour les procédures stockées le type `ReturnValue`. Ce type de paramètre sert à récupérer la valeur renvoyée par l'instruction `Return` de la procédure stockée (même principe qu'une fonction Visual C#). Pour tester ces nouvelles notions, nous allons utiliser la procédure stockée suivante, qui retourne le montant total de toutes les commandes passées par un client.

```
CREATE PROCEDURE TotalClient  @code nchar(5) AS
declare @total money
select @total=sum(UnitPrice*Quantity*(1-Discount)) from Orders,[Order Details]
where customerid=@code and Orders.orderid=[order details].orderid
return @total
GO
```

Au niveau du code Visual C#, nous devons indiquer qu'il s'agit de l'exécution d'une procédure stockée et ajouter un paramètre pour récupérer la valeur de retour de la procédure stockée. Ce paramètre doit s'appeler RETURN_VALUE.

```
public static void TestProcedureStockee()
        {
            SqlCommand cmd;
            SqlConnection ctn;
            SqlParameter paramCodeClient;
            SqlParameter paramMontant;
            string codeClient;
            Console.Write("saisir le code du client recherche :");
            codeClient = Console.ReadLine();
            ctn = new SqlConnection();
            ctn.ConnectionString = "Data Source=localhost;Initial
                      Catalog=Northwind;Integrated Security=true";
            ctn.Open();
            cmd = new SqlCommand();
            cmd.Connection = ctn;
            cmd.CommandText = "TotalClient";
            cmd.CommandType = CommandType.StoredProcedure;
            paramCodeClient = new SqlParameter("@Code", codeClient);
            paramCodeClient.Direction = ParameterDirection.Input;
            cmd.Parameters.Add(paramCodeClient);
            paramMontant = new SqlParameter("RETURN_VALUE",
                                            SqlDbType.Decimal);
            paramMontant.Direction = ParameterDirection.ReturnValue;
            cmd.Parameters.Add(paramMontant);
            cmd.ExecuteNonQuery();
            Console.WriteLine("Ce client a passe pour {0} Euros de
                              commande", paramMontant.Value);
            ctn.Close();
        }
```

D. Utilisation du mode non connecté

Dans un mode non connecté, la liaison avec le serveur de base de données n'est pas permanente. Il faut donc conserver localement les données sur lesquelles on souhaite travailler. L'idée est de recréer, à l'aide de différentes classes, une organisation similaire à celle d'une base de données. Les principales classes sont représentées sur le schéma suivant :

DataSet
: C'est le conteneur de plus haut niveau, il joue le même rôle que la base de données.

`DataTable`
Comme son nom l'indique, c'est l'équivalent d'une table de base de données.

`DataRow`
Cette classe joue le rôle d'un enregistrement (ligne).

`DataColumn`
Cette classe remplace un champ (colonne) d'une table.

`UniqueConstraint`
C'est l'équivalent de la clé primaire d'une table.

`ForeignKeyConstraint`
C'est l'équivalent de la clé étrangère.

`DataRelation`
Représente un lien parent/enfant entre deux DataTable.

Le schéma ci-dessous représente cette organisation.

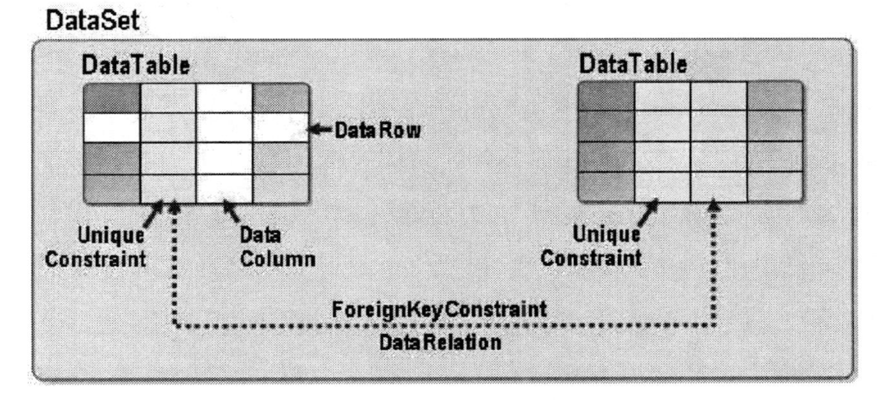

Nous allons voir maintenant comment créer et manipuler toutes ces classes.

1. Remplir un DataSet à partir d'une base de données

Pour pouvoir travailler localement avec les données, nous devons les rapatrier depuis la base de données dans un `DataSet`. Chaque fournisseur de données fournit une classe `DataAdapter`, assurant le dialogue entre la base de données et un `DataSet`. Tous les échanges se font par l'intermédiaire de cette classe, aussi bien de la base vers le `DataSet` que du `DataSet` vers la base pour la mise à jour des données. Le `DataAdapter` utilisera une connexion pour contacter le serveur et une ou plusieurs commandes pour le traitement des données.

a. Utilisation d'un DataAdapter

La première chose à réaliser est de créer une instance de la classe `SQLDataAdapter`. Nous devons ensuite configurer le `DataAdapter` afin de lui indiquer quelles données nous souhaitons rapatrier à partir de la base de données. La propriété `SelectCommand` doit référencer un objet `Command`, contenant l'instruction SQL chargée de sélectionner les données. L'objet `Command` utilisé peut également appeler une procédure stockée. La seule contrainte est que l'instruction SQL exécutée par l'objet `Command` soit une instruction `SELECT`. La classe `DataAdapter` contient également les propriétés `InsertCommand`, `DeleteCommand` et `UpdateCommand` référençant les objets `Command`, utilisés lors de la mise à jour de la base de données. Tant que nous ne souhaitons pas effectuer de mise à jour de la base, ces propriétés sont facultatives. Elles seront étudiées plus en détail dans la section Utilisation du mode non connecté - Mettre à jour la base de données de ce chapitre.

La méthode `Fill` de la classe `DataAdapter` est ensuite utilisée pour remplir le `DataSet` avec le résultat de l'exécution de la commande `SelectCommand`. Cette méthode attend, comme paramètre, le `DataSet` qu'elle doit remplir et un objet `DataTable` ou une chaîne de caractères utilisée pour nommer la `DataTable` dans le `DataSet`. Le `DataAdapter` utilise, en interne, un objet `DataReader` pour obtenir le nom des champs et le type des champs pour créer la `DataTable` dans le `Dataset` et ensuite le remplir avec les données. La `DataTable` et les `DataColumn` sont créés uniquement s'ils n'existent pas déjà, sinon la méthode `Fill` utilise la structure existante. Si une `DataTable` est créée, elle est ajoutée à la collection **Tables** du `DataSet`. Le type de données des `DataColumn` est défini en fonction des mappages prévus par le fournisseur de données, entre les types de la base de données et les types .NET. L'exemple suivant remplit un `DataSet` avec les code, nom, adresse et ville des clients.

```
public static void  TestDataSet1()
{
  SqlCommand cmd;
  SqlConnection ctn;
  DataSet ds;
  SqlDataAdapter da;
   ctn = new SqlConnection();
   ctn.ConnectionString = "Data Source=localhost;Initial
                            Catalog=Northwind;Integrated Security=true";
   cmd = new SqlCommand();
   cmd.Connection = ctn;
   cmd.CommandText = " SELECT CustomerId,ContactName,Address,city from
                        Customers";
   ds = new DataSet();
   da = new SqlDataAdapter();
   da.SelectCommand = cmd;
   da.Fill(ds, "Customers");
}
```

Dans ce code, la connexion n'a pas été ouverte et fermée, explicitement. En effet, la méthode Fill ouvre la connexion si elle n'est pas déjà ouverte et dans ce cas, la referme également à la fin de son exécution. Toutefois, si vous avez besoin d'utiliser plusieurs fois la méthode Fill, il est plus efficace de gérer vous-même l'ouverture et la fermeture de connexion. Dans tous les cas, la méthode Fill laisse la connexion dans l'état où elle l'a trouvée.

Un DataSet peut bien sûr contenir plusieurs DataTable créées à partir de DataAdapter différents. Les données peuvent même provenir de bases de données différentes, voire de types de serveurs différents.

Lorsque le DataAdapter construit la DataTable, les noms des champs de la base sont utilisés pour nommer les DataColumn. Il est possible de personnaliser ces noms en créant des objets DataTableMapping et en les ajoutant à la collection **TableMappings** du DataAdapter. Ces objets DataTableMapping contiennent eux-mêmes des objets DataColumnMapping utilisés par la méthode Fill, comme traducteurs entre les noms des champs dans la base et les noms des Datacolumn dans le DataSet. Dans ce cas, lors de l'appel de la méthode Fill nous devons lui indiquer le nom du DataTableMapping à utiliser. Si, pour un ou plusieurs champs, il n'y a pas de mappage disponible, alors le nom du champ dans la base est utilisé comme nom pour la DataColumn correspondante. Nous pouvons, par exemple, utiliser cette technique pour traduire les champs de la base **Northwind**.

Le code suivant effectue cette traduction et affiche le nom des Datacolumn du DataTable créé :

```
public static void TestTableMapping()
{
  SqlCommand cmd;
  SqlConnection ctn;
  DataSet ds;
  SqlDataAdapter da;
  DataTableMapping mappage;
  ctn = new SqlConnection();
  ctn.ConnectionString = "Data Source=localhost;Initial
                         Catalog=Northwind;Integrated Security=true";
  cmd = new SqlCommand();
  cmd.Connection = ctn;
  cmd.CommandText = " SELECT CustomerId,ContactName,Address,city from
                     Customers";
  ds = new DataSet();
  da = new SqlDataAdapter();
  da.SelectCommand = cmd;
  mappage = new DataTableMapping("Customers", "Clients");
  mappage.ColumnMappings.Add("CustomerId", "CodeClient");
  mappage.ColumnMappings.Add("ContactName", "Nom");
  mappage.ColumnMappings.Add("Address", "Adresse");
```

```
    mappage.ColumnMappings.Add("city", "Ville");
    da.TableMappings.Add(mappage);
    da.Fill(ds, "Customers");
    foreach ( DataColumn dc in ds.Tables["Clients"].Columns)
    {
        Console.Write(dc.ColumnName + "\t");
    }
}
```

Nous obtenons à l'affichage :

```
CodeClient     Nom      Adresse Ville
```

b. Ajout de contraintes existantes à un DataSet

La méthode `Fill` ne fait que transférer, vers le `DataSet`, les données en provenance de la base. Bien souvent, des contraintes de clés primaires sont utilisées dans la base de données et, par défaut, la méthode `Fill` ne les rapatrie pas dans le `DataSet`. Pour pouvoir récupérer ces contraintes dans le `DataSet`, il y a deux solutions possibles :

- Modifier la propriété `MissingSchemaAction` du `DataAdapter` avec la valeur `MissingSchemaAction.AddWithKey`.

```
da.MissingSchemaAction = MissingSchemaAction.AddWithKey;
```

- Procéder en deux étapes en appelant d'abord la méthode `FillSchema` du `DataAdapter` pour créer la structure complète de la `DataTable`, puis ensuite appeler la méthode `Fill` pour remplir la `DataTable` avec les données.

```
da.FillSchema(ds, SchemaType.Mapped, "Customers");
        da.Fill(ds, "Customers");
```

Le deuxième paramètre de la méthode `FillSchema` indique si le mappage doit être pris en compte ou si les informations issues de la base sont utilisées.

Il est important d'ajouter les contraintes de clés primaires car la méthode `Fill` va se comporter différemment si elles existent ou pas.

Si les contraintes existent au niveau du `DataSet`, lorsque la méthode `Fill` importe un enregistrement depuis la base, elle vérifie s'il n'existe pas déjà une ligne avec la même valeur de clé primaire dans la `DataTable`. Si c'est le cas, elle met uniquement à jour les champs de la ligne existante. Si, par contre, il n'y a pas de ligne avec une valeur de clé primaire identique, alors la ligne est créée dans la `DataTable`.

S'il n'y a pas de contrainte de clé primaire sur la `DataTable`, la méthode `Fill` ajoute tous les enregistrements en provenance de la base. Il risque dans ce cas d'y avoir des doublons dans la `DataTable`. Ceci est particulièrement important lorsque la méthode `Fill` doit être appelée plusieurs fois pour, par exemple, obtenir les données modifiées par une autre personne dans la base de données.

2. Configurer un DataSet sans base de données

Il n'est pas nécessaire de disposer d'une base de données pour pouvoir utiliser des DataSet. Ils peuvent servir d'alternative à l'utilisation de tableaux pour la gestion interne des données d'une application. Dans ce cas, toutes les opérations effectuées automatiquement par le DataAdapter devront être réalisées manuellement par le code. Ceci inclut notamment la création des DataTable avec leurs DataColumn. La première opération à réaliser est de créer une instance de la classe DataTable. Le constructeur attend, comme paramètre, le nom de la DataTable. Ce nom est ensuite utilisé pour identifier la DataTable dans la collection Tables du DataSet. Après sa création, la DataTable ne contient aucune structure. Nous devons donc créer une ou plusieurs DataColumn et les ajouter à la collection **Columns** de la DataTable.

Les DataColumn peuvent être créées, en utilisant un des constructeurs de la classe, ou automatiquement lors de l'ajout à la collection **Columns**. La première solution fournit plus de souplesse puisqu'elle permet la configuration de nombreuses propriétés de la DataColumn au moment de sa création. Vous devez au minimum indiquer un nom et un type de données pour la DataColumn.

```
col = new DataColumn("Ht", Type.GetType("decimal"));
        table.Columns.Add(col);
        table.Columns.Add("Tva",Type.GetType("decimal"));
```

Une DataColumn peut également être construite comme étant une expression basée sur une ou plusieurs autres DataColumn. Vous devez, dans ce cas, indiquer lors de la création de la DataColumn, l'expression servant au calcul de sa valeur. Le type de données généré par l'expression doit bien sûr être compatible avec le type de données de la DataColumn. Vous devez également être vigilant dans la conception de l'expression, en respectant la casse et en veillant à ne pas créer de référence circulaire entre les DataColumn.

```
table.Columns.Add("Ttc", Type.GetType("decimal"), "Ht * (1 + Tva / 100))");
```

Pour assurer l'unicité des valeurs d'une DataColumn, il est possible d'utiliser un type de DataColumn auto incrémenté. La propriété AutoIncrement de cette DataColumn doit être positionnée sur **true**. Vous pouvez également modifier le pas d'incrémentation avec la propriété AutoIncrementStep et la valeur de départ avec la propriété AutoIncrementSeed. La valeur contenue dans cette DataColumn est calculée automatiquement lors de l'ajout d'une ligne à une DataTable en fonction de ces propriétés et des lignes existant déjà dans la DataTable.

Ce type de DataColumn est généralement utilisé comme clé primaire d'une DataTable. Vous avez la possibilité de définir la clé primaire d'une DataTable en fournissant à la propriété PrimaryKey un tableau contenant les différentes DataColumn devant composer la clé primaire. Les DataColumn concernées verront certaines de leurs propriétés automatiquement modifiées. La propriété Unique sera positionnée sur **true** et la propriété AllowDBNull sur **false**. Si la clé primaire est constituée de plusieurs DataColumn, seule la propriété AllowDBNull sera modifiée sur ces DataColumn.

```
col = new DataColumn("Numero", Type.GetType("int"));
col.AutoIncrement = true;
col.AutoIncrementSeed = 1000;
col.AutoIncrementStep = 1;
table.Columns.Add(col);
table.PrimaryKey=new DataColumn[] {col};
```

3. Manipuler les données dans un DataSet

Quelle que soit la méthode utilisée pour remplir un `DataSet`, le but de toute application est de manipuler les données présentes dans le `DataSet`. La classe `DataTable` contient de nombreuses propriétés et méthodes facilitant la manipulation des données.

a. Lecture des données

La lecture des données est l'opération la plus fréquente réalisée sur un `DataSet`. Il faut tout d'abord obtenir une référence sur la `DataTable` contenant les données, puis nous pouvons parcourir la collection **Rows** de la `DataTable`. Cette collection est une instance de la classe `DataRowCollection`. Elle dispose de la propriété `Item`, par défaut, permettant l'accès à une ligne particulière par un index. La propriété `count` permet de connaître le nombre de lignes disponibles. Dans une `DataTable`, il n'y a pas de notion de pointeur d'enregistrement, d'enregistrement courant, de méthodes de déplacement dans le jeu de résultats. Si vous voulez gérer toutes ces notions, vous devez le prévoir explicitement dans votre code. La méthode `GetEnumerator` met à notre disposition une instance de classe implémentant l'interface `IEnumerator`. Par cette instance de classe, nous avons accès aux méthodes `MoveNext` et `Reset` ainsi qu'a la propriété `Current`. Ces trois éléments permettent de parcourir facilement toutes les lignes de la `DataTable`. Chaque ligne correspond à une instance de la classe `DataRow`. Cette classe possède également une propriété `Item`, par défaut, fournissant un accès aux différents champs de la `DataRow`. Chaque champ peut être obtenu par son nom ou par son index.

Le code suivant illustre ces notions en affichant la liste des clients :

```
public static void TestLectureDataTable()
{
   SqlCommand cmd;
   SqlConnection ctn;
   DataSet ds;
   SqlDataAdapter da;
   IEnumerator en;
   ctn = new SqlConnection();
   ctn.ConnectionString = "Data Source=localhost;Initial
                           Catalog=Northwind;Integrated Security=true";
  cmd = new SqlCommand();
  cmd.Connection = ctn;
  cmd.CommandText = " SELECT ContactTitle,ContactName from Customers";
  ds = new DataSet();
```

```
  da = new SqlDataAdapter();
  da.SelectCommand = cmd;
  da.Fill(ds, "Customers");
  // on recupere l'enumerateur sur les lignes de la DataTable
  en = ds.Tables["Customers"].Rows.GetEnumerator();
   // on se replace au debut de la table (par securite)
   en.Reset();
   // on boucle tant que la méthode MoveNext nous indique qu'il reste des lignes
   while (en.MoveNext())
   {
      // on accede aux champs par le nom
      Console.Write(((DataRow)en.Current)["ContactName"] + "\t");
      // ou par le numero
      Console.WriteLine(((DataRow)en.Current)[0]);
    }
   Console.ReadLine();
}
```

b. Création de contraintes sur une DataTable

Vous pouvez utiliser des contraintes pour mettre en œuvre des restrictions sur les données présentes dans une `DataTable`. Les contraintes constituent des règles qui sont appliquées à une `DataColumn` ou à ses `DataColumn` liées. Elles déterminent les actions effectuées lorsque la valeur contenue dans une ligne est modifiée. Elles sont prises en compte pour un `DataSet`, uniquement, si sa propriété `EnforceConstraints` est positionnée sur **true**.

Deux types de contraintes sont utilisables :

UniqueConstraint

Ce type de contrainte va garantir que la ou les valeurs présentes dans une `DataColumn` ou un groupe de `DataColumn` sont uniques. La mise en place d'une contrainte unique s'effectue en créant une instance de la classe `UniqueConstraint` avec la liste des `DataColumn` concernées par la contrainte. Cette `UniqueConstraint` doit, ensuite, être ajoutée à la collection **Constraints** de la `DataTable`.

```
table.Constraints.Add(new UniqueConstraint(new DataColumn[] { col }));
```

Si la contrainte ne porte que sur une `DataColumn`, il est aussi possible de modifier simplement la propriété `Unique` de cette `DataColumn` sur **true**, pour créer une contrainte unique. À noter également que la création d'une clé primaire génère automatiquement une contrainte unique, par contre l'inverse n'est pas vrai. La violation de la contrainte, à la suite de la modification d'une ligne, déclenche une exception.

ForeignKeyConstraint

Les ForeignKeyConstraint contrôlent comment vont se comporter les DataTable liées lors de la modification ou de la suppression d'une valeur dans la DataTable principale. Une action différente peut être envisagée pour une suppression et une modification. La classe ForeignKeyConstraint dispose des propriétés DeleteRule et UpdateRule indiquant le comportement, lors de la suppression ou de la modification. Les valeurs suivantes sont possibles :

Cascade

La suppression ou modification est propagée à la ou aux lignes liées.

SetNull

La valeur est modifiée à DBNull dans les lignes liées.

SetDefault

La valeur par défaut est prise dans les lignes liées.

None

Aucune action n'est effectuée sur les lignes liées.

L'ajout d'une ForeignkeyConstraint se fait par la création d'une instance de la classe en lui indiquant la ou les DataColumn de DataTable parent et la ou les DataColumn de la table enfant. Si plusieurs DataColumn font partie de la contrainte, elles sont fournies sous forme de tableau.

Le code suivant ajoute une contrainte entre la DataTable **Factures** et la DataTable **LignesFacture**, pour que la suppression d'une facture entraîne la suppression de toutes ses lignes.

```
var fkFact_LignesFact = new ForeignKeyConstraint("FK_FACT_LIGNESFACT",
                          ds.Tables["Factures"].Columns["Numero"],
                          ds.Tables["LignesFacture"].Columns["NumFact"]);
fkFact_LignesFact.AcceptRejectRule = AcceptRejectRule.Cascade;
fkFact_LignesFact.DeleteRule = Rule.Cascade;
ds.EnforceConstraints = true;
```

c. Ajout de relations entre les DataTables

Dans un DataSet contenant plusieurs DataTable, vous pouvez ajouter des relations entre les DataTable. Ces relations permettent la navigation entre les lignes des différentes DataTable. Une instance de la classe DataRelation doit être créée et ajoutée à la collection Relations du DataSet. La création peut se faire directement par la méthode Add de la collection Relations. Les informations à fournir sont :

- Le nom de la relation permettant de retrouver par la suite la DataRelation dans la collection.
- La ou les DataColumn parentes sous forme d'un tableau de DataColumn s'il y en a plusieurs.
- La ou les DataColumn enfants sous forme d'un tableau, s'il y en a plusieurs.

Le code suivant ajoute une relation entre la table **Customers** et la table **Orders** :

```
ds.Relations.Add("Client_Commandes",
                 ds.Tables["Customers"].Columns["CustomerId"],
                 ds.Tables["Orders"].Columns["CustomersId"]);
```

À noter que les DataRelation fonctionnent parallèlement avec les ForeignKey-Constaint et les UniqueConstraint. Par défaut, la création de la relation va placer une UniqueConstraint sur la table parent et une ForeignKeyConstraint sur la table enfant. Si vous ne souhaitez pas que ces contraintes soient ajoutées automatiquement si elles n'existent pas, vous devez ajouter un boolean **false** comme quatrième paramètre, lors de l'ajout de la DataRelation.

d. Parcourir les relations

Le but principal des relations est de permettre la navigation d'une DataTable vers une autre à l'intérieur d'un DataSet. Nous pouvons ainsi obtenir tous les objets DataRow d'une DataTable liés à une DataRow d'une autre DataTable. Par exemple, après avoir chargé les tables **Customers** et **Orders** dans le DataSet et établi une relation entre ces deux tables, nous pouvons, à partir d'une ligne de la DataTable **Customers** obtenir depuis la DataTable **Orders** toutes les commandes de ce client. La méthode GetChild-Rows retourne, sous forme d'un tableau de DataRow, toutes les lignes contenant les commandes de ce client.

Cette méthode prend, comme paramètre, le nom de la DataRelation utilisée pour suivre le lien. L'exemple de code suivant met cela en application, en affichant pour chaque client le numéro et la date de ses commandes :

```
public static void TestRelations()
{
    SqlCommand cmdCustomers;
    SqlCommand cmdOrders;
    SqlConnection ctn;
    DataSet ds;
    SqlDataAdapter daCustomers;
    SqlDataAdapter daOrders;
        ds = new DataSet();
        ctn = new SqlConnection();
        ctn.ConnectionString = "Data Source=localhost;Initial
                               Catalog=Northwind;Integrated Security=true";
        cmdCustomers = new SqlCommand();
        cmdCustomers.Connection = ctn;
        cmdCustomers.CommandText = " SELECT * from Customers";
        daCustomers = new SqlDataAdapter();
        daCustomers.SelectCommand = cmdCustomers;
        daCustomers.Fill(ds, "Customers");
        cmdOrders = new SqlCommand();
        cmdOrders.Connection = ctn;
```

```
        cmdOrders.CommandText = " SELECT * from Orders";
        daOrders = new SqlDataAdapter();
        daOrders.SelectCommand = cmdOrders;
        daOrders.Fill(ds, "Orders");
        ds.Relations.Add("Client_Commandes",
                         ds.Tables["Customers"].Columns["CustomerId"],
                         ds.Tables["Orders"].Columns["CustomerId"]);
        foreach ( DataRow ligneClient in ds.Tables["Customers"].Rows)
        {
            Console.WriteLine(ligneClient["ContactName"]);
            foreach ( DataRow ligneCommandes in
                     ligneClient.GetChildRows("Client_Commandes"))
            {
                Console.WriteLine("\t" + "commande N {0} du {1}",
                                  ligneCommandes["OrderId"],
                                  ligneCommandes["OrderDate"]);
            }
        }
    }
```

La navigation d'une ligne enfant vers une ligne parent est aussi possible, en utilisant la méthode `GetParentRow` qui, elle aussi, attend comme paramètre le nom de la relation utilisée comme lien.

La partie du code suivant affiche pour chaque commande le nom du client l'ayant passée :

```
foreach (DataRow l in ds.Tables["Orders"].Rows)
{
    Console.WriteLine("la commande {0} a été passée par {1}",
          l["OrderId"],l.GetParentRow("Client_Commandes")["ContactName"]);
}
```

e. État et versions d'une DataRow

La classe `DataRow` est capable de suivre les différentes modifications apportées aux données qu'elle contient. La propriété `RowState` permet de contrôler les modifications apportées à la ligne.

Cinq valeurs définies dans une énumération sont possibles pour cette propriété :

Unchanged

La ligne n'a pas changé depuis le remplissage du `DataSet` par la méthode `Fill` ou la validation des modifications par la méthode `AcceptChanges`.

Added

La ligne a été ajoutée mais les modifications n'ont pas encore été validées par la méthode `AcceptChanges`.

Modified

Un ou plusieurs champs de la ligne ont été modifiés.

Deleted

La ligne a été effacée mais les modifications n'ont pas encore été validées par la méthode `AcceptChanges`.

Detached

La ligne a été créée mais ne fait pas encore partie de la collection **Rows** d'une `DataTable`.

Les différentes versions d'une ligne sont également disponibles. Lorsque vous accédez aux valeurs contenues dans une ligne, vous pouvez spécifier la version qui vous intéresse.

Pour cela, l'énumération `DataRowVersion` propose quatre valeurs :

Current

Version actuelle de la ligne. Cette version n'existe pas pour une ligne dont l'état est `Deleted`.

Default

Version par défaut de la ligne. Pour une ligne dont l'état est `Added`, `Modified`, `Unchanged`, cette version est équivalente à la version `Current`. Pour une ligne dont l'état est `Deleted`, cette version est équivalente à la version `Original`. Pour une ligne dont l'état est `Detached`, cette version est égale à la version `Proposed`.

Original

Version originale de la ligne. Pour une ligne dont l'état est `Added`, cette version n'existe pas.

Proposed

Version transitoire disponible pendant une opération de modification de la ligne ou pour une ligne ne faisant pas partie de la collection **Rows** d'une `DataTable`.

L'indication de la version désirée doit être spécifiée, lors de l'accès à un champ particulier d'une `DataRow`. Pour cela, il faut utiliser l'une des constantes précédentes, à la suite du nom ou de l'index du champ, lors de l'utilisation de la propriété `Item`, par défaut, de la `DataRow`.

```
ds.Tables["Customers"].Rows[1]["ContactName",DataRowVersion.
                                                  Current
                                                  Default
                                                  Original
                                                  Proposed
```

Ces différentes versions seront utilisées, lors de la mise à jour de la base de données, pour par exemple gérer les accès concurrents.

f. Ajout de données

L'ajout d'une ligne à une DataTable s'effectue simplement en ajoutant une DataRow à la collection **Rows** d'une DataTable. Il faut, au préalable, créer une instance de la classe DataRow. C'est à ce niveau que nous rencontrons un problème.

```
DataRow nouvelleLigne;
nouvelleLigne = new DataRow();
```

'System.Data.DataRow.DataRow(System.Data.DataRowBuilder)' est inaccessible en raison de son niveau de protection

Il n'y a pas de constructeur disponible pour la classe DataRow. Rassurez-vous ce n'est pas une erreur, mais c'est bien volontairement qu'il n'existe pas de constructeur pour cette classe. En effet, lorsque nous avons besoin d'une nouvelle instance d'une DataRow, nous ne voulons pas une DataRow quelconque mais une DataRow spécifique au schéma de notre DataTable. C'est pour cette raison que c'est à elle qu'est confié le soin de créer l'instance dont nous avons besoin par l'intermédiaire de la méthode NewRow.

```
DataRow nouvelleLigne;
nouvelleLigne = ds.Tables["Customers"].NewRow();
```

L'état de cette ligne est, pour l'instant, Detached. Nous pouvons ensuite ajouter des données dans cette nouvelle ligne.

```
nouvelleLigne["ContactName"] = "Dupond";
```

Après cela, il nous reste à ajouter la ligne à la collection **Rows** de la DataTable.

```
ds.Tables["Customers"].Rows.Add(nouvelleLigne);
```

L'état de cette nouvelle ligne est maintenant Added.

g. Modification de données

La modification des données contenues dans une ligne est réalisée, simplement, en affectant aux champs correspondants, les valeurs souhaitées. Ces valeurs sont stockées dans la version Current de la ligne. L'état de la ligne est alors Modified. Cette solution présente un petit inconvénient. Si plusieurs champs d'une ligne doivent être modifiés, il peut y avoir pendant la modification, des états transitoires qui violent une ou plusieurs contraintes placées sur la DataTable. C'est, par exemple, le cas s'il y a sur la DataTable, une contrainte de clé primaire placée sur deux DataColumn. Ceci a pour effet de déclencher une exception. Pour pallier ce problème, nous pouvons demander temporairement l'arrêt de la vérification des contraintes pour cette ligne. La méthode BeginEdit passe la ligne en mode édition et suspend donc la vérification des contraintes pour cette ligne. Les valeurs affectées aux champs ne sont pas stockées dans la version Current de la ligne mais dans la version Proposed. Lorsque toutes les modifications sont effectuées sur la ligne, vous pouvez les valider ou les annuler en appelant la méthode EndEdit ou la méthode CancelEdit. Vous pouvez également vérifier les valeurs, en gérant l'événement ColumnChanged de la DataTable.

Dans le gestionnaire d'événements, vous recevez un argument de type DataColumn-ChangeEventArg permettant de savoir quelle DataColumn a été modifiée (args.Column.ColumnName), la valeur proposée pour cette DataColumn (args.ProposedValue) et permettant d'annuler les modifications (args.row.CancelEdit). En cas de validation avec la méthode EndEdit, la version Proposed de la ligne est recopiée dans la version Current et l'état de la ligne devient Modified. Si, par contre, vous annulez les modifications avec la méthode CancelEdit, la version Current n'est pas modifiée et l'état de la ligne est inchangé. Dans tous les cas, après l'appel d'une de ces deux méthodes, la vérification des contraintes est réactivée.

L'exemple suivant permet la modification du code postal d'un client en vérifiant que celui-ci est bien numérique :

```
public static void TestModificationLigne ()
{
    SqlCommand cmd;
    SqlConnection ctn;
    string codeClient;
    string codePostal;
    SqlParameter paramCodeClient;
    DataSet ds;
    SqlDataAdapter da;
    DataTable table;
    ctn = new SqlConnection();
    ctn.ConnectionString = "Data Source=localhost;Initial
                            Catalog=Northwind;Integrated Security=true";
    ctn.Open();
    cmd = new SqlCommand();
    cmd.Connection = ctn;
    Console.Write("saisir le code du client a modifier:");
    codeClient = Console.ReadLine();
    cmd.CommandText = " SELECT * from Customers WHERE CustomerID = @Code";
    paramCodeClient = new SqlParameter("@Code", codeClient);
    paramCodeClient.Direction = ParameterDirection.Input;
    cmd.Parameters.Add(paramCodeClient);
    ds = new DataSet();
    da = new SqlDataAdapter(cmd);
    da.Fill(ds, "Clients");
    table = ds.Tables["Clients"];
    table.ColumnChanged += table_ColumnChanged;
    table.Rows[0].BeginEdit();
    Console.Write("saisir le code nouveau postal du client:");
    codePostal = Console.ReadLine();
    table.Rows[0]["PostalCode"] = codePostal;
    table.Rows[0].EndEdit();
    Console.WriteLine("le nouveau code postal est : {0}",
                      table.Rows[0]["PostalCode"]);
```

```
    Console.ReadLine();
}
public static void table_ColumnChanged(object sender,
                                System.Data.DataColumnChangeEventArgs e)
{
  int cp;
  if (e.Column.ColumnName == "PostalCode")
  {
     if (int.TryParse(((string)e.ProposedValue),out cp))
     {
         e.Row.CancelEdit();
     }
  }
}
```

h. Suppression de données

Deux solutions différentes sont disponibles. Vous pouvez effacer une ligne ou supprimer une ligne. La nuance est subtile entre ces deux solutions :

La suppression d'une ligne se fait avec la méthode `Remove` qui retire définitivement la `DataRow` de la collection **Rows** de la `DataTable`. Cette suppression est définitive.

La méthode `Deleted` ne fait que marquer la ligne pour la supprimer ultérieurement. L'état de la ligne passe à `Deleted` et ce n'est qu'au moment de la validation des modifications que la ligne est réellement supprimée de la collection **Rows** de la `DataTable`. Si les modifications sont annulées, la ligne reste dans la collection **Rows**.

La méthode `Remove` est une méthode de la collection **Rows** (elle agit directement sur son contenu), la méthode `Delete` est une méthode de la classe `DataRow` (elle ne fait que changer une propriété de la ligne).

```
// efface la ligne
ds.Tables["Customers"].Rows[1].Delete();
// supprime la ligne
ds.Tables["Customers"].Rows.Remove(ds.Tables["Customers"].Rows[1]);
```

i. Valider ou annuler les modifications

Jusqu'à présent, les modifications effectuées sur une ligne sont temporaires, il est encore possible de revenir à la version précédente, ou au contraire de valider de façon définitive les modifications dans les lignes (mais pas encore dans la base). Les méthodes `AcceptChanges` ou `RejectChanges` permettent respectivement la validation ou l'annulation des modifications. Elles peuvent s'appliquer sur une `DataRow` individuelle, une `DataTable` ou un `DataSet` entier. Lorsque la méthode `AcceptChanges` est exécutée, les actions suivantes sont réalisées :

- La méthode `EndEdit` est appelée implicitement pour la ligne.

- Si l'état de la ligne était Added ou Modified, il devient Unchanged et la version Current est recopiée dans la version Originale.
- Si l'état de la ligne était Deleted, alors la ligne est supprimée.

La méthode RejectChanges exécute les actions suivantes :

- La méthode CancelEdit est appelée implicitement pour la ligne.
- Si l'état de la ligne était Deleted ou Modified, il revient à Unchanged et la version Original est recopiée dans la version Current.
- Si l'état de la ligne était Added, alors elle est supprimée.

S'il existe des contraintes de clé étrangère, l'action de la méthode AcceptChanges ou RejectChanges est propagée aux lignes enfants en fonction de la propriété Accept-RejectRule de la contrainte.

j. Filtrer et trier des données

Il est fréquent d'avoir besoin de limiter la quantité de données visibles dans une DataTable ou encore de modifier l'ordre des lignes. La première solution qui vient à l'esprit est de recréer une requête SQL avec une restriction ou une clause ORDERBY. C'est oublier que nous sommes dans un mode de fonctionnement déconnecté et qu'il est souhaitable de limiter les accès à la base, voire pire, que la base n'est pas disponible. Nous devons donc n'utiliser que les données disponibles, en faisant attention à ne pas en perdre. La classe DataView va nous être très utile pour solutionner nos problèmes. Cette classe va nous servir à modifier la vision des données dans la DataTable sans risque pour les données elles-mêmes. Il peut y avoir plusieurs DataView pour une même DataTable, elles correspondent à des points de vue différents de la DataTable. Pratiquement toutes les opérations réalisables sur une DataTable le sont aussi par l'intermédiaire d'une DataView.

Deux solutions sont disponibles pour obtenir une DataView :

- Créer une instance par l'un des constructeurs.
- Utiliser l'instance, par défaut, fournie par la propriété DefaultView.

Le premier constructeur utilisable attend simplement comme paramètre la DataTable à partir de laquelle est générée la DataView. Dans ce cas, il n'y a aucun filtre ni aucun tri d'effectué sur les données visibles par la DataView. Un résultat équivalent est obtenu en utilisant la propriété DefaultView d'une DataTable.

Le deuxième constructeur permet de spécifier un filtre, un ordre de tri et la version des lignes concernées. Pour être visibles dans la DataView, les lignes devront correspondre à tous ces critères. Les différents critères peuvent aussi être modifiés par trois propriétés.

RowFilter

Cette propriété accepte une chaîne de caractères représentant la condition devant être remplie pour qu'une ligne soit visible. Cette condition a une syntaxe tout à fait similaire aux conditions d'une clause WHERE. Les opérateurs And et Or peuvent également être utilisés pour associer plusieurs conditions.

L'exemple suivant affiche le nom des clients commerciaux ou directeurs de vente en France :

```
public static void TestDataView ()
{
 SqlCommand cmd;
 SqlConnection ctn;
 DataSet ds;
 SqlDataAdapter da;
 DataTable table;
 ctn = new SqlConnection();
 ctn.ConnectionString = "Data Source=localhost;Initial
                        Catalog=Northwind;Integrated Security=true";
 ctn.Open();
 cmd = new SqlCommand();
 cmd.Connection = ctn;
 cmd.CommandText = " SELECT * from Customers";
 ds = new DataSet();
 da = new SqlDataAdapter(cmd);
 da.Fill(ds, "Clients");
 table = ds.Tables["Clients"];
 table.DefaultView.RowFilter = "Country='France' and (contactTitle='Sales
                               Agent' or contactTitle='Sales Manager')";
 foreach ( DataRowView ligne in table.DefaultView)
 {
    Console.WriteLine("nom : {0}", ligne["ContactName"]);
 }
}
```

Un filtre peut être annulé en affectant une chaîne vide à la propriété `RowFilter`.

Sort

Cette propriété accepte, elle aussi, une chaîne de caractères représentant le ou les critères utilisés pour le tri. La syntaxe est équivalente à celle de la clause `ORDER BY`.

L'exemple suivant affiche les clients triés par pays puis par nom, pour un même pays :

```
//on annule le filtre precedent
 table.DefaultView.RowFilter = "";
//toutes les lignes sont maintenant visibles
//on ajoute un critere de tri
    table.DefaultView.Sort="Country ASC,ContactName ASC";
    foreach(DataRowView ligne in table.DefaultView)
    {
```

```
        Console.WriteLine("Pays : {0} \t nom :{1}"
                          ,ligne["Country"],ligne["ContactName"]);
    }
```

RowStateFilter

Cette propriété détermine l'état des lignes et quelle version de la ligne est visible dans la `DataView`. Huit possibilités sont disponibles :

CurrentRows
Présente la version `Current` de toutes les lignes ajoutées, modifiées ou inchangées.

Added
Présente la version `Current` de toutes les lignes ajoutées.

Deleted
Présente la version `Original` de toutes les lignes effacées.

ModifiedCurrent
Présente la version `Current` de toutes les lignes modifiées.

ModifiedOriginal
Présente la version `Original` de toutes les lignes modifiées.

None
Aucune ligne.

OriginalRows
Présente la version `Original` de toutes les lignes modifiées, supprimées ou inchangées.

Unchanged
Présente la version `Current` de toutes les lignes inchangées.

L'exemple suivant supprime deux lignes et les affiche par l'intermédiaire d'un filtre :

```
// on supprime deux lignes
table.Rows[2].Delete();
table.Rows[5].Delete();
// on annule le filtre
table.DefaultView.RowFilter = "";
// on affiche la version originale des lignes supprimées
table.DefaultView.RowStateFilter = DataViewRowState.Deleted;
foreach (DataRowView ligne in table.DefaultView)
{
    Console.WriteLine("Pays : {0} \t nom : {1}", ligne["Country"],
                      ligne["ContactName"]);
}
```

k. Rechercher des données

La recherche peut s'effectuer avec les deux méthodes `Find` et `FindRows`. Pour que ces deux méthodes fonctionnent, il est impératif d'avoir au préalable trié les données avec la propriété `Sort`.

Find

Cette méthode retourne l'index de la première ligne correspondant au critère de recherche. Si aucune ligne n'est trouvée, cette méthode retourne -1. Elle attend comme paramètre la valeur recherchée. Cette valeur est recherchée dans le champ utilisé comme critère de tri. Si le critère de tri est composé de plusieurs champs, il faut passer à la méthode `Find` un tableau d'objets contenant les valeurs recherchées pour chaque champ du critère de tri dans l'ordre d'apparition dans la propriété `Sort`.

Cette méthode est souvent utilisée pour rechercher une ligne à partir de la clé primaire.

```
public static void TestFind ()
{
      SqlCommand cmd;
      SqlConnection ctn;
      DataSet ds;
      SqlDataAdapter da;
      DataTable table;
      string codeClient;
      int index;
      ctn = new SqlConnection();
      ctn.ConnectionString = "Data Source=localhost;Initial
                              Catalog=Northwind;Integrated Security=true";
      ctn.Open();
      cmd = new SqlCommand();
      cmd.Connection = ctn;
      cmd.CommandText = " SELECT * from Customers";
      ds = new DataSet();
      da = new SqlDataAdapter(cmd);
      da.Fill(ds, "Clients");
      table = ds.Tables["Clients"];
      Console.Write("saisir le code client : ");
      codeClient = Console.ReadLine();
      table.DefaultView.Sort = "CustomerID ASC";
      index = table.DefaultView.Find(codeClient);
      if (index == -1)
      {
         Console.WriteLine("il n'y a pas de client avec ce code");
      }
      else
      {
    Console.WriteLine("le code {0} correspond au client {1}", codeClient,
```

```
                        table.DefaultView[index]["ContactName"]);
      }
Console.ReadLine();
}
```

FindRows

Cette méthode recherche toutes les lignes correspondant au critère de recherche et retourne ces lignes sous forme d'un tableau de `DataRowView`.

Le code suivant recherche tous les clients d'un pays et d'une ville donnés :

```
public static void TestFindRows()
{
     SqlCommand cmd;
     SqlConnection ctn;
     DataSet ds;
     SqlDataAdapter da;
     DataTable table;
     string pays;
     string ville;
     DataRowView[] lignesTrouvees;
     object[] criteres;
     ctn = new SqlConnection();
     ctn.ConnectionString = "Data Source=localhost;Initial
                             Catalog=Northwind;Integrated Security=true";
     ctn.Open();
     cmd = new SqlCommand();
     cmd.Connection = ctn;
     cmd.CommandText = " SELECT * from Customers";
     ds = new DataSet();
     da = new SqlDataAdapter(cmd);
     da.Fill(ds, "Clients");
     table = ds.Tables["Clients"];
     Console.Write("saisir le Pays : ");
     pays = Console.ReadLine();
     Console.Write("saisir la ville: ");
     ville = Console.ReadLine();
     table.DefaultView.Sort = "Country ASC,City ASC";
     criteres = (new object[] {pays, ville});
     lignesTrouvees = table.DefaultView.FindRows(criteres);
     if (lignesTrouvees.Length == 0)
     {
           Console.WriteLine("il n'y a pas de client correspondant");
     }
     else
     {
           Console.WriteLine("les clients suivants correspondent ");
```

```
            foreach (DataRowView ligne in lignesTrouvees)
   {
                Console.WriteLine("Nom :{0}", ligne["ContactName"]);
        }
      }
      Console.ReadLine();
}
```

4. Mettre à jour la base de données

Tout le travail effectué sur les données avec les méthodes vues précédemment est irrémédiablement perdu à la fermeture de l'application, si nous ne prenons pas soin de sauvegarder les données.

Dans la majorité des cas, les données proviennent d'une base de données, il faut donc la mettre à jour avec les modifications contenues dans un `DataSet`, une `DataTable` ou une `DataRow`. Le `DataAdapter` a été utilisé pour remplir le `DataSet`, c'est également à lui que l'on va faire appel pour mettre à jour la base de données.

Comme la méthode `Fill`, la méthode `Update` va utiliser des instructions SQL pour le dialogue avec la base de données. En fonction des besoins, elle utilisera l'instruction contenue dans la commande `InsertCommand`, `UpdateCommand` ou `DeleteCommand`. Si la méthode `Update` a besoin d'une commande et qu'elle n'est pas disponible, alors une exception est générée. La méthode `Fill` parcourt les lignes de la `DataTable` qu'elle doit mettre à jour et, en fonction de l'état de la ligne (`Added`, `Deleted`, `Modified`), appelle la commande `InsertCommand`, `DeleteCommand`, `UpdateCommand`. L'ordre dans lequel les mises à jour sont effectuées dans la base, peut avoir de l'importance. Pour contrôler l'ordre d'exécution des insertions, modifications et suppressions, vous pouvez procéder en trois étapes, en ne proposant à la méthode `Update` qu'un jeu restreint de lignes à mettre à jour. Vous pouvez, par exemple, ne sélectionner que les lignes effacées et demander la mise à jour de la base avec cet ensemble de lignes puis procéder de même avec les lignes modifiées et les lignes ajoutées.

La méthode `Select` permet d'obtenir un tableau de `DataRow` correspondant à un critère spécifique. C'est ce tableau de `DataRow` qui est passé comme paramètre à la méthode `Update`.

L'exemple suivant réalise les suppressions, les modifications puis les ajouts dans la base de données.

```
DataRow[] lignes;
    // recupere les lignes supprimées et demande la mise à jour de la base
    lignes = table.Select(null, null, DataViewRowState.Deleted);
    da.Update(table);
    // recupere les lignes modifiées et demande la mise à jour de la base
    lignes = table.Select(null, null, DataViewRowState.ModifiedCurrent);
    da.Update(table);
    // recupere les lignes ajoutées et demande la mise à jour de la base
    lignes = table.Select(null, null, DataViewRowState.Added);
    da.Update(table);
```

Cet exemple suppose bien sûr que les commandes InsertCommand, DeleteCommand, UpdateCommand soient définies au préalable.

a. Génération automatique de commandes

Les commandes chargées de la mise à jour de la base peuvent être générées automatiquement par un objet SqlCommandBuilder. Pour fonctionner correctement, le SqlCommandBuilder a quelques exigences :

- La propriété SelectCommand doit être définie pour le DataAdapter car c'est à partir de cette instruction SQL qu'il va générer les instructions INSERT, UPDATE, DELETE.
- La clé primaire doit être disponible dans la DataTable.
- Les données ne doivent pas provenir d'une jointure entre plusieurs tables.

Si une ou plusieurs de ces exigences ne sont pas respectées, il y a déclenchement d'une exception lors de la génération des commandes.

Les commandes sont générées en respectant les critères suivants :

InsertCommand

Insère une ligne dans la base pour toutes les lignes dont l'état est Added. Tous les champs, hormis les champs identité, expression ou TimeStamp sont mis à jour.

UpdateCommand

Met à jour dans la base toutes les lignes dont l'état est Modified. Tous les champs sont mis à jour sauf les champs identité, expression ou TimeStamp. La ligne à mettre à jour est recherchée dans la base, par la clé primaire, mais il faut également que les valeurs des autres champs dans la base correspondent à la version Original du champ dans la DataRow.

DeleteCommand

Efface de la base toutes les lignes dont l'état est Deleted. Il faut également que les valeurs présentes dans la base correspondent à la version Original des champs dans la DataRow. Les commandes générées sont disponibles via les méthodes GetInsertCommand, GetUpdateCommand, GetDeleteCommand.

L'exemple suivant affiche les instructions SQL des trois commandes générées automatiquement pour la table **Customers** :

```
public static void  TestOrdreMAJBase ()
{
      SqlCommand cmd;
      SqlConnection ctn;
      DataSet ds;
      SqlDataAdapter da;
      DataTable table;
      SqlCommandBuilder bldr;
      ctn = new SqlConnection();
```

```
        ctn.ConnectionString = "Data Source=localhost;Initial
                                  Catalog=Northwind;Integrated Security=true";
        ctn.Open();
        cmd = new SqlCommand();
        cmd.Connection = ctn;
        cmd.CommandText = " SELECT * from Customers";
        ds = new DataSet();
        da = new SqlDataAdapter(cmd);
        da.Fill(ds, "Clients");
        table = ds.Tables["Clients"];
        bldr = new SqlCommandBuilder(da);
        Console.WriteLine("Instruction SQL de UpadteCommand : {0}",
                          bldr.GetUpdateCommand().CommandText);
        Console.WriteLine("Instruction SQL de InsertCommand : {0}",
                          bldr.GetInsertCommand().CommandText);
        Console.WriteLine("Instruction SQL de DeleteCommand : {0}",
                          bldr.GetDeleteCommand().CommandText);
}
```

Ce code affiche les informations suivantes :

```
Instruction SQL de UpadteCommand : UPDATE [Customers] SET [CustomerID] =
@p1, [CompanyName] = @p2, [ContactName] = @p3, [ContactTitle] = @p4,
[Address] = @p5, [City] = @p6, [Region] = @p7, [PostalCode] = @p8, [Country] =
@p9, [Phone] = @p10, [Fax] = @p11 WHERE (([CustomerID] = @p12)
AND ([CompanyName] = @p13) AND ((@p14 = 1 AND [ContactName] IS NULL) OR
([ContactName] = @p15)) AND ((@p16 = 1 AND [ContactTitle] IS NULL) OR ([Contact
Title] = @p17))  AND ((@p18 = 1 AND [Address] IS NULL) OR ([Address] = @p19)) AND
((@p20 = 1 AND [City] IS NULL) OR ([City] = @p21)) AND ((@p22 = 1 AND [Region]
IS NULL) OR ([Region] = @p23)) AND ((@p24 = 1 AND [PostalCode] IS NULL) OR
([PostalCode] = @p25)) AND ((@p26 = 1 AND [Country] IS NULL) OR ([Country] =
@p27)) AND ((@p28 = 1 AND [Phone] IS NULL) OR ([Phone] = @p29)) AND ((@p30 = 1
AND [Fax] IS NULL) OR ([Fax] = @p31)))
Instruction SQL de InsertCommand : INSERT INTO [Customers] ([CustomerID],
[CompanyName], [ContactName], [ContactTitle], [Address], [City], [Region],
[PostalCode], [Country], [Phone], [Fax])
VALUES (@p1, @p2, @p3, @p4, @p5, @p6, @p7, @p8, @p9, @p10, @p11)
Instruction SQL de DeleteCommand : DELETE FROM [Customers] WHERE
(([CustomerID] = @p1) AND ([CompanyName] = @p2) AND ((@p3 = 1 AND [Contact
Name] IS NULL) OR ([ContactName] = @p4)) AND ((@p5 = 1 AND [Contact
Title] IS NULL) OR ([ContactTitle] = @p6))
AND ((@p7 = 1 AND [Address] IS NULL) OR ([Address]= @p8)) AND ((@p9 = 1 AND
[City] IS NULL) OR ([City] = @p10)) AND ((@p11 = 1 AND [Region] IS NULL) OR
([Region] = @p12)) AND ((@p13 = 1 AND [PostalCode] IS NULL) OR ([Postal
Code] = @p14)) AND ((@p15 = 1 AND [Country] IS NULL) OR ([Country] = @p16))
AND ((@p17 = 1 AND [Phone] IS NULL) OR ([Phone] = @p18)) AND ((@p19 = 1 AND [Fax]
IS NULL) OR ([Fax] = @p20)))
```

Le moins que l'on puisse dire, c'est que ce code n'est pas très parlant !

Rassurez-vous dans le paragraphe sur les accès concurrents, nous allons éclaircir la présence de ces innombrables paramètres dans ces trois instructions SQL. L'important, pour le moment, est que ces instructions réalisent correctement la mise à jour de la base de données.

Nous allons le vérifier en réalisant un ajout, une modification et une suppression dans la table **Customers** sur des clients Français. Regardons l'état de la table avant d'effectuer nos modifications.

```
select * from customers where country='France'
```

Résultats | Messages

	CustomerID	CompanyName	ContactName	ContactTitle	Address
1	BLONP	Blondesddsl père et fils	Frédérique Citeaux	Marketing Manager	24, place Kléber
2	BONAP	Bon app'	Laurence Lebihan	Owner	12, rue des Bouchers
3	DUMON	Du monde entier	Janine Labrune	Owner	67, rue des Cinquante Otages
4	FOLIG	Folies gourmandes	Martine Rancé	Assistant Sales Agent	184, chaussée de Tournai
5	FRANR	France restauration	Carine Schmitt	Marketing Manager	54, rue Royale
6	LACOR	La corne d'abondance	Daniel Tonini	Sales Representative	67, avenue de l'Europe
7	LAMAI	La maison d'Asie	Annette Roulet	Sales Manager	1 rue Alsace-Lorraine
8	VICTE	Victuailles en stock	Mary Saveley	Sales Agent	2, rue du Commerce
9	VINET	Vins et alcools Chevalier	Paul Henriot	Accounting Manager	59 rue de l'Abbaye

Exécutons ensuite le code ci-dessous :

```
public static void TestMAJBase()
{
     SqlCommand cmd;
     SqlConnection ctn;
     DataSet ds;
     SqlDataAdapter da;
     DataTable table;
     DataRow ligne;
     SqlCommandBuilder bldr;
     ctn = new SqlConnection();
     ctn.ConnectionString = "Data Source=localhost;Initial
                         Catalog=Northwind;Integrated Security=true";
     ctn.Open();
     cmd = new SqlCommand();
     cmd.Connection = ctn;
     cmd.CommandText = " SELECT * from Customers where country='France'";
     ds = new DataSet();
     da = new SqlDataAdapter(cmd);
     da.Fill(ds, "Clients");
     table = ds.Tables["Clients"];
     //efface Frederique Citeaux
     table.Rows[7].Delete();
```

```
        // change adresse Carine Schmitt
        table.Rows[4]["Address"] = "9 rue Benjamin Franklin";
        // ajout d'un nouveau client
        ligne = table.NewRow();
        ligne["CustomerID"] = "ENIEC";
        ligne["CompanyName"] = "Eni Ecole Informatique";
        ligne["ContactName"] = "Marcel Dupond";
        ligne["ContactTitle"] = "Directeur";
        ligne["Address"] = "2 rue Benjamin Franklin";
        ligne["Country"] = "France";
        ligne["City"] = "Saint Herblain";
        table.Rows.Add(ligne);
        bldr = new SqlCommandBuilder(da);
        da.Update(table);
}
```

Comparons le contenu actuel avec le contenu précédent de la table **Customers**, pour vérifier que les modifications ont bien été prises en compte.

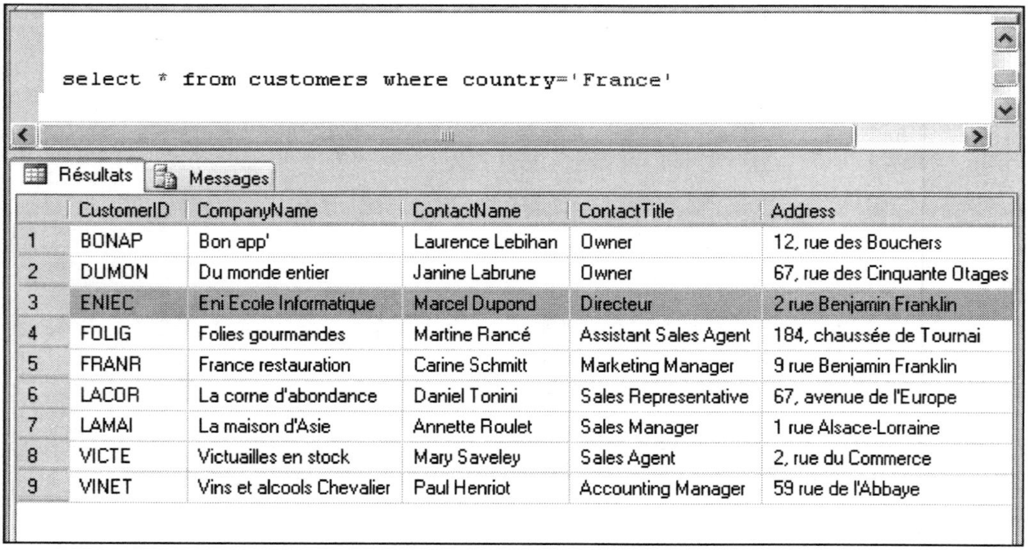

```
select * from customers where country='France'
```

Résultats | Messages

	CustomerID	CompanyName	ContactName	ContactTitle	Address
1	BONAP	Bon app'	Laurence Lebihan	Owner	12, rue des Bouchers
2	DUMON	Du monde entier	Janine Labrune	Owner	67, rue des Cinquante Otages
3	ENIEC	Eni Ecole Informatique	Marcel Dupond	Directeur	2 rue Benjamin Franklin
4	FOLIG	Folies gourmandes	Martine Rancé	Assistant Sales Agent	184, chaussée de Tournai
5	FRANR	France restauration	Carine Schmitt	Marketing Manager	9 rue Benjamin Franklin
6	LACOR	La corne d'abondance	Daniel Tonini	Sales Representative	67, avenue de l'Europe
7	LAMAI	La maison d'Asie	Annette Roulet	Sales Manager	1 rue Alsace-Lorraine
8	VICTE	Victuailles en stock	Mary Saveley	Sales Agent	2, rue du Commerce
9	VINET	Vins et alcools Chevalier	Paul Henriot	Accounting Manager	59 rue de l'Abbaye

b. Utilisation de commandes personnalisées

L'utilisation de commandes personnalisées permet de choisir le type d'action effectué lors de la mise à jour de la base de données. Par exemple, l'effacement d'une ligne peut se traduire par l'affectation d'une valeur particulière à un champ de l'enregistrement. Dans ce cas, l'instruction **SQL** exécutée dans la `DeleteCommand` sera une instruction `UPDATE` plutôt qu'une instruction `DELETE`.

Par exemple, le code suivant crée une commande personnalisée pour la suppression :

```
SqlCommand delCmd;
    SqlParameter codeClient;
    delCmd = new SqlCommand();
    delCmd.Connection = ctn;
    delCmd.CommandText = " UPDATE Customers set Archive=1 where
                           CustomerID=@num";
    codeClient = new SqlParameter("@num", SqlDbType.NChar, 5,
                     ParameterDirection.Input, false, 0, 0, "CustomerID",
                     DataRowVersion.Current, null);
    delCmd.Parameters.Add(codeClient);
    da.DeleteCommand = delCmd;
    bldr = new SqlCommandBuilder(da);
```

Les commandes personnalisées sont compatibles avec les commandes générées automatiquement par le `SqlCommandBuilder` puisque celui-ci ne génère une commande que si la propriété `InsertCommand`, `DeleteCommand` ou `UpdateCommand` est égale à **null** dans le `DataAdapter`. Si une commande existe, elle n'est pas remplacée par le `SqlCommandBuilder`.

c. Gestion des accès concurrents

Dans un environnement multiutilisateurs, deux techniques existent pour la gestion des mises à jour : le verrouillage optimiste et le verrouillage pessimiste.

Le verrouillage pessimiste est le plus contraignant pour les utilisateurs puisque, pour éviter les conflits lors des modifications de la base, dès qu'un utilisateur souhaite modifier un enregistrement, celui-ci est verrouillé dans la base. Tant que la modification de l'enregistrement n'est pas terminée, le verrou reste actif, bloquant ainsi l'accès des autres utilisateurs. L'optique de cette solution est d'éviter l'apparition de conflits.

Le verrouillage optimiste n'est pas réellement un verrouillage puisque les enregistrements sont pratiquement disponibles en permanence. C'est au moment de la mise à jour qu'un test est effectué, pour vérifier si les données présentes dans la base sont identiques aux données utilisées pour remplir le `DataSet`. Si les données sont différentes, c'est qu'un autre utilisateur les a modifiées entre le remplissage du `DataSet` et la demande de mise à jour de la base. Il convient alors de prendre une décision concernant les mises à jour.

Trois solutions sont envisageables :

- On abandonne les mises à jour.
- On écrase la version existante.
- On demande à l'utilisateur ce qu'il souhaite faire.

Cette solution peut être mise en œuvre avec deux techniques courantes.

La première est d'utiliser, dans la table, un champ de type **TimeStamp**. La particularité de ce type de champ est d'avoir une valeur changeant automatiquement à chaque modification effectuée sur l'enregistrement. Il suffit donc d'effectuer une comparaison de la valeur présente dans la base avec la valeur présente dans le `DataSet`. S'il y a une différence, c'est que la base a été modifiée depuis le chargement du `DataSet`. Pour que cette solution soit envisageable, il faut que la base de données soit capable de gérer ce type de champ. Cette solution augmente aussi le volume des données puisque, par exemple pour SQL Server, ce type de champ utilise huit octets.

La deuxième solution est de gérer cela au niveau de l'application, en conservant les données originales et en les comparant avec les données présentes dans la base au moment de la mise à jour. C'est cette solution qui est utilisée dans les commandes générées automatiquement par l'objet `SqlCommandBuilder`.

Analysons le code d'une requête de modification générée par cet objet.

```
UPDATE [Customers] SET [CustomerID] = @p1, [CompanyName] = @p2, [ContactName] =
@p3, [ContactTitle] = @p4, [Address] = @p5, [City] = @p6, [Region] = @p7,
[PostalCode] = @p8, [Country] = @p9, [Phone] = @p10, [Fax] = @p11 WHERE
(([CustomerID] = @p12) AND ([CompanyName] = @p13) AND ((@p14 = 1 AND
[ContactName] IS NULL) OR ([ContactName] = @p15)) AND ((@p16 = 1 AND
[ContactTitle] IS NULL) OR ([ContactTitle] = @p17)) AND ((@p18 = 1 AND
[Address]IS NULL) OR ([Address] = @p19)) AND ((@p20 = 1 AND [City] IS NULL) OR
([City] = @p21)) AND ((@p22 = 1 AND [Region] IS NULL) OR ([Region] =
@p23)) AND ((@p24 = 1AND [PostalCode] IS NULL) OR ([PostalCode] =
@p25)) AND ((@p26 = 1 AND [Country]IS NULL) OR ([Country] =
@p27)) AND ((@p28 = 1 AND [Phone] IS NULL) OR ([Phone] = @p29)) AND ((@p30 = 1 AN
D [Fax] IS NULL) OR ([Fax] = @p31)))
```

Cette commande utilise un nombre impressionnant de paramètres : trente et un en fait. Essayons d'expliquer le rôle de chacun de ces paramètres.

Les paramètres de @p1 à @p11 sont utilisés pour spécifier les nouvelles valeurs de l'enregistrement.

Le paramètre @p12 est utilisé pour identifier l'enregistrement à mettre à jour en effectuant un test sur la clé primaire.

Les autres paramètres ne sont là que pour la gestion du verrouillage optimiste. Pour chaque champ, on vérifie que les données présentes dans la base sont identiques aux données du `DataSet`. Pour les champs n'autorisant pas les valeurs nulles, la vérification est très simple. C'est le cas du champ `CompanyName` qui est comparé avec le paramètre @p13.

Pour les champs autorisant les valeurs nulles, il faut utiliser une petite astuce. En effet, il est seulement possible de vérifier qu'un champ est nul ou pas dans la base, mais il ne peut pas y avoir de comparaison avec la valeur **Null**. Pour pallier cette limitation, les paramètres @p14,@p16,@p18,@p20,@p22 @p24,@p26,@p28,@p30 sont utilisés pour représenter la valeur **Null** pour un champ dans le `DataSet`. Si leur valeur est égale à 1, c'est que le champ est égal à **Null** dans le `DataSet`. Le test sur la valeur de ces paramètres est donc combiné avec l'opérateur `And` pour vérifier la nullité simultanée du champ correspondant dans la base. Lors de l'exécution de la commande, les paramètres sont remplacés par les valeurs présentes dans le `DataSet`. En fonction du paramètre, des versions différentes de la ligne sont utilisées.

Pour les paramètres @p1 à @p11, les versions `Current` sont utilisées. Ce sont les données que l'on veut transférer dans la base de données. Pour les autres paramètres, ce sont les versions `Original` des paramètres qui sont utilisées.

La version de la ligne à utiliser est déterminée au moment de la création du paramètre, avant son ajout dans la collection **Parameters**. Pour cela, le constructeur suivant est utilisé :

```
public SqlParameter(
     string parameterName,
     SqlDbTYpe dbType,
     int size,
     ParameterDirection direction,
     bool isNullable,
     byte precision,
     byte scale,
     string sourceColumn,
     DataRowVersion sourceVersion,
     Object value
)
```

Il permet d'associer automatiquement une version d'un champ particulier à un paramètre. C'est le rôle des arguments `sourceColumn` et `sourceVersion`. L'exécution de la commande renvoie le nombre d'enregistrements réellement mis à jour. Si la commande ne peut pas mettre à jour les champs, alors la valeur renvoyée par l'exécution de la commande est égale à zéro. Dans ce cas, il y a déclenchement d'une exception :

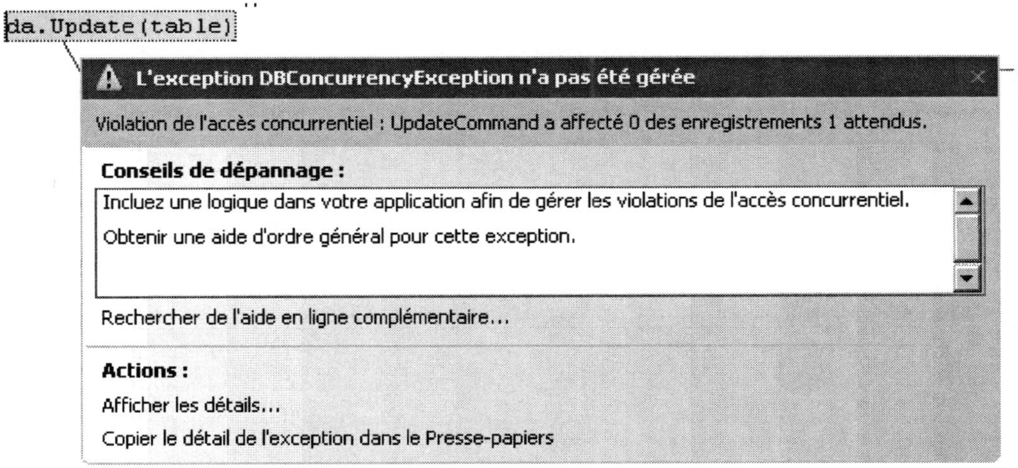

da.Update(table)

L'exception DBConcurrencyException n'a pas été gérée

Violation de l'accès concurrentiel : UpdateCommand a affecté 0 des enregistrements 1 attendus.

Conseils de dépannage :

Incluez une logique dans votre application afin de gérer les violations de l'accès concurrentiel.

Obtenir une aide d'ordre général pour cette exception.

Rechercher de l'aide en ligne complémentaire...

Actions :

Afficher les détails...

Copier le détail de l'exception dans le Presse-papiers

Une solution moins brutale permet de surveiller les mises à jour au fur et à mesure de l'exécution des instructions SQL. Il faut pour cela gérer l'événement `RowUpdated` du `DataAdapter` qui est déclenché après l'appel de chaque `InsertCommand`, `DeleteCommand`, `UpdateCommand`. Le paramètre de type **RowUpdatedEventArgs** permet de savoir par la propriété `RecordsAffected` combien d'enregistrements ont été mis à jour.

Si aucun enregistrement n'a été mis à jour, vous pouvez choisir l'action à entreprendre en modifiant la propriété `Status` avec l'une des valeurs de l'énumération `UpdateStatus` :

Continue
La mise à jour se poursuit comme si rien ne s'était passé.

ErrorsOccurred
Une exception va être déclenchée.

SkipAllRemainingRows
Arrêt de la mise à jour des lignes restantes.

SkipCurrentRow
Arrêt de la mise à jour de la ligne courante. La mise à jour continue avec les lignes restantes.

Le type d'action à entreprendre doit, en principe, être laissé à l'appréciation de l'utilisateur comme dans l'exemple suivant :

```
private void da_RowUpdated(object sender,
System.Data.SqlClient.SqlRowUpdatedEventArgs e)
{
 string reponse;
 if (e.RecordsAffected == 0)
 {
     Console.WriteLine("Une erreur s'est produite lors de la mise à jour
                        de la base de données");
     Console.WriteLine("vous souhaitez :");
     Console.WriteLine("1 - continuer les mises a jour");
     Console.WriteLine("2 - annuler les mises a jour");
     Console.WriteLine("3 - annuler la mise a jour de cette ligne mais
                            continuer pour les autres lignes");
     reponse = Console.ReadLine();
     switch (reponse)
      {
           case "1":
                e.Status = UpdateStatus.Continue;
                break;
           case "2":
           e.Status = UpdateStatus.SkipAllRemainingRows;
               break;
               case "3":
```

```
            e.Status = UpdateStatus.SkipCurrentRow;
                break;
        }
    }
}
```

5. Les transactions

Les transactions permettent de regrouper dans une entité, un ensemble de commandes SQL. Ce regroupement va garantir que, si l'une des instructions contenues dans la transaction échoue, la base de données pourra retrouver son état initial. L'exemple classique est le virement d'un compte bancaire à un autre. Imaginez que vous ayez, dans votre base de données, une table pour les comptes des particuliers et une table pour les comptes des entreprises.

Le transfert d'un compte entreprise vers un compte particulier (le paiement de votre salaire) pourrait s'effectuer avec les instructions suivantes :

```
public static void TestTransaction ()
{
     SqlCommand cmdPart;
     SqlCommand cmdEnt;
     SqlConnection ctn;
     SqlParameter numParticulier;
     SqlParameter numEntreprise;
     SqlParameter montantPart;
     SqlParameter montantEnt;
     ctn = new SqlConnection();
     ctn.ConnectionString = "Data Source=localhost;Initial
                        Catalog=Northwind;Integrated Security=true";
     ctn.Open();
     cmdEnt = new SqlCommand();
     cmdEnt.Connection = ctn;
     cmdEnt.CommandText = "Update ComptesEntreprise set solde=solde-
                       @montant where numCompte=@numCompte";
     numEntreprise = new SqlParameter("@numCompte", SqlDbType.Int);
     numEntreprise.Value = 1234;
     cmdEnt.Parameters.Add(numEntreprise);
     montantEnt = new SqlParameter("@montant", SqlDbType.Decimal);
     montantEnt.Value = 3000;
     cmdEnt.Parameters.Add(montantEnt);
     cmdEnt.ExecuteNonQuery();
     cmdPart = new SqlCommand();
     cmdPart.Connection = ctn;
     cmdPart.CommandText = "Update ComptesParticulier set
                       solde=solde+@montant where
                       numCompte=@numCompte";
```

```
        numParticulier = new SqlParameter("@numCompte", SqlDbType.Int);
        numParticulier.Value = 5678;
        cmdPart.Parameters.Add(numParticulier);
        montantPart = new SqlParameter("@montant", SqlDbType.Decimal);
        montantPart.Value = 3000;
        cmdPart.Parameters.Add(montantPart);
        cmdPart.ExecuteNonQuery();
        ctn.Close();
}
```

Que se passe-t-il, si pendant l'exécution de ce code le serveur de base de données devient indisponible à cause d'un problème réseau par exemple ? L'opération de débit peut avoir été effectuée alors que l'opération de crédit n'a pas pu s'exécuter correctement. Il risque donc d'y avoir un gros problème dans le fonctionnement de l'application (et pour le paiement de votre salaire). Les transactions vont permettre de résoudre ce problème, en regroupant l'exécution d'instructions SQL pour garantir qu'elles seront toutes exécutées ou qu'aucune ne sera exécutée.

Les transactions sont gérées au niveau de la connexion, c'est donc elle qui va nous permettre de démarrer une transaction. La méthode `BeginTransaction` nous retourne une instance de la classe `SqlTransaction`. Pour chaque exécution de commande, nous pouvons alors indiquer si l'exécution doit se passer dans le contexte de la transaction ou à l'extérieur. À la fin du traitement, nous pouvons valider toutes les instructions confiées à la transaction ou au contraire les annuler toutes. La méthode `Commit` valide la transaction alors que la méthode `RollBack` l'annule.

Pour sécuriser le code précédent, nous pourrions utiliser la version suivante :

```
public static void  TestTransaction2()
{
SqlCommand cmdPart;
SqlCommand cmdEnt;
SqlConnection ctn;
SqlParameter numParticulier;
SqlParameter numEntreprise;
SqlParameter montantPart;
SqlParameter montantEnt;
SqlTransaction trans;
ctn = new SqlConnection();
ctn.ConnectionString = "Data Source=localhost;Initial Catalog=Northwind;
Integrated Security=true";
ctn.Open();
trans = ctn.BeginTransaction();
try
{
     cmdEnt = new SqlCommand();
     cmdEnt.Connection = ctn;
```

```
        cmdEnt.CommandText = "Update ComptesEntreprise set solde=solde-
                             @montant where numCompte=@numCompte";
        numEntreprise = new SqlParameter("@numCompte", SqlDbType.Int);
        numEntreprise.Value = 1234;
        cmdEnt.Parameters.Add(numEntreprise);
        montantEnt = new SqlParameter("@montant", SqlDbType.Decimal);
        montantEnt.Value = 3000;
        cmdEnt.Parameters.Add(montantEnt);
        // place l'execution de la commande dans la transaction
        cmdEnt.Transaction = trans;
        cmdEnt.ExecuteNonQuery();
        cmdPart = new SqlCommand();
        cmdPart.Connection = ctn;
        cmdPart.CommandText = "Update ComptesParticuliers set
                              solde=solde+@montant where
                              numCompte=@numCompte";
        numParticulier = new SqlParameter("@numCompte", SqlDbType.Int);
        numParticulier.Value = 5678;
        cmdPart.Parameters.Add(numParticulier);
        montantPart = new SqlParameter("@montant", SqlDbType.Decimal);
        montantPart.Value = 3000;
        cmdPart.Parameters.Add(montantPart);
        cmdPart.Transaction = trans;
        cmdPart.ExecuteNonQuery();
        trans.Commit();
}
catch (Exception ex)
{
        trans.Rollback();
        Console.WriteLine("toutes les opérations ont ete annulees");
}
ctn.Close();
}
```

Si la connexion est interrompue, l'instruction `RollBack` ou `Commit` ne pourra pas être acheminée vers le serveur. Dans ce cas, le serveur prend l'initiative d'exécuter un `RollBack` sur toutes les transactions en cours, si la connexion avec le client est perdue.

Chapitre 9 : Présentation de LINQ

A. Présentation de LINQ 440
B. Syntaxe du langage LINQ. 440
C. LINQ vers SQL 450

A. Présentation de LINQ

Après de nombreuses années d'évolution les langages objets sont devenus incontournables dans les développements informatiques. Parallèlement les systèmes de stockage ont également évolués principalement sur deux axes : les bases de données et les fichiers XML. La cohabitation entre concepts objets et données se fait tant bien que mal par l'ajout aux langages objets de quelques capacités pour dialoguer avec les données. Cette solution n'est pas entièrement satisfaisante car elle présente les inconvénients suivants :

- Le langage utilisé pour manipuler les données est très souvent spécifique à un type de source de données.
- Les mots-clés de ce langage sont inconnus du langage de programmation qui les considère comme de simples chaînes de caractères donc pas de vérification syntaxique avant l'exécution.
- Le changement de type de source de données entraîne de lourdes modifications du code et une nouvelle période d'apprentissage pour le développeur.
- Les types de données sont parfois incompatibles entre le langage de programmation et la source de données. Il faut dans ce cas réaliser des conversions souvent gourmandes en temps et même parfois dangereuses.

Avec LINQ tout ceci va devenir que des mauvais souvenirs. Mais que se cache-t-il derrière ces quatre lettres : *Language Integrated Query* ou Langage de requête intégré ? Il s'agit donc d'un langage de requête permettant l'interrogation de sources de données. Mais qu'a-t-il de plus que ce brave SQL ? La clé du mystère se situe dans le terme 'intégré'. En effet contrairement à d'autres méthodes utilisées pour interroger des sources de données (SQL, XPATH...), LINQ fait partie du langage dans lequel l'application est développée (VB, C#...). Un autre point très important concernant LINQ réside dans la syntaxe même du langage. Celle-ci sera identique quel que soit le type de source de données interrogée : tableau, collection, base de données, fichier XML, dataset... Le dernier point important de cette présentation de LINQ concerne les données manipulées. Votre application est développée avec un langage objet et bien LINQ lui aussi manipule des objets. Il n'y a donc pas besoin de réaliser manuellement les opérations de conversion. Si elles sont nécessaires, elles seront réalisées automatiquement par LINQ. Après ce bref aperçu, regardons maintenant la syntaxe de LINQ.

B. Syntaxe du langage LINQ

Avant de détailler la syntaxe de LINQ, nous allons étudier un premier exemple très simple. Dans les exemples de ce paragraphe, nous utiliserons comme source de données deux listes remplies avec des instances des classes du diagramme ci-après.

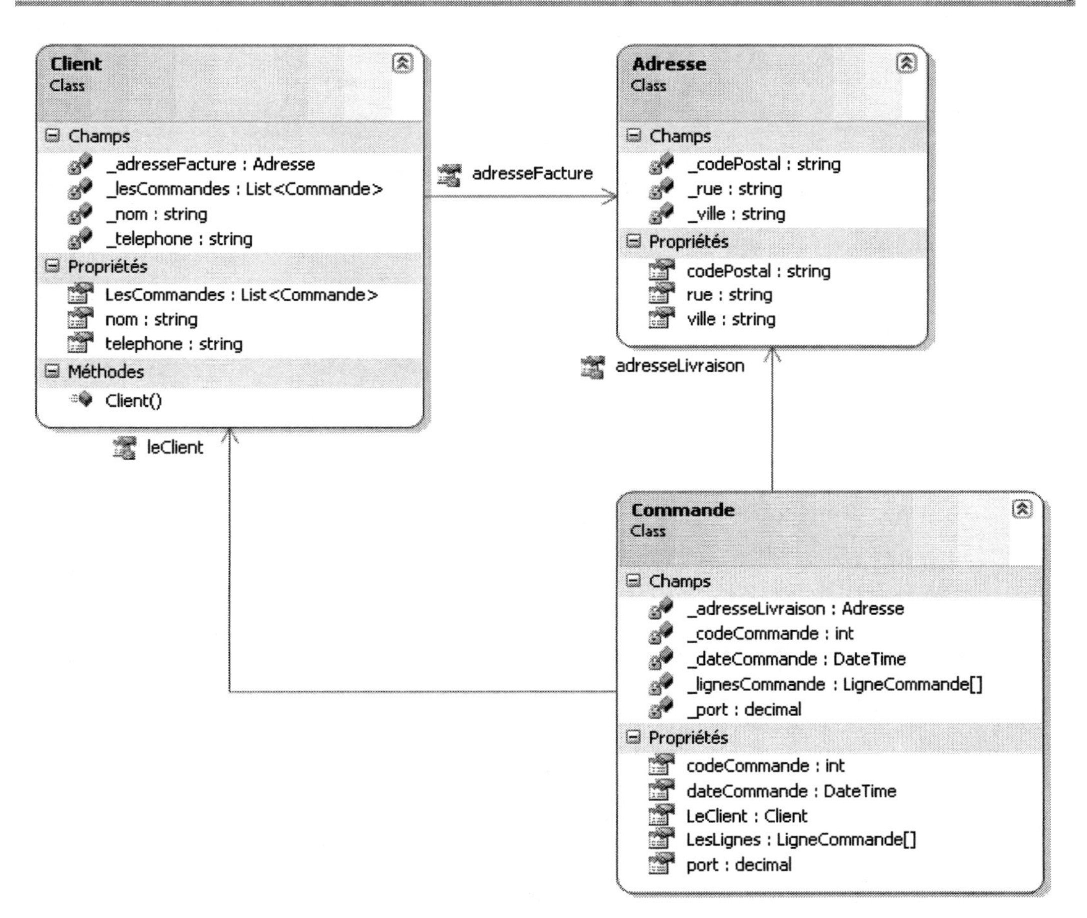

Les données utilisées pour créer ces instances de classe sont extraites de la base de données Northwind. Elles sont placées dans un fichier texte qui est ensuite lu par le code pour recréer les instances de classe en mémoire. Voici l'extrait de code permettant de réaliser ces opérations.

```
public static void remplir()
{
Commande co=null;
Client cl=null;
StreamReader f;
String ligne;
String[] col;
String nom="";
listeCommande=new List<Commande>();
```

```
listeClients=new List<Client>();
f = new StreamReader("c:\\data.txt");
do
{
   ligne = f.ReadLine();
   if (ligne != null)
   {
      col = ligne.Split(new char[] { '\t' });
      if (!nom.Equals(col[0]))
      {
         nom = col[0];
         cl = new Client { nom = col[0], adresseFacture = new Adresse {
         rue = col[1], ville = col[2], codePostal = col[3] }
         ,telephone=col[4] };
         listeClients.Add(cl);
      }
   co = new Commande { codeCommande = int.Parse(col[5]), dateCommande =
   DateTime.Parse(col[6]), port = decimal.Parse(col[7]), adresseLivraison =
   new Adresse { rue = col[8], ville = col[0], codePostal = col[10] } };
   listeCommande.Add(co);
   co.LeClient = cl;
   cl.LesCommandes.Add(co);
}
} while (ligne != null);
f.Close();
}
```

Dans les exemples qui suivent, nous supposerons que cette portion de code a déjà été exécutée pour remplir les deux listes. Cette ébauche de projet est disponible en téléchargement sur le site de l'éditeur.

1. Premières requêtes LINQ

La manipulation d'une requête LINQ est constituée de trois actions :

- l'obtention des données ;
- la création de la requête elle-même ;
- l'exécution de la requête.

La première étape est très simple puisque pour pouvoir être utilisée comme source de données, une classe doit simplement implémenter l'interface générique `IEnumerable<(T)>`. C'est le cas de nombreuses classes du Framework .NET qui sont donc directement utilisables dans des requêtes LINQ.

Pour les sources de données n'implémentant pas cette interface, comme par exemple un document XML, des classes utilitaires permettent de les rendre compatibles avec LINQ.

Le plus gros du travail est constitué par la deuxième étape : la création de la requête elle-même.

Dans la requête, nous allons indiquer quelles informations nous souhaitons obtenir de la source de données, comment elles seront triées, regroupées ou structurées.

La requête contient trois clauses :

- `from` : indiquant l'origine des données.
- `where` : spécifie la ou les conditions pour que les données soient comprises dans les valeurs retournées.
- `select` : indique quelles sont les informations retournées à partir de la source de données.

Voici donc ci-dessous notre première requête LINQ.

```
var requette = from unClient in listeClients where
               unClient.nom.StartsWith("A") select unClient;
```

Généralement une requête LINQ est stockée dans une variable puis est exécutée ultérieurement. Il est important de bien se souvenir que la variable contenant la requête n'exécute aucune action et ne retourne aucune donnée. Elle stocke simplement la définition de la requête. L'exécution de la requête n'a lieu que lorsque l'on s'intéresse aux données qu'elle retourne. C'est le cas dans l'exemple suivant où nous parcourons les résultats dans une boucle `foreach`.

```
foreach (var unClient in requette)
{
  Console.WriteLine(unClient.nom);
}
```

Ce mécanisme permet d'exécuter plusieurs fois la même requête sans être obligé de la redéfinir à chaque exécution.

Cependant, dans certains cas, la variable contient le résultat de la requête et non la requête elle-même. C'est le cas par exemple, lorsque qu'il y a un calcul d'agrégat dans la requête. Dans l'exemple suivant, nous recherchons combien il y a de clients dont le nom commence par la lettre 'A'. Le résultat de la requête est dans ce cas un simple entier qui est calculé dès la définition de la requête.

```
var nbClients=(from unClient in listeClients where unClient.nom.Start
sWith("A") select unClient).Count();
Console.WriteLine(nbClients);
```

Vous pouvez également utiliser plusieurs sources de données dans la clause `from`. Pour cela, le mot-clé `join` permet de combiner les données des différentes sources. L'exemple suivant recherche les clients dont le nom commence par un 'A' et pour chacun récupère la date de toutes les commandes.

```
var requete3 = from unClient in listeClients
               join uneCommande in listeCommande
               on unClient.nom equals uneCommande.LeClient.nom
               where unClient.nom.StartsWith("A")
               select new {nomCli = unClient.nom, dateCde =
                           uneCommande.dateCommande};
foreach (var r in requete3)
{
     Console.WriteLine(r.nomCli + " " + r.dateCde);
}
```

Ce code mérite un petit commentaire supplémentaire concernant la clause `select`. Nous souhaitons obtenir le nom du client et la date des commandes soit une chaîne de caractères et une date. Il est inutile d'utiliser une instance de la classe `Client` et une instance de la classe `Commande` pour simplement ces deux informations. Le compilateur génère donc une classe anonyme pour ces deux informations avec une propriété `nomCli` et une propriété `dateCde`. Le type de la variable `r` utilisée dans la boucle `foreach` pour parcourir le résultat de la requête sera déterminé implicitement pour correspondre au type anonyme créé par le compilateur.

2. Les opérateurs de requête

Les opérateurs permettant la création de requête LINQ peuvent être classés en huit catégories :

- Tri de données
- Opérations sur des ensembles de données
- Filtrage
- Projection
- Partitionnement
- Jointures, regroupements
- Agrégation

Pour écrire des requêtes LINQ efficaces, il convient de bien connaître ces opérateurs. Nous allons donc les détailler avec de nombreux exemples.

a. Tri de données

Il très facile d'obtenir les résultats d'une requête triés selon un ou plusieurs critères. Grâce à l'opérateur `orderby`, nous devons indiquer la propriété sur laquelle va être réalisé le tri. La requête suivante trie les clients en fonction de leur nombre de commandes.

```
var requeteTri1 = from unClient in listeClients
                  orderby unClient.LesCommandes.Count
                  select unClient;
foreach (var unclient in requeteTri1)
```

```
{
   Console.WriteLine(unclient.nom + "nb commandes: " +
                     unclient.LesCommandes.Count);
}
```

Par défaut le tri se fait par ordre croissant. Pour obtenir les meilleurs clients en début de liste, il est préférable d'utiliser le mot-clé `descending` à la suite du critère de tri.

```
var requeteTri2 = from unClient in listeClients
                  orderby unClient.LesCommandes.Count descending
                  select unClient;
foreach (var unclient in requeteTri2)
{
   Console.WriteLine(unclient.nom + "nb commandes: " +
                     unclient.LesCommandes.Count);
}
```

Plusieurs critères de tri peuvent être indiqués pour lever les ambiguïtés lorsque deux propriétés ont la même valeur. Les critères de tri doivent être séparés par des virgules dans la requête. La requête trie les clients sur le nombre de commandes dans l'ordre décroissant puis sur le nom du client dans l'ordre croissant en cas d'égalité du nombre de commandes.

```
var requeteTri3 = from unClient in listeClients
                  orderby unClient.LesCommandes.Count descending,
                  unClient.nom ascending
                  select unClient;
foreach (var unclient in requeteTri3)
{
  Console.WriteLine(unclient.nom + "nb commandes: " +
                    unclient.LesCommandes.Count);
}
```

b. Opérations sur des ensembles de données

Le seul opérateur disponible dans cette catégorie permet l'élimination des doublons lors de la recherche d'informations. Le mot-clé `distinct` placé à la fin de la clause `select` indique que les doublons seront éliminés. L'ensemble des éléments de la clause `select` est pris en compte pour l'élimination des doublons. La requête suivante détermine les différentes villes où nous avons des clients. Si nous avons plusieurs clients dans la même ville, celle-ci ne sera listée qu'une seule fois.

```
var requeteEnsemble = (from unClient in listeClients
                       orderby unClient.adresseFacture.ville
                       select (unClient.adresseFacture.ville)).Distinct();
foreach (var ville in requeteEnsemble
{
     Console.WriteLine(ville);
}
```

c. Filtrage de données

Le filtrage consiste à réduire le nombre d'éléments retournés par la requête. Une ou plusieurs expressions sont ajoutées à la requête à l'aide de la clause where. Elles doivent fournir un booléen lors de l'évaluation de la requête. Les opérateurs de comparaison standard de Visual C# peuvent être utilisés à l'intérieur de l'expression. L'utilisation de chaînes de caractères dans une clause where mérite une petite précision. Bien que l'on puisse utiliser l'opérateur '==' pour un critère de filtrage portant sur une chaîne de caractères, l'utilisation de la méthode Equals offre beaucoup plus de fonctionnalités. En effet, avec l'opérateur '==' il doit y avoir une stricte égalité avec une distinction entre minuscules et majuscules pendant le test. La méthode Equals est plus souple puisque elle permet d'indiquer comment doit se faire la comparaison et éventuellement ignorer la distinction entre minuscules et majuscules comme dans l'exemple ci-dessous.

```
var requeteFiltrage=from unClient in listeClients
                    where unClient.adresseFacture.ville.Equals
                    ("nantes" ,StringComparison.OrdinalIgnoreCase )
                    select unClient;
foreach (var unclient in requeteFiltrage)
{
   Console.WriteLine(unclient.nom);
}
```

d. Projections

Une opération de projection correspond à la transformation d'un objet en une nouvelle forme. Cette nouvelle forme est constituée par l'ensemble des propriétés de l'objet spécifié dans la clause select. En utilisant la projection, on peut automatiquement créer un nouveau type qui est construit à partir de chaque objet. Vous pouvez projeter une propriété directement ou bien exécuter une fonction prenant comme paramètre la propriété. C'est dans ce cas le résultat de la fonction qui est utilisé comme valeur pour la propriété de l'objet créé. Vous pouvez aussi projeter l'objet original sans le modifier.

```
var requeteProjection = from unClient in listeClients
                        select new { nomCli = unClient.nom.ToUpper(),
                       villeCli = unClient.adresseFacture.ville.ToLower() };
foreach (var r in requeteProjection)
{
    Console.WriteLine(r.nomCli + " " + r.villeCli);
}
```

Les projections sont également réalisables en indiquant plusieurs clauses from dans la requête. Dans ce cas, le résultat de la requête fait correspondre chaque objet de chacune des sources de données avec tous les objets des autres sources.

```
var requeteProjection1 = from unClient in listeClients
                         from uneCommande in listeCommande
                         select new { cli = unClient, cmd = uneCommande };
```

```
foreach (var r in requeteProjection1)
{
   Console.WriteLine(r.cli.nom + " " + r.cmd.dateCommande);
}
```

Ce genre d'opération conduit très rapidement à une explosion combinatoire. En effet, le nombre d'objets dans le résultat de la requête est égal au produit des nombres d'objets dans chacune des sources de données. Un filtrage permettant de restreindre le nombre d'objets dans le résultat est en général souhaitable avec ce type de projection.

```
var requeteProjection2 = from unClient in listeClients
                         from uneCommande in listeCommande
                         where unClient.Equals(uneCommande.LeClient)
                        select new { cli = unClient, cmd = uneCommande };
foreach (var r in requeteProjection2)
{
   Console.WriteLine(r.cli.nom + " " + r.cmd.dateCommande);
}
```

e. Partitionnement

Le partitionnement consiste à découper en deux parties un ensemble de données et à retourner une des deux parties. La limite du découpage peut être absolue, et dans ce cas exprimée en nombre d'objets, ou conditionnelle. Deux clauses sont utilisées pour le partitionnement :

- `Skip` indique que l'on souhaite obtenir la deuxième partie de la liste (en fait on 'saute' les objets placés au début) ;
- `Take` indique que l'on souhaite obtenir le début de la liste sans tenir compte des enregistrements de la fin de liste.

Voyons comment utiliser ces deux opérateurs avec la syntaxe absolue et la syntaxe conditionnelle.

La requête suivante permet d'obtenir la liste des dix plus mauvais clients (en se basant sur le nombre de commandes).

```
var requetePartition = from unclient in listeClients
                       orderby unclient.LesCommandes.Count
                       select unclient;
foreach (var unClient in requetePartition.Skip(listeClients.Count-10))
{
   Console.WriteLine(unClient.nom);
}
```

Pour illustrer la syntaxe conditionnelle, nous recherchons maintenant tous les clients ayant un nombre de commandes inférieur ou égal à 5.

```
Console.WriteLine("**************************");
var requetePartition1 = from unclient in listeClients
                        orderby unclient.LesCommandes.Count descending
                        select unclient;
foreach (var unClient in requetePartition1.SkipWhile
                                       (test =>test.LesCommandes.Count>5))
{
   Console.WriteLine(unClient.nom);
}
```

Pour récompenser nos clients fidèles, recherchons maintenant les dix meilleurs d'entre eux.

```
var requetePartition2 = from unclient in listeClients
                        orderby unclient.LesCommandes.Count descending
                        select unclient;
           foreach (var unClient in requetePartition2.Take(10))
           {
                Console.WriteLine(unClient.nom);
           }
```

Et enfin recherchons les clients ayant passés au moins dix commandes.

```
var requetePartition3 = from unclient in listeClients
                        orderby unclient.LesCommandes.Count descending
                        select unclient;
            foreach (var unClient in requetePartition3.TakeWhile
                    (unClient=> unClient.LesCommandes.Count>=10))
            {
                Console.WriteLine(unClient.nom);
            }
```

f. Jointures et regroupements

La jointure de deux sources de données correspond à l'association d'une des sources de données avec les objets de l'autre source de données ayant une propriété commune. En programmation objet, les jointures permettent de remplacer des associations incomplètes. Dans l'exemple que nous utilisons depuis le début de ce chapitre, la classe `Client` contient une propriété permettant d'obtenir la liste des commandes d'un client (LesCommmandes) et la classe `Commande` contient un attribut permettant de référencer le client ayant passé la commande (LeClient). L'association est donc, dans notre cas, bidirectionnelle. Si par économie ou par oubli, la propriété LesCommandes de la classe `Client` n'existe pas, il faut dans ce cas parcourir la liste des commandes et tester chacune d'elles pour trouver toutes les commandes d'un client précis. C'est ce travail que réalise la jointure. La requête suivante obtient les commandes de chaque client.

```
var requeteJoin = from unclient in listeClients
                  join uneCommande in listeCommande on unclient
                  equals uneCommande.LeClient
                  select new { unclient, uneCommande };
foreach (var r in requeteJoin)
{
   Console.WriteLine(r.unclient.nom + " " + r.uneCommande.dateCommande);
}
```

Pour chaque commande les informations concernant le client sont répétées. Une solution plus efficace consiste à exécuter la requête pour qu'elle ajoute à chaque client la liste de ses commandes. La clause `join` permet de réaliser ce regroupement. Il est également nécessaire dans ce cas de spécifier avec la clause `into`, le nom de la propriété utilisée pour accéder au regroupement, dans notre cas la liste des commandes du client. À noter pour nous que cette propriété fera doublon avec celle que nous avons déjà prévue dans notre classe `Client`.

```
var requeteJoin2 =from unClient in listeClients
                 join uneCommande in listeCommande on unClient equals
                 uneCommande.LeClient into CommandesDuClient
                select new { unClient, CommandesDuClient };
foreach (var r in requeteJoin2)
{
   Console.WriteLine(r.unClient.nom);
   foreach (var cmd in r.CommandesDuClient)
   {
      Console.WriteLine("\t" + cmd.dateCommande);
   }
}
```

Un regroupement peut également être réalisé sans pour autant faire de jointure entre deux sources de données. Nous pouvons, par exemple, rechercher pour chaque ville la liste des clients y résidant. Pour cela, la clause `group by into` est idéale. Il suffit simplement d'indiquer que nous souhaitons regrouper les clients avec comme clé de regroupement leur ville de résidence et indiquer le nom de la propriété qui sera générée pour contenir le regroupement. La requête génère alors, lors de son exécution, une liste d'instances de classes contenant deux propriétés :

- Le nom de la ville.
- La liste des clients par l'intermédiaire de la propriété indiquée dans la requête.

```
var requeteGroup = from unClvar requeteGroup = from unClient in listeClients
      group unClient by unClient.adresseFacture.ville into ClientsParVille
      select new {ville=ClientsParVille.Key,ClientsParVille};
     foreach (var v in requeteGroup)
     {
```

```
        Console.WriteLine(v.ville);
        foreach (var c in v.ClientsParVille)
        {
           Console.WriteLine("\t" + c.nom);
        }
    }
```

g. Agrégations

Les opérations d'agrégation sont utilisées pour le calcul d'une valeur unique à partir de valeurs contenues dans une liste d'éléments. Les opérations les plus courantes sont :

- le calcul de moyenne ;
- la recherche d'un maximum ;
- la recherche d'un minimum ;
- le calcul d'un total.

L'exemple suivant applique ces quatre opérateurs sur les frais de port de toutes les commandes.

```
var moyennePort = listeCommande.Average(c => c.port);
Console.WriteLine("moyenne des frais de port: {0}",moyennePort);
var maxiPort = listeCommande.Max(c => c.port);
Console.WriteLine("maximum des frais de port: {0}",maxiPort);
var miniPort = listeCommande.Min(c => c.port);
Console.WriteLine("minimum des frais de port: {0}", miniPort);
var totalPort = listeCommande.Sum(c => c.port);
Console.WriteLine("maximum des frais de port: {0}", totalPort);
```

Ce code est également un bon exemple de requête exécutée immédiatement, puisque pour obtenir le résultat, la liste doit obligatoirement être parcourue du premier au dernier élément.

Après avoir étudié la syntaxe du langage, nous allons voir maintenant comment l'utiliser en association avec une base de données.

C. LINQ vers SQL

Comme nous l'avons vu dans les paragraphes précédents le domaine de prédilection de LINQ est le monde des objets. Il sait parfaitement manipuler les listes, les objets et les propriétés de ces objets. Pourtant ces éléments présentent un grave handicap : ils disparaissent inexorablement dès la fin de l'application. La solution la plus couramment utilisée pour pallier ce problème consiste à confier à une base de données le soin d'assurer la persistance des informations après l'arrêt de l'application. Le langage SQL est le plus couramment utilisé pour le dialogue avec une base de données. Bien que les principaux mots-clés soient identiques les syntaxes de ces deux langages ne sont pas compatibles. Les requêtes LINQ sont donc automatiquement transformées en leurs homologues SQL pour réaliser les traitements. Un autre problème doit également être pris en compte. Jusqu'à présent nous avons manipulé, par l'intermédiaire des requêtes LINQ, des objets et rien que des objets. Le concept objet étant parfaitement étranger à une base de données il faut trouver une solution pour que LINQ puisse accéder aux informations. La clé de l'énigme consiste tout simplement à créer des classes pour représenter dans l'application les données présentes dans la base de données. Cette technique est également appelée mappage objet relationnel. Ce doit être la première étape dans l'utilisation de LINQ avec une base de données. Nous allons donc regarder comment créer ces classes.

1. Le mappage objet relationnel

Il existe trois solutions pour générer les classes représentant les informations stockées dans la base de données.

- Créer les classes manuellement comme n'importe quelles classes de votre application en utilisant un éditeur de code. Cette solution est extrêmement fastidieuse et n'est en général utilisée que pour les modifications minimes de classes existantes.
- Utiliser l'outil en ligne de commande SQLMetal.
- Utiliser le concepteur Objet/Relationnel en mode graphique.

a. SQLMetal

Cet outil est disponible à partir d'une fenêtre de commande de l'environnement Visual Studio. Les options indiquées sur la ligne de commande permettent de configurer le fonctionnement. Les options disponibles concernent :

- La génération à partir d'une base de données du code source des classes et des attributs de mappage.
- La génération à partir d'une base de données d'un fichier intermédiaire de mappage (.dbml).
- La génération à partir d'un fichier de mappage des classes et des attributs de mappage.

Chaque option doit être précédée par un caractère '/' et suivie par le caractère ' :' et de la valeur de l'option si besoin.

Les options de connexion :

/server: <nom du serveur>
: Indique le nom ou l'adresse IP du serveur de base de données.

/database: <nom de la base de données>
: Indique le nom de la base de données à partir de laquelle la génération doit être effectuée.

/user: <nom de connexion>
: Indique le compte utilisateur avec lequel la connexion vers la base de données sera ouverte. Si cette option n'est pas spécifiée, c'est l'authentification Windows qui sera utilisée.

/password: <mot de passe>
Indique le mot de passe associé au compte utilisé pour établir la connexion.

/conn: <chaîne de connexion>
Peut être utilisée à la place des quatre options précédentes pour fournir les informations concernant la connexion vers le serveur de base de données.

timeout: <secondes>
Indique la durée maximum pendant laquelle SqlMetal tente d'établir la connexion vers la base de données. Une valeur égale à zéro indique une durée illimitée.

Les options de sortie :

/dbml :<nom du fichier>
Génère un fichier de mappage.

/code :<nom du fichier>
Génère le code source des classes dans le fichier indiqué.

Les options de génération :

/language :< vb ou csharp>
Indique le langage dans lequel le code sera généré. Les deux options valides sont vb pour Visual Basic et csharp pour C#.

/namespace :<nom>
Indique l'espace de noms dans lequel les classes seront générées. Par défaut, il n'y a pas d'espace de noms.

/context :<nom>
Spécifie le nom du data context généré. Par défaut, ce nom est déduit du nom de la base de données.

/entitybase :<nom>
Spécifie la classe de base des classes générées. Par défaut, les classes générées n'ont pas de classe de base.

Enfin la dernière information à fournir correspond au nom du fichier de mappage à partir duquel la génération des classes sera réalisée. Cette information est inutile si la génération est exécutée directement depuis la base de données.

Voici quelques utilisations les plus courantes de cet outil.

Génération en Visual C# des classes de la base Northwind située sur l'ordinateur local :

```
SqlMetal /server:localhost /database:northwind /language:csharp /code:nw.cs
```

Le code généré étant trop volumineux pour le lister ici (environ 3500 lignes), voici simplement ci-après le diagramme des classes qui ont été générées.

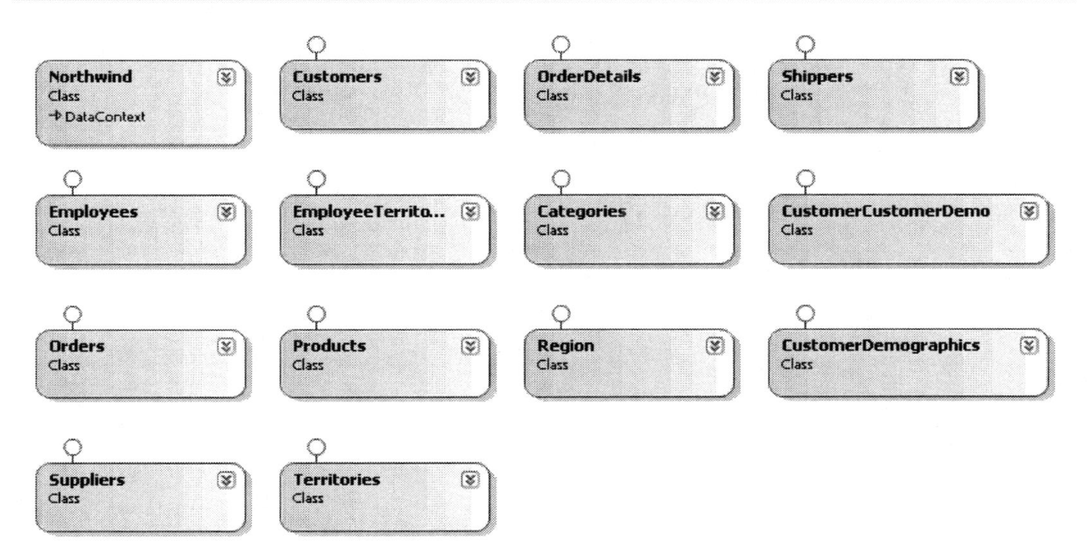

Nous avons la classe Northwind qui hérite de la classe DataContext et qui va très rapidement nous servir pour que LINQ puisse dialoguer avec la base de données. Nous avons également une classe générée pour chacune des tables de la base de données. Ce sont des instances de ces classes que nous manipulerons dans l'application.

Génération du fichier de mappage de la base Northwind située sur l'ordinateur local :

```
SqlMetal /server:localhost /database:northwind /dbml:nw.dbml
```

Cette commande génère un fichier xml dont voici un extrait :

```
<Table Name="dbo.Customers" Member="Customers">
    <Type Name="Customers">
      <Column Name="CustomerID" Type="System.String" DbType="NChar(5) NOT NULL"
IsPrimaryKey="true" CanBeNull="false" />
      <Column Name="CompanyName" Type="System.String" DbType="NVarChar(40)
NOT NULL" CanBeNull="false" />
      <Column Name="ContactName" Type="System.String" DbType="NVarChar(30)"
CanBeNull="true" />
      <Column Name="ContactTitle" Type="System.String" DbType="NVarChar(30)"
CanBeNull="true" />
      <Column Name="Address" Type="System.String" DbType="NVarChar(60)"
CanBeNull="true" />
      <Column Name="City"<+>Type="System.String" DbType="NVarChar(15)"
CanBeNull="true" />
      <Column Name="Region" Type="System.String" DbType="NVarChar(15)"
CanBeNull="true" />
      <Column Name="PostalCode" Type="System.String" DbType="NVarChar(10)"
CanBeNull="true" />
```

```
      <Column Name="Country" Type="System.String" DbType="NVarChar(15)"
CanBeNull="true" />
      <Column Name="Phone" Type="System.String" DbType="NVarChar(24)"
CanBeNull="true" />
      <Column Name="Fax" Type="System.String" DbType="NVarChar(24)"
CanBeNull="true" />
      <Association Name="FK_CustomerCustomerDemo_Customers" Member=
"CustomerCustomerDemo" OtherKey="CustomerID" Type="CustomerCustomerDemo"
DeleteRule="NO ACTION" />
      <Association Name="FK_Orders_Customers" Member="Orders" OtherKey=
"CustomerID" Type="Orders" DeleteRule="NO ACTION" />
    </Type>
</Table>
```

Ce fichier peut être modifié pour, par exemple, changer le nom des classes et des propriétés associées aux informations en provenance de la base de données. Dans l'exemple ci-dessous, nous avons francisé les noms.

```
<Table Name="dbo.Customers" Member="Clients">
    <Type Name="Clients">
      <Column Name="CustomerID" Member="CodeClient" Storage="_CustomerID"
Type="System.String" DbType="NChar(5) NOT NULL" IsPrimaryKey="true"
CanBeNull="false" />
      <Column Name="CompanyName" Member="NomSociete" Storage="_CompanyName"
Type="System.String" DbType="NVarChar(40) NOT NULL" CanBeNull="false" />
      <Column Name="ContactName" Member="NomContact" Storage="_ContactName"
Type="System.String" DbType="NVarChar(30)" CanBeNull="true" />
      <Column Name="ContactTitle" Member="Fonction" Storage="_ContactTitle"
Type="System.String" DbType="NVarChar(30)" CanBeNull="true" />
      <Column Name="Address" Member="Adresse" Storage="_Address"
Type="System.String" DbType="NVarChar(60)" CanBeNull="true" />
      <Column Name="City" Member="Ville" Storage="_City" Type="System.String"
DbType="NVarChar(15)" CanBeNull="true" />
      <Column Name="Region" Type="System.String" DbType="NVarChar(15)"
CanBeNull="true" />
      <Column Name="PostalCode" Member="CodePostal"<+>Storage="_PostalCode"
Type="System.String" DbType="NVarChar(10)" CanBeNull="true" />
      <Column Name="Country" Member="Pays" Storage="_Country"
Type="System.String" DbType="NVarChar(15)" CanBeNull="true" />
      <Column Name="Phone" Member="Tel" Storage="_Phone" Type="System.String"
DbType="NVarChar(24)" CanBeNull="true" />
      <Column Name="Fax" Type="System.String" DbType="NVarChar(24)"
CanBeNull="true" />
      <Association Name="Clients_CustomerCustomerDemo" Member=
"CustomerCustomerDemo" ThisKey="CodeClient" OtherKey="CustomerID"
       Type="CustomerCustomerDemo" />
      <Association Name="Clients_Orders" Member="Orders" ThisKey="CodeClient"
```

```
OtherKey="CustomerID" Type="Orders" />
    </Type>
  </Table>
```

Dans cet exemple, pour pouvoir utiliser des noms de propriétés différents des noms de colonnes dans la base de données, nous avons ajouté l'attribut `Member` à chaque balise <Column> pour spécifier le nom de la propriété et l'attribut `Storage` pour indiquer le nom de la variable interne de la classe qui contiendra l'information.

Nous pouvons maintenant générer le code à partir du fichier de mappage modifié avec la commande suivante.

```
SqlMetal /code:nw.cs /language:csharp nw.dbml
```

Il nous reste à visualiser la classe générée pour vérifier que nos modifications ont bien été prises en compte.

Clients
Class
Champs
_Address
_City
_CompanyName
_ContactName
_ContactTitle
_Country
_CustomerCustomerDemo
_CustomerID
_Fax
_Orders
_Phone
_PostalCode
_Region
emptyChangingEventArgs
Propriétés
Adresse
CodeClient
CodePostal
CustomerCustomerDemo
Fax
Fonction
NomContact
NomSociete
Orders
Pays
Region
Tel
Ville
Méthodes

Cet outil est très facile à utiliser mais présente le petit inconvénient de ne pouvoir générer les classes que pour l'intégralité d'une base de données. De plus, les éventuelles modifications sont à faire manuellement soit dans le code source généré soit dans le fichier de mappage intermédiaire. Pour la génération et la personnalisation de quelques classes, il est préférable d'utiliser le concepteur Objet/Relationnel intégré à Visual Studio.

b. Concepteur Objet/Relationnel

Le concepteur Objet/Relationnel fournit une solution très pratique pour créer le modèle objet d'une application représentant les informations disponibles dans une base de données. Il permet également la création de procédures et fonctions autorisant l'utilisation des procédures stockées et fonctions présentes dans la base de données. Il comporte cependant quelques limitations :

- seules les bases de données SQL Server 2000, SQL Server 2005, SQL Server Express sont supportées.
- Le mappage n'est possible qu'entre une classe et une table. C'est-à-dire qu'il n'est pas possible de créer une classe pour représenter le résultat d'une jointure entre plusieurs tables.
- Le concepteur fonctionne en 'sens unique' car seules les modifications effectuées dans le concepteur sont répercutées dans le code généré. Si le code est modifié manuellement les modifications ne sont pas prises en compte dans le concepteur. Pire encore si des modifications sont faites dans le concepteur après des modifications manuelles du code, ces modifications sont perdues lors de l'enregistrement du concepteur car dans ce cas le code est régénéré automatiquement. La solution consiste à créer une classe partielle dans un fichier indépendant de celui manipulé par le concepteur.

Le concepteur Objet/Relationnel est lancé automatiquement lors de l'ajout d'un élément de type LINQ to SQL Classes. L'ajout à un projet d'un fichier .dbml provoque également l'ouverture de cet outil. À l'ouverture, la surface du concepteur est séparée en deux parties. La zone de gauche va accueillir les classes associées aux tables alors que la zone de droite va accueillir les procédures et fonctions associées aux procédures stockées. L'ensemble représente le `DataContext` généré.

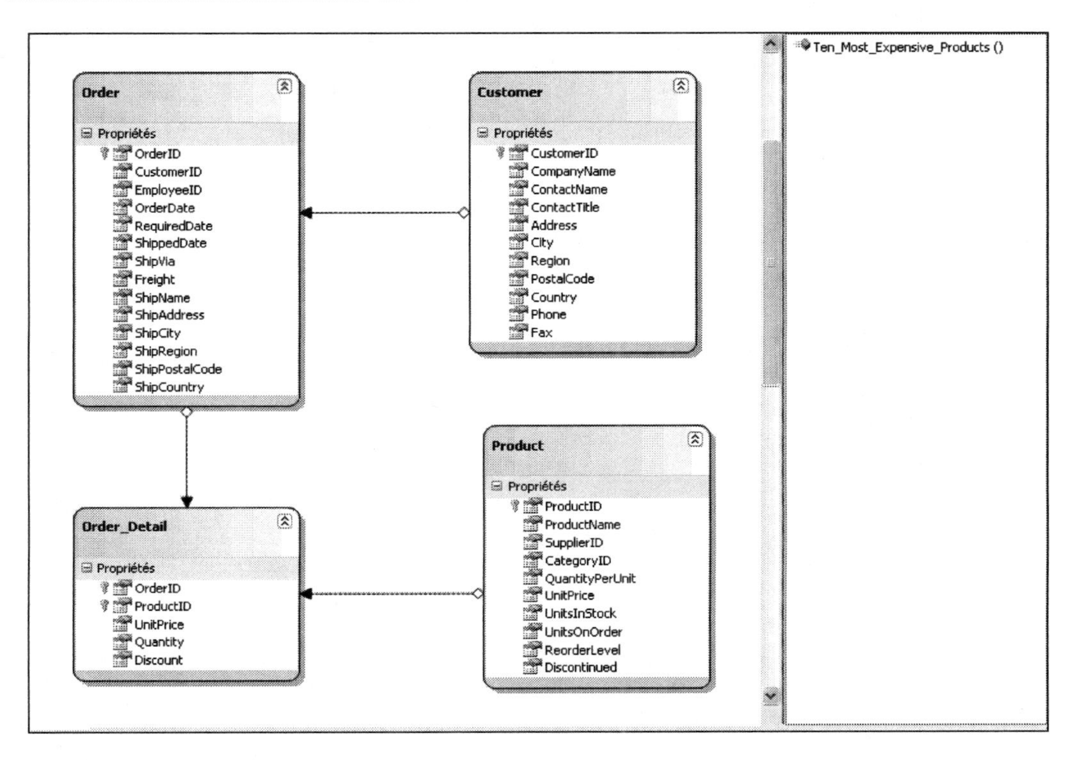

Ajout de classes

Vous pouvez créer les classes représentant les tables d'une base de données en réalisant un glisser-déplacer d'une ou de plusieurs tables à partir de l'explorateur de serveurs vers la partie gauche du concepteur. Le premier élément ajouté au concepteur Objet/Relationnel est également utilisé pour configurer les propriétés de connexion du `DataContext`. Si un autre élément provenant d'une autre base de données est ajouté, une boîte de dialogue vous demande alors si vous souhaitez remplacer la connexion existante. Si vous acceptez la modification les classes déjà présentes dans le concepteur ne pourront bien sur plus être utilisées. L'ajout d'une table génère le code nécessaire pour que le `DataContext` initialise les propriétés d'une instance de la classe à partir des informations présentes dans une ligne de la base de données. Il ajoute également le code nécessaire pour que les modifications apportées aux propriétés de l'instance puissent être répercutées dans la base de données. Le concepteur se base sur la structure de la table et sur la clé primaire pour effectuer les mises à jour. Vous pouvez également indiquer vous-même comment seront effectuées les mises à jour. Pour cela, chaque classe possède trois propriétés `Insert`, `Update`, Delete. Par défaut, ces propriétés sont initialisées avec la valeur `utiliser le runtime` pour indiquer que le code chargé des mises à jour est généré automatiquement. Pour modifier ce comportement vous pouvez assigner à ces propriétés des procédures stockées. Une boîte de dialogue permet la configuration de ces propriétés.

Configurer le comportement

Sélectionnez une classe et un comportement. Puis, choisissez soit de laisser le système générer le code automatiquement au moment de l'exécution, soit de personnaliser à l'aide des méthodes de mise à jour, d'insertion ou de suppression spécifiques.

Classe :

Category

Comportement:

Mettre à jour

Utiliser le runtime

Laissez le système générer automatiquement la logique d'insertion, de mise à jour et de suppression au moment de l'exécution.

Personnaliser

MajCategorie (categorieID As System.Int32, categoryName As System.String, description As System

Arguments de méthode	Propriétés de classe
categorieID	CategoryID (Current)
categoryName	CategoryName (Current)
description	Description (Current)

OK Annuler Appliquer

Après la sélection de la procédure stockée vous devez indiquer comment seront renseignés les paramètres attendus en entrée par la procédure stockée. Les valeurs disponibles correspondent aux différentes propriétés de la classe. Pour chaque propriété la version actuelle ou originale est disponible.

Ajout d'associations

Après avoir déposé plusieurs tables sur le concepteur il est ensuite possible de créer des associations entre certaines d'entre elles. Les associations sont tout à fait similaires aux relations entre tables dans une base de données. D'ailleurs s'il existe dans la base de données une relation de clé étrangère entre deux tables une association sera créée automatiquement lorsque ces deux tables sont déposées sur le concepteur.

Pour ajouter manuellement une association vous devez passer par le menu contextuel du concepteur Objet/Relationnel.

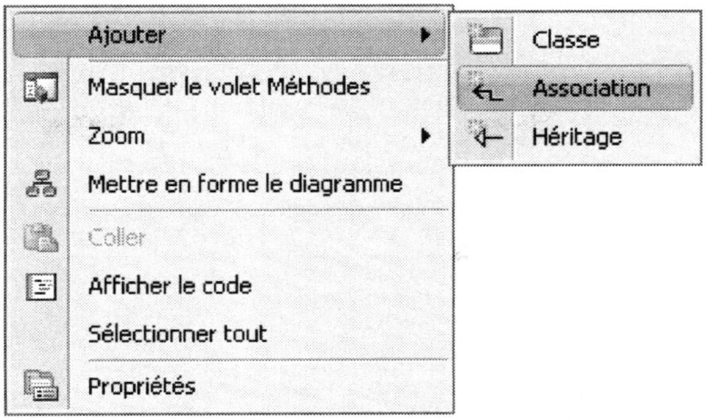

Une boîte de dialogue vous propose alors de configurer la relation. Vous devez donc choisir la classe parente et la classe enfant de la relation. La classe parente est la classe qui se trouve à l'extrémité 'un' d'une relation un à plusieurs, la classe enfant représente l'extrémité 'plusieurs' de la relation. Par exemple, dans l'association entre les classes Product et Category, la classe Category représente le côté 'un' de la relation et la classe Product le côté 'plusieurs'. En effet un produit appartient à une catégorie et une catégorie contient plusieurs produits. Vous devez ensuite indiquer pour chacune des classes la ou les propriétés qui vont participer à la relation. Il faut veiller à ce que les propriétés participant à l'association soit du même type à chaque extrémité de l'association. Après la création de l'association, vous pouvez configurer certaines propriétés qui ne sont pas disponibles au moment de la création.

- `Cardinalité` : détermine si l'association est de type un à plusieurs (one-to-many) ou de type un à un (one-to-one).
- Propriété `enfant` : indique si une propriété doit être créée dans la classe parente pour référencer les informations de la classe enfant. Le type de cette propriété est déterminé par le type de la classe enfant et la cardinalité. Si la cardinalité est un à un, la propriété est une simple référence vers une instance de la classe concernée. Si la cardinalité est un à plusieurs la propriété est une collection d'instances de la classe concernée.
- Les propriétés `Nom` permettent d'identifier les propriétés créées pour réaliser l'association.

Ajout de méthodes

Les procédures stockées et les fonctions peuvent être ajoutées au concepteur Objet/Relationnel pour ensuite être transformées en méthodes du `DataContext`. L'appel de ces méthodes provoquera l'exécution de la procédure stockée ou de la fonction par le serveur de base de données. Si des paramètres sont attendus en entrée par la procédure stockée, ils devront être fournis à la méthode lors de son exécution. L'ajout d'une méthode au `DataContext` se réalise très simplement en effectuant un glisser-déplacer entre l'explorateur de serveurs et le concepteur Objet/Relationnel. Il faut cependant être attentif lorsque vous ajoutez une procédure stockée ou une fonction car l'emplacement où aura lieu le déplacement détermine le type de retour de la méthode générée. Si l'élément est déplacé vers la zone de droite du concepteur, le type de retour sera généré automatiquement.

Par contre, si l'élément est déplacé vers une classe existante du concepteur, le type de retour correspondra à cette classe à condition toutefois que l'information renvoyée par la procédure stockée soit compatible avec cette classe. Nous allons faire quelques manipulations avec la procédure stockée `[Ten Most Expensive Products]` dont voici le code :

```
set ANSI_NULLS ON
set QUOTED_IDENTIFIER ON
go
CREATE procedure [dbo].[Ten Most Expensive Products] AS
SET ROWCOUNT 10
SELECT Products.ProductName AS TenMostExpensiveProducts, Products.UnitPrice
FROM Products
ORDER BY Products.UnitPrice DESC
```

Cette procédure retourne le nom et le prix des dix produits les plus onéreux. Si nous essayons d'ajouter cette procédure au DataContext en effectuant un glisser-déplacer sur la surface de la classe `Product` nous obtenons le message suivant.

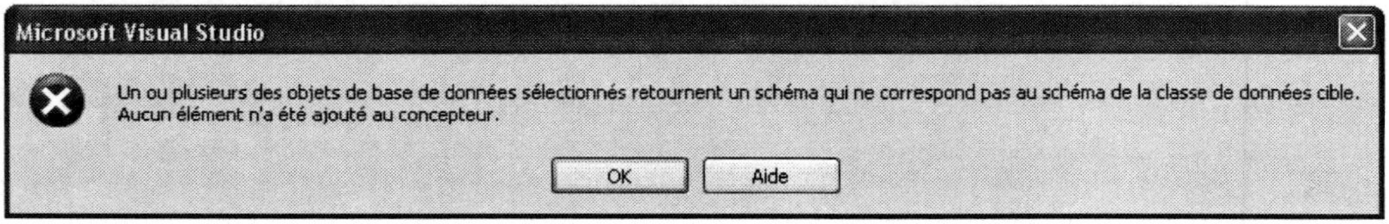

Microsoft Visual Studio

Un ou plusieurs des objets de base de données sélectionnés retournent un schéma qui ne correspond pas au schéma de la classe de données cible.
Aucun élément n'a été ajouté au concepteur.

OK Aide

En effet les éléments renvoyés par la procédure stockée ne sont pas des produits mais simplement le nom et le prix du produit.

Par contre, si nous réalisons un glisser déplacer vers la zone de droite du concepteur, l'opération se réalise sans problème. La fonction suivante est ajoutée au DataContext.

```
[Function(Name="dbo.[Ten Most Expensive Products]")]
public ISingleResult<Ten_Most_Expensive_ProductsResult> Ten_Most_Expensive_
Products()
{
IExecuteResult result = this.ExecuteMethodCall(this,
                        ((MethodInfo)(MethodInfo.GetCurrentMethod())));
return ((ISingleResult<Ten_Most_Expensive_ProductsResult>)
(result.ReturnValue));
}
```

Cette fonction ne retourne pas une liste de produits mais une liste de Ten_Most_Expensive_ProductsResult qui correspond à une classe générée automatiquement en fonction des informations renvoyées par la procédure stockée dont voici la structure.

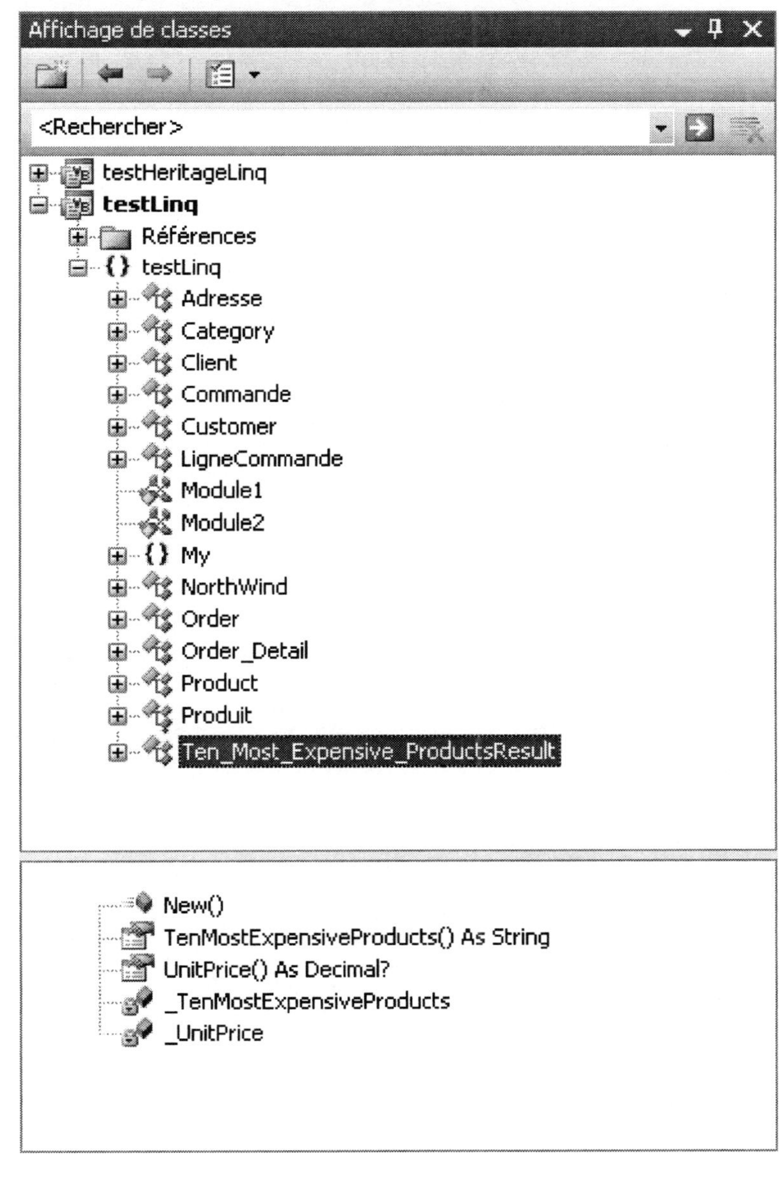

Pour que la classe `Product` puisse être utilisée comme type de retour pour la fonction, nous sommes obligés de légèrement modifier la procédure stockée pour qu'elle retourne des produits et non juste le nom et le prix du produit.

```
set ANSI_NULLS ON
set QUOTED_IDENTIFIER ON
go
ALTER procedure [dbo].[Ten Most Expensive Products] AS
SET ROWCOUNT 10
SELECT *
FROM Products
ORDER BY Products.UnitPrice DESC
```

Nous pouvons maintenant refaire la même opération et obtenir la fonction suivante qui cette fois, retourne bien une liste de produits.

```
[Function(Name="dbo.[Ten Most Expensive Products]")]
public ISingleResult<Product> Ten_Most_Expensive_Products()
{
IExecuteResult result = this.ExecuteMethodCall(this,
                        ((MethodInfo)(MethodInfo.GetCurrentMethod())));
return ((ISingleResult<Product>)
(result.ReturnValue));
}
```

Héritage de classes

Comme n'importe quelle classe, les classes générées par le Concepteur Objet/Relationnel peuvent utiliser l'héritage. Par contre, côté base de données, c'est une notion parfaitement inconnue. Il faut avoir recours à quelques petites astuces pour simuler cette technique dans une base de données. La solution fréquemment utilisée, consiste à créer une table unique qui contiendra à la fois les informations des objets de la classe de base et les informations de la sous-classe. Une colonne supplémentaire est ajoutée à la table et sert de discriminateur. En fonction de la valeur de cette colonne, il est facile de déterminer si la ligne doit être représentée par une instance de la classe de base ou une instance de la sous-classe. Nous allons modifier la table Products pour pouvoir mettre cette technique en application. Nous ajoutons à la table une colonne nommée Périssable de type entier. Cette colonne va nous servir de discriminateur. Si la valeur qu'elle contient est égale à 1, il s'agit d'un produit non périssable. Si la valeur est égale à 2, il s'agit d'un produit périssable. Dans ce cas la deuxième colonne ajoutée, nommée DLC de type date, contient la date limite de consommation du produit. Pour les produits non périssable cette colonne ne contient aucune valeur (null). Modifiez les informations pour quelques produits afin qu'ils deviennent des produits périssables (Camembert Pierrot, Escargots de Bourgogne, Mascarpone Fabioli...).

Maintenant que la base de données est prête, nous pouvons ajouter les classes au DataContext. La première étape consiste à ajouter la table constituant la classe de base. Puis ajoutez un deuxième exemplaire de cette table et renommez la classe correspondante qui va devenir la classe dérivée. Ajoutez ensuite à partir de la boîte à outils une relation d'héritage entre les deux classes en la dessinant depuis la classe fille vers la classe parente. Dans chacune des classes, supprimez les propriétés inutiles. Par exemple, en ne conservant dans la classe dérivée que la propriété DLC et en la supprimant dans la classe de base. Après avoir sélectionné la relation d'héritage sur le diagramme vous devez modifier ses propriétés.

- Indiquez par l'intermédiaire de la propriété Discriminator Property, la propriété servant à faire la distinction entre une instance de la classe de base et une instance de la sous classe.
- Configurez ensuite les propriétés Base Class Discriminator Value et Derived Class Discriminator Value avec les valeurs de la propriété configurée précédemment représentant une instance de la classe de base et une instance de la sous classe.
- La propriété Inheritance Default indique quelle classe sera utilisée si le discriminateur contient une valeur inconnue.

Nous obtenons les classes suivantes :

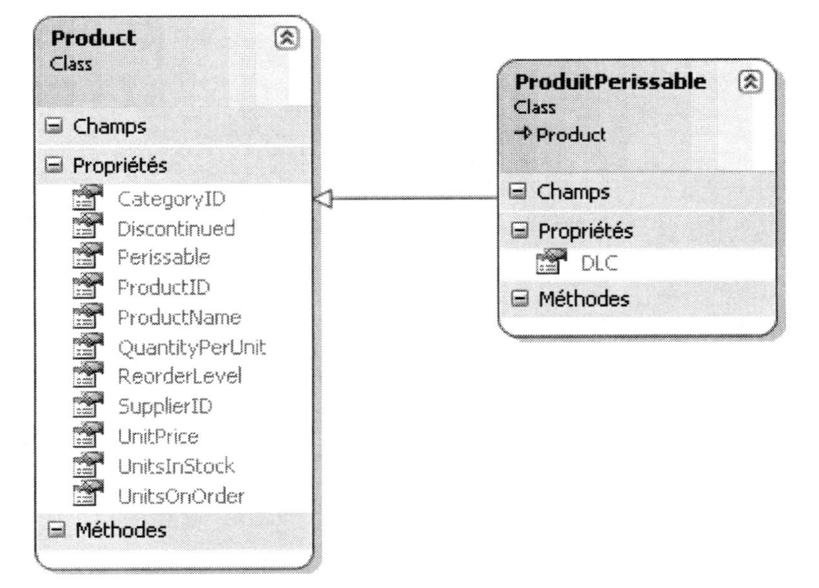

Maintenant que nos classes sont disponibles, regardons comment les utiliser par l'intermédiaire de requêtes LINQ.

c. Utilisation de requêtes LINQ vers SQL

Les requêtes LINQ pour SQL utilisent rigoureusement la même syntaxe que celles que nous avons étudiées dans le paragraphe 2. La seule petite distinction provient des données qui dans ce cas, sont extraites de la base de données et transformées en instances de classes à partir des informations de mappage. Le dialogue avec la base de données est entièrement pris en charge par le `DataContext`. Il faut donc créer une instance du `DataContext` et c'est par son intermédiaire que les données seront disponibles pour l'exécution de la requête LINQ. Voici ci-dessous notre première requête LINQ vers la base de données.

```
NorthWind dc;
dc = new NorthWind();
var requete = from unClient in dc.Customers
              where unClient.ContactName.StartsWith("A")
              select unClient;
foreach (var c in requete)
{
      Console.WriteLine(c.ContactName);
}
```

Dans ce code, la classe NorthWind correspond au `DataContext` et c'est donc par son intermédiaire que les données sont disponibles pour la requête LINQ. Mais comment les données sont-elles sélectionnées ?

En fait la méthode la plus naturelle pour obtenir des informations en provenance d'une base de données est de demander à celle-ci d'exécuter une requête SQL. C'est effectivement cette solution qui est utilisée par LINQ. Pour le vérifier, nous pouvons demander au `DataContext` (NorthWind dans notre cas) d'afficher sur la console le code SQL qu'il génère automatiquement. Pour cela, il suffit simplement d'initialiser la propriété `Log` du `DataContext` en direction de la console avant la création de la requête LINQ.

```
NorthWind dc;
dc = new NorthWind();
dc.Log = Console.Out;
var requete = from unClient in dc.Customers
              where unClient.ContactName.StartsWith("A")
              select unClient;
foreach (var c in requete)
{
     Console.WriteLine(c.ContactName);
}
```

À l'exécution, nous obtenons l'affichage suivant :

```
SELECT [t0].[CustomerID], [t0].[CompanyName], [t0].[ContactName], [t0].[Contact
Title], [t0].[Address], [t0].[City], [t0].[Region], [t0].[Postal
Code], [t0].[Country], [t0].[Phone], [t0].[Fax]
FROM [dbo].[Customers] AS [t0]
WHERE [t0].[ContactName] LIKE @p0
-- @p0: Input NVarChar (Size = 2; Prec = 0; Scale = 0) [A%]
-- Context: SqlProvider(Sql2005) Model: AttributedMetaModel Build: 3.5.21022.8
Ana Trujillo
Antonio Moreno
Ann Devon
Aria Cruz
André Fonseca
Annette Roulet
Alexander Feuer
Alejandra Camino
Art Braunschweiger
Anabela Domingues
```

Nous avons effectivement une requête SQL avec paramètres qui est créée automatiquement par le `DataContext`. Cette requête n'est pas très compliquée et elle aurait été facilement écrite en utilisant directement ADO.NET. Essayons d'exécuter une autre requête en reprenant la requête nous permettant d'obtenir les dates de commande de chacun des clients.

```
NorthWind dc;
dc = new NorthWind();
dc.Log = Console.Out;
var requeteJoin3 = from unClient in dc.Customers
                   join uneCommande in dc.Orders on unClient.CustomerID
                   equals uneCommande.CustomerID into CommandesDuClient
                   select new { unClient, CommandesDuClient };
foreach (var r in requeteJoin3)
{
     Console.WriteLine(r.unClient.ContactName);
     foreach (var cmd in r.CommandesDuClient)
     {
         Console.WriteLine("\t" + cmd.OrderDate);
     }
}
```

Voici le code SQL généré pour l'exécution de cette requête :

```
SELECT [t0].[CustomerID], [t0].[CompanyName], [t0].[ContactName], [t0].[ContactT
itle], [t0].[Address], [t0].[City], [t0].[Region], [t0].[PostalCode], [t0].[Coun
try], [t0].[Phone], [t0].[Fax], [t1].[OrderID], [t1].[CustomerID] AS [CustomerID
2], [t1].[EmployeeID], [t1].[OrderDate], [t1].[RequiredDate], [t1].[ShippedDate]
, [t1].[ShipVia], [t1].[Freight], [t1].[ShipName], [t1].[ShipAddress], [t1].[Shi
```

```
pCity], [t1].[ShipRegion], [t1].[ShipPostalCode], [t1].[ShipCountry], (
    SELECT COUNT(*)
    FROM [dbo].[Orders] AS [t2]
    WHERE [t0].[CustomerID] = [t2].[CustomerID]
    ) AS [value]
FROM [dbo].[Customers] AS [t0]
LEFT OUTER JOIN [dbo].[Orders] AS [t1] ON [t0].[CustomerID] = [t1].[CustomerID]
ORDER BY [t0].[CustomerID], [t1].[OrderID]
-- Context: SqlProvider(Sql2005) Model: AttributedMetaModel Build: 3.5.21022.8
```

Cela commence à sérieusement se compliquer. L'écriture d'une telle requête directement en SQL demanderait certainement une bonne maîtrise de ce langage alors que la syntaxe LINQ demeure très simple. C'est effectivement à ce niveau que réside la puissance de LINQ vers SQL.

Cette facilité ne se limite pas à l'extraction d'informations depuis la base de données car LINQ vers SQL est également capable de gérer les mises à jour des informations vers la base de données.

d. Mise à jour des données

La mise à jour de la base de données se réalise également très simplement uniquement en manipulant des objets et sans écrire la moindre ligne de SQL.

Modification de données existantes

La première étape consiste à obtenir les données que l'on souhaite modifier en exécutant une requête de sélection ordinaire. Une fois que les données sont disponibles sous forme d'instances de classes, nous pouvons simplement modifier les propriétés de ces instances. Pour transférer les modifications dans la base de données, il suffit simplement de demander au `DataContext` de propager les modifications vers la base de données. Nous allons tester cette technique en faisant déménager nos clients Nantais vers Saint Herblain.

```
NorthWind dc;
dc = new NorthWind();
dc.Log = Console.Out;
var clientsNantais = from unClient in dc.Customers
                      where unClient.City=="Nantes"
                      select unClient;
foreach (var unClient in clientsNantais)
{
  unClient.City = "Saint Herblain";
  unClient.PostalCode = "44800";
}
dc.SubmitChanges();
```

Dans ce code, c'est l'instruction SubmitChanges du DataContext qui provoque la mise à jour de la base de données en exécutant automatiquement la requête SQL Update suivante pour chaque objet ayant été modifié.

```
Customers]
SET [City] = @p10, [PostalCode] = @p11
WHERE ([CustomerID] = @p0) AND ([CompanyName] = @p1) AND ([ContactName] = @p2) A
ND ([ContactTitle] = @p3) AND ([Address] = @p4) AND ([City] = @p5) AND ([Region]
 IS NULL) AND ([PostalCode] = @p6) AND ([Country] = @p7) AND ([Phone] = @p8) AND
 ([Fax] = @p9)
-- @p0: Input NChar (Size = 5; Prec = 0; Scale = 0) [FRANR]
-- @p1: Input NVarChar (Size = 19; Prec = 0; Scale = 0) [France restauration]
-- @p2: Input NVarChar (Size = 14; Prec = 0; Scale = 0) [Carine Schmitt]
-- @p3: Input NVarChar (Size = 17; Prec = 0; Scale = 0) [Marketing Manager]
-- @p4: Input NVarChar (Size = 14; Prec = 0; Scale = 0) [54, rue Royale]
-- @p5: Input NVarChar (Size = 6; Prec = 0; Scale = 0) [Nantes]
-- @p6: Input NVarChar (Size = 5; Prec = 0; Scale = 0) [44000]
-- @p7: Input NVarChar (Size = 6; Prec = 0; Scale = 0) [France]
-- @p8: Input NVarChar (Size = 11; Prec = 0; Scale = 0) [40.32.21.21]
-- @p9: Input NVarChar (Size = 11; Prec = 0; Scale = 0) [40.32.21.20]
-- @p10: Input NVarChar (Size = 14; Prec = 0; Scale = 0) [Saint Herblain]
-- @p11: Input NVarChar (Size = 5; Prec = 0; Scale = 0) [44800]
-- Context: SqlProvider(Sql2005) Model: AttributedMetaModel Build: 3.5.21022.8
```

Suppression de données

Comme pour la modification, nous devons au préalable obtenir les éléments que nous souhaitons supprimer en exécutant une requête de sélection, puis indiquer pour chacun d'entre eux que nous souhaitons les supprimer. Pour cela, nous appelons la méthode DeleteOnSubmit de la table à laquelle appartient l'élément, en lui passant comme paramètre l'objet à supprimer. Pour valider les suppressions, nous devons ensuite appeler la méthode SubmitChanges du DataContext. Nous allons tester cela en supprimant les clients Brésiliens de la base de données.

```
NorthWind dc;
dc = new NorthWind();
dc.Log = Console.Out;
var suppressionClient = from unClient in dc.Customers
                        where unClient.Country == "Brazil"
                        select unClient;
foreach (var unClient in suppressionClient)
{
   dc.Customers.DeleteOnSubmit(unClient);
}
dc.SubmitChanges();
```

À l'exécution de ce code, nous obtenons cette magnifique Exception.

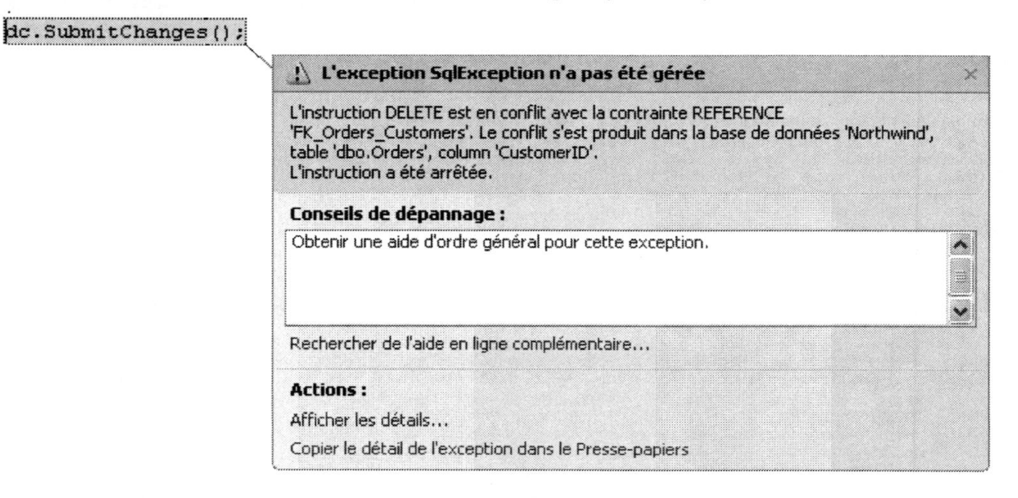

Dans notre précipitation, nous avons simplement oublié un petit détail. Dans la base de données, les tables Customer, Order et OrderDetail sont liées par des contraintes de clé étrangère. Il est donc impossible de supprimer un client s'il possède encore des commandes et de la même façon il est impossible de supprimer une commande si elle contient encore des lignes de commande. Le problème vient du fait que LINQ n'est pas capable de gérer les suppressions en cascade. Pour résoudre notre problème nous avons deux solutions :

- Activer la règle ON DELETE CASCADE sur les contraintes de clé étrangères.
- Gérer nous même la suppression des objets enfants avant la suppression des objets parents.

C'est cette dernière solution que nous allons utiliser. Puisque notre modèle objet est correctement conçu, cette solution est très facile à mettre en œuvre. En effet dans la classe Customers, nous avons la collection Orders qui représente les commandes du client. De même dans la classe Orders, nous avons la collection Order_Details qui représente toutes les lignes d'une commande. Il suffit simplement d'exécuter trois boucles imbriquées qui vont supprimer les lignes de chaque commande, les commandes de chaque client puis les clients eux-mêmes.

```
NorthWind dc;
dc = new NorthWind();
dc.Log = Console.Out;
var suppressionClient = from unClient in dc.Customers
                        where unClient.Country == "Brazil"
                        select unClient;
foreach (var unClient in suppressionClient)
{
```

```
    foreach (var uneCommande in unClient.Orders)
    {
        foreach (var uneLigne in uneCommande.Order_Details)
        {
            dc.Order_Details.DeleteOnSubmit(uneLigne);
        }
        dc.Orders.DeleteOnSubmit(uneCommande);
    }
    dc.Customers.DeleteOnSubmit(unClient);
}
dc.SubmitChanges();
```

Avec cette solution, il n'y a plus de problèmes et nos clients Brésiliens sont bien effacés de la base de données.

Ajout de données

L'ajout de données se réalise en trois étapes. Il faut tout d'abord créer une instance de la classe représentant les données à insérer dans la base. Les propriétés de cette instance sont ensuite initialisées avec les valeurs que l'on souhaite ajouter dans la base de données. L'objet ainsi configuré doit être ensuite inséré dans la table du `DataContext`. Finalement les modifications sont transférées vers la base de données. Pour illustrer ces étapes, nous allons ajouter un nouveau client dans la base de données.

```
NorthWind dc;
dc = new NorthWind();
dc.Log = Console.Out;
Customer nouveauClient;
nouveauClient = new Customer();
nouveauClient.CustomerID = "MDUPO";
nouveauClient.ContactName = "Michel Dupond";
nouveauClient.CompanyName = "ENI";
nouveauClient.ContactTitle = "Formateur";
nouveauClient.Country = "France";
nouveauClient.City = "Saint Herblain";
nouveauClient.Address = "rue Benjamin Franklin";
nouveauClient.Fax = "02.28.03.17.29";
nouveauClient.Phone = "02.28.03.17.28";
nouveauClient.PostalCode = "44800";
dc.Customers.InsertOnSubmit(nouveauClient);
dc.SubmitChanges();
```

e. Conflits des mises à jour

Il arrive fréquemment que plusieurs utilisateurs travaillent simultanément sur la même base de données. Il peut se produire des conflits lorsque les mêmes enregistrements de la base de données sont mis à jour par plusieurs utilisateurs. LINQ propose un mécanisme permettant de traiter ce problème. Ce mécanisme se décompose en quatre étapes :

- configurer pour quelles informations de la base de données les conflits seront surveillés,
- détecter qu'un conflit survient,
- obtenir des informations sur le conflit,
- résoudre le conflit.

Configuration des classes pour la détection des conflits

Lors de la création des classes avec le concepteur Objet/Relationnel nous pouvons indiquer pour chaque propriété si elle doit être incluse dans le mécanisme de détection des conflit. Chaque membre de la classe générée possède une propriété `Vérification des mises à jour` à laquelle nous pouvons affecter trois valeurs différentes :

- `Toujours` : la détection des conflits est toujours active pour cet élément.
- `WhenChanged` : active la détection uniquement si la valeur a été modifiée.
- `Jamais` : ne pas tenir compte de cet élément pour la détection des conflits.

Par défaut, toutes les propriétés sont utilisées pour la détection des conflits.

Détection des conflits

Les conflits surviennent lors du transfert des informations vers la base de données. C'est donc à ce niveau que nous devons intervenir. Pour cela, lors de l'appel de la méthode `SubmitChanges` du `DataContext`, nous indiquons en passant un paramètre à cette méthode comment doit se comporter le mécanisme de détection des conflits. Deux solutions sont possibles :

- `FailOnFirstConflict` : signale le problème dès que le premier conflit intervient.
- `ContinueOnConflict` : essaie d'effectuer toutes les mises à jour et signale à la fin si un conflit est survenu.

Si un conflit est détecté une exception de type `ChangeConflictException` est déclenchée. L'appel de la méthode `SubmitChanges` doit donc être placée dans un bloc try catch pour récupérer l'exception.

Obtenir les informations sur les conflits

Dans le bloc catch, nous pouvons obtenir des informations sur les conflits en parcourant la collection `ChangeConflicts` du `DataContext`. Cette collection contient un ou plusieurs objets de type `ObjectChangeConflict`. La propriété `Object` nous permet d'obtenir une référence sur l'élément à l'origine du problème. La propriété `MemberConflicts` fournit quant à elle, la liste de tous les membres de cet objet qui sont à l'origine du problème.

Pour chacun, nous avons à notre disposition la valeur originale au moment de la création de l'instance de la classe à partir des informations de la base de données, la valeur actuelle pour l'instance de la classe, la valeur actuelle dans la base de données.

Résoudre les conflits

Pour résoudre les conflits survenus lors de la mise à jour de la base de données trois hypothèses sont envisageables.

- Remplacer les valeurs des propriétés en conflit avec les informations présentes dans la base de données. Il faut pour cela appeler la méthode `Resolve` de l'objet `ObjectChangeConflict` en lui passant la constante `Overwrite CurrentValues`.
- Remplacer les valeurs de la base de données par les informations contenues dans les propriétés de l'objet. Comme pour la solution précédente, nous devons appeler la méthode `Resolve` de l'objet `ObjectChangeConflict` en lui passant cette fois la constante `KeepCurrentValues`.
- Fusionner les propriétés de l'objet avec les informations de la base de données. Les informations de la base de données ne sont modifiées que si la propriété correspondante de l'objet a été modifiée. La méthode `Resolve` doit dans ce cas être appelée avec la constante `KeepChanges`.

Le code suivant vous permet de tester ces différentes solutions en remplaçant simplement la constante lors de l'appel de la méthode `Resolve`.

```
Customer cl=null;
 NorthWind dc;
 dc = new NorthWind();
 var rqt = from unClient in dc.Customers
 where unClient.CustomerID == "BOLID"
 select unClient;
 foreach (var c in rqt)
 {
   c.City = "Barcelone";
   cl = c;
 }
 Console.WriteLine("modifier le code postal du client BOLID dans la base puis ta
per une touche");
 Console.ReadLine();
 try
 {
  dc.SubmitChanges(ConflictMode.FailOnFirstConflict);
 }
 catch (ChangeConflictException ex)
 {
    foreach(var o in dc.ChangeConflicts)
    {
       o.Resolve(RefreshMode.KeepChanges);
       // o.Resolve(RefreshMode.KeepCurrentValues);
       // o.Resolve(RefreshMode.OverwriteCurrentValues);
    }
```

```
}
Console.WriteLine("l'objet client :");
Console.WriteLine("city:" + cl.City);
Console.WriteLine("postalCode:" + cl.PostalCode);
foreach (var cli in rqt)
{
   Console.WriteLine("le client dans la base :");
   Console.WriteLine("city:" + cli.City);
   Console.WriteLine("postalCode:" + cli.PostalCode);
}
```

Chapitre 10 : Utilisation de XML

A. Présentation 474

B. Structure d'un document XML 475

C. Manipulation d'un document XML 480

A. Présentation

Le langage XML (*eXtensible Markup Language*) est un langage permettant la représentation de données. Il permet d'encapsuler tout type de données, en les représentant sous la forme d'une arborescence. Celles-ci sont écrites entre des balises ou sous forme d'attributs. Ce format permet de décrire des données mais ne permet pas de mettre en forme ni de les exploiter. Il est principalement utilisé pour permettre l'échange de données entre applications et même entre systèmes différents. Il est, également, souvent utilisé comme format de stockage pour les paramètres de configuration d'une application. Visual Studio et Windows l'utilisent à cet effet de manière courante. Ce langage a été conçu par le W3C (*World Wide Web Consortium*). C'est donc sur le site **http://www.w3.org/XML** que vous pourrez obtenir le détail des spécifications de ce langage.

Le langage XML est souvent confondu avec le langage HTML. Bien que comportant des similitudes, ces deux langages n'ont pas la même vocation. Voici les points communs entre les langages XML et HTML :

- Ces deux langages se présentent sous forme "texte seulement".
- Le contenu des documents est représenté au moyen de balises.
- Ces balises peuvent comporter des attributs.
- Les balises peuvent être imbriquées les unes à l'intérieur des autres.
- Ces deux langages sont issus tous deux d'une même base : le SGML (*Standard Generalized Markup Language*).

Le langage XML se distingue du langage HTML par les points suivants :

- Le langage XML autorise la création de vos propres balises.
- Les outils chargés du traitement gèrent la syntaxe de façon plus rigoureuse.
- HTML est un langage conçu pour la présentation des données. À l'inverse, XML est utilisé pour la description des données.

Pour pouvoir être facilement manipulées, les données XML doivent être confiées à un processeur XML.

Un processeur XML est un module logiciel, spécialement écrit pour manipuler XML. Le recours à un module externe pour le traitement XML s'explique par la complexité que représente le développement d'un processeur XML, totalement fonctionnel. En effet, pour qu'un processeur XML soit considéré totalement fonctionnel, son fonctionnement doit suivre les évolutions du langage définies par le W3C. Il est donc important de visiter régulièrement le site Microsoft pour vérifier s'il existe une version plus récente du processeur XML que celle installée sur votre machine.

B. Structure d'un document XML

Avant de manipuler des documents XML à partir de Visual C#, il est important de bien comprendre la structure de ce type de document. Les paragraphes suivants vont présenter les notions élémentaires à connaître avant de se lancer dans l'utilisation de documents XML.

1. Constituants d'un document XML

Un document XML peut être constitué des éléments suivants :

Instruction de traitement

Les instructions de traitement permettent d'incorporer, dans un document XML, des informations destinées au processeur XML ou à d'autres applications devant manipuler le document. Ces instructions de traitement sont utilisées pour fournir une instruction spéciale à une application travaillant sur le document.

L'instruction de traitement est insérée dans le document avec la syntaxe suivante :

```
< ?nomApplication instruction ?>
```

La première partie est le nom de l'application à qui est destinée cette instruction. La deuxième partie est le texte de l'instruction.

Un document XML contient en général une instruction de traitement spéciale pour définir la version de XML avec laquelle le document est conforme et le codage des caractères utilisé par le document.

```
<?xml version="1.0" encoding="utf-8" ?>
```

Commentaires

Les commentaires servent à inclure dans le document des informations destinées aux utilisateurs du document. Ils sont ignorés par le processeur XML ou par les applications utilisant le document. Ils ne doivent pas être incorporés dans une balise.

La syntaxe suivante doit être utilisée pour placer un commentaire dans le document.

```
<!--ceci est un commentaire->
```

À l'intérieur du commentaire l'utilisation des caractères -- est interdite :

```
<!--ceci est un -- commentaire-->
```

Caractères réservés

Certains caractères sont réservés par le langage XML comme, par exemple, le caractère & de l'exemple suivant :

```
<menu>fromage & dessert</menu>
```

Pour pouvoir utiliser ces caractères dans un document XML, vous devez les remplacer par la syntaxe suivante :

Caractère	utiliser à la place
&	&
<	<
>	>
'	&apos
"	"

La syntaxe correcte est donc :

```
<menu>fromage &amp; dessert</menu>
```

Des séquences de caractères plus longues peuvent être incorporées, en utilisant une section CDATA. La syntaxe est la suivante :

```
<![CDATA[{ Select * from desserts where prix < 10} and calories > 500]]>
```

Avec cette syntaxe, n'importe quel caractère peut être utilisé sans précaution particulière.

Éléments XML

Un élément XML est un conteneur qui accueille des données et d'autres éléments. Il se compose d'une balise de début et d'une balise de fin. La syntaxe d'un élément XML est la suivante :

```
<NomElement>contenu</NomElement>
```

Les éléments doivent respecter certaines règles concernant leur forme :

- Les noms d'éléments ne peuvent pas contenir d'espace.
- Ils ne peuvent pas débuter par un nombre ou un signe de ponctuation.
- Ils ne peuvent pas débuter par xml (quelle que soit la casse).
- Ils doivent débuter juste après le signe >, sans espace.
- Les balises de début et de fin doivent avoir la même casse.
- Un document XML doit contenir au moins un élément : c'est l'élément racine.
- Tous les éléments qui suivent l'élément racine doivent être imbriqués dans celui-ci.

- Si un élément n'a pas de contenu, il peut être constitué uniquement par une balise de fin.
- Seul l'élément racine doit avoir une balise de début et une balise de fin, même s'il n'a pas de contenu.

Exemple :

```
<?xml version="1.0" encoding="utf-8" ?>
<restaurant>
<menu>
  <entrees>
    <nom>radis</nom>
    <nom>pate</nom>
    <nom>saucisson</nom>
  </entrees>
  <plats>
    <nom>choucroute</nom>
    <nom>cassoulet</nom>
    <nom>couscous</nom>
  </plats>
  <fromages>
    <nom>camembert</nom>
    <nom>brie</nom>
    <nom>roquefort</nom>
  </fromages>
  <desserts>
    <nom>glace</nom>
    <nom>tarte</nom>
    <nom>creme brule</nom>
  </desserts>
</menu>
</restaurant>
```

Attributs d'éléments

Les attributs d'éléments sont utilisés pour qualifier un élément. Ils sont placés dans la balise de début de l'élément. Comme les éléments, ils doivent suivre certaines règles :

- Un attribut est constitué d'un nom et d'une affectation de valeur.
- Un élément peut contenir un nombre quelconque d'attributs.
- Les noms d'attributs sont séparés par des espaces.
- Un nom d'attribut ne peut apparaître qu'une seule fois dans un élément.
- Un nom d'attribut peut apparaître dans plusieurs éléments.
- Un nom d'attribut ne peut pas contenir d'espace.
- L'affectation d'une valeur à un attribut se fait avec le signe égal suivi de la valeur entourée de doubles cotes.

Exemple :

```
<?xml version="1.0" encoding="utf-8" ?>
<restaurant>
<menu type="gastronomique">
  <entrees>
    <nom calories="50">radis</nom>
    <nom calories="300">pate</nom>
    <nom calories="350">saucisson</nom>
  </entrees>
  <plats>
    <nom calories="1000">choucroute</nom>
    <nom calories="2000">cassoulet</nom>
    <nom calories="1700">couscous</nom>
  </plats>
  <fromages>
    <nom calorie="240">camembert</nom>
    <nom calories="300">brie</nom>
    <nom calories="120">roquefort</nom>
  </fromages>
  <desserts>
    <nom calories="340" parfum="chocolat">glace</nom>
    <nom calories="250" fruits="pommes">tarte</nom>
    <nom calories="400">creme brule</nom>
  </desserts>
</menu>
</restaurant>
```

Espaces de noms

Un espace de noms est un ensemble de noms d'éléments identifiés par une référence unique. Ils permettent d'éviter les confusions lorsque des données XML sont fusionnées à partir de différentes sources.

Si nous prenons l'exemple suivant qui pourrait être un fichier de configuration d'une application :

```
<?xml version="1.0" encoding="utf-8" ?>
<application>
  <menu nom="fichier">
    <entrees>nouveau</entrees>
    <entrees>ouvrir</entrees>
    <entrees>fermer</entrees>
  </menu>
  <menu nom="edition">
    <entrees>copier</entrees>
```

```
    <entrees>couper</entrees>
    <entrees>coller</entrees>
  </menu>
</application>
```

Dans ce fichier, nous avons des éléments déjà définis dans un autre fichier. Il est clair que les éléments **menu** et **entrees** n'ont pas la même signification que dans le fichier utilisé précédemment. Pour éviter toute ambiguïté, il faut ajouter dans chacun des fichiers une définition d'espace de noms rendant unique chaque élément. La définition d'un espace de noms s'effectue par l'attribut `xmlns` suivi d'un préfixe et de l'identifiant de l'espace de noms.

La syntaxe est la suivante pour chacun de nos deux fichiers :

```
<restaurant xmlns:resto="http://www.eni-ecole.fr/restaurant">
<application xmlns:appli="http://www.eni-ecole.fr/configappli">
```

Il est très important que les identifiants d'espaces de noms soient uniques, si vous souhaitez échanger des informations avec d'autres personnes. C'est pourquoi, il est courant d'utiliser le nom de domaine de l'entreprise dans l'identifiant (celui-ci étant supposé unique). Avec cette modification, nous pouvons utiliser dans le même fichier des éléments **menu** et **entrees**, en ajoutant devant le préfixe de l'espace de noms dans lequel ils ont une signification.

```
<fusion xmlns:appli="http://www.eni-ecole.fr/configappli" xmlns:resto=
"http://www.eni-ecole.fr/restaurant">
  <appli:menu nom="fichier">
    <appli:entrees>enregistrer</appli:entrees>
  </appli:menu>
  <resto:menu nom="economique">
    <resto:entrees>avocat</resto:entrees>
  </resto:menu>
</fusion>
```

2. Document bien formé et document valide

Grâce au langage XML, nous avons la possibilité de créer facilement des documents structurés et compréhensibles. Il existe également deux notions permettant de vérifier la qualité d'un document XML : un document peut être bien formé et un document peut être valide.

a. Document bien formé

Un document est bien formé s'il obéit aux règles syntaxiques du langage XML. Ces règles sont beaucoup moins strictes que les règles de validité. Elles gèrent les attributions de noms, les créations et les imbrications d'éléments. Pour pouvoir être traité par un processeur XML, un document doit être bien formé. Si le processeur détecte une erreur, il arrête immédiatement le traitement du document.

b. Document valide

Un document valide est un document XML auquel est liée une DTD ou un schéma XSD (définition du type de document) et qui respecte toutes les règles de construction définies dans cette dernière. Lorsqu'un processeur XML analyse le document, il recherche dans la DTD ou dans le schéma XSD une définition pour tout élément, attribut, entité de ce document. Dès qu'il rencontre une erreur, il arrête le traitement.

C. Manipulation d'un document XML

La manipulation d'un document XML dans une application C# est facilitée par l'utilisation de DOM (*Document Object Model*). Le DOM vous permet de lire, de manipuler et de modifier un document XML par programme. Ce dernier régit la représentation en mémoire des données XML, bien que les données XML véritables soient stockées de façon linéaire lorsqu'elles se trouvent dans un fichier ou qu'elles proviennent d'un autre objet.

Par exemple, le document suivant :

```
<?xml version="1.0"?>
  <restaurant>
    <menu prix="10">
         <entree>radis</entree>
         <plat>cassoulet</plat>
         <dessert>glace</dessert>
    </menu>
    <vins>
         <rouge>bordeaux</rouge>
         <blanc>muscadet</blanc>
    </vins>
  </restaurant>
```

est représenté sous cette forme en mémoire dans une application :

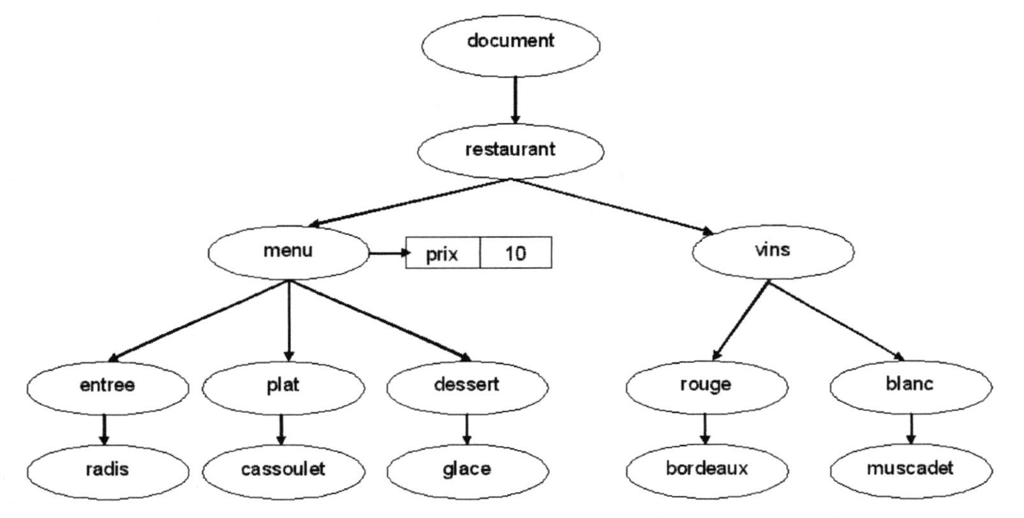

Dans la structure d'un document XML, chaque cercle de cette illustration représente un nœud, appelé objet `XmlNode` qui est l'objet de base de l'arborescence DOM. La classe `XmlDocument` prend en charge des méthodes destinées à exécuter des opérations sur le document dans son ensemble, par exemple pour le charger en mémoire ou l'enregistrer sous la forme d'un fichier. Les objets `XmlNode` comportent un ensemble de méthodes et de propriétés, ainsi que des caractéristiques de base bien définies. Voici certaines de ces caractéristiques :

- Un nœud ne possède qu'un seul nœud parent, qui est le nœud situé juste au-dessus de lui.
- Le seul nœud qui est dépourvu de parent est la racine du document, puisqu'il s'agit du nœud de premier niveau qui contient le document lui-même et les fragments de document.
- La plupart des nœuds peuvent comporter plusieurs nœuds enfants, qui sont les nœuds situés directement sous eux.
- Les nœuds situés au même niveau, représentés dans le diagramme par les nœuds menu et vins, sont des nœuds frères.

L'une des caractéristiques du DOM est la manière dont il gère les attributs. Les attributs ne sont pas des nœuds qui font partie des relations parent-enfant et frère. Ils sont considérés comme une propriété du nœud et sont constitués d'une paire, composée d'un nom et d'une valeur.

Dans notre exemple, prix="10" associé à l'élément menu, le mot prix correspond au nom et la valeur de l'attribut prix est 10. Pour extraire l'attribut prix="10" du nœud menu, vous appelez la méthode `GetAttribute` lorsque le curseur se trouve sur le nœud menu.

Pour les exemples qui suivent, nous utiliserons le document XML suivant :

```
<?xml version="1.0" encoding="utf-8" ?>
<restaurant>
  <menu type="gastronomique">
    <entrees>
      <nom calories="50">radis</nom>
      <nom calories="300">pate</nom>
      <nom calories="350">saucisson</nom>
    </entrees>
    <plats>
      <nom calories="1000">choucroute</nom>
      <nom calories="2000">cassoulet</nom>
      <nom calories="1700">couscous</nom>
    </plats>
    <fromages>
      <nom calorie="240">camembert</nom>
      <nom calories="300">brie</nom>
      <nom calories="120">roquefort</nom>
    </fromages>
    <desserts>
      <nom calories="340" parfum="chocolat">glace</nom>
      <nom calories="250" fruits="pommes">tarte</nom>
      <nom calories="400">creme brule</nom>
    </desserts> </menu>
  <menu type="economique">
    <entrees>
      <nom calories="50">pain</nom>
    </entrees>
    <plats>
      <nom calories="1700">jambon</nom>
    </plats>
    <fromages>
      <nom calorie="240">camembert</nom>
    </fromages>
    <desserts>
      <nom calories="340" parfum="a l'eau">glace</nom>
    </desserts>
  </menu>
</restaurant>
```

1. Utilisation de DOM

La première étape, lors de l'utilisation de DOM, consiste à charger le document XML dans un arbre de nœuds DOM. Vous devez pour cela déclarer un objet `XmlDocument` puis utiliser la méthode `Load` pour remplir cet objet à partir d'un fichier XML.

```
XmlDocument doc;
    doc = new XmlDocument();
    doc.Load("resto.xml");
```

Il est également possible de charger des données XML à partir d'une chaîne de caractères. Vous devez, dans ce cas, utiliser la méthode `LoadXML` en lui fournissant la chaîne de caractères contenant les données XML.

Une fois les données XML chargées dans l'arbre, vous pouvez localiser des nœuds particuliers afin de les soumettre à des opérations de traitement, de manipulation ou de modification. La méthode `GetElementsByTagName` permet d'obtenir un objet `XmlNodeList` contenant les nœuds concernés. Vous pouvez alors obtenir les attributs du nœud en utilisant la propriété `Attributes` ou vérifier s'ils possèdent des nœuds enfants avec la propriété `HasChildNodes`. Si c'est le cas, vous avez accès à ces nœuds à l'aide de la propriété `ChildNodes` sous forme d'un objet `XmlNodeList`.

L'exemple suivant recherche les nœuds menu dans l'arborescence et affiche l'attribut `type`.

```
XmlNodeList menus;
    menus=doc.GetElementsByTagName("menu");
    foreach( XmlNode unMenu in menus)
    {
        Console.WriteLine(unMenu.Attributes["type"].Value);
    }
```

Les caractéristiques des nœuds peuvent également être modifiées en y ajoutant un attribut. Les nœuds menu peuvent par exemple recevoir un attribut **prix**.

```
menus = doc.GetElementsByTagName("menu");
    XmlAttribute att;
    foreach ( XmlNode unMenu in menus)
    {
        if (unMenu.Attributes["type"].Value == "gastronomique")
        {
            att = doc.CreateAttribute("prix");
            att.Value = "50€";
            unMenu.Attributes.Append(att);
        }
        if (unMenu.Attributes["type"].Value == "economique")
        {
            att = doc.CreateAttribute("prix");
            att.Value = "15€";
```

```
            unMenu.Attributes.Append(att);
        }
    }
```

Il est également possible d'ajouter des nœuds enfants à des nœuds existant dans l'arboresence, en créant des instances de la classe `XmlNode` et en les reliant à leur nœud parent. L'exemple suivant ajoute un **digestif** au menu **gastronomique**.

```
menus = doc.GetElementsByTagName("menu");
    XmlAttribute att;
    foreach ( XmlElement unMenu in menus)
    {
     if (unMenu.Attributes["type"].Value == "gastronomique")
     {
        XmlNode n1;
        XmlNode n2;
        XmlNode n3;
        n1 = doc.CreateNode(XmlNodeType.Element, "digestif", "");
        n2 = doc.CreateNode(XmlNodeType.Element, "nom", "");
        n3 = doc.CreateNode(XmlNodeType.Text, "", "");
        n3.Value = "Cognac";
        n2.AppendChild(n3);
        n1.AppendChild(n2);
        unMenu.AppendChild(n1);
     }
    }
```

Après l'exécution des deux exemples précédents, le document XML doit avoir la forme suivante :

```
<?xml version="1.0" encoding="Windows-1252"?>
<restaurant>
  <menu type="gastronomique" prix="50€">
    <entrees>
      <nom calories="50">radis</nom>
      <nom calories="300">pate</nom>
     <nom calories="350">saucisson</nom>
    </entrees>
    <plats>
      <nom calories="1000">choucroute</nom>
      <nom calories="2000">cassoulet</nom>
      <nom calories="1700">couscous</nom>
    </plats>
    <fromages>
      <nom calorie="240">camembert</nom>
```

```
      <nom calories="300">brie</nom>
      <nom calories="120">roquefort</nom>
    </fromages>
    <desserts>
      <nom calories="340" parfum="chocolat">glace</nom>
      <nom calories="250" fruits="pommes">tarte</nom>
      <nom calories="400">creme brule</nom>
    </desserts>
    <digestif>
      <nom>Cognac</nom>
    </digestif>
  </menu>
  <menu type="economique" prix="15€">
    <entrees>
      <nom calories="50">pain</nom>
    </entrees>
    <plats>
      <nom calories="1700">jambon</nom>
    </plats>
    <fromages>
      <nom calorie="240">camembert</nom>
    </fromages>
    <desserts>
      <nom calories="340" parfum="a l'eau">glace</nom>
    </desserts>
  </menu>
</restaurant>
```

En fait, seule la représentation en mémoire du document XML est modifiée. Si vous souhaitez conserver les modifications, il faut enregistrer le document dans un fichier pour assurer la persistance des informations. Pour cela, vous devez utiliser la méthode `save` de la classe `XmlDocument`, en lui fournissant le nom du fichier dans lequel vous souhaitez effectuer la sauvegarde.

```
doc.Save("resto2.xml");
```

2. Utilisation de XPath

L'objectif principal de XPath est de définir la manière d'adresser des parties d'un document XML. Le nom XPath vient de l'utilisation d'une écriture de type "path", comme dans les shells DOS et UNIX. Le but est de se déplacer à l'intérieur de la structure hiérarchique d'un document XML comme dans une arborescence de répertoires. Pour avoir une idée de l'intérêt de XPath, nous pourrions dire qu'il est l'équivalent du langage SQL pour un document XML. La comparaison doit s'arrêter là car la syntaxe n'a vraiment rien à voir !

a. Recherche dans un document XML

La première étape, pour rechercher un élément dans document XML, consiste à créer une instance de la classe XPathNavigator. Cette instance de classe doit connaître le document sur lequel elle va devoir faire des recherches, c'est pourquoi c'est le document lui-même qui par l'intermédiaire de la méthode CreateNavigator va fournir cette instance de classe.

```
    XPathNavigator navigateur;
    navigateur = doc.CreateNavigator();
```

À partir de cette instance, nous allons pouvoir lancer des recherches dans le document à l'aide de la méthode Select. Cette méthode utilise comme paramètre une chaîne de caractères contenant le chemin XPath de recherche. Nous obtenons, après l'exécution, un objet XPathNodeIterator permettant de parcourir la liste des nœuds trouvés.

L'exemple suivant recherche dans le document **resto.xml**, les entrées disponibles dans les différents menus :

```
XmlDocument document = new XmlDocument();
doc.Load("resto.xml");
XPathNavigator navigateur = doc.CreateNavigator();
XPathNodeIterator noeuds = navigateur.Select("/restaurant/menu/entrees");
while (noeuds.MoveNext())
{
    Console.WriteLine(noeuds.Current.OuterXml);
    Console.WriteLine();
}
```

Nous obtenons le résultat suivant :

```
<entrees>
  <nom calories="50">radis</nom>
  <nom calories="300">pate</nom>
  <nom calories="350">saucisson</nom>
</entrees>
<entrees>
  <nom calories="50">pain</nom>
</entrees>
```

Il est également possible d'ajouter à la requête XPath des critères de sélection sur la valeur de certains attributs.

L'exemple suivant recherche les desserts du menu **gastronomique** pour lesquels les calories sont inférieures à **350**.

```
XmlDocument doc = new XmlDocument();
 doc.Load("resto.xml");
 XPathNavigator navigateur = doc.CreateNavigator();
 XPathNodeIterator noeuds = navigateur.Select(
    "/restaurant/menu[@type='gastronomique']/desserts/nom[@calories<350]");
 while (noeuds.MoveNext())
 {
     Console.WriteLine(noeuds.Current.Value);
     Console.WriteLine();
 }
```

b. Modification des données d'un document XML

Après avoir trouvé un élément dans l'arborescence d'un document, il est bien sûr possible d'en modifier sa valeur.

L'exemple suivant diminue de **50%** les calories de chaque dessert du menu **gastronomique**.

```
doc = new XmlDocument();
doc.Load("resto.xml");
XPathNavigator navigateur = doc.CreateNavigator();
XPathNodeIterator noeuds = navigateur.Select(
        "/restaurant/menu[@type='gastronomique']/desserts/nom");
while (noeuds.MoveNext())
 {
    noeuds.Current.MoveToAttribute("calories", "");
    noeuds.Current.SetValue(String.Format("{0:####}",
                            (double.Parse(noeuds.Current.Value) * 0.5)));
 }
 doc.Save("resto.xml");
```

Voici le contenu du fichier après exécution du code précédent.

```
<?xml version="1.0" encoding="utf-8"?>
<restaurant>
  <menu type="gastronomique">
    <entrees>
      <nom calories="50">radis</nom>
      <nom calories="300">pate</nom>
      <nom calories="350">saucisson</nom>
    </entrees>
    <plats>
      <nom calories="1000">choucroute</nom>
      <nom calories="2000">cassoulet</nom>
      <nom calories="1700">couscous</nom>
```

```
    </plats>
    <fromages>
      <nom calorie="240">camembert</nom>
      <nom calories="300">brie</nom>
      <nom calories="120">roquefort</nom>
    </fromages>
    <desserts>
      <nom calories="170" parfum="chocolat">glace</nom>
      <nom calories="125" fruits="pommes">tarte</nom>
      <nom calories="200">creme brule</nom>
    </desserts>
  </menu>
  <menu type="economique">
    <entrees>
      <nom calories="50">pain</nom>
    </entrees>
    <plats>
      <nom calories="1700">jambon</nom>
    </plats>
    <fromages>
      <nom calorie="240">camembert</nom>
    </fromages>
    <desserts>
      <nom calories="340" parfum="a l'eau">glace</nom>
    </desserts>
  </menu>
</restaurant>
```

c. Ajout de nœud à un document XML

Après la recherche d'un nœud dans un document, il est possible d'y ajouter des nœuds enfants et des nœuds frères. Les méthodes `InsertAfter` et `InsertBefore` ajoutent un nœud frère après ou avant le nœud actuel. La méthode `AppendChild` ajoute un nœud enfant au nœud actuel.

L'exemple suivant ajoute un nouveau dessert au menu **gastronomique**.

```
XmlDocument doc;
    doc = new XmlDocument();
    doc.Load("resto.xml");
    XPathNavigator navigateur = doc.CreateNavigator();
    XPathNodeIterator noeuds =   navigateur.Select(
                     "/restaurant/menu[@type='gastronomique']/desserts");
    noeuds.MoveNext();
    noeuds.Current.AppendChild("<nom calories='800'>crepes</nom>");
    doc.Save("resto.xml");
```

Après l'exécution de ce code, le document devient :

```
<?xml version="1.0" encoding="utf-8"?>
<restaurant>
  <menu type="gastronomique">
    <entrees>
      <nom calories="50">radis</nom>
      <nom calories="300">pate</nom>
      <nom calories="350">saucisson</nom>
    </entrees>
    <plats>
      <nom calories="1000">choucroute</nom>
      <nom calories="2000">cassoulet</nom>
      <nom calories="1700">couscous</nom>
    </plats>
    <fromages>
      <nom calorie="240">camembert</nom>
      <nom calories="300">brie</nom>
      <nom calories="120">roquefort</nom>
    </fromages>
     <desserts>
      <nom calories="340" parfum="chocolat">glace</nom>
      <nom calories="250" fruits="pommes">tarte</nom>
      <nom calories="400">creme brule</nom>
      <nom calories="800">crepes</nom>
    </desserts>
  </menu>
  <menu type="economique">
    <entrees>
      <nom calories="50">pain</nom>
    </entrees>
    <plats>
      <nom calories="1700">jambon</nom>
    </plats>
    <fromages>
      <nom calorie="240">camembert</nom>
    </fromages>
    <desserts>
      <nom calories="340" parfum="a l'eau">glace</nom>
    </desserts>
  </menu>
</restaurant>
```

Chapitre 11 : Déploiement de composants et d'applications

A. Introduction 492

B. Déploiement avec Windows Installer 492

C. Déploiement avec ClickOnce 504

A. Introduction

Maintenant que votre application est terminée, testée, déboguée et donc qu'elle fonctionne sans problèmes, il est temps de penser au moyen de la mettre à la disposition des utilisateurs. Deux solutions sont disponibles :

- La technologie de déploiement Windows Installer. L'application est empaquetée dans un ou plusieurs fichiers qui sont ensuite distribués aux utilisateurs ; ceux-ci exécutent le fichier Setup.exe pour installer l'application.
- Le déploiement ClickOnce. Avec cette solution, la publication des fichiers de l'application se fait à un emplacement centralisé et l'utilisateur installe ou exécute l'application à partir de cet emplacement.

Nous allons donc détailler chacune de ces deux techniques de déploiement.

B. Déploiement avec Windows Installer

Microsoft Windows Installer est un service d'installation et de configuration d'application disponible sur tous les systèmes d'exploitation Microsoft. Le principe de base du fonctionnement de Windows Installer repose sur le regroupement dans un seul élément de toutes les données et instructions nécessaires pour le déploiement d'une application. C'est une évolution importante par rapport aux procédures d'installations classiques qui consistaient essentiellement à fournir l'ensemble des fichiers nécessaires pour le bon fonctionnement de l'application et un script chargé de la recopie de ces fichiers sur le disque dur de la machine.

Avec Windows Installer, le système conserve une trace de toutes opérations effectuées pendant l'installation : répertoires créés, fichiers copiés, entrées de la base de registre modifiées, etc. Ces informations sont par la suite utilisées lors de la désinstallation de l'application. Windows Installer effectue alors les opérations inverses pendant la désinstallation de l'application. Un contrôle est cependant réalisé pour s'assurer qu'aucune autre application ne nécessite un fichier, une clé de registre ou un composant qui s'apprête à être supprimé. Cette vérification permet de s'assurer que la suppression d'une application n'entraîne pas de problèmes de fonctionnement sur une autre application.

Windows Installer gère également la réparation d'une application en réinstallant automatiquement les fichiers manquants qui ont pu être supprimés, par mégarde, par l'utilisateur.

La procédure d'installation est effectuée à l'intérieur d'une transaction, garantissant que l'application sera installée complètement ou que, en cas d'échec au cours de l'installation, le système retrouvera son état initial.

Les procédures d'installations sont en fait de véritables applications, elles sont d'ailleurs gérées par Visual Studio comme des projets à part entière.

1. Création d'un projet d'installation

La méthode de création d'un projet d'installation est identique à celle utilisée pour n'importe quel autre type de projet de Visual Studio. Dans le menu **Fichier**, sélectionnez **Ajouter**, puis **Nouveau projet**. Dans la boîte de dialogue d'**Ajout de projet**, sélectionnez ensuite **Autres types de projets** - **Configuration et déploiement** et **Programme d'installation de Visual Studio**. Enfin choisissez parmi les modèles celui qui correspond à vos besoins (**Projet d'installation** dans notre cas). Le projet est alors ajouté à la solution actuelle et l'éditeur du système de fichiers est ouvert automatiquement. Vous pouvez maintenant configurer les propriétés du programme d'installation qui vont déterminer son comportement. Voici ci-dessous les principales propriétés d'un programme d'installation :

- **AddRemoveProgramsIcon** : indique l'icône utilisée pour représenter l'application dans la boîte de dialogue **Ajout/Suppression de programmes**.
- **Author** : spécifie le nom de l'auteur de l'application. Par défaut cette propriété correspond au nom du détenteur de la licence de Visual Studio utilisé pour développer l'application.
- **DetectNewerInstalledVersion** : indique si le programme d'installation vérifie l'existence d'une version plus récente de l'application sur le poste client. Si c'est le cas la procédure d'installation est annulée.
- **ManufacturerUrl** : adresse du site Web du fabricant de l'application. Elle est affichée dans la boîte de dialogue **Informations de support technique** accessible à partir de la boîte de dialogue **Ajout/Suppression de programmes**.
- **ProductCode** : Windows Installer utilise cette propriété pour identifier une application lors de chaque installation ou mise à jour ; deux applications différentes ne peuvent pas comporter le même code ProductCode.
- **ProductName** : contient le nom décrivant l'application qui est installée sur un ordinateur cible. Par défaut, ce nom est identique à celui du projet de déploiement. Cette propriété `ProductName` est affichée dans la description de l'application sur la boîte de dialogue **Ajout/Suppression de programmes**. Elle est également utilisée dans la création du chemin d'installation par défaut utilisé lors de l'installation.
- **RemovePreviousVersions** : spécifie si le programme d'installation doit supprimer, lors de l'installation, toute version antérieure d'une application. Si cette propriété a la valeur True et qu'un numéro de version antérieure est détecté lors de l'installation, la fonction de désinstallation de cette version est appelée.
- **TargetPlatform** : spécifie la plate-forme matérielle pour laquelle l'application a été conçue. Au moment de l'installation, cette propriété est vérifiée par rapport à l'ordinateur cible pour déterminer si l'installation peut continuer.
- **Version** : spécifie le numéro de version du programme d'installation. Cette propriété doit être modifiée pour chaque version finale de votre programme d'installation. Si vous modifiez cette propriété, vous devez également mettre à jour la propriété `ProductCode`.

Un petit détail doit vous sembler bizarre car parmi toutes ces propriétés aucune d'entre elles ne permet d'indiquer quelle application doit être installée. Cette information doit en fait être fournie lors de la configuration du programme d'installation. C'est ce que nous allons voir dans l'étape suivante.

2. Configuration du programme d'installation

La configuration du fonctionnement du programme d'installation se fait par l'intermédiaire d'un éditeur spécifique à chacune des fonctionnalités. Ces éditeurs sont disponibles par le menu contextuel affiché en effectuant un clic droit sur le nom du projet de déploiement dans l'explorateur de solutions.

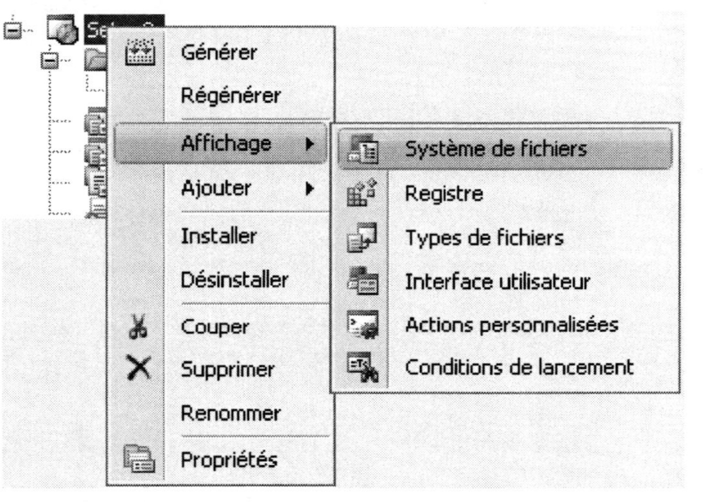

Ces éditeurs vont permettre de configurer le fonctionnement du programme d'installation.

- L'éditeur du système de fichiers va permettre d'ajouter à un projet de déploiement les fichiers constituant l'application à déployer.
- L'éditeur du registre configure les clés et les valeurs de Registre à ajouter au Registre de l'ordinateur cible.
- L'éditeur des types de fichiers spécifie les associations entre les types de fichiers et les actions autorisées pour chaque type de fichier.
- L'éditeur de l'interface utilisateur permet de spécifier et de configurer les boîtes de dialogue affichées pendant l'installation de l'application.
- L'éditeur des actions personnalisées permet de spécifier les actions supplémentaires à exécuter pendant l'installation.
- L'éditeur des conditions de lancement spécifie les conditions requises pour l'installation.

Nous allons étudier en détail chacun de ces éditeurs.

a. L'éditeur du système de fichiers

C'est certainement l'éditeur le plus important de la configuration d'un projet de déploiement. Par son intermédiaire, nous allons indiquer les modifications à apporter au système de fichiers de l'ordinateur sur lequel l'application va être déployée.

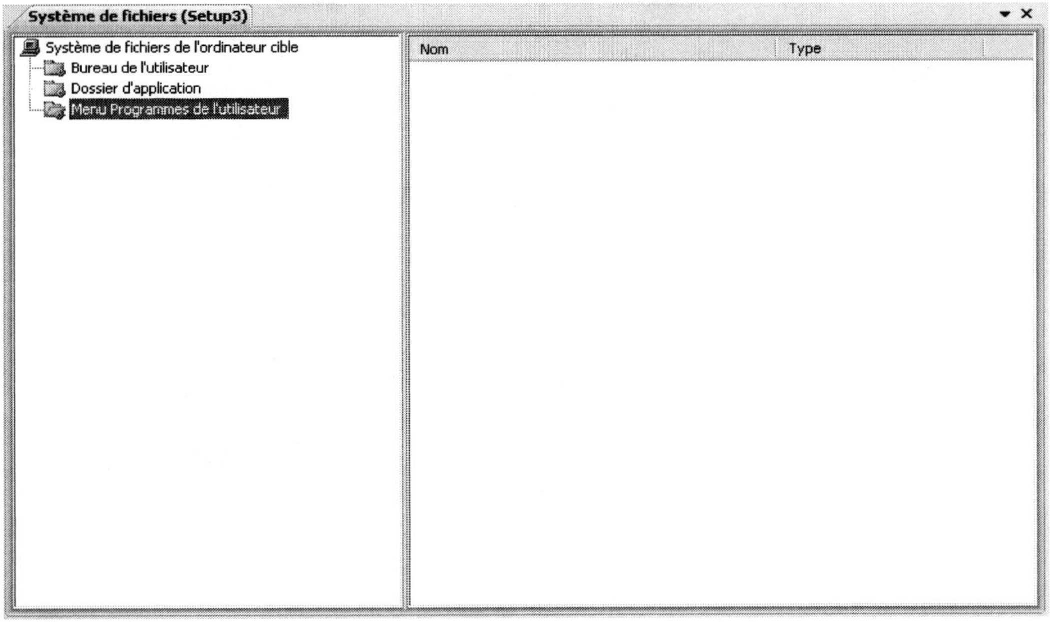

Il est composé de deux parties : un volet de navigation à gauche et un volet d'informations à droite. Le volet de navigation contient la liste hiérarchique des dossiers correspondant au système de fichiers de l'ordinateur d'installation. Les noms des dossiers correspondent aux dossiers Windows standard. Par exemple, la rubrique dossier d'application désigne le sous-dossier du dossier **Program Files** où l'application sera installée. Le menu contextuel de chacun des dossiers permet d'y ajouter différents éléments. Dans le dossier d'application, nous pouvons par exemple ajouter un sous-dossier, un fichier, un assembly ou, option la plus fréquemment utilisée, une sortie de projet (les fichiers créés par la compilation d'un projet). C'est donc grâce à cet éditeur que nous allons enfin pouvoir indiquer quel projet nous souhaitons déployer. La boîte de dialogue suivante nous permet de choisir le projet à déployer et lesquels de ces éléments nous souhaitons déployer sur les postes des clients.

Pour que l'application puisse s'exécuter sur l'ordinateur client, il faut au minimum sélectionner l'option **Sortie principale**. Par contre, l'option **Source Files** est plus rarement utilisée. Vous devez également indiquer si vous souhaitez déployer la version Debug ou la version Release de l'application. L'ajout de plusieurs éléments se fait en maintenant la touche [Ctrl] enfoncée pendant la sélection.

Les dossiers User's Desktop et User's Program Menu reçoivent généralement un simple raccourci vers l'application. Ce raccourci doit au préalable être créé par le menu contextuel de la sortie principale de l'application.

Nom
Type
Créer un raccourci vers Sortie principale de AppliExplorer (Actif)
Dépendances
Filtre
Sorties
Couper
Coller
Supprimer
Fenêtre Propriétés

Il doit ensuite être déplacé vers le dossier correspondant (Bureau de l'utilisateur ou Menu Programmes de l'utilisateur).

Pour que chacun de ces dossiers soient créés même s'ils ne contiennent aucun élément, il faut modifier la propriété `AlwaysCreate` sur True.

b. L'éditeur du registre

L'éditeur du Registre permet d'ajouter des clés de Registre à un projet de déploiement. Si une clé n'existe pas dans le registre de la machine lors du déploiement, elle est ajoutée pendant l'installation. Il est possible d'ajouter des clés sous n'importe quelle clé de niveau supérieur dans l'éditeur du registre.

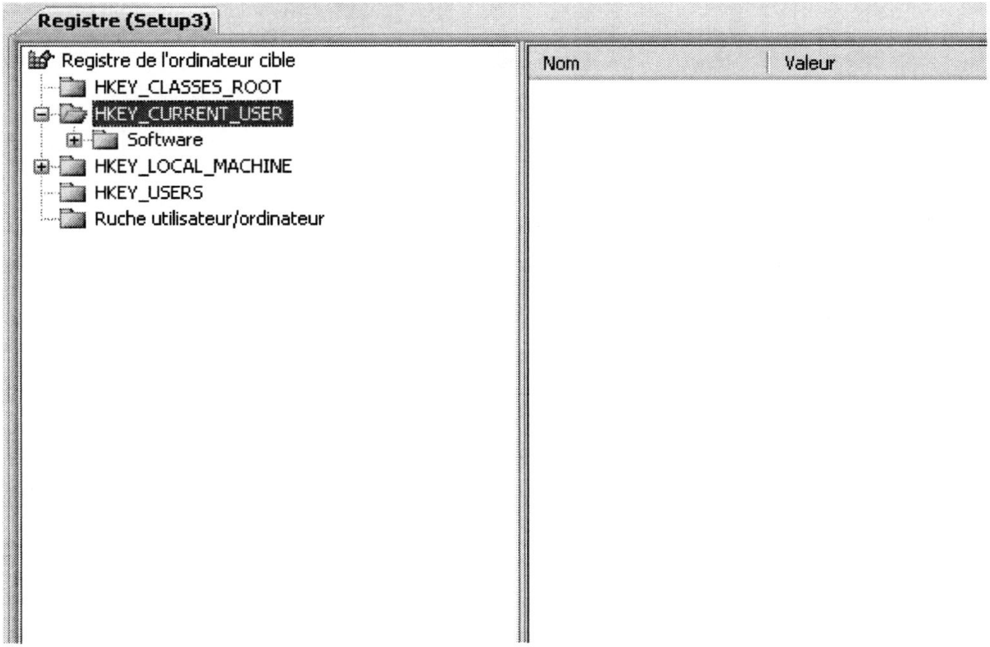

Pour ajouter une clé dans le registre, vous devez au préalable sélectionner un nœud de niveau supérieur, ou une sous-clé puis à l'aide du menu contextuel utiliser l'option **Nouveau - Clé**. La clé doit ensuite être renommée et ses propriétés modifiées en fonction des besoins. La principale modification consiste à configurer la propriété `DeleteAtUninstall` pour que cette clé de registre soit supprimée lors de la désinstallation de l'application.

La suppression d'une clé est réalisée tout aussi simplement avec l'option **Supprimer** du menu contextuel. Il faut cependant être prudent car la suppression d'une clé entraîne la suppression de toutes les sous-clés et valeurs contenues dans celle-ci. Un message d'avertissement est affiché pour vous prévenir de cette situation dangereuse et vous demande de confirmer votre choix.

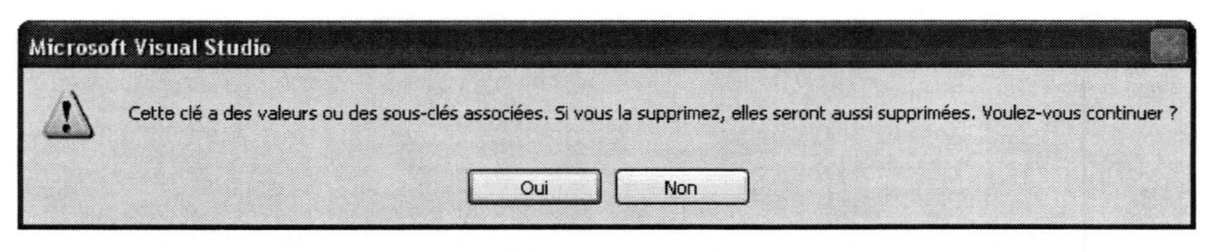

L'éditeur du registre est également utilisé pour spécifier les valeurs des nouvelles clés ou modifier les valeurs existantes. Vous pouvez ajouter des valeurs de type chaîne, binaire et DWORD. Pendant l'installation, les valeurs sont écrites dans le Registre ; les valeurs existantes sont remplacées par les valeurs spécifiées dans le programme d'installation.

Il est possible d'ajouter des clés et des valeurs de registre à un projet de déploiement en important un fichier de registre (.reg) dans l'éditeur du registre. Cela vous permettra de copier une section complète d'un registre existant en une seule fois pour gagner du temps. Les fichiers de registre peuvent être créés à l'aide d'outils tels que l'éditeur du registre de Windows (regedit.exe). Cette solution est très pratique pour transférer sur le poste des utilisateurs une portion de registre récupérée sur le poste utilisé pour le développement de l'application. Le menu contextuel disponible sur l'élément Registre de l'ordinateur cible propose l'option Importer permettant de réaliser cette opération. Vous devez simplement choisir le fichier (.reg) contenant les informations à importer.

c. L'éditeur des types de fichiers

L'éditeur des types de fichiers est utilisé pour indiquer les types de documents et les extensions de fichier associés à votre application lors de son installation sur un ordinateur. Une fois l'association installée, l'extension et la description du type de fichier figurent dans la liste des types de fichiers connus du système.

L'association d'un type de fichier avec une application nécessite trois étapes :

- L'ajout d'un type de document.
- L'association d'une extension de fichier.
- L'association d'un fichier exécutable.

Pour ajouter un type de fichier vous devez utiliser le menu contextuel de l'éditeur des types de fichiers et choisir l'option **Ajouter un type de fichier**. Il faut ensuite modifier le nom de l'élément qui vient d'être ajouté. L'étape suivante consiste à indiquer l'extension ou les extensions associées à ce type de fichier. Elles doivent être saisies dans la fenêtre de propriétés, dans la rubrique **Extensions**, sans être précédées d'un point. Si plusieurs extensions sont disponibles, elles doivent être séparées par un point virgule lors de la saisie dans la fenêtre de propriétés. La dernière étape est maintenant d'associer une application (un fichier exécutable) à ce type de fichier. La propriété `Command` est utilisée à cet effet. Un éditeur particulier vous permet de rechercher parmi les dossiers du projet l'exécutable qui sera utilisé pour manipuler ce type de document.

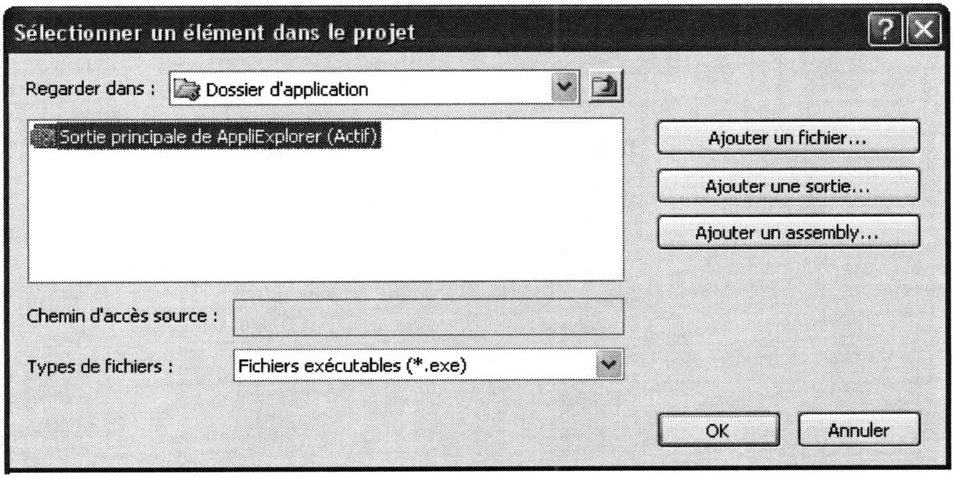

C'est cet exécutable qui sera lancé lorsque l'utilisateur effectuera un double clic sur un fichier de ce type dans l'Explorateur Windows. Il est possible d'ajouter d'autres actions qui seront disponibles par l'intermédiaire du menu contextuel de l'explorateur Windows. Ces éléments peuvent être ajoutés en utilisant le menu contextuel disponible sur un type de fichier et en choisissant l'option **Ajouter une action**. L'action doit ensuite être configurée en indiquant les paramètres suivants :

- nom de l'action : utilisé pour représenter l'action dans le menu contextuel de l'explorateur Windows. Pour inclure une touche d'accès rapide dans le nom de l'action, faites précéder du signe & la lettre utilisée pour accéder à la commande.
- Arguments : représente les paramètres passés sur la ligne de commande permettant la réalisation de l'action. Par exemple, la chaîne suivante peut être associée à l'action d'impression d'un document : /p "%1". Dans cette chaîne de caractères, la partie "%1" représente le nom du fichier sur lequel le menu contextuel a été activé. Les caractères " sont obligatoires pour éviter les problèmes si le nom de fichier comporte un espace. Il faut bien sur que votre application ait été conçue pour traiter ces paramètres lors de son démarrage.
- Verb : indique le verbe utilisé pour demander l'exécution de l'action.

d. L'éditeur de l'interface utilisateur

Avec l'Éditeur de l'interface utilisateur, vous pouvez spécifier et définir les propriétés des boîtes de dialogue prédéfinies qui seront affichées pendant l'installation sur l'ordinateur.

Cet éditeur contient deux sections : `Install` et `Administrative Install`. La section `Install` contient les boîtes de dialogue qui seront affichées quand l'utilisateur final exécutera le programme d'installation ; la section `Administrative Install` contient des boîtes de dialogue qui seront affichées quand un administrateur système téléchargera le programme d'installation vers un emplacement réseau.

Un ensemble de boîtes de dialogue prédéfinies est affiché dans l'éditeur ; vous pouvez les réorganiser ou les supprimer.

Les boîtes de dialogue prédéfinies se répartissent en trois catégories :

- Les boîtes de dialogue **Début** s'affichent avant que l'installation ne commence. Elles servent généralement à récupérer des informations sur l'utilisateur ou permettre de changer de répertoire d'installation.
- Une boîte de dialogue **Progression** donne des informations sur l'avancement d'une installation.
- Les boîtes de dialogue **Fin** s'affichent lorsque l'installation a réussi. Elles servent généralement à signaler à l'utilisateur que l'installation est terminée ou à lui permettre de lancer l'application.

Vous pouvez déplacer des boîtes de dialogue entre les nœuds des catégories par un glisser-déplacer ou à l'aide des commandes **Couper** et **Coller** du menu **Edition**.

Pour que l'installation se fasse sans boîtes de dialogue vous devez supprimer toutes les boîtes de dialogue dans l'Éditeur de l'interface utilisateur.

Chaque boîte de dialogue peut être personnalisée en fonction des besoins. Pour chacune d'entre elles les propriétés disponibles modifient l'aspect de la boîte de dialogue. Sur toutes ces boîtes de dialogue, la propriété `BannerBitmap` représente le logo affiché sur la boîte de dialogue. Des propriétés spécifiques sont accessibles sur chacune des boîtes de dialogue.

Boîte de dialogue Bienvenue

- La propriété `WelcomeText` contient le message de présentation de l'application.
- La propriété `CopyrightWarning` indique les informations relatives au copyright de l'application.

Boîte de dialogue Dossier d'installation

- La propriété `InstallAllUsersVisible` détermine si les boutons permettant de choisir le type d'installation (pour un seul utilisateur ou pour tous les utilisateurs) sont visibles.

Boîte de dialogue Progression

- L'affichage d'une barre de progression au cours de l'installation est déterminé par la propriété `ShowProgressBar`.

Boîte de dialogue Terminé

Les informations concernant les mises à jour disponibles sont affichées par la propriété `UpdateText`.

e. L'éditeur des actions personnalisées

Cet éditeur permet de spécifier des actions supplémentaires à exécuter sur l'ordinateur pendant l'installation. Par exemple, il peut être utile d'exécuter un programme créant une base de données sur un serveur.

Avant de pouvoir être ajoutées à un projet de déploiement, les actions personnalisées doivent être compilées sous forme de fichier .dll ou .exe, ou ajoutées à un projet en tant que script ou assembly. Elles ne peuvent être exécutées qu'à la fin de l'installation.

L'éditeur contient quatre dossiers qui correspondent chacun à une phase de l'installation :

Installer
: Les actions personnalisées placées sous ce nœud seront exécutées à la fin de la phase d'installation, une fois tous les fichiers installés.

Valider
: Les actions personnalisées placées sous ce nœud seront exécutées à la fin de la phase de validation de l'installation, qui a lieu une fois la phase d'installation terminée sans erreur.

Restaurer
: Les actions personnalisées placées sous ce nœud seront exécutées à la fin de la phase de restauration de l'installation, qui est déclenchée lorsqu'une erreur d'installation se produit.

Désinstaller
: Les actions personnalisées placées sous ce nœud seront exécutées à la fin de la phase de désinstallation de l'installation, qui a lieu lorsqu'une application est désinstallée.

Pour chacune de ces rubriques vous pouvez ajouter une action personnalisée par l'option **Ajouter une action personnalisée** du menu contextuel. Vous devez ensuite sélectionner parmi les éléments disponibles dans le projet celui chargé de réaliser votre action personnalisée (.exe, .dll , .vbs...).

Les actions personnalisées seront exécutées dans leur ordre d'affichage dans l'éditeur. Vous pouvez modifier cet ordre par un glisser-déplacer ou à l'aide des commandes **Couper** et **Coller** du menu **Edition**.

f. L'éditeur des conditions de lancement

Cet éditeur doit être utilisé pour spécifier les conditions requises pour l'installation de votre application. Les conditions peuvent concerner la recherche d'un fichier, d'une entrée du registre ou d'un composant. Le résultat de la recherche est retourné sous forme d'une propriété qui est ensuite évaluée durant l'installation. L'installation échoue si une condition n'est pas remplie.

L'éditeur des conditions de lancement est constitué d'une arborescence composée de deux sections : la section **Recherche de l'ordinateur cible**et la section **Conditions de lancement** pour établir les conditions basées sur le résultat des recherches.

Dans un premier temps vous devez ajouter, par le menu contextuel de la rubrique **Recherche de l'ordinateur cible**, les recherches à effectuer avant l'installation.

Recherche sur un fichier

Pour cette catégorie de recherche, les propriétés suivantes sont disponibles :

- `Depth` : spécifie le nombre de niveaux de sous-dossiers dans lesquels rechercher un fichier. La valeur par défaut est 0 indiquant que seul le dossier indiqué sera parcouru.
- `FileName` : spécifie le nom du fichier à rechercher. Les caractères génériques (* ?) ne sont pas autorisés.
- `Folder` : spécifie le dossier dans lequel la recherche va débuter. Les noms des dossiers spéciaux reconnus par Windows Installer doivent être saisie entre les caractères [et]. La valeur par défaut est [SystemFolder].
- `MaxDate` : le fichier recherché ne doit pas être plus récent que cette date.
- `MaxSize` : spécifie la taille maximale (en octets) du fichier recherché. Elle ne doit pas être supérieure à cette valeur.
- `MaxVersion` : spécifie le numéro de version maximal d'un fichier.
- `MinDate` : le fichier recherché doit être plus récent que la date indiquée.
- `MinSize` : spécifie la taille minimale (en octets) d'un fichier lors d'une recherche de fichiers. Elle doit être supérieure à cette valeur.
- `MinVersion` : spécifie le numéro de version minimal d'un fichier. Ce numéro doit être saisi avec le format n.n.n.n, où n est un entier.
- `Name` : spécifie le nom utilisé dans l'Éditeur des conditions de lancement pour identifier cette recherche de fichiers.
- `Property` : spécifie le nom de la propriété utilisée au moment de l'installation pour tester le résultat de la recherche.

Recherche dans le registre

Les propriétés suivantes permettent de configurer ce type de recherche :

- `Name` : spécifie le nom utilisé dans l'Éditeur des conditions de lancement pour identifier cette recherche dans le registre sélectionné.
- `Property` : spécifie le nom de la propriété utilisée au moment de l'installation pour tester le résultat de la recherche.
- `RegKey` : spécifie une clé du registre à rechercher. Cette valeur doit représenter le chemin complet de la clé du registre. Elle doit correspondre exactement au nom et au chemin d'accès qui figurent dans le registre, espaces éventuels compris, sinon la recherche de la clé dans le registre échoue.
- `Root` : spécifie le point de départ de la recherche dans le Registre. Les valeurs possibles sont :
  - vsdrrHKLM : débute la recherche dans HKEY_LOCAL_MACHINE.
  - vsdrrHKCU : débute la recherche dans HKEY_CURRENT_USER.
  - vsdrrHKCR : débute la recherche dans HKEY_CLASSES_ROOT.
  - vsdrrHKU : débute la recherche dans HKEY_USERS.

- `Value` : spécifie la valeur à rechercher dans la base de registre. Cette propriété doit être une chaîne correspondant à la valeur affichée dans la colonne Données de l'éditeur du registre Windows.

Recherche de composants

Cette recherche permet de vérifier qu'un composant requis par votre application est disponible sur la machine d'installation. Les propriétés de recherche sont les suivantes :

- `ComponentId` : spécifie le GUID du composant à rechercher. cette valeur doit être fournies sous la forme d'une chaîne mise en forme comme un GUID, à l'aide du format {XXXXXXXX-XXXX-XXXX-XXXX-XXXXXXXXXXXX} où X est un chiffre hexadécimal (0,1,2,3,4,5,6,7,8,9, A, B, C, D, E, F). Les accolades sont obligatoires.
- `Name` : spécifie le nom utilisé dans l'Éditeur des conditions de lancement pour identifier cette recherche dans le Registre sélectionnée.
- `Property` : spécifie le nom de la propriété utilisée au moment de l'installation pour tester le résultat de la recherche.

Les résultats de ces recherches peuvent ensuite être utilisés pour ajouter des conditions de lancement de l'installation par le menu contextuel de la rubrique **Conditions de lancement**.

Pour chaque condition de lancement, les propriétés suivantes sont disponibles :

- `InstallUrl` : indique l'emplacement où les fichiers manquant peuvent être téléchargés si une condition de lancement associée à la présence d'un fichier échoue.
- `Message` : spécifie le message à afficher lorsqu'une condition a la valeur false au moment de l'installation.
- `Name` : spécifie le nom utilisé dans l'Éditeur des conditions de lancement pour identifier cette condition de lancement.
- `Condition` : spécifie une condition qui doit être remplie (prendre la valeur true) au moment de l'installation pour que l'installation puisse continuer.

La dernière étape consiste à lancer la génération du projet et à tester son bon fonctionnement par l'intermédiaire de l'option **Installer** du menu **Projet**.

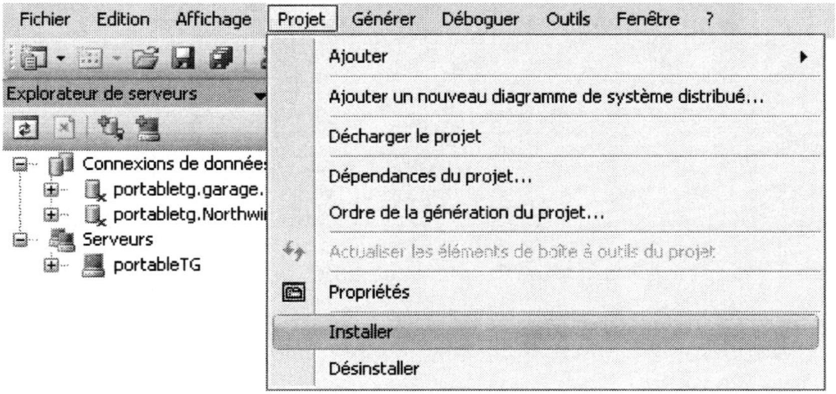

C. Déploiement avec ClickOnce

ClickOnce est une technologie de déploiement permettant de créer des applications Windows dont la mise à jour peut être effectuée automatiquement. L'installation de ce type d'application est effectuée avec un minimum d'intervention de la part de l'utilisateur. Cette technique simplifie l'étape de déploiement qui parfois se transforme en véritable casse tête. Les problèmes suivants sont fréquemment rencontrés lors du déploiement d'une application.

Mise à jour de l'application

Avec une méthode de déploiement classique, lorsqu'une nouvelle version de l'application est disponible, l'utilisateur doit en général réinstaller l'application pour bénéficier des mises à jour. La technologie ClickOnce est capable de fournir les mises à jour automatiquement. Dans ce cas seules les parties de l'application qui ont changées sont téléchargées, puis, l'application complète, mise à jour est réinstallée automatiquement à partir d'un nouveau dossier.

Composants partagés

Les applications dépendent souvent de composants partagés, d'où l'existence d'un risque potentiel de conflit de versions. Dans le cas d'un déploiement avec ClickOnce, chaque application est autonome et ne peut pas interférer avec les autres applications.

Autorisations de sécurité

Généralement l'installation d'une application avec une méthode classique exige des autorisations administratives sur le poste de travail où est effectuée l'installation. Le déploiement avec ClickOnce autorise les utilisateurs n'ayant pas de privilèges administratifs à effectuer l'installation et n'attribue que les autorisations de sécurité d'accès du code nécessaires au bon fonctionnement de l'application.

Toutes ces contraintes ont parfois conduit les développeurs à choisir une technologie Web au lieu d'applications Windows classiques simplement pour bénéficier des facilités de déploiement de ce type d'applications. La contre partie de ce choix se retrouve au niveau de la moins bonne réactivité de l'application et d'une interface utilisateur moins élaborée. La technologie ClickOnce rend le déploiement d'applications Windows aussi simple que le déploiement d'applications Web. N'importe quelle application console ou Windows Forms peut être publiée avec ClickOnce. Trois techniques de publication sont disponibles :

- à partir d'une page Web ;
- à partir d'un partage de fichiers réseau ;
- à partir d'un support tel qu'un CD-Rom ou DVD.

L'exécution de l'application dispose également de deux variantes. L'application peut être installée sur l'ordinateur d'un utilisateur et exécutée même si l'ordinateur est hors connexion. Elle peut également être exécutée uniquement en mode en ligne sans installer aucun élément de façon permanente sur l'ordinateur. Les applications ClickOnce sont isolées les unes des autres et l'installation ou l'exécution d'une application ne peut pas interrompre des applications existantes. Par défaut, les applications ClickOnce s'exécutent dans les zones de sécurité Internet ou Intranet. En fonction des besoins l'application peut demander des autorisations de sécurité plus élevées.

La mise à jour de l'application peut également avoir plusieurs modes de fonctionnement. Elles peuvent être automatiques et dans ce cas, l'application vérifie à chaque démarrage si des mises à jour sont disponibles, puis elle les installe automatiquement. L'utilisateur peut manuellement vérifier l'existence d'une mise à jour et décider ou non de son installation. L'administrateur peut aussi rendre obligatoire l'installation d'une mise à jour.

1. Principe de fonctionnement de ClickOnce

Le mécanisme de déploiement ClickOnce repose sur deux fichiers XML appelés manifestes :

- Un manifeste d'application.
- Un manifeste de déploiement.

Le manifeste d'application décrit l'application elle-même, les assemblies et les fichiers qui la composent, les dépendances, les autorisations requises pour l'exécution et l'emplacement dans lequel les mises à jour seront disponibles.

Le manifeste de déploiement décrit comment l'application est déployée, y compris l'emplacement du manifeste d'application et la version de l'application que les clients doivent exécuter. Ces deux fichiers sont générés par Visual Studio.

Le manifeste de déploiement est copié vers l'emplacement de déploiement. Cet emplacement peut être un serveur Web, un répertoire partagé sur le réseau ou des supports amovibles tels qu'un CD-Rom. Le manifeste d'application et tous les fichiers de l'application sont également copiés vers un l'emplacement de déploiement spécifié dans le manifeste de déploiement. Ces fichiers peuvent être copiés vers le même emplacement ou dans deux emplacements distincts. Visual Studio prend également en charge les copies de ces fichiers.

Après le déploiement de l'application dans l'emplacement de déploiement, les utilisateurs peuvent télécharger et installer l'application en cliquant sur l'icône représentant le fichier manifeste de déploiement disponible sur une page Web ou dans un dossier. L'utilisateur voit simplement s'afficher une simple boîte de dialogue lui demandant de confirmer l'installation. Après validation, l'installation continue et l'application est lancée sans autre intervention. Si l'application nécessite des autorisations d'exécution plus élevées, la boîte de dialogue demande à l'utilisateur d'accorder les autorisations pour que l'installation puisse se poursuivre.

L'application est ajoutée au menu **Démarrer** de l'utilisateur et à la rubrique **Ajout/Suppression de programmes** du **Panneau de configuration**. Contrairement à d'autres technologies de déploiement, rien n'est ajouté au dossier **Program Files**, dans la base de registre ou sur le bureau. De plus aucun droit d'administration n'est nécessaire pour l'installation.

Lorsque vous créez une version mise à jour de l'application, vous devez également générer un nouveau manifeste d'application et copier les fichiers vers un emplacement de déploiement, généralement un dossier frère du dossier de déploiement d'origine. Le manifeste doit aussi être mis à jour pour qu'il pointe vers l'emplacement de la nouvelle version de l'application.

2. Les différentes méthodes de déploiement

Pour déployer une application ClickOnce, trois stratégies sont possibles. La stratégie que vous choisissez dépend principalement du type d'application que vous déployez. Les trois stratégies de déploiement sont les suivantes :

- Installation à partir du Web ou d'un partage réseau ;
- Installation à partir d'un CD-Rom ;
- Démarrage de l'application à partir du Web ou d'un partage réseau.

Installation à partir du Web ou d'un partage réseau

Cette stratégie permet de déployer votre application sur un serveur Web ou un partage de fichiers réseau. Lorsqu'un utilisateur final souhaite installer l'application, il clique sur une icône d'une page Web ou double clique sur une icône du partage de fichiers. L'application est ensuite téléchargée, installée et démarrée sur l'ordinateur de l'utilisateur. Des éléments sont ajoutés au menu **Démarrer** et au groupe **Ajout/Suppression de programmes** dans le **Panneau de configuration**.

Étant donné que cette stratégie dépend de la connexion réseau, elle fonctionne de manière optimale pour les applications qui seront déployées pour les utilisateurs qui ont accès à un réseau local ou une connexion Internet rapide.

Installation à partir d'un CD-Rom

Cette stratégie permet de déployer votre application sur un support amovible tel qu'un CD-Rom ou un DVD. Comme pour l'option précédente, lorsque l'utilisateur choisit d'installer l'application, cette dernière est installée, lancée et des éléments sont ajoutés au menu **Démarrer** et au groupe **Ajout/Suppression de programmes** dans le **Panneau de configuration**.

Cette stratégie fonctionne mieux dans le cas d'applications déployées sur les ordinateurs d'utilisateurs qui ne possèdent pas une connectivité réseau persistante ou qui ont des connexions à faible bande passante. L'application étant installée à partir d'un support amovible, aucune connexion réseau n'est nécessaire pour l'installation ; la connectivité réseau est néanmoins nécessaire pour la vérification des mises à jour de l'application.

Démarrage de l'application à partir du Web ou d'un partage réseau

Cette stratégie est similaire à la première, sauf que l'application se comporte comme une application Web. Lorsque l'utilisateur clique sur un lien d'une page Web (ou double clic sur une icône du partage de fichiers), l'application est lancée. Lorsque les utilisateurs ferment l'application, cette dernière n'est plus disponible sur leur ordinateur local. Aucun élément n'est ajouté au menu **Démarrer** ou au groupe **Ajout/Suppression de programmes** dans le **Panneau de configuration**. Techniquement, l'application est téléchargée et installée dans un cache d'application de l'ordinateur local, de la même façon qu'une application Web est téléchargée vers le cache Web. Comme pour le cache Web, les fichiers sont nettoyés du cache d'application en fin d'utilisation. Toutefois, l'utilisateur a l'impression que l'application est exécutée à partir du Web ou du partage de fichiers.

Cette stratégie est à privilégier pour les applications rarement utilisées.

3. Les mises à jour de l'application

ClickOnce peut fournir automatiquement les mises à jour de l'application. Une application ClickOnce lit périodiquement son fichier manifeste de déploiement pour vérifier si les mises à jour de l'application sont disponibles. Si elle est disponible, la nouvelle version de l'application est téléchargée et exécutée. Pour des raisons d'efficacité, seuls les fichiers modifiés sont téléchargés.

Trois stratégies de base sont possibles pour les mises à jour :

- La vérification des mises à jour au démarrage de l'application ;
- La vérification des mises à jour après le démarrage de l'application (exécutée dans un thread d'arrière-plan) ;
- La présentation d'une interface utilisateur destinée aux mises à jour.

Vous pouvez également déterminer la fréquence de vérification des mises à jour effectuée par l'application ou configurer une mise à jour obligatoire. Les mises à jour d'application exigent une connexion au réseau. En l'absence d'une connexion réseau, l'application s'exécute sans vérifier les mises à jour, quelle que soit la stratégie de mise à jour choisie.

Vérification des mises à jour après le démarrage

Par défaut, l'application tente de localiser et de lire le fichier manifeste de déploiement en arrière-plan pendant son exécution. Si une mise à jour est disponible, lors de la prochaine exécution, l'utilisateur sera invité à télécharger et à installer la mise à jour.

Cette stratégie est tout particulièrement adaptée aux connexions réseau à bande passante restreinte ou aux applications volumineuses, pouvant nécessiter de longs téléchargements.

Vérification des mises à jour au démarrage

Avec cette stratégie, l'application tente de localiser et de lire le fichier manifeste de déploiement à chaque lancement. Si une mise à jour est disponible, elle sera téléchargée et exécutée ; sinon, la version existante de l'application sera exécutée.

Cette stratégie est bien adaptée aux connexions réseau à large bande passante ; le délai nécessaire au lancement de l'application peut être inacceptable sur des connexions à bande passante plus restreinte du fait du téléchargement des mises à jour.

Mises à jour obligatoires

Il est parfois souhaitable d'obliger les utilisateurs à exécuter une version mise à jour de l'application si, par exemple, vous avez modifié une ressource qui risque de perturber le fonctionnement de l'ancienne version de l'application. Vous pouvez dans ce cas marquer la mise à jour comme étant obligatoire et de ce fait, empêcher l'exécution d'une version plus ancienne de l'application. Cette stratégie doit être associée avec la vérification des mises à jour au démarrage.

Intervalles de mise à jour

Dans le cadre des mises à jour automatiques vous pouvez également spécifier la fréquence de vérification des mises à jour. Par exemple, vous pouvez souhaiter une vérification à chaque exécution de l'application, une fois par semaine ou une fois par mois. Si aucune connexion réseau n'est disponible au moment spécifié pour la vérification, celle-ci est effectuée à la prochaine exécution de l'application.

Blocage des mises à jour

Il est également possible de faire en sorte que votre application ne vérifie jamais les mises à jour. Par exemple, vous pouvez déployer une application simple qui ne sera jamais mise à jour tout en bénéficiant de la facilité d'installation fournie par ClickOnce.

4. Mise en œuvre de la publication ClickOnce

La publication d'une application avec la technologie ClickOnce est grandement facilitée par un assistant permettant de recueillir la majorité des informations nécessaires au déploiement. Cet assistant est disponible en choisissant l'option **Publier** du menu contextuel accessible sur le projet à déployer dans l'explorateur de solutions. Certaines options de déploiement ne sont cependant pas gérées par cet assistant et doivent être configurées manuellement via la boîte de dialogue de propriétés du projet.

La première étape de l'assistant consiste à configurer l'emplacement où doit se faire la publication.

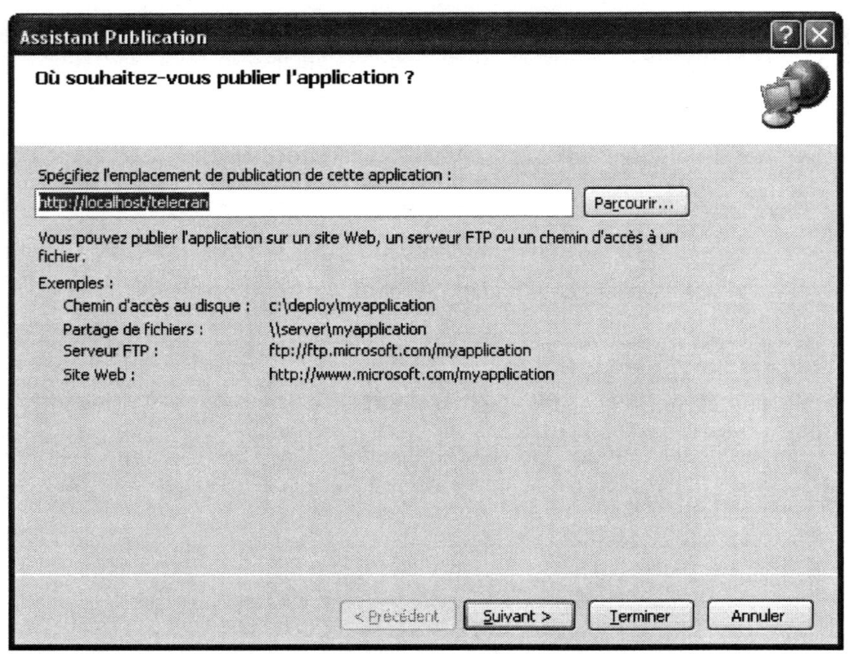

Cet emplacement peut être :

- Un répertoire de la machine.
- Un répertoire partagé sur une autre machine en indiquant un chemin UNC de la forme suivante \\nom de la machine\nom du répertoire. Vous devez avoir l'autorisation d'écrire sur le partage pour que la publication puisse être réalisée.
- Le serveur Web IIS de la machine sur lequel vous devez avoir au préalable ajouté un répertoire virtuel pour accueillir les fichiers.
- Un serveur ftp pour lequel vous devez fournir les informations de connexion à l'aide de la boîte de dialogue suivante :

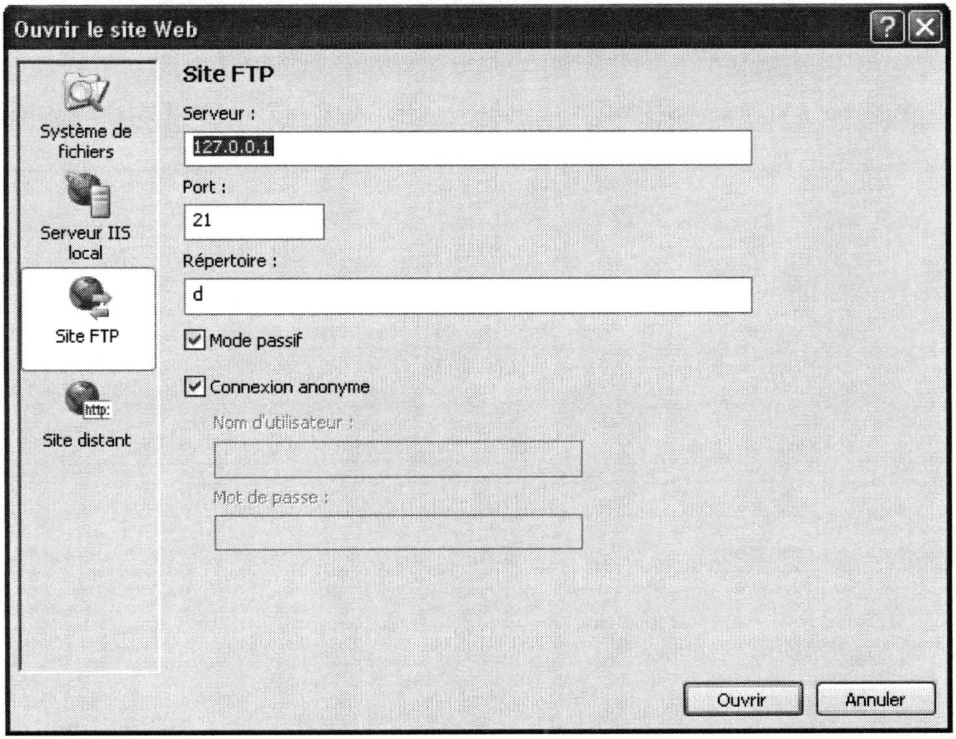

Ouvrir le site Web
Système de fichiers
Serveur IIS local
Site FTP
Site distant
Site FTP
Serveur :
127.0.0.1
Port :
21
Répertoire :
d
Mode passif
Connexion anonyme
Nom d'utilisateur :
Mot de passe :
Ouvrir
Annuler

Vous devez indiquer :

- L'adresse IP ou le nom du serveur ftp.
- Le numéro du port utilisé pour contacter le serveur (en général 21).
- Le répertoire du serveur dans lequel sera effectuée la copie des fichiers. Vous devez avoir l'autorisation d'écriture dans ce répertoire.
- Si vous êtes situé derrière un pare-feu en activant l'option **Mode passif**.
- Si vous vous connectez de façon anonyme ou sinon le nom d'utilisateur et le mot de passe utilisés pour la connexion.

La deuxième étape détermine comment les utilisateurs vont installer l'application.

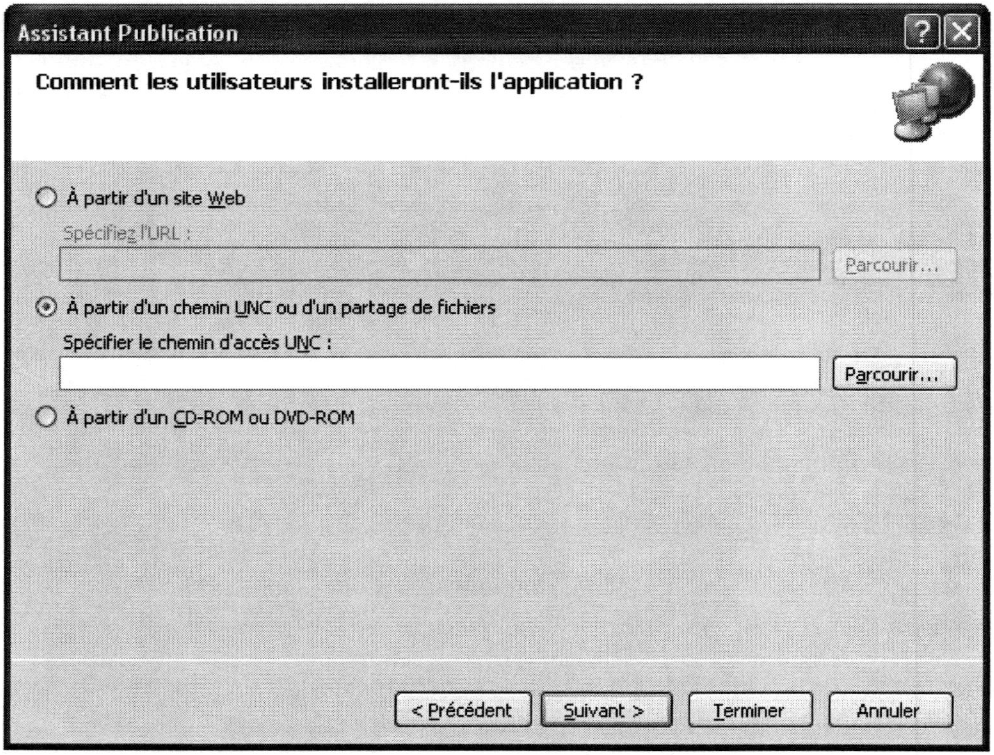

Les options possibles sont :

- À partir d'un site Web dont vous indiquez l'URL.
- À partir d'un partage réseau dont vous spécifiez le chemin UNC. Les utilisateurs devront bien sûr avoir le droit de lire sur le partage. Le droit d'écriture n'est pas obligatoire et même fortement déconseillé.
- À partir d'un CD-Rom ou DVD que vous fournirez. La création de ce support n'est pas réalisé par l'assistant et doit être effectué par une application de gravure externe.

L'assistant vous propose ensuite de configurer la stratégie de mise à jour.

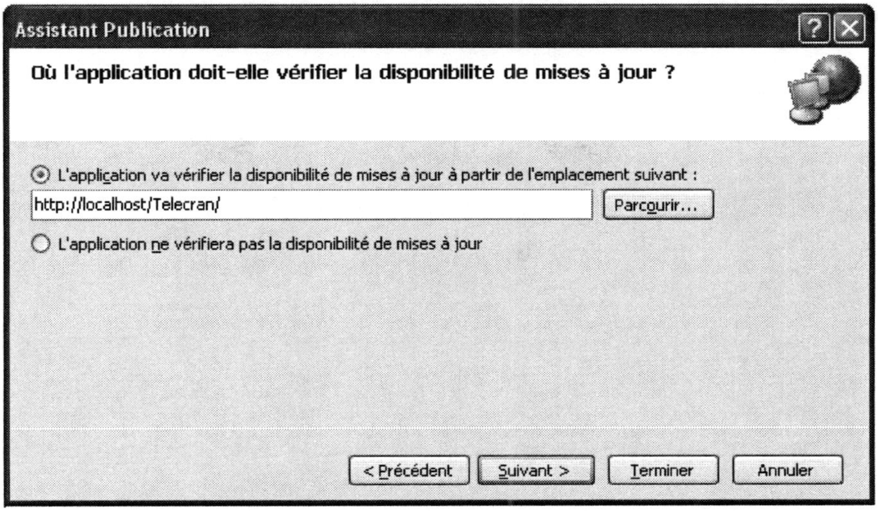

Assistant Publication

Où l'application doit-elle vérifier la disponibilité de mises à jour ?

L'application va vérifier la disponibilité de mises à jour à partir de l'emplacement suivant :

http://localhost/Telecran/ Parcourir...

L'application ne vérifiera pas la disponibilité de mises à jour

< Précédent | Suivant > | Terminer | Annuler

Si vous souhaitez activer les mises à jour, il faut indiquer l'emplacement à partir duquel elles seront obtenues. Cet emplacement n'est pas forcément le même que celui utilisé pour l'installation.

L'ultime étape affiche un résumé des informations sélectionnées et permet de lancer la publication avec le bouton **Terminer**.

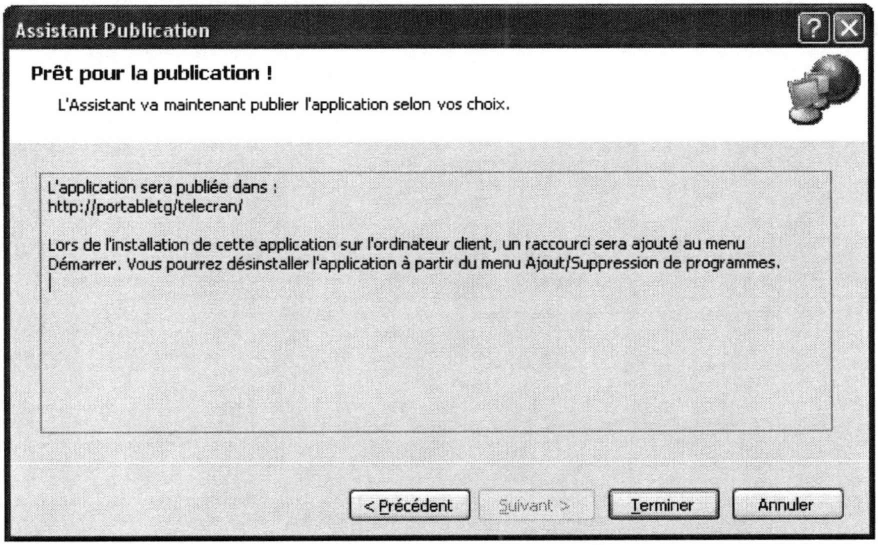

Assistant Publication

Prêt pour la publication !

L'Assistant va maintenant publier l'application selon vos choix.

L'application sera publiée dans :
http://portabletg/telecran/

Lors de l'installation de cette application sur l'ordinateur client, un raccourci sera ajouté au menu Démarrer. Vous pourrez désinstaller l'application à partir du menu Ajout/Suppression de programmes.

< Précédent | Suivant > | Terminer | Annuler

À la fin de l'installation une page html est ouverte sur l'emplacement utilisé pendant la publication permettant le lancement de l'installation ou l'exécution de l'application.

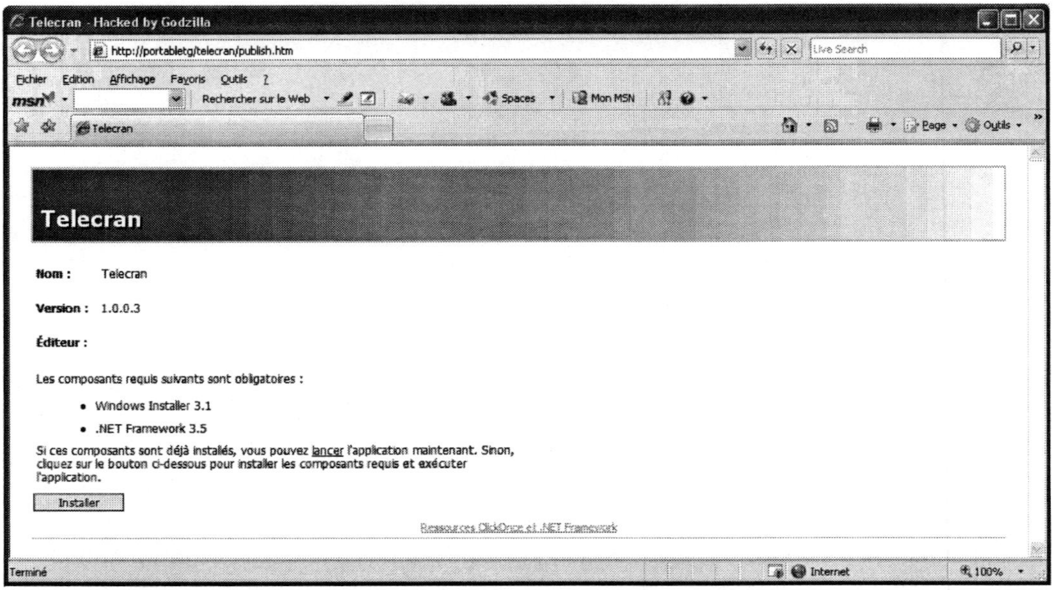

Telecran - Hacked by Godzilla

http://portabletg/telecran/publish.htm

Live Search

Fichier Edition Affichage Favoris Outils ?

msn Rechercher sur le Web Spaces Mon MSN

Telecran

Page Outils

Telecran

Nom : Telecran

Version : 1.0.0.3

Éditeur :

Les composants requis suivants sont obligatoires :

- Windows Installer 3.1
- .NET Framework 3.5

Si ces composants sont déjà installés, vous pouvez lancer l'application maintenant. Sinon, cliquez sur le bouton ci-dessous pour installer les composants requis et exécuter l'application.

Installer

Ressources ClickOnce et .NET Framework

Terminé Internet 100%

Les options de déploiement plus spécifiques doivent être configurées via la rubrique **Publier** des propriétés du projet. Cette boîte de dialogue reprend les propriétés configurées par l'assistant de publication.

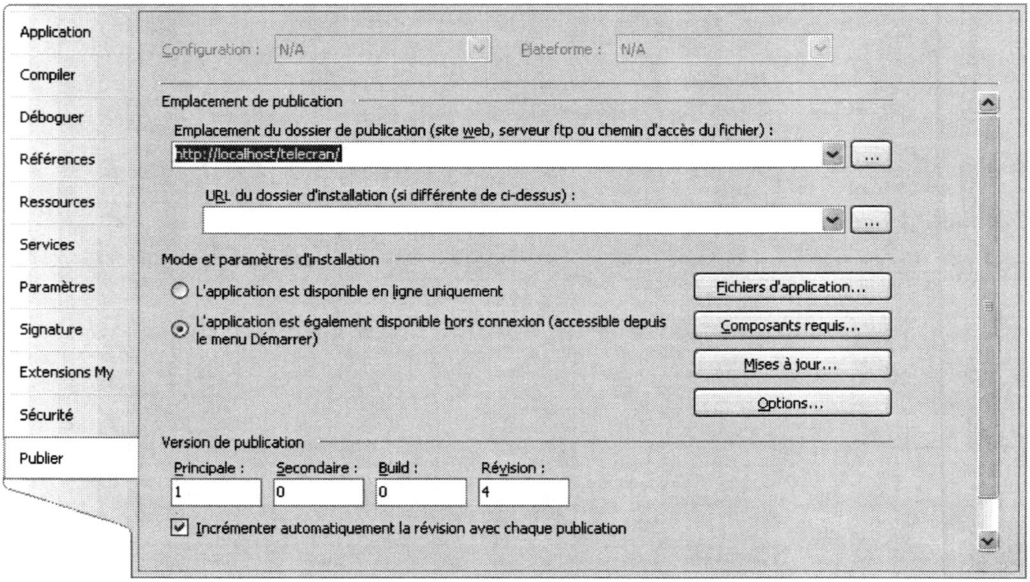

Application
Compiler
Déboguer
Références
Ressources
Services
Paramètres
Signature
Extensions My
Sécurité
Publier

Configuration : N/A Plateforme : N/A

Emplacement de publication

Emplacement du dossier de publication (site web, serveur ftp ou chemin d'accès du fichier) :

http://localhost/telecran/

URL du dossier d'installation (si différente de ci-dessus) :

Mode et paramètres d'installation

L'application est disponible en ligne uniquement

L'application est également disponible hors connexion (accessible depuis le menu Démarrer)

Fichiers d'application...

Composants requis...

Mises à jour...

Options...

Version de publication

Principale :	Secondaire :	Build :	Révision :
1	0	0	4

Incrémenter automatiquement la révision avec chaque publication

Les boutons **Fichiers d'application**, **Composants requis**, **Mises à jour** et **Options** permettent de peaufiner les réglages.

Le bouton **Fichiers d'application** affiche la boîte de dialogue suivante concernant les fichiers constituant l'application.

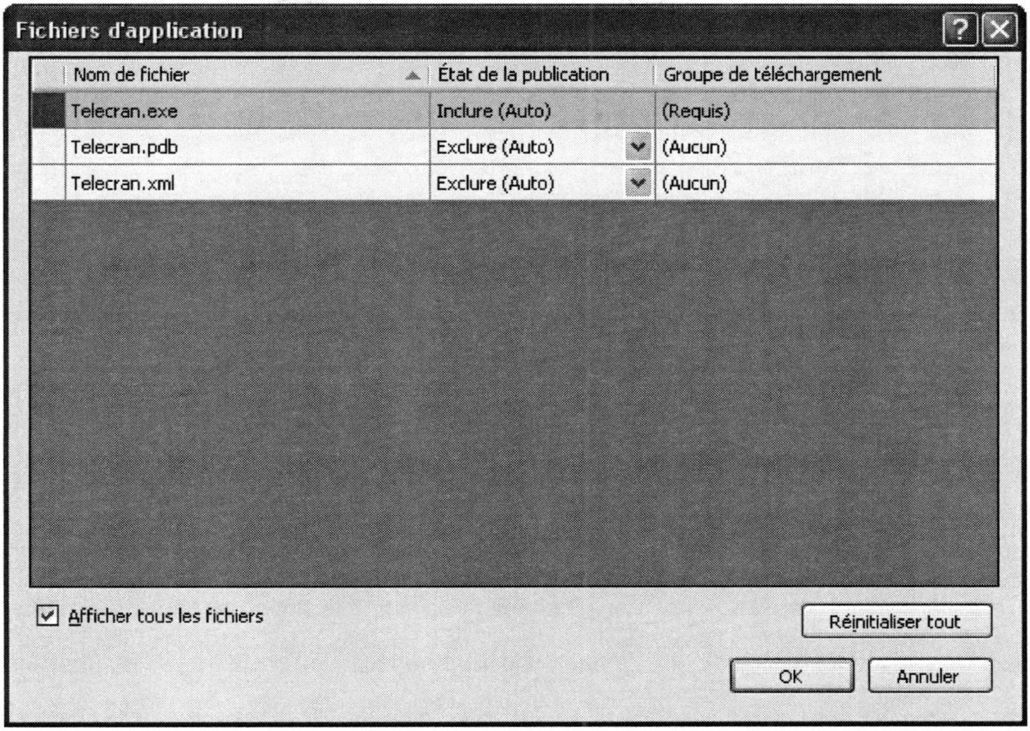

Fichiers d'application

Nom de fichier	État de la publication	Groupe de téléchargement
Telecran.exe	Inclure (Auto)	(Requis)
Telecran.pdb	Exclure (Auto)	(Aucun)
Telecran.xml	Exclure (Auto)	(Aucun)

Afficher tous les fichiers

Réinitialiser tout

OK Annuler

L'état de la publication de chaque fichier peut être configuré avec trois valeurs différentes :

- **Inclure** : le fichier sera disponible pour les utilisateurs sur le support de déploiement.
- **Exclure** : le fichier n'est pas recopié sur le support de déploiement.
- **Fichier de données** : le fichier contient des données nécessaires au bon fonctionnement de l'application et sera inclus dans la publication. Le bouton **Composants requis** est utilisé pour configurer les éléments nécessaires pour le fonctionnement de l'application.

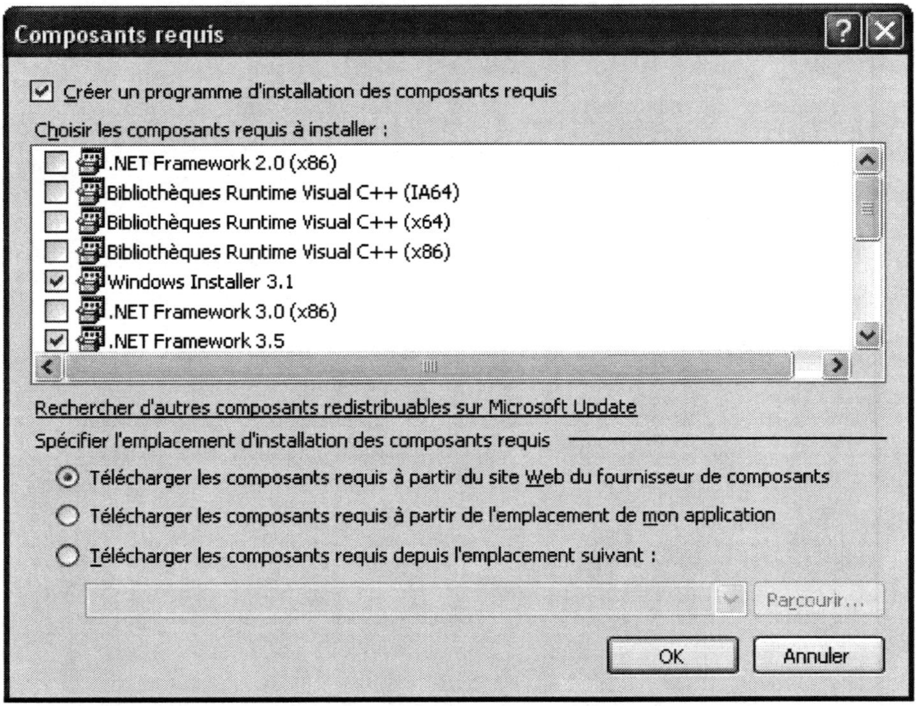

Composants requis

☑ Créer un programme d'installation des composants requis

Choisir les composants requis à installer :

☐ .NET Framework 2.0 (x86)
☐ Bibliothèques Runtime Visual C++ (IA64)
☐ Bibliothèques Runtime Visual C++ (x64)
☐ Bibliothèques Runtime Visual C++ (x86)
☑ Windows Installer 3.1
☐ .NET Framework 3.0 (x86)
☑ .NET Framework 3.5

Rechercher d'autres composants redistribuables sur Microsoft Update

Spécifier l'emplacement d'installation des composants requis

◉ Télécharger les composants requis à partir du site Web du fournisseur de composants
○ Télécharger les composants requis à partir de l'emplacement de mon application
○ Télécharger les composants requis depuis l'emplacement suivant :

Parcourir...

OK Annuler

Vous pouvez choisir de créer un programme d'installation pour les composants requis pour le fonctionnement de l'application en cochant la case **Créer un programme d'installation des composants requis**. Les composants concernés sont à choisir dans la liste présentée. Vous devez également indiquer à partir de quel emplacement ces composants seront installés. Trois options sont possibles :

- à partir du site Web du fournisseur du composant ;
- à partir du même emplacement que celui utilisé pour installer l'application ;
- à partir de l'emplacement indiqué.

La configuration des mises à jour prévue lors de l'utilisation de l'assistant peut être modifiée par le bouton **Mises à jour**.

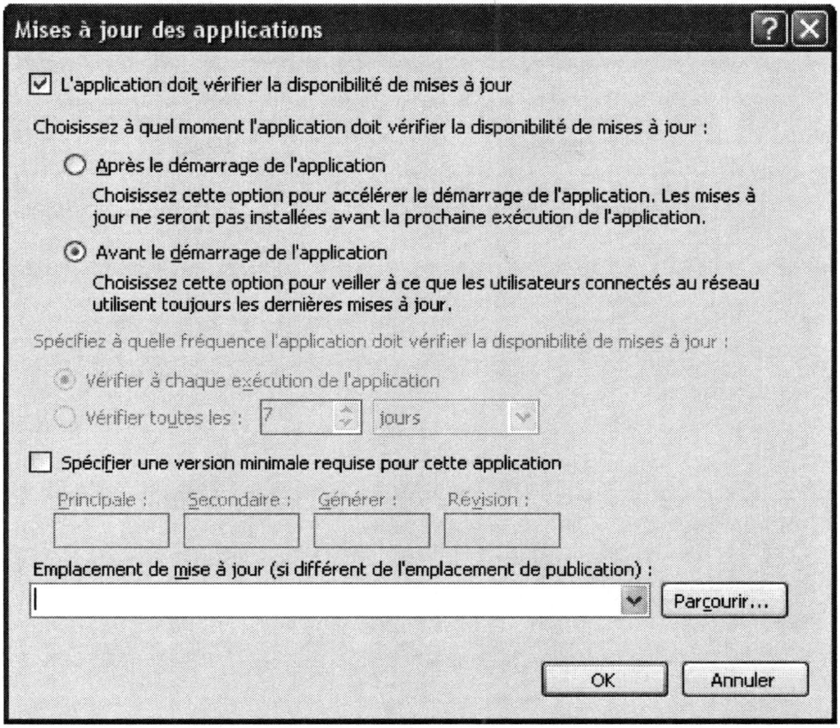

Mises à jour des applications

☑ L'application doit vérifier la disponibilité de mises à jour

Choisissez à quel moment l'application doit vérifier la disponibilité de mises à jour :

○ Après le démarrage de l'application

Choisissez cette option pour accélérer le démarrage de l'application. Les mises à jour ne seront pas installées avant la prochaine exécution de l'application.

◉ Avant le démarrage de l'application

Choisissez cette option pour veiller à ce que les utilisateurs connectés au réseau utilisent toujours les dernières mises à jour.

Spécifiez à quelle fréquence l'application doit vérifier la disponibilité de mises à jour :

◉ Vérifier à chaque exécution de l'application

○ Vérifier toutes les : 7 jours

☐ Spécifier une version minimale requise pour cette application

Principale : Secondaire : Générer : Révision :

Emplacement de mise à jour (si différent de l'emplacement de publication) :

Parcourir...

OK Annuler

La case à cocher **L'application doit vérifier la disponibilité de mises à jour** spécifie que l'application doit vérifier la disponibilité de mises à jour dès son installation. Si vous sélectionnez cette option, les autres options deviennent disponibles. Elles permettent de choisir le moment où aura lieu la vérification de la disponibilité d'une mise à jour. L'option **Avant le démarrage de l'application** indique que l'application doit vérifie la disponibilité de mises à jour avant le démarrage. Cela garantit que les utilisateurs qui sont connectés au réseau disposent toujours de la version la plus récente de l'application. Cette option peut ralentir le démarrage de l'application dans le cas où des mises à jour sont disponibles. L'option **Après le démarrage de l'application** planifie l'exécution de la mise à jour lors du prochain redémarrage de l'application. La fréquence de vérification des mises à jour peut également être indiquée par un nombre d'heures, de jours ou de semaines ou bien être exécutée à chaque démarrage de l'application. Vous devez aussi indiquer l'emplacement à partir duquel les mises à jour sont disponibles si celui-ci est différent de l'emplacement d'installation.

Le dernier bouton va servir à configurer diverses options de déploiement.

Les options suivantes sont disponibles :

Langue de publication

Spécifie la langue (et les paramètres régionaux) dans laquelle l'application doit être publiée.

Nom de l'éditeur

Spécifie le nom de l'éditeur de l'application. Si cette zone est vide, la valeur de la propriété `RegisteredOrganization` de l'ordinateur sera utilisée. Si cette valeur est nulle, le nom du projet est utilisé.

Nom du produit

Spécifie le nom de produit de l'application. Si le nom de produit est vide, le nom de l'assembly est utilisé.

URL du support technique

Spécifie un site Web qui contient des informations d'assistance pour votre application. La spécification de cette URL est facultative. Si elle est utilisée, cette URL apparaît dans l'entrée **Ajout/Suppression de programmes** pour votre application dans le **Panneau de configuration** de Windows.

Page Web de déploiement

Spécifie un nom pour la page Web de déploiement. Le nom de fichier par défaut est Publish.htm.

Générer automatiquement la page Web de déploiement après chaque publication

Si cette option est sélectionnée, le processus de publication génère une page Web de déploiement à chaque publication. Cette option n'est disponible que si une Page Web de déploiement est spécifiée.

Ouvrir la page Web de déploiement après la publication

Si cette option est sélectionnée, la page Web de déploiement générée automatiquement s'ouvre après la publication.

Bloquer l'activation de l'application via une URL

Si cette option est désactivée, l'application s'exécute automatiquement après l'installation. Si elle est activée, l'utilisateur devra démarrer l'application à partir du raccourci de programme dans le Menu **Démarrer**.

Utiliser l'extension de fichier ".deploy"

Si cette option est sélectionnée, le fichier de déploiement utilise l'extension .deploy. Certains serveurs Web sont configurés pour bloquer, par raison de sécurité, les fichiers qui ne sont pas habituellement présents dans un contenu Web. Par exemple, les fichiers portant les extensions suivantes peuvent être bloqués : .dll, .config, .mdf. Les applications Windows contiennent généralement des fichiers portant certaines de ces extensions. Si un utilisateur essaie d'exécuter une application ClickOnce qui accède à un fichier bloqué sur un serveur Web, une erreur se produit. Plutôt que de débloquer toutes les extensions de fichier, chaque fichier d'application est publié par défaut avec une extension de fichier ".deploy". Si cette option est utilisée, le serveur Web ne doit être configuré que pour débloquer les trois extensions de fichier suivantes :

- .application
- .manifest
- .deploy

Autoriser le transfert des paramètres d'URL vers l'application

Par défaut cette option est désactivée. Si cette option est activée, l'application sera capable d'accéder et de traiter les informations de paramètre de l'URL.

Pour les installations depuis un CD-ROM, démarrer automatiquement l'installation dès l'insertion du CD-ROM

Si cette option est sélectionnée, elle ajoute un fichier Autorun.inf à la racine du support pour les applications ClickOnce qui sont installées via CD-Rom ou DVD-Rom.

Vérifier les fichiers transférés sur un serveur Web

Si cette option est activée, le processus de publication télécharge chaque fichier pour vérifier qu'ils peuvent bien être téléchargés. Vous êtes informés des fichiers qui ne peuvent pas être téléchargés.

Utiliser le manifeste d'application pour les informations d'approbation

Lorsque cette option est sélectionnée, vous pouvez signer à nouveau le manifeste de l'application à l'aide d'un certificat contenant vos propres coordonnées.

!

., *135*
:, *167,189*
?, *116*
@, *113*
+, *138*
+=, *202*
-=, *203*
== , *131*

A

Abstract, *167,179,193*
AcceptButton, *338*
Accès concurrent, *431*
ActiveLinkColor, *325*
AddExtension, *295*
ADO.NET, *390*
Affichage de classes, *54*
Ajout de données, *469*
Ajouter un projet, *75*
AllowDrop, *289*
AllowFullOpen, *298*
AllowScriptChange, *299*
Ancrage de fenêtres, *48*
AnnuallyBoldedDates, *374*
Argument des procédures et fonctions
  passage par référence, *150*
  passage par valeur, *150*
ArrayList et List
  agrandissement, *230*
  ajout d'éléments, *231*
  capacité initiale, *230*
  suppression d'éléments, *231*
  taille, *230*
Assembleur, *30*
Assembly, *153*
  ajouter une référence vers, *153*
  manifest, *153*
  utiliser, *153*
Attribut
  DllImportAttribute, *160*
  NonSerializedAttribute, *159*
  Obsolete, *161*
  paramètres, *158*
  portée, *158*
  SerializableAttribute, *159*
Attributs de mappage, *451*
AutoCheck, *346*
AutoPopDelay, *327*
AutoScroll, *363*
Avertissement
  considérer comme des erreurs, *102*
  niveau, *101*
  supprimer, *101*

B

BackGroundWorker, *376*
  DoWork, *378*
  événement RunWorkerCompleted, *376*
  méthode RunWorkerAsync, *376*
  Result, *379*
Barre de menus, *338*
Barre d'outils, *50,64,343*
  ajouter boutons, *65*
Base, *190*
Base Class Library, *19*
Base de données relationnelle, *384*
Boîte à outils, *51*
  ajouter des contrôles, *51*
  créer une nouvelle rubrique, *51*
  personnaliser, *51*

Boîte de dialogue personnalisée, *304*
 créer, *304*
 créer l'interface, *304*
Boîte de message
 configurer, *291*
 valeur renvoyée, *293*
Boolean nullable, *117*
break, *141 - 142, 144*
Button
 bouton d'annulation, *338*
 de fermeture d'une boîte de dialogue, *338*
 libellé du bouton, *338*

C

CalendarDimensions, *374*
CancelButton, *338*
CancelEventArg, *322*
Catch, *239*
 capturer toutes les exceptions, *242*
Chaîne de caractères, *112*
 affectation d'une valeur, *130*
 casse, *133*
 comparaison, *131*
 découpage, *131*
 extraction d'un caractère, *131*
 insertion, *132*
 longueur d'une chaîne, *131*
 recherche, *133*
 remplacement, *133*
 suppression des espaces, *132*
Champ, *384*
CheckBox
 état indéterminé, *345*
 états, *345*
 gestion de l'état de la case à cocher, *346*
 position de la case à cocher, *345*
Checked, *340, 345*
CheckedChanged, *346*
CheckedListBox, *354*
 activation/désactivation de la case à cocher, *354*
 obtenir les éléments cochés, *354*
CheckFileExist, *295*
CheckOnClick, *340*
CheckPathExist, *295*
CheckState, *345*
Chemin d'accès des références, *107*
Chemin de sortie, *102*
Classe
 abstraite, *193*
 anonyme, *194*
 Control, *316*
 de base, *167*
 déclaration, *166*
 finales, *193*
 générique, *208*
 héritage, *167*
 partielle, *168*
 visibilité, *167*
Clé étrangère, *384*
Clé primaire, *384*
ClickOnce, *504*
 activer les mises à jour, *511*
 assistant, *508*
 Autorun.inf, *517*
 blocage des mises à jour, *508*
 composant requis, *513*
 configuration des mises à jour, *514*
 démarrage de l'application à partir du Web ou d'un partage réseau, *506*
 disponibilité des mises à jour, *515*
 emplacement de publication, *508*
 exécution de l'application, *504*
 fichiers constituant l'application, *513*
 fréquence de vérification des mises à jour, *515*
 installation à partir du Web ou d'un partage réseau, *506*
 installation à partir d'un CD-Rom, *506*

installation des composants requis, *514*
intervalles de mise à jour, *508*
manifeste d'application, *505*
manifeste de déploiement, *505*
méthodes de déploiement, *506*
mises à jour, *507*
mises à jour obligatoires, *507*
options de déploiement, *512, 515*
publication, *508*
serveur ftp, *509*
serveur Web IIS, *509*
stratégie de mise à jour, *507, 510*
techniques de publication, *504*
vérification des mises à jour après le démarrage, *507*
vérification des mises à jour au démarrage, *507*
Code unsafe, *101*
Collection, *229*
fortement typées, *230*
ColumnWidth, *350*
COM Interop, *102*
ComboBox
état de l'affichage, *355*
mode de fonctionnement, *355*
Commit, *436*
Common Language Runtime, *16 - 17*
Compilateur Just In Time (JIT), *17, 33*
Compilation conditionnelle, *100*
constantes, *260*
Compilation du code, *24*
Concaténation, *138*
Concepteur de menu, *339*
Concepteur Objet/Relationnel, *451, 456*
ajout d'associations, *458*
ajout de classes, *457*
ajout de méthodes, *459*
ajouter manuellement une association, *458*
Base Class Discriminator Value, *463*
Cardinalité, *459*
classe enfant, *459*
classe parente, *459*
Derived Class Discriminator Value, *463*
Discriminator Property, *463*
héritage de classes, *462*
Inheritance Default, *463*
limitations, *456*
mises à jour, *457*
Nom, *459*
Propriété enfant, *459*
propriétés de connexion, *457*
Conflits des mises à jour, *470*
ChangeConflictException, *470*
ChangeConflicts, *470*
ContinueOnConflict, *470*
détection des conflits, *470*
FailOnFirstConflict, *470*
informations sur les conflits, *470*
KeepChanges, *471*
KeepCurrentValues, *471*
MemberConflicts, *470*
ObjectChangeConflict, *470*
OverwriteCurrentValues, *471*
propriété Vérification des mises à jour, *470*
Resolve, *471*
résoudre les conflits, *471*
Connexion à une base
chaîne de connexion, *396*
Connect Timeout, *396*
Connection LifeTime, *396*
Connection Reset, *397*
Data Source, *396*
événements de connexion, *398*
InfoMessage, *398*
Initial Catalog, *396*
Integrated Security, *396*
Max Pool Size, *397*
Min Pool Size, *397*
Persist Security Info, *396*
pool de connexions, *397*
Pooling, *397*
PWD, *396*

StateChanged, *398*
User ID, *396*
Connexion de données, *53*
Constante, *125*
Constructeur, *182*
dans la classe dérivée, *183*
par défaut, *182*
rôle, *182*
surchargés, *182*
ContextMenuStrip, *342*
continue, *144*
Contravariance, *220*
dans les délégués génériques, *226*
dans les interfaces génériques, *222*
Contrôle
ajout, *305*
alignement, *308*
amarrer, *311*
ancrage, *310*
apparence du curseur, *319*
classe de base, *304*
conteneur, *322*
conteneur du contrôle, *323*
couleur de fond, *318*
couleur du texte, *318*
curseur personnalisé, *320*
désactivé, *320*
masqué, *320*
ordre des tabulations, *314*
passage du focus, *312, 321*
placer plusieurs exemplaires, *305*
poignées de sélection, *309*
police, *319*
redimensionner, *306*
repositionner, *306*
vérification de la saisie, *322*
verrouiller, *310*
Contrôle de regroupement, *363*
Conversion de types, *117*
Conversion depuis une chaîne
de caractères, *121*
Conversion vers une chaîne de caractères
à partir d'une date, *120*
format standard, *118*
valeurs numériques, *118*
Coordonnées écran, *318*
Covariance, *220*
dans les délégués génériques, *227*
dans les interfaces génériques, *224*
CreatePrompt, *295*
Création d'une boîte de dialogue, *304*
Création d'une instance, *185*
csc, *24*
options, *25*
Cursor, *319*

D

DataAdapter, *408*
FillSchema, *410*
nommer les DataColumn, *409*
DataColumn, *407*
auto-incrémenté, *411*
expression, *411*
DataReader, *400*
DataRelation, *407, 414*
DataRow, *407*
ajouter, *418*
annulation des modifications, *420*
arrêt de la vérification
des contraintes, *418*
créer une instance, *418*
effacer, *420*
état, *416*
modification, *418*
supprimer, *420*
validation des modifications, *420*
versions, *416*
DataSet, *406*
ajout de contraintes, *410*

collection Tables, *408*
lecture des données, *412*
manipuler les données, *412*
méthode Fill, *409*
remplir, *407*
sans base de données, *411*
DataTable, *407*
collection Rows, *412*
DataTable liées, *414*
filtrer, *421*
ForeignKeyConstraint, *414*
navigation d'une DataTable vers une autre, *415*
nombre de lignes, *412*
parcourir toutes les lignes, *412*
rechercher des données, *424*
relations, *414*
trier, *421*
UniqueConstraint, *413*
utiliser des contraintes, *413*
DataView, *421*
RowFilter, *421*
RowStateFilter, *423*
Sort, *422*
DateSelected, *375*
DateTimePicker, *373*
Débogage, *244*
arrêt de l'application, *246*
configuration de l'environnement, *245*
continuer l'exécution, *247*
déplacer le point d'exécution, *248*
exécution jusqu'à l'emplacement du curseur, *247*
fenêtre Espion, *257*
fenêtre Espion express, *257*
lancement de l'exécution, *246*
modification du contenu d'une variable, *256*
pas à pas, *247*
visualiser le contenu d'une variable, *255*
Décharger un projet, *76*
Déclaration des variables, *122*
Déclencher des événements à intervalles réguliers, *375*
default, *141*
DefaultExt, *295*
DefaultView, *421*
delegate, *203*
Délégué
création, *203*
déclaration, *203*
signature, *203*
utilisation, *205*
DELETE FROM, *388*
DeleteCommand, *427*
Dépendance de projet, *82*
Désassembleur, *26*
Destructeur, *182*
déclaration, *184*
signature, *184*
Destruction d'une instance, *187*
DialogResult, *304*
Dialogue de choix d'une couleur, *297*
complète, *297*
simple, *297*
Dialogue de choix d'une police , *298*
Dialogue de configuration d'impression, *302*
Dialogue de mise en page, *300*
Dialogue d'enregistrement de fichier, *295*
Dialogue d'ouverture de fichier, *294*
Dispose, *187*
do ... while, *143*
Dock, *311*
Documentation XML, *102*
DOM (Document Object Model), *480*
ajouter des noeuds, *484*
charger des données XML, *483*
enregistrer le document, *485*
recherche les noeuds, *483*
DomainUpDown, *354*
DotFuscator, *30*
Drag and Drop, *288*
configurer les contrôles de destination, *289*

démarrage, *288*
opérations autorisées, *288*
récupérer l'élément accroché, *290*
DragEnter, *289*
DropDownItems, *340*
DTD, *480*
Durée de vie des variables, *125*
Dynamic, *114*

E

Élément de solution, *78*
Encapsulation, *164 - 165*
Enregistrement, *384*
Énumération, *126*
Environnement de travail
personnaliser, *45*
Erreur de logique, *238*
Erreur de syntaxe, *236*
Erreur d'exécution, *238*
récupération, *238*
ErrorProvider, *328*
Espace de noms par défaut, *98*
Événement, *165,199*
déclaration, *200*
déclenchement, *200*
gérer, *201*
héritage, *203*
Événement clavier
centraliser le traitement, *284*
enfoncement de la touche, *282*
relâchement de la touche, *282*
Événement click, *284*
Événement DoubleClick, *284*
Événement souris, *284*
Événements de build, *102*
event, *200*
Exception
déclenchement, *243*
informations sur, *243*
nom de la classe, *243*
Try, *239*
Exécution du code, *33*
Exécution d'une commande SQL, *398*
Explorateur de serveurs, *52*
Explorateur de solutions, *53*
Expressions lambda, *205*

F

Fenêtre, *266*
barre de titre, *272*
couleur de fond, *272*
couleur des éléments, *272*
déplacer, *272*
dimension, *268*
état, *270*
filles, *274*
image de fond, *273*
MDI, *274*
mères, *274*
position, *268*
position au démarrage, *269*
redimensionner, *272*
transparence, *273*
Fenêtre de propriétés, *54*
Fichier de mappage, *451,453*
attribut Member, *455*
attribut Storage, *455*
générer le code, *455*
Fichier de ressources, *99*
FileName, *295*
Filter, *295*
Finally, *239*
FindString, *351*
FixedPanel, *367*
FlowLayoutPanel, *367*

Fonction, *147*
- argument, *150*
- valeur renvoyée, *147*

Fonction partagée, *185*
FontMustExist, *299*
foreach, *144*
ForeignKeyConstraint, *407*
Fournisseur de données
- compatibilité du code, *392*
- fournisseurs disponibles, *391*
- ODBC, *391*
- OLE DB, *391*
- ORACLE, *391*
- SQL Server, *390*

Framework .NET, *16*
FromARGB, *273*
FullOpen, *298*

G

Garbage Collector, *187*
Générer à partir de l'utilisation, *71*
Générique, *207*
- contraintes, *209*
- création d'une procédure ou fonction, *216*
- déclaration d'une procédure ou fonction, *216*
- définition d'une classe, *208*
- définition d'une interface, *215*
- délégués, *218*
- fonctions, *216*
- procédures, *216*
- utilisation d'une classe, *213*
- utilisation d'une interface, *216*
- utilisation d'une procédure ou fonction, *217*

Gestionnaire de positionnement, *368*
Gestionnaire d'événement
- ajout, *202*
- suppression, *202*

GroupBox, *363*

H

Hashtable et Dictionary, *233*
HasValue, *116*
HelpButton, *330*
HelpKeyword, *330*
HelpNamespace, *330*
HelpNavigator, *330*
HelpProvider, *330*
HelpString, *330*
Héritage, *165, 189*
- multiple, *189*

Héritage de formulaires, *380*
- formulaire de base, *380*
- Sélecteur d'héritage, *380*

Hiérarchie d'appels, *68*
HTML, *474*
Html Help Workshop, *330*

I

ilasm, *30*
ildasm, *26*
- icônes, *28*

ImageList, *372*
- insertion d'une image, *373*
- supprimer une image, *373*
- taille des images, *373*

in, *224,227*
Inférence de type, *123*
InitialDirectory, *295*

Initialisation d'une instance, *186*
InitializeComponent, *267*
INSERT INTO, *387*
InsertCommand, *427*
Installation
    configuration minimale, *36*
    configuration nécessaire, *36*
    procédure d'installation, *36*
Instance
    création, *185*
    destruction, *187*
IntegralHeight, *350*
IntelliSense, *236*
Interface, *196, 215*
    définir, *196*
    générique, *215*
    implémenter, *197*
Internal, *167*
is ..., *189*
IsMdiContainer, *279*

K

KeyData, *283*
KeyDown, *282*
KeyEventArgs, *282*
Keypress, *282*
KeyPressEventArgs, *283*
KeyPreview, *284*
KeyUp, *282*

L

Label, *323*
    adapter la largeur, *323*
    bordure, *324*
    comme raccourci-clavier, *325*
    position du texte, *324*
lambda, *205*
Liaison précoce, *188*
Liaison tardive, *188*
LinkArea, *325*
LinkColor, *325*
LinkLabel, *325*
    apparence, *325*
    couleur utilisée, *325*
    événement LinkClicked, *326*
    ouverture d'une page d'un site Web, *326*
    texte constituant le lien, *325*
LinkVisited, *326*
LINQ, *440*
    descending, *445*
    distinct, *445*
    élimination des doublons, *445*
    explosion combinatoire, *447*
    filtrage, *446*
    from, *443, 446*
    group by into, *449*
    into, *449*
    join, *449*
    jointures, *448*
    maximum, *450*
    minimum, *450*
    moyenne, *450*
    opérateurs de requête, *444*
    orderby, *444*
    partitionnement, *447*
    projections, *446*
    regroupements, *448*
    select, *443* - 444
    Skip, *447*
    Take, *447*
    total, *450*
    tri, *444*
    where, *443, 446*
ListBox
    afficher que des éléments complets, *350*
    ajouter des éléments, *350*

défilement, *350*
effacement d'un élément, *351*
élément sélectionné, *352*
éléments de la liste, *350*
liste des objets sélectionnés, *352*
modes de sélection, *351*
recherche, *351*
triés, *351*
Liste des erreurs, *57*
Liste des tâches, *55*
ajout d'une tâche, *56*
commentaires, *56*
ListView, *358*
ajouter ou supprimer des éléments, *361*
mode détaillé, *361*
titre des colonnes, *362*
Location, *268*
locked, *310*

M

Macro
créer, *63*
sauvegarder, *63*
Main, *23,98*
Manifest, *27*
Manifeste, *98*
Mappage objet relationnel, *451*
Mask, *335*
MaskedTextBox, *335*
Masquage, *165*
Masquage de méthode, *179*
MaxLength, *333*
MaxSelectionCount, *374*
MaxSize, *299*
MDI, *264*
Membre partagé, *184*
Membre statique, *184*
Menu, *338*
Menu contextuel, *342*
MenuStrip, *338*
affichage du raccourci, *341*
ajouter dynamiquement des éléments, *341*
composer le menu, *339*
configurer les propriétés, *340*
Méthode
abstraite, *179*
création, *176*
d'extension, *181*
masquage, *179*
partielle, *180*
sealed, *178*
substituable, *178*
substitution, *178*
surcharge, *177*
Mettre à jour la base de données
commandes générées, *427*
commandes personnalisées, *430*
ordre d'exécution des insertions, modifications, suppressions, *426*
Microsoft Intermediate Language (MSIL), *17*
MinSize, *299*
Mise à jour des données, *466*
DeleteOnSubmit, *467*
modification de données existantes, *466*
ON DELETE CASCADE, *468*
propager les modifications, *466*
SubmitChanges, *467*
suppression de données, *467*
suppression en cascade, *468*
Mode connecté
avantage, *388*
inconvénients, *389*
Mode non connecté, *406*
avantages, *389*
inconvénients, *389*
MonthCalendar, *374*
MonthlyBoldedDates, *374*
MouseDown, *284*
MouseEnter, *285*

MouseEventArgs, *285*
MouseHover, *285*
MouseLeave, *285*
MouseMove, *285*
MouseUp, *284*
MouseWheel, *284*
MultiExtended, *352*
Multiline, *333*
Multiselect, *295*
MultiSimple, *352*

N

Namespaces, *19*
  alias d'importation, *156*
  déclaration, *156*
  importation, *156*
  nom pleinement qualifié, *155*
Naviguer vers, *70*
New, *179*
Niveau d'accès des variables
  internal, *125*
  private, *125*
  protected, *124*
  protected internal, *125*
  public, *124*
Nodes, *356*
NotifyIcon, *329*
null, *117*
Nullables, *116*
NumericUpDown, *353*
  format d'affichage, *353*
  increment, *353*
  maximum, *353*
  minimum, *353*
  pas d'incrémentation, *353*

O

Obfuscateurs, *30*
Objet de démarrage, *98*
Onglet, *364*
OpenFileDialog, *294*
Opérateur
  arithmétique, *137*
  binaire, *137*
  d'affectation, *137*
  de concaténation, *138*
  Is, *138*
  logique, *139*
  ordre d'évaluation, *140*
  redéfinition, *149*
Optimiser le code, *101*
ORDER BY ..., *386*
out, *151, 225, 229*
Override, *178*
OverwritePrompt, *295*

P

PageSettings, *301*
PageSetupDialog, *301*
Panel, *363*
Paramètre d'application, *106 - 107*
  affectation d'une valeur, *107*
  charger, *107*
  sauvegarder, *107*
Paramètres nommés, *152*
Paramètres optionnels, *152*
Parse, *121*
partial, *168,267*
Passage du focus entre contrôles, *312*
PasswordChar, *333*

PictureBox
- format de fichiers pris en charge, *370*
- modifier l'image affichée, *371*

Point d'arrêt
- activer, *253*
- conditionnel, *249*
- conditions d'exécution, *251*
- désactiver, *253*
- filtres, *252*
- inconditionnel, *250*
- nombre de passages, *251*
- placer, *249*
- récapitulatif, *254*
- supprimer, *253*

PointToClient, *318*
PointToScreen, *317*
Police de caractères, *273*
Polymorphisme, *165*
Pool de connexions, *397*
Portée de variables
- niveau bloc, *124*
- niveau classe, *124*
- niveau fonction, *124*

PrintDialog, *302*
PrinterSettings, *301*
Private, *167*
Procédure, *146*
Procédure stockée
- exécution, *405*
- valeur renvoyée, *405*

Procédures de propriétés, *147*
- création, *148*
- écriture seule, *148*
- implémentées automatiquement, *148*
- lecture seule, *148*

Processeur XML, *474*
ProgressBar
- faire évoluer la barre de progression, *331*
- position de la barre de progression, *331*
- Style, *330*

Projet, *85*
- Ajouter - Élément existant, *95*
- Ajouter - Nouvel élément, *94*
- création, *85*
- création de modèle de projet, *90*
- de démarrage, *80*
- modèles, *85*
- modification, *94*
- modification d'un modèle existant, *91*
- propriétés, *97*
- retirer un élément, *97*
- utilisation d'un projet existant comme modèle, *92*

Projet d'installation, *493*
- ajout d'un type de document, *498*
- ajouter un type de fichier, *498*
- association d'un fichier exécutable, *498*
- association d'une extension de fichier, *498*
- boîte de dialogue Bienvenue, *500*
- boîte de dialogue Dossier d'installation, *500*
- boîte de dialogue Progression, *500*
- boîte de dialogue Terminé, *500*
- boîtes de dialogue Début, *500*
- boîtes de dialogue Fin, *500*
- configuration, *494*
- éditeur de l'interface utilisateur, *499*
- éditeur de registre, *497*
- éditeur des actions personnalisées, *500*
- éditeur des conditions de lancement, *501*
- éditeur des types de fichiers, *498*
- éditeur du système de fichiers, *495*
- propriétés, *493*

Propriété
- création, *169*
- écriture seule, *172*
- lecture seule, *172*

Propriétés indexées, *172*
Protected, *167*
Protected internal, *167*
Public, *167*

Queue
ajouter un élément, *233*
obtenir un élément, *233*

Raccourci-clavier, *314*
RadioButton, *347*
isoler les contrôles, *349*
Redéfinition d'un opérateur, *149*
ref, *151*
Refactoriser, *62*
Relation, *385*
RemoveAt, *357*
Renommer un élément, *62*
Renommer un projet, *76*
Requêtes LINQ vers SQL, *464*
code SQL, *464*
propriété Log, *464*
Ressource, *105*
accéder aux ressources, *106*
modifier, *106*
return, *147*
RichTextBox, *336*
ajout de texte, *337*
ajouter une chaîne de caractères, *337*
alignement du texte, *338*
chargement et enregistrement de fichier, *336*
couleurs du texte, *337*
format d'enregistrement, *337*
LoadFile, *336*
police, *337*
propriété Rtf, *337*
propriété Text, *337*
SaveFile, *336*
RollBack, *436*

SDI, *264*
Sealed, *167, 178, 193*
SELECT, *385*
SelectAll, *334*
SelectedIndex, *352*
SelectedIndexChanged, *352*
SelectedIndices, *352*
SelectedText, *333*
Sélection de texte, *66*
SelectionLength, *333*
SelectionRange, *375*
SelectionStart, *333*
Séquence d'échappement, *112*
Sérialisation, *102,159*
SetBounds, *310*
SetToolTip, *328*
ShortcutKeys, *341*
ShowApply, *299*
ShowColor, *299*
Showdialog, *304*
ShowEffects, *299*
ShowInTaskBar, *304*
size, *268*
Snippet
concevoir, *58*
importer, *60*
insérer, *57*
intégrer, *60*
Solution
ajouter un projet, *75*
configuration, *80,84*
création, *74*
décharger un projet, *76*

dossier de solution, *77*
fichier, *75*
modification, *75*
projet de démarrage, *80*
renommer un projet, *76*
supprimer un projet, *76*
SplitContainer, *366*
SQL, *385*
SqlCommand, *398*
collection Parameters, *403*
CommandText, *399*
création, *399*
ExecuteNonQuery, *401*
ExecuteReader, *399*
ExecuteScalar, *399*
paramètre anonyme, *403*
paramètres, *401*
paramètres nommés, *403*
SqlCommandBuilder, *432*
commandes générées, *427*
SQLMetal, *451*
options de connexion, *451*
options de sortie, *452*
SqlParameter, *403*
Stack
ajouter un élément, *234*
obtenir un élément, *234*
Static, *185*
StatusStrip, *326*
struct, *134*
Structure
de boucle, *142*
de contrôle, *140*
de décision, *140*
déclaration, *134*
do ... while, *143*
for, *143*
foreach, *144*
if, *140*
switch, *141*
utilisation, *135*
while, *142*
sub
argument, *150*
exécution, *146*
SubItems, *361*
Substitution, *165*
Substitution de méthodes, *178*
Suivi des modifications, *62*
SuppressFinalize, *187*
Supprimer un projet, *76*
Surbrillance des références, *70*
Surchage, *165*
Surcharge de méthode, *177*
switch, *141*

T

TabControl, *364*
TabIndex, *313*
Table, *384*
Tableau
à plusieurs dimensions, *128*
à une dimension, *128*
manipulation, *129*
rechercher un élément, *130*
trier, *130*
TableLayoutPanel, *368*
TabPages, *364*
TabStop, *312*
TextBox
ajout de texte, *333*
annuler la dernière modification, *335*
barres de défilement, *333*
conserver la sélection visible, *334*
format d'affichage, *332*
lecture seule, *334*
longueur maximale du texte, *333*
récupérer le texte saisi, *333*
remplacement d'une portion de texte, *333*

- saisie d'un mot de passe, *333*
- sélection du texte, *333*
- texte affiché, *332*

this, *190,192*
ThreeState, *345*
Timer, *375*
ToolStrip, *343*
- ajouter des éléments standard, *343*

ToolStripContainer, *344*
- ajouter des éléments, *344*
- conteneurs, *344*
- disposition des barres d'outils, *344*

ToolStripMenuItem, *340*
ToolTip, *327*
TrackBar, *353*
- extrêmes, *353*
- pas d'incrémentation, *353*
- repères, *353*
- TickFrequency, *353*
- value, *353*

Transaction, *435*
- annuler, *436*
- démarrer une transaction, *436*
- valider, *436*

Transtypage, *118, 188 - 189*
TreeView, *355*
- ajout de nœud par le code, *357*
- ajoute un élément, *357*
- supprimer un nœud, *357*

Try, *239*
TryParse, *122*
Type
- bool, *113*
- caractères, *112*
- de sortie, *98*
- décimaux, *111*
- Nullable, *116*
- numérique entier, *111*
- Object, *114*
- référence, *110*
- valeur, *110*

U

UAC, *99*
UML, *166*
UniqueConstraint, *407*
UPDATE, *387*
UpdateCommand, *427*
UseMnemonic, *325*
User Account Control, *99*

V

Validated, *322*
Validating, *322*
Validation des données du formulaire, *328*
Var, *123*
Variable
- nom, *110*
- type, *110*

Variance, *220*
- dans les délégués génériques, *226*
- dans les interfaces génériques, *220*

Verrouillage optimiste, *431*
Verrouillage pessimiste, *431*
Virtual, *178*
VisitedLinkColor, *325*
void, *146*

WCF, *21*
WF, *21*
WHERE, *385*

WHERE ... BETWEEN, *386*
WHERE ... IN, *386*
WHERE ... LIKE, *386*
while, *142*
Windows Cardspace, *21*
Windows Communication Foundation, *21*
Windows Installer, *492*
Windows Presentation Foundation, *21*
Windows Workflow Foundation, *21*
WordWrap, *333*
WPF, *21*
WrapContents, *367*

XML, *474*
- attributs, *477*
- caractères réservés, *476*
- commentaires, *475*
- document bien formé, *480*
- document valide, *480*
- DOM, *480*
- DTD, *480*
- éléments, *476*
- espace de noms, *478*
- instruction de traitement, *475*
- nœuds, *481*
- relations parent-enfant, *481*
- structure d'un document, *475*

XmlDocument, *481*
XmlNode, *481*
XPath
- adresser des parties d'un document, *485*
- ajout de nœud, *488*
- critères de sélection, *486*
- modification des données, *487*
- recherche, *486*

XPathNavigator, *486*

Z

Zoom, *72*